努力让人民群众在每一个司法案件中感受到公平正义。

——习近平

YI SANGE SHANYU ZUOSHI GAOZHIXIAO BANHAO MEIYIGE ANJIAN

以“三个善于”做实高质效办好每一个案件

（理论·实践·案例）

童建明 / 主　编

滕继国 / 副主编

中国检察出版社

图书在版编目（CIP）数据

以“三个善于”做实高质效办好每一个案件 / 童建明主编 . -- 北京 : 中国检察出版社 , 2025. 1.

ISBN 978-7-5102-3195-7

Ⅰ . D926.304

中国国家版本馆 CIP 数据核字第 20246DQ900 号

以“三个善于”做实高质效办好每一个案件

童建明　主　编

滕继国　副主编

责任编辑：葛晓湄　秦　莹

技术编辑：王英英

封面设计：徐嘉武

出版发行：中国检察出版社

社　　址：北京市石景山区香山南路 109 号（100144）

网　　址：中国检察出版社（www.zgjccbs.com）

编辑电话：（010）86423784

发行电话：（010）86423726　86423727　86423728

（010）86423730　86423732

经　　销：新华书店

印　　刷：河北宝昌佳彩印刷有限公司

开　　本：710mm × 960mm　16 开

印　　张：41.25　插页 4

字　　数：593 千字

版　　次：2025 年 1 月第一版　2025 年 1 月第一次印刷

书　　号：ISBN 978-7-5102-3195-7

定　　价：128.00 元

学思践悟习近平法治思想以“三个善于”做实高质效办好每一个案件*

应　勇

一、引言

“全部社会生活在本质上是实践的。”实践的观点是马克思主义认识论的基本观点。习近平法治思想是充分运用马克思主义实践观，在全面依法治国实践中创新发展的中国特色社会主义法治理论。习近平总书记反复强调“努力让人民群众在每一个司法案件中感受到公平正义”，明确提出“所有司法机关都要紧紧围绕这个目标来改进工作”。这是习近平法治思想对公正司法的原则性、基础性要求。检察机关是国家的法律监督机关，是保障国家法律统一正确实施的司法机关，是保护国家利益和社会公共利益的重要力量，是国家监督体系的重要组成部分，在推进全面依法治国、建设社会主义法治国家中发挥着重要作用。最高人民检察院学思

* 本文原载《人民检察》2024 年第 8 期。

践悟习近平法治思想，立足检察机关职能定位，提出在实体上确保实现公平正义，在程序上让公平正义更好更快实现，在效果上让人民群众可感受、能感受、感受到公平正义，做到检察履职办案质量、效率、效果有机统一于公平正义。实现这个目标，必须做到“高质效办好每一个案件”，并使之成为新时代新征程检察履职办案的基本价值追求。善于从纷繁复杂的法律事实中准确把握实质法律关系，善于从具体法律条文中深刻领悟法治精神，善于在法理情的有机统一中实现公平正义，是“高质效办好每一个案件”的重要体现。从理论层面阐述、用办案实践例证、以具体措施落实“三个善于”，对于做实“高质效办好每一个案件”具有重要意义。本文将从基本内涵、实践要求、保障措施等方面进行论述，旨在深入落实习近平法治思想，引导检察机关全面把握和落实“三个善于”，协同其他执法司法机关一体提升履职办案质效，更好推进法治中国建设。

二、“三个善于”的基本内涵

最高人民检察院提出“三个善于”，主要是推动解决实践中存在的“就案办案、机械司法”问题，引导检察人员践行司法为民宗旨，提高正确运用法律政策的能力，做实“高质效办好每一个案件”。

（一）“三个善于”的法理基础

司法实践中，并不是每个案件都能轻轻松松查清看懂弄透，有的事实证据扑朔迷离，有的法律界定争论不一，有的法理情存在冲突。案件真相的发现，公平正义的实现，政治效果、法律效果、社会效果的统一，往往有一个由浅入深、由繁化简、由现象到本质的过程。这就需要在办案中探寻法学原理和司法规律。如果不懂法理依据，具体办案中就会因为法律事实、法律关系、法律条文的复杂交织而感到茫然无序、失其要领。精通法理是检察官必备的素质。把握“三个善于”的基本内涵，必须从更深层次的法理层面去认识。

“善于从纷繁复杂的法律事实中准确把握实质法律关系”，侧重于如何抓住案件中的主要矛盾。毛泽东同志在《矛盾论》中强调:“研究任何过程，如果是存在着两个以上矛盾的复杂过程的话，就要用全力找出它的主要矛盾”;“事物的性质，主要地是由取得支配地位的矛盾的主要方面所规定的”。习近平总书记强调“优先解决主要矛盾和矛盾的主要方面，以此带动其他矛盾的解决”。这是认识活动和实践活动的普遍规律，检察工作同样如此。法律事实是法律关系演变的前提，法律关系是法律事实衍生的结果。检察履职办案“以事实为根据”，必须准确认定法律事实，重现或最大限度接近客观事实，从中理清法律关系，进而找到实质法律关系。法律关系是法律规范所调整的权利和义务关系。实质法律关系就是案件所涉众多法律关系中起主导和支配作用，对案件定性处理具有决定性影响的法律关系。随着经济社会关系更加多元，很多案件中事实证据复杂、法律关系多样。这就必须从全案法律事实中准确把握实质法律关系，抓住案件中的主要矛盾和矛盾的主要方面，解决最为关键的法律问题。这也是矛盾论在检察履职办案中的具体应用。

“善于从具体法律条文中深刻领悟法治精神”，侧重于如何正确适用法律。检察履职办案“以法律为准绳”，不仅包括具体的法律条文，还应当包括蕴含其中的法治精神。这是由法律规范、法律文本、法律适用的特性决定的。

第一，法律规范具有系统性。检察履职办案既要对照具体条文研判适用法条是否正确，又要对照原则规定研判内在价值判断是否一致。只有树立全面系统观念，防止照本宣科、断章取义，才能确保案件处理结果与法律内在精神一致。

第二，法律文本具有滞后性。法律制定后，经济社会、现实生活还在不断发展变化。案件事实是鲜活的，法律条文是静态的，检察官只有立足发展大局、时代背景，追溯立法原意，才能更加准确认识法律规定的内涵。

第三，法律适用具有特殊性。检察履职办案是将法律条文从抽象规范适用于具体事实，从一般规定落实到个别适用的过程，这就要求深刻把握司法工作的规律原则。

习近平总书记在浙江工作时就深刻指出“法治精神是法治的灵魂”，“使法必行之法就是法治精神”。概括来讲，法治精神是统率法律条文的法理内核，为法律条文的运用和实施提供价值引领；法律条文是落实法治精神的外在载体，为法治精神的实现和革新提供制度土壤。检察履职办案既要符合法律规定，又要深刻领悟法治精神，准确理解党的领导、以人民为中心、公平正义、保障人权、权利平等、惩恶扬善、公序良俗、诚实守信等社会主义法治精神，知其然知其所以然，准确适用法律。

“善于在法理情的有机统一中实现公平正义”，侧重于如何确保案件办理取得最佳效果。我国自古就有“顺天理讼”“情理听讼”“明达法理”“执法原情”“法情允协”等理念，倡导天理生法的“法天”关系、出礼入刑的“法礼”关系、法不外乎情的“法情”关系，注重在断案中兼顾天理、国法、人情。习近平总书记在强调严格规范公正文明执法时特别要求“坚持以法为据、以理服人、以情感人”。检察履职办案做到法理情有机统一，是对中华优秀传统法律文化的继承和发扬，是新时代司法公平正义的题中应有之义。善于在法理情的有机统一中实现公平正义，要求以法为据、以理服人、以情感人。以法为据，就要严格依法、公正司法；以理服人，就要通晓事理、讲明道理；以情感人，就要“如我在诉”、将心比心。只有义正辞严讲清“法理”，循循善诱讲明“事理”，感同身受讲透“情理”，实现法理情有机统一，才能真正让人民群众可感受、能感受、感受到公平正义。

（二）“三个善于”内在有机统一

“三个善于”侧重点有所不同，但相互关联、不可偏废。刑事、民事、行政三大诉讼法以及人民检察院组织法、检察官法，都明确规定“以事实为根据，以法律为准绳”。这是更好理解和把握“三个善于”之间关系的法理依据。善于从纷繁复杂的法律事实中准确把握实质法律关系是基础，要求全面准确把握“以事实为根据”，依靠证据确定法律事实、区分法律关系，扭住案件的关键环节和本质问题；善于从具体法律条文中深刻领悟法治精神是关键，要求全面准确理解“以法律为准绳”，不仅做到不偏离法律条文的规定，还要深刻领悟法律条文背后的基本价值和理念，让检察履职办案更加契合法治精神；善于在法理情的有机统一中实现公平正义是目标，要求全面准确统筹“以事实为根据，以法律为准绳”，正确运用检察权，努力在法律框架内寻求公平正义“最大公约数”，实现罪刑法定、罪责刑相适应、法理情相统一，让人民群众在每一个司法案件中感受到公平正义。

（三）“三个善于”既是认识论也是方法论

“三个善于”根本源于对习近平法治思想的领悟和践行。认识论层面，重在转变检察人员履职办案的思维方式，做到检察履职办案质量、效率、效果统一于公平正义，从更深层次领悟法律内涵、把握司法规律，在检察履职办案中树牢正确政绩观。方法论层面，重在引导优化检察人员履职办案的工作方式，促进把“高质效办好每一个案件”这个基本价值追求贯彻到检察履职办案的全过程、各环节，把实体、程序、效果的要求一体落到实处。“三个善于”也是“高质效办好每一个案件”的具体要求。

三、“三个善于”的实践要求

检察机关作为党绝对领导下的政治机关、法律监督机关、司法机关，在检察履职办案中做到“三个善于”，根本是要坚持以习近平法治思想为指引，从政治上着眼、从法治上着力，坚持讲政治与讲法治有机统一、执行党的政策与执行国家法律有机统一，确保案件处理结论经得起法律、历史和人民的检验。

（一）善于从纷繁复杂的法律事实中准确把握实质法律关系，必须透过现象看本质

习近平总书记强调“通过复杂现象把握本质”，要求“善于从纷繁复杂的矛盾中把握规律”。准确把握实质法律关系，好比找到线团中的线头，牵一发而动全身。无论是审查逮捕、审查起诉，还是加强对立案、侦查、审判、执行等诉讼活动的法律监督，关

键是找准统领法律事实的实质法律关系，进行实质性判断，解决实质性问题。

一是加强证据审查。这是认定法律事实、把握实质法律关系的基础性工作。所谓法律事实，是指根据收集的证据，按照法律程序推断确认，对于解决案件争议、实现法律诉求具有重要法律意义的事实。加强证据审查、分析、论证，根本是要以法律事实重现或最大限度接近客观事实，做到“案件事实清楚，证据确实、充分”。法律事实、案件事实、客观事实以及融于其中的实质法律关系，在性质上应该是一致的，将这些方面联系起来的就是证据。只有证据确实、充分，才能案件事实清楚；只有案件事实清楚，才能准确把握实质法律关系；只有案件事实清楚，准确把握实质法律关系，才能正确适用法律。反过来说，案件事实不清楚，必然把握不到实质法律关系，适用法律就一定错误。这就是三者的逻辑关系。证据审查既贯穿诉讼全过程，也贯穿检察履职办案全过程。在刑事检察中，最高人民检察院提出要融入以审判为中心的刑事诉讼制度改革，着力构建以证据为中心的刑事指控体系；在民事、行政、公益诉讼检察中，同样要把证据审查摆在突出位置。事实和证据是公正司法的基础。证据审查认定情况直接影响法律事实认定、实质法律关系判断。刑事、民事、行政三大诉讼法都对“证据”作出专章规定，明确查证属实的证据是认定事实的根据。一方面，如果证据本身相对稳定，关键要审查认定证据是否确实、充分，能否排除证据之间的矛盾和合理怀疑，进而确定实质法律关系。一些案件的证据在不同办案环节没有大的变化，但是处理结论却有很大区别，原因在于实质法律关系判断存在争点。2024年最高人民检察院工作报告提到的“陈仓抢劫再审抗诉案”就是典型。陈仓伙同他人入室抢劫，被发现后杀人灭口，案发17年后因指纹比对一致被查获。此案先后经历一审、二审、发回重审、再审等程序，全案主要证据及其所证明的犯罪事实基本稳定，但是不同阶段审理结果存在重大差异，有以抢劫罪判死刑的，有以故意杀人罪判死缓的，有判无罪的，最终经过最高人民检察院抗诉，法院以抢劫罪改判死缓，诉讼时间长达9年。复盘整个诉讼过程，争议焦点主要在于陈仓翻供对认定犯罪是否有决定性影响。最高人民检察院审查认为，现有证据已形成完整链条，能排除合理怀疑，该案实质法律关系不因被告人翻供而改变，足以认定陈仓实施了犯罪行为。另一方面，如果证据本身存在缺失，要通过补强足以认定法律事实的关键证据，着力探寻实质法律关系。自行补充侦查、退回补充侦查、调查核实，都是补强关键证据的重要法定方式。2024年最高人民检察院工作报告提到的“毛某强奸杀人案”，检察机关发现有罪供述与在案客观证据明显不符，要求公安机关将现场提取的生物样本与毛某进行DNA比对，发现真凶另有他人，督促公安机关将其依法释放，14年后真凶落网。这就属于补强关键证据后查明了法律事实，确定了实质法律关系。

实践中还需注意，既要加强对重大犯罪、疑难复杂等案件的证据审查，也要注重对轻微犯罪、认罪认罚等案件的证据审查。某快餐店里丢了部手机。公安机关调取监控录像，发现一个男子用餐后拿走了，随后去了附近一个网吧。调取网吧身份登记信息发现是“付某”，据此将付某抓获归案。付某在侦查阶段认罪认罚。检察机关审查起诉时发现，付某虽然认罪认罚，但其体型与监控录像中的犯罪嫌疑人存在差异，其供述的盗窃细节与被害人陈述也不一致。进一步讯问中，付某称未实施盗窃行为，曾经丢失过身份证，案发时自己不在案发城市。检察机关经调查核实，并退回公安机关补充侦查，证实盗窃行为并非付某实施，依法对其作出不起诉决定。证据审查强调亲历性原则。调查核实要从案卷中走出来，从办公室走出来，从检察机关走出来，以亲历性保障准确性、实效性。

二是厘清主次矛盾。实质法律关系往往蕴含在众多法律事实、法律关系之中，只有分清哪些是主要矛盾、哪些是次要矛盾，把起主导和支配作用的实质法律关系理出来、把握住，才能准确适用法律。刑事诉讼监督中，涉及罪与非罪、此罪与彼罪、一罪与数罪等区分问题，都与实质法律关系判断密切相关。正确处理牵连犯、想象竞合犯等罪数关系问题，必须找准对案件定性具有决定性作用的实质法律关系。比如，为了实施诈骗犯罪而伪造国家机关公文、证件、印章，既涉及诈骗罪，也涉及伪造国家机关公文、证件、印章罪。这种情况下，伪造行为是实施诈骗的手段，实质法律关系就是诈骗犯罪，应按诈骗罪从重处罚。民事诉讼监督中，习近平总书记专门强调，“要加强民事检察工作，加强对司法活动的监督，畅通司法救济渠道，保护公民、法人和其他组织合法权益”。民事诉讼监督案件经历多轮诉讼，法律关系往往错综复杂，检察机关就要找准实质法律关系。比如，外卖骑手权益保障面临不少新问题。用人单位和服务外包公司签订外包合同，服务外包公司再和劳务公司签订劳务派遣合同，最后由劳务公司和外卖骑手签订承揽合同。劳动关系层层转包成了承揽关系，而两种法律关系在权益保障方面存在明显区别。根据法律规定，在劳动关系中，劳动者在工作中受伤，经认定属于工伤，就可按照工伤程序以及工伤保险待遇要求赔偿；在承揽关系中，承揽人在工作中受伤，定作人不承担侵权责任。究竟属于哪种法律关系，就需要在案件办理中，结合全案情况作出实质性判断。行政诉讼监督中，既涉及行政行为，也涉及行政诉讼，有的还涉及民事法律关系。行政诉讼法规定行政诉讼可以一并审理民事争议。检察履职办案要从整体上把握案件焦点，不仅要判断行政行为、行政审判是否依法有据，还要理清民事法律关系，维护行政相对人合法权益。最高人民检察院会同全国妇联发布了6件维护农村妇女涉土地合法权益典型案例，其中有个案例：支某父亲去世后，支某的弟弟向当地自然资源部门申请，将父亲名下宅基地使用权变更登记到了自己名下。之后，支某提起行政诉讼，请求撤销为其弟弟颁发的集体土地使用证，但一审、再审均被驳回。在这个案件中有行政行为、行政诉讼，但究其实质是侵犯了支某作为宅基地继承权共有人的权利。这就是监督的重点。检察机关依法提出抗诉，得到法院支持。公益诉讼检察中，实质法律关系就是公益损害事项及其"可诉性"。"可诉性"基本要素包括有适格诉讼主体，有公益损害事实，有法律明确授权等；行政公益诉讼，还应当有行政违法行为，包括违法履行职责或不依法履行职责。只有把握好这些要求，才能切实提升办案精准性、规范性，更好担负起"公共利益代表"的神圣职责。

三是坚持由表及里。准确把握实质法律关系是抽丝剥茧、察微析疑的过程。特别是针对刑事、民事、行政法律关系相互交织的案件，必须由表及里，加强深层次、实质性监督。关于刑事与民事交叉案件，如果不能把握实质法律关系，就很难准确区分民事侵权、民事违约等与刑事犯罪之间的界限，很难甄别罪与非罪的界限。尹某等人承建某公司工程，后因该公司与银行存在借贷纠纷，法院依法对作为抵押物的涉案工程土地进行司法拍卖。尹某和该公司法定代表人覃某等合谋，以伪造工程资料、虚增工程造价等方式向法院提起诉讼，请求优先受偿，获得判决支持。之后，涉案公司股权结构发生变化，覃某不再担任法定代表人，尹某等人多次向法院申请强制执行虚增工程款，并实施了阻止进场施工、聚集民工闹访等行为。这个案件是典型的刑民交叉案件，既有工程建设、借贷、抵押、执行等民事法律关系，也有诈骗、寻衅滋事等刑事法律关系。这个案件本来是作为民事案件处理，检察机关受理被害方控告后，坚持“先刑后民”，准确认定实质法律关系是诈骗犯罪，依法立案监督，同时查明尹某等人还涉嫌恶势力犯罪，依法追究刑事责任。在这个案件中，主要是防止把刑事犯罪当作民事纠纷处理，实践中还要防止把民事纠纷当作刑事犯罪处理，重点加强涉企经济犯罪案件的立案和侦查活动监督，实质审查是否存在利用刑事手段插手民事经济纠纷的情形，特别是要抓住跨区域违法抓人、违法“查扣冻”财产等典型，依法监督纠正不当行使公权力问题。

关于民事虚假诉讼案件，不能简单以原案证据审查原案结论，要善于从原案中发现深层次的虚假诉讼，依法监督纠正。同时，还要深挖细查，依法惩治背后的虚假诉讼犯罪、司法工作人员相关职务犯罪。2024 年最高人民检察院工作报告中提到一个虚假诉讼案例：以谭某为首的涉黑组织拉拢腐蚀司法工作人员，为帮助其实际控制的某公司逃避债务，虚构借款合同关系，以其实际控制的另一家公司起诉该公司，索要“欠款”1500 万元。法院当天完成立案、分案、调解，后通过执行程序转移巨额资产。辽宁检察机关不仅监督纠正相关民事行政案件，还立案侦查相关职务犯罪。实践中，还要正确把握虚假诉讼犯罪与民事虚构证据之间的界限。虚假诉讼犯罪是指不存在基本的民事法律关系却提起诉讼。行为人虽然篡改部分证据，但当事人之间存在真实的民事法律关系、民事纠纷的，不应认定为虚假诉讼犯罪。

关于民事执行监督案件，基层民事检察部门通过法律监督推动解决“执行难”还存在很大空间。比如，林某借给郭某夫妇214万元，郭某夫妇到期未偿还。林某诉至法院，后经调解达成和解，但郭某夫妇仍未履行。此后，林某发现郭某夫妇有房产待拆迁，申请法院强制执行。郭某夫妇隐藏、转移拆迁款，逃避执行。检察机关启动立案监督程序，对拒不履行判决裁定的郭某夫妇依法追究刑事责任；对法院执行人员执行不力、怠于执行进行法律监督。

（二）善于从具体法律条文中深刻领悟法治精神，应处理好四对辩证关系

加强证据审查，证明法律事实，确定实质法律关系，是准确适用法律的前提。准确适用法律必须在法治精神、法治原则指引下准确适用具体法律条文。

一是法律规范和法律条文的关系。法律体系包括众多部门法，一部法律包含若干条文，部门法与部门法之间、法条与法条之间都不是孤立存在的，而是有机联系的整体。从部门法角度看，适用一个法律条文，往往意味着适用一部法律。一个法律条文必须放在整部法律中进行理解适用。以刑法为例，准确适用既要看分则，也要看总则。比如，刑法分则第264条规定，多次盗窃构成盗窃罪。最高人民法院、最高人民检察院《关于办理盗窃刑事案

件适用法律若干问题的解释》明确，2 年内盗窃 3 次以上，应当认定为多次盗窃。某人散步时先后 3 次将他人养殖在单位门口的 16 盆多肉植物盆栽拿回家，被发现后如实向公安机关陈述盗窃事实，并将所盗物品交还。经鉴定，盗窃的植物价值 98 元。检察机关依法决定不批捕，因为刑法总则第 13 条规定“情节显著轻微危害不大的，不认为是犯罪”。社会危害性、刑事违法性、应受刑罚处罚性是犯罪的基本特征，其中社会危害性是犯罪的本质特征，没有社会危害性或者社会危害性没有达到刑事法律所规制程度的行为就不是犯罪。办理此类案件，就要注意刑法总则与分则的统一，把社会危害性与事实情节、主观恶性等综合衡量。

同时也须明确，依照刑法规定构成犯罪的，也不一定都要判处刑罚。《刑法》第 37 条规定：“对于犯罪情节轻微不需要判处刑罚的，可以免予刑事处罚。”一对年轻夫妻生活困难，且有两个子女需要抚养。丈夫和再次怀孕的妻子到超市购物时，想到家里一岁多的女儿缺奶粉但无钱购买，共 3 次盗窃 9 罐奶粉，价值 1100 余元。案发后，两人认罪认罚并赔偿超市损失。检察机关综合考量后认为，虽然两人已经涉嫌盗窃犯罪，但案件金额不大且系初犯、偶犯，与惯偷存在明显区别，可以免予刑事处罚，遂依法作出相对不起诉决定。

从法律体系角度看，一些案件往往呈现出刑事犯罪、民事侵权、行政违法交叉的特点，必须统筹运用各类部门法。民法典被喻为“万法之基”“万法之母”，不仅是民事检察的依据，也与刑事检察、行政检察、公益诉讼检察履职紧密相连。特别是综合履职的未成年人检察、知识产权检察部门，更要吃透各类部门法的精髓要义。如最高人民检察院发布的指导性案例第 164 号“江西省浮梁县人民检察院诉A化工集团有限公司污染环境民事公益诉讼案"。办理此案时正处于民法典施行初期，关于检察机关在生态环境民事公益诉讼中是否可以提出惩罚性赔偿的诉讼请求存在争议。有观点认为，惩罚性赔偿仅限于私益诉讼，不宜适用于公益诉讼。检察机关认为，《民法典》第1232条关于惩罚性赔偿的规定是"环境污染和生态破坏责任"专章的一般规定，既适用于生态环境私益诉讼，又适用于生态环境公益诉讼。检察机关作为公共利益的代表，提出惩罚性赔偿的诉讼请求，能体现公益诉讼制度维护公共利益的宗旨，符合民法典保护生态环境的本意。

二是严格依法和法与时转的关系。"法与时转则治"。法律一经制定就保持相对稳定，但随着经济社会不断发展，法律实施过程中必然会遇到一些新情况新问题。习近平总书记强调："中国特色社会主义实践向前推进一步，法治建设就要跟进一步。"法律适用要在领悟法治精神、法治原则的前提下与时俱进，跟上人民群众对公平正义的更高要求。

《刑法》第237条规定了强制猥亵罪、猥亵儿童罪。猥亵犯罪过去大多通过身体接触方式进行。近年来，一些犯罪分子通过网络聊天，胁迫女童自拍裸照上传，严重侵害未成年人人格尊严和身心健康。最高人民检察院发布指导性案例对"网络隔空猥亵儿童"的认定作出指引，确立无身体接触猥亵行为视同线下犯罪的追诉原则。2023年，"两高"司法解释对此作出进一步明确。《刑法》第246条规定了侮辱罪、诽谤罪，明确"告诉的才处理，但是严重危害社会秩序和国家利益的除外"。以前的侮辱、诽谤都是口口相传，影响范围有限。现在一些不法分子利用互联网侮辱、诽谤他人，传播速度、广度呈几何倍数增长，危害性不可同日而语。检察机关就要用好“除外”条款，对严重危害网络秩序的侮辱诽谤案，推动自诉转公诉，加大惩治力度，昭示“网络空间不是法外之地”，用法治力量推动网络清朗。2020 年，杭州一女子取快递被造谣出轨。检察机关推动自诉转公诉，不仅为被害人讨回了公道，更对网络诽谤案立下“规矩”：严重侵犯公民人格权的网络诽谤，可以走公诉程序。2023 年，一女子被他人偷拍露脸隐私视频上传境外黄色网站，过去司法实践中一般定传播淫秽物品罪。检察机关审查认为，这种行为不仅扰乱网络社会秩序，而且严重侵害被害人的人格尊严，符合《刑法》第 246 条规定的“严重危害社会秩序”的情形，以侮辱罪提起公诉，切实维护公民人格权益和网络秩序。2023 年，最高人民法院、最高人民检察院、公安部联合发布《关于依法惩治网络暴力违法犯罪的指导意见》，对侮辱罪、诽谤罪的公诉条件作出细化明确。

总体而言，检察履职办案既要坚持严格依法、公正司法，也须做到法与时转、法随时移，把静态的法律规定和鲜活的办案实践更好结合起来。这就是法律适用中的辩证法。

三是法律授权和依法履职的关系。习近平总书记强调：“推进法律正确实施，把‘纸上的法律’变为‘行动中的法律’。”法律的生命在于实施，而且是统一正确实施。检察机关作为国家法律监督机关，首先应当依法履行宪法法律赋权，坚持“法定职责必须为”。实践中并非都能做到。比如，正当防卫制度适用问题。1979 年刑法就规定了这一制度，1997 年刑法继续予以明确，但此前司法实践中很少运用。主要是由于防卫方在客观上造成侵害方受伤甚至死亡，加上事实证据比较复杂，办案人员认定正当防卫顾虑很多。《刑法》第 1 条立法宗旨就规定了“惩罚犯罪，保护人民"，这同样是刑事法治精神的要义。2024年全国两会上，最高人民法院、最高人民检察院工作报告不约而同汇报了正当防卫案件办理情况，持续释放"法不能向不法让步"的强烈信号。最高人民检察院工作报告还提到了两个案例：快餐店老板与持刀闯入店内敲诈行凶的歹徒对砍致其死亡，棋牌室管理员制止酒后持刀滋事者将其划伤，检察机关均认定不构成犯罪。2023年，检察机关审查认定属正当防卫依法不捕不诉261人，同比上升25.5%。《刑法》第20条的依法落实还要加大力度。

《刑事诉讼法》第19条规定了检察机关机动侦查职能，但多年来基本处于沉睡状态。近年来，最高人民检察院将依法稳妥有序开展机动侦查作为强化立案监督的重要工作，要求严格把握法定条件和程序，探索办理具有示范引领意义的典型案件，激活法定职能。2023年，各级检察机关对公安机关管辖的国家机关工作人员利用职权实施的重大犯罪案件，确需检察机关直接受理的，依法立案侦查176人。既要坚持"法定职责必须为"，还要坚持"法无授权不可为"。所有检察履职都要立足宪法法律赋权，恪守职能边界，不脱离检察职能，不超越检察职权，不代行其他部门职权，不能突破法律规定搞创新。

四是法律规定和司法政策的关系。司法政策是法治精神在司法实践中的延伸，具有指导法律适用的重要作用。实践中，有的法律规定比较原则，但检察履职办案又相对具体、精细，办案人员缺乏明确而有针对性的指引。这就需要统筹落实法律规定和司法政策。《刑法》第3条、第5条分别规定罪刑法定原则、罪责刑相适应原则；《刑事诉讼法》第2条规定"尊重和保障人权"；《检察官法》第5条进一步规定"检察官办理刑事案件，应当严格坚持罪刑法定原则，尊重和保障人权”。这些法律规定在司法实践中如何落实，就需要通过司法政策的引导、规范。宽严相济是我国的基本刑事政策，要求依法该严则严、当宽则宽、罚当其罪。对于严重暴力、黑恶势力等犯罪，要始终保持“严”的震慑，增强人民群众安全感。同时，对社会危害性较小、主观恶性不深、认罪认罚的，要依法从宽。改革开放以来，我国刑事犯罪总量增长，但增长的主要是轻刑案件。2003 年至 2023 年，检察机关起诉严重暴力犯罪从 17.4 万人降至 6.1 万人；“醉驾”、帮助信息网络犯罪活动以及掩饰隐瞒犯罪所得、犯罪所得收益等犯罪大幅上升，被判处 3 年有期徒刑以下刑罚的占比从 59.9% 升至 82.3%。2023 年，按照中央政法委统一部署，最高人民检察院会同最高人民法院、公安部、司法部出台了《关于办理醉酒危险驾驶刑事案件的意见》，统一了全国醉驾执法司法标准，形成行政处罚与刑事追究梯次衔接的醉驾治理体系。下一步，将借鉴“醉驾”治理经验，加强对帮助信息网络犯罪活动和掩饰隐瞒犯罪所得、犯罪所得收益以及非法捕捞、非法狩猎等犯罪的治理研究。

（三）善于在法理情的有机统一中实现公平正义，重在确保“三个效果”

天理、国法、人情有机统一，实际上就是政治效果、法律效果、社会效果有机统一。“天理”简单讲就是国家整体利益和人民根本利益。案件办理符合“天理”，“政治效果”自在其中。“国法”是国家法律，严格公正适用法律，侧重的是“法律效果”。“人情”是社情民意，符合人民群众朴素正义观，实际上就是“社会效果”。兼顾法理情，应当着重把握三个方面：

一是符合法律规定。这是统筹法理情最基本的要求。检察机关作为保障国家法律统一正确实施的司法机关，既要绷紧“严格依法”这根弦，更要坚持法治思维、法治方式，所有检察履职办案都要遵循法律规定和法治精神。河北迁西马某因举报当地领导干部被逮捕、起诉，引起社会广泛关注。当地检察机关在没有犯罪事实的情况下，对马某错误作出批捕决定，错误提起公诉，严重违反法律规定。最高人民检察院指令撤回起诉、作不起诉处理，按照司法责任制规定严肃追责，同时要求各地检察机关引以为戒、举一反三，切实防止此类案件发生。

二是符合社会主义核心价值观。习近平总书记强调“核心价值观，承载着一个民族、一个国家的精神追求，体现着一个社会评判是非曲直的价值标准”，要求“在推进依法治国过程中，必须大力弘扬社会主义核心价值观”。《中共中央关于加强新时代检察机关法律监督工作的意见》明确提出：“将社会主义核心价值观融入法律监督。”在检察履职办案中弘扬社会主义核心价值观，是统筹法理情有机统一的重要考量。比如，某学院副院长猥亵未成年女生，该生父亲愤而将其打成轻伤。检察机关审查认为，学生父亲是在向学校主张其女儿合法权益过程中，出于激愤实施的伤害行为，事出有因、情节较轻，且具有自首等从宽处罚情节，依法作出不起诉决定；同时发现，该副院长涉嫌强制猥亵罪，仅被行政拘留 5 日，依法监督公安机关刑事立案，法院判处有期徒刑 2 年 2 个月，彰显了法理情统一的司法力量。各地检察机关办了很多体现社会主义核心价值观的案件。开国少将被污蔑成叛徒，检察机关提起民事公益诉讼，昭示英烈荣光不容亵渎。怀孕 3 个月的妇女被公司以“经营管理需要”之名调整到一线体力劳动岗位后被迫离职，检察机关以公益诉讼督促相关部门加强监管、完善妇女特殊权益保护机制。这些都是把社会主义核心价值观融入检察履职办案的具体实践。

三是符合人民群众对公平正义的基本认知。习近平总书记强调：“我们党的执政水平和执政成效都不是由自己说了算，必须而且只能由人民来评判。”司法工作、检察工作也是同理。“公正司法是维护社会公平正义的最后一道防线。”评判是否公平正义，既有客观标准，也有主观感受。对公平正义感受的主体是人民群众，不是司法人员自己说公正就公正了，要以人民群众的感受为第一感受，努力让公正司法与老百姓心中的那杆“秤”同频共振。比如，有个人去电鱼，抓了三条鱼，共计一斤二两；有个人用地笼、网兜捕获江虾半斤。简单对照法条，因使用禁用的工具、方法，涉嫌非法捕捞水产品罪。但从人民群众基本认知出发，这两个案件就不应作为犯罪处理，检察机关均依法不起诉。检察机关要加强自我检视，改进自身工作，努力让检察履职办案更好契合人民群众对公平正义的基本认知，让公平正义真正被感受、被接受，感受到公平正义就在眼前、就在身边。

四、“三个善于”的保障机制

把“三个善于”融入检察履职办案全过程各环节，既要靠检察人员自觉落实，也要从制度建设、能力提升、作风保障等方面完善工作措施。

做到“三个善于”，要优化履职办案制度机制。“三个善于”既是对检察官依法履职的要求，也是对深化内部协同履职、加强外部协作联动的要求。持续健全依法一体履职机制。每一级检察院、每一项检察职能既相对独立又相互关联，做到“三个善于”是四级检察机关、各业务条线、各内设部门共同的责任。加强内部线索移送、层级接续监督，凝聚做到“三个善于”的工作合力。积极推进完善外部协作机制。寓监督于协作、融制约于配合，才能更加公正高效行使检察权，才能更好做到“三个善于”。更加自觉接受法院、公安机关的履职制约，共同维护执法司法公正。检务公开是让人民群众可感受、能感受、感受到公平正义的重要途径。要进一步优化做实，以公开促公正赢公信。既要避免因检察工作不当产生舆情，又要避免因处置不当产生更大舆情。优化业务管理机制，全面准确落实司法责任制，把“三个善于”融入每一个案件办理中。

做到“三个善于”，要提升法律政策运用能力。“三个善于”既是对高质效办案的规律认识，也是对高质效履职的能力要求。准确把握实质法律关系是“基本功”，是依法正确处理案件的基础环节；深刻领悟法治精神是“硬实力”，是避免就案办案、机械司法的关键所在；统筹法理情的有机统一是“金刚钻”，是实现公平正义的必然要求。这三个方面层层递进，标准要求、落实难度不断提高。真正做到“三个善于”，要求检察人员既切实当好依法履职办案的“能工”，更努力成为运用法律政策的“巧匠”。要把“三个善于”融入政治轮训、业务竞赛，完善专业素能培养体系，注重培养领军人才和高层次、专业化人才。深入实施数字检察战略，推动现代科技应用与传统监督方式相结合，更好赋能法律监督。

做到“三个善于”，要切实强化纪律作风保障。扎实开展党纪学习教育，深入学习贯彻新修订的《中国共产党纪律处分条例》，以自我革命精神纵深推进全面从严治检，以过硬纪律作风保障依法履职办案。加强检察权运行制约监督，健全完善上下级、内外部制约监督机制，坚决防治“灯下黑”。严格执行防止干预司法“三个规定”，有问必记录、逢案必倒查、有责必追究。对检察人员违纪违法问题“零容忍”，以身边人身边事做实警示教育。

五、结语

党的二十大报告强调:“在法治轨道上全面建设社会主义现代化国家。”检察机关为大局服务、为人民司法、为法治担当，以检察工作现代化更好服务中国式现代化，最终都要落实到“高质效办好每一个案件”上。各级检察机关要更加紧密地团结在以习近平同志为核心的党中央周围，持之以恒学思践悟习近平法治思想，认真落实“三个善于”要求，更好担负起党和人民、宪法法律赋予的法律监督职责，努力为以中国式现代化全面推进强国建设、民族复兴伟业作出更大贡献!

目　录

理论篇

实践篇

案例篇

— 刑事 —

— 民事 —

— 行政 —

— 公益诉讼 —

理论篇

“三个善于”的哲理思辨

樊崇义 *

最高人民检察院检察长应勇在为国家检察官学院2024年春季学期首批调训班次授课时强调，善于从纷繁复杂的法律事实中准确把握实质法律关系，善于从具体法律条文中深刻领悟法治精神，善于在法理情的有机统一中实现公平正义，是“高质效办好每一个案件”的重要体现。“三个善于”对应着准确认定事实、正确适用法律、争取最佳效果，是针对实践中就案办案、机械司法问题提出的破解之策，为做实“高质效办好每一个案件”构筑起有效的运作基石，进一步畅通了实现“努力让人民群众在每一个司法案件中感受到公平正义”的路径渠道。“三个善于”内涵丰富、意义深远，有着深刻的哲理基础。其并非简单的办案经验总结，而是有着深刻的哲理基础，反映了马克思主义的认识论和价值论，是检察机关办好案件所应遵循的基本规律。

一、以马克思主义的认识论为基础

“三个善于”中的第一个善于，是善于从纷繁复杂的法律事实中准确把握实质法律关系。这是检察机关办案首先遇到的问题。作为办案人员，如何从纷繁复杂的案件事实中准确把握实质法律关系，根本问题在于解决对案件事实的认知，即如何运用证据认识案件事实。因为案件是过去发生的事情，对于公安机关经过侦查移送的案件，作为公诉人，需

* 樊崇义，中国政法大学教授，国家法律援助研究院名誉院长。

要正确评价和认识这一案件所涉纷繁复杂的事实关系及其背后的实质法律关系。鉴于这一事后认识，而且认识的对象纷繁复杂，根据马克思主义的认识论和方法论，笔者认为，司法办案必须做到以下几点：

一要坚持“物质第一性，意识第二性”的基本立场。尊重客观事实，严禁用自己的主观认识和判断代替客观事实。

二要坚持证据裁判原则。用证据说话，以证据为根据，恢复案件的发生经过，包括时间、地点、各种行为过程和结果，即“七何”要素：何人、何事、何时、何地、何方、何因、何果。

三要坚持法律真实的证明标准。因为是案件发生后的认识，要求办案人员达到完全客观真实的标准是不可能的。针对案件事实及其法律关系，办案人员的判断，只能是尽量地接近客观真实，或曰相对真实。

四要坚持诉讼认识论。诉讼认识不同于人们对一般事物的认识或普通科学研究中的认识。其特点是，诉讼的认识对象、诉讼的期间限制、诉讼中对证据收集和运用均要遵循严格程序等。办案人员从对纷繁复杂的法律事实的认知到准确把握实质法律关系的过程，均要受刑事诉讼法所规定的程序的限制，必须严格依法进行。因此，每一个办案人员不仅要认真学习马克思主义关于认识论的哲理知识，而且要认真学习诉讼认识论的科学知识，只有这样才能做到从纷繁复杂的法律事实中准确把握实质法律关系。

二、以理性司法为导向

“三个善于”中的第二个善于，是善于从具体法律条文中深刻领悟法治精神。办案人员要在理清纷繁复杂的法律关系的基础上，进入法律适用阶段，进而作出裁判。如何从法律条文中深刻领悟法治精神，迈向理性司法，关系到社会治理能力和水平。为此，司法办案要做到以下几点：

从形式司法迈向实质司法。不仅要把法条规定的字面含义学懂弄通，更重要的是领悟其深层次的法治精神，或曰实质精神，做到形式和实质的统一。就刑法适用而言，对行为人实施犯罪行为的目的、动机，明知或不明知，此罪与彼罪的区别，行政违法与刑事犯罪的界限等问题进行法律评判，必须用心领悟法律条文的深层次内涵及其背后的法治精神，否则，作出的裁判就会有失公平。

从注释法学迈向理性法学。长期以来，无论是法律院校师生，还是公检法、律师等法律工作者，对法学，尤其是对各个部门法的学习和适用，基本上停留在注释法学层面，仅对法条的形式规范、构成要件进行注释式的理解和适用，由此陷入注释法学的圈圈。近年来，法律工作者和教学科研部门逐渐认识到注释法学的局限性，进而提出部门法学哲理化的研究和适用方法，正在逐步迈向理性法学的研究方法。理性法学注重对每一法律规定背后的哲理及其深层次的价值尤其是人本主义，进行实质性地把握、理解和适用。如，关注刑法的谦抑性、程序的公正性、社会的安定性等。理性法学要求在司法办案中善于从具体的法律条文中深刻领悟法治精神。因此，对法律的学习和适用，应从注释法学的学习和适用方法，逐步迈向理性法学的学习和适用方法。

三、发挥司法智慧，融天理、国法、人情于一体

“三个善于”中的第三个善于，是善于在法理情的有机统一中实现公平正义。这就要求在办理的每一个案件中，最终实现天理、国法、人情的高度统一，以使人民群众从每一个司法案件中感受到公平正义。实事求是地讲，这一要求既是人民群众对司法办案的最高要求，又是社会治理能力和水平的价值体现，其实质是中国特色社会主义司法制度的要求，即坚持党的“为人民服务”的宗旨，坚持以人民为中心的具体体现。从法哲学的高度看，这种“三位一体”是马克思主义价值观之人民性哲学理念的体现。为此，在司法办案中必须做到以下几点：

努力克服“就案办案，机械司法”。司法机关办理的案件，纷繁复杂且各种各样，如同世界上没有两片相同的树叶，每个案件都有独特的案情和不同的情节。因此，要做到法理情的有机统一，首先要克服“就案办案，机械司法”的形式主义、教条主义的办案方法，要从每一个案件，尤其是刑事案件的作案手段、发案的时间、地点等出发，认真地把

法理情有机统一起来，作出公正的判断。

坚持以人民为中心，把社会主义核心价值观融入司法办案，是法理情有机统一的基本要求。党的二十大确立了以中国式现代化全面推进中华民族伟大复兴的使命任务。习近平总书记对政法工作作出重要指示强调，坚持改革创新发扬斗争精神，奋力推进政法工作现代化。要坚持以人民为中心的立场，把社会主义核心价值观即“富强、民主、文明、和谐，自由、平等、公正、法治，爱国、敬业、诚信、友善”融入司法办案，只有这样才能实现社会的公平正义，才能体现法理情的高度统一。结合办案实际，在具体的做法上，就是要坚持人本主义的哲学观，把“人文关怀”的精神落实到每一起案件当中，尤其是对每一个涉案当事人的利益和权利，都不容忽视，都要平等对待，把人权保障规定落实在办案全过程。

“天理、国法、人情”的有机统一，取决于每一个办案人员司法智慧的发挥。对于如何做到法理情的有机统一，法律并未作出明确规定，实现三者的融合和统一，必须依靠办案人员司法智慧的发挥。

一要准确把握和运用党和国家的一贯刑事政策，做到“区别对待和宽严相济”，努力克服“宽严不分”“一刀切”的办案方法。当前，尤其要关注轻罪与重罪相分离，区别轻重，建构轻罪案件处理专门程序，通过立法确立刑事协商程序。

二要有“如我在诉”的观念和意识。办案人员对任何一个案件的处理，都要有一种“如我在诉”的思维，无论是对纷繁复杂案件事实的判断，还是对法律的适用，都要注意三个方面利益的平衡：一是国家利益、社会公共利益；二是犯罪嫌疑人、被告人的利益；三是被害人的利益。只有达到三方面利益的平衡，设身处地发挥在调解、协商、谈判、平衡中的智慧，才能做到“案结事了”，实现法情理有机统一，达到公平正义的价值目标。

三要坚持证据裁判原则，用事实证据说话，以理服人。各种刑事案件的发生，多是因人与人之间矛盾的恶化，都有其发生的时间、地点、方法、原因和结果，对构成犯罪事实的“七何”要素，即“何人、何事、何时、何地、何方、何因、何果”，均要以合法的证据作支撑，用客观或主观证据证明案件事实。所谓“以事实为根据”就是“以证据为根据”，只有贯彻证据裁判原则，才能为正确适用法律提供根据，才能保证公平正义，才能使诉讼各方心服口服。这是实现法理情有机统一的基础，否则，空谈“天理、国法、人情”，不会使诉讼各方心服口服，不能真正化解矛盾。

四要尊重常情常理和常识判断。司法办案过程中，除对纷繁复杂的案件事实进行判断外，许多案件的发生、发展，不仅事出有因，而且还有常情、常理和常识的介入问题，如不可抗拒的原因、一方当事人以前的过错、天气恶劣乃至天灾人祸等，这些特定的环境、特殊的原因均应有所考虑。尤其是承担案件起诉和审判职责的司法人员，在起诉或审判时，更不能违背常理、常情和常识，以确保起诉和裁判结果实现政治效果、法律效果和社会效果的有机统一。

“三个善于”的内在逻辑及实践要求

张建伟　唐淑臣*

最高检党组强调，坚持“高质效办好每一个案件”，并提出“三个善于”的要求，即善于从纷繁复杂的法律事实中准确把握实质法律关系，善于从具体法律条文中深刻领悟法治精神，善于在法理情的有机统一中实现公平正义。“三个善于”在内在逻辑上相互联系，从司法的不同面向提出具有实践指导性的要求，共同服务于“高质效办好每一个案件”，对于今后的司法办案有着引导作用，对于办案质量与效果的提升有着推进功能。

“三个善于”是以事实判断、法条理解和案件处理三个层次展开的，对应着司法办案中演绎推理从小前提（案件事实）到大前提（法律）再到结论（案件处理）的结构关系。就具体的司法实践来说，办案人员先接触到的是事实和证据，依证据对案件事实加以认定，体现证据裁判原则和以证据为中心的诉讼理念，并从事实分析中把握其包含的法律关系，对这些法律关系进行判定后，再具体适用法律，在适用法律中理解并贯彻法条包含的法治精神，最后在处理案件中将天理、国法、人情结合在一起，铸造实体上公正的案件处理结果。这些构成了“三个善于”的内在逻辑关系。

* 张建伟，清华大学法学院教授，中国刑事诉讼法学研究会副会长；唐淑臣，清华大学法学院博士研究生。

一、事实判断：把握复杂案件中的实质法律关系

“三个善于”第一层要求，是善于从纷繁复杂的法律事实中准确把握实质法律关系。应勇检察长就此指出，要准确认定实质法律关系，明确案件中起主导和支配作用的权利义务关系是什么，法律关系认定错误将直接导致案件定性错误。作为“三个善于”的行为指引，把握复杂案件中的实质法律关系是司法机关解释法律、办理案件的前提和基础。换言之，只有精准把握复杂案件中的实质法律关系，才能选取需要适用的法律，准确定位适当的法律条文。

刑事司法中的复杂案件，可以划分为两类：一类是法律问题复杂，如法律规定本身存在含义模棱两可、理解起来有分歧、适用容易产生争议以及法律解释存在多面性的案件；二类是事实问题复杂，如存在头绪较多、性质混合、人员结构复杂、关键事实含混不清等问题的案件。对于法律问题复杂的案件，需要把握好法律条文的价值取向、包含的法治原则与法治精神，从法律原理上进行厘清，以便做出正确的解读与适用。面对办案中法律适用存在争议、法律解释存在多面性、法律规定不够清晰等问题，在没有最高司法机关进一步解释之前，为办理案件的需要，要以法律原理、法治原则是否契合法治精神为依据，提出正确适用法律的意见与思路，并经过内部程序确定法律适用的思路，避免在法律的“迷宫”里失去方向，迷失自我，形成无所适从的困难局面。事实问题复杂的案件，是对司法人员判断能力的检验。司法办案的一个重要任务就是对复杂案件进行事实分析和证据分析，识别出基本事件，理清事件关系，建立事实脉络，准确刻画案情发展，为案件的理解、分析、裁定提供支撑。这个过程就是依据法律还原事实的过程，这是每一个检察官应当具备的基本业务素质能力。司法的关键在于判断，尽管这是针对审判说的，但是，检察工作中也处处离不开判断。以实体刑法为图，以诉讼程序为界，对事实复杂的问题进行抽丝剥茧，探寻其实质法律关系，是优秀检察办案人员应有的本领。

对于司法实践而言，把握实质法律关系是正确适用法律的基础。可

以说，把握清楚实质法律关系，是高质效办好每一个案件的前提。法律关系，一般是指法律规范在调整人的行为过程中形成的具有法律上权利义务形式的社会关系。我们这里提到的"法律关系"的内涵要更丰富一些，不仅是一种权利义务关系，还有其他涉及人与人以及基于行为形成的具有法律意义上的关系。这种关系，既有形式上的关系，也有实质上的关系。在分析法律关系的过程中，既要看到法律关系的主体、法律关系的客体和法律关系的内容等方面的形式关系，还要注意这些要素背后的实质性关系，从而对法律关系形成正确的判定。在司法实践中注重实质法律关系的把握，避免混淆不同性质的案件，例如刑事法律关系与民事法律关系的性质不同，需要把握好两者的界限，避免错误将民行案件作为刑事案件处理，从而逾越了刑罚权范围，打破了刑法谦抑性所要求的平衡。对于本来是民事经济纠纷的案件，如果通过刑事手段进行干预，不但会造成司法资源的浪费，也会造成无辜者被错误追究刑事责任。这就是案件实质法律关系把握不当的结果。同时，也要避免把刑事案件错当成民事纠纷进行处理，形成法律上的出罪错误，造成有罪而需要追究刑事责任的逍遥法外。此外，要以事实为根据对法律关系进行判断，在事实基础上再以法律为准绳进行处理。在这个过程中，涉及民刑两种诉讼类型不同的证明标准问题，要注意予以区分，不能将刑事法律关系的证明责任强加至民事法律关系的证明责任，亦不能用民事法律关系的成立反推刑事法律关系的成立。

二、法条理解：领悟法律条文中的法治精神

"三个善于"的第二层要求，是善于从具体法律条文中深刻领悟法治精神。作为一项总体要求，也至为关键，主要强调两个方面：一是法治原则，这是检察工作必须遵循的一项重要原则，要求依法办案，不能偏离法律的规定；二是对法律规定的理解，不能仅仅停留在表面，许多法条背后都蕴藉着一定的法律理念，体现了一定的价值选择，检察工作要深入理解法律背后的基本价值和理念，依法办案要注重契合法治精神。二者是互为表里的关系。落实法律规定是前提，也是法治原则的要

求，偏离法律条文，本身就不太可能契合法治精神；契合法治精神，是法律适用中的自觉意识，也是案件质量在更高层面的体现。如果对法律的解释与适用偏离法治精神，案件质量和办案效果就可能出现偏差，司法就可能出现脱序现象。

在奋力推进政法工作现代化的大背景下，更需要加强调动司法人员的自主性，法律适用也会赋予办案人员更多的自由裁量权。司法人员需要直面越来越多的法律条文，专业主义的要求是，对工作中适用的法律条文，必须有准确地把握和深刻地理解。面对法律日益纷繁复杂的局面，司法人员要从法律文本出发去解释法律、运用法律。这便要求司法人员除法律条文的字面意义之外，深刻领悟其背后的精神、理念、价值，尤其需要注意解释论视角下“依法”的两个误区：一是条文主义，只依照法律条文照本宣科，不考虑立法原意，对法律文本进行浅表的理解甚至有时割裂条文之间的内在联系，也就是所谓的“机械司法”或者“僵化司法”。司法机关对有些案件的处理，就其表面看，并未偏离法律和司法解释等规范设定的轨道，有的案件甚至是“严格”遵循法律及其司法解释和相关规范性文件而达成的结果；但是，令人遗憾的是，这些司法处理实质上偏离了社会关于什么是正义的观念，有违统摄具体法律条文的法治精神。在过去，司法工作人员为了减少职业风险，有时不敢积极作为，只敢按照法律条文机械司法，但在政法工作现代化的要求下，则要考虑实质上的司法公正而不仅仅是法律条文的表面吻合，必须顾及根据法律适用于个案的具体情形，在司法办案中彰显法治温度、司法良意。二是注意不能矫枉过正，把依法办事一概视为“机械司法”。对法律失去敬畏，随意决定用与不用现行有效的法律，违反“有法必依”的法治原则。因此，检察工作既要避免机械理解法律文义，更要杜绝超出法律文本射程范围随意理解法律甚至弃置不用。

正确区分机械司法与依法办案，要回到“善于从具体法律条文中深刻领悟法治精神”，即依法办案的基本目标是落实现行有效的法律，这些法律本身要契合法治精神，将这些法律通过具体办案加以落实，可以使国家与社会治理的法治化取得全面的实施。对法律条文的正确适用，就是依法办案，但这只是形式性依法办案。法律往往是概括的、原则的，有的条文还为办案人员的运用留有一定裁量空间；案件却是具体而生动的，办案不仅要注重正确理解和适用法律，而且需要通过办案中的自由裁量权的正当行使，契合法律条文背后的法治精神，就是实质性的依法办案。反之，如果拘泥于法律本身的字意，明明知道如此适用法律造成的司法不公，仍然要这样办案，就属于机械、僵化的司法。区别两者的关键是对于法律条文本身的理解之外对法律包含的法治精神内涵的理解。

契合法治精神的要求，并非空泛的、难以具体化的要求，而是真真切切体现在司法实践之中。以费氏鹦鹉案为例，三名当事人买卖了几十只人工繁育的费氏牡丹鹦鹉，按照当时施行的司法解释，三人的法定刑高达 10 年以上。就其表面来说，就这些案件进行立案、侦查、起诉乃至审理后定罪量刑，符合法律、司法解释以及相关规范性文件的规定，检察机关对侦查终结的案件做顺水推舟的处理，毫无障碍。但是办理此案的检察机关注意到，法条主义的办案不足以实现正义，反而造成正义的偏离，经研究论证后，认为三人无罪，作出不起诉的处理。显然，先前的法律、司法解释和规范性文件无法预见到有朝一日已经列入濒危野生动物清单的受保护野生动物会被人工繁殖甚至成为一个地方人们养家糊口的经济来源，仅仅文本上解释“买卖野生动物罪”的相关规定，就会陷入机械、僵化司法的窠臼。检察机关在办理这一案件中，对原始的法律性文本根据法治精神进行深入理解并作出不起诉决定，跳出机械司法的束缚，才是真正法治精神的体现，这种法治精神，体现了以人为本的现代思想，符合我国倡导的以人民为中心的理念。费氏鹦鹉案的正确处理，产生了良好的社会效果和司法影响，“两高”联合发布司法解释，明确买卖人工繁育技术成熟、已成规模的野生动物，一般不作犯罪处理，肯定了检察机关在这些案件办理中的正确做法。

三、案件处理：统筹法理情的有机统一

“三个善于”第三层要求，是善于在法理情的有机统一中实现公平

正义。这里的“法”指的是法律，国家制定的各项法律法规；“理”指的是“天理”，古称“天道”，属于自然正义的范畴，是人类共同认可的价值与规律，被认为是贴近实质正义的观念[①]；“情”指的是“人情”，即人的情感，也指人心、世情。司法办案中涉及的“人情”，主要是指社会民众的普遍情感，包括对一些事物的共同好感与恶感等基本情感。作为“三个善于”的具体落实，从正面来说，案件办理要统筹法理情的有机统一，实现案件的政治效果、法律效果和社会效果的有机统一；从反面来说，不能就案办案、机械办案，强调刑事案件办理的社会治理。将法理情割裂开来，就容易形成机械司法的局面，造成实质上的正义的偏失，乃至出现整体的不正义。

司法实践中，有时出现背离天理和人情的现象，不是因为天理、国法、人情本身存在冲突，而是由于司法人员对天理、国法、人情及其关系的忽视、错误理解或者在办案中缺乏兼顾三者关系的自觉意识，导致案件处理结果呈现出法理情不相融合的情形。法律不外乎人情，法律也要根据自然正义的规则进行制定，因此法律本身含有天理和人情的因素。但是，法律之外，也还存在着天理、人情，不能依靠机械适用法律加以体现，需要用天理、人情加以评断法律应否适用，或者在法律的范围内更好地处理案件。司法是人的司法，不是机器的司法，这就要求司法人员要自己有眼光、有头脑，对案件有较好的判断力，本着理性和良心，选择对案件最好的处理方法，这就离不开对天理与人情的认识和判断。如果一起案件表面符合国法，却明显背离天理、人情，是不能取得良好的政治、法律和社会效果的。

天理、国法、人情的统一并非是浑然天成的，在具体案件办理中，也不是不证自明的。为了体现天理、人情的观念，要求司法人员不仅在行为上兼顾天理、国法、人情，更要在说理上体现天理、国法、人情。具体而言，对于不批捕、不起诉的案件，详细说明所作决定的依据和理由，也可以通过公开听证的方式消解被害人的误解与疑虑；强化裁判文

① 参见张建伟：《司法机械主义现象及其原因分析》，载《法治社会》2023年第2期。

书的说理工作，尤其是对于可能引发天理、人情与国法龃龉的案件，要重点予以回应。只要是依法办理，契合法治精神，注重案件的实质公正，自然是符合天理、人情。

统筹法理情的有机统一，还要求司法人员在办案时不能一味求快，“萝卜快了不洗泥”，要适时“一停二慢三通过”，时常冷静思考，有掂量案件之法理情的自觉意识，“高质效”之“高”，质量（主要体现为实体公正）排在第一位，是有意义的，意味着在保障质量的前提下，再努力提高效率，不能以效率伤质量（实体公正）。

高质效办好每一个案件是实现“案结事了人和”的关键。结案固然重要，更重要的是，办理完结的案件实质解决了纠纷，化解了矛盾，让案件处理结果不利的一方也能感受到公平正义，对司法过程乃至结果也能表示满意、认同与接受，形成和谐社会的群众基础。有些案件的法律关系并不复杂，当事人却对依据这些并不复杂的法律关系作出的案件处理结果不满意，有的是因为当事人对案件结果的期待和司法公正的认识存在偏差，有的是因为司法人员没有下足功夫去“说服”当事人理解和认同案件的处理结果。有的司法人员“结案了事”，虽然对随后的申诉、上诉乃至上访感到困扰，但如何进行诉讼中的矛盾化解，实现“案结事了”的效果，司法人员却缺乏思考，摸不到门径。司法程序过程是非常重要的，让当事人将理说在法庭，使他们的愿望和吁求能够充分向司法人员表达，将他们对司法公正的认识偏差化解在办案过程中，重新建立起对案件之程序公正的认同，增强司法公信力。对于那些社会关注度高、与群众利益密切相关的案件，办案人员还要认真聆听各方意见，认真体会群众的朴素情感和公平正义观，积极追求政治效果、法律效果和社会效果的有机统一。只有这样，才能实现真正的“高质效”办案。

高质效办好每一个案件应当实现办理一案、治理一片的效果。对于司法人员而言，要注意案件与案件之间存在的关联性，并进一步思考这种关联性的内在关系，以实现以一案带一片的效果，但不能无理由地在司法实践中“异动”“乱动”。对于司法工作，不能仅从数量上作评价，还必须以质量为衡量依据。办案数量固然重要，但是，没有质量保障，不具有良好的办案效果，办案数量再多，也无法满足人民群众对司法的期待。“三个善于”作为提高办案质效的途径，回应了司法人员如何“高质效办好每一个案件”的关键问题。

“三个善于”的人民属性及其实现

练虹怡 *

“三个善于”是全面推进依法治国背景下，检察机关聚焦高质效办好每一个案件，贯彻落实习近平法治思想的重要实践，是“以人民为中心”的根本立场的具体体现。对“三个善于”的理解，需要深刻领悟“坚持以人民为中心”的政治立场，把握“以人民为中心”与“三个善于”的关系，从中找到具体实现“三个善于”的核心路径。

一、“三个善于”的时代背景

（一）全面依法治国与“以人民为中心”

党的二十大报告强调，“在法治轨道上全面建设社会主义现代化国家”，“以中国式现代化全面推进中华民族伟大复兴”，[①] 充分表明了建设社会主义现代化强国的决心，也指明了法治是实现中国式现代化的必答之题。党的二十届三中全会通过的《中共中央关于进一步全面深化改革、推进中国式现代化的决定》指出，要坚持全面依法治国，完善中国特色社会主义法治体系。习近平总书记强调：“全面依法治国是一个系统工程，必须统筹兼顾、把握重点、整体谋划，更加注重系统性、整体

* 练虹怡，北京市朝阳区人民检察院第七检察部主任、四级高级检察官。

① 习近平：《高举中国特色社会主义伟大旗帜 为全面建设社会主义现代化国家而团结奋斗——在中国共产党第二十次全国代表大会上的报告》，人民出版社 2022 年版，第 21 页。

性、协同性。”[①]可见，对全面依法治国的理解，需要建立在全局观念，从中国特色社会主义事业总体布局的角度出发，充分认识到全面依法治国是“国家治理的一场深刻变革”。[②]正因为此，在全面推进依法治国的进程中，不能仅仅聚焦于具体的司法工作，而是要深刻领悟全面依法治国的基础与目标，从这一角度出发，找准全面依法治国对于检察工作的核心要求，才能持续提升新时代检察监督能力。

马克思、恩格斯曾言，“在民主制中，任何一个环节都不具有与它本身的意义不同的意义。每一个环节实际上都只是整体人民的环节”[③]，这也揭示了社会主义民主的核心属性，即人民性。《中共中央关于党的百年奋斗重大成就和历史经验的决议》明确指出，“全面依法治国最广泛、最深厚的基础是人民”，“坚持一切为了人民、一切依靠人民，坚持为人民执政、靠人民执政，坚持发展为了人民、发展依靠人民、发展成果由人民共享”。人民当家作主是社会主义民主政治的本质和核心。[④]从这一本质出发，不难得出前述问题的结论，即全面依法治国体现的是人民意志，其目的在于依法保障人民权益。从宏观上看，推进全面依法治国，必须坚持以人民为中心，把人民对美好生活的向往作为奋斗目标，不断健全中国特色社会主义法治体系。从微观上看，在每一个具体案件中依法维护人民群众合法权益，让公平正义根植于人民群众心中，信仰法治、维护法治，是检察工作的出发点和落脚点。

“法与时转则治，治与世宜则有功。”[⑤]在全面依法治国这一时代背景下，检察工作要与时俱进、实现高质量发展，归根结底是要坚持以人民为中心。一方面，对于人民属性的理解是基于人民当家作主、人民享受

---

① 习近平:《加强党对全面依法治国的领导》，载《求是》2019 年第 4 期。

② 参见习近平:《坚定不移走中国特色社会主义法治道路 为全面建设社会主义现代化国家提供有力法治保障》，载《求是》2021 年第 5 期。

③ 中共中央马克思恩格斯列宁斯大林著作编译局编:《马克思恩格斯全集》(第 3 卷)，人民出版社 2002 年版，第 39 页。

④ 参见习近平:《在庆祝全国人民代表大会成立 60 周年大会上的讲话》，载《求是》2019 年第 18 期。

⑤《韩非子·心度》。

发展成果的立场，时刻将人民的美好生活作为党执政兴国的目标与根本追求。这种人民至上的治国理念，决定了检察工作必须坚持以人民为中心。另一方面，法治是为人民服务，是“国家治理体系和治理能力的重要依托”。[①]要实现中国式现代化，就必须重视并积极发挥法治“固根本、稳预期、利长远”[②]的保障作用，让人民群众感受到公平正义，真正实现长治久安。从这两方面看，以人民为中心是全面依法治国的本质要求与内在驱动，是新时代新征程政法工作不断前进的动力，也必然对检察机关不断深化检察改革、全面落实检察为民提出更高的时代要求。

（二）“以人民为中心”对检察监督理念的引领

《中共中央关于加强新时代检察机关法律监督工作的意见》明确指出：“人民检察院是国家的法律监督机关，是保障国家法律统一正确实施的司法机关，是保护国家利益和社会公共利益的重要力量，是国家监督体系的重要组成部分，在推进全面依法治国、建设社会主义法治国家中发挥着重要作用。”中共中央对全面依法治国、加强检察机关法律监督职能的工作作出了重要指示，检察机关应当更加积极履职，交出人民群众满意的时代答卷。这需要检察机关不断更新法律监督理念，进而提升法律监督能力。

理念一变天地宽。与时俱进的法律监督理念是检察工作得以发展的不竭动力。正是在上述时代背景下，最高人民检察院党组守正创新，深化法律监督理念，提出“高质效办好每一个案件”的理念要求，以及“三个善于”的方法指引。“三个善于”是对“以人民为中心”这一根本立场的再次强调，多角度、全方位地对检察人员提出了更高的工作要

① 参见习近平：《坚定不移走中国特色社会主义法治道路 为全面建设社会主义现代化国家提供有力法治保障》，载《求是》2021年第5期。

② 习近平：《坚定不移走中国特色社会主义法治道路 为全面建设社会主义现代化国家提供有力法治保障》，载《求是》2021年第5期。

求。[①]笔者认为，“三个善于”是基于坚持以人民为中心的发展思想衍生出的检察工作的认识论，也是落实努力让人民群众在每一个司法案件中感受到公平正义要求的检察办案方法论。要准确理解“三个善于”，就必须结合中国式现代化的时代背景，从以人民为中心的视角逐层剖析，才能准确把握“三个善于”背后的监督理念，从而贯彻落实好“三个善于”的重要要求。

二、“三个善于”的人民属性

“三个善于”是逐级递进、环环相扣的有机统一。但逐层剖析时，又能清晰地看出“三个善于”与“以人民为中心”存在三组对应关系。

（一）事实视角：检察履职是否主动适应和满足人民对美好生活的需要

“善于从纷繁复杂的法律事实中准确把握实质法律关系”是“三个善于”的第一层要求。随着时代的发展，法律事实呈现出复杂化、多元化的特点，甚至伴随着新科技的融入，法律事实有时呈现出的表象具有极高的误导性，令人难以分辨。如行为人使用AI技术“换脸”“变声”，实施诈骗等，不仅令被冒充人“百口莫辩”，也加剧了群众权益被侵害的风险。

从法律事实到法律关系，需要检察人员具备抽丝剥茧、抓住关键问题的能力。越是复杂的事实，掺杂的“干扰选项”越多，如果只停留在事实层面，没有穿透事实去把握底层逻辑，就无法还原事实真相。对当事人而言，如果检察官与自己一样，只能停留在事实层面，甚至某种程度上检察官透过事实得出的结论违背了自己的真实经历与感受，当事人不可能接受检察官得出的结论。这样的结论也不可能得到人民群众的认可。比如，近年来，合同诈骗罪与经济纠纷的判断不断出现争议和分

① 参见姜昕、元明、冯小光、田凯、崔议文：《落实“三个善于”高质效办好每一个案件》，载《人民检察》2023年第13期。

歧，越来越多的声音要求司法审慎地判断，厘清正常的经济活动与违法犯罪之间的界限，既要严厉打击犯罪，又要切实防范利用刑事手段干预经济纠纷。这表明，人民群众渴望经济活动有序健康发展，对司法机关的期待也日益加深。例如，检例第 91 号温某某合同诈骗立案监督案，本案事实发生在 2010 年至 2011 年，但直到 2019 年才进入实质性阶段。而涉案公司之间的合同履行情况较为复杂，需要从涉案合同项目的真实性、标的物的具体使用、钱款去向、行为人的履行能力等多方面综合判断。单从部分环节履行不到位便得出合同诈骗的结论，过于机械，且属于“挂案”，严重破坏营商环境，损害企业利益。如果检察机关面对涉案事实不加甄别，就会陷入同样的错误判断，得出同样错误的结论，难以服众。而本案中检察机关依法监督撤销案件并对违法行为提出纠正意见，恰恰证明了检察履职的人民导向——人民群众满不满意，是衡量检察工作的根本标准。

综上，人民群众在民主、法治、公平、正义等方面有着日益增长的需求，检察履职的第一步是透过现象看本质，将真实、准确的法律关系展示在公众眼中，梳理好“小前提”。人民群众的急难愁盼得到了关注，有了正确的分析，人民群众才会形成对检察机关的持续信任，这种法治信任是实现人民群众对美好生活向往的重要基石。反过来看，检察机关缺乏准确把握实质法律关系的履职能力，就会失去主动适应和满足人民对美好生活需要的能力，就不可能实现“以人民为中心”。

（二）法律视角：检察履职是否让人民群众感受到公平正义

“善于从具体法律条文中深刻领悟法治精神”是“三个善于”的第二层要求。“法治精神”的范围虽然较为宽泛，但笔者认为，对“法治精神”的理解必须与时俱进，在习近平法治思想中可以找到答案。习近平法治思想用“十一个坚持”系统阐述了新时代推进全面依法治国的重要思想和战略部署，阐明了社会主义法治精神的内核。对法治思想的理解，应当不断对标“十一个坚持”。检察官目光也应当在法律条文与法治思想中不断往返，从而得出正确的结论。

再深层探索这一视角，不难发现，法治精神的作用是引导检察官准确适用法律条文，找到正确的“大前提”，才能用“三段论”的推理得出准确结论。如果缺乏法治精神，法律条文这个“大前提”就会出错、跑偏，由此得出的推断过程一定是不周延的，是漏洞百出的。一个错误的结论，会严重背离人民群众朴素的法感情，更会剥夺公众对于公平正义的获得感。因此，检察履职的第二步，就是秉持“司法为民”的理念，从民生、民情、民心、民意的视角出发，找准“大前提”，准确适用法律。就这一层面来看，“以人民为中心”是领悟法治精神的必备要素。

例如，检例第211号王某掩饰、隐瞒犯罪所得不批捕复议复核案中，被告人徐某先后24次盗窃财物，分29次卖给经营废品收购站的王某。侦查机关提请逮捕时，M市检察院认为王某的行为不符合掩饰、隐瞒犯罪所得罪相关司法解释的规定，无法认定王某的行为构成掩饰、隐瞒犯罪所得罪，以不构成犯罪作出不批捕决定，并在公安机关复议时维持原不批捕决定。经公安机关提请复核，上级检察机关审查认为，王某的行为构成掩饰、隐瞒犯罪所得罪，但综合评判其社会危险性后，作出无社会危险性不批捕的复核决定。最终，王某被以掩饰、隐瞒犯罪所得罪判处有期徒刑7个月，并处罚金。

本案经过无罪不捕、复议维持原决定、复核后认为构罪但不批捕三个阶段。上级检察机关在复核时准确把握了“社会危险性”的判断标准。对于法律条文没有明确量刑判断标准的，上级检察机关坚持从法治精神出发，结合上下游犯罪的刑期综合考量了王某的强制措施。本案作为指导性案例，在这一问题上或许可以有更多阐述与指导，但从“三个善于”的角度来看，本案很好地诠释了“善于从具体法律条文中深刻领悟法治精神”的要求。

综上，让人民群众在具体法律条文的适用中感受到公平正义，既是法治精神的应有之义，更是以人民为中心的具体体现，是实现“三个善于”的必要条件。

（三）时代视角：检察履职是否坚守人民情怀，自觉接受人民监督

“善于在法理情的有机统一中实现公平正义”是“三个善于”的第三层面，也是得出结论的最终环节。检察履职的温度与法治的温度是成正比的关系。人民是法治建设的主体。全面依法治国最广泛、最深厚的基础是人民。①只有在司法案件的结论中体现人民利益，反映人民愿望，维护人民权益，增进人民福祉，才能真正让人民群众感受到公平正义。任何机械、冰冷的结论，都不可能得到人民群众的认可，也背离了“以人民为中心”的原则。

“法理情的统一”，必须放到群众视角上理解。“法”是“国法”，是体现了人民群众意志的科学立法、民主立法。“要恪守以民为本、立法为民理念，贯彻社会主义核心价值观，使每一项立法都符合宪法精神、反映人民意志、得到人民拥护。”②“理”是“天理”，是人民的要求、人民的主张、人民的期盼。人民群众面对个案在想什么，面对类案在关注什么，这些汇聚成了“天理”，是人民心中的正义之理。“情”是“人情”，是人民群众对良善道德的选择，是人类朴素的法感情。只有“国法、天理、人情”形成了有机统一，才能将人民群众心中的正义外化为身边的公平，成为看得见、能感受、感受到的公平正义。著名的“昆山龙哥反杀案”——检例第47号于海明正当防卫案，明确了“行凶”的认定标准，尤其在尚未发生严重的实害后果的情况下，根据行凶是否已经造成严重危及人身安全的紧迫威胁来判断正当防卫是否成立，在当时具有非常重要的意义，由此也开启了“激活”正当防卫的热烈讨论。也正因为检察机关对法治精神的准确把握，才有了现在关于正当防卫和行凶的明确标准。

防止就案办案、机械司法，应当自觉接受人民群众对检察履职的监

---

① 参见习近平：《坚定不移走中国特色社会主义法治道路 为全面建设社会主义现代化国家提供有力法治保障》，载《求是》2021年第5期。

② 《中共中央关于全面推进依法治国若干重大问题的决定》，载中国政府网，https://www.gov.cn/xinwen/2014-10/28/content_2771714_2.htm。

督。对检察权的监督制约，既要靠制度，也要靠人民群众。“制度的笼子”与“群众的眼睛”是确保检察权运行在法治轨道上的两把“安全锁”。司法公开会带来司法公信力的提升。公平正义以看得见、听得懂、能评价的形式被人民群众所感知，才能确保检察权运行在法治轨道上，才能让检察权更好地服务社会、服务人民，让社会、人民理解、支持检察工作，监督检察权规范运行。

例如，天津市武清区人民检察院对王某某等94件征收社会抚养费行政非诉执行检察监督案审查环节检察听证案①中，2021年修订的人口与计划生育法虽然未明确规定未予以执结的社会抚养费案件是否还应当继续执行，但从修改后的法律精神及修改趋势上看，不再继续执行更符合法治精神，也符合人民群众的期待。本案中，检察机关并未因法律无明确规定而徘徊不前，不仅主动召开检察听证，自觉接受人民群众监督，更以检察建议的形式推动撤销执行申请，并在全市范围内开展“社会抚养费强制执行”专项监督，从个案监督走向类案治理，高质效地实现了“法理情”的有机统一。

可以说，“三个善于”的第三层面，是检察履职的自觉，也是以人民为中心的价值追求。

综上，如果将“三个善于”的三个层面综合来看，检察官应当先确认好“小前提”，再准确找到“大前提”，最终通过“大前提—小前提—结论”的三段论推理，得出合法、合情、合理的结论。这一过程中，不仅可以看出“以人民为中心”的丰富内涵，更能得到“坚持以人民为中心”的具体路径。“以人民为中心”和“三个善于”之间的关系，既是全面依法治国视角下不同层次、不同出发点的独立个体，又是以法治之力服务保障中国式现代化进程中不可分割的认识论与方法论。只有坚持以人民为中心，才能准确找到实现“三个善于”的出发点，也只有坚持贯彻“三个善于”，才能够最终实现“以人民为中心”的检察履职。

---

① 最高人民检察院第五批检察听证典型案例之一。

三、"三个善于"的实现路径

"三个善于"的时代背景与人民属性，决定了其必然通过中国式现代化的人民要素来实现，这既包括人民群众的普遍视角、公众监督，也包括社会公众共同参与的立体化社会治理，更包括坚定检察自信，坚持"以人民为中心"推动检察监督的群众路线实践。

（一）坚守群众路线，实现人民群众认可的"高质效办好每一个案件"

群众路线是党的根本领导方法和工作方法。人民群众是否认可检察工作，是检察履职是否实现"高质效"的黄金标准。只有人民群众满意，检察履职才有价值。从更深层次剖析，坚守群众路线，在专业判断中加入社会公众的视角，并不违背检察官的客观公正立场，相反，这是检察官的客观公正义务的应有之义。

《检察官法》第5条第1款规定："检察官履行职责，应当以事实为根据，以法律为准绳，秉持客观公正的立场。"首次在法律中确认了检察官的履职立场。[①] 检察官客观公正义务，即检察官超越当事人角色，客观公正地执行职务的伦理要求和法律责任。这一要求在检察制度中具有普遍性。[②] 坚持客观公正立场，是中立审查责任的要求，是从专业层面开展的工作。坚持代入人民群众的视角，正是从普遍的客观第三方的视角进行审查，是从社会层面开展的工作。为此，需要关注以下几方面的要素。

1. 是否能够在把握法律关系时听取群众的意见

检察办案听取当事人意见，是刑事诉讼程序的必然要求。但检察官透过纷繁复杂的事实抓取核心法律关系的过程，是检察官独立的裁量过

① 参见缐杰、高翼飞：《检察官秉持客观公正立场的基本要求》，载《检察日报》2019年10月10日，第3版。

② 参见龙宗智：《检察官客观公正义务的理据与内容》，载《人民检察》2020年第13期。

程，是体现检察官价值判断的过程。当事人基于自身利益，对诉求的表达具有主观倾向性，甚至可能带有误导性。但当事人意见不能完全等同于人民群众的意见。群众的意见是社会公众基于客观立场，在朴素道德观和法感情的支配下形成的价值判断，它既代表了社会公众对法律关系最直接的感受，又代表了全社会的普遍价值观。因此，群众意见是检察官把握法律关系时必须听取与参考的要素。

2. 是否能够在把握法治精神时带入群众的视角

如前所述，在看待法律条文与案件事实时，检察官选择什么样的法治精神和人民群众选择怎样的法治精神，结论应当保持一致，否则会出现检察机关的结论背离人民群众的认知和接受范围，即便从形式上并无错误，实质上也伤害了人民群众对检察公正的信任，侵害了检察的权威性。为此，在思考法条背后的法治精神时，不仅要考虑专业视角，也应当考虑群众的“日常”视角。

3. 是否能够在得出结论时感知群众的心声

一个结论的得出，既是形式上的推理结论，也是实质上的审查结论。“三个善于”的最终要求，是通过法理情的统一，让人民群众感受到检察与法治的温度，实现“高质效办好每一个案件”。群众能不能接受最终的结论，是对检察履职的关键考验。有的案件从法律适用上来看并无问题，但社会矛盾并未化解，人民群众对处理结论存在质疑，这样的案件难以达到“三个善于”的具体要求，更不可能符合“高质效”的标准。因此，检察官在经过上述工作之后，得出最终结论之前，应当将群众可能存在的评价纳入考虑，感知群众的心声，尊重群众朴素的法感情。结论正确的情况下，应当“向前一步”，做好释法说理工作，运用好检察听证、检察建议、检察意见、支持起诉、公益诉讼等职能，做好司法办案的“后半篇文章”。

（二）坚持参与治理，提升社会治理能力和水平

“三个善于”着眼的并不仅仅是司法办案本身。检察机关是社会治理的重要参与主体，肩负着国家和社会治理的重任。“检察机关……充

分发挥自身特殊优势与主动性，参与到社会治理，有助于减少社会矛盾，维护社会稳定。”[①] 因此，检察机关不仅要通过“三个善于”实现司法办案的高质效，还要通过“高质效”履职实现检察机关服务经济社会的高质量发展。坚持以人民为中心，坚持系统思维、法治观念，真正实现司法为民、检察为民。

一方面，要坚持“一纵一横”履职体系，强化检察机关纵向一体履职与内部横向跨部门综合履职。从纵向来看，上级检察机关与下级检察机关要形成一体履职的“强力”，从广度上拓展治理成效。从横向来看，检察机关内部各部门应当加强协同联动，形成跨部门综合履职的“合力”，从深度上强化治理效能。“一纵一横”，形成检察监督的强合力、强动力，将社会治理从扁平化升级为立体化。

另一方面，坚持和发展新时代“枫桥经验”，坚持“多主体参与”，形成“检察＋ N”的治理新格局。“三个善于”要求防止就案办案、机械司法。但如果从治理的角度上看，“三个善于”还要求不能按部就班、不顾“后半篇文章”。如果案结事不了，社会对立面没有减少、转化，社会戾气没有化解，那么再高的结案率都不能成为“三个善于”的结论。近年来，检察机关通过认罪认罚从宽制度积极促进治理的综合效能。同时，逐步将以往检察机关为主体的单一检察治理转变为检察机关主导、多元社会主体共同参与的复合治理，形成了“检察 +N”的治理新格局。例如，上海市虹口区人民检察院督促整治电动自行车充电安全隐患行政公益诉讼案[②] 等体现了多元主体共同治理的鲜明特点与独特优势。从“治罪”到“治理”，“三个善于”应当贯穿始终，并通过治理效能的实现，进一步增强检察人员对“三个善于”的理解与把握，抓牢以人民为中心的根本立场。

---

① 陈卫东、申育冰:《立体化格局：检察机关参与社会治理之全新面向》，载《探索与争鸣》2024 年第 6 期。

② 最高人民检察院代表建议、政协提案与公益诉讼检察建议衔接转化工作机制典型案例（2024 年）。

（三）坚定检察自信，深化法律监督能力建设

“一个国家的法治道路和检察制度是否适合本国国情，这个国家的人民最有发言权。”① 马克思主义哲学认为，物质决定意识，意识对物质具有反作用。“三个善于”是检察机关守正创新实现高质效办好每一个案件的重要实践，是中国特色社会主义检察制度跟随时代发展的理论成果。无论在理念、制度还是实践中，“三个善于”天然地具有反哺检察工作现代化、推进法律监督能力不断提升的积极现实作用。为此，在坚持以人民为中心的基础上，贯彻“三个善于”，应当注重坚定检察自信，不仅要在“以人民为中心”的根本原则内注入“检察为民”的重要经验，更要在落实“三个善于”的过程中积极彰显检察自信，始终从中国特色社会主义法治建设的高度去领会“三个善于”，去贯彻落实习近平法治思想，为全面建设社会主义现代化国家贡献更强检察力量。

---

① 《检察日报》社评:《在学思践悟中坚定检察制度自信》，载《检察日报》2023 年 5 月 29 日，第 1 版。

深刻把握“三个善于”的理论内涵

胡　勇*

检察机关作为国家的法律监督机关和保障国家法律统一正确实施的司法机关，为大局服务、为人民司法、为法治担当最终都要通过履职办案来实现。应勇检察长强调，要把“高质效办好每一个案件”作为检察履职办案的基本价值追求，并提出检察办案要把握好“三个善于”，即善于从纷繁复杂的法律事实中准确把握实质法律关系，善于从具体法律条文中深刻领悟法治精神，善于在法理情的有机统一实现公平正义。“三个善于”蕴含着丰富的理论内涵，揭示了法律与社会、法与法的精神、法律与道德之间的关系和蕴含的原理，体现了办案的内在规律和本质要求，为高质效办好每一个案件提供了明确指引和基本方法，是检察机关一体学思践悟习近平法治思想的理论成果和实践经验，需要我们深刻理解、准确把握，并将之贯穿检察办案始终，让司法办案更契法度、更接地气、更有温度。

一、社会意蕴：准确把握法律与社会的关系，推动社会秩序良性发展

“善于从纷繁复杂的法律事实中准确把握实质法律关系”，揭示了法律与社会良性互动的辩证原理。法律关系首先源于社会关系，是法律对被纳入其调整范围的社会关系加以调整而产生的过程和结果，是在调

* 胡勇，杭州铁路运输检察院党组书记、检察长。

整人们行为的过程中形成的特殊的权利和义务关系，其复杂性与社会生活的复杂性相伴而生。善于从纷繁复杂的法律事实中准确把握实质法律关系，强调案件处理必须抓住主要矛盾和矛盾的主要方面，要求检察官透过社会现象看到本质，剖析实质法律关系，做到深层次监督，推动社会秩序良性发展。这一要求是高质效办好每一个案件的前提，只有精准把握复杂案件的实质法律关系，才能准确理解案件本质，厘清“法”与“不法”的界限，明晰法律监督的权力责任边界，从而作出正确的法律判断，推动检察办案与社会治理的良性互动。概言之，其主要有两个层面的要求：

其一，坚持实质化审查，查清案件事实、厘清法律关系。司法实践中，探寻实质法律关系是一个复杂的过程，一般需要经过四个步骤，即分析案件事实—识别法律关系—揭示实质法律关系—适用法律。其中，有三个关键：一是全面收集证据，构建查清法律事实的脉络图引。就刑事检察办案而言，要积极构建以证据为中心的刑事指控体系，强化客观性、亲历性、系统性审查，有效引导侦查取证、适时自行补充侦查、注重关键证据复核、重视瑕疵证据补正和定罪量刑关键证据补强，巩固完善证据体系，为把握实质法律关系打下基础。二是区分案件类型，构建差异化的证据证明标准。细化监督事项法律要件的证明标准，形成完整证据链，关键是要确立差异化的证据证明标准，要根据监督办案的案件类型、违法程度等确立差异化的证据规则和证明标准，让监督案件的办理更好地达到“实质化”的程度。三是围绕主要问题，构建厘清法律关系的工作指引。复杂案件往往会涉及多个学科领域的知识，需要从法律关系的性质和目标、主体利益的失衡和冲突、社会关系动态变化等方面，对案件中的法律关系进行全面系统辩证的梳理分析，明确各个法律关系之间的联系和影响，围绕主要事实、主要矛盾、争议焦点，制定分析指引，为统一办案尺度标准提供支撑。

其二，深化综合履职，抓住主要矛盾，推进社会治理。法治建设既要抓末端、治已病，更要抓前端、治未病。个案、类案背后往往隐藏着社会治理问题，把握实质法律关系不仅是解决法律问题的内在要求，还是推进社会综合治理的现实需要，必须从实质法律关系的主要矛盾及其内在逻辑找出其中的不平衡点或冲突点，在解决法律问题的基础上，深入剖析个案折射的社会问题及问题的主要矛盾，深化一体履职、综合履职，推动从“个案监督”向“类案监督”延伸，真正实现通过检察工作解决社会矛盾和纠纷的价值目标。此外，还要坚持“法无授权不可为”原则，明晰法律监督的权力责任边界，以相关法律为基础，按照一定的法律程序，确保依法监督。

二、理念意蕴：准确把握法与法的精神的关系，让司法结论更契合法治精神

“善于从具体法律条文中深刻领悟法治精神”，揭示了法与法的精神之间关系的基本法理，强调案件处理既要符合法律的规定，也要符合法治的精神，在办案过程中充分理解、尊重和体现法治内涵，避免机械司法、就案办案。这一要求是高质效办好每一个案件的关键，特别是在法律规定不具体、不明确的情况下，就要从法治精神出发，在法律文本射程范围内作出最契合法治精神的解释，确保案件处理结果与法律内在精神一致。领悟法治精神是一个深入且多维度的过程，需要多角度理解实践：

一是坚持以习近平法治思想为指引，把稳领悟法治精神的立场方向。党的十八大以来，以习近平同志为核心的党中央在全面依法治国、建设法治中国的伟大实践中，结合中国的实际国情，不断深化对全面依法治国规律的认识，创立了习近平法治思想。习近平法治思想为中国特色社会主义法治体系和社会主义法治国家建设提供了强大的思想武器，是领悟法治精神的源头活水，必须牢牢把握贯穿其中的人民立场和良法善治、公平正义的观点，坚定正确的政治立场和政治方向，增强服务中国式现代化的思想自觉、政治自觉、行动自觉，担负起党和人民、宪法和法律赋予的检察使命。

二是坚持科学的法律解释方法，全面系统充分领悟法治精神。领悟法治精神不仅要从文字上看，还要从立法背景、立法原意、法理逻辑、

价值取向等方面进行综合梳理，运用科学的法律解释方法合理确定法律条文适用的内涵和外延。特别是在法律规定不具体、不明确时，更考验对法治精神的理解能力。法律解释的方法多种多样，一般来说可以分为文理解释和论理解释两大类，在运用于具体案件时，不同解释方法可能得出不同的结论。但总体来说，应当坚持文理解释方法为主、其他解释方法为辅的解释规则，从法律条文的用语含义出发，寻求符合立法目的、法律价值的解释结论，将法律条文与个案对接。

三是立足检察职能定位，借助现实案例解析领悟法治精神。领悟法治精神的最终目的，在于确保法律条文在具体案例中得以正确应用和解释。不同时期的法律法规反映了不同时期立法者对自由、秩序、利益等价值观的不同取舍。因此，需要通过了解分析法律条文在实际案例中的应用，才能更准确把握法治精神。其中，指导性案例、典型案例就是最佳“粮仓”。要加强对指导性案例、典型案例的研读分析，聚焦价值取向，重点学习案例在事实认定、证据运用、法律适用、政策把握等方面的经验做法和理念方法，着力提升正确理解和适用法律的思维和能力，让案例真正成为“活的法律”和司法评判的“参照系”。

三、道德意蕴：准确把握法律与道德的关系，寻求公平正义“最大公约数”

“善于在法理情的有机统一中实现公平正义”，蕴含深刻的道德意蕴，即法与道德规范之间要形成良性互动，当法理情在具体个案出现矛盾冲突时，需要融入道德因素，合乎情理地解决问题，以更好实现实质正义。这一要求是检验案件是否高质效办理的最终标准。法理情相统一是中华法系最鲜明的特色，是中华法系的文化精髓。司法实践中，天理、国法、人情并非总是完美统一，会有矛盾和冲突，如何解决个案法理情冲突，实现法理情相统一，是检察机关高质效办好每一个案件的必答题。

一要扎根文化，培育实现法理情相统一的理念基础。要实现法理情相统一，必先扎根中华传统法律文化，孕育契合时代发展的法理情一体化检察理念。中华传统法律文化源远流长，其形成受儒家、法家等思想主张和价值文化影响，在中国古代的司法层面，中国古代司法官注重执法原情、法情允协、顺天行罚、顺天理讼，他们善于将情理与法律一同艺术地融入司法裁判之中，进而圆融地实现个案的公平与正义。中华传统法律文化蕴含深厚的法哲学内涵和智慧，对现代法治建设具有重要意义，亦是推进检察工作现代化的丰富文化养料。以中华传统法律文化为源更新检察理念，需要我们知古鉴古，从传统中探寻固有之资源，将民主、自由、平等、法治、爱国等社会主义核心价值观作为“法理情”的新内容，科学赋予新的时代内涵，推动中华优秀传统法律文化的创造性转化和创新性发展，让常识常理常情成为检察办案的参酌，最大限度做到既坚守法律又通达情理，追求道德与法律的交融、朴素正义与法律规范的协调，实现“三个效果”的有机统一。

二要明确基调，坚持实现法理情相统一的基本原则。其一，坚持法的主导地位和情理的补充地位的统一。以法为据是法理情有机统一的基础，情理不是对法律的颠覆，而是起着填补法律漏洞与空白的功能，是一种无可替代的法的重要补充，情理只能在法律之下发挥补充作用，不论是“揆情理而阐法”还是“参情理而补法”，都不能违背法律的禁止性规定，而只能在法律规范所能涵摄的范围内操作。其二，坚持法律底线和情理底线的统一。实践中既存在合乎情理而违背法律之情形，亦不乏合乎法律而违背情理之状况，需要科学地把握情理底线，要在严格司法的前提下，注重按照常识常理常情分析和阐释法律，得出合情合理合逻辑的结论。其三，坚持类型化处理和个性化处理的统一。法律是在总结实践情形的基础上所形成的抽象规范，法律适用注重统一性、稳定性、可预测性，强调类型化处理原则，即对相同类型的案件要作相同对待。但实践中，不同案件会有不同的情理，必须充分考量个案中的特殊情形，防止因简单追求类型化而忽视个案情理，导致司法结果严重偏离社会公众的基本预期。

三要搭建平台，拓展实现法理情相统一的民意载体。法治的根基在人民。人民对法治建设的参与程度直接影响着法治发展的进程及其广度和深度。要实现法理情相统一，必须全面充分地了解和尊重民情民意，从制度机制上构建有效途径和方式，做实检察环节的全过程人民民主。一方面，要完善民意表达机制，做实检察听证、涉诉信访等工作，拓宽人民群众有序参与和监督检察工作的渠道，确保检察办案全过程各环节都能听到人民群众的声音；另一方面，要完善民意甄别机制，包括网络舆情甄别、涉检信访甄别等机制，对民意的真实性、代表性、紧迫性等方面进行深入剖析和评估，为检察办案科学决策提供参考依据。

立足“五个维度”
深刻把握“三个善于”的内涵要求

杨　军*

最高人民检察院检察长应勇在为国家检察官学院2024年春季学期首批调训班次授课时强调，善于从纷繁复杂的法律事实中准确把握实质法律关系，善于从具体法律条文中深刻领悟法治精神，善于在法理情的有机统一中实现公平正义，是高质效办好每一个案件的重要体现。①“三个善于”内涵丰富、意义深远，为检察办案提供了科学指引。在具体检察实践中，我们要善于多维度把握“三个善于”内涵要求，努力实现“高质效办好每一个案件”目标。

一、立足思想维度，充分认识“三个善于”的重要意义

（一）“三个善于”是习近平法治思想指导下的检察理论创新

应勇检察长指出，“三个善于”既是司法办案的认识论也是方法论，旨在引导检察人员坚持以习近平法治思想为指引，坚持讲政治与讲法治有机统一、执行党的政策与执行国家法律有机统一，践行司法为民宗旨，提高正确运用法律政策的能力，做实“努力让人民群众在每一个

---

*　杨军，陕西省榆林市人民检察院党组书记、检察长。

①　参见应勇：《学思践悟习近平法治思想 以“三个善于”做实高质效办好每一个案件》，载《人民检察》2024年第8期。

司法案件中感受到公平正义”。[①]“三个善于”是检察机关在监督办案中贯彻落实习近平法治思想的具体体现，根本源于对习近平法治思想的领悟和践行，新时代检察人员监督办案中必须要坚持以“三个善于”引领办案，在思想上要自觉以“三个善于”指导和检视办案的各环节、全过程，努力实现“高质效办好每一个案件”的价值追求。

（二）“三个善于”是检察机关贯彻落实习近平法治思想的实践路径

习近平总书记强调要“努力让人民群众在每一个司法案件中感受到公平正义”，在实践中，部分基层检察院仍然存在机械司法、办案质效不高等问题，与习近平总书记的要求还存在很大差距。机械适用法条，容易忽略常情常识常理，缺乏对审查结论整体性考量，最终只能是案结事不了，人民群众有怨言。最高人民检察院提出“三个善于”，就是为了推动解决实践中存在的“就案办案、机械司法”问题，引导检察人员践行司法为民宗旨，提高正确运用法律政策的能力，做实“高质效办好每一个案件”。检察人员在办案中要自觉以“三个善于”为办案实践指南，查明案件事实，准确适用法律，作出妥当的审查结论，努力让人民群众在每一个司法案件中都能感受到公平正义。

（三）“三个善于”是检察机关坚持以人民为中心价值观的生动诠释

习近平总书记指出：“时代是出卷人，我们是答卷人，人民是阅卷人。”[②]人民群众在每一个司法案件中的感受就是对法治成效的最直观感受。检察机关的根本属性是人民性，案件办得好不好不光要过了法律这一关，更要交给人民群众去评判。“善于在法理情的有机统一中实现公平正义”就是要求检察机关除了依法办案，还要充分考虑到人民群众对公平正义的认知和感受，法律不是冰冷的逻辑，法律是公道自在人心，

---

① 参见应勇：《学思践悟习近平法治思想 以“三个善于”做实高质效办好每一个案件》，载《检察日报》2024年5月20日，第1版。

② 习近平：《坚持和发展中国特色社会主义要一以贯之》，载《求是》2022年第18期。

检察官在办案中要时刻践行为民宗旨，必须以为人民司法、让人民满意为出发点、落脚点，综合考虑天理、国法、人情，依法为据，以理服人，以情感人，努力实现最佳的政治效果、法律效果、社会效果。

二、立足理论维度，统筹把握“三个善于”的实践要求

司法活动是一项复杂的专业活动，需要专业人员从事。在检察办案中，要正确看待司法的复杂性，以整体思维、辩证思维、精细思维去思考和审查每一个案件。

（一）统筹把握法与客观事实的关系，善于从纷繁复杂的法律事实中准确把握实质法律关系

习近平总书记指出，“司法活动具有特殊的性质和规律，司法权是对案件事实和法律的判断权和裁决权”[①]。司法机关在各个环节都行使着对事实和法律的判断权。案件事实并不是现成给定的，案件事实的形成经常对应司法三段论中的最大工作量和复杂疑难问题。美国法学家庞德认为，事实并不是现成地提供给我们的，确定事实是一个充满着可能出现许许多多错误的困难过程；德国法学家魏德士也指出，形象地说，实践当中如果有一千个事实问题，那么真正的法律问题还不到事实问题的千分之一。[②]疑难案件往往是事实疑难，事实搞错了法律适用自然不会正确。在实践中，检察机关作为诉讼监督机关，如果侦查机关和审判机关作出的决定和裁判事实认定不清，检察机关要依法监督纠正，另外检察机关作为公诉机关，在办理刑事案件中要尽最大努力去查清犯罪构成事实，不能简单认为是侦查机关一家之事，消极履行控诉职责。

① 习近平：《论坚持全面依法治国》，中央文献出版社2020年版，第61页。

② 参见王雷：《民事案件事实形成中的方法论命题》，载《中国法学》2023年第1期。

（二）统筹把握法与法治精神的关系，善于从具体法律条文中深刻领悟法治精神

法条是死的，但法治精神是活的，要准确适用法律就需要用活的法治精神激活死的法律条文。法治精神不是虚无缥缈的。要深刻领悟法治精神，首先要解决立场问题，只有站在人民的立场，才能更好领悟社会主义法治精神，“把屁股端端地坐在老百姓这一面”就是我们检察人应该持有的立场，过去是，现在是，将来也是。理解法律、解释法律也要朝着人民群众有利的一面去，比如《刑法》第20条关于正当防卫的规定就蕴含着“法不能向不法让步”法治精神，鼓励人民群众同犯罪分子作斗争，在办案中要从正当防卫人所处的情境出发去判断防卫有无过当，不能苛求防卫者。再比如民法典蕴含着“意思自治”精神，“法无禁止即自由”，合同案件当事人约定优先于法律的一般性规定，司法机关一般不予干涉，要尽力促成当事人履约，体现“鼓励交易”的价值取向，当然“自由是有限制的”，违反法律、行政法规强制性规定的契约一般无效。

（三）统筹把握法与道德伦理的关系，善于在法理情的有机统一中实现公平正义

“法律之规定条文，万无出于情理之外，故明情理者，其习法律也必易；不明情理者，其学法律也，必不得其奥妙。”① 前人已有如此认识，今人司法焉能不顾情理。法律不仅关乎规则，还关乎规则背后的价值诉求，关乎回应人心所向、塑造伦理人情。情理法是中华文明优秀传统，在延绵经久的中华文明发展进程中，中华民族创造了体现独特的民族法律品格的法律文化，并成为滋养我国法学理论发展、司法实践进步的土壤。在检察办案中不能脱离我国国情实际，不能无视我国传统文化语境，不能背离人民群众的朴素正义观。温和的法律能使一个民族的生活

① 霍存福:《樊山“情理外无法律”试绎》，载《荆楚法学》2023年第1期。

充满温情，更具有人情味，没有人情的国法很难成为善法，不体恤人情的司法者很难被认为是公道的司法者。因此，检察官更要慎思明辨，尊重民意，体恤人情，保障人权，其履职才能赢得人民的理解和尊重。要遵国法、循天理、顺人情，权衡考量、统筹兼顾出发点和落脚点，才是人民利益、人民意愿、人民福祉。

三、立足价值维度，精准把握“三个善于”的价值目标

“三个善于”最终是为了实现“高质效办好每一个案件”的价值目标，“高质效办好每一个案件”强调通过检察履职办案，在实体上确保实现公平正义，在程序上让公平正义更好更快实现，在效果上让人民群众可感受、能感受、感受到公平正义，做到检察办案质量、效率、效果有机统一于公平正义。[①] 在具体司法办案中要做到以下三个方面：

（一）以“三个善于”更好保障程序正义

程序是现代法治的基本架构，旨在防止权力恣意妄为以维护公民权利，防止公众猜疑以维护政府公信力。程序正义对于维护诉讼秩序、实现实质正义具有重要意义，是实现实质正义的必要条件，案件最终结果是否实现实体正义，往往只有当事人自己心知肚明，而一个案件的办理过程是否符合公正的标准，有无明显的不公之处，这不仅能为当事人所感知，还能为一般社会公众所判断。甚至在大多数情况下，人民群众对案件的价值评价主要是通过观察法律实施的过程来进行的。这就要求检察官既要熟悉程序法之具体规定，又要深刻领悟程序法之精神；对犯罪嫌疑人既要准确指控其罪行，又要保障其诉讼权利；既要搜集有罪证据，又要收集其无罪证据，全面查清事实，确保“正义不仅要实现，而且要以人们看得见的方式实现”。

---

① 参见应勇：《学思践悟习近平法治思想 以“三个善于”做实高质效办好每一个案件》，载《人民检察》2024年第8期。

（二）以"三个善于"更好实现实质正义

进入新时代，人民群众对于司法公正的要求越来越高，实践中受到质疑的案件往往不是事实认定或者程序方面出了问题，更多的是因为案件实体结果不公正而遭受非议，比如"许霆案""赵春华非法持枪案"等。[①]因此在办案中，检察官要树立全面正义观，既实现实体公正，又实现程序公正；既实现依据法条办案的"形式"公正，又依据法律原则和立法精神实现"实质"公正，确保案件的处理决定符合法治精神，得到群众认同。要树立效率公正理念，"迟来的正义非正义"，诉讼时间过长，老百姓的获得感就会打折扣，要提高办案效率，减少不必要的环节，在法定期限内尽快结案。检察机关作为保护国家利益和社会公共利益的重要力量，在法律规定模糊但涉及人民群众急难愁盼的情况下，要敢于担当，准确把握公益损害和法律授权可诉性要素，从法治精神出发，合理运用法律解释方法对法律条文进行解释，确保案件处理结果与法律内在精神一致，真正做到为民司法。

（三）以"三个善于"更好传递公平正义

要加大司法公开力度，检察办案与庭审活动相比较为封闭，办理的案件效果即使再好，如果不公开、不宣传，老百姓是无法感同身受的。如"昆山反杀案"中，检察机关依法认定于海明系正当防卫并及时向社会通报办理结果，获得了社会公众的高度认同，最后激活了沉睡的"第二十条"。司法只有和公众同频共振，才能释放出最大正能量。要审慎地对待自己的司法行为，新时代检察办案不仅是案件审结的过程，同时也是实际参与国家治理和社会发展的过程。检察机关要始终把案件办理中所实施的司法行为同国家治理和社会发展联系起来，考量每一行为、每一审查决定对于国家治理与社会发展的影响与意义。要积极回应社会公众意见，办案中要以严谨的法理彰显司法的理性，以练达的情理展示

---

① 参见冯键:《"人民立场"和"实质公正"观下的检察官客观公正义务》，载《中国检察官》2020年第7期。

司法的良知，以平和的姿态体现司法的温度，最大限度地凝聚共识，通过不断完善检察办案释法说理、公开听证、矛盾化解等工作机制，让当事人胜败皆明、心服口服，让公平正义在老百姓心中可感可知。

四、立足观念维度，全面遵循“三个善于”的理念形塑

（一）树立精细化办案理念

司法本身就是一门精细的艺术，每项司法活动都影响着案件最终质量，任何微小的细节都关乎着司法公信，司法的公正和权威蕴含在每个细节之中。对司法细节的捕捉、监督、纠正和反思，是检察官的基本能力，也是守护司法公正的基本路径。要注重在细节上下功夫，多换位思考，多从细节处替人民群众着想，才能真正赢得人民群众的理解和支持。正义隐藏在细节中，在办案中要不得“差不多”思维、要不得粗枝大叶作风，对每一个事实细节都要倍加留心，在认定事实的时候要精细，在文书释法说理的时候更要精细，司法不光是认定事实、适用法律，更有说服当事人和社会公众的任务，要学会从细微之处打动人心，获得公众认同。

（二）树立穿透式审查理念

“透过现象看本质”是常见的哲学思维，检察办案中树立穿透式审查理念，可以发挥破除“机械司法”、实质化解纠纷、避免“程序空转”的司法功效。司法实践中面临的事实错综复杂，办案中必须要灵活运用“穿透式”思维，穿透条文字义、穿透表面合意、穿透表面证据或穿透诉讼请求，才能准确把握当事人的真实意思，准确认定真实法律关系，才能根据公平正义法治原则，作出体现实质公正的裁判结论。另外，办案履职中要立足于以小见大、以点带面，通过找寻一定时期有纠偏、创新、进步、引领作用的案件，从而促进解决一个方面、一个领域、一个时期的司法理念、政策导向问题，做到“办理一件，治理一片”。

（三）树立系统治理司法理念

法律来源于社会生活实践，同时有效规范社会生活，在此意义上，检察机关作为司法机关在办案中负有社会治理职责，司法机关是各类矛盾纠纷的“观察窗口”，同时也是社会治理的末梢神经。良法善治离不开检察机关积极发挥社会功能，检察机关在坚持办好个案的基础上，要积极读取司法数据背后的社会思想观念和价值取向，将不同利益群体的诉求予以提炼，为党委和政府全面及时掌握本地区社会治理中存在的问题和隐患提供决策参考，同时要积极发挥检察职能，通过制发检察建议促进问题的系统治理，提升社会治理水平。

五、立足实践维度，努力适应“三个善于”的能力要求

习近平总书记强调：“我们处在前所未有的变革时代，干着前无古人的伟大事业，如果知识不够、眼界不宽、能力不强，就会耽误事。”① 检察干警不仅要忠诚，还要有忠诚的本领。如果做不到“三个善于”，“高质效办好每一个案件”的目标就难以保证。

（一）筑牢政治忠诚，提升政治能力素养

检察机关是政治性极强的业务机关，也是业务性极强的政治机关，这决定了检察队伍政治素质必须高标准、严要求。检察官在办案中要始终坚持以习近平新时代中国特色社会主义思想为指导，深入学习贯彻习近平法治思想，深刻领会“两个确立”的决定性意义，增强“四个意识”、坚定“四个自信”、做到“两个维护”，不断增强政治判断力、政治领悟力、政治执行力。要始终“把屁股端端地坐在老百姓这一面”，理解法律、解释法律也要朝着人民群众有利的一面去，永葆忠于党、忠于国家、忠于人民、忠于法律的政治本色。

---

① 习近平：《努力成为可堪大用能担重任的栋梁之才》，载《求是》2022 年第 3 期。

（二）强化法治思维，提升司法办案能力

检察官要提高证据审查判断能力，熟悉掌握证据审查规则，严格规范适用证据规则，准确认定案件事实，从而为公正司法打下坚实的基础。要提高法律适用能力，检察官在适用法律时要努力探寻立法者的意志，探求制定法的目的，持续学习法律法规、司法解释和指导案例，学习法律适用的方法和技巧，不断提高自身法律适用水平。要提高释法说理能力，检察官制作法律文书时要准确说明司法认定的事实、依据和理由，准确解释所依据的法律规范，另外要做到文理规范、通俗易懂，把法言法语转化为老百姓能听懂、愿意听的话语。

（三）践行司法为民，提升群众工作能力

检察机关在办案中要坚持群众路线、做好群众工作，始终围绕“事”和“人”两条线开展工作，把做群众思想工作贯穿办案的全过程，在发现事实真相、证据收集到位后，要主动化解矛盾纠纷，努力解开当事人“心结”，以实现案结事了。要切实解决重“事”不重“人”的错误理念，主动深入群众、深入基层。要创新和改进办案方式方法，改善群众司法体验，深化公开听证，发挥其在提高办案质量、统一思想认识、化解矛盾纠纷、促进息诉罢访等方面的积极作用。

（四）追求精益求精，提升理论研究能力

检察理论研究是更深层次、更高水平的办案。检察理论研究能力是分析问题、逻辑思维、语言表达等能力的集中体现，是一名优秀检察官的核心能力。检察官在日常办案中发现问题要加强理论研究，深入分析论证问题，寻找法理支撑，依法、系统、有效地解决问题。要关注国家政策、法律制度发展与检察制度顶层设计，立足实践，坚持问题导向、需求导向，聚焦检察工作服务保障经济社会高质量发展过程中需要解决的主要难题深入研究，通过检察理论研究助力“高质效办好每一个案件”价值目标的实现。

（五）坚持与时俱进，提升科技运用能力

要树立检察大数据思维，实现由“个案办理监督”向“类案治理监督”转变，善于从办理个案中发现规律性问题，找到系统性漏洞，提出有针对性的检察建议，促进国家和社会治理。要自觉以“数字检察”优化刑事检察，通过数据碰撞及时“把脉”社会问题，探索推进类案监督，推动解决互联网时代刑事犯罪治理难题；自觉以“数字检察”深化民事检察，建立科学的类案监督模型，提升民事检察的精准度；自觉以“数字检察”强化行政检察，及时发现行政机关违法行使职权或者不行使职权的线索；自觉以“数字检察”推进公益诉讼检察，加大办案力度，维护好人民群众的切身利益。

“三个善于”的方法论阐释

王　超[*]

“‘高质效办好每一个案件’根本源于习近平新时代中国特色社会主义思想、习近平法治思想，是习近平法治思想检察实践的重要方面。”[①]深入学习习近平法治思想，坚持好、运用好贯穿其中的立场观点方法，是通过“高质效办好每一个案件”，确保“努力让人民群众在每一个司法案件中感受到公平正义”的根本路径。“三个善于”既是认识论也是方法论，是对习近平法治思想的领悟和践行，[②]是习近平法治思想的世界观和方法论在司法办案领域的具体运用。从方法论层面进一步阐释“三个善于”，对于深刻理解“三个善于”的内涵与要求，提升履职能力具有重要促进意义。

一、运用辩证唯物论准确认定事实和把握实质法律关系

“三个善于”抓住了司法办案的关键，揭示了司法办案的规律，把握了司法办案的本质。第一个“善于”，即善于从纷繁复杂的法律事实

---

*　王超，山东省滨州市人民检察院检察委员会委员、法律政策研究室主任，山东省检察业务专家。

①　巩宸宇：《应勇为国家检察官学院2024年秋季学期首批班次授课并看望慰问教职员工 强调高质效办好每一个案件　努力让人民群众在每一个司法案件中感受到公平正义》，载《检察日报》2024年9月7日，第1版。

②　参见应勇：《学思践悟习近平法治思想　以“三个善于”做实高质效办好每一个案件》，载《人民检察》2024年第8期。

中准确把握实质法律关系，其蕴含的认识论和方法论是司法人员准确认定案件事实、把握实质法律关系的基本方法。

（一）坚持马克思主义认识论，增强事实认定的亲历性、审慎性和规范性

案件事实是诉争的对象和裁判的根据。要对已经成为“历史”的案件事实进行法律上的定性，首要是如何准确发现和认定案件事实。辩证唯物主义认为，在实践和认知之间，实践是认知的基础，实践在认识活动中起着决定性的作用。[①]这意味着，在发现和认定案件事实这个环节必须增强主动性、亲历性，除了强化证据审查，还需要借助侦查（自行补充侦查、退回补充侦查）、调查等手段帮助查明案件事实。同时，基于人们在一定条件下对事物及其本质和发展规律认识的局限性，司法人员认定的案件事实未必是客观事实。一方面，案件事实认定的过程“就是案件事实建构，是根据证据法、程序法和实体法，运用证据对用语言描述的事件（生活事件）进行剪裁和加工，以形成裁判文书中的‘案情’的过程”[②]。这个人为建构的过程，就决定了认定案件事实过程中无法避免主观判断的存在，因而存在案件事实与客观事实在一定程度上偏离的可能。另一方面，案件事实是具有法律意义的事实，是能够引起法律关系产生、变更和消灭的现象，案件事实认定的过程需要强化规则指引。以刑事案件为例，刑事案件的发生引发了国家对犯罪行为的追诉，案件事实就是认定犯罪嫌疑人、被告人罪与非罪依据。如何认定案件事实？除了按照法定程序，科学运用证据规则、逻辑法则、经验常识之外，还需要立足客观公正立场，以犯罪构成为指导，对案件事实进行全面、精当的描述。

---

① 参见马克思主义基本原理编写组:《马克思主义基本原理》，高等教育出版社2023年版，第79页。

② 雷磊:《司法裁判中的事实及其客观性》，载《现代法学》2022年第6期。

（二）透过现象看本质，以穿透式思维发现案件背后的实质法律关系

案件事实是法律关系的外在表达，法律关系则是案件事实的内在逻辑。查清事实的根本目的在于理清事实背后的法律关系。把握实质法律关系的过程，是抽丝剥茧、查微析疑的过程，特别是法律关系复杂的案件，更需要由表及里、由浅入深、由现象到本质的穿透式审查。随着科学技术在金融领域的运用，金融领域的新业态层出不穷，金融类案件多发。此类案件刑事、民事、行政法律关系交织，行为性质判断困难，穿透式审查帮助司法人员透过行为表象看到案件本质。“对金融创新活动要运用‘穿透式’方法进行实质判断。通过穿透资金关系、股权关系、法律关系等，掌握相关金融创新活动的行为实质，进而确定其所属的金融业务属性，根据相应金融法律法规规定，判断其合法性。”[①] 比如，对于具有私募基金投资管理人资格，以发行销售私募基金为名，允许不合格投资者通过“拼单”“代持”等购买私募基金，并利用实际控制的关联公司与投资人签订回购协议变相承诺还本付息的行为如何定性，要通过审查私募基金宣传推介途径、收益分配、募集对象等方面，判断到底属于发行销售私募基金的行为还是假借私募之名变相非法集资。[②] 再如，虚假诉讼特别是原被告双方共谋型的虚假诉讼，隐蔽性很强，穿透式思维的运用不仅有助于在个案中揭开看似“合法”外衣，暴露虚假诉讼的本质，而且有助于从个案监督延伸至类案监督，深化法律监督效果。[③]

（三）把握主要矛盾，以可视化方法由繁入简揭示实质法律关系

实质法律关系就是案件所涉众多法律关系中起主导和支配作用，对

① 王俊：《穿透式审查金融创新活动 不能一戴上“创新”的帽子就放任不管》，载《21世纪经济报道》2022年3月10日，第2版。

② 参见检例第175号张业强等人非法集资案。

③ 参见魏哲哲：《堵住虚假诉讼的暗道》，载《人民日报》2024年8月8日，第19版。

案件定性处理具有决定性影响的法律关系。[①]对主体单一、事实简单的案件，理清法律关系较为容易；但在主体较多、事实复杂、法律关系交织的案件中，要理清主次矛盾、把握实质法律关系便很困难。此时，借助图表等可视化方式梳理分析案情，可让复杂的事实简单化、抽象的关系形象化，实质法律关系更易把握。以可视化方式辅助办案已不鲜见。比如，经济犯罪侦查中对资金数据进行图表化分析[②]、刑事案件中对勘验现场绘制示意图、公诉人出庭对证据借助多媒体展示[③]等。在知识产权案件审判中，可视化的运用效果更突出。在美国苹果公司诉三星公司侵权案中，苹果的律师把三星历次版本的手机图片和苹果手机图片有序排列，展示了三星手机外观在苹果手机出现后的显著变化，简洁有力地表达了三星抄袭苹果的观点，为自己赢得了诉讼。[④]司法人员运用可视化需要注意：（1）可视化的前提是对案情的全面掌握；（2）可视化的应用场景从阅卷开始，贯穿司法办案全过程，不仅可用于分析证据、梳理事实关系和法律关系，也可用于梳理诉讼程序、理清法律规定，以及展示意见观点；[⑤]（3）可视化的目的不仅在于辅助办案人理清案件事实、把握法律关系，也在于更好地表达观点，说服受众，包括诉讼活动的决定者、裁判者、参与者；（4）运用可视化时应坚持客观公正立场，客观、全面展示案件信息，色彩与构图的应用要淡化感情色彩，[⑥]真正发挥可视化方法帮助公正裁判、定分止争的作用。

---

① 参见应勇：《学思践悟习近平法治思想　以“三个善于”做实高质效办好每一个案件》，载《人民检察》2024年第8期。

② 参见程科：《资金数据可视化分析的应用探索》，载《江西警察学院学报》2020年第3期。

③ 参见《可视化办案模式让证据“看得更加清晰”》，载微信公众号“山东省人民检察院”，2019年4月16日。

④ 参见阳娇娆、蒋崇辉：《诉讼可视化在民事诉讼中的运用》，载《广西教育学院学报》2017年第4期。

⑤ 参见赵青航、徐晓阳：《诉讼可视化的适用》，载《中国律师》2020年第12期。

⑥ 参见蒋勇：《诉讼可视化》，法律出版社2017年版，第110—135页。

二、立足良法善治要求，准确理解和适用法律

法律是裁判的准绳。对法律的准确理解与适用是确保司法案件公正处理的关键。作为裁判准绳的法律不仅包含法律条文，还包含法律原则（如民法中的诚实信用原则、公序良俗原则等）、法治精神。法治精神乃法治所承载的意旨和价值取向。“法治精神是统率法律条文的法理内核，为法律条文的运用和实施提供价值引领；法律条文是落实法治精神的外在载体，为法治精神的实现和革新提供制度土壤。”[①]可见法律条文与法治精神乃表与里、形与魂的关系。法律条文与法治精神的辩证关系正契合了良法善治的要求。法治不仅是规则之治，更是依“良法”而治。“仅有‘规则之治’还不够，任何所制定的规则还必须是符合人类理性、体现公平正义价值的良法，达到形式法治与实质法治相统一。”[②]良法善治是司法工作的目的和追求，是理解法律、适用法律的根本要求。“善于从具体法律条文中深刻领悟法治精神”彰显了理性司法导向，[③]契合了良法善治的内在要求，对法律的解释与适用具有重要指引价值。

（一）立足形式法治与实质法治相统一的立场适用法律

“法治不仅仅具有形式的理性化特征，而且具有实体的理性化特征，内含着深厚的价值底蕴。现代法治通常是同诸如自由、平等、正义、权利等价值因素内在地联系在一起的，从而构成良法善治的基础与价值尺度。”[④]法治的形式的理性化特征是由法治乃“规则之治”体现出来的；法治的实体的理性化特征则是通过法律适用彰显自由、平等、权利等价值来体现的。基于法治的形式的理性化特征与实体的理性化特征，产生

---

① 应勇:《学思践悟习近平法治思想　以“三个善于”做实高质效办好每一个案件》，载《人民检察》2024年第8期。

② 周佑勇:《论习近平法治思想的世界观和方法论》，载《理论视野》2023年第3期。

③ 参见樊崇义:《“三个善于”的哲理思辨》，载《检察日报》2024年6月13日，第3版。

④ 公丕祥:《社会主义核心价值观研究丛书 法治》，江苏人民出版社2015年版，第19页。

了两种法治观——形式法治观与实质法治观。形式法治观强调“司法过程应以形式理性排斥实质理性”，实质法治观主张“在坚持形式理性的同时，更多地重视实质理性”。[①]但形式理性与实质理性之间存在张力，“当二者发生冲突时，只能在形式合理性的前提下追求实质的合理性；法律的形式合理性是第一位的，实质合理性是第二位的”[②]。在解释论层面，形式法治观对法律条文的解释较为保守，主张要求严格依据法条的文义来解释法律；实质法治观则认为，在解释法律时不能局限于法条字面含义，还要探究立法目的及其价值取向。[③]不难看出，实质法治观固然可以弥补形式法治观之不足，但会降低法律适用的确定性、可预期性，有消解“规则之治”的风险。我们认为，形式法治观与实质法治观各有其价值，它们分别从不从侧面阐释了法治的内涵，前者强调了法的规范性，重视法律适用的统一与公平；后者侧重于法的良善性，强调法律适用在具体案件中的合理性。实质法治观以形式法治观为前提，对形式法治观的价值作用予以补充；形式法治观对实质法治观予以反制，防止实质法治观对“规则之治”的逃逸，二者最终统一于良法善治的内在要求。基于此，司法人员要在坚守“规则之治”这个基本前提下，基于有利于彰显法治精神的目的来理解和适用法律。具体而言：其一，在法律适用上，优先选择法律规则，适用法律原则乃例外情形。其二，在私法领域，在遵循当事人意思自治的前提下，允许司法人员基于实质法治立场对当事人意思自治行为进行审查，以促进实质上的公平。其三，在公法领域，出于约束公权力的需要，应坚持以形式法治思维为主，严格限制实质法治思维的运用，非出于更有利于保护公民权利的需要，不得

---

① 参见欧阳本祺：《走出刑法形式解释与实质解释的迷思》，载《环球法律评论》2010年第5期。

② 刘艳红：《实质刑法观》，中国人民大学出版社2019年版，第47页。

③ 参见许浩：《刑法解释的基本立场——对实用主义法律解释观的论证》，载《东方法学》2008年第6期。

以实质法治思维模式破坏法律适用的平等性与一般性。[①] 比如，在刑法领域，实质解释论的代表学者指出，罪刑法定原则"是出罪原则"，实质解释"不能用于入罪"，提出了"形式入罪、实质出罪"的司法实践路径。[②] 实质解释论的根本目的在于限制入罪端口、畅通出罪渠道，有助于实现刑罚处罚范围的合理性和构成要件的人权保障机能。从这个意义上讲，这样的一种实质解释论是汲取了形式法治观与实质法治观各自优势的实质出罪论，体现了形式法治与实质法治相统一的法律适用立场。

（二）合理运用解释方法

伴随着中国经济社会的持续高速发展，犯罪治理领域的新情况新问题层出不穷，一段时期以来，实践中不时出现看似于法有据却引发公众质疑的案例，这与我们长期以来偏重法条解读、理念指引不足的研究范式存在一定关系，如何强化对刑事司法实践的理念引领，值得我们深入思考和研究。[③] 上述问题也同样适用于对法律条文的理解运用，即理念指引不足。"善于从具体法律条文中深刻领悟法治精神"引导司法人员注重从价值理念层面、从良法善治的要求出发理解、把握和适用法律。具体来说，第一，对法条的解释，要以文义解释为基础，以目的解释为归宿。虽然解释的立场不同，无论是形式解释论者，还是实质解释论者，在解释方法论上是一致的：在解释的限度上，都认为对刑法条文的解释只能在刑法可能具有的含义里；在对解释方法的选择上，都认为应当遵循"文义解释——体系解释——历史解释——客观目的解释"的

---

① 参见龙兴盛、牟治伟：《刑事裁判的方法》，人民法院出版社2024年版，第171—173页。

② 参见刘艳红：《实质刑法的理论与实践：基于三部曲的整体思维》，载《东南学术》2021年第2期。

③ 参见贾宇：《以习近平法治思想为引领　推动新时代中国刑法学研究实现新发展》，载《人民检察》2021年第23期。

顺序；在解释的目标上都以探求立法目的为目标。[①]第二，解释论的选择与被解释对象有高度的关联。针对文义的、逻辑的、体系性的解释问题，应当重视形式解释，防止以实质解释之名逾越规则、破坏法治；涉及刑法目的问题时，应在遵循罪刑法定原则的基础上作实质解释；针对历史性解释问题，要综合运用各种具体解释方法，寻求合乎正义的折中性解释方案。[②]

（三）科学运用司法方法

司法三段论（演绎推理）、类比推理、归纳推理等是司法活动中常用的司法方法。其中，司法三段论是最典型的司法方法，是“法律适用的基本逻辑”[③]。科学运用司法三段论是把握实质法律关系并得出妥当结论的关键。其一，在运用司法裁判的过程中，存在一个预先筛选大前提的过程。比如，在刑事案件中，司法人员往往凭经验和直觉预先判断出某一行为可能涉嫌的犯罪，再以该犯罪构成为大前提，与案件事实进行比照。这看似三段论倒置了，其实不然。这个凭经验和直觉预先判断出某一行为可能涉嫌的犯罪的构成，是一个筛选大前提的过程。其二，司法三段论与形式逻辑三段论有形的相似，也有质的区别。形的相似是指二者都运用了三段式；质的区别是指司法三段论是一个大小前提彼此交互影响、互相发现的过程。司法人员根据犯罪构成查明、认定案件事实，以便发现实质法律关系；再根据案件事实反映出来的犯罪特征（实质法律关系）寻找相应的大前提——罪名；最后，用找到的大前提对案件事实中实质法律关系进行涵射，得出结论。其三，在运用三段论对刑事案件定性的过程中要慎用排除法。排除法的运用存在逻辑漏洞，这种方法忽略了行为构成其他犯罪甚至无罪的可能。一方面，罪名与罪名之

---

① 参见欧阳本祺：《走出刑法形式解释与实质解释的迷思》，载《环球法律评论》2010年第5期。

② 参见曲新久：《刑法形式解释与实质解释的本质把握——兼评实质解释论与形式解释论之争》，载《国家检察官学院学报》2023年第4期。

③ 陈兴良：《刑法教义学中的演绎推理》，载《法制与社会发展》2024年第3期。

间虽有区别，但并不存在相互排斥的非此即彼的关系；另一方面，当我们在讨论某个行为究竟成立此罪还是彼罪时，很容易忽略该行为不构成任何犯罪的可能。

三、坚持以人民为中心的根本立场，确保法理情有机统一

习近平总书记曾指出，执法办案“要坚持以法为据、以理服人、以情感人，既要义正辞严讲清‘法理’，又要循循善诱讲明‘事理’，感同身受讲透‘情理’，让当事人胜败皆明、心服口服”[①]。习近平总书记这一重要论述，既彰显了中国特色社会主义法治的人民立场、人民属性，也指出了贯彻这一立场的司法路径——法理情的统一。“善于在法理情的有机统一中实现公平正义”既是高质效办好每一个案件的要求，也是检验高质效办好每一个案件的标准。

在社会主义中国，我们的法律由党领导人民制定，贯穿社会主义核心价值观，体现了人民意志。一般而言，司法过程及其结论与立法的目的、人民的意愿、社会道德观念应当一致。但是由于法的滞后性、法律漏洞以及司法人员认识的偏差，有时会出现个别案件的裁判结论与社会大众朴素认知严重偏离的情形。出现这种情况的很大原因是司法人员偏重运用法律逻辑，而忽视了法律背后的法与情。

中国司法自古以来就讲求“法”“理”“情”的协调。[②]“裁判案件顺应天理国法人情，这是中华传统司法长期积累的成功经验和司法智慧，也是中国传统司法长期奉行的多元价值观，甚至可以说是中华司法文明的一项重要成果。”[③]关于法理情的关系，有学者指出，天理、国法、人情之间的关系导源于天、天子、民之间的关系；国法源于天理，顺乎民情，又控制和矫治民情，但国法对人情的矫治和控制也必须顺人情而为，有时应人情而变通。因此，中国古代司法中，讲究执法顺民情，乃

① 胡云腾：《执法办案如何做到法理情兼顾》，载《法律适用》2020年第17期。

② 参见邓勇：《论中国古代法律生活中的“情理场”》，载《法制与社会发展》2004年第5期。

③ 胡云腾：《执法办案如何做到法理情兼顾》，载《法律适用》2020年第17期。

至出现屈法而伸情的情况。[①] 当今法治社会，讲求法律至上和法律面前人人平等，不允许“屈法而伸情”，但是法理情辩证统一的思想仍是当代法治应当继续传承和借鉴的重要传统文化资源。

天理国法人情在不同的历史阶段有不同的内涵，在当下语境中，人们的理解也有差异。关于天理，有天道说[②]、伦理说[③]，或基于此的多层内涵说[④]。“天理”从字面上理解，即天下公认之理，体现了人类共同的社会价值理念。对“天理”的理解应当结合中华优秀传统文化和中国特色社会主义法治建设实际。基于此，“天理”至少包含三方面内容：中华民族传统美德、社会主义核心价值观、中国特色社会主义法治理论。“国法”即国家法律，此处几无争议。关于“人情”，人们普遍认为是指“人之常情”或“民情民意”。[⑤] 笔者以为此处的“人情”并非人之常情，而是指人们的法感情[⑥]，即人们对某个案件处理公正与否的认知与感受。以“人情”的主体为分类依据，“人情”包含了作为案件亲历者的当事人的法感情、作为案件旁观者的社会大众的法感情、作为案件处理者的司法者的法感情。

“国法”作为裁判标准，体现了法律适用的一般性。“人情”则提示司法者要考虑案件的特殊性，因为千案千面，人们在不同案件中对公平正义的评判标准不一样，并且人们也只有在具体案件的处理中才能

---

① 参见俞荣根:《天理、国法、人情的冲突与整合》，载《中华文化论坛》1998 年第 4 期。

② 参见王利明:《天理国法人情》，载《当代贵州》2015 年第 12 期。

③ 参见俞荣根:《天理、国法、人情的冲突与整合》，载《中华文化论坛》1998 年第 4 期。

④ 参见范愉等:《法与情、理关系辨识》，载《北京日报》2014 年 12 月 15 日，第 18 版；胡云腾:《执法办案如何做到法理情兼顾》，载《法律适用》2020 年第 17 期。

⑤ 参见何莉:《兼顾国法天理人情 彰显司法公平正义》，载《人民法院报》2021 年 11 月 18 日，第 5 版；王利明:《天理国法人情》，载《当代贵州》2015 年第 12 期；范愉等:《法与情、理关系辨识》，载《北京日报》2014 年 12 月 15 日，第 18 版。

⑥ “法感情”一词来自于对德语（Rechtsgefühl）的翻译，出现于一百多年前，也被译为“正义感”，指的是人们在作出是非判断时内心涌现出的感情。参见郭丰鹤:《司法过程中的法感情——基于心理学情绪理论的分析》，载《四川大学学报》2021 年第 5 期。

具体感受到公平正义。“天理”则强调了法律适用结果的实质合理性。法源自于理，是理的规范体现，因此合乎“国法”的原则上也应合乎“天理”。

综上，司法活动中，“国法”是裁判依据，“天理”是指导理念，“人情”是考量因素。看似合乎逻辑得出的结论，到底是否具备实质合理性并让人信服，还需要经过“天理”与“人情”的验证。即还要考量是否符合社会主义核心价值观、是否符合传统道德伦理、是否符合基本法理，是否符合社会大众对公正的认知、是否符合当事人对公正的感受、是否符合司法人员本人的良知。

“三个善于”内涵丰富，既是认识论，也是方法论，还是“高质效办好每一个案件”的具体要求。通过对蕴含其中的世界观和方法论的阐释理解、学习运用，努力让“三个善于”成为一种思维方式、一种工作方法，成为检察人员履职办案的具体行动。

“三个善于”的结构与功能

——以行政检察实践为例

桑　涛　王泽斌*

一、理念缘起：“三个善于”的问题提出

2024年4月8日，应勇检察长在国家检察官学院2024年春季学期首批调训班次授课中，提出了“三个善于”理念，同期《人民检察》杂志刊登特稿《学思践悟习近平法治思想　以“三个善于”做实高质效办好每一个案件》对“三个善于”理念进行了体系性解读。一个理念自提出之日起，其意蕴便不应受限，而是在理念与实践的循环中不断延展生命力量，每一个检察人将理念内化于心外化于行的过程，每一个检察机关将理念落实到组织和业务活动的各个环节的过程，也就是理念不断拓展的过程，理念的价值也在此显现。

但统观理论界对“三个善于”的研究，仍然趋于同质和单一。其一，现有研究局限于理念指导实践的具体内容，忽视对理念来源的讨论，而理念的缘起既是理念的最终指向，也是理念的价值源头；其二，讨论的实践层面问题局限于以检察官为行动主体的业务行为的视野，而对以检察机关为主体的检察制度调整的指导价值未开展开讨论；其三，由于研究主体多局限于检察人员，研究成果的讨论范畴限定在权威观点

---

* 桑涛，浙江省杭州市拱墅区人民检察院党组书记、检察长；王泽斌，浙江省杭州市拱墅区人民检察院第七检察部四级检察官助理。

对于理念的讨论，而对于理念的拓展不多。

深入理解和践行“三个善于”，有必要重视理念的源头。“三个善于”的理念是基于怎样的考虑？为什么五十九字的理念却有如此丰富的内涵？“三个善于”向检察机关和检察官们提出了什么问题和要求？这些问题所指向正是理念的缘起与指向问题，理念产生于观念，根治于问题，服务于目标，正是这些为理念提供了延伸生命力。

第一，“三个善于”缘起于从思想到理念的目标践悟。“三个善于”理念来源于习近平法治思想。其一，“三个善于”的最终目标“高质效办好每一个案件”源自“让人民群众在每一个司法案件中感受到公平正义”理念。相较审判机关，检察机关不仅在私益案件中让人民群众获得可感正义，更通过类案治理、公益诉讼等方式使其在公益案件、公益与私益混合案件中感受到更广泛的公平正义。其二，“三个善于”在中国特色社会主义法治理念指引下，立足于检察机关和检察官的法治自律，在西方检察制度所推行的检察官问责、限权的裁量限制模式外开辟了一条“针对性强、效率较高和成本较低”[①]的自我拘束路径。其三，“三个善于”是对“坚持建设德才兼备的高素质法治工作队伍”要求的具体落实，提出了检察法律人才应当具备的三方面阶段性的标准，包括法律事实的判断和法律关系的分析，法律条文的精通和法治精神的领悟，法理情的统一和公平正义的实现。

第二，“三个善于”缘起于从观念到理念的价值凝练。“三个善于”是从检察工作的人才观、办案观、正义观演变而来。理念是上升到理性高度的观念，是一系列观念、信念、理想、价值高度凝练总结而成的一整套思想和原则。[②]以检察人才观为例，20世纪80年代提出的“立场坚定、依法办案、秉公执法、掌握政策、实事求是、联系群众、精通业务”和21世纪初提出的“政治坚定、业务精通、执法公正”，[③]再到近

---

① 姜明安:《论行政裁量的自我规制》，载《行政法学研究》2012年第1期。

② 参见秦前红:《检察制度基础理论研究》，法律出版社2021年版，第6页。

③ 参见孙谦主编:《人民检察制度的历史变迁》，中国检察出版社2009年版，第24、27页。

年提出的“全局人才观、全员人才观、开放人才观、科学人才观”，与“三个善于”中的法律关系把握、具体条文精通、法治精神领悟、法理情统一的理念一脉相承。“三个善于”在凝练检察人才观的基础上，还区分了不同阶段和层次的人才要求并指出了检察人才提升能力素养的方向，如第一个“善于”对人才的低层次要求是能够认识并区分不同的法律事实，高层次要求是能从复杂法律事实中把握到实质法律关系。

第三，“三个善于”缘起于从实践到理念的问题破解。“三个善于”立足于解决检察实践中存在的机械司法、就案办案问题。机械司法是指司法机关缺乏对法律规范的意涵以及立法意旨的考量，僵硬地适用法律条文，作出与社会实际或者公众认知相背离的司法判断的行为。[①]其原因是多方面的：一是由于现代生活关系的复杂导致对应的法律的复杂化，尤其是在民事检察和行政检察业务领域，增加了检察官抓住实质性法律关系的难度；二是由于法律规则本身具有滞后性，而社会发展总是超前的，因而要“通过发展的视角，把法律条文摆到时代发展大势中，正确灵活利用法律规范来处理不断发展变化的各种利益关系”[②]，“三个善于”正是在此基础上提出的。

二、深刻意蕴：“三个善于”的结构逻辑

通过对“三个善于”语境下的检察官与检察机关的行动分析和检察裁量与检察制度的结构分析，“三个善于”的基本要素、内部结构和外部逻辑可得框定。

（一）基本要素：主体与交往行为

1. 检察机关和检察官同为主体

“善于”的主体并不仅为检察官，检察机关在“三个善于”的运行

① 参见胡昌明：《论机械司法》，载《经贸法律评论》2023年第4期。

② 陈俊：《以“三个善于”为引领深入推进高质效监督办案》，载《检察日报》2024年5月11日，第3版。

中也发挥了十分重要的作用。“检察一体化”理念基于宪法和人民检察院组织法组织原则，强调“上下统一、横向协作、内部整合、总体统筹”的工作模式。因此，一方面，检察官司法裁量的作出与检察机关是密不可分的，现行的“检察委员会制度”“员额检察官联席会议”就是例证；另一方面，检察机关相较检察官而言还能在检察工作机制、制度层面进行调整，从中观层面作用于“三个善于”的具体落实。

“善于”意为擅长，即具有某些方面的特长。基于此种语义，“三个善于”的主体性在康德“认知”“价值”的二分法中更多被强调为认知主体，在“主体性”的二分中，认知主体强调人作为高等生物认识世界和改造世界的主观能动，而价值主体则强调了人在道德世界中的中心地位。①“三个善于”固然体现法治素养和法治能力，但这种能力本质上源自于价值认知。第二个“善于”所强调的对法治精神的理解，首要在领悟社会主义核心价值观；第三个“善于”所强调的法理情统一，其关键也在于对于“情”的理解。②因此，应从价值主体性把握“三个善于”理念，牢牢抓住党对检察工作绝对领导的根本和全心全意为人民服务的宗旨。

2.“善于”中的交往行为理性

“三个善于”的实践并非简单的理念到行为的朴素对应，而是表现为检察官与各类主体在特定规范准则、交往语言、对话共识的交往行为中实现理性。基于主体间性提出的“交往理性”理论认为，理性的产生需要在交往过程中产生，交往过程中理性能够导致最终结果的理性。“善于”主体的交往行为关键在于两个主体之间：一是和人民群众之间的交往。“三个善于”所要求的法理情的统一便是对待人民群众的工作原则的体现，要求认真对待情绪、耐心释法说理。二是和行政机关之间的交往。传统检察制度以刑事检察为中心，因而与人民法院、人民公安

① 参见［德］康德：《实践理性批判》，韩承法译，商务印书馆2015年版，第34—35页。

② 参见张文显：《弘扬社会主义法治精神》，载中国社会科学网，https://www.cssn.cn/skgz/bwyc/202407/t20240725_5766696.shtml。

联系较为紧密。但在职务犯罪侦查权转隶的背景下，检察机关需要参与到公共行政和社会治理中寻找新的路径，如行政违法行为监督、行政公益诉讼等。

（二）内部结构：补强司法三段论

1.“三个善于”的结构与局限性

关于“三个善于”的内部结构问题，有学者提出了法律与法治精神、法律与道德、法律与社会三种对应关系，从三种法哲学路径分析“三个善于”的构造。事实上，这种简单的对应关系并不符合实践理性，检察裁量中“三个善于”的应用多是基于三段论展开的，并不存在三种法哲学路径的冲突。“三个善于”分别对应了传统司法推理的三段论，即大前提是具体法律条文背后的法律规则，小前提是法律事实背后的法律关系，结论是案件最后的处理方式和处理结果。

司法推理三段论尽管是一种严密的逻辑模式，但也会因过于注重逻辑形式而存在缺陷。[①]一是不确定法律概念的问题，法律条文规定的语词本身的含义可能是包容的，面临新的情况仅从文字本身难以得到指引，例如，枪支的概念在刑法中往往需要接受对应罪名的法益评价才能确定概念。二是存在逻辑难题，司法三段论的前提往往是大前提和小前提是确定的情况，而实践中在事实存疑的情况下，就难以适用。三是存在价值缺失，司法三段论的大前提被直接设定，检察官的价值判断难以介入，难以获得“某种规范适用于某个案件的适当性特征之认知”[②]。

2.“三个善于”对司法三段论的补强

基于三段论论证模式存在的局限，现代逻辑学提出了许多更为适用的论证模式。如图尔敏论证模型，相较司法三段论而言，增加了“保证”“支援”“限定”“反驳”四个要素，以满足实践需要。再如我国邹碧华法官提出的“要件审判九步法”将民事案件中的司法三段论推理过

---

① 参见张今文:《司法三段论的缺陷及其克服》，载《人民检察》2010年第4期。

② ［法］保罗·利科:《论公正》，程春明译，法律出版社2007年版，第140页。

程创造性地分解为九个步骤，提高了法官法律适用的质效。

“三个善于”也正是从司法三段论证模式的实践性出发，根据检察业务需要对不同论证逻辑扬弃，提出的论证模型。其一，通过外部证成加强论证，首先是证成大前提，以法律条文和法治精神推出法律规则；其次是证成小前提，以法律事实和生活关系推出法律关系；最后是证成大前提和小前提的符合性，即从国法、天理、人情的统一中推出公平正义。其二，其针对三段论模型在实践场景适用问题，提出了要用“理”和“情”来支持法律问题的论证，与图尔敏模型的“支援”“限定”等要素起到同样的作用。其三，其指出了法律漏洞的填补方式，司法推理不同于日常推理，其大前提、小前提和结论都有严格限制，其漏洞填补模式要严格依据法律逻辑，为此，“三个善于”提出了“法治精神”“法律关系”“法理情”三种漏洞填补模式。

（三）外部逻辑：结构与功能逻辑

1.“高质效办案”的价值目标

“高质效办好每一个案件”是“三个善于”的最终目标和价值，“高质效办案”理念即在实体上确保实现公平正义，在程序上让公平正义更好更快实现，在效果上让人民群众可感受、能感受、感受到公平正义，“三个善于”分别从这三方面进行了回应。第一个“善于”从生活关系与法律关系的联系上回应了实现高效率的办案应当具备怎样的思维方式，第二个“善于”则从法律条文与法治精神的联系上回应了实现高质量办案应当具备怎样的推理路径，第三个“善于”从法理情的关系上回应了实现高效果办案应当具备怎样的办案路径。

作为法律价值的“高质效办案”具有主客观的统一性。一方面，法律价值具有伦理性，符合一定民族的道德理念，“高质效办案”的价值是从人民群众对于检察机关的工作需求中来的，“三个善于”也正是基于这一需求而产生的；另一方面，法律价值也具有功用性，需要满足法律价值主体的客观需求，“三个善于”的内部构造赋予了其能够指导检察机关和检察官实现“高质效办案”的价值目标。

2.“三个善于”价值实现节点

“三个善于”的外部逻辑即“三个善于”的结构层次决定了“三个善于”的功能发挥，而功能的实现需要满足特定群体的价值需求，才具有客观价值。事前的制度设计往往存在偏离效应，即制度运行的结构存在偏离原有设计轨道的倾向，通过外部逻辑的梳理，厘清结构、功能、需求、价值运行中的偏离点，能够对制度设计进行闭环反馈从而使得制度功能实现符合价值定位。

“三个善于”的外部逻辑节点体现在以下两个方面：一是结构如何决定功能的发挥和界限，如第二个“善于”固然要求领悟法治精神，但也会导致超越法律的误解，因而法律关系论强调的加强证据审查、厘清主次矛盾、坚持由表及里导致法律关系判断要求反映实质性的法律关系，通过法律事实的认定转换而实现在法律框架内的实质正义；二是功能能否满足需求和降低成本，功能的发挥需要满足高质效办好每一个案件的价值要求，但这种价值要求不应当是抽象的，而是具体的、可感的正义，[①] 这才是直接满足价值需求最为经济的模式。

三、实践指引:“三个善于”的功能实现

作为一种抽象的行为理念，“三个善于”一般被视为指导检察官在具体个案中事实认定、法律适用、效果实现的处理原则，现有学者的研究也多局限于此，如指出“提升证据审查和指控能力”“加强与侦审辩各方的沟通”等，但“三个善于”的理念价值并不局限于此，理念的真正价值在于指引制度所需要的方向演变，这使得“三个善于”理念超脱于微观的行为层面而拓展至中观的制度层面，从而拥有更强的生命力。

（一）实质正义：发挥行政违法行为监督集成优势

实现实质正义是“三个善于”的核心功能，即要抓住法律关系中的

---

① 参见张振国:《抽象正义与可感知的正义》，载《河北经贸大学学报（综合版）》2007年第2期。

主要矛盾，实现“三个效果”的有机统一，在行政检察中则体现为：一是要抓住行政法律关系中的行政职权，二是要抓住行政违法行为监督的重要作用。

1. 行政法以行政职权的行使为制度基点

行政法律关系指受行政法律规范调控的因行政活动（权利活动和非权利活动）而形成或产生（引发）的各种权利义务关系。相较民事法律关系以意思表示为核心，行政法律关系则以行政职权为中心。以行政诉讼案件为例，首先，行政违法的表现形式集中体现为行政不作为、行政超越职权、程序违法等；其次，在证据层面，举证责任的配置并非以行政诉讼原告的权利作为其法律效果，而是以行政职权的形成、妨碍、消灭或者排除作为其法律效果，并规定产生这些法律效果的构成要件事实。[①] 因此，通过把握行政主体的组织权限、职权来源、履职依据等就能够把握实质性行政法律关系。

2. 行政违法行为监督是行政检察工作的重要内容

行政违法行为监督有贯通监督路径的特点，[②] 行政检察现有职能包括行政诉讼监督、行政审判人员监督、对人民法院行政案件执行活动监督、行政非诉执行监督、行刑反向衔接等，其中大部分都以行政违法行为为基础。以行刑反向衔接为例，对作出不起诉决定的行为人，制发行政处罚检察意见后可以跟踪督促行政机关的处罚行为，从而实现对违法行为的监督。在行政诉讼监督中，发现行政机关存在“超越职权”“主要证据不足”“适用法律、法规错误”“违反法定程序”等违法行使职权或者不行使职权的情形，也可以启动行政违法行为监督程序，依法督促其纠正。

3. 协同、综合、联动监督发挥高效优势

基于行政检察的上述特点，“三个善于”要求实现协同、综合、联

① 参见江必新、徐庭祥:《行政诉讼客观证明责任分配的基本规则》，载《中外法学》2019 年第 4 期。

② 参见李冠山:《强化路径探索推进行政违法行为监督》，载《检察日报》2023 年 12 月 27 日，第 3 版。

动监督。一是协同监督，行政违法行为监督针对行政行为的违法性开展，基于法律监督的程序性，不介入行政权运行过程，也不取代行政权行使，原则上不受当事人是否存在救济权的限制，但当事人已经启动行政复议或行政诉讼程序的，检察机关不宜开展监督。二是综合监督，坚持“在履行法律监督职责中发现”，找准监督切入点，一方面是在履行行政检察监督职责中发现，另一方面是在履行刑事检察、民事检察、公益诉讼检察等职责中发现。三是联动监督，加强外部协作配合，畅通线索双向移交，与行政机关共同促进法治政府建设，实现双赢多赢共赢。

（二）理性谦抑：实现行政检察精准规范为民监督

职务犯罪侦查权转隶后，有学者提出理性谦抑的检察价值追求：“理性，是与感性对应的概念。法律监督工作之所以强调理性，与其维护法制统一之首要职责和保障公民权利之终极使命是分不开的。法律监督工作之所以强调谦抑，则是权力行使之谦抑性和程序监督之工作属性所决定的。”[①]“三个善于”在强调“超越”的同时也给予了检察裁量权以限制，这体现了检察机关“理性谦抑”工作理念的转变。

1. 规范监督督促合法行政

规范监督强调在行政检察中要深刻把握具体法律条文和法治精神的关系。首先，检察机关的监督定位是合法性监督，即仅作行政机关合不合法的判断，而不作行政机关合不合理的判断，尊重行政机关的首次判断权；其次，检察机关的法律适用应当严格把握法律规范和法律条文、严格依法与法与时转、法律授权与依法履职、法律规定与司法政策的关系；最后，法治精神和具体法律条文并非界限鲜明的，检察机关可以通过与行政机关、立法机关的协作联动，将法律精神和具体工作相结合形成相关领域长效机制，并推动地方立法。

2. 精准监督支持合理行政

精准监督强调行政检察要在复杂的法律事实中准确把握实质性法律

---

① 秦前红：《检察制度基础理论研究》，法律出版社 2021 年版，第 48 页。

关系。首先，检察机关虽然不对合理行政的范畴进行监督，但合理的行政是双方共同的利益，检察机关可以对行政机关的治理措施提出建议，行政机关也需要借助检察机关对于公益性的问题开展公益诉讼或者个案治理，这为检察监督支持合理行政提供了潜在基础；其次，实质性法律关系判断要求检察机关的检察建议具有更强的针对性和可行性，包括立案精准、对象精准、方法精准、建议精准、结案精准。①

3. 为民监督助力有效行政

为民监督强调行政检察办案的最终效果要能够助力有效行政，实现为民监督。首先，检察机关“公共利益代表”的定位要求检察机关“始终坚持人民至上，持续做实人民群众可感受、能体验、得实惠的检察为民”，既要实质上的公平正义，又要可感受的实质正义；其次，检察机关要聚焦民生新领域新问题，如预付式消费职业闭店现象、侵犯公民个人信息行为等，以深入推进“检护民生”专项行动为抓手，不断提升人民群众的获得感幸福感安全感。

（三）公众支持：实质性化解行政争议贯穿全过程

公众支持是现代检察机关亟需的制度要素，正如有观点指出“由于检察官的大部分裁量权是在后台行使的，处于公众的观察和监督之外，检察机关需要更多的关注、分析、透明和公开讨论”②，“三个善于”的效果导向“法理情有机统一中实现公平正义”也正是对这一问题的回应。在行政检察业务中将实质性化解行政争议贯穿办案全过程，“在法治框架下，根据政策、情理等法律外因素，在传统的行政法律程序和行政诉讼法律程序外，使得行政争议及相关法律争议不复存在”③是获得公众支

① 参见牛玲玲:《强化四种思维提升公益诉讼检察质效》，载《检察日报》2024 年 3 月 21 日，第 7 版。

② 周建中:《完善我国检察官自由裁量权论——以中美检察官自由裁量权比较研究为视野》，载《东方法学》2009 年第 5 期。

③ 张相军、马睿:《检察机关实质性化解行政争议研究》，载《国家检察官学院学报》2022 年第 3 期。

持的重要措施。

1. 检察机关化解行政争议的优势

检察机关作为宪法确定的“国家的法律监督机关”，在实质性化解行政争议方面具有独特的作用和优势，主要表现在三个方面：一是相对独立的地位。检察机关与行政争议双方（行政机关和行政相对人）的关系较为独立，这不同于行政复议机关作为争议一方上级机关的角色，使得行政相对人更易信服。二是解纷途径的灵活性。相较于审判机关主要依赖行政判决和裁定的方式，检察机关可以采取更广泛的解纷手段，包括提起抗诉、作出检察建议、促使达成和解、举办听证会、提供心理疏导等多种手段。特别是在实质性化解方面，检察机关能够处理更多类型的案件，并基于法律、道理和情感综合考量，提出更易被双方接受的解决方案。三是解纷方案的权威性。检察机关提出的解纷方案尽管多为建议性质，但由于其法律监督机关的身份，这类建议往往能够得到相关机关、组织的高度关注和较高采纳率。

2. 用好检察建议和检察听证制度

最高人民检察院发布的行政争议实质性化解典型案例中，较为常见的结案方法是检察建议、检察听证。《人民检察院行政诉讼监督规则》第6条也将“监督纠正、公开听证、释法说理、司法救助”作为四种明确列举的实质性化解行政争议的手段。检察听证制度将矛盾化解的中间人作用运用到了极致，借助人民监督员、专家学者等第三方的作用来辨明是非、平息争议，通过面对面的交流即摆脱了庭审模式带来的主观对立性，又能通过高效的调查核实，将书面审理引导到公开辨明的方向。监督纠正常用的方式包括抗诉和检察建议，检察建议作为较抗诉更为柔性的方式，在较为棘手的案件中，通过对行政主体的行政不规范、不严格等瑕疵性问题进行监督指正，推动行政主体在一类问题上的全面整改更为高效。

3. 积极促进和解与认真对待情绪

行政争议的化解难点体现多个方面，如诉讼关系复杂、存在行民争议交叉，行政机关对于行政相对人的程序性权利不够重视，导致权利人感受不到公平正义。相比于法院的调解，检察机关的促成和解只是在当事人有和解意愿的情况下所做的引导工作。行政检察实践中的促成和解是指检察机关通过公开听证、释法说理、心理疏导等方式，促成行政机关与当事人消除分歧，就行政法律关系的权利归属或者义务承担达成协议，从而实质性解决行政争议的一种方式。① 因此，检察院更多是一种释法说理者的形象。有学者将能否认真对待情绪视为诉讼解纷和非诉解纷的本质区别，认为当事人在诉讼阶段会陷入二元对立和情绪排异中。② 检察机关以引导者的角色参与到纠纷化解中，更能够处理当事人的情绪。

“三个善于”的内容其实不仅针对检察官和检察机关，法官和审判机关也同样可以参考，甚至对行政机关依法行政的全过程也具有指导价值。尽管审判、检察、行政三机关在价值衡量上有不同的评判原则，但其共享同一套法治理念、法治思维、法治方法。从这个意义上看，对“三个善于”的研究或许不应当局限于检察理论内，而应放之于整个法治理论视域中。

① 参见朱红晖、刘东杰:《立足“和解”内涵实质性化解行政争议》，载《检察日报》2020 年 10 月 21 日，第 3 版。

② 参见熊浩:《认真对待情绪：论纠纷化解的感性向度》，载《政治与法律》2023 年第 5 期。

“三个善于”与“高质效办好每一个案件”的逻辑关系、实践启发与路径优化*

李　明　郑静雅**

“努力让人民群众在每一个司法案件中感受到公平正义”，是习近平法治思想关于司法公正的方向性要求，也是习近平总书记交给司法机关的“必答题”。应勇检察长指出，要让“高质效办好每一个案件”成为新时代新征程检察履职办案的基本价值追求，并提出检察办案要把握好“三个善于”，即善于从纷繁复杂的法律事实中准确把握实质法律关系，善于从具体法律条文中深刻领悟法治精神，善于在法理情的有机统一中实现公平正义。①“三个善于”蕴含着丰富的理论内涵，体现了司法办案的内在规律和本质要求，为高质效办好每一个案件提供了明确指引和基本方法，需要我们深刻理解、准确把握，并将之贯穿检察办案始终，做到检察办案质量、效率、效果有机统一于公平正义。

---

* 本文系2024年河北省法学会课题《习近平法治思想的理论与实践研究——基于“高质效办好每一个案件”的实证研究》的阶段性成果，河北省人民检察院“刑事诉讼中‘感知正义’的逻辑内涵、影响因素与优化路径”课题阶段性成果。

** 李明，河北省人民检察院党组成员、政治部主任；郑静雅，河北省人民检察院干部，全国检察机关调研骨干人才，河北省检察业务专家。

① 参见应勇:《学思践悟习近平法治思想 以“三个善于”做实高质效办好每一个案件》，载《人民检察》2024年第8期。

一、逻辑关系:“三个善于”与“高质效办好每一个案件”的关系透视

“三个善于”是对检察工作实践经验的深刻总结，与“高质效办好每一个案件”具有严密的逻辑关系，需要全面系统把握。

(一)准确把握实质法律关系是办好每一个案件的基础

所谓实质法律关系，指在案件中起关键作用的关系，能够展现案件主要矛盾，对案件定性与处理具有决定性影响的法律关系。[①]以检例第210号杨某涉嫌虚假诉讼不批捕复议案为例，该案争议焦点在于杨某是否实施了捏造民事法律关系、虚假民事纠纷的行为，虚假诉讼罪的本质特征在于，行为人与他人之间不存在民事法律关系和民事纠纷。[②]根据实质法律关系要求，该案需重点关注捏造的民事法律关系。本案中，检察机关作出不批捕决定后，公安机关认为杨某篡改民事合同主体，导致民事法律关系主体发生变化，并致使法院两次开庭审理，妨害正常司法秩序，已构成虚假诉讼罪，遂向检察机关提出复议。[③]检察机关另行指派检察官进行办理，经审查查明，杨某将履约人进行篡改，虽然在形式上对原始协议进行了更改，但并没有影响实质的民事法律关系主体，协议双方民事纠纷真实发生，并非虚构，因此不符合虚假诉讼罪的规定，检察机关维持原不批捕决定。该案形象地展现了在司法办案中把握实质性法律关系的重要性，对类案的办理起到引领示范作用。作为检察机关，我们在办理案件时，坚持以“事实为依据”，关键在于抓住案件中

---

① 参见应勇:《学思践悟习近平法治思想 以“三个善于”做实高质效办好每一个案件》，载《人民检察》2024年第8期。

② 参见苗生明、周惠永、纪丙学:《准确把握刑事追诉标准发挥不捕不诉及复议复核制度的价值功能——最高人民检察院第五十二批指导性案例解读》，载《人民检察》2024年第10期。

③ 参见苗生明、周惠永、纪丙学:《准确把握刑事追诉标准发挥不捕不诉及复议复核制度的价值功能——最高人民检察院第五十二批指导性案例解读》，载《人民检察》2024年第10期。

的主要事实、主要矛盾、争议焦点等，透过现象看本质，找准实质性法律关系，方能准确作出法律判断，并在法治精神和法治原则指引下高质效办好每一个案件。

（二）领悟法律条文中的法治精神是高质效办好每一个案件的关键

检察履职办案是将法律条文从抽象规范适用于具体事实，从一般规定落实到个别适用的过程，这就要求深刻把握司法工作的规律原则。[①]"善于从法律条文中深刻领悟法治精神"，强调案件处理既要符合法律规定，也要符合法治的精神。前者是落实法治精神的外在载体，后者是统率法律条文的法理内核。做实高质效办好每一个案件，必须善于从法律条文中领悟法治精神，确保案件处理经得起法律、历史和人民的检验。比如，近年来，正当防卫问题持续引发社会关注，背后折射的是人民群众对公平正义的普遍诉求。最高检发布的第十二批指导性案例，专门阐释正当防卫的界限和把握标准，并在4起案例中的指导意义中，进一步阐明《刑法》第20条所蕴含的"法不能向不法让步"的法治理念、法治精神，进一步惩恶扬善、弘扬正气。[②]据统计，在2018年至2022年间，该批次指导性案例被援引次数最多。这充分说明，检察机关在办案中不仅要严把事实关、证据关和法律适用关，而且要充分理解、尊重和体现法治内涵和法治精神，特别是在法律规定不具体、不明确的情况下，善于从法治精神出发，确保案件处理结果与法律内在精神相一致，与社会主义法治精神相协调，做到不偏不倚，避免就案办案、机械办案。

---

① 参见应勇:《学思践悟习近平法治思想 以"三个善于"做实高质效办好每一个案件》，载《人民检察》2024年第8期。

② 该批案例发布于2018年，主题是"正当防卫适用"，分别是陈某正当防卫案（检例第45号）、朱凤山故意伤害（防卫过当）案（检例第46号）、于海明正当防卫案（检例第47号）、侯雨秋正当防卫案（检例第48号）。

（三）实现法理情有机统一是检验案件是否高质效的最终标准

中华优秀法律文化自古就有礼法并重、法顺人情的传统，在断案中强调"法、情、理"的统筹考量，注重"天理、国法、人情"的有机统一。[①]这种精神一脉相承，并植根于现代中国法治建设的理念与实践之中，体现在一个个具体的案件办理中。以行政检察为例，实践中，检察机关受理的不服行政裁判的申请监督案件，绝大多数经过了一审、二审、再审审查，案结事不了、程序空转问题突出。当事人申请检察机关监督，实质上是希望通过检察机关履行职责实现其正当诉求。[②]以检例第116号某材料公司诉重庆市某区安监局、市安监局行政处罚及行政复议检察监督案为例，该案中，材料公司法定代表人冯某坚持认为区安监局处罚不公平，但该事故发生属于多方行为共同作用的结果，各方已经承担了相应的责任，法院判决并无明显不公，最高检领导带头办案，与地方检察院检察官共同接待申请人，说法理、谈情理、讲道理，回应当事人疑问与诉求，解开了申请人的心结。同时，针对行政机关存在的程序不规范、不严谨问题，向其提出改进工作的检察建议，推动健全制度机制，从源头上预防和减少行政争议。此案办理既符合程序正义、实体正义，又符合人民群众朴素正义观，实现了法理情的有机统一。检察机关在办理案件时，要跳出案件看案件，综合考虑办案的政治效果、法律效果和社会效果，[③]做到于法有据、以理服人、以情化人，最终实现案结事了、人和政和。

---

① 陈煜编译：《传统中国的法律逻辑和司法推理》，中国政法大学出版社2016年版，第53页。

② 参见张相军、张步洪、刘浩：《检察机关推动行政争议实质性化解的一组样本——最高人民检察院第三十批指导性案例解读》，载《人民检察》2021年第20期。

③ 参见王守安：《高质效办好每一个案件的价值内涵与实践路径》，载《人民检察》2023年第23期。

二、实践启发：以“三个善于”做实“高质效办好每一个案件”需把握的重点

“三个善于”既是认识论也是方法论，对做实“高质效办好每一个案件”具有重要引领作用。因此，检察办案中应以“三个善于”为指引，透彻理解“高质效办好每一个案件”的每一个字词组的本义及其结合检察履职的具体含义，从而真正办理出高质效的案件。

（一）思想探源：如何把握“高质效”

习近平总书记强调，“公平正义是司法的灵魂和生命”①，“公正司法是维护社会公平正义的最后一道防线”②，“一个错案的负面影响足以摧毁九十九个公正裁判积累起来的良好形象”③。由前所述，之所以强调“高质效”有着独特的时代背景、理论依据与现实需要，而如何把握“高质效”是其关键所在。用唯物辩证法来看，“高质效”包含着对质量、效率、效果的更高要求和对三者有机统一的科学认知。从马克思主义发展观来看，“高质效”体现着对检察工作现代化新要求的新把握。“质量优”是实现“高质效”的前提。正如有学者指出，“错案犹如一个模子刻出来的。将若干错案放在一起观察，发现共性不少，将其中铸成错案的原因抽离出来，便会发现他们之间存在的联系”④。统观错案瑕疵案，案发原因主要来自于事实不清、证据不足。其带来的危害，如英国哲学家培根所言“一次不公正的裁判，其恶果甚至超过十次犯罪”。办案质量的低下，让维护司法公正成为一纸空谈。“高效率”与迟来的正义非正义不谋而合，公平正义既要以看得见的方式实现，也要以更快更

---

① 习近平：《坚定不移走中国特色社会主义法治道路 为全面建设社会主义现代化国家提供有力法治保障》，载《求是》2021年第5期。

② 习近平：《高举中国特色社会主义伟大旗帜 为全面建设社会主义现代化国家而团结奋斗》，载《人民日报》2022年10月26日，第1版。

③ 习近平：《在中央政法工作会议上的讲话》（2014年1月7日），载《习近平关于全面依法治国论述摘编》，中央文献出版社2015年版，第96页。

④ 张建伟：《错案成因与制度修补》，北京大学出版社2024年版，第125页。

好的方式来实现。"效果好"重在强调司法办案的呈现结果。这三者有机统一于"高质效"，构成有机的整体。在方法论的实现上，要牢牢把握"三个善于"，引导检察人员转变思维方式、引导优化检察人员履职方式。

（二）标准探源：如何评价"办好"的维度

"办好"是实现"高质效"的过程和结果。公平正义不仅以法律条文的方式表达，也借助一个个鲜活的案例、一环扣一环的检察履职过程予以呈现。只有"办好"每一个案件，才能守住公平正义的最后一道防线。基于此，坚持做到"三个强化"。

一是强化实体正义。这是司法首要的追求，更多强调的是对案件事实、证据的把握。[①]如果一个案件中，事实证据出现问题，要实现高质效是不可能实现的。而事实的认定、证据的把握，本质上是一种法律推理的过程，正如张保生教授所言："法律推理旨在为司法结论提供法律理由和正当理由，法律理由直接源于规则，间接源于真相；正当理由直接源于正义、权益和人权等目的标准，间接源于事实认定'求真'和'求善'之双重目的。"[②]因此，对每一个事实的认定，都要以证据为核心，要求办案检察官在事实认定、证据呈现的过程中，深刻领悟法条背后的法治精神所在。

二是强化程序正义。陈瑞华教授在探讨程序正义的理论时，从法律程序具备的正义价值、工具价值和效益价值切入，进而提出正义价值具备一定的独立性，并从"最低限度程序正义"的角度，回应了程序正义包括参与性、中立性、对等性、合理性、及时性和终结性。[③]从程序正义在法律规定和在司法实践的运行情况看，司法程序远远不止是一个流程，任何一个案件从进入司法环节直至终结，所经历的司法程序也并

① ［德］托马斯·达恩史戴特：《失灵的司法：德国冤错案启示录》，郑惠芬译，法律出版社2017年版，第292页。

② 张保生：《证据法的理念》，法律出版社2021年版，第3页。

③ 参见郝良瑀：《程序正义理论的中国化》，载《人民检察》2023年第17期。

不是都是可预见的。无论是刑事检察、民事检察，抑或行政检察、公益诉讼检察，每一类型的检察案件都有其特定的程序，但具体到个案，因案件具体情况的差异，每一个个案所经历的程序不尽相同，但正是这种参与性、合理性，保证了案件办理的正当性，让正义以看得见的方式被感知。

三是强化感知正义。实践中，公平正义不仅要实现，而且要在“每一个案件”中，以“可感受、能感受、感受到”的方式来实现，即“感知正义”。换言之，可理解为社会公众对司法公正的认知、感受和反馈，表现为社会公众对法律制度、司法裁判的主观评价、信服程度和自觉性。因此，需要以直抵人心的释法说理回应案件当事人的感受度，以丰富的传播形态回应人民群众对公平正义的感知度，以针对性、实效性的互动回应社会监督的接受度，最大程度地凝聚社会对公平正义的共识。

（三）机制探源：如何落实到“每一个案件”

习近平总书记多次用“100-1=0”的道理强调，必须牢牢把握社会公平正义这一法治价值追求，努力让人民群众在每一项法律制度、每一个执法决定、每一宗司法案件中都感受到公平正义。对检察机关而言，案件是基本的履职载体。从正向看，以指导性案例为典范的高质效案件，在法律适用、事实认定、证据运用、政策把握、办案方法等方面具有一定的指引作用，有利于进一步树牢法律权威、提升司法公信、坚定法治信仰。而从反面看，如果案件质效低，其产生的负面效果与危害远不止于案件本身，既损害司法公信，又损害司法公正。检察官办理的每一个案件虽然案情、案由等各不相同，但在办案中所需要遵循的法治精神、法律逻辑、司法理念是有机统一的。因此，需把“每一个案件”作为“高质效”的基点，通过建立健全针对性、操作性的机制，实现从“源头—中间—末端”等全程把控。正如现代管理学上所遵循的“过程控制"理论，[1]通过对整个系统的调整、检查、评价、制约，实现"衡量、比较、评估、纠正"的目的。[2]监督"每一个案件"的过程本身就是一种过程的控制。以刑事检察为例，可建立一种"全程化跟踪＋立体化还原＋阶层化审查"相结合的机制。"全程化跟踪"即不能走过场，避免构罪即捕、凡捕必诉。要对案件的每一个细节全面审查，包括事实认定、证据关联、证明标准等，从接受案件就要树立以证据为中心的指控体系。"立体化还原"跳出自身认知，把法律事实还原到日常生活中重新认识、把法律条款还原到立法原意和法律原则中认识、把具体证据还原到案发时空中认识、把法律关系还原到社会关系中认识。"阶层化审查"指办案过程中，无论是犯罪构成的"三阶层""四要件"，还是证据审查把握的证据到证明力再到事实认定的过程，抑或在面对行政犯入罪时对前置行政行为的把握，均需要以一种阶层化的视角进行审视。比如，从证据取得是否合法、证据的证明力、证据对事实认定的作用等进行层层审查，进而抽丝剥茧取得证据。通过监督"每一个案件"，助推"依法裁判"到"个案正义"的实现。

三、路径优化：运用"三个善于"做实"高质效办好每一个案件"的体系建构

新时代做实"高质效办好每一个案件"，就要将"三个善于"所蕴含的法治精神、实践要求全面融入，从树牢理念、健全机制、提升素质、强化数字赋能等方面进一步优化落实的举措。

（一）树牢司法理念，确保"高质效办好每一个案件"的正确方向

习近平总书记指出："理念是行动的先导，一定的发展实践都是由

---

① 管理学上的"过程控制"理论核心观点是：强调过程的控制，旨在通过调解组织的行为，使其与组织的绩效标准目标和计划相一致。

② 参见徐国冲、陈宇环：《公共管理机制研究：类型、对话与发展》，载《中国高校社会科学》2024年第2期。

一定的发展理念来引领的。”[①]“高质效办好每一个案件”的理念根本源于习近平新时代中国特色社会主义思想、习近平法治思想，[②]需从中深刻把握推进检察工作的科学方法。坚持系统思维，将此理念融入“坚持党对检察工作的绝对领导，坚持为大局服务、为人民司法、为法治担当，坚持讲政治与讲法治有机统一，坚持‘四大检察’内在统一于法律监督宪法定位，坚持敢于监督、善于监督、勇于自我监督”等推进检察工作现代化的理念中，进而延伸形成中国特色社会主义检察理念体系。[③]在具体落实中，突出政治引领，坚持“从政治上着眼、从法治上着力”，坚持用政治视角、政治思维、政治效果来审视检察业务，把讲政治的要求落实到检察履职、监督办案各环节、全过程。坚持大局观念，在服务京津冀协同发展等国家重大战略实施、服务本省经济社会发展大局中，找准履职切入点与着力点，全面履行好检察职责使命。站稳人民立场，有力推进“检察护企”“检护民生”专项行动，扎实推进信访工作法治化，让每一起案件既解“法结”，又解“心结”，以人民群众的满意作为衡量“高质效”办案的标准。恪守公正司法，根据“四大检察”面临的新形势新任务、发展阶段和不同特点，找准前进方向、分类施策推进，凝聚监督合力。

（二）强化法律监督，增强“高质效办好每一个案件”的履职导向

“四大检察”内在统一于法律监督的宪法定位，是新时代新征程检察监督的主体框架，也是实现“高质效”办案的主要路径。在刑事检察中，积极推动构建刑事指控体系，推动完善刑事诉讼制约监督体系，[④]

---

① 习近平:《把握新发展阶段，贯彻新发展理念，构建新发展格局》，载《求是》2021年第9期。

② 参见童建明:《高质效办好每一个案件持续推进习近平法治思想的检察实践》，载《人民检察》2023年第23期。

③ 参见邱春艳:《理念与行动:“高质效办好每一个案件”》，载《检察日报》2024年3月7日，第3版。

④ 参见阮建华:《习近平法治思想中的刑事司法理论及其检察践行》，载《法治现代化研究》2024年第5期。

加强立案监督、侦查活动监督，着重监督纠正“应立不立”“应撤不撤”问题。用好抗诉手段，坚持该抗就抗、精准抗诉，对于确有错误的案件坚持接续监督，提升刑事审判监督质效。严格依法落实认罪认罚从宽制度，健全认罪认罚自愿性真实性、量刑建议合法性恰当性的工作机制，切实规范办案、提升质量。认真落实“两高两部”办理醉驾案件的意见，统一执法司法标准，做好新旧衔接，妥善办理存量案件。在民事检察中，针对“量少质弱”问题，牢固树立监督意识，健全纵向贯通、横向联动的履职机制，同步深化民事生效裁判监督、审判及执行活动监督，持续加强对虚假诉讼、调解协议司法确认案件的监督。① 在行政检察中，进一步强化行政诉讼监督，持续提升监督质效。落实“府检联动”工作机制，积极稳妥探索行政违法行为监督，共同推动法治政府建设。做实行刑反向衔接，解决程序流转不畅、衔接效果不佳等问题。在公益诉讼检察中，紧盯“可诉性”，正确处理办案数量与质量、领域深化与拓展、起诉前与诉讼三组辩证关系，持续推动生态环境和资源保护、做优食品药品安全领域等传统法定领域办案提质增效，积极稳妥拓展安全生产等特定群体权益保护等新增办案领域，进一步提升公益诉讼检察办案质量和水平。

（三）细化对检察权运行的监督管理，增强“高质效办好每一个案件”的机制保障

对于“高质效办好每一个案件”而言，一方面讲的是质量、效率、效果，另一方面是要加强检察权的规范运行，加强对检察权运行的制约与监督，全面准确落实司法责任制。健全检察管理机制。严格落实“一取消三不再”要求，一体抓实“三个管理”，把检察管理从简单的数据管理转向更加注重业务管理、案件管理、质量管理。② 坚持把宏观案件

---

① 参见王光辉：《以高质效监督办案推进检察工作现代化》，载《人民检察》2023 年第 15 期。

② 参见董凡超：《检察机关“一取消三不再”，如何看怎么办》，载《法治日报》2024 年 11 月 14 日，第 5 版。

质效分析与微观案件质量评查有机结合起来，进一步完善案件质量监控体系，构建智慧化分析研判体系、重点敏感案件监控体系等，为服务办案、监督管理、科学决策提供有力支撑。①健全监督制约机制。严格落实最高检《关于人民检察院全面准确落实司法责任制的若干意见》、《人民检察院司法责任追究条例》，坚持做到“放权”与“管权”并重，健全完善科学合理、程序完备、衔接顺畅的检察机关司法责任认定与追究制度机制，严格落实错案终身追责要求。落实容错纠错机制，完善检察人员履行法定职责保护机制、检察人员控告申诉制度，健全不实举报澄清追责机制。持续抓实“三个规定”，坚持“有问必录”“逢案必倒查”。健全主动接受监督机制。注重通过公开听证、检察开放日、召开座谈会等多种方式，进一步提升特邀检察官助理、听证员等人员参与度；用好舆论监督作用，既讲好检察故事，又注重提升全媒体时代舆情处置能力和水平。

（四）狠抓素质提升，奠定“高质效办好每一个案件”的能力基础

检察人员是法律监督的履职主体，其职能素养直接影响法律监督质效与法律监督能力现代化。基于此，强化引导侦查能力。调研中发现，一些不起诉、撤回起诉案件的发生，与证据有直接关系。因此，需要贯彻“证据裁判”原则，改变“重审查、轻调查”的办案模式，从查明事实转向证明事实，从事后补证转向提前引导；依法做好提前介入引导侦查、退回补充侦查、自行补充侦查等工作，把证明有罪、罪重及无罪、罪轻的证据全盘呈现。增强辩证思维能力。实践中，一些错案瑕疵案产生，事实不清、证据不足是主因，究其根源，很大程度上源自辩证思维没有树立好。例如，有的过度重视数量而忽视了质量与效果，有的没有很好地处理效率与效果的关系，有的办案质量、效率落实较好，但效果上却存在一定问题。要求检察人员提升辩证思维的能力，统筹质量、效

① 参见王新建:《如何一体抓实“三个管理”？这“四个有机统一”很重要》，载《检察日报》2024 年 11 月 13 日，第 3 版。

率、效果，统筹实体、程序、感知正义三个维度，在办案中既要学习参考指导性案例，也要从反面案例中汲取教训。注重职业共识培养。建议在业务培训中，增设问题案件反思课，不仅强化法律解释意识，而且注重对把握事实、挖掘证据等能力的培养。注重职业思维的构建，培养具有相同的思维方式、共同的话语体系的法律人，在确保司法行为正确性的基础上，进一步促进司法人员统筹天理、国法、人情的能力，最终实现法律所追求的终极目标。适应全媒体传播能力。现在，人人都有“麦克风”，人人都可发消息，执法司法活动时刻处在公众视野里、媒体聚光灯下。面对全媒体时代人民群众对社会公平正义的新需求，需要把对个案的释法说理做好做到位，从与案件最直接相关的个体出发，以“精准化、接地气、有人情味”的释法说理这种“说得出的正义”展现正义；主动运用“两微一端”、短视频等平台，向公众展示履职情况、案件办理情况，在平台上赢得传播的认同度；通过互动消除隔阂与误解，最大程度地凝聚社会对公平正义的共识。

（五）注重数字赋能，打通“高质效办好每一个案件”的难点堵点

数字化是现代法治的关键变量。“数字检察如果是一棵大树的话，信息化是数字检察的‘主干’，数据是数字检察的‘根系’，法律监督应用模型是数字检察的‘果实’。”[①] 在实现“高质效办好每一个案件”的过程中，需要紧盯法律监督的重点、难点，探索研究数字赋能的新方式。加快推进智慧检院建设，推动数据共享共用，内外联动加强数据汇聚、整合、管理、应用，积极推进执法司法信息共享和业务协同。深入研究数智平台和法律监督模型的关系，对于数智平台可自动获取数据、智能研判线索的领域，没有必要开发建设法律监督模型；对于某些具体行业领域需要不同数据碰撞分析的，可运用成熟法律监督模型帮助发现相关线索，作为数智平台前置获取案件的重要板块，共同助力检察办案。例如，以公益诉讼检察为例，2018 年至 2022 年，全国检察机关共立案办

---

① 贾宇：《数字检察办案指引》，中国检察出版社 2023 年版，第 14 页。

理75.6万件，年均增长14.6%。但实践中存在着线索收集难、办案方式滞后、协同指挥不畅、监督管理乏力、办案质效分析不全面等难题，需要以大数据智能化应用破解公益诉讼检察发展难题。[①]基于此，河北省检察机关建成应用公益诉讼检察数智平台，打造了“智能研判辅助办案、类案监督模型超市、燕赵山海专项监督、办案质效综合分析、融合通信指挥调度”五个应用场景。最高检组织全国检察机关现场观摩学习。截至目前，平台已实现线索研判智能化，收集案源信息7.9万余条，自动筛选线索2.2万余条，立案5878条，成案率26.97%，共有41件案例被最高检评为典型案例。

① 参见董开军:《深入推进公益诉讼检察大数据智能化应用》，载《学习时报》2024年2月26日，第1版。

以“三个善于”深入推进高质效监督办案

陈　俊*

新时代新征程，最高检提出“高质效办好每一个案件”的检察履职办案基本价值追求，强调着力提高检察人员运用法律政策的能力，做到“三个善于”。2024 年 4 月 8 日，最高人民检察院检察长应勇再次深刻阐释，对“三个善于”进行系统阐述，为高质效办好每一个案件提供了具体指导。“三个善于”之间既是基础、关键、目标的关系，也是司法办案中各有侧重、循序渐进的三个层次，体现了由“用准法律”到“用活法律”再到实现“最好效果”的三重境界。我们要坚持以习近平法治思想为指引，从政治上着眼、从法治上着力，深刻把握“三个善于”的内涵要求，引领高质效办好每一个案件。

一、善于从纷繁复杂的法律事实中准确把握实质法律关系是基础，体现了依法公正、用准法律的境界

应勇检察长强调，善于从纷繁复杂的法律事实中准确把握实质法律关系，必须透过现象看本质。检察机关履行法律监督职能主要涉及刑事法律关系、民事法律关系、行政法律关系等法律关系。各种法律关系虽各有内在特性，但又不是完全静态、孤立的，往往存在动态转化、相互交叉的情形。法律关系的性质直接决定法律规范的适用，因此，准确把握法律事实、厘清实质法律关系是高质效办案的基础。

---

* 陈俊，湖北省襄阳市人民检察院党组书记、检察长。

刑事检察要把握“三查三清”：一查基本事实，明确犯罪构成和审查重点，厘清罪与非罪、此罪与彼罪以及不同性质犯罪的审查和辨析要点，精准判断证据效力；二查主要矛盾，突出问题导向，厘清当事人反映强烈的诉求或辩解、追赃挽损等问题，及时予以重视、破解和回应；三查行为本质，坚持由表及里、穿透审查，厘清民事、行政与刑法事实交织的规制界限，做到罚当其罪、罪责相适。

民事检察要做到“三查三看”：“查”是事实证据审查，“看”是识别法律关系，在案件事实与法律规范之间建立有效联系，进而准确适用法律。一查主体，看法律主体是否平等、是否适格，以及主体涉及范围，准确辨识法律关系性质，区分案件是民事、行政或者刑事案件；二查内容，看民事主体之间权利义务关系的性质、效力和行使方式，深层次分析案件法律关系；三查客体，看权利义务指向的对象应由何种法律规范调整，客体为物则由物权法律法规调整，客体为债则由债权法律法规调整，再根据规范确定权利义务分配。

行民交叉案件要把握“三个重点”。随着行政诉讼案件数量不断上升，行政争议与民事争议交叉案件日益增多。司法实践中，对行民交叉案件处理不一，存在循环诉讼、程序空转现象，导致争议实质性化解难，既不利于解决当事人之间的纠纷，也不利于保护当事人合法权益。行民交叉案件往往呈现三种类型：一是以民事争议为基础的交叉案件，只有解决了民事争议才能作出行政争议裁判，如房屋权属争议与房屋登记交叉的案件；二是以行政争议为基础的案件，行政裁决是前提，如行政许可、行政确权与民事侵权交叉的案件、婚姻登记与民事权益交叉的案件等；三是互为基础的交叉案件，因相互交叉的内容复杂，谁先谁后还是一并审理对争议实质解决影响甚大，如工伤及劳动关系认定与民事赔偿互为交叉的案件。检察机关对行民交叉案件的监督，只有准确把握实质法律关系，抓住案件主次矛盾，才能做到精准监督，才能有针对性地把法律讲清，把道理说透，把争议实质性化解。

二、善于从具体法律条文中深刻领悟法治精神是关键，体现了全面依法履职、用活法律的境界

应勇检察长强调，善于从具体法律条文中深刻领悟法治精神，要处理好四对辩证关系。法律的生命在于实施，实施的关键在于穿透静态条文，在法治精神、法治原则指引下准确适用具体法律条文，通过用活法律办出鲜活案例，在办理铁案中培育法治文化、弘扬法治精神。

一是深刻把握法治精神中蕴含的政治性，确保贯彻司法政策与执行法律规定的协调统一。法治当中有政治，没有脱离政治的法治。司法政策是党的政策主张和人民意志在司法领域的具体体现，反映了高质量发展的前进方向和重点任务。检察机关要坚持在党的绝对领导下，在司法政策的指引下把握法治精神、执行法律规定，紧紧围绕党委、政府关于高质量发展系列部署，坚持全面依法履职，不断深化“检察护企”、知识产权协同保护举措并实质运行，切实发挥法治固根本、稳预期、利长远的作用，以高水平安全护航高质量发展。

二是深刻把握法治精神的人民性，确保严格依法办案与群众朴素公平正义观的协调统一。为人民司法、让人民满意是一切检察工作的出发点和落脚点。要把坚持人民至上贯穿到检察工作全流程各环节，在办案中既要坚持客观公正，也要做到“如我在诉”。要加强亲历性办案，围绕正确理解刑法中“情节显著轻微危害不大”“明显超过必要限度”等法律条文，在办理相关疑难复杂案件中，用好引导侦查、自行补充侦查、调查核实等监督手段，建立书面阅卷审查与调查核实证据相结合的亲历性办案模式，让依法办案结果与老百姓朴素的公平正义观实现共振，在共情共鸣中做实群众可感受、能体验、得实惠的检察为民。

三是深刻把握法治精神的发展性，确保静态法条规范与社会动态发展的协调统一。“法与时转则治，治与世宜则有功。”法律条款是静态的，但法律适用是动态的，静态法条的内涵会随着时代变化而变化，最终要靠掌握法律的人去正确适用。要通过发展的视角，把法律条文摆到时代发展大势中，正确灵活利用法律规范来处理不断发展变化的各种利

益关系，通过法与时转，实现治与世宜。要积极适应经济社会发展形势，准确识辨社会矛盾变化，全面依法履职，激活“沉睡条款”，强化人权保障和社会治理，不断推动法治进步。

四要深刻把握法治精神的系统性，确保具体法条执行与整个法律体系协调统一。要运用系统的方法来看，把法律条文摆到整部法律乃至整个法律体系中，通过前后联系正确理解立法本意。要注重在法律原则的系统指引下理解适用法律，要重点把握刑法上的罪刑法定、罪刑相适应、刑法适用平等原则，民法中的平等、意思自治、诚实信用、公序良俗以及绿色发展等原则，行政法中的合法行政、合理行政、程序正当、高效便民、权责统一等原则，通过发挥法律原则的指引作用，协调解决法律体系中各个法条适用的冲突，弥补规则的不足与局限。

三、善于在法理情的有机统一中实现公平正义是目标，体现了良法善治、德法兼修的境界

应勇检察长强调，善于在法理情的有机统一中实现公平正义，重在确保“三个效果”，要求于法有据、以理服人、以情感人。要把弘扬社会主义核心价值观作为统筹法理情有机统一的重要考量，着力推动“三个延伸”。

一是推动案件办结向矛盾化解延伸。以共同缔造理念为引领，优化12309检察服务中心建设，推动市县两级院入驻综治中心实现全覆盖基础上的实质化运行，强化部门联动、协同化解。要综合运用公开听证、司法救助、“检察＋调解”等手段，用心用情纾解群众急难愁盼。运用改革的方法、创新的思维，提升在办案中化解矛盾的效果，促进社会公平正义的实现。

二是推动个案办理向源头治理延伸，坚持抓前端、治未病。努力让人民群众在每一个司法案件中感受到公平正义，必须坚持既抓末端、治已病，更抓前端、治未病，深化源头治理促进社会治理。在持续抓实最高人民检察院制发的检察建议基础上，结合办案积极制发社会治理检察建议。在市级层面建立代表建议、委员提案与检察建议衔接转化机制，

推动更大范围、更多领域、更深层次的综合治理。要主动争取支持，不断优化完善检察建议在法治建设、平安建设中的考核评价机制，加大通报、督办力度，推动检察建议由“办理”向“办复”转变。要敏于发现案件背后反映出的社会治理、法治建设问题，高质量撰写分析研判报告、领导参阅件等，做好党委政府的“法治助手”。

三是推动司法实践向理论总结延伸。检察人员办案要善于统筹法理情的有机统一，防止就案办案、机械办案。要加强对高质效办案实践的理论研究，认真总结“高质效办好每一个案件”中的典型做法和建立的制度机制，梳理制约高质效办案的难点堵点问题，着力解决突破，优化提升。要充分发挥检校共建、特约检察官助理等专家学者优势，推动调查研究、司法办案、理论成果和典型案例之间的转化，构建“大研究”格局，围绕高质效办案、服务新质生产力发展等开展理论研究，推动工作中好的经验做法形成制度机制，努力通过高质效办案启发理论研究，通过理论总结带动高质效办案，做到人人都在调研中，同题共答、相融互促。

“三个善于”的司法实践逻辑

陈春霞　郭玉祥 *

“三个善于”作为“高质效办好每一个案件”基本价值追求的方法论和实践论，是检察机关在司法办案中必须遵循的指导原则。准确把握“三个善于”的司法实践逻辑，要以善于从纷繁复杂的法律事实中准确把握实质法律关系为基础，以善于从具体法律条文中深刻领悟法治精神为关键，以善于在法理情的有机统一中实现公平正义为目标，实现案件办理政治效果、法律效果、社会效果的有机统一，努力让人民群众在每一个司法案件中感受到公平正义。

一、以善于从纷繁复杂的法律事实中准确把握实质法律关系为基础

准确把握实质法律关系作为高质效办案的基础，需在纷繁复杂的法律事实中抓住问题的主要矛盾，以实质法律关系为抓手准确认定案件事实。

（一）构建刑事指控体系

证据是整个刑事诉讼活动的基础，以证据为中心的刑事指控体系指通过证据收集、审查、判断、应用还原案件的客观事实，保证客观公正

---

* 陈春霞，甘肃省兰州市七里河区人民检察院综合业务部副主任；郭玉祥，甘肃省兰州市七里河区人民检察院五级检察官助理。

裁判。司法实践中，部分检察人员缺乏证据意识，对关键证据的审查能力不足，忽视证据证明力的审查，无法形成证据闭环和完整的证据体系，导致举证质证环节证据模糊、关键证据证明力不足、证据链条不完整，严重影响案件审查和审理质量。

首先，为推动构建以证据为中心的刑事指控体系，检察机关应当注重一线人员证据意识培养，引导检察人员转变传统刑事指控思维，坚持以证据为基础履行公诉职能，排除其他非证据因素对案件审查的不利影响，让证据成为定罪量刑的唯一考量因素。其次，提升检察人员的证据审查能力，严格贯彻证据裁判规则和非法证据排除规则，注重证据客观性、关联性和合法性审查，确保证据的证明力。再次，在证据审查的基础上构建证据体系，系统运用证据规则和证据审查方法，充分使用印证证明、心证证明、科技证明等证据证明方法，兼采各种证据形式的证明优势，形成完整的证据链条，实现证据闭环。最后，完善证据相关司法解释及相关配套文件，针对新型犯罪案件和疑难复杂案件，应当根据法治精神和司法实践客观需要论证经验法则、新型证据收集审查方法规范化的可能性，及时出台相关司法解释和配套制度规范指导司法实践。

（二）提升案件审查能力

在以证据为中心构建的刑事指控体系背景下，证据的获取能力成为制约证据证明力的关键。实践中，有的检察机关忽视发挥检察侦查权能和调查核实职能，缺乏自我侦查意识和能力，对公安机关侦查活动和结论的依赖性较强。在“以审判为中心”的司法体制改革下，对侦审环节监督力度不足，仍然存在产生冤错的风险。

检察机关应当加强检察队伍侦查能力建设，在审查公安机关侦查结论的基础上发挥退回补充侦查、自行补充侦查、调查核实等制度优势，[①] 通过检察机关自我补充侦查充分收集案件证据，审查、纠正公安机关的侦查结论，保障准确查明案件事实。同时，检察机关应当依法监督公安

① 参见唐祝亮：《将“三个善于”贯穿办案全过程》，载《人民检察》2023年第23期。

机关的侦查活动，建立健全重大、疑难、复杂案件以及未成年人案件提前介入侦查活动制度，引导公安机关依法开展侦查活动，确保依法、客观查明案件事实，找准实质法律关系。

（三）中立听取多方意见

虽然检察机关作为法律监督机关对法律规范和诉讼程序的把握高于普通民众，但是具体到检察人员个体，仍然存在主观偏差的可能。

检察人员应当强化法治意识和人权保障观念，通过制度保障从平等地位上与被告人展开沟通交流，全面、充分听取被告人、辩护人的意见，充分保障律师在刑事诉讼中的合法地位，认真听取律师关于法律、程序适用的意见建议。[①] 在检察人员专业判断的基础上通过多方意见验证、修正审查结果，一体实现实质正义和程序正义。在“以审判为中心”的司法体制下，形成良性的侦诉审关系，提升法律监督的质量和效率。同时，检察机关应当加大司法公开工作力度，进一步完善司法公开制度的操作细则和监督机制，规范指导司法公开活动，通过公开听证、检务公开等方式主动接受社会监督，保障检察机关依法、客观认定案件事实。

（四）理清法律关系边界

法律关系是法律规范在调整人们的行为过程中所形成的具有法律上权利义务形式的社会关系。随着社会生产力不断变革，社会关系逐渐复杂化，找准实质法律关系的司法价值逐渐凸显。在“四大检察”融合发展的布局下，刑事检察的重要地位所产生的司法资源倾斜现状仍然无法改变，导致其他检察业务难以摆脱次要业务的尴尬局面。尤其在刑民交叉的案件中，部分检察机关对民事法律关系考量不如刑事法律关系细致，不能准确把握实质法律关系，导致难以准确区分民事法律关系和刑

① 参见姜昕、元明、冯小光、田凯、崔议文：《落实“三个善于”高质效办好每一个案件》，载《人民检察》2023年第13期。

事法律关系之间的界限。行民交叉的案件中，行政法律关系和民事法律关系通常相互交织，厘清一类法律关系往往以厘清另一类法律关系为基础，如果忽视法律关系之间的主次矛盾，将产生循环诉讼或者信访案件。

准确把握实质法律关系要求准确厘清不同法律关系的界限。首先，检察机关应当持续完善“四大检察”融合发展的工作布局，持续提升检察机关综合履职能力，通过刑事、民事、行政和公益诉讼检察业务协同发力厘清刑民交叉、行民交叉案件的法律关系。[①]其次，提升检察人员的业务能力，注重建设现代化检察队伍、培养复合型检察人才，通过提升检察人员的专业素养和业务能力保障准确把握实质法律关系。最后，要树立综合法律监督的思维，摒弃传统“大刑事”的检察工作格局和履职思维，以源头治理和综合治理的态度全面审视案件背后的复杂矛盾，在法律监督权限内通过“四大检察”协同履职全面化解矛盾纠纷，践行司法为民的宗旨。

二、以善于从具体法律条文中深刻领悟法治精神为关键

在找准实质法律关系的基础上，如何准确评价违法犯罪行为需要客观、统一、稳定的判断依据。在法治社会，法律以其最高权威被普遍遵循，因此只有以现行法律法规为评判依据，才能规范界定犯罪行为的性质，精准定罪量刑。

（一）有法可依：完善中国特色社会主义法律体系

公正司法的前提是必须有法可依，依法开展刑事诉讼活动。但是法律是人类社会发展到一定阶段的产物，法律的制定和实施必须以生产关系为基础、与生产力发展状况息息相关。作为社会生产关系的客观反映，法律一经制定便具有滞后性，难以及时有效规制立法之后产生的犯

① 参见井家坤:《“三个善于”是办好检察个案的基本方法》，载《人民检察》2023年第23期。

罪类型。同时，法律受生产力条件限制，并不能包罗万象，在现有法律规范不能有效维护社会生产生活秩序时，法治精神能够有效弥补法律规范不足的司法窘境，兜底保障正常的生产生活秩序。

只有不断完善中国特色社会主义法律体系才能满足经济社会发展要求。首先，应当立足司法实践需求，结合优秀传统司法文化和中国特色社会主义法治理念，通过制定、修改、废止等立法手段完善中国特色社会主义法律体系。其次，应当充分把握社会发展需要和基层法律需求，根据立法、司法活动的内在规律有序完善法律法规体系。再次，在制定完善上位法的同时应当及时跟进上位法的解释和适用工作，通过刑法修正案、实施条例、司法解释等方式解决法律适用过程中存在的争议问题，保障法制统一、维护法治权威。最后，立法机关应当定期调研法律规范的适用情况，全面、及时、充分了解法律规范运行过程中存在的问题，为完善中国特色社会主义法律体系提供客观依据。

（二）有法必依：领悟法治精神指导规范办案

法律实施是活化法律规范、实现法治权威的必然途径，只有全面、主动、规范适用法律规范，才能保障其生命力。

1. 明确社会主义法治精神内涵

法治精神是法治的核心和灵魂，是法律制度得以产生和运行的指导思想和精神动力。[①]法律规范和法律文本作为法律精神的具体化表达，其实施价值在于实现法治精神。只有深刻把握法治精神的内涵才能正确理解、适用、遵守法律。法治精神是法律至上、公平正义、保障人权、权力制约、社会和谐等价值追求的综合。[②]社会主义法治精神在把握法治精神价值追求的基础上结合我国基本国情，表现为以人民为中心、实现公平正义、坚持党的领导、走中国特色社会主义法治道路的具有中国特色和时代特点的理论内涵。首先，党的领导是中国特色社会主义法治

① 参见陶波:《论和谐社会的宪法理念》，载《社科纵横》2007 年第 5 期。

② 参见臧传宝:《法治精神与规则意识之辩证统一》，载《民主与科学》2015 年第 5 期。

之魂，必须坚持党对司法工作的全面领导，确保顺利推进全面依法治国。其次，人们群众是推动历史前进和社会变革的决定性力量，“为民司法”的司法理念要求必须为了人民、依靠人民行使司法权，切实保障人民群众的合法权益。[①]再次，公平正义是中国特色社会主义的内在要求，只有坚决维护社会公平正义才能让人民群众在每一个司法案件中感受到公平正义。最后，中国特色社会主义法治道路是建设社会主义法治国家的唯一正确道路，[②]只有坚持中国特色社会主义法治道路才能深刻领悟社会主义法治精神内涵。

2. 规范解释适用法律规范

法律的生命力在于实施。在把握法治精神的基础上，应当掌握法律规范解释、适用技巧，保障法治精神得以充分实现。首先，应当系统解释适用法律。[③]在中国特色社会主义法律体系下，所有的法律规范构成系统、完整的规范体系，法律规范选择应当立足社会主义法律体系统筹考虑，适用法律文本应当全面理解法律文本所在的法律规范的全部内容，避免“断章取义”违反法制统一。其次，树立人民至上的理念。社会主义法治精神的内涵之一即为以人民为中心，因此解释适用任何法律法规都必须坚持“司法为民”理念。在缺乏法律规范、法律规范模糊、法律规范冲突时，应当以保护人民群众的根本利益为出发点解释适用法律规范，突出法律解释适用的社会效果。最后，严格遵循立法初衷。[④]部分法律规范在实施过程中被社会需求、政策导向、治理需要和司法实践过分修正，导致法律实施违背立法初衷。因此只有理解和领悟立法初衷才能深刻领悟法律规范的精神内涵，通过法律规范适用准确实现法治

① 参见姜昕、元明、冯小光、田凯、崔议文:《落实“三个善于”高质效办好每一个案件》，载《人民检察》2023年第13期。

② 参见杨帆:《中国特色社会主义法治道路是走向法治国家的必由之路》，载《理论学习》2015年第1期。

③ 参见井家坤:《“三个善于”是办好检察个案的基本方法》，载《人民检察》2023年第23期。

④ 参见姜昕、元明、冯小光、田凯、崔议文:《落实“三个善于”高质效办好每一个案件》，载《人民检察》2023年第13期。

精神。

3. 由表入里深刻领悟法治精神

一线检察人员作为法律规范的实施主体，在未参与立法决策和立法活动的情况下难以全面、准确把握法治精神。但检察人员作为法律规范实施的重要主体，必须结合办案需要和规范内容由表入里领悟法治精神，才能不断提升法治素养和专业能力，确保公正司法。

首先，应当培养和增强检察人员的法治意识，树立法律至上的观念。检察人员掌握法律规范的实施权，在找准实质法律关系的基础上精准定位法律规范，严格依法审查案件、定罪量刑、提起公诉，保障法治权威。其次，检察人员必须掌握法律适用方法，不能机械选择法律规范、随意截取法律文本，应当根据实质法律关系选择法律规范，结合案件事实精准选择法律条款，保障适用的法律能够形成全面、准确的规范逻辑。最后，发挥法治精神的指引作用。在办理疑难、复杂，特别是法律规定模糊的案件时，应当在全面、充分分析既有法律规范的基础上把握法律规范蕴含的法治精神内涵，发挥法治精神指引司法活动、弥补规范漏洞的作用，保障检察机关依法行使法律监督职能。

三、以善于在法理情的有机统一中实现公平正义为目标

公平正义要在法理情的有机统一中实现，必须首先明确国法、天理、人情的各自内涵，才能引导高质效案件办理。在中国特色社会主义法治道路的语境下，应当将国法理解为体现党和人民意志的法律；天理应当理解为公序良俗和社会主义核心价值观；人情应当理解为人民群众对公平正义的期待。在法治社会，司法主体应当以法治方式平衡各方利益关系、树立价值导向、引领社会风尚，回应人民群众对公平正义的需求和期待。①

---

① 参见姜昕、元明、冯小光、田凯、崔议文:《落实“三个善于”高质效办好每一个案件》，载《人民检察》2023 年第 13 期。

（一）国法、天理、人情统一于法律监督

检察机关作为法律监督机关，必须在每一个案件办理过程中实现法理情的有机统一。检察机关作为国家司法机关，必须注重案件办理的政治效果；人民群众作为最重要社会主体，人民群众对公平正义的期待必然要求案件办理产生良好的社会效果；公序良俗和社会主义核心价值观既在现行法律规范中有所体现，又在法律规范之外发挥社会规制作用，依据公序良俗和社会主义核心价值观规范社会活动兼具法治功能和社会治理功能。所以，在法律监督权能下“高质效办好每一个案件”必须实现案件办理政治效果、法律效果和社会效果的有机统一。

首先，法律监督既是监督法律实施的过程，也是依法治国的重要方式，因此法律监督必须在党的统一领导下，统筹考量法律规定和刑事政策，严格依照法律规范办理案件，根据宪法授权履行法律监督职能，体现法律监督和案件办理的政治效果。其次，检察机关代行国家公诉权，法律监督活动必须符合法治精神要求和司法权运行规律。严格把握“以事实为根据、以法律为准绳”的刑事司法原则，客观公正查明案件事实，准确规范适用法律、选择程序，实现案件办理实体正义和程序正义的有机统一，[①]突出案件办理的法律效果。最后，司法活动首先是社会活动，检察机关履行法律监督权能虽然具有司法权运行的内在逻辑和专业性，但是案件办理的结果必须接受社会大众的评判，为人民群众所接受。[②]所以法律监督必须体现案件办理的社会效果，并以此为导向开展法律监督工作，实现案件办理政治效果、法律效果和社会效果的有机统一。

（二）延伸法律监督的社会治理效能

检察机关应当转变传统的法律监督理念和履职方式，实现“治罪”

---

① 参见唐祝亮:《将“三个善于”贯穿办案全过程》，载《人民检察》2023年第23期。

② 参见井家坤:《“三个善于”是办好检察个案的基本方法》，载《人民检察》2023年第23期。

与“治理”的良性互动，发挥检察监督的社会治理效能。首先，转变传统“就案办案”的检察理念和机械办案的履职方式，在个案办理的基础上实现类案监督，发现类案背后存在的社会治理问题，通过“四大检察”协同履职、司法执法协作履职、检察建议等机制弥补犯罪监管漏洞、预防社会风险，以司法保障社会治理。其次，发挥数字检察的社会治理效能，针对类案背后的社会治理问题，将成熟案件办理逻辑数字化，通过大数据分析应用赋能常态化社会治理。最后，通过司法公开和法治宣传扩大案件办理的社会影响力，即以公开听证、宣告送达、检察开放日、旁听庭审、以案释法等方式增进检察机关和社会各界的良性互动，提升法律监督的社会效果。

“三个善于”的三个方面各有侧重、相互关联，构成实现“高质效办好每一个案件”基本价值追求的司法路径。检察机关作为法律监督机关必须依照司法内在逻辑和办案规律把握“三个善于”的司法内涵，在“以人民为中心”的根本立场上，善于从纷繁复杂的法律事实中准确把握实质法律关系，体现法律监督的精准性；善于从具体法律条文中深刻领悟法治精神，体现法律监督的规范性；善于在法理情的有机统一中实现公平正义，体现法律监督的公正性，实现法律监督政治效果、法律效果、社会效果的有机统一，努力让人民群众在每一个司法案件中感受到公平正义。

“三个善于”对监督办案的指引

陈　琳*

善于从纷繁复杂的法律事实中准确把握实质法律关系，善于从具体法律条文中深刻领悟法治精神，善于在法理情的有机统一中实现公平正义，是“高质效办好每一个案件”的重要体现。三者之间逻辑严密、相辅相成、不可分割，内在统一于“高质效办好每一个案件”的实践要求，对监督办案具有重要的指导和引领作用。

一、以事实为根据，尽力看本质，扭住案件的关键环节和本质

以事实为根据是司法活动的基本原则。这意味着在处理案件时，必须基于客观存在的、经过查证属实的事实情况，而非主观臆断或猜测。只有依据真实、可靠的事实，才能作出公正、合理的判断和裁决。而尽量看本质，则要求司法工作者不仅看到案件表面的现象，更要深入探究背后的深层次原因和内在逻辑。这需要综合考虑案件的各种因素，包括当事人的动机、行为的社会背景、相关法律规定的立法意图等，以准确把握案件的实质。

（一）“以事实为根据”是检察工作的基本准则

一方面，这确保了法律监督的准确性。检察机关作为法律监督机

* 陈琳，河北省沙河市人民检察院三级检察官。

关，承担着对刑事诉讼、民事诉讼、行政诉讼等进行监督的重要职责。只有以客观真实的事实为依据，才能准确判断执法和司法活动是否合法，及时发现和纠正违法违规行为，维护法律的正确实施。

另一方面，在提起公诉等检察职能中，以事实为根据能保障犯罪嫌疑人的合法权益，也能使真正的犯罪分子受到应有的法律制裁。检察机关通过全面、深入地调查案件事实，收集和审查证据，准确认定犯罪事实和情节，避免冤假错案的发生，同时也让有罪之人无处遁形。

同时，以事实为根据也有助于提升检察机关的公信力。当检察机关的决策和行动都建立在扎实的事实基础之上时，公众会更加信任司法机关，增强对法律的信仰和对社会公平正义的信心。

为了切实做到以事实为根据，检察机关需要不断提高自身的业务能力和专业素养，强化证据意识，严格依法收集、固定、审查和运用证据，确保每一个案件都经得起法律和历史的检验。

（二）检察机关在履行职责过程中要具备“看本质”的能力

从法律监督的角度来看，检察机关不能只停留在案件的表面现象，而要深入分析案件背后的本质问题。对于刑事案件，不仅要关注犯罪行为本身，还要探究犯罪的动机、社会背景以及可能存在的深层次矛盾。通过看本质，检察机关可以更准确地把握案件的性质和危害程度，为正确适用法律提供依据。

在民事和行政诉讼监督中，检察机关同样需要看本质。要透过复杂的法律关系和诉讼表象，发现审判活动和执行活动中存在的违法问题，以及当事人合法权益是否真正得到保障。对于一些虚假诉讼、恶意诉讼等行为，更要敏锐地洞察其本质，维护司法公正和司法权威。

此外，“看本质”也有助于检察机关更好地参与社会治理。通过对各类案件本质的分析，检察机关可以发现社会管理中的漏洞和薄弱环节，及时提出检察建议，推动相关部门完善制度、加强管理，从源头上预防和减少违法犯罪的发生。

为了做到“看本质”，检察机关的工作人员需要不断提升自身的综合素质，包括法律专业知识、逻辑思维能力、社会洞察力等。同时，要保持客观公正的态度，不被表面现象所迷惑，以严谨的工作作风和高度的责任感，切实履行好法律监督职责。

扭住案件的关键环节和本质，能够帮助司法人员迅速理清案件的核心问题，抓住主要矛盾。在复杂的案件中，往往存在众多的细节和线索，只有聚焦于关键环节，才能避免被无关因素干扰，提高办案效率和质量，确保司法公正。

例如，在一个经济犯罪案件中，不能仅仅关注表面的交易行为，还要深入分析犯罪嫌疑人的资金流向、交易动机以及可能存在的幕后操纵等本质问题。通过扭住这些关键环节和本质，才能准确认定犯罪事实，使犯罪者受到应有的法律制裁。

总之，“以事实为根据，尽力看本质，扭住案件的关键环节和本质”对于保障司法公正、维护社会公平正义具有不可替代的作用。这对检察官提出了以下几方面的要求：一是深入调查取证。检察官需要全面、细致、客观地收集与案件相关的证据，不仅包括直接证据，还包括间接证据，以充分还原案件事实的全貌。二是提升专业素养。具备深厚的法律知识和丰富的实践经验，能够准确理解和运用法律条文，透过表面现象洞察案件的本质法律关系。三是保持客观中立。摒弃个人偏见和先入为主的观念，以客观的态度审查案件，不受外界因素的干扰，确保对案件的判断基于事实和法律。四是强化逻辑分析能力。善于梳理案件中的复杂关系和线索，通过严密的逻辑推理，找出关键环节和本质问题，形成清晰的办案思路。五是有严谨细致的工作态度。在审查案件的过程中，不放过任何一个细节，对每一份证据、每一个陈述都进行认真核实和分析。六是善于综合判断。综合考虑案件的各种因素，包括社会背景、当事人的情况、法律政策的导向等，作出全面、准确的判断。七是勇于担当责任。在面对复杂、疑难案件时，敢于坚持真理，坚守法律底线，对案件的关键和本质问题作出正确的判断，承担起维护公平正义的责任。八是不断学习和更新知识。随着社会的发展和法律的变化，及时学习新的知识和理念，以更好地应对新型案件和复杂情况，准确把握案件的本质。

二、以法律为准绳，探究蕴藏在法律背后的基本价值和理念，使检察履职办案契合法治精神

在检察机关的办案过程中，“以法律为准绳”是确保公正司法的关键原则。检察官精通法律条文和规范，不仅要熟悉现行法律法规的具体规定，还要了解法律的修订和变化，确保在履职办案中准确适用法律。

（一）以法律为准绳

一方面，这意味着严格依法审查证据。检察机关必须依据法律规定的证据规则，对收集到的证据进行认真审查和判断。确定证据的合法性、真实性和关联性，只有符合法律要求的证据才能作为定案的依据。通过严谨的证据审查，准确认定案件事实，为正确适用法律奠定基础。

另一方面，以法律为准绳要求准确适用法律条文。检察机关在对案件进行定性和处理时，必须深入研究相关法律规定，准确理解法律的含义和适用范围。根据案件的具体情况，选择恰当的法律条款，确保对犯罪行为的惩处和对当事人合法权益的保护都符合法律的规定。

同时，这一原则也体现了对司法程序的严格遵守。检察机关在办案过程中，必须按照法定程序进行侦查、审查起诉、提起公诉等各个环节。确保程序的公正、公开和透明，保障当事人的诉讼权利，避免因程序违法而影响案件的公正处理。

为切实做到以法律为准绳，检察人员要持续提升法律素养，熟悉掌握各类法律知识和司法技能。一是定期开展专业培训。组织系统的法律专业课程培训，邀请资深法学专家、学者和经验丰富的检察官担任讲师，讲解最新的法律理论、法律法规和司法解释。培训内容可以涵盖刑事法律、民事法律、行政法律等各个领域，确保检察人员全面掌握法律知识。针对新出台的法律和重要法律修订，及时举办专题培训，帮助检察人员迅速理解和掌握新的法律规定，确保在办案中准确适用。二是鼓

励在职学习。支持检察人员参加在职法律硕士、博士等高层次学历教育，提升理论水平和专业素养。为参加在职学习的检察人员提供必要的学习时间和经费支持，鼓励他们不断深造。鼓励检察人员参加法律职业资格考试，以考促学，提高法律知识水平。三是开展案例研讨。定期组织案例研讨会，选取典型案例进行深入分析和讨论。通过对实际案例的剖析，引导检察人员运用法律知识解决实际问题，提高法律分析和判断能力。鼓励检察人员在案例研讨中分享自己的办案经验和心得体会，促进相互学习和交流，共同提高法律素养。四是进行轮岗交流。安排检察人员在不同业务部门之间进行轮岗交流，使他们能够接触不同类型的案件和法律问题，拓宽视野，丰富实践经验。鼓励检察人员到基层检察院、其他司法机关或相关单位进行挂职锻炼，了解不同工作环境下的法律实践，提高综合业务能力。

（二）探究蕴藏在法律背后的基本价值和理念

首先，注重法律解释和适用的合理性。在面对具体案件时，能够根据法律的目的和精神，对法律条文进行恰当的解释，避免机械司法，使法律的适用符合公平正义的原则。

其次，深入理解法律背后的价值取向。例如，刑法的目的不仅是惩罚犯罪，更要预防犯罪和保障人权；民法强调平等、自愿、公平等原则。检察官在办案中要充分体现这些价值。同时，要保持法治的稳定性和一致性，确保类似案件得到类似处理，维护法律的权威性和可预测性；在法律存在空白或模糊地带时，善于运用法治原则和精神进行判断和裁量，避免出现司法不公或司法随意的情况。

最后，不断反思和提升自身的法律素养和职业道德。通过学习和实践，不断提高对法治精神的领悟和贯彻能力，确保检察履职办案始终符合法治的要求。

三、统筹把握以事实为根据，以法律为准绳，在法律框架内寻求公平正义“最大公约数”，做到罪刑法定、罪责刑相适应，实现法理情相通

在法律框架内寻求公平正义的“最大公约数”，就需要检察官在处理案件时，实现政治效果、法律效果、社会效果的有机统一。对于一些存在争议或复杂的案件，不能简单地就案办案，而要综合考量案件所涉及的各方利益和社会公共利益，努力找到能够被广泛接受的解决方案，以实现最大程度的公平正义。

做到罪刑法定、罪责刑相适应，要求检察官严格依照刑法的规定定罪量刑，犯罪行为的性质、情节和社会危害程度应当与所判处的刑罚相适应，既不能重罪轻判，也不能轻罪重判，确保刑罚的公正和合理性。

（一）在法律框架内寻求公平正义“最大公约数”

一方面，这体现了检察机关的使命担当。作为法律监督机关，检察机关肩负着维护法律正确实施、保障社会公平正义的重任。在法律框架内行动，确保了检察工作的合法性和权威性。通过积极寻求公平正义的“最大公约数”，能够使法律的实施更加符合社会的整体利益和人民的根本需求，实现政治效果、法律效果和社会效果的有机统一。另一方面，有助于化解社会矛盾。在司法实践中，各种利益冲突和矛盾纠纷不可避免。检察机关通过深入分析案件的法律关系和社会影响，在法律允许的范围内，平衡各方利益，找到解决问题的最佳方案。这样可以有效化解矛盾，促进社会和谐稳定。

为了在法律框架内寻求公平正义“最大公约数”，检察机关可以采取以下措施：

首先，强化法律监督职能。严格审查侦查、审判等各个环节的合法性，确保法律的正确实施。对违法违规行为及时纠正，维护法律的尊严和公正。

其次，注重调查研究。深入了解案件背后的社会背景、民生诉求等

因素，全面把握案件的实质。通过实地走访、听取各方意见等方式，获取更多信息，为作出公正决策提供依据。

再者，加强沟通协调。与公安、法院、司法行政等部门建立良好的协作机制，共同探讨解决疑难复杂案件的方法。同时，积极与当事人、律师等进行沟通，听取他们的意见和建议，增进理解与信任。

最后，提升检察人员素质。加强对检察人员的法律知识、职业道德和业务能力培训，培养他们的公正意识、责任意识和担当精神。使检察人员具备敏锐的洞察力和高超的协调能力，能够在法律框架内妥善处理各种复杂情况，为寻求公平正义“最大公约数”贡献智慧和力量。

（二）追求法理情相统一

从“法”的角度来看，检察机关作为法律监督机关，必须严格依法履行职责。这意味着要准确适用法律条文，确保法律的正确实施。在办案过程中，检察机关要以事实为根据，以法律为准绳，对犯罪行为进行公正的惩处，维护法律的尊严和权威。只有坚持严格依法办事，才能为社会提供明确的行为准则，保障社会的公平正义。

从“理”的方面来说，检察工作要符合逻辑和理性。在审查案件时，不仅要关注法律条文的表面含义，还要深入理解法律的精神和目的。要运用逻辑思维和理性分析，对案件的事实、证据和法律适用进行全面的考量。同时，要考虑案件的社会影响和后果，确保司法决策符合社会的整体利益和价值观念。例如，在处理一些涉及民生、环保等领域的案件时，检察机关要充分考虑社会公共利益，作出合理的司法决策。

在“情”的层面，检察机关要关注当事人的情感需求和社会的人情冷暖。司法不是冰冷的机械操作，而是要体现人文关怀。在办案过程中，要充分听取当事人的意见和诉求，理解他们的处境和困难。对于一些特殊案件，如未成年人犯罪、家庭暴力等，要采取人性化的处理方式，注重教育、感化和挽救。同时，检察机关还要关注社会舆论和公众情感，积极回应社会关切，增强司法的亲和力和公信力。

为了实现法理情相统一，检察机关可以采取以下措施：

一是加强检察人员的综合素质培养。提高法律专业素养的同时，注重培养逻辑思维能力、人文素养和社会责任感。通过培训、交流等方式，使检察人员具备深厚的法律知识、敏锐的理性思维和丰富的情感认知。

二是建立健全案件审查机制。在审查案件时，不仅要审查法律适用的准确性，还要分析案件的合理性和情感因素。可以通过集体讨论、专家咨询等方式，确保司法决策的科学性和公正性。

三是加强与当事人和社会的沟通交流。积极听取当事人的意见和诉求，了解他们的情感需求。同时，通过公开听证、新闻发布等方式，加强与社会的互动，让公众了解检察工作，增强司法的透明度和公信力。

总之，检察机关追求法理情相统一，是实现司法公正、维护社会和谐稳定的必然要求。只有在法律的框架内，充分考虑理性和情感因素，才能作出既合法又合理、既公正又温暖的司法决策。

“三个善于”的具体展开

袁　方*

“治国凭圭臬，安邦靠准绳。”习近平总书记在《关于〈中共中央关于全面推进依法治国若干重大问题的决定〉的说明》中强调：“全面推进依法治国涉及很多方面，在实际工作中必须有一个总揽全局、牵引各方的总抓手，这个总抓手就是建设中国特色社会主义法治体系。”并且反复强调“努力让人民群众在每一个司法案件中感受到公平正义”，要求“所有司法机关都要紧紧围绕这个目标来改进工作”。围绕落实这一重要指示，最高人民检察院党组和应勇检察长强调要让“高质效办好每一个案件”成为新时代新征程检察履职办案的基本价值追求。2024 年 4 月 8 日，应勇检察长以“坚持‘三个善于’做实高质效办好每一个案件”为题为国家检察官学院 2024 年春季学期首批调训班次授课。如何将“三个善于”落实于“高质效办案”中，是每一位检察人员必须思考的重要问题。

一、从纷繁复杂的法律事实中准确把握实质法律关系

（一）注重加强证据审查

检察官既是犯罪的追诉者，也是无辜的保护者，要严格把控证据，抽丝剥茧，尽全力将案件事实还原到最大化。证据审查与分析本质上属

* 袁方，天津市南开区人民检察院第二检察部三级检察官助理。

于一种思维活动，依据的是认识论、逻辑学等领域的知识，同时离不开司法者的法律素养、实践经验以及常理常识等，需要遵循一定的方法、准则。[①]

1. 印证法则

作为方法论的印证法则，以融贯论和符合论为思想基础。印证的融贯论体现在“证据之间相互加强对方对待证事实的证明作用”，各证据联合起来从整体上获得结论的确定性，强调的是整体评价而非个体评价；印证的符合论则是指凭借此证据内容与彼证据内容的符合程度来确认此证据的真实性，常见于用查证属实的实物证据作为参照来检验言词证据，在言词证据与实物证据印证一致的范围内认定言词证据的证明力。同时，印证法则还以概率论为思想基础，依据多个相互印证的证据所认定的事实与客观真实吻合的概率，明显高于单一证据所反映的事实。如多名证人均指证同一被告人的可信度显然高于一名证人的指证。

证据审查与分析必须坚持科学、合乎认知规律的印证法则。司法实践中存在一种错误做法：只考虑用实物证据来印证言词证据，把言词证据当成是验真对象的单向印证，潜意识中已经不将言词证据所描述的事情经过作为一种假说，而是必须去论证确信的证明目标，一旦实物证据不能印证言词证据，就会不知如何处理，甚至不惜去制造虚假印证来完成证明任务。正因为必须以言词证据作为印证对象，所以才会迷信口供。实物证据与言词证据之间应当是双向互动、彼此验真，既要用实物证据来检验言词证据的真假，又要注重从言词证据中挖掘蕴含着实物证据的细节信息，还要注重言词证据对实物证据的解释、解读。实物证据与言词证据不是简单笼统的概貌式印证，而是细节上的多点印证。

2. 逻辑法则

证据审查与分析是通过判断各证据间的一致或者矛盾关系从而辨别证据的真伪，逻辑合理是证据真实的必要条件，逻辑法则是判断证据真

---

① 参见杨斌:《证据审查必须遵循四项法则》，载《检察日报》2021 年 7 月 28 日，第 3 版。

实的有效方法。司法实践中，审查分析证据常用的逻辑定律主要有同一律、矛盾律、排中律等。

这就要求在一个思维过程中，每一思想都要保持与自身的统一性。同一概念、判断或命题所断定的内容是不变的。矛盾律是指在同一思维过程中，互相否定的判断（相互矛盾或者反对关系）不可能都是真的，其中必有一个是假的。矛盾律要求一个概念、判断或命题所断定的内容，不能既是此又是彼，不能自相矛盾、前后不一。某些案件中被告人与被害人各执一词，常常以证据是一比一、无法判断为由，给出事实存疑的意见。这种看法也是违背矛盾律的。证据数量上可能是一比一，但两个证据的证明力显然不是等值的，二者不可能都是真的，其中必有一假，甚至两者都是假的。出现证据一对一的场合，一般应当根据证明力大小，采信其中一方说法，确认一种为真、一种为假。只有两者的说法都不值得采信时，才是事实不清、证据不足，需要按存疑处理。

3. 自然法则

自然法则。自然法则是物质运动固有的、本质的、稳定的联系。人的行为必须符合自然法则，犯罪行为也不例外。如果证据反映出来的事实与自然法则相违背，则必然存在问题，而不能对其以特例为由予以忽视。如证人声称在月光下清楚地看清了被告人的脸，然而根据确定的案发时间，当时月亮还没升起，证人不可能利用月光分辨出现场的人的面孔，证人证言违背了日月星辰运动规律，该证言就应当被排除。自然法则是一定时空条件下的规律，具有局限性，运用自然法则必须注意其适用条件。自然法则是自然界的规律，物质性是第一位的，不以人的存在而存在，但运用自然法则需要借助人的思维，因此存在对自然法则的错误运用。以同一认定理论为例，同一认定是以事物之间的个体差异为客观基础，它是痕迹、文件、DNA 检验鉴定类证据的基础原理，实践中经常发生因为错误运用同一认定理论而导致的证据审查错误。同一认定依据的是特征组合的特定性、稳定性和反映性，关键在于特征的选取，如果将一般特征混淆为细节特征，或者特征数量选取的不够，或者将种属认定等同于同一认定，就会产生错误的认定结论。

4. 经验法则

经验法则与逻辑法则一样，都是被法律条文规范确认的审查证据、认定事实规则。但与逻辑法则相比，经验法则的内容不够明确，且较多依赖于人的认知能力和水平。有学者认为，经验法则分为五类：自然法则或自然规律、逻辑（推理）法则、习惯、日常生活经验法则、专门科学领域中的法则。笔者认为，从盖然性和必然性的关系来看，经验法则属于知识积累和社会常识，具有归纳的不周延性，不宜包含自然法则或自然规律以及专门科学领域中的法则；从法律、司法解释行文表述来看，经验与逻辑是并列关系，故刑事诉讼中的经验法则不宜包含逻辑法则。由此，经验法则专指日常生活经验法则和习惯法则。

在证据审查和分析时，经验法则具备评价证据和认定事实的功能。首先，经验法则可以帮助从表象中推理出常识矛盾，发现合理怀疑，质疑在案证据和已认定事实。如人的正常书写、打字速度是个定值，若讯问笔录的字数明显超出人力所能及，由此就会产生是否存在复制粘贴或者提前制作好的疑问。其次，经验法则可以弥补证据间隙，助力事实推定。如杀人骗保案中，在案证据可以证实被害人生前有大量以被告人为受益人的保险买入，在被害人死后被告人立即申领保险金，依据“谋杀案中凶手往往是最大的受益者”的生活经验，可以将证明作案前后事实的间接证据联系起来，推理出被告人系杀人凶手的待证事实。最后，经验法则还是驳斥被告人辩解的有效途径。如涉嫌盗窃的被告人辩解留在被害人房间窗户上的指纹系其曾经帮助搬运玻璃时所留，而生活经验告诉我们，家中玻璃会经常擦拭清洁，一般不会留下长期未接触过玻璃的人的指纹，依靠经验法则就可以驳斥辩解。

以上四类证据审查法则，需要检察人员在日常办案过程中认真学习领会，熟练运用到案件事实认定的各方各面。

（二）甄别法律事实和法律适用

事实认定，就是指司法人员根据证据对案件事实所作的判定。案件事实发生在过去，并且诉讼双方往往持有不同的事实主张，因此，司法人员在诉讼活动中，至少在作出裁判之前，必须对这个事实有一个明确的认识。因此，证据是事实认定的基础，证据规则必须服务于事实认定。

法律适用，则是指司法人员把有关的法律规则运用到已经被认定的案件事实，并作出相应裁判的活动。法律规则应该具有明确性、可操作性和可预测性等基本特征，但是，受到概念模糊性和词语的多义性，以及社会语言的发展变化的因素影响。法律规则往往具有一定的开放性。[①]因此，法律适用不是简单的机械归类性认识活动，司法人员必须对法律规则进行适当的解释，才能就认定的事实作出法律的裁判。

在某些诉讼活动中，双方对案件事实没有争议，但是对法律规定的理解有差异，因此法律适用就成为司法裁判的主要问题。司法裁判的主要任务就是判断被告人的行为是否适用刑法中的法律规定，换言之，这些案件的主要争议点就是法律适用问题。[②]

但是二者也可以互相转化与包容，认定事实可能包含法律适用的内容，法律适用也可能包含事实认定的内容。理解二者的关系，也就能更好地查清案件事实。

（三）从常识、常理、常情中证成法律事实

法律事实的证成就是司法人员通过对证据的加工，结合法律规范对案件事实要件进行识别、筛选与抽象的过程，在这个过程中，常识、常理、常情发挥着十分重要的作用。常识、常理、常情代表着公众在日常生活中所具备的基本认知和判断。在司法过程中以常识、常理、常情进行裁判能够增强案件的说服力。法律事实的证成中引入常识、常理、常情也需要遵循一定的限度、标准与规则。

第一，明确常识、常理、常情的角色定位。事实认定应当以证据为

① 参见岳臣忠:《关于正当防卫的性质、条件和实践——解读〈关于依法适用正当防卫制度的指导意见〉》，载《四川文理学院学报》2021年第5期。

② 参见陈建新、张志新:《实务案例视角下正当防卫问题研究》，载《法制博览》2021年第24期。

基础，不能以常识、常理、常情替代证据，也不能将其作为证明标准。常识、常理、常情只能用在判断证据资格或者评价证据的证明力方面，属于对证据认定的补充，检察官应当坚持“证据为主”的原则，凭借个人的生活经验和认知结合常识、常理、常情对证据的三性进行综合判断。在证据缺乏证明力时，检察官可以结合常识、常理、常情形成内心确信、排除合理怀疑，作出符合理性人良知的结论。但是不能因为待证事实与常识、常理、常情相违背，就一律认定疑罪从无。

第二，常识、常理、常情能够作用于事实推论。客观事实认定主要包括关键情节和因果关系的认定。结合常识、常理、常情能够检验案件事实的推论是否可以排除合理怀疑，使检察官形成内心确信。这种确信不需要达到完全确定的程度，但是需要达到高度盖然性，也就是要求根据常理不会产生怀疑。常识、常理、常情也能够运用于基于间接证据对案件事实的推断，检验证据与事实之间的联接度是否紧密，确保事实推断的合理性。常识、常理、常情在主观因素推断方面也具有重要作用，能据以对行为人的主观心态进行合理推断。司法机关针对个案特殊性进行综合考量，基于被告人当时所处情境，结合社会人的通常认知，判断其供述和辩解是否符合常识、常理、常情。例如，在正当防卫案件中，司法机关应当站在防卫人的视角对其主观心态进行判断，不能以结果严重为由否定其防卫意图，应当结合人之常情进行综合判断。

第三，保证事实论证的融贯性与合理性。事实论证过程中融入常识、常理、常情需要坚持有效论证的实质性标准，有针对性地对各方当事人的存疑予以回应，实现事实论证的说服性。检察官需要基于经验法则，严格遵循刑事诉讼程序的规定，结合裁判经验，针对个案，结合具体语境，分析行为人的行为动机，充分考虑社会公众的基本认知，判断该种行为在特定情境下是否符合常识和情理，避免先入为主。在符合法律规定的框架内对社会舆论和社会情感进行考量，不意味着一味顺从社会舆论，保证事实论证的融贯性与可接受性。同时，要慎用常理推断，对于明显违背常理的证据进行合乎逻辑的推断，还原客观事实，增强事实的说服力，提升公众认同度。①

二、从具体法律条文中深刻领悟法治精神

法治意味着更完备的制度与秩序，也意味着更高的治理水平和更高的发展质量。“立善法于天下，则天下治；行善法于一国，则一国治。”法治的发展标志着人类社会进入现代文明，大到国家小到个人，都需要在法治的框架下行事，这样才能帮助国家和社会井然有序地发展。依法治国是中国共产党领导人民治理国家的基本方略，随着我国依法治国进程逐步推进，社会对法治要求日益提高，大众对释法说理的需求也不断增多。检察机关履职办案“以法律为准绳”，不仅包括具体的法律条文，还应当包括蕴含其中的法治精神。

2024 年春节档引起热议的电影《第二十条》就深刻讨论了作为司法工作者，如何具体领悟运用法律条文，尤其是被百姓津津乐道的那句台词“法不能向不法让步”，也要求每位检察人员适用法律条文的前提是领悟其中的法治精神。

《刑法》第 20 条“正当防卫”无论是在实务界还是学术界都极具讨论热度。我国刑法关于正当防卫目的的规定包含“保护本人权利、他人权利、国家利益和公共利益”。从比较法的视野看，其他国家关于正当防卫的规定主要是为保护本人利益的自卫型正当防卫。从我国司法实践中各地发生的典型案例看，目前认定较多的正当防卫也主要是自卫型正当防卫，福州赵宇案是一个比较典型的见义勇为型正当防卫，但为保护国家和公共利益的正当防卫比较罕见。且最高人民法院、最高人民检察院、公安部《关于依法适用正当防卫制度的指导意见》第 2 条规定，要立足防卫人防卫时的具体情境，综合考虑案件发生的整体经过，结合一般人在类似情境下的可能反应，依法准确把握防卫的时间、限度等条件。也就是说，司法人员办理正当防卫案件要结合一般人的常识，站在

① 参见刘光华:《法循证学：法学与循证科学的交叉方法和领域》，载《图书与情报》2018 年第 3 期。

防卫人角度，立足当时的情景判断是否构成正当防卫。这实际上要求司法人员统筹考虑天理国法人情，依法准确认定正当防卫。“法不能向不法让步”的理念对一线司法人员来说更多的是启迪和引领作用。以前，司法实践中正当防卫案件认定较少，一个很重要的原因是司法人员将正当防卫和紧急避险混为一谈，认为行为人只有穷尽所有救济手段（如躲避、逃跑、报警等）后才能选择防卫。“法不能向不法让步”的理念在一定程度上扭转了部分司法人员的思想偏差，使其敢于认定正当防卫。但另一方面，不能狭隘、片面地理解“法不能向不法让步”这一理念。不能仅看所谓的“不法侵害”发生时一瞬间“法”与“不法”的对比，应系统、整体地看待整个案件，结合案件发生的起因、过程及行为人的一贯表现等作出综合判断。如果行为人的行为不具备正义性，不是为了保护正当、合法利益，就不能认定为正当防卫。①

目前，关于正当防卫的相关法律规定和司法解释已经比较健全，司法机关应当用好现有法律规定和司法解释，不断增强法律解释能力。②除此之外，还需要细化完善具体规则，如公安机关应树立全面侦查的意识，全面收集行为人有罪无罪、罪轻罪重等证据。再如，关于检察官客观公正义务的落实，应要求检察机关在办理人身伤害类正当防卫案件中查清案件发生的背景和起因等要素。不仅要查清案件发生时某个“点”的事实，更要查清该事实的前因后果，查清整个线、整个面的事实。只有建立案件事实强制性查清机制，才能把客观公正义务真正落实落细到案件办理中。更为重要的是，司法人员在办理正当防卫案件时，应统筹考虑天理国法人情，通过具体的个案彰显公平正义。③

---

① 参见李雪健：《正当防卫权正当化依据的反思与重构》，载《河南财经政法大学学报》2021 年第 5 期。

② 参见陈兴良：《正当防卫如何才能避免沦为僵尸条款——以于欢故意伤害案一审判决为例的刑法教义学分析》，载《法学家》2017 年第 5 期。

③ 参见黄忠军：《论假想防卫过当》，载《刑事法评论》2019 年第 1 期。

三、在法理情的有机统一中实现公平正义

检察机关主动服务和融入党和国家大局，坚持严格依法办案、公正司法，切实把“三个善于”融入检察办案全过程、贯穿法律监督各个环节，着力推动“四大检察”全面协调充分发展，各项工作取得新成效。

（一）“检护民生”，聚焦民生热点

2024年6月17日，最高人民检察院召开“检护民生”“检察护企”专项行动推动会，会议要求各级检察机关持续推进两个专项行动走深走实，以高质效检察履职更好服务经济社会高质量发展。

“民生无小事，要从增进民生福祉、厚植党执政根基高度，充分认识‘检护民生’专项行动的重要意义。”2024年3月，应勇检察长在内蒙古检察机关调研时表示，各地检察机关要紧密结合本地实际，综合运用各项检察职能，协同相关各方切实解决人民群众急难愁盼问题。

“检护民生”的行动重点是什么？最高人民检察院列出了11个方面：进一步加强劳动者特别是灵活就业和新就业形态劳动者权益保障；精准开展金融领域民事检察监督；加强对涉伪劣商品合同纠纷的民事检察监督，开展网络新业态涉食品药品安全检察公益诉讼工作；加大对公民个人信息安全司法保护力度；持续深入推进司法救助工作；大力做好社会保险领域检察监督工作；加强特定群体权益保障；维护国防利益和军人军属、英雄烈士权益；强化反电信网络诈骗检察监督工作；加强生态环境和自然资源保护；开展服务“三农”检察工作。这11个方面囊括了“四大检察”，而且大多都需要检察机关综合履职、共同发力。

2024年4月，天津市南开区人民检察院联合南开区城管委、南开区教育局等多家单位继续对辖区内校园周边区域开展井盖安全隐患排查调研工作，通过实地查看，发现了有些学校门口周边井盖破损严重，有的学校门口井盖凸出地面，极易造成磕绊，有的学校周边井盖溢水，可能造成附近设备电路短路，还有的学校门口地面破损塌陷，下雨时积水严重等问题。针对上述情况，南开区人民检察院将调研情况形成报告通

报城管委，并与其进行协商会谈，督促其职能部门及时采取修缮井盖周边地面、对地下线路进行管道改造、安装智能窨井盖等措施消除安全隐患。经过多家单位共同努力，现上述问题均已解决。

井盖虽小，但关系人民群众脚下安全，尤其是学校周边，学生人数多、年龄小，上下学期间人多拥挤，窨井盖下沉破损情形给学生和家长出行带来了一定安全隐患。窨井盖的安全治理关乎城市安全的有序运行和居民生活安全保障，也体现了城市治理水平和治理能力。健全窨井盖管理机制，提高窨井盖管理水平，将检察履职纳入提升城市治理水平之中，为努力建设更高水平的“平安南开”贡献检察力量。

（二）办好民生“小案”，提升人民群众幸福感

“小案不小看，小案不小办。”检察工作是政治性极强的业务工作，也是业务性极强的政治工作。每一个小案都是政治案、民心案，人心向背关系党的执政根基。检察办案要讲求法律效果、社会效果，更要讲求政治效果，实现政治效果、法律效果、社会效果的有机统一。

“权为民所用，情为民所系，利为民所谋。”检察办案要始终践行为民宗旨，办好每一件小案是人民群众要实现的最朴素的正义的渴望，也关乎千家万户的民生福祉。一桩桩小案背后，就是一个个家庭，那都是沉甸甸的责任。小案不复杂，但是要办好却不简单，里面蕴藏着基层治理的“大智慧”。每一个小案的处理都彰显着司法理念和检察智慧，如何全面、准确贯彻落实宽严相济刑事政策，如何兼顾法理情考验着检察官的能力与水平。

高质效办好“小案”，必须坚持用习近平新时代中国特色社会主义思想凝心铸魂，不断提高政治觉悟和政治能力，从政治上办“小案”，在法治上办“小案”，努力让人民群众在每一个“小案”中感受最朴素的正义。

党的二十届三中全会是在以中国式现代化全面推进强国建设、民族复兴伟业关键时期召开的历史性会议，会议对进一步全面深化改革，推进中国式现代化作出战略部署，在全面建设社会主义现代化国家新征程

上矗立起新的里程碑。法治是中国式现代化的重要保障。法律监督既是法治实施体系的重要环节，也是法治监督体系的重要组成部分。新时代呼唤新作为。当前，检察工作恰逢最好的发展时期，检察机关服务经济社会高质量发展的责任更大、任务更重。我们应进一步明确检察工作的战略指向、战略重点和实现战略目标的路径，自觉将检察工作置于进一步全面深化改革的大局中谋划和推进，全面履行检察职责，找准检察工作的切入点、结合点，全面提升“善”的能力，细化“作”的措施，确保“成”的效果。坚持“以事实为根据”，着力推动构建以证据为中心的刑事指控体系；坚持“以法律为准绳”，在履职办案中领悟和弘扬法治精神；坚持以人民为中心，在法理情有机统一中实现公平正义；坚持综合施策，练好“三个善于”基本功，实现“高质效办好每一个案件”。

实践篇

检察法律文书释法说理工作践行“三个善于”的基本要求和实现路径

申国军 *

最高人民检察院检察长应勇为国家检察官学院2024年春季学期首批调训班次授课时强调，要善于从纷繁复杂的法律事实中准确把握实质法律关系，善于从具体法律条文中深刻领悟法治精神，善于在法理情的有机统一中实现公平正义。“三个善于”为检察机关高质效办案提供了重要的思维方式和工作方法。检察法律文书释法说理，是检察机关在制作检察法律文书时，或者应有关人员请求，对文书所载的处理决定依据的事实、证据、法律、政策等进行分析阐述、解释说明的活动。检察法律文书释法说理工作践行“三个善于”，是提高释法说理质效的治本之策，更是新时代新征程检察机关“高质效办好每一个案件”的应有之义。

一、检察法律文书释法说理工作践行“三个善于”的必要性

司法工作是通过说理解决纠纷的活动。释法说理不仅是对案件事实和法律适用的阐释说明，更是对当事人权益的尊重和保障，有利于实现案结事了人和、提升司法公信力。法律文书是释法说理的重要载体。目前，检察法律文书释法说理工作仍存在一些问题和不足，迫切需要以“三个善于”为指导，全面提升说理质效。

---

* 申国军，最高人民检察院案件管理办公室主任、一级高级检察官。

（一）传承释法说理文化传统需要践行"三个善于"

法律文书释法说理在我国古代就已经存在，主要体现为判词。判词不仅讲事实讲法律，更侧重劝解和说理，更体现天理国法人情，这与"三个善于"的要求是一致的。学术界普遍认为判词正式出现于西汉，如董仲舒的《春秋决狱》、应劭的《春秋断狱》等。《春秋决狱》现存6则判词，从内容来看，都是先简要阐述案情，再对案情进行分析，最后作出判决。[①]宋代的判词重视对案件事实的分析和认定，说理性和逻辑性更强，如《名公书判清明集》。明清时期的判词更加注重证据分析，讲究说理方法，文字更为精练，如《折狱新语》《清朝名吏判牍》等。中国古代判案的官员多由科举考试产生，深受儒家思想的影响，释法说理的终极目标是"息讼止争"。判词的形式和内容随着时间的推移日趋完备，既有对事实和证据的分析，也有对国法和人情的阐述。可以说，统筹法理情的统一，是我国法律文书释法说理的鲜明特征。"三个善于"要求检察人员在办案过程中于法有据、以理服人、以情感人，将天理、国法、人情统一于公平正义，这与我国释法说理优良传统相契合，需要认真贯彻并不断深化。

（二）弘扬释法说理优良作风需要践行"三个善于"

党领导下的中国特色社会主义检察制度，从创设之初就形成向当事人释法说理的作风，并在实践中不断深化。1931年11月颁布的《工农检察部的组织条例》第8条规定，检察结束之后，应向该机关或国家生产事业的全体工作人员报告检察的结果。[②]抗日战争和解放战争时期，陕甘宁边区形成马锡五审判方式，走向田间地头，走到群众身边，入情入理解决纠纷。2017年，最高人民检察院先后印发《关于实行检察官以案释法制度的规定》《关于加强检察法律文书说理工作的意见》等，为

---

① 参见杨静、涂秀虹：《中国古代判词的文学化和儒家化倾向》，载《学术探索》2023年第5期。

② 参见闵钐：《中国检察史资料选编》，中国检察出版社2008年版，第200页。

新时期释法说理工作提供了遵循。“三个善于”反映了马克思主义的认识论和价值论，要求办案人员克服“就案办案”的问题，透过现象看本质，抓住主要矛盾，践行群众路线，从根本上解决争议纠纷，是弘扬释法说理优良作风的必然要求。

（三）借鉴释法说理域外做法需要践行“三个善于”

释法说理是现代诉讼制度的一项重要内容，在世界各国普遍存在。大陆法系实行成文法制度，大陆法系裁判文书通常局限于对法律条款的分析，法国的法院尤其是最高法院想方设法使判决书的内容缜密而紧凑，附带性论述一概排除，并且也不涉及案件的背景、法律史、法律政策或比较法。[①]相对而言，英美法系实行判例法制度，这就要求法官在撰写裁判文书时，不仅要考虑解决法律纠纷，还要顾及此次判决可能作为法律对未来一系列案件产生的影响。因此，英美法系国家的司法裁判文书制作规范，论证严谨，很多判决书甚至就是一篇说理充分的论文。[②]我国总体上实行成文法制度，但也发布了指导性案例、典型案例等，建立了案例检索机制，在释法说理方面有自己的特色。“三个善于”要求在事实认定方面注重实质法律关系，在法律适用方面注重法治精神，在办理效果方面注重法理情的有机统一，这就要求吸收借鉴其他国家释法说理的做法，博采众长，为我所用，提升释法说理的效果。

（四）解决释法说理突出问题需要践行“三个善于”

当前，检察法律文书释法说理总体良好，但也存在不愿说理、不会说理、不敢说理等问题。特别是个别办案人员重案件办理轻案件说理，文书重判断轻论述，说理重结果轻过程，案件虽然没有问题，但人民群众感受不到公平正义，不相信司法，无效控告、申诉等高发，影响了司

---

① 参见刘莉、孙晋琪:《两大法系裁判文书说理的比较与借鉴》，载《法律适用》2002年第3期。

② 参见吴晶晶:《司法裁判文书的国外研究概述》，载《考试周刊》2016年第56期。

法公信力。有学者认为，法律的权威、司法的权威与人们的内在认同、内心确信密切相关，而这种内在认同、内心确信又以蕴含其中的“理”作为基石。[①]2023年，全国检察机关控告申诉检察部门共审查结案刑事申诉案件1万余件，而同期检察机关撤销原决定、指令下级检察院纠正、向法院提出抗诉、向法院提出再审检察建议共计200余件，反映出绝大部分案件处理结果并没有问题，但当事人却认为不公平，其中一个重要的原因是释法说理不到位，导致当事人不服气、多次上访申诉。解决释法说理中的这些突出问题，需要认真贯彻落实“三个善于”，着力克服“就案办案”“机械司法”等问题，把释法说理作为办案的重要内容，不仅在实体上实现公平正义，在程序上更好更快实现公平正义，而且通过高质量的释法说理，让人民群众可感受、能感受、感受到公平正义。

二、检察法律文书释法说理工作践行“三个善于”的基本要求

“三个善于”源于对习近平法治思想的领悟和践行，是对法律文书释法说理工作提出的更高要求，更是做好法律文书释法说理工作的实践指引。在法律文书释法说理中坚持“三个善于”，就要以“实质法律关系”为基础，以“法治精神”为关键，以“法理情的有机统一”为目标，把“高质效办好每一个案件”这一检察履职的基本价值追求贯彻到法律文书释法说理的全过程。

（一）善于把握主要矛盾、讲清实质法律关系

善于从纷繁复杂的法律事实中准确把握实质法律关系是“三个善于”的基础。实质法律关系就是案件所涉众多法律关系中起主导和支配

① 参见熊秋红：《裁判文书释法说理改革的中国意蕴》，载《人民法院报》2018年7月17日，第2版。

作用，对案件定性处理具有决定性影响的法律关系。[①] 在检察法律文书释法说理中把握实质法律关系，要求在释法说理中抓住案件的主要矛盾和矛盾的主要方面，讲清楚最为关键的事实，讲清楚当事人最为关心的事实，而不是“蜻蜓点水”、浮于表面。一是讲清关键情节。对案件基本事实以及涉及罪与非罪、案件定性、量刑轻重等方面的关键情节，叙述要全面具体，不能用概念化、抽象化的术语来代表。比如，不能用“因琐事引发口角”表述案件起因，不能用“双方进而引发肢体冲突”表述事件经过，不能用“逞强好胜”“目无法纪”“肆无忌惮”等词描述动机目的等。这些词虚无空洞，没有把关键事实说清楚。二是讲清争议热点。对存在分歧、被告人可能翻供、前后供述不一致、供证有矛盾的问题，不能回避，要充分说理，印证认定的犯罪事实清楚、证据确实充分，防止被告人翻供。对案件事实认定和证据采信有分歧的情况，如果认定犯罪，要有更加充分的论证。三是讲清关注焦点。针对当事人的不满或者疑虑，充分阐明案件处理结果的合法性、合理性，消除当事人对案件处理的疑虑和误解。特别是在办理申诉案件过程中，要充分了解当事人提出异议的部分，重点予以释法说理，而不是面面俱到。

（二）善于透过现象看本质、讲透法治精神

善于从具体法律条文中深刻领悟法治精神是“三个善于”的关键。概括来讲，法治精神是统率法律条文的法理内核，为法律条文的运用和实施提供价值引领。[②] 在检察法律文书释法说理中讲透法治精神，要求在释法说理中不但要讲清楚司法办案所依据的法律、司法解释条文，更要阐述条文背后的社会主义核心价值观、保障人权、公平正义、公序良俗等价值导向，体现处理结果的正当性。一是讲透案件定性的法律依据。法律文书既要给出案件的定性，又要给出定性的法律依据和理由，

① 参见应勇:《学思践悟习近平法治思想　以“三个善于”做实高质效办好每一个案件》，载《人民检察》2024 年第 8 期。

② 参见应勇:《学思践悟习近平法治思想　以“三个善于”做实高质效办好每一个案件》，载《人民检察》2024 年第 8 期。

对罪与非罪、此罪与彼罪进行适度辨析，在法律适用方面予以明确。二是讲透不同条文的选择适用。可以通过对比不同法条之间的关联和差异，阐明法律体系的内在逻辑和层次结构，更加精确界定法条适用的范围和界限。特别是法律规定不甚明确、存在多种理解的情况下，要根据具体案情结合法治精神开展详细说理，维护法律的权威性和公正性。三是讲透法理依据和司法政策。对一些新型犯罪案件，法律规定并不明确，实践中很难认定，就要从立法本意、法理等角度作详细解释说明。比如杭州自诉转公诉案件，就重点对属于"严重危害社会秩序和国家利益"，符合诽谤罪公诉的情形深入释明法理，并从法理角度阐述该案引发的社会关注与思考。

（三）善于克服就事论事、讲好天理国法人情

善于在法理情的有机统一中实现公平正义是"三个善于"的目标。通过释法说理充分讲明案件处理结果所考量的情理，实现法理情有机统一于公平正义，是法律文书释法说理的最终目标。司法中的情理，是基于对事实的准确认识和评价而产生情感之理，要求检察官晓之以理、动之以情，在释法说理的过程中融入社会主义核心价值观及人文关怀。一是准确分析案件背景及相关情况。在释法说理中，要通过对案件事实的梳理，结合案件发生的背景、当事人的行为动机以及案件的具体经过等，分析当事人在案件中的利益关切和情感诉求，准确把握情理要素。明确阐述当事人的情感、道德观念和社会习俗等因素对案件的具体影响，以及它们与法律规定之间的关系等，关注公众对于案件的普遍看法。二是运用社会主流价值观开展说理。情理是基于人的情感、道德观念和社会习俗而形成的，侧重于主观感受和道德判断，更易于被社会公众所接受。在说理中针对性引入社会主流价值观和相关道德观念，证明检察机关所作出的决定不仅符合法律规定，也符合社会普遍认可的道德标准，使决定的价值取向更加符合社会的需求和期待，提高法律文书的可接受性和社会效果。三是在法理情的有机统一中实现公平正义。法的刚性是公平正义的基石。释法说理中，要坚持法律至上，严格按照法律

规定阐明法律适用的依据、过程和结果，确保法律的公正实施。理的平衡是公平正义的关键。释法说理不仅要考虑法律规定，还要兼顾社会公德和公共利益，消除法律适用中的偏见，提高法律文书的公正性。情的考量是公平正义的补充。释法说理要充分考虑当事人的感受和诉求，让公平正义真正可感受、能感受、感受到。

三、检察法律文书释法说理工作践行“三个善于”的实现路径

把“三个善于”融入检察法律文书释法说理工作全过程，是一个长期的过程，既要靠办案人员转变理念、提升能力，也要在客观上逐步健全工作制度，为践行“三个善于”提供坚强保障。

（一）提高释法说理意识

检察人员释法说理意识的缺乏，是检察法律文书不说理、不重视说理、说理效果不佳的主要原因。一方面，要充分认识释法说理对于检察办案的重要性。法律文书释法说理是维护司法公正、增强司法公信力的关键手段，不能将其当作可有可无的办案辅助，应当将其作为检察办案的必经过程。通过释法说理，让人民群众更加深入地了解法律规定和法治精神，增强对结果的认可，对法律的认同、对检察机关的信任。另一方面，要重视检察人员释法说理意识培养。释法说理为案件处理结果提供了必要的解释和阐述，使其证成过程更加有理有据，更易得到当事人及社会公众的认可和理解。要培养在法律文书中主动释法说理的意识，通过释法说理强化案件办理结果的合法性、合理性，在国家治理、社会治理中发挥规则引领和价值导向作用。

（二）培养释法说理能力

检察人员是法律文书释法说理的主体，其能力水平直接影响检察机关释法说理的效果。因此，必须加强检察人员特别是一线办案人员释法

说理能力的培养，提高其法律素养和业务能力。一是加强法律理论学习。通过定期组织法律理论学习培训，包括法律原则、法律精神以及相关法律解释等，提升对法律条文深层次含义的理解，确保在释法说理时能够更清晰阐明法律规定背后的逻辑和原理。二是拓宽案件办理视野。在处理具体案件时，不仅要关注案件本身的事实和法律适用，还要注重从宏观角度审视案件的社会影响和法律效果。通过横向对比类似案件，纵向梳理相关法律规定的发展变化，全面分析案件的法律背景和社会背景，从而丰富释法说理的内容。三是加强业务培养锻炼。组织释法说理专题培训，提高一线办案人员释法说理的能力和水平，确保释法说理的质量和效果。创新培训形式，鼓励检察人员积极总结实践经验，将办案过程中遇到的疑难问题、典型案例以及创新性的释法说理方法等进行整理分享，带动检察机关释法说理水平的不断趋优与整体提升。

（三）细化释法说理指引

关于法律文书释法说理的规范性文件，最高人民检察院已出台《关于加强检察法律文书说理工作的意见》，根据检察业务明确了需要重点开展释法说理的案件和环节，关于具体案件释法说理的内容规定可以进一步探索、细化、规范。一是规范释法说理的要求。法律文书释法说理的基本要求是阐明事实、释明法理、讲明情理、繁简适当。检察法律文书种类繁多，对象多样，不同类别法律文书、不同案件、不同诉讼阶段、不同对象，可以对释法说理的内容和程度作出针对性的规范要求。二是规范释法说理的内容。释法说理包括事理、法理、情理三个方面，但具体到不同案件类型，释法说理的内容应有所侧重。为提高释法说理的针对性效果，可以规范不同案件、不同类型的法律文书释法说理的内容与重点，为检察人员提供明确指导。三是推广释法说理的优秀实践。最高人民检察院案件管理部门定期组织全国检察机关优秀释法说理法律文书的评比，也鼓励各级检察机关常态化开展优秀释法说理法律文书、案例的评选，充分提炼、推广具有可复制性的释法说理重点、方法、内容，打造可供检察人员学习的释法说理范本。

（四）建立评价监督机制

合理的评价监督机制是提升检察机关释法说理质量的重要手段。《关于加强检察法律文书说理工作的意见》提出，建立检察法律文书说理质量评析通报制度，采取多种形式主动听取说理对象及社会各界对检察法律文书说理工作的评价意见。一是完善内部评价机制。健全检察法律文书释法说理评价机制，从形式、结构、表述、逻辑等方面明确释法说理的客观评价维度和具体标准，建立法律文书评查等释法说理内部审核机制，确保对释法说理评价的科学性和准确性。二是引入外部监督机制。邀请法律专家、学者以及社会各界人士对检察机关的法律文书进行评议，避免内部评查单一视角的局限性。建立有效的反馈机制，及时收集整理相关意见建议，持续改进和优化检察机关释法说理工作。三是建立释法说理激励机制。将释法说理的能力和水平作为检察人员考核的重要指标，对于在释法说理方面表现突出的，给予相应的加分和奖励，形成正向激励效应。

以“三个善于”高质效履行检察委员会议题审核职责

桑先军 *

检察委员会是人民检察院的办案组织和重大业务工作议事决策机构。检察委员会制度运行由议题提请、审核、讨论决定等环节组成，议题审核作为其中环节，直接关系着检察委员会履职决策质效。检察委员会办事机构专职负责检察委员会日常工作，高质效审核好每一个议题材料是履职担当的中心任务之一。要深入学习贯彻党的二十届三中全会精神，深刻把握“三个善于”基本内涵与实践要求，高质效审核好每一个议题材料，办好每一项服务保障工作，推动检察委员会制度现代化。

一、科学把握议题审核、提交讨论的价值目标与方法论

“高质效办好每一个案件”是检察委员会办事机构履行职责的价值目标，也是做实议题材料审核、提交讨论工作的理念引领。《人民检察院检察委员会工作规则》（以下简称《规则》）规定，检察委员会办事机构履行议题材料审核职责，即对拟提交检察委员会讨论的案件材料和事项材料是否规范进行审核，对拟提交检察委员会讨论的案件和事项涉及的法律问题提出意见。前者往往被称为“形式审核”，后者多概括为“实质审核”，两项职责紧密相连、有机衔接、辩证统一。

检察委员会履行讨论决定重大、疑难、复杂案件，总结检察工作经

---

* 桑先军，最高人民检察院法律政策研究室法律资料研究处处长。

验，讨论决定有关检察工作的其他重大问题等职责。由此，议题材料总体上包括案件材料与事项材料两大类，具体包括案件材料、案例材料与法律法规、司法解释、规范性文件材料及其他综合材料、事项材料等。无论是对于案件材料还是对于事项材料，都要践行“高质效办好每一个案件”的基本价值目标，以此为理念引领，高质效开展议题材料审核工作。贯彻落实三中全会精神，要将“高质效办好每一个案件”的基本价值追求，落实到检察委员会议题材料审核、提交讨论的全过程，践行于检察委员会服务保障各环节各方面。“三个善于”既是规范检察委员会议题材料审核的认识论，也是深化保障检察委员会审议讨论、科学决策的方法论。检察委员会办事机构要悟透习近平法治思想的政理、哲理与法理，坚持从政治上着眼、从法治上着力，以“三个善于”为实践指引，不断提高正确运用法律政策的能力与水平。“善于从纷繁复杂的法律事实中准确把握实质法律关系”是基础，议题审核与提交讨论要注重“以事实为根据”。把握好法律规范、事实与裁判等视角的有机融合，确保从全案法律事实中准确把握、阐述实质法律关系，通过审议讨论解决最为关键的法律问题，确保讨论决定经得起法律、历史和人民的检验。“善于从具体法律条文中深刻领悟法治精神”是关键，议题审核与提交讨论要注重“以法律为准绳”。案件、事项涉及的法律问题要精准、严谨，切实将法律条文从抽象规范理解运用到具体案件办理，确保案件、事项审议讨论体现法律内在精神，确保国家法律统一正确实施。“善于在法理情的有机统一中实现公平正义”是目标，议题审核与提交讨论要始终践行人民至上。要充分体现严格依法办案、公正司法，体现尊重与运用司法规律、检察规律，保障实现目的与手段、结果与过程、真理与价值的辩证统一，实现法理情有机统一。

二、准确把握提升议题材料审核质效的“四个维度”

《规则》强调，检察委员会办事机构应当审核案件材料和事项材料，认为案件、事项及其报告的内容和形式不符合相关规定或者欠缺有关材料的，应当提出意见，由办案检察官或者事项承办人修改、补充。“两个应当”严格了履职要求。同时，强调可以对案件和事项涉及的法律问题提出意见，供办案检察官或者事项承办人参考，并作为附件编入会议材料。“可以”强调的是严谨务实、实事求是。研提意见编入会议材料附件，作为会议讨论决定的参考，对高质效履行好审核职责提出了明确要求。

调研发现，各地检察委员会办事机构及人员，对审核议题材料是否完整、规范，大多把握较为准确、效果较好，对开展实质审核困难较多。有的地方反映，实质审核就是“老虎吃天、无从下口”；有的地方反映，属于“门外看鲁班、力不从心”；还有的地方反映，为提意见而提意见，意见多次不被认可，久而久之则放松了审核把关。个别地方实质审核“虚化”，甚至成为影响与制约检察委员会履职质效的因素之一。实质审核是高质效服务保障检察委员会履职的必然要求。为此，议题审核要避免陷入局部、表面，更不能另起炉灶，脱离材料、重打锣鼓重开张。“秉纲而目自张，执本而末自从”。要强化辩证思维、系统思维与前瞻性考量、全局性谋划，重点把握好“四个维度”。

一是在落实法律规定、经验总结与理论回应方面更具政策性。最高人民检察院应勇检察长强调，“实践中，有的法律规定比较原则，但检察履职办案又相对具体、精细，办案人员缺乏明确而有针对性的指引。这就需要统筹落实法律规定和司法政策”。统筹落实得如何，正是议题审核的重点。尤其是对于类案、典型案例、指导性案例材料及规范性文件、办案指引的制定讨论，更要把握好法律规定、司法政策与法治精神的关系。比如，是否符合中央决策与院党组部署要求，是否对实践经验给予了理性回应，是否从理论层面加以概括提炼等。

二是在法律实施、办案规范、司法规则等方面更具统一性。简单地说，要着重考虑是否有利于法秩序统一，有利于保障法律正确统一实施。法概念统一是实现法秩序统一的基础，但法律概念的意义不限于理性语言的表达，而在于案件事实的阐释。这是实质审核法律适用问题的起点之一。同时，法律规则的适用，尤其是部门法之间证据规则、裁判规则的适用与衔接，往往体现着法秩序统一的活力张力。议题审核与提交讨论要从遵循司法规律、检察规律出发，在法秩序统一中秉持客观公正，确保提出的观点、作出的结论客观准确、经得起检验。

三是在案件、事项深入研究的基础上更具统筹性。检察委员会议题材料大多为重大、疑难、复杂案件，涉及国家重大利益、社会公共利益或严重影响社会稳定。实质审核议题材料，要心怀“国之大者”，着重审核是否把价值目标与问题导向结合在一起，是否整合了各方意见、是否阐释了问题的本质或规律等。对涉及的重大问题、关键环节，要从系统的整体性、关联性、耦合性和协同性出发，研究提出务实、准确的意见。

四是在优化办案措施、提升办案质效方面更具针对性。概言之，就是是否坚持问题导向，聚焦了关键问题与主要矛盾。习近平总书记指出:“问题是事物矛盾的表现形式，我们强调增强问题意识、坚持问题导向，就是承认矛盾的普遍性、客观性，就是要善于把认识和化解矛盾作为打开工作局面的突破口。”① 检察委员会依法履职，要把认识和化解矛盾作为推动检察工作现代化的突破口。检察委员会办事机构审核、提交议题材料，要深入研判议题材料是否聚焦与阐释了关键问题、主要矛盾，所研提措施、意见是否具有针对性、科学性、正当性、合法性，以此研提审核意见。

三、倡导求短、求实、求新的文风，完善相关配套机制

文风直接关系着会风，影响着议题材料审核把关的取向。积极倡导求短、求实、求新的文风，是践行“三个善于”、提升议题材料审核质效的重要抓手。党的十七届四中全会明确提出:“从领导机关做起，大力整治文风会风，提倡开短会、讲短话、讲管用的话，力戒空话套话。”检察委员会办事机构要做优良文风的倡导者、实践者，以文风促作风，提升服务保障质效。文风的改革要“求短、求实、求新”。由形式审核

① 习近平:《辩证唯物主义是中国共产党人的世界观和方法论》，载《求是》2019 年第 1 期。

到实质审核、研提意见，再至日常文稿材料，都要践行求短、求实、求新的文风。求短，用尽可能精练的篇幅把问题说清、说深、说透，为检察委员会会议讨论聚焦主要矛盾与关键问题提供助力与保障。求实，要以解决问题、推动工作为目的，实实在在、言简意赅、实话实说，反映真问题、真情况，为检察委员会决策提供参考。求新，议题材料所研提措施符合实际，完整准确全面落实党中央决策与院党组部署，体现新阶段新理念新要求，确保能够以创造性实践确保各项决策部署付诸行动、见之于成效。

此外，要有针对性地完善服务保障配套机制。建立健全议题审核预研机制。结合司法解释、指导性案例及检察建议计划，加强与业务部门的沟通协作，积极参加重要案件检察官联席会、专班研讨会等，将审核预研做在日常。建立健全沟通联动机制。重要议题材料，可以有针对性地听取相关部门意见。重大分歧、不同意见，可以会同相关部门，要面对面沟通、现场研讨，促进形成合议与共识。建立健全长效学习机制。注重用好、用活议题材料审核工作平台，将审核、研究议题材料作为深化调查研究的途径，学好用好调查研究方法论，努力成为法律政策研究的“政策通”“活字典”“行家里手”，一丝不苟办实议题材料、力透纸背抓实参谋助手。

以“三个善于”高质效办好每一个案件具体实践

贾富彬*

最高人民检察院检察长应勇强调，要把“高质效办好每一个案件”作为检察履职办案的基本价值追求，并提出检察办案要把握好“三个善于”，即善于从纷繁复杂的法律事实中准确把握实质法律关系，善于从具体法律条文中深刻领悟法治精神，善于在法理情的有机统一中实现公平正义。“三个善于”进一步明晰了检察机关为大局服务、为人民司法、为法治担当的深刻内涵和实践路径。为切实将“三个善于”融入检察办案全过程各环节，山东省聊城市检察院党组提出以高质效检察履职实现人民群众认可的公平正义的工作目标，确保案件办理经得起法律、历史和人民的检验。

一、深刻把握“三个善于”的理论逻辑

“三个善于”，是对检察工作实践经验的深刻总结，指明了实现检察工作高质量发展的重要路径。对于引领更新履职办案的思维方式、引导优化履职办案的工作方式，切实把“高质效办好每一个案件”这个基本价值追求贯彻到检察办案全过程各环节具有十分重要的作用。

“三个善于”与法治精神理念相适应，体现了司法办案的辩证关系。法治精神在内涵上属于精神层面，是抽象的，但落脚在执法司法人员办

---

* 贾富彬，山东省聊城市人民检察院党组书记、检察长。

理的每一个案件中，又是具体的。可以说，个案是法治精神的载体，能够充分展现法治建设成效。首先，领悟法律条文中的法治精神是高质效办案的关键，准确把握实质法律关系是高质效办案的基础。履职中，既要始终遵守法律规定，坚守严格依法办案底线；又要深入理解法律条文背后的基本价值和理念，从法律条文中领悟法治精神。其次，检察机关监督办案要恪守职能边界，不能超越检察职权，既要坚持"法定职责必须为"，还要坚持"法无授权不可为"。再次，从"海量的法律条文"中深入了解法律法规、司法解释制定出台的背景和政策导向，自觉置身经济社会发展大局，统筹处理好实体与程序、质量与效果、政策宏观把握与法律精准适用等关系，努力让人民群众在每一个司法案件中感受到公平正义。

"三个善于"与检察机关法律监督职责要求相适应，体现了一般与具体的相互促进。法律要求的公平正义，包括实体正义与程序正义，法律条文所蕴含的立法原理及其价值，具有抽象性特征。检察机关作为法律监督机关，处于严把冤错案关口、维护公平正义的最后一道防线，办案是实现法律监督的主责主业。统一正确适用法律，实现法律要求的公平正义是司法者的法定职责和底线要求。检察人员应自觉将法律的要求与履职目标相统一，让"纸面上的"法律要求内化为"办案中"的具体行动。夯实案件质量保障，既以检察权科学运行为保障，又以检察职业道德为约束，全面建立"高质效办好每一个案件"的机制，杜绝"文牍式办案"导致脱离事实情境、背离朴素正义，防止循"惯性"机械办案、就案办案现象的发生，实现政治效果、法律效果、社会效果的有机统一。

"三个善于"与人民群众法治需求相适应，体现了继承和发展的辩证关系。检察实践是坚定不移落实司法为民的实践。进入新时代，人民群众的法治意识、权利意识明显增强，对公平正义的要求显著提高，满足人民群众的新期待需要更高水平的法律监督，检察履职办案应"符合人民群众对公平正义的基本认知"，这是检察机关坚守人民立场的要求和体现。高质效办案既要严格依法、公正司法，也须做到法与时转、法随时移，把静态的法律法规和鲜活的办案实践更好结合。与时俱进做好结合，要加强自我检视，对标群众合法诉求，以人民满意为最高目标，在法律框架内回应群众对公平正义的期盼，努力让办案效果符合社会的需求、群众的要求。

二、全面推进“三个善于”落实落细的实践维度

“三个善于”是一个逻辑整体，揭示了司法办案内在规律和本质要求，既是认识论也是方法论，对检察工作现代化具有重要的引领和推动作用。把“三个善于”落实落细，要在三个方面下功夫。

精准把握立法原意。法律应该是让坏人犯罪的成本更高，而不是让做好人的代价更大，只有让违法犯罪者付出相应的代价，才能发挥法律的震慑作用，违法犯罪才可能逐渐减少。法律往往会滞后于现实生活，这时，就需要立足发展大局、时代背景，追溯立法原意，以更加准确地认识和适用法律规定。

始终满怀为民真情。深厚的人民情怀既是检察工作的红色基因，也是践行群众路线、做好群众工作的必然要求。首先，信访工作中要把群众的事当作自己的事，笑脸相迎、平等对话、真诚交心、释法说理，注重用真情拉近距离，用法律法规解疑释惑，用道理彰显公正，做到“以法护人、以情交心、以理服人”。其次，要践行正确的政绩观，既要做好日常办案的本职工作，更要做好当事人心里加分的工作，在办案全过程各环节多问问群众有没有需求、满不满意，把法律政策用足用好，让人民群众看得见司法温情、摸得着检察温度。最后，要着力增进民生福祉。聊城市检察院部署开展了“检察为民办实事”志愿服务送温暖主题党日活动，持续做实人民群众可感受、能体验、得实惠的检察为民，各党支部结对帮扶困难家庭，在为群众排忧解难中增进检察人员对人民群众的感情，得到两级党委、政府的充分肯定。

努力获得人民群众的认可。不论是刑事案件还是民事案件、行政案件，对于当事人来说，每一个案件都不是小案，每一个案件都关乎当事人的切身利益和未来生活。尽管每个当事人的具体诉求多种多样，但归

结起来就是一点——求公平。司法办案的质效评判是当事人满意、人民群众认可。在办理每一个案件时，都需要考虑司法办案的价值导向，通过向社会传递司法机关保护什么、反对什么、打击什么，弘扬社会主义核心价值观，彰显法治正能量。案件的办理结果，要让当事人感受到公正，让人民群众在情感上认同。

三、坚持“三个善于”推动“高质效办好每一个案件”的基层实践

坚持“三个善于”做实“高质效办好每一个案件”，既要靠检察人员自觉，也需要完善工作措施。聊城市检察机关从基层检察工作实际出发，紧贴聊城检察工作发展需要，在“实现人民群众认可的公平正义”工作目标引领下，努力在实体上、程序上、效果上实现有机统一，持续夯实高质效办案的保障机制。

打造接地气的矛盾纠纷预防化解法治化工作机制。2003年，东昌府区检察院开通了以全国模范检察官白云名字命名的“白云热线”，化解了大量涉法涉诉矛盾纠纷，推动解决了一批民生民利问题，成为了老百姓心目中的“贴心线”“平安线”“幸福线”。新时代新征程，全市检察机关不断丰富“白云热线”工作内涵，探索构建以“源头疏导、检调对接、司法救助、多方参与”为主要内容的一体化、层进式矛盾纠纷化解机制。创新建立服务乡村振兴检察联络员制度。聊城市是国家现代农业示范区，聊城市检察机关主动融入大局，立足检察职能助力全面推进乡村振兴和农业强市建设，创立服务乡村振兴检察联络员制度，在全市范围内选聘具有人大代表或政协委员身份的村党支部书记、乡村民营企业负责人、涉农企业家等担任联络员，广泛收集意见建议、畅通线索来源渠道、积极参与基层社会治理，打通服务群众“最后一公里”，以点带面全力做好涉农检察工作。

与时俱进提升队伍专业素能。坚持实战、实用、实效导向，聊城检察机关持续“淬炼”检察人才，强化高质效办案的人才保障。充分运用“检察官教检察官＋实战训练＋双向互动式案例教学”、研讨式、案例

式等方法开展岗位练兵，增强培训实效。通过建立实习基地、联合举办学术论坛等，建好用足检校合作平台，促进深刻理解、正确把握立法原意、法治精神。发挥“传帮带”优势，成立由 9 名全国检察业务标兵、能手为骨干的专业化办案团队，健全优秀年轻干部管理培育机制，11 名检察人员参与上下级、横向交流挂职，在多岗位历练、多重考验磨炼中，持续提升法律政策运用能力。

以检察文化凝聚精神力量。聚焦“四大检察”，积淀培育底蕴丰厚的检察文化，大力培育“忠诚、为民、担当、公正、廉洁”的新时代检察精神，通过打造“聊检一家亲”等文化品牌以文凝心、以文固本、以文铸魂，凝聚成“努力把法律要求的公平正义转化为人民群众认可的公平正义”的法治共识，在推动“软实力”向“硬成效”转化上作出有益探索。

下一步，聊城检察机关将坚持从政治上着眼、法治上着力，坚持高站位聚焦大局、服务大局、保障大局，把每一个检察环节的具体案件打造成为大局服务、为人民司法、为法治担当的优质“检察产品”，让司法办案更契法度、更接地气、更有温度。坚持“高质效办好每一个案件”的基本价值追求，深刻把握“三个善于”丰富内涵，切实增强法律监督的针对性与实效性，在法律框架内寻求公平正义的“最大公约数”。坚持高水平推进检察工作现代化，深入践行中国特色社会主义检察理念，坚持“重质效、稳规模、强监督、促公正”的工作导向，强化一体履职、综合履职等机制建设，以改革的思维、创新的办法应对和解决检察工作遇到的困难和问题，持续推动“四大检察”全面协调充分发展。

运用“三个善于”持续优化检察工作

那伊莎 *

“三个善于”针对准确认定事实、正确适用法律、争取案件最佳效果提出了具体要求，具有理论深度和实践广度，是“高质效办好每一个案件”的重要体现。作为基层检察机关，要深刻把握“三个善于”的内涵要求，发挥好其对于检察职能充分发挥保障作用，以“三个善于”的深入落实，推动检察工作迈上新台阶。

一、立足检察工作实际充分理解“三个善于”的内涵

（一）善于从纷繁复杂的法律事实中准确把握实质法律关系

立足案件证据，剖析案件事实，认定法律关系是后续案件办理的基础。将法律关系理得清、看得透，才能真正弘扬法治精神，真正实现法理情的有机统一从而真正实现公平正义。事实和证据是把握实质法律关系的基础，加强证据审查是第一步，要以“证据裁判原则”为出发点，做到证据确实、充分。认定法律事实是第二步，要排除合理怀疑，做到事实清楚。走好第一步和第二步，方能从纷繁复杂的法律事实找准实质法律关系。

---

* 那伊莎，河北省张家口市宣化区人民检察院第一检察部副主任、三级检察官。

（二）善于从具体法律条文中深刻领悟法治精神

法治精神是指社会主义法治精神，其吸收并体现了人类法治文明的共同规律和基本价值追求。司法办案中，理解和运用法律条文是基础，但要避免机械办案、就案办案，应积极领悟背后的法治精神和立法初衷。在对案件作出终局性意见时，要充分考量法治精神，坚持治罪与治理并重，打击与预防并进。

（三）善于在法理情的有机统一中实现公平正义

司法实践中要力争实现案件政治效果、法律效果、社会效果的有机统一。落实到具体案件中，检察人员要立足于法律规定的研究、立足于对证据和事实的把控、立足人民群众的所思所想，从法理、天理、人情的角度去剖析案件。通过具体案件的办理引领社会法治意识、传递司法温度，让人民群众真正感受到公平和正义。

“三个善于”反映了司法办案的客观规律性，具有层层递进的关系。“三个善于”的第一层要求，是善于从纷繁复杂的案件中准确把握实质法律关系。把握复杂案件中的实质法律关系是司法机关解释法律、办理案件的前提和基础。换言之，只有精准把握复杂案件中的实质法律关系，才能选取需要适用的法律条文，有效解决问题，实现案件处理上“三个效果”的有机统一。“三个善于”的第二层要求，是善于从法律条文中深刻领悟法治精神，主要强调两个方面：一是依法办案要遵循法制，不能偏离法律规定办案；二是要深入理解法律背后的基本价值和理念。“三个善于”的第三层要求，是善于统筹法理情实现公平正义，防止就案办案、机械办案，司法人员应当依循天理、合乎国法、顺应人情，要将法律的专业判断与民众的朴素认知融合起来，做到法理情兼顾。

二、现阶段“三个善于”落实的不足之处

（一）工作理念有待转化

现阶段检察人员的工作重点还大多停留在实体业务能力上，往往忽视了法治精神的融入。习近平法治思想是习近平新时代中国特色社会主义思想的重要组成部分，是全面依法治国的根本遵循和行动指南。一方面，应当加强检察人员法治思想和形势政策的学习，强化队伍建设，加强法律政策的宣讲和解读；另一方面，应当完善工作措施，优化办案制度，落实司法责任制，推动综合素养提升，做到准确把握法条背后的政治考量和历史背景。立足外出交流学习渠道和向先进典型学习的机会，拓宽工作思路，逐步转化工作理念。

（二）检察宣传有待加深和拓宽

基层检察机关宣传方式有待优化，现阶段宣传路径和题材相对单一，宣传途径主要是报刊、微信公众号、今日头条和微博等，内容主要是信息简报和图片。后续工作中，一方面，应当拓宽宣传路径，例如利用禁毒宣传日、宪法宣传日、送法进社区、送法进校园等活动，在发放宣传材料的同时将有关的办案成果同步印发，在街道、社区大屏幕进行短片宣传，让人民群众在学习相关知识的同时看到检察机关的工作成效；另一方面，拓宽内容种类，立足传统的文字、图片形式，适当增加短视频、情景互动等形式，在公众号、街心公园等位置播放，增加可读性、喜看性。

（三）打造精品意识有待提升

“三个善于”从法律关系树立、立法背景和目的、法理情有机统一三个方面对检察工作提出了新的要求，最终目的是实现高质效办好每一个案件，努力让人民群众在每一个司法案件中感受到公平正义。现阶段，基层检察机关对于典型案例、新型案件缺乏打造精品的敏感性和主

动性。打造精品是案件升华和发挥效能的关键步骤，是对案件质效的再考量和回头看，能够从宏观上评价工作全流程。基层检察人员大多停留在证据审查、事实认定层面，缺少及时的总结和分析，导致诸多具有典型意义的案件并没有发挥指导性作用。

检察机关工作人员运用好“三个善于”是一项系统工程，需综合施策、多向发力。检察机关是政治性很强的业务机关，也是业务性很强的政治机关。要从讲政治、顾大局的高度，深刻认识以检察工作现代化服务保障中国式现代化的重要性，深刻领悟“三个善于”理念要求，持续更新司法理念，以高质效检察办案更好地满足新时代人民群众的司法需求，为人民交上满意的“检察答卷”。

三、如何将“三个善于”落实至检察工作中

（一）用好证据裁判规则，夯实案件事实，厘清法律关系

刑事证据是案件基础，证据的收集、调取是整个刑事案件的基石和起点。运用好“三个善于”要坚持系统观念，把每一部法律作为个体，放到法律体系中去理解其立法原意，再把法律条文作为整部法的个体要素去把握。在办案时，既注重审查个体罪名的构成要件，又要兼顾其社会危害性、刑事违法性和应受惩罚性，在法域中寻求三者适用的最佳契合点，能够诠释、澄清案件潜在的法理、事理和情理。

审查案件证据过程中，检察人员要做到以下三点：一是提升证据审查能力，首先对于侦查机关所提供的证据，进行程序性审查。利用和发挥好侦查活动监督职能，规范取证行为，避免到审判阶段出现非法证据排除情形，提升司法效能，节约司法资源。二是提升证据规格和链条意识。对于案件现有证据能否形成完整的证据链条尽早作出判断，对于有待完善部分引导侦查机关继续补充和调取。针对常见罪名形成相对成熟的证据规格，为后续办案提供取证经验。三是夯实理论基础，增强实践经验。日常工作中，对于所发现的短板弱项，及时查漏补缺，对于复杂、新型案件，汇集集体智慧，及时探讨和研究。逐步形成证据拿得

准、定性把得稳、法律关系拎得清的实践技能。例如，破坏社会主义市场经济秩序与侵财类犯罪中均涉及“诈骗”行为，集资诈骗和普通诈骗二者罪状不同，所侵犯的客体便不同，入罪标准、量刑标准都有很大的差别。在严格审查证据的基础上，才能看清案件事实，从而精准认定法律关系和犯罪性质。

（二）避免就案办案思想，转变工作思路，领悟法治精神

法律条文背后蕴含着的是法治精神和法治价值追求。实践中要做到彰显法治精神、实现价值追求，可分三步走：

一是通过案件的具体办理，体现法治精神。例如，非法采矿案件中，不仅要紧盯案卷中所体现的矿产品价值、非法开采方式、销赃等情况，还要会同公益诉讼部门到矿上实地走访，紧抓矿山恢复、环境修复情况。破坏环境资源保护罪中，与定罪量刑并重的是环境修复和资源保护，要做到打击与恢复并重。

二是提高办理一案、治理一片、以点代面的工作意识。案件办理过程中对于所发现的典型问题、类型问题，及时向相关职能部门发出检察建议，通过源头治理，将刑事司法价值追求落到实处。例如，在办理张某故意伤害案过程中，承办人发现案发地点位于养老院，犯罪嫌疑人和被害人均为在养老院居住的老人。因部分老人能够生活自理，故并非所有人均有专人看护，犯罪嫌疑人因对子女不满，对多名老人实施了伤害行为。案件办结后，检察机关汇总相关问题向辖区内民政部门发出检察建议。一方面，建议对于养老机构进行安全排查，除日常生活外，禁止携带危险物品；另一方面，与送养人员家属进行沟通，加强院内老人心理沟通工作，及时排查老人心理和情绪问题。

三是写好办案“后半篇文章”，检察履职持续发力。例如，为深入开展“燕赵山海·公益检察”之食品药品安全专项监督工作，河北省张家口市宣化区人民检察院检察人员主动走访辖区内屠宰行业进行违法线索的调查摸排。在发现违规线索的基础上，该院及时组织召开听证会。听证会上，听证员一致认为检察机关应督促相关行政部门积极履职，加

强对畜禽屠宰行业的监督管理。会后，该院向相关职能部门制发公益诉讼检察建议。

半个月后，宣化区人民检察院再次邀请听证员深入张家口Y食品有限公司，对前期立案中存在动物防疫条件合格证过期、禽畜产品出厂登记台账登记混乱等问题的整改情况进行回访，并在现场召开听证会。

回访中，三位听证员发挥自身专业优势积极监督，首先核查了整改后动物防疫条件合格证上注明的日期，接着就生猪进厂台账、生鲜肉出厂台账进行了细致地检查，最后深入生产车间一线查看卫生状况，并就检疫试剂的存放、试用样本比例向工作人员进行了询问。通过核查发现，该厂已经申请了在有效期内的新合格证，禽畜产品出厂登记台账的各项信息也做到了翔实记录，车间卫生状况大大改善，已经做到检疫试剂妥善保管。另外，张家口市宣化区农业农村局收到宣化区人民检察院制发的检察建议书后，积极履行职责，对该院反馈的重点问题督促逐一细致整改，并安排该局所属防疫站专门对该企业的肉品定期检疫。承办人和听证员们一致认为该企业整改情况良好，农业农村局行使监管职责到位，根据相关法律法规建议终结案件。

从立案前召开听证会听取意见，到立案后邀请听证员现场回访，该院的办案方式既让听证效果“有的放矢”，又让检察建议“落地生根”，是适应新时代新要求，以实效为指引助推检察办案的生动实践。此次案件的办理，积极推进检察听证与检察办案深度结合，避免了就案办案，着重写好办案“后半篇文章”，彰显了对法治精神和法治价值的追求。

（三）紧抓法理情相统一，立足事实证据，彰显公平正义

法理情相统一与“三个效果”的统一对司法实践均具有很强的指导意义。案件办理过程中，检察人员在每个环节都要提高法理情相融合意识，通过释法说理、矛盾化解、刑事和解等方式让人民群众在程序上、结果上都真正体会到公平正义。一方面，通过公开听证、司法救助等方式，传递司法温度，释放司法善意，在惩治犯罪的同时拓宽兼听则明的渠道。另一方面，充分发挥检察监督职能的同时提高“四大检察”的相

互融合能力，切实将为民司法落在实处。例如，本院在办理霍某某危险作业案中，多次走访涉案企业、应急管理部门，多方考察企业经营情况和企业负责人既往经历以及危险作业案中核心的现实危险性评估情况。在多次要求侦查机关对该证据进行调取未果的情况下，自行委托评估机构依照相关程序出具了现实危险性评估报告。最终，依照评估机构出具的评估报告，认定霍某某的行为以及企业运行不具有现实威胁性，不构成危险作业罪。霍某某表示检察机关严谨的工作态度，为企业的日后经营提供了榜样和标准，后续一定严格依法依规经营，促进企业良性发展，为地区经济发展作出贡献。

善于在法理情的有机统一中实现公平正义，要兼顾天理、国法、人情，加强人文关怀，体现法律温度。随着法治的进步，公众的法律认知也在随之改变，刑事司法办案过程中要始终站稳人民立场、及时准确把握老百姓的朴素正义，案件处理结果不仅要符合“文本法”，更要让人民群众感受公正的“内心法”。

例如，在办理孟某某故意杀人、唐某某遗弃案中，坚持在天理、国法、人情中综合考量案件，遵循世之常理、国之常法、人之常情。承办检察官在事实清楚、证据充分的前提下及时厘清案件的焦点：一是孟某某实施故意杀人行为是在遗弃路上的临时起意，不存在蓄意的故意；二是孟某某在案发后悔罪态度良好，认识到自己行为的错误性，犯罪后主动掏出存款积极抢救被害人对减轻危害后果扩大有一定的作用；三是孟某某没有犯罪前科，平时遵纪守法，因家庭矛盾一时激情犯罪，在监视居住期间对新生儿照顾到位，没有再犯的危险性；四是宣告孟某某的缓刑对所居住社区没有重大不良影响；五是新生儿母亲唐某某无经济来源，需要依靠孟某某的退休金以及孟某某的帮助对新生儿进行抚养。经综合考量和审慎评估，从最有利于未成年人原则出发，考虑对孟某某作出有期徒刑 3 年缓刑 5 年的量刑建议。在实体和程序把好办案关的同时，适时引入听证制度，最大程度保证公平正义，实现法理情的有机统一。当时与会的听证员一致表示，从最有利于未成年人的方面考虑，同意检察机关对犯罪嫌疑人孟某某作出有期徒刑 3 年缓刑 5 年量刑建议、对犯罪嫌疑人唐某某作出相对不起诉的决定。同时希望检察机关及相关未成年人保护单位做到持续跟进，共同守护未成年人健康成长。宣化区人民检察院根据案件事实和情节，结合听证会形成的评议意见，在审慎评估下，于2023年9月5日对犯罪嫌疑人唐某某作出相对不起诉决定，并制发训诫词，对其进行训诫教育；于2023年9月11日，对犯罪嫌疑人孟某某故意杀人案向张家口市宣化区人民法院提起公诉。2023年11月29日，张家口市宣化区人民法院采纳检察机关量刑建议，判决被告人孟某某犯故意杀人罪，判处有期徒刑3年缓刑5年。此次案件的办理，检察机关讲清“法理”，讲明“事理”，讲透“情理”，在以事实为根据、以法律为准绳的基础上，综合考量、审慎评估，作出合理决定，实现罪责刑相适应，法理情有机统一，真正让人民群众感受到公平正义。

基层检察机关落实“三个善于”的思路与举措

孙维愈*

三个善于”是一个逻辑整体，层层递进、内涵深刻、辩证科学，揭示了司法办案内在规律和本质要求。对基层检察机关而言，落实好“三个善于”既是“高质效办好每一个案件”的基本保证，又是做好检察工作的路径和方法。

一、基层检察机关落实“三个善于”存在的问题与挑战

（一）在办理案件中准确把握实质法律关系的能力较为欠缺

从纷繁复杂的法律事实中准确把握实质法律关系，就是要求司法办案人员能拨云见日，透过迷雾看见真相，透过现象看到本质，准确界定当事人之间的实质法律关系，此为正确适用法律的基础和前提。在基层检察机关办案过程中，对于一些相对简单的案件，把握实质法律关系较为容易，但是对于复杂案件，就容易存在思路不清晰、证据证明资格及其证明力大小难以准确把握的问题。例如，近年来张家口市经济技术开发区人民检察院办理多起以民间借贷形式掩盖明借实骗行为的诈骗案件，开始接触此类案件时，办案人员存在是否构成诈骗犯罪的疑问，在充分了解和深刻掌握诈骗罪的构成要件基础上，结合相关指导性案例，

* 孙维愈，河北省张家口市经济技术开发区人民检察院检察官。

逐渐对该类案件的办理有了清晰的认识，体现了对实质法律关系把握是需要一个过程的。

（二）从具体法律条文中深刻领悟法治精神方面达不到应有的境界

法治精神是法治的灵魂。在司法办案中，办理每一个具体案件都要从厚植党的执政基础出发，从人民群众的获得感、幸福感出发，在法律文本中作出最契合社会主义法治精神的解释。而在基层检察机关办案中，大多数案件都只停留在适用具体法律条文的规定，没有深入细致分析法律条文背后所体现的法治精神，检察官们忙于办理具体案件，对于法律条文的内容与案件事实证据联系得比较多，对于“适用一个法律条文就是适用一部法律”的思考和研究还远远不够。

（三）统筹法理情的有机统一方面认识不足

基层检察机关由于存在案多人少等情况，在办案过程中，有时存在就案办案、办结即可的思想，对于案件是否做到了法理情的有机统一、是否真正实现了案结事了，由于忙于下一个案件的办理而不去多想，甚至出现案件处理虽然合法但违背群众基本认知、朴素正义观的情况。法律概念和法律规定是高度抽象化的范式，法律意图格式化地处理同一类行为和现象，而生活事实不会总是标准化模具的样子。处理人与人之间产生的纠纷，熟悉案情、深谙法律、洞悉人性是前提，如果对人生百态、世情民意没有深刻的理解和体会，没有一定办案量的积累，就不可能很好地理解这些纠纷产生的原因及实质，并真正懂得如何适用法律。统筹天理国法人情，保障每一个案件都能做到政治效果、法律效果、社会效果的有机统一，还需要一个过程。

二、落实“三个善于”有所欠缺的深层原因分析

通过对相关问题的梳理，深入分析存在问题的深层次原因，主要体现在以下几个方面。

（一）办案理念认识不到位

首先，有些基层检察人员存在“多一事不如少一事”的思想，比如对当事人的释法说理工作，存在能不做就不做的思想，这样很容易就把实现法理情有机统一的机会给放弃了。其次，基层检察人员机械办案、就案办案的现象还一定程度存在，如孤立、割裂办案与监督的关系，片面办案、虚置监督，缺乏办案监督一体化和法律监督整体观。最后，与践行“人民至上”“让人民群众在每一个司法案件中感受到公平正义”的要求还存在差距，检察履职作用发挥有限。部分检察人员尚未树立治罪与治理并重的理念，对案件背后的社会治理问题关注不够。

（二）主动学习业务知识动力不足

以部分基层检察办案人员为例，造成专业能力不强的深层次原因是不愿意做，学习新的业务知识动力不足，按照固定模式办理案件，对于经常遇到的法律知识还了解一些，对于相关法律条文进行深层次研究的主动性不强。此外，基层检察人员普遍存在综合履职能力不足的问题，传统办案模式下，基层检察院办案骨干从检经历单一，对其他条线检察业务知识掌握不到位，办案人员综合履职能力尚未达到一体化办案的要求，相互之间交流学习的机会也少，造成相关业务知识的学习不够。另外，基层检察队伍结构性矛盾突出，基层检察人员年龄结构不够合理，没有形成“老中青”合理梯队，年轻干部后备不足。

（三）主动担当精神欠缺

基层检察机关出现一些不敢担当作为、履职尽责不到位的问题，深层次原因是部分检察工作人员认为担当作为太累太苦、容易得罪人，所以遇到困难就想着敷衍应付。具体表现在一些基层检察机关领导班子工作思路措施不当、指导推动不力，不敢面对问题、触及矛盾，工作长期没有实质性进展、群众反映强烈的问题长期得不到解决；一些基层检察官存在不想担责、不敢定事，层层请示，当“老好人”，对群众意见和诉求置之不理、推诿扯皮。

（四）针对工作深入思考不足

对于基层检察机关存在的问题思考不够深刻，对于“三个善于”怎样理解和认识、怎样才能深入贯彻落实、基层检察人员应该怎样去做这些需要深入思考的问题，不舍得花时间分析思考或者没养成思考总结的习惯。多数基层检察人员缺乏对典型个案、类案发生的原因及案件背后社会治理等深层次问题的思考，未能将法律应用上的经验及时、充分转化为调研成果。

三、基层检察机关落实“三个善于”理念的思路与举措

“三个善于”是一项系统工程，对基层检察人员要求较高，基层检察机关做到“三个善于”需综合施策、多向发力，具体贯彻落实需要思路上厘清要求的精神内涵，举措上不断创新体制机制，制度上保障落实到位。

（一）以树立理念为契机，为落实“三个善于”指引方向

作为法律监督机关，检察机关在政治和业务上都具有鲜明的特殊性，检察机关在监督工作中要从讲政治、顾大局的高度，深刻认识以检察工作现代化服务保障中国式现代化的重要性，深刻领悟“三个善于”的理念要求，检察工作人员要持续更新司法理念，内化于心、外化于行，以高质效办好每个检察案件、更好地满足新时代人民群众多层次多样化的司法需求为目标，不断强化思想作风建设，在思想理念上牢固树立“以人民为中心”的司法理念，让人民群众真正切实感受到公平正义。比如张家口市经济技术开发区人民检察院在办理一起盗窃案件过程中，作为收赃人的李某并无过错，在赃物被公安机关扣押并发还被害人以后，李某的经济损失一直得不到犯罪嫌疑人的赔偿，办案检察人员在了解情况后，多次对犯罪嫌疑人进行释法说理，促使其在移送法院审理

前赔偿了李某的损失，使得案件各方利益上恢复平衡，体现了公平正义的司法理念。

（二）以优化制度为保障，为落实"三个善于"提质增效

在全面准确落实司法责任制的基础上，不断强化检察机关司法办案内部监督机制，为基层检察人员积极主动履职提供制度保障，让奖惩制度不断深入人心，推动剔除基层检察机关"庸懒散"的工作作风，健全司法办案内部监督的职能定位，以检察业务管理制度上的现代化服务检察人员更好落实"三个善于"，助力实现"高质效办好每一个案件"。同时，为了提高基层检察机关创新司法理念的积极性，在一定程度上探索建立检察履职容错纠错制度、检察人员不实举报澄清正名制度等，以完善的职业保护机制为检察人员落实好"三个善于"赋能增效。

（三）以队伍建设为根本，为落实"三个善于"夯实基础

"三个善于"司法理念的落实，离不开检察人才建设这个基础，尤其是基层优秀检察工作人员的培养。在提升基层检察机关人员素质方面，要不断探索新的培养模式，建立"以老带新、以强赋能、以干带训、以培促考"的人员培养思路，坚持发挥由中层干部、资深检察官、业务骨干及聘任人才组成的"人才库"的"聚集效应"，持续提高专业能力和工作水平，为各个基层检察机关办案提供人才基础。落实用人举贤，激发队伍内生动力。各级基层检察机关要优化检察官的配备与适用。坚持检察官遴选、检察助理人员招录及员额退出"一盘棋"，优化检察官资源配置，畅通交流渠道，用足空额，盘活资源，着力解决检察队伍忙闲不均等问题。

（四）以释法说理为抓手，使落实"三个善于"落地生根

做到法理情的有机统一，就是要"以法为据、以理服人，以情感人"。基层检察机关应当以释法说理为抓手，在各类检察文书中体现法

理情的有机统一，坚持用人民群众听得懂的法言法语为各类案件关系人及广大群众释明法律条文背后的法治精神，这不仅有助于培养检察人员将案件置于国法、天理和人情中综合考量，还能与社会认知同频共振，使案件处理结果更能为社会普通群众所接受。广大基层检察人员应坚持为人民司法理念，除熟稔法律法规的具体规定之外，还需要深谙法治精神，具备丰富的社会经验和深厚的人文素养。在处理疑难复杂尤其是敏感案件时，学会换位思考，站在案件当事人的角度体味利害关系。多开展实地调查、听取民声民意，以办案的高质效回应人民群众对检察工作的新期待。比如，张家口市经济技术开发区人民检察院办理一起申请立案监督案，案件办结后告知了申请人公安机关不立案理由成立，并对申请人进行了释法说理工作，但是申请人坚持要聘请律师查阅相关立案监督办理案卷。对此，依据法律条文，就当事人没有阅卷的权利向申请人及其律师作了解释，尽可能对当事人进行释法说理，打消其怀疑，体现了司法办案公开公正的精神。

（五）以社会力量参与为方式，使落实“三个善于”深入群众

检察机关在办理案件和法律监督的过程中，要积极思考社会力量的参与对于司法办案的良好社会效果，通过运用公开听证、公开宣告的方式增强司法透明度，提升司法公信力。例如，对于行政诉讼可能产生的合法但不合理问题，加强与行政机关、法院的配合，致力于行政争议的实质性化解，努力实现“案结事了人和”的办案效果。在公益诉讼检察方面，检察机关可以积极探索社会监督参与检察监督新路径，组建公益观察员队伍，特邀检察官助理队伍，搭建志愿者检察平台，通过提供公益诉讼案件线索、参与调查取证、诉前磋商、公开听证、宣告送达、整改效果评估等全过程办案活动，确保公益诉讼检察监督精准聚焦群众关切。检察建议内容精准维护公益，整改效果评估精准符合民意，同时对检察办案起到监督督促作用，促进案件规范化高质效办理，这也是“三个善于”理念的核心要义。有了社会力量的参与，检察机关就可以通过精准聚焦人民群众关注的热点难点问题，真切回应群众诉求，取得良好

的社会效果。"社会力量参与公益诉讼"检察监督模式通过"事前"征集群众需求，接收公众提供的公益损害线索；"事中"邀请公众代表参与案件调查、听证、提供专业意见；"事后"邀请社会公众参与"回头看"，强化治理效果，体现司法民主的"最大公约数"。该模式是全面深化法治领域改革的实践探索，也是检察机关依靠党委政府，创新检察监督办案模式的新样板。

（六）以检察一体化为引领，使落实"三个善于"彰显成效

"三个善于"要求坚持"如我在诉"意识，基层检察机关要以高度的责任感和使命感，时刻关注工作中存在的问题和挑战，积极寻求解决方案和对策，为人民群众提供更加优质高效的司法服务。为从法律体系角度看，一些案件往往呈现出刑事犯罪、民事侵权、行政违法交叉的特点，必须统筹运用各类部门法。基层检察机关要时刻牢记一体化办案思维，真正做到刑事检察、民事检察、行政检察、公益诉讼检察履职紧密相连，真正为人民群众彻底解决实际问题作出新的探索。例如，张家口市经济技术开发区人民检察院在办理一起诈骗案件中，侦查机关列举的被害人高达30多人，经过审查，办案检察官发现，个别被害人并没有被犯罪嫌疑人诈骗，而是属于民间借贷纠纷，还有一些被害人存在被犯罪嫌疑人诈骗和民间借贷经济纠纷共存的情况。针对上述复杂的案情，一方面对被害人进行释法说理工作，另一方面采用检察一体化办案思路，将民事检察支持起诉的工作和被害人的民间借贷纠纷相结合，在确保犯罪嫌疑人的权利的同时，最大限度地保护相关被害人的利益。检察机关作为指控犯罪的代表，提出对犯罪嫌疑人进行刑事判决的同时，对同一案件的相关民事部分进行一体化办案，既追究被告人的刑事责任，又最大限度保护被害人的权益。

（七）以与时俱进为先导，使落实"三个善于"紧跟时代步伐

"法与时转则治。"法律一经制定就保持相对稳定，但随着经济社会

不断发展，法律实施过程中必然会遇到一些新情况新问题。习近平总书记强调：“中国特色社会主义实践向前推进一步，法治建设就要跟进一步。”[①]法律适用要在领悟法治精神、法治原则的前提下与时俱进，跟上人民群众对公平正义的更高要求。面对新形势新问题，各级基层检察机关要不断更新办案理念与思路，与时代的发展、社会的进步相契合，不断与时俱进，以适应新时代对检察工作的要求。这不仅是落实“三个善于”司法理念的需要，更是基层检察机关做好各项检察工作的重中之重。例如，针对猥亵儿童案件，最高人民检察院发布指导性案例对“网络隔空猥亵儿童”的认定作出指引，确立无身体接触猥亵行为视同线下犯罪的追诉原则。基层检察机关应当积极学习新的司法政策，学会从新案例的指引中探求法律精神追求的内在本质，结合新技术的发展，不断学习研究新型领域犯罪的审查认定技巧和规定，为检察办案适应新形势提供支撑。

---

① 习近平：《推进全面依法治国，发挥法治在国家治理体系和治理能力现代化中的积极作用》，载《求是》2020年第22期。

基层检察机关运用“三个善于”推进高质效办案的路径

张　帆*

《中共中央关于加强新时代检察机关法律监督工作的意见》指出，检察机关要为推进国家治理体系和治理能力现代化不断作出新贡献。为答好这道践行习近平法治思想、回应时代之问的必答题，最高人民检察院党组鲜明提出要把“高质效办好每一个案件”作为新时代检察履职办案的基本价值追求，并提出“三个善于”理念，即善于从纷繁复杂的法律事实中准确把握实质法律关系，善于从具体法律条文中深刻领悟法治精神，善于在法理情的有机统一中实现公平正义。“三个善于”是对检察工作实践经验的深刻总结，为检察机关“高质效办好每一个案件”提供了科学指引与实践路径。本文以基层检察履职办案为视角，尝试探析基层检察机关运用“三个善于”做实“高质效办好每一个案件”的路径。

一、基层检察院办案情况分析——以府谷县人民检察院为例

（一）基层检察院办案现状

从府谷县人民检察院近两年的刑事、民事、行政检察案件质量来看:（1）刑事检察方面。侦查活动违法监督率与采纳率均较低，纠正漏

* 张帆，陕西省府谷县人民检察院党组书记、检察长。

捕漏诉判处有期徒刑以上刑罚率较低，诉前羁押率偏高以及审判活动监督力度不够。(2) 民事检察方面。民事审判违法监督和民事执行监督案件检察建议采纳率偏低。(3) 行政检察方面。行政审判违法监督检察建议采纳率、行政执行(含非诉执行)监督检察采纳率偏低。此类问题也不同程度存于其他基层检察机关。

(二) 基层检察院高质效办案面临的主客观难题

深入分析上述问题产生根源，存在主观和客观两方面原因。主观原因是一些基层办案人员对“案卡填录也是办案”理念树得不牢，案卡填录不及时、漏填、迟填等，导致业务数据统计不准不实，评估质效不高。客观原因是部分基层办案人员法律素养不高，对法学原理和司法规律掌握不透彻，致使在司法实践中对一些疑难复杂案件，因法律事实证据扑朔迷离、法律界定争论不一、法理情存在冲突的情形而感到茫然无序、不得要领，从而造成对案件证据审查不力、发现问题难、法律适用不准确、检察量刑建议质量不高等。这些问题反映出基层办案人员在落实“三个善于”推进“高质效办好每一个案件”上还有差距，需下功夫改进提高。

二、透过办案深刻把握“三个善于”理论内涵与实践要求

“三个善于”是“高质效办好每一个案件”的重要体现，“三个善于”之间既是基础、关键、目标的关系，也是司法办案中各有侧重、层层递进的辩证关系，其精神内核是统一的，就是要追求实质公平正义。

(一)“三个善于”理论的逻辑关系

1.“善于从纷繁复杂的法律事实中准确把握实质法律关系”是基础

法律事实是法律关系演变的前提，法律关系是法律事实衍生的结果。检察履职办案“以事实为根据”，必须准确认定法律事实，重现或最大限度接近客观事实，从中厘清法律关系，进而找到实质法律关系。

实质法律关系就是案件所涉众多法律关系中起主导和支配作用，对案件定性处理具有决定性影响的法律关系。府谷县人民检察院在办理一起合同诈骗案件中，承办检察官全面审查在案证据，准确把握实质法律关系。同时，进行社会调查，了解犯罪嫌疑人和被害人的合同签订和执行的全过程法律事实。在坚持“实体公正、程序公正”的原则下，“以事实为根据”，抓住“犯罪嫌疑人在合同签订后没有非法占有被害人财物的故意，也没有在收到被害人货款后逃匿的行为”的关键问题，准确定性案件为一般民事纠纷行为，依法对犯罪嫌疑人作出法定不起诉决定，彰显了法律的权威，维护了公平正义。

2.“善于从具体法律条文中深刻领悟法治精神”是关键

法治精神是统率法律条文的法理内核，为法律条文的运用和实施提供价值引领；法律条文是落实法治精神的外在载体，为法治精神的实现和革新提供制度土壤。法律的生命在于实施，实施的关键在于穿透静态条文，在法治精神、法治原则指引下准确适用具体法律条文，通过准确适用法律条文办出鲜活案例，在办案中培育法治文化、弘扬法治精神。府谷县人民检察院在办理一起犯罪嫌疑人涉嫌故意伤害罪案件时，从复杂的法律事实中厘清主次矛盾，准确把握实质法律关系，并善于从具体法律条文中深刻领悟法治精神，依法将涉嫌故意伤害罪定性为正当防卫，保障了犯罪嫌疑人的合法权益，引领了社会法治意识，弘扬了社会主义核心价值观。

3.“善于在法理情的有机统一中实现公平正义”是目标

追求法理情有机统一，就是要让办案符合法律规定、符合社会主义核心价值观、符合人民群众对公平正义的基本认知。特别是面对弱势群体申请监督的案件，在强调程序和实体公正的前提下，把握案件实际，主动担当作为，统一效率与效果，让当事人对公平正义可感可触可见，实现案结事了人和，才是最优解决方案。府谷县人民检察院在办理章某等43名农民工支持起诉案中，结合当事人大部分为外省籍来府务工人员的实际，主动与工程发包方、承包方、转包方、用工代表方沟通，召集工人代表与县劳动保障监察大队、县法院、建筑公司、用工单位负责人等召开座谈会，最终促成用工单位发包方与农民工代表达成和解，由用工方先行垫付农民工工资，后再向承包商追偿或以工程款抵偿。府谷县人民检察院在法理情的有机统一中实现公平正义，积极推动弱势群体权益保障问题的解决，积极与相关单位协作配合，核实农民工名册和具体工资金额、发放账户等，确保43名农民工工资全部真实到账，实实在在体现了司法为民的初心使命，同时，检察院积极与县人社局沟通出台了《关于深入开展协助解决拖欠农民工工资工作协作衔接机制》，有效推动了行业问题治理，提升了社会治理质效。

（二）“三个善于”理论的实践要求

通过上述分析可以看出，坚持“三个善于”必须准确把握“三个善于”的实践要求。善于从纷繁复杂的法律事实中准确把握实质法律关系需要从三方面下功夫：一是透过现象看本质。强化证据审查的亲历性，以亲历性确保准确性、实效性，以法律事实重现或最大限度接近客观事实，做到“案件事实清楚，证据确实、充分”。二是厘清主次矛盾。把起主导和支配作用的实质法律关系理出来、把握住。三是准确适用法律。由表及里，针对刑事、民事、行政法律关系相互交织的案件，加强深层次、实质性法律监督。善于从具体法律条文中深刻领悟法治精神，必须深入理解法律背后的法学原理和司法规律，处理好“法律规范与法律条文、严格依法和法与时转、法律授权和依法履职、法律规定和司法政策”四种主要关系，将贯穿习近平法治思想的立场观点方法融入办案中，把握立法初衷，坚持系统思维，坚守人民至上，通过领悟法治精神真正实现“从法条到法治”，让法条活在人民群众生活中。善于在法理情的有机统一中实现公平正义，重在确保“三个效果”相统一。天理、国法、人情有机统一，实际上就是政治效果、法律效果、社会效果有机统一。

三、落实“三个善于”推进高质效监督办案的基层路径探索

基层检察机关作为基层治理的参与者、服务者和保障者，处在司法办案和联系群众的最前沿，是基层治理中的重要一环。把“三个善于”融入检察履职办案全过程、各环节，既要依靠检察人员自觉履职，也需不断探索完善检察监督、检察管理、数字检察以及检察铁军建设等方面工作举措。

（一）做到“三个善于”，要抓好检察理念转化锻造检察铁军

1. 拧紧理想信念“总开关”

“三个善于”是对检察官提出的在实体上确保实现公平正义，在程序上让公平正义更好更快实现，在效果上让人民群众可感受、能感受、感受到公平正义，做到检察履职办案质量、效率、效果有机统一于公平正义的具体履职要求。基层检察机关要拧紧理想信念“总开关”，切实强化思想政治教育培训，健全完善思想教育体制机制，持续把学深悟透习近平法治思想等作为检察队伍日常学习“第一内容”，政治考核“第一要求”，努力提升检察人员从政治上着眼、从法治上着力的政治自觉、法治自觉和检察自觉，让坚定拥护“两个确立”、坚决做到“两个维护”成为各级检察机关的鲜明政治底色。要激发基层检察人员“为大局服务、为人民司法、为法治担当”的司法情怀，牢记“国之大者”，从为推进国家治理体系和治理能力现代化作新贡献的高度去深刻理解领悟和把握；心系“民之要事”，以“如我在诉”的态度，积极践行“以人民为中心”的发展思想，“把屁股端端地坐在老百姓的这一面”。

2. 办好素质能力“培训班”

“三个善于”既是对高质效办案的规律认识，也是对高质效履职的能力要求。准确把握实质法律关系是“基本功”，是依法正确处理案件的基础环节；深刻领悟法治精神是“硬实力”，是避免就案办案、机械司法的关键所在；统筹法理情的有机统一是“金刚钻”，是实现公平正义的必然要求。这三个方面层层递进，标准要求、落实难度逐步提高。

基层检察机关要真正做到“三个善于”，就要坚决办好素能提升“培训班”。既要把检察人员培养成依法履职办案的“能工”，更要使其成为运用法律政策的“巧匠”。府谷县人民检察院探索构建“浸润”检察自主教育培训机制，坚持把“三个善于”融入政治轮训、业务竞赛，完善专业素能培养体系，注重培养领军人才和高层次、专业化人才，对高质效办案提供了有力的教育培训支持。

（二）做到“三个善于”，要运用法治思维和法治方式开展检察监督

1. 用好一体履职“融字诀”

“三个善于”既是对检察官依法履职的要求，也是对深化内部协同履职、加强外部协作联动的要求。基层检察机关要善于运用法治思维和法治方式，充分用好“融字诀”。既要努力健全内部依法一体履职机制，加强内部线索移送、层级接续监督，凝聚工作合力，又要积极推进完善外部协作机制。寓监督于协作、融制约于配合，才能更加公正高效行使检察权，更好做到“三个善于”。如在推进未成年人检察、公益诉讼检察和知识产权检察保护工作过程中，府谷县人民检察院结合自身实际，主动破除部门壁垒，从全院抽调精干力量，融合组建专门化办案团队，有效提升了履职办案效能。要更加自觉接受侦查和审判机关的履职制约，共同维护执法司法公正。

2. 畅通检群沟通“连心桥”

法治的根基在人民。检务公开是让人民群众可感受、能感受、感受到公平正义的重要途径。要实现法理情相统一，必须全面充分了解和尊重民情民意，从制度机制上构建有效途径和方式，做实检察环节的全过程人民民主。一要完善民意表达机制，做实检察听证、涉诉信访等工作，拓宽人民群众有序参与和监督检察工作的渠道，通过多种方式收集群众对执法司法活动的意见和建议，从中挖掘监督点。与群众建立良好互动关系，及时反馈监督结果，增强群众对检察监督工作的信任和支持。确保检察办案全过程各环节都能听到人民群众的声音。二要深入基层开展普法宣传，增强群众的法律意识和监督意识，鼓励群众积极参与

检察监督。同时，在检察监督工作中充分考虑群众的利益诉求，以群众满意度作为衡量监督成效的重要标准。优化业务管理机制，全面准确落实司法责任制，把“三个善于”融入每一个案件办理中。

（三）做到“三个善于”，要运用数字检察赋能高质效办案

数字检察战略是法律监督手段的“革命”。实施数字检察战略是检察机关助力国家治理体系和治理能力现代化的重要抓手，也是推动检察工作现代化的新质生产力。基层检察机关只有牢牢把握数字时代的“时”与“势”，坚持学思结合、建用并举，才能有效推动现代科技应用与传统监督方式相结合，更好推动高质效办案。

1. 用好数字检察“新风口”

数据是数字检察的基础性、战略性资源，掌握了数据就掌握了数字检察工作的先机和主动。基层检察机关要着力谋划抓实数据共享，高度重视构建动态、高效、安全的“数据池”，把内部数据唤醒盘活、用足用好。加大政法跨部门大数据办案平台的推进应用力度，建好用好执法司法信息流转交换的“主干道”“高速路”，打开端口、开放共享。

2. 坚持大数据模型建用“两手硬”

注重实战实用，要让建模用模成为日常，将建模用模作为检察办案人员的自觉行动，让“数字员”“建模者”成为每一名检察办案人员的“标签”，让构建应用模型成为每一名检察官的“标配”，让模型应用释放的效能成为每一天检察工作的“标记”，持续释放大数据技术的“鹰眼”作用，发现监督线索，如通过分析司法案件数据查找异常情况。

3. 加强人工智能系统利用

借助人工智能辅助办案系统，提高监督工作的效率和质量，如智能证据审查等。运用信息化平台加强对执法司法活动的实时动态监督，实现监督的全程化和可视化。探索区块链技术在证据保全、信息共享等方面的应用，保障监督的客观性和可靠性。

（四）做到“三个善于”，要利用高质效管理体系加强检察管理

检察业务管理是检察机关高质效履职的制度保障。通过明确职责分工、做细权责清单，健全齐抓共管的业务管理组织体系，推动检察业务管理由“单打独斗”向“全员参与”转变。

1. 着眼“宏微双向”综合运用

一方面，要正确理解和运用业务数据分析检察业务发展态势、研判案件办理质效，以科学的管理引导检察业务高质效发展。另一方面，要全面准确落实司法责任制，严格按照权责清单科学配置案件审批权限，完善和优化文书审签、检察官联席会议组织、案件复议、检委会讨论等案件管理流程，规范个案审批权行使，及时发现和纠正具体办案中存在的微观问题，推动案件依法规范办理。

2. 构建“一体管理”制度体系

对照“四大检察”全面协调充分发展的工作格局，聚焦法律监督难点、融合履职堵点，持续健全完善集业务指导、业务评价、业务管控和外部监督于一体的检察业务管理体系。不断优化案件流程监控规则、案件质量评查标准以及组织方式，尊重检察官依法独立办案，提高问题发现、质量评价的准确性，注重预警提醒。

3. 严控“三个关口”流程管理

规范全过程司法办案监督管理流程。规范化的案件办理程序是依法公正办案的重要保障，通过健全案件承办确定机制、完善办案全程留痕和关键节点监控、案后评查机制构建办案全过程监督管理体系。一是把好案件受理入口关。深入落实“以随机分案为主、以指定分案为辅”的案件承办确定机制，对变更办案人、指定分案严格落实审批机制，严拒人情案、关系案。建立健全案件入口报备制度，对重大疑难复杂案件落实院领导包案、配强办案力量，从源头保障案件高质效办理。二是把好案件办理过程关。全面落实最高人民检察院印发的刑事、民事、行政、公益诉讼监督案件办理流程监控要点，对法律文书、办案期限、诉讼权利保障、重要案卡填录等重点环节开展全面、实时、动态监控。突出对

重点案件的监控。三是把好结案审核出口关。制定《刑事案件出入口管理办法》，落实案件办结前案件质量自查、检查程序和案管部门结案审核流程，把对外移送案件材料是否规范齐备、文书是否规范正确、法律适用是否准确、是否符合送案程序、是否规范完成网上办案操作等作为必查程序，发现问题及时纠正，防止案件“带病”流出。

用好“三个善于”之基层检察路径探索

杨玉玉　刘秀蕊　师雅娴*

“三个善于”根植于习近平法治思想，为检察机关立足职能定位全面依法履职，实现人民可触可感的公平正义确立了基本价值追求。同时，也对推动解决基层检察司法实践中的难点问题，引导检察人员正确运用法律政策，真正落实“高质效办好每一个案件”具有重要意义。本文试从理论和实践的角度，探析基层检察机关就理念、机制、能力等方面落实“三个善于”的路径选择。

一、“三个善于”对检察实践的指导意义

（一）“三个善于”既层层递进，也内在统一

“三个善于”深刻揭示了司法办案的客观规律与本质要求。三个维度内在有机关联又层层递进，逐步深入。第一维度强调办理案件务必以案件本身为出发点，坚持以事实为根据，以客观证据为主要基础，旨在解决案件中的基础事实问题，在法律规定的限度内依法办案；第二维度强调塑造目标导向，揭示法治化发展的本质，是要深入理解法律背后的基本价值和理念，坚持以法律为准绳，注重契合法治精神，将客观事实与法律评价准确结合，在法治精神的指引下科学办案；第三维度强调评

* 杨玉玉，河北省衡水市桃城区人民检察院党组成员、副检察长；刘秀蕊，河北省衡水市人民检察院法律政策研究室科员；师雅娴，河北省衡水市桃城区人民检察院五级检察官助理。

价办案效果，力图检察办案结果实现"三个效果"的有机统一，坚持以人民为中心，在法律的框架内，在天理、国法、人情的融合中正确使用检察裁量权，将司法公正与群众期盼相融合，在社会主义核心价值观的引领下全面依法履职。

（二）"三个善于"既是认识论，也是方法论

"三个善于"全面贯彻习近平法治思想的立场观点方法，需要整体把握、系统认识。一方面，作为思想理念，指导检察人员怎么看、如何干，拓展了实质法治的实践范畴；另一方面，作为行为要求，明确检察人员要做什么、做到什么程度，优化了维护公正的路径支撑。[①]其针对实践中办案质效的问题，从准确分析具体个案到类案科学适用法律再到全面依法履职，融入检察办案全过程各环节给予指导，也对就案办案、机械司法等问题提出了破解之策，为检察司法实践做实"高质效办好每一个案件"具体指明了道路，进一步畅通了实现"为大局服务、为人民司法"目标追求的路径渠道，也为在法治建设中彰显检察担当提供了具体抓手。

二、"三个善于"在基层检察实践中面临的困境

（一）实质化把握法律关系存在难点，高质效办案根基有待持续筑牢

法律事实是法律关系演变的前提，法律关系是法律事实衍生的结果。司法实践中，探寻实质法律关系是一个复杂的过程，要求我们把握主要矛盾，强化证据审查，做到实质性法律监督。第一，证据审查标准高、难度大。证据审查贯穿检察履职全过程，基层检察机关案件量较大，特别是一些复杂案件，多种法律关系交错，有罪证据与无罪证据杂糅，存在关键性证据缺失或缺少充分的证明力度等问题，有时需要检察

① 参见李淮：《"三个善于"：揭示司法办案客观规律与本质要求》，载《检察日报》2024年5月23日，第3版。

机关走出来，以亲历性确保证据真实准确，巩固完善证据体系，梳理识别关键争议点，为把握实质法律关系打下基础。第二，多领域交叉，案情复杂。大部分基层案件的法律关系与上级案件相比复杂程度较小，但也有一些案件涉及多个学科领域的知识，不仅需要透过现象看本质剖析法律关系，也要明确不同领域法律性质的差异，考验办案人员掌握法律条文、新出台司法解释的全面性，通过对案件中的法律关系进行全面系统辩证的梳理分析，从而准确地适用法律。一些涉及刑民行交叉的案件还需要关注主体利益的失衡和冲突、社会关系动态变化等方面，围绕主要事实，力求达到矛盾争议化解，为实现高质效办理案件提供支撑。第三，新型犯罪兴起，关系发展多元。随着互联网技术日新月异的发展，与网络伴生的新业态、新技术发展较快，衍生出许多新型犯罪。在互联网的“面具”下犯罪时空分离、犯罪手段新颖隐蔽，社会关系更加多元，导致案件事实证据更加复杂，调查取证难度加大，这就更需要检察人员拨开形式的迷雾，牢牢把住全案中的关键点和主要矛盾，为检察工作适应信息化发展保驾护航。

（二）深层次领悟法治精神有所偏差，司法理念亟须从形式司法迈向实质司法

法治精神是法治的灵魂。准确把握法与法的精神的关系，不能脱离有形的法律条文空谈法治精神，或者超出法律文本的射程范围进行解释，更不能背离人民群众的可预测性和可期待性。[①] 同时，也不可简单照搬法条，避免机械办案、就案办案。第一，法律原则指导实践观念不深入。检察履职办案是将法律条文从抽象规范适用于具体事实，从一般规定落实到个别适用的过程。检察机关要坚持以习近平法治思想为指引，树立全面系统观念，既要理解法律条文规定，更要把握蕴含其中的法治精神，追溯立法原意，研判法律的内在价值标准，自觉把法治精神融入

① 参见李淮:《“三个善于”：揭示司法办案客观规律与本质要求》，载《检察日报》2024年5月23日，第3版。

具体办案中。第二，现有法律规定涵盖社会生活不全面。法律存在滞后性，在司法实践中，法律实施过程必然会遇到新情况新问题。现有规定存在空白的情况下，就要求我们在领悟法治精神、法治原则的前提下与时俱进地适用法律，跟上人民群众对公平正义的更高要求。比如，近年来因“隔空猥亵”和“线上搭讪、线下侵害”等犯罪形式高发，最高人民检察院发布指导性案例，确立无身体接触的猥亵行为视同线下犯罪的追诉原则，指导相关类案办理，充分发挥典型案例的示范引领作用，把静态的法律规定和鲜活的办案实践更好地结合起来，为统一办案尺度标准提供了依据。第三，数字化发展水平不高。立足新时代发展大局，检察机关不仅局限于传统办案打击犯罪，还应推进多层次多领域的依法治理，提升社会治理法治化水平。检察数字化改革是适应信息化时代新趋势的重要举措。司法实践中，一部分检察人员忙于应付日常办案，数字思维欠缺，办案理念传统，对数据的重视程度较低，运用能力落后，数字办案动能未能充分释放；业务与技术融合度低，熟悉业务的往往不懂技术，挖掘数字监督线索办案流于形式；部门间或个别单位间配合度低，数据不开放不共享，导致数据难以盘活，价值未能充分发挥。

（三）全面统筹法理人情尚有差距，让人民群众感受公平正义的能力有待进一步彰显

在践行中国特色的法治道路、全面推进依法治国时代背景下，让人民群众真正对公平正义可触可感，就要将社会主义核心价值观融入法律监督。检察履职办案正确行使检察裁量权，既要符合中华优秀传统法律文化，还要符合法律规定，更要符合人民群众对公平正义的认知，在法律框架内寻求公平正义的“最大公约数”，努力让公正司法与老百姓心中的那杆“秤”同频共振。这既是检察办案工作的重点，也是难点所在。然而，基层检察人员素质能力参差不齐，在处理工作中不能很好地将理论与实践结合，在依法基础上将法律、政策、情理有机融合不够，容易就案论案、机械执法，忽视办案的政治效果和社会效果。司法实践中的每一个案件都不仅代表当事人的利益，更蕴含着人民群众对公平正

义的强烈期盼，因此，检察履职办案必须坚持“以人民为中心”的发展思想，从人民群众的视角观察问题、分析问题、解决问题，方是实现人民群众心中公平正义的关键要义。如衡水市桃城区人民检察院办理的某流浪汉为果腹偷盒饭案，犯罪嫌疑人虽然在客观行为上达到了定罪量刑的起点，但在综合权衡天理国法人情后，检察官认为追究犯罪嫌疑人的刑事责任并不是“良法善治”的要求，遂决定终止刑事追诉，仅对其作出行政处罚，并为其办理了司法救助，帮助其返乡。

三、基层检察机关落实“三个善于”的路径探索

（一）聚焦理念转变提升学思践悟能力

1. 树立政治思维

“三个善于”深深根植于中国特色社会主义法治，要深刻领悟习近平法治思想的核心要义，坚持传承中华优秀传统法律文化，从实践中探索符合法律基本规定、符合社会主义核心价值观、符合人民群众对公平正义的基本认知的法治道路。检察人员应树立文化思维，加强理论武装，深刻领悟“两个确立”的决定性意义，增强“四个意识”、坚定“四个自信”、做到“两个维护”，从思想上正本清源、固本培元，不断提高政治判断力、政治领悟力和政治执行力，把习近平新时代中国特色社会主义思想转化为坚定理想、锤炼党性、指导实践、推动工作的强大动力。

2. 树立辩证思维

任何事物都是矛盾的统一体，认识并优先解决事物的主要矛盾和矛盾的主要方面，这是认识活动和实践活动的普遍规律。检察办案中要聚焦业务指标和办案效果的辩证关系、办案数量和办案质量的辩证关系、案件办理和检察管理的辩证关系、法理情的辩证关系等，不能将任何一方割裂看待，拒绝经验主义、专断主义。科学把握一般与特殊的关系、整体与部分的关系，才能实现处理的最佳效果。

3. 树立系统思维

不能只看到案件的单一面，也不能只看到单一案件。案件质量和案

件效果是一体两面，案件本身既是一个小系统，又是社会大系统的有机组成部分。检察人员需胸怀“国之大者”，形成全局性系统性思维，结合社会形势，敏锐发现案件内外存在的矛盾和隐患，准确把握检察机关的政治属性和职责定位，始终将基层检察工作置于党委政府工作大局中谋划推动，准确找到履职的着力点和重点，坚持融入式履职、协作式履职、延伸式履职，一体推动落实法律监督理念、体系、机制和能力现代化。

4. 树立数字思维

社会发展是一个螺旋式上升、波浪式前进的过程。数字信息时代，检察人员要秉持开放、动态的思维，积极适应信息化、数字化、智能化的时代发展趋势，主动提升办案思维，不断提升业务素能，优化司法产品，以数字革命驱动检察工作现代化。基层检察要瞄准职责定位，重在应用，将数字技术与“四大检察”业务深度融合，提高应用数字赋能的水平。强化数据敏感性，提升获取数据、驾驭数据、运用数据的能力，做讲政治、精业务、懂数据的复合型检察人才。

（二）融入全过程履职助推提质增效

1. 强化审前证据把关，筑牢案件质量根基

证据审查服务于案件质量。要牢固树立证据意识，积极构建以证据为中心的办案体系，不仅要围绕单一证据的真实性、关联性、合法性进行审查，还要从证据体系上找准固定法律关系的关键性证据，对其证明力进行判断。在此基础上，应对整体证据链进行审查，排除矛盾证据，围绕犯罪构成要件、量刑情节等，确认证据链的完备程度。如在刑事办案中，审查逮捕阶段的证据审查不仅要看其是否符合逮捕条件，还应强化捕诉工作的衔接，从审查起诉的角度，提出补充侦查意见，引导侦查机关以庭审所需标准全面收集证据。做好有效引导侦查取证、自行补充侦查、注重关键证据复核、重视瑕疵证据补正和定罪量刑关键证据补强。在移送起诉前把控好证据风险。做实做细案件事实，找准实质法律关系，还需强化证据的客观性、亲历性、系统性。如衡水市桃城区人民检察院办理的帮助某聋哑人讨薪案中，检察官审查后认为仅依靠被害人

提供的证据，不够清晰有力，无法达到证据充分的标准。考虑到残疾人是社会的弱势群体，取证困难，检察机关遂主动履职，与劳动监察大队开展联合调查，亲历走访，调取能够证明劳动关系及工资约定的关键性证据。并了解到涉案公司是因债权无法收回经营出现困境，并非故意拖欠劳动报酬。在发出支持仲裁书后，检察官针对此案关键矛盾点，为其制定了“和解优先、同等保护、建设和谐劳动关系”的工作方案，在双方利益平衡的状态下，帮助被害人要回工资，有效化解了矛盾。

2. 落实宽严相济刑事政策，真正做到罚当其罪

司法政策是法治精神在司法实践中的延伸，具有指导法律适用的重要作用。实践中，办理案件并不仅仅依靠单一的法律条文，往往需要结合具体案情，进行综合分析，准确贯彻落实宽严相济刑事政策，做到罚当其罪。对于严重暴力、黑恶势力等犯罪，始终保持“严”的震慑，增强人民群众安全感。对社会危害性较小、认罪认罚的，精准运用好刑事和解、不起诉、行刑反向衔接制度，让司法结论更契合法治精神。同时，灵活运用公开听证、不起诉公开宣告、检察官公开课、视频直播等方式，做好“线上+线下”立体化普法宣传工作，选取具有教育价值的案件进行释法说理，以喜闻乐见的方式让法律在人民群众中源源不断地释放影响力。

3. 运用类案监督手段，乘数字之翼强治理

在办好个案的基础上，推进类案质效提升是检察办案的必然要求。在传统人工发现线索、整合治理的基础上，有必要进一步完善类案监督的工作体制和机制，助推社会治理工作更上新台阶。以数字检察战略实施为契机，依托大数据赋能赋智，积极探索类案的大数据监督路径，实现破解工作难题。如将一定时期、一定区域内具有普发特点的案件类型作为模型基础，通过个案线索发现、类案检索、案件解析、数据分析等形式，从海量个案中挖掘共性问题，将案件问题数字化，用数据说话，破解类案监督线索发现难问题。开展源头治理，将线索整治落到实处，用好检察建议治未病，促进检察履职从被动等案到主动出击转变，发现并推动类案监督成果向社会治理效能转化。

（三）培树典型案例发挥示范作用

品牌是基层检察院建设的名片，抓实案件质量品牌建设，深刻落实“一个案例胜过一打文件”的精神，做好典型案例培树、运用、宣传工作。积极引领每一名检察官在实践中带头办理跨区域、引领性案件，强化精品思维、案例意识，争取做到大院多特点、小院出精品。

典型案例是案件办理的标尺，要以求极致的精神挖掘普通案件的最大潜力。检察人员要将案例培树融入日常办案，打破就案办案、一诉了之的惯性思维，前期在案件受理时就敏锐地捕捉到案件的特点和难点。对涉及新法规、新罪名的案件，关系社会热点、难点的案件，体现新形势司法理念的案件重点关注。对有价值的案件线索筛选评估，选报素材，并及时向上级院请示报告，以最大限度争取上级支持和指导。中期把握好“六个一”原则：深入总结案件特质、典型意义，形成一个典型案例；办案过程中认真细致撰写法律文书，形成一系列高质量法律文书；结合“善于从纷繁复杂的法律事实中准确把握实质法律关系”，力争提炼一套类案办案指引或证据标准；结合“善于从具体法律条文中深刻领悟法治精神”，力争发表一批研究法律适用问题的理论论文；结合在案件办理中对于专业领域知识的深入学习研究，努力成为一名该领域的专业人才或一个专业办案团队；结合“善于在法理情的有机统一中实现公平正义”，全面总结办案心得体会，讲好一堂检察实务案例课。[①] 从创新类型、专业知识、法律适用、政策把握、依法妥善处理等诸多方面最大限度综合履职，争取案件效果最优化。后期做好“后半篇文章”，坚持一案一分析，提炼形成机制、经验、成果，让每一名检察人员能够结合具体办案实际运用到相关案件的多个办理环节中。在学案例、育案例、宣案例的良性循环中实现办理一案、影响一片，持续推进检察工作高质量发展。

---

① 参见田向红：《发挥典型案例工作机制优势 做实“高质效办好每一个案件”》，载《检察日报》2024年7月15日，第3版。

（四）借智借力营造全民参与新风尚

1. 创新智能化外部监督，保障人民群众参与司法

通过外部监督倒逼司法办案规范，是深化源头治理、让人民群众感受到公平正义的重要途径。推进传统检察监督与数字现代化相融合，全面整合人民监督员、听证员对检察机关在线监督、参与司法的数字服务，把全过程人民民主贯彻到检察办案中。创新线上参与互动平台，对人民监督工作实施“全流程、闭环式、信息化”管控，覆盖发起监督邀请、随机抽选指派、确认参与活动到案件信息推送、监督履职反馈和反馈异议处理等各环节，发展线上“全领域、全流程、全类型”监督，打通人民群众与检察机关联动壁垒。充分保障人民群众的知情权、参与权、表达权、监督权，使人民群众可以及时掌握全部检务公开信息，海量的检察数字资源可以一键搜索，畅通线索反馈渠道，打通检察服务群众的“最后一公里”。

2. 打造协同会商平台，形成合力共治共管

为顺应刑事办案新形势新要求，强化公检法司沟通协作，共同提升办案质效。公安机关、法院、检察院、司法行政机关等单位加强联动配合，建立健全政法一体化协同办案平台，常态化召开联席会议，会商案件办理中遇到的痛点、难点问题。检察机关要引导公安机关全面、准确收集证据，以扎实的证据奠定矛盾化解的良好基础；也要加强与法院的业务联系，就细化司法适用规则、裁判标准问题达成共识，做到打击犯罪与保障人权相统一，避免因法检认识问题导致法律适用不统一，从而影响法律权威；加强与司法行政机关的工作联系，就人民调解机构工作人员、律师参与调解等问题建立配套的工作机制，为矛盾化解提供可靠保障。如对于刑事速裁案件，打造“繁案精办、轻案快办”的一体化模式，对符合规定的简单同类案件，衔接侦查快速受理，批量集中诉讼，进一步节约司法资源，促进办案提质增效。侦诉审执联动，凝聚各单位合力协作共治，体现政法担当。

（五）机制建设引领发展向优向好

落实检察官联席会制度，群策群力会诊案件难题。基层院组织架构小，人员相对较少，一条线上可能只有一个检察官或者办案团队，有可能出现对交叉领域法律的把握不够准确的问题。检察官联席会制度是司法责任制改革的重要配套之一，为科学决策高质效办案提供集体智慧的有力支持。第一，发挥智囊团参谋作用，共克难题。对于疑难复杂或者需要多部门联动的案件，定期召开检察官联席会议，对涉及专业知识的，必要时邀请相关领域专业人才参加讨论，针对案件中存在的争议性问题、证据采信、法律适用等问题集思广益，帮助承办人拓展思路，为全面准确捋清法律关系、研判案件处理思路提供集体智慧。第二，及时总结归纳共性问题，类案优化。树立类案化视角，是将办案量的积累转化为实务经验质的提升的必由之路。案件会商不仅针对个别案件办理中反映的问题探讨交流，还可以归纳整理，共同预警同种类型案件中易错易漏问题，为解决司法办案中的薄弱环节提供实践参考，也解决了法律适用不统一问题。实现案件难题从解决一个到优化全院的飞跃。第三，打造常态化学习平台，以案促学。基层院人员流动大，业务新手多，业务熟练程度相对不高，尤其缺乏系统学习。通过以案促学，多见案、多听案、多办案，以学习、工作、总结一体推进的模式，切实增强检察官助理、书记员发现问题、分析问题、解决问题的能力，持之以恒强队伍、提素能、练内功。

学思践悟“三个善于”做实“高质效办好每一个案件”的基层实践

田代奎　薛　慧*

习近平总书记强调，努力让人民群众在每一个司法案件中感受到公平正义。这是习近平法治思想对公正司法的原则性、基础性要求，是人民群众对法治最朴素、最迫切的期待，也是检察机关不断改进工作的目标所在。为确保这一目标实现，最高人民检察院提出“高质效办好每一个案件”这一实践要求，“三个善于”又是最高人民检察院提出的“高质效办好每一个案件”的具体路径。本文以T市检察机关近三年来入选最高人民检察院、省人民检察院典型案例的案件入手，以“三个善于”为视域，提炼总结“高质效办好每一个案件”的经验做法，为检察工作现代化提供T市实践样本。

一、近三年T市入选最高人民检察院、省人民检察院典型案例的案件分析

（一）透过现象看本质，从纷繁复杂的法律事实中准确把握实质法律关系

以T市Z县人民检察院（以下简称Z县院）办理的祝某甲、祝某

* 田代奎，甘肃省天水市人民检察院党组成员、政治部主任；薛慧，甘肃省秦安县人民检察院派驻西川镇检察室主任。

乙等人帮助信息网络犯罪活动案为例。本案中祝某甲通过潘某结识了在越南老挝收购"四件套"（银行卡、电话卡、U盾、身份证复印件）的沙某强（在逃），两人商定沙某强以1000元/套的价格收购祝某甲办理的"四件套"，后祝某甲利用自己的身份信息办理"四件套"8套，又以500元/套的价格由董某某（其妻）、祝某乙、祝某丙办理"四件套"17套，另潘某本人办理6套"四件套"交给祝某甲，以上31套"四件套"均由祝某甲带到老挝交给沙某强。后祝某乙发现其提供给祝某甲的银行卡中有大量资金流转，逐于同年分两次将其中一张卡内4万余元占为己有后注销该卡。经查本案中31套"四件套"全部用于电信网络诈骗资金支付结算，涉案金额4652万余元。公安机关以祝某甲涉嫌帮助信息网络犯罪活动罪，窃取、收买、非法提供信用卡信息罪移送起诉。Z县院在审查起诉阶段发现本案法律事实与公安机关认定事实，以及移送起诉罪名的构成要件不符，且存在其他未认定的罪犯事实和法律关系。检察机关通过重新分析案件事实、讯问祝某乙、引导公安机关利用电子数据取证系统恢复并固定微信聊天记录等方式进行客观证据补强，最终以祝某甲等人构成帮助网络诈骗活动罪，祝某乙构成帮助网络诈骗活动罪、盗窃罪向法院提起公诉，法院最终采纳Z县院意见并定罪量刑。本案中检察官就此罪和彼罪、一罪与数罪的认定，通过亲历调查、引导侦查、事实认定、法律关系要素构成分析、证据固定等方式，让实质性法律关系从纷繁复杂的法律事实中呈现出来，将所有犯罪嫌疑人绳之以法。该案件被评为G省检察机关打击治理电信网络诈骗典型案例。

（二）良法善治民之所向，从具体法律条文中深刻领悟法治精神

以T市Q县人民检察院（以下简称Q县院）研发的服刑人员违规领取低保法律监督模型为例。Q县院在日常履职尽责过程中发现判处拘役、有期徒刑及以上刑罚服刑人员违规领取低保的问题，违反《G省最低生活保障审核确认实施细则》《特困人员认定办法》等相关规定，侵害了最低生活保障资金的管理安全。Q县院利用公民身份号码的唯一性，对涉刑人员数据与城乡居民低保发放人员信息数据（来源民政局）进行碰

撞，筛选出被判拘役和有期徒刑以上刑罚期间领取低保人员数据，并通过再次调取判决书信息确定该人员是否实际服刑，从而确定服刑刑期，以服刑刑期反查民政局每月领取人员数据，计算违规领取低保期限及金额。经随机调取2018—2022年数据，T市Q县35名监狱服刑罪犯在服刑期间违规领取最低生活保障金共计9万余元。随即召开检察建议公开听证会，向负有调查、审核职责的9个街道和乡镇及行业主管部门公开送达了检察建议书，现已全部整改到位，违规资金全部上缴国库。本案中检察官全面依法履行职能，制发检察建议促进行政机关堵塞制度漏洞，督促涉案单位切实履行好资金审核职责，规范审批发放流程，实现“个案办理—类案监督—社会治理”的跃升，是基层检察机关“从具体法律条文中深刻领悟法治精神”的典型代表，是学习贯彻习近平法治思想、全面落实“法治建设既要抓末端、治已病，更要抓前端、治未病”的生动实践。该案件被评为G省检察机关行政检察数字监督模型典型案例。

（三）以法为据、以理服人、以情感人，在法理情的有机统一中实现公平正义

2004年隆冬刚过，阴霾悄然笼罩了李某茂一家，时年9岁、6岁的一双儿女在家中被害，案件一直未侦破，直至2020年12月犯罪嫌疑人李某东被抓获归案，被处无期徒刑附带赔偿丧葬费7万元。案件看似告一段落，然而细心的检察官发现李某茂的心结并没有打开。李某茂除痛失一双儿女之外，自己又在务工过程中意外坠落、腰椎受损、脾脏切除，劳动能力严重受损，妻子无法承受丧子之痛而精神出现问题，并伴有高血压、哮喘等慢性疾病。案件赔偿款也因李某东无法提供可供执行财产，仅仅执行小部分后终结执行。T市人民检察院（以下简称T市院）受理该司法救助案件后持续跟进发现，夫妻两人领养的孩子和之后生育的孩子均患有先天性疾病。T市院随即决定启动救助程序，该案检察官调查取证过程中注意到双方当事人为同村村民，事发后李某东及家人并未对李某茂及家人表达过丝毫忏悔和歉意，加之生活不顺意、家

境贫寒等原因，李某茂心中蓄积着很大的怨气，极有可能引发“民转刑”“刑转命”。T市院为积极化解社会矛盾、防止极端事件的发生，牵头制定了司法救助衔接社会救助方案，一方面为李某茂家庭积极争取救助资金并发放到位，联合多部门奔赴李某茂所在村庄，从医疗、低保、就学、就业等多方面综合救助，联合妇联邀请专业心理咨询师开展心理疏导；另一方面向李某东晓之以理、动之以情，释法说理，通过不懈努力，李某东终于面对镜头向李某茂及家人表达了深深的歉意和忏悔，这或许无法抹平李某茂及家人内心的创伤，但起码让李某茂及家人有些许释怀。这起案件的成功办理体现了T市院以求极致的匠人精神，兼顾天理、国法、人情，并在三者有机统一中实现案件的最优解、人民群众的最满意。该案件被最高人民检察院评为“第五批国家司法救助工作相对薄弱检察院‘脱薄争先’典型案例”。

二、学思践悟“三个善于”做实“高质效办好每一个案件”的基层路径

（一）理念为先，把稳做实“四个坚持”

《中共中央关于加强新时代检察机关法律监督工作的意见》明确指出，人民检察院是国家的法律监督机关，是保障国家法律统一正确实施的司法机关，是保护国家利益和社会公共利益的重要力量，是国家监督体系的重要组成部分，在推进全面依法治国、建设社会主义法治国家中发挥着重要作用。基层检察机关立足检察职能，学思践悟“三个善于”做实“高质效办好每一个案件”，必须把稳做实“四个坚持”。

一是坚持政治统领。《宪法》第134条规定：“中华人民共和国检察院是国家的法律监督机关。”检察机关首先是政治机关，就要求凡事“从政治上着眼”，其次是法律监督机关，就要求凡事“从法治上着力”，在履职尽责过程中就要求要“敢于监督”“善于监督”。以Q县院办理的某行政机关强制执行某食品有限公司行政非诉执行检察监督案件为例，该案系Q县院在对人民法院办理行政非诉执行案件开展专项监督中发

现案源后，向县法院提出检察建议，县法院采纳该建议。Q县院以检察建议有效纠正了县法院类案办理程序上多年来存在的违法情形，既提高行政效能和司法效率，同时维护了司法裁判的权威，是检察机关敢于监督、善于监督的典型代表，取得了良好的政治效果和法律效果，被G省检察机关评选为行政检察典型案例。

二是坚持实事求是。1938年10月14日毛泽东在党的六届六中全会上首次提出“共产党员应是实事求是的模范”。党的七大将“实事求是”正式写入党章。“三个善于”第一层含义“从纷繁复杂的法律事实中准确把握实质法律关系”，要求检察机关在履职尽责过程中必须避免主观臆断，应当“实事求是”“以事实为根据”。以T市G县人民检察院（以下简称G县院）办理的督促民政局撤销刘某虚假婚姻登记检察监督案为例，该案系刘某（伪造身份信息，至今未查明身份且下落不明）与当事人尉某在民政局登记结婚后离家出走、下落不明，尉某欲离婚，婚姻登记部门和法院未受理，尉某向G县院申请行政监督。G县院经调查取证、公开听证等流程，向婚姻登记机关提出检察建议（建议撤销婚姻登记），婚姻登记机关采纳该检察建议。该案中G县院以事实为根据、以法律为准绳，一方面解决了当事人的燃眉之急，另一方面实质性化解了行政争议，取得了良好的效果，入选最高人民检察院“贯彻落实‘两高两部’指导意见推动解决以冒名顶替或弄虚作假的方式办理婚姻登记问题百件优秀检察监督案件”。

三是坚持人民至上。我们要清醒地认识到我们工作的出发点和落脚点就是“人民”，“三个善于”提出“在法理情的有机统一中实现公平正义”，是在传承中华优秀传统法律文化基础上，回应“让人民群众真正看得见、切实感受到公平正义”，从以法为据、以理服人、以情感人三个方面对检察机关、检察人员提出的新要求。以T市M县人民检察院（以下简称M县院）办理的督促整治违规自备井行政公益诉讼案为例，该案系宝兰客专安全运行、人民群众农田灌溉、水源地保护三方利益冲突交织的案件，该案的承办检察官几经调查磋商、倾听意见、释法说理，最终实现了三方利益最优解，既保护国家利益和社会公共利益免受侵害，又实现了让人民群众满意、放心。该案被G省检察机关评为“水行政执法与检察公益诉讼协作典型案例”，该案的承办检察官被评为“2023年全国最美公务员”，被最高人民检察院荣记“一等功”。

四是坚持全面依法履职。检察机关作为司法机关，在推动法治建设中起到了非常关键的作用，不能就案办案、机械司法，也不能随心所欲、脱离职权，而应当全面依法履职。

（二）实践为基，培养具备“五种能力”

检察机关在“保护国家利益和社会公共利益”“推进全面依法治国、建设社会主义法治国家”的同时，最基础的工作是“司法办案”。而每个案子又是立体的、鲜活的，正如电影《第二十条》中那句经典台词：“我们办的不是案子，是别人的人生。”以“三个善于”做实“高质效办好每一个案件”是检察机关对当事人及家庭作出的郑重承诺。近年来T市检察机关坚持“请进来、走出去”，通过检校合作、传导式培训、举办辩论赛、创办检察实务大讲堂等多种形式，培养检察人员具备“五种能力”。

一是敏锐的洞察能力。在司法办案过程中，检察官往往面对如何准确梳理客观真相、法律事实之间关系的问题。客观真相是指客观世界中真正发生过的真相，法律事实是指法律规定的能够引起法律关系产生、变更和消灭的客观情况。理论上讲法律要实现公平正义最重要的是找到“真相”，然而在司法实践中往往由于现场保护、取证技术、认知偏差等诸多因素，导致客观真相与法律事实之间存在一定差异，完全将两者等同起来是不现实的，这就要求检察人员应当具备敏锐的洞察能力，通过查阅卷宗、实地调查、补强证据等多种方式，重现或无限可能地让法律事实接近客观真相。

二是缜密的分析能力。检察实务中法律事实、法律关系是区分罪与非罪、此罪与彼罪、一罪与数罪的重要因素，但往往又是扑朔迷离、纷繁复杂的，这就要求检察人员应当具备缜密的逻辑分析能力，锁定法律关系，再由浅入深、由表及里、抽丝剥茧，梳理归纳对案件定性具有决定性影响的实质性法律关系，通过亲历性调查、实质性审查等方式，寻找列举能够支撑实质性法律关系的证据，并形成证据链。

三是系统的思维能力。锁定法律关系、固定证据、形成证据链条就可以定罪量刑吗？答案是否定的，还需要将法律事实、实质法律关系与法律条文完美地契合。完美契合并不是一一对应起来，司法实践中很多检察官会单一地从案件到条文，势必造成“就案办案”“机械司法”的问题，破解这一问题就需要考虑司法政策、约定俗成、公序良俗、社会道德等因素，这就要求检察人员必须具备强大的系统思维能力，做到对法律条文融会贯通，同时“善于从具体法律条文中深刻领悟法治精神”。

四是过硬的业务能力。随着监察体制改革，检察机关迎来了新的机遇和挑战，2021 年 6 月《中共中央关于加强新时代检察机关法律监督工作的意见》印发，检察机关的职能更加明确且重要。检察机关是国家的法律监督机关，检察人员作为监督法律实施的中坚力量，唯有在检察业务、法律水平、综合能力方面“技高一筹”，才能保证法律监督取得实效，才有信服力和威慑力。

五是悲天悯人的共情能力。我国自古以来就有“明达法理”“执法原情”“法情允协”等理念。“三个善于”要求“善于在法理情有机统一中实现公平正义”，也就是兼顾天理、国法、人情。天理就是道德层面倡导核心价值观，国法就是法律层面符合法律规定，人情就是人民群众对于公平正义的期待。这就要求检察人员“从人民中来、到人民中去”，换位思考，以悲天悯人的共情能力，置身于当事人所想、所急、所期、所盼，从而达到“案结事了人和”的最佳状态。

（三）机制为要，完善健全“三个体系”

“三个善于”既是对检察官全面依法履职的要求，也是对深化内部协同履职、加强外部协作联动的要求，更是法律监督职能融入“高效的法治实施体系”的重要保障。县、区检察院占到了全部检察院 88%，基层检察人员占检察队伍总量的 74.5%，每年的办案量占检察机关的 90%

以上。[①] 基层检察机关应当发挥这一优势，通过实践创新、完善机制推动“以‘三个善于’做实高质效办好每一个案件”走深走实。

一是完善健全外部协作体系。从宏观层面来看，法律监督体系是国家监督体系的子系统，检察机关和检察人员应当明确法律监督的内涵和外延，做到既不扩大也不限缩法律监督职权，与权力机关的监督、党的监督、监察监督等其他监督形式相互区别又密切配合，形成监督合力、推动法治进步。近年来T市检察机关积极发挥联动作用，与相关部门建立健全了联动协作机制。例如，T市院与T市中级人民法院、T市司法局联合会签《行政诉讼、行政复议、行政检察监督案件信息互通机制》，Q县院构建检察监督+人民监督工作机制，等等。这些制度机制的建立，为“健全党统一领导、全面覆盖、权威高效的监督体系”贡献T市检察力量。

二是完善健全内部流转体系。从中观层面来看，检察机关法律监督职能包括刑事、民事、行政以及公益诉讼检察，“四大检察”职能虽然在业务领域上有所区别，但是在实践中行刑衔接、民刑交叉等都涉及检察职能的竞合，基层检察机关要全面落实《人民检察院内部移送法律监督线索工作规定》等规定，全力推动“四大检察”一体发展、融合发展，形成叠加效应、聚合效应，切实提高检察机关法律监督的整体效能。M县院制定出台《行刑反向衔接线索内部移送工作规定（试行）》，聚力一体协同、分工负责、协作配合、归口办理和双向移送等原则，为高质效办理行刑反向衔接案件提供了制度保障。

三是完善健全自身监督体系。从微观层面来看，真正做到以“三个善于”做实“高质效办好每一个案件”的关键在于“人”，这就要求检察人员必须具备准确把握实质法律关系这一“基本功”，领悟法治精神这一“硬实力”，以及统筹法理情有机统一这一“金刚钻”，同时要“将权力关进制度的笼子里”，全面准确落实司法责任，构建公正、规范、

---

① 参见闫晶晶:《强基固本，基层检察于变局中开新局》，载最高人民检察院官网，https://www.spp.gov.cn/spp/zhuanlan/202106/t20210617_521572.shtml。

高效、廉洁的检察权运行体系。近年来T市检察机关全面落实从严治检各项制度规定，不断完善健全自身监督体系，制定出台《贯彻落实中央八项规定实施细则的若干规定》《检察人员网络行为“十个严禁”》《检察人员动态管理》等制度，积极做好检察开放、公开听证、代表委员联络等工作，让“监督者更要自觉接受监督”融入检察工作全过程。

“检察机关为大局服务、为人民司法、为法治担当，以检察工作现代化更好服务中国式现代化，最终都要落实到‘高质效办好每一个案件上’。”[①]随着社会的发展和人民生活的日新月异，变的是案件类型、司法理念，不变的是检察机关的初心和使命，“以‘三个善于’做实高质效办好每一个案件”是最高人民检察院贯彻落实习近平法治思想，汲取中华优秀传统法律文化，对时代之问、检察之问、人民之问最直接的回复，是理念，是机制，也是安排部署。下一步，T市检察机关将继续领悟其精神要义和逻辑关系，在理念引导、实践支撑、制度保障方面深入研究，为基层检察机关学思践悟“三个善于”做实“高质效办好每一个案件”提供实践样本。

① 应勇：《为大局服务 为人民司法 为法治担当》，载《求是》2024年第9期。

践行“三个善于”促进刑事检察高质量发展

吴文彬　蒲　阳*

“三个善于”蕴含丰富的理论内涵和时代特征，是“高质效办好每一个案件”的重要体现，是“四大检察”不断创新发展的工作要求和方向指引。刑事检察是“四大检察”中的传统业务，是检察机关履行法律监督职能的重要方式和途径。刑事案件数量在基层检察机关办案业务中占比最大，高质效办好每一个刑事案件是检察办案的重要内容。实践中，有的案件取证条件差，证据先天不足，需要还原事实本来面目；有的案件事实纷繁复杂，涉及人员数量多、行为阶段多，需要准确把握核心事实；有的案件事实清楚，但罪名适用存在争议，需要准确适用法律规定；有的案件具有特殊情节，简单处理可能背离社会公众的基本认知；等等。上述问题制约了刑检工作高质效发展，破解这些问题，需要学懂、弄通、践行“三个善于”，通过穿透式实质审查，准确认定案件事实；通过领悟法条背后的原理，准确适用法律规范；通过融合法理情办案，努力实现公平正义。

一、抓住主要矛盾，准确认定案件事实

刑事办案需要通过证据尽可能还原客观事实，但客观事实发生在

* 吴文彬，江苏省泰州市高港区人民检察院检察长；蒲阳，江苏省泰州市高港区人民检察院一级检察官。

前，司法认定在后，司法机关只能通过证据审查和论证来认定案件的法律事实，并尽可能地使法律事实接近客观事实。这个过程中可能会出现两种情况：一是由于时过境迁，用于还原案件事实的客观证据缺失，当事人的言词证据相互矛盾；二是由于案件事实十分复杂，与之相应的证据繁多，需要有效取舍。

“善于从纷繁复杂的法律事实中准确把握实质法律关系”为解决此类问题提供了有效的方法，即抓住案件中的主要矛盾。比如，因证据缺失导致证据不足，认定事实困难时，一方面要运用好证据规则，依法采信或者不采信在卷证据；另一方面要通过充分运用退回补充侦查和自行补充侦查，发现和调取在案不在卷的关键证据，力求形成证据锁链，进而认定案件事实。比如，在一起虚开增值税专用发票案中，虚开发票的证据比较充分，但由于是通过网络平台实施，一名主犯在多人指认的情况下仍坚持不认罪，提出自己没有参与犯罪的辩护理由，公安机关也未调取到现场监控等客观性证据证实其参与。该案面临的主要矛盾不在于有无虚开事实，而是虚开的事实是否该主犯所为，需引导公安机关重点围绕网络账号与该主犯的关联性进行补充侦查，如对语音通话进行声纹鉴定、查明资金流转的去向等。

二、领悟法治精神，正确适用法律规范

认定案件事实后准确适用法律，是刑事检察人员需要练就的本领。

首先，法律规定是由文字组成的，文字规定存在语义边界和模糊地带，难以涵盖多种多样的案件事实，法律规定与社会生活之间存在一定程度的“紧张关系”；其次，法律规定往往是滞后的，为适应不断变化发展的经济社会形势需要正确解释法律；最后，刑法的部分罪名之间存在着交叉、重叠等复杂的关联关系，一个要件的增减、变化都可能会适用不同的罪名。在具体办案时，有时可能会陷入左右为难的境地，尤其是当认定的犯罪事实是无经验可循的新类型、新情况时，难免会产生困惑。

“善于从具体法律条文中深刻领悟法治精神”为解决这些问题提供

了管用的思路，有助于准确适用法律规定。

首先，在对法条进行字面理解的同时，还要注意从刑法规范体系、立法目的、法益保护等方面来探寻条文的立法精神和立法原意，不能照搬照抄、机械司法。

其次，在探寻立法原意的同时，还要结合罪刑法定原则的要求，从条文规定的涵射范围内寻找与新变化的社会生活的“公约数”，依法落实“法与时转”的要求。比如，受贿人向请托人购买非对外公开发行的原始股，公司上市后获取增值利益。按照以往的规定，由于行为人是有偿购买，不是无偿收受，不能以受贿罪论处。但随着经济社会发展，原始股所具有的高收益性、稀缺性和封闭性，逐渐受到重视和认同。国家工作人员在不符合原始股购买条件的情况下，要求请托人违反条件出售原始股的行为，本质上仍是权钱交易，其购买目的就是上市获利，所以原始股上市后获取的增值利益本身仍然是权钱交易的结果。

最后，当罪名适用确实存在较大分歧时，应结合行为的社会危害性和处罚必要性，在刑法规定的框架内，立足职能，主动作为。在办理电信网络诈骗关联案件时，提供银行卡给他人用于“跑分”是帮助信息网络犯罪活动罪还是掩饰、隐瞒犯罪所得罪，由于情况复杂，往往存在较大争议。刑罚的威慑力不在于严酷性，而在于及时性。遏制电信网络诈骗犯罪高发态势，需要通过打击此类行为及时进行“断卡”。对此，应结合本地发案情况，积极与公安机关、法院会商，形成处理共识。一方面，应依照相关指导文件，对于明知他人转移违法犯罪所得资金，提供银行卡并帮助刷脸的行为，可以掩饰、隐瞒犯罪所得罪处理；另一方面，此类行为毕竟与电信网络诈骗不同，要保证罪刑均衡，一般应认定为从犯，符合缓刑适用条件的一般可适用缓刑。

三、统筹“法理情”，确保实现公平正义

刑法的功能之一是预防犯罪，认定此罪与彼罪比较重要，因为这样会对社会形成一种指引，从而引导人们的行为。但有时，社会公众甚至当事人自身对于罪名并不十分关注，他们更关心的往往是案件如何处

理，起诉或不起诉以及具体的刑期等。同时，司法办案所面临的是不同的个体，不同案件中的当事人即使有着相同的行为、相同的情节，他们也有各自不同的人生境遇和特殊之处。不能简单对照事实适用法律，对照情节提出量刑，还要用心去预判案件处理的效果，以“如我在诉”的意识，追求与社会公众“互为主观的共鸣”。因此，如何在办案中让人民群众感受到公平正义才是刑检办案的不懈追求。

“善于在法理情的有机统一中实现公平正义”为解决这些问题提供了重要启示，即重在确保“三个效果”。法理情的有机统一与实现“三个效果”是相互对照，一脉相承的。办理每一个案件，都要从这三个方面进行审视，不能偏废。公平正义是社会主义法治的价值追求。做到“三个善于”，不但要坚持在法律面前人人平等，同时还要考虑个体差别，才能体现实质正义。同样是电信网络诈骗的下游关联犯罪，同样是提供银行卡走流水“跑分”，不同人员主观恶性和处罚必要性不同。有的是主动联系上线积极参与，而一些在校生是在网上联系兼职时被诱骗加入，对他们的处理就应当有所区分。对于一些受诱骗加入的在校生犯罪，可结合其犯罪情节及认罪悔罪态度从宽处理。依法作出相对不起诉的，应规范开展公开听证，听取群众意见，依法落实宽严相济刑事政策，力争与社会公众的感受同频共振，实现案件办理“三个效果”的统一。

深刻领悟“三个善于”，在办好刑事案件的同时，还要把“三个善于”融入检察履职办案的全过程各环节，自觉把“三个善于”的理念、方法、要求落到实处。以个案办理引领类案监督推进，以案件审查带动两项监督、出庭公诉等各个环节，做好一体履职、综合履职，以高质效刑检办案助推“四大检察”全面协调充分发展。

坚持以“三个善于”高质效办好每一个重罪案件

顾 佳 金 艳*

党的二十届三中全会提出，法治是中国式现代化的重要保障。国家安全是中国式现代化行稳致远的重要基础，也是检察机关长期以来工作的落脚点。依法严惩危害国家安全、危害公共安全，故意杀人、抢劫、毒品等重大暴力犯罪关系国家长治久安，每一个重罪案件的办理都需要检察人员时刻绷紧公平正义责任弦，深刻领悟最高人民检察院党组提出的“三个善于”理念，把握司法办案的内在规律和实质要求，高质效办好每一个重罪案件，积极以检察工作现代化支撑和服务中国式现代化。

一、坚持以证据运用为基础，准确把握法律关系

“善于从纷繁复杂的法律事实中准确把握实质法律关系”最基本的要求在于证据。由证据构建的案情事实是案件办理的基础，证据的审查运用是认定案件事实的关键。重罪案件对当事人影响重大，更应做好证据的收集、审查、运用，从而精准把握实质法律关系。

首先，强化证据收集的及时性和主动性，最大限度查明客观事实。在适时介入阶段充分利用距离案发时间较短的特性，预判案件可能存在的争议焦点，引导公安机关及时有针对性开展侦查取证，特别是容易受

* 顾佳，上海市人民检察院检察委员会委员、重罪检察部门主任；金艳，上海市松江区人民检察院检察官。

记忆、感知所影响又不可替代的证人证言等主观性的言词证据。同时，面对案中疑点或关键证据缺失，应当充分运用自行补充侦查权，重新勘验现场、委托补充鉴定，积极开展调查核实，在亲历过程中补强完善证据。

其次，强化证据审查的全面性和系统性，准确认定法律事实。全面审查客观性证据，审慎把握主观性证据，围绕证据的真实性、合法性和关联性，运用逻辑法则、经验法则，结合审计、鉴定、技术专家等具有专门知识的人和专业机构的意见，在排除矛盾证据、非法证据、合理怀疑的情况下，动态研判全案证据，认定关键情节。例如在陈年命案的证据审查中，因被害人死亡和案发时间较为久远，面对主客观证据较少的问题，可以通过案件细节的分析和现代科技手段的支持，挖掘书证、物证等客观证据，并加强和现有其他间接证据的综合运用，强化收集程序的合法性和证据同一性审查，坚持实体与程序并重，区分瑕疵证据和非法证据，严格认定证据效力，进而准确认定法律事实。

最后，强化证据分析的综合性和平衡性，为法律适用奠定基础。证据的审查、分析和论证应当具有综合运用的思维，既要立足案件事实，又要分析论证行为的实质社会危害性和对法益的侵害程度，更要理顺刑罚惩罚的内在逻辑。同时也要注意，即使是重罪案件，坚守刑法谦抑性原则也是案件整体评价的组成部分，要注重包括司法解释在内的法律法规之间的内在统一，为刑事处罚和行刑衔接的内在平衡奠定扎实的事实基础和法律依据。

二、坚持以权利保障为要义，深刻领悟法治精神

“善于从具体法律条文中深刻领悟法治精神”，而“法治”的要义之一是合法权利的有效保障。重罪案件办理要严格依照法律规定，以事实为根据，以法律为准绳，既不能脱离法律去办案，也不能机械地就案办案，要从人民群众的获得感、幸福感、安全感出发，结合法律条文深刻领悟法治精神。

首先，从人民群众对公平正义的朴素价值追求出发，积极应对重罪

案件中的新情况、新问题。以新型毒品犯罪案件为例，麻醉药品和精神药品等成瘾性物质被非法滥用，危害明显。在认定该类犯罪时，检察机关将非医疗目的等非法用途作为认定构成毒品犯罪的重要标准，以主观明知与是否用于医疗目的等真实用途相结合进行系统判断，严格区分罪与非罪，切实将人民群众对健康安全的现实需求作为案件办理的重要考量。

其次，从维护社会主义核心价值观出发，坚守司法为民的担当。以故意杀人为例，既要准确判断故意杀人与正当防卫、紧急避险、意外事件等罪与非罪的界限，也要准确认定故意杀人与故意伤害、过失致人死亡等此罪与彼罪的区分，不能单纯地以死亡结果作出单一的推断性认定，坚决防止和杜绝“谁伤谁有理”“谁闹谁有理”的错误倾向，坚持“法不能向不法让步”的基本法治精神，查明事实和真相，切实履行法律监督职能。

最后，从以人为本的理念出发，多方位听取意见。准确适用法律，需要兼听则明。法律条文背后的价值和理念更多源于社会公众朴素的价值观。重罪案件适用法律时，更需要在查明客观案情和行为的基础上，倾听多方意见，包括犯罪嫌疑人及其辩护人、被害人或者被害人家属、法定代理人的意见，也要适时听取人民监督员、听证员的意见，从保障人权的角度出发维护当事人的合法权益，更重要的是可以在听取意见的过程中进一步查验事实是否清楚、证据是否确实充分、关键情节是否认定准确，防止冤错案，防止罪与刑不相当。

三、坚持以群众感受为目标，努力实现公平正义

“善于在法理情的有机统一中实现公平正义”就是要将天理、人情统一于国法适用。刑法作为处罚最严厉的法律，是维护公平正义的最后一道防线，让人民群众在每一个司法案件中感受到公平正义，就需要做到法理情的有机统一，坚持为人民司法，与社会大众同频共振，让司法处理结果更为人民群众所接受。

首先，宽严相济是让人民群众切身感受公平正义的有效方式。应将

宽严相济刑事政策一体适用于重罪案件办理中。对危害国家安全的犯罪以及严重暴力犯罪等犯罪当然应当依法从严从重打击，但是，对于其中具有法定、酌定情节的，也应当体现宽严相济，从而通过每一个案件，让当事人、其他诉讼参与人切身感受到公平正义就在身边。

其次，源头治理是让人民群众真正感受到公平正义的重要途径。通过个案挖掘背后的监管漏洞、管理缺失，以类案分析归纳内在症结，通过检察建议、联动工作机制、系统化预防方案、经营规范提示等方法实现“办理一案、治理一片”，真正将“检察护企”“检护民生”落地落实。检察机关深入推进落实窨井盖安全治理的四号检察建议、涉寄递违禁品治理的七号检察建议、涉安全生产治理的八号检察建议等，督促职能部门依法履职，引导行业依法经营，引领全社会遵纪守法远离犯罪，以法治化营商环境助力企业创新，以多维度综合保护推动社会和谐。

最后，释法说理是让人民群众多样化感受公平正义的必然选择。重罪案件多为案情复杂、社会关注度高的案件，案件处理结果极易在网络发酵引发社会舆情，检察机关需要在不同阶段及时回应处理，将法理、情理说通说透，才能真正让人民群众可感受、能感受、感受到公平正义。重视每一份法律文书的制作，真实反映检察机关履职过程，通过实体与程序并重、司法办案与释法说理并重，以个案的认真办理深化人民群众的获得感。重视典型案事例、工作白皮书的发布，以新型毒品犯罪等类型化重罪典型案例和经验总结，展现检察机关对人民群众关注的严重犯罪予以严厉打击，以类案的及时总结强化人民群众的安全感。重视“两微一端”的综合法治宣传、信息发布，在普法中收集社情民意，主动、及时回应网络舆情，以信息的有效反馈凝聚人民群众的幸福感。

以“三个善于”做实高质效办好金融领域职务犯罪案件

李　萱　黄　思*

金融是国民经济命脉，是国家核心竞争力的重要组成部分。习近平总书记在二十届中央纪委三次全会上强调要“深化整治金融、国企、能源、医药和基建工程等权力集中、资源密集、资源富集领域的腐败，清理风险隐患”①，体现了党中央对金融反腐和风险防控的高度重视。当前，检察机关办理的金融领域职务犯罪案件数量不断增加，涉及银行、保险、证券、金融监管等系统，触及贪污、受贿、违法发放贷款、违规出具金融票证、国有公司人员滥用职权等将近20个罪名。与常规的贪腐罪名相比较，金融领域职务犯罪呈现出涉案主体覆盖面广、犯罪手段复杂隐蔽、利用金融市场规则及金融衍生品实施犯罪等特点，为检察机关办理相关案件带来了难度和挑战。2023年8月，最高人民检察院制发金融领域新型职务犯罪主题的指导性案例（以下简称指导性案例），结合指导性案例及司法实践分析金融领域职务犯罪案件特点、犯罪原因，梳理案件办理中证据适用的疑难问题，并提出意见建议。

---

* 李萱，湖北省武汉市黄陂区人民检察院第二检察部主任、四级高级检察官；黄思，湖北省武汉市黄陂区人民检察院第二检察部副主任、三级检察官。

① 《深入推进党的自我革命　坚决打赢反腐败斗争攻坚战持久战》，载《人民日报》2024年1月9日，第1版。

一、厘清类案趋势问题是高质效办好金融领域职务犯罪案件的基础

金融系统腐败具有涉案主体身份复杂、覆盖面较广、犯罪手段复杂隐蔽且具有专业化等特点，要想高质效办好金融领域职务犯罪案件，就必须善于从类案办理中分析研判总体性趋势问题，透过现象看本质，才能更好指导个案办理，解决更为关键的法律问题。

（一）金融领域职务犯罪办案情况

2023 年，全国检察机关共起诉金融领域职务犯罪 340 余人，涉及银行、保险、证券、金融监管等系统，触及贪污、受贿、违法发放贷款、违规出具金融票证、国有公司人员滥用职权、内幕交易、泄露内幕消息罪等近 20 个罪名。[①] 实践中，金融领域职务犯罪涉及单位既有银行、资产管理有限公司等国有金融企业，又有投资管理有限公司、小额贷款公司等从事金融、证券咨询服务公司。

（二）金融领域职务犯罪特点

一是涉案罪名集中。涉案人员涉及罪名较多的是受贿罪、贪污罪、挪用公款罪，同时伴随着违法发放贷款罪、违规出具金融票证罪等，其他涉及的罪名为非国家工作人员受贿罪、单位行贿罪、行贿罪、挪用资金罪及洗钱罪等。

二是涉案人员均为公司决策层高管。其中大部分涉案人员含单位、企业主要负责人、企业高级管理人员，也包含部分无职务或具有其他身份者。涉案人员多为单位负责人、“一把手”、高级管理人员，年龄在 40 岁至 50 岁的居多，往往有着丰富的专业领域从业经验。

三是犯罪手段专业性、隐蔽性特征明显。发生在银行等国有金融企

---

① 《专访最高检检委会副部级专职委员、第三检察厅厅长史卫忠：准确区分正常交易和违法犯罪 有效应对金融腐败手段升级》，载最高人民检察院官网，https://www.spp.gov.cn//zdgz/202403/t20240304_647114.shtml。

业的职务犯罪案件中，谋利事项几乎全部与信贷审批发放、融资借贷行为相关。涉案人员专业化程度高，精通金融业务程序和市场监管规则，利用交易压缩利润空间、让渡应有利益获取收益进行作案，为贿赂行为披上市场化外衣；涉金融领域的信贷、衍生品、金融科技等业务，更具有很强的专业性，且金融产品是输送利益的重要渠道，利益输送往往通过各种金融工具进行，隐蔽性强，监管难度较大。

四是群体犯罪趋向明显，危害后果严重。窝案、串案现象严重，主要表现为企业负责人之间、重点岗位人员之间、上下级之间、业务负责人与客户之间，均有相互勾结共同作案的情况。实践中往往涉案金额巨大，但需考虑金融腐败与金融风险相互交织、相伴而生，甚至互为因果。违法犯罪行为常常伴随金融违规操作、贷款违法发放，数十万元、百万元的利益输送可能造成数十倍乃至更大的国有资产损失，危害后果严重。

（三）金融领域职务犯罪原因分析

一是内控机制刚性不足。金融机构一般为国有企业，或者改制后成为国有控股、国有参股企业，在形式上按照现代公司治理结构，形成股东会、董事会、办公会等议事决策机构，但看似分工严密、制约有力的权力监督机构在关键岗位尤其是“一把手”的职权面前层层失守，多起案件中存在以程序倒置方式使风控、审贷、评审制度形同虚设现象，呈现前置环节全链条弄虚作假“为结论服务”的倒挂态势。如违法发放贷款案中就存在未召开党委会、董事会进行决策的情况，对“一把手”权力没有规范有效的制约机制，已存在倾向性结论，后要求会计师事务所假资产评估、假审计的现象。

二是监督制约机制不健全。目前对于金融机构的监督包括自身自律监督、外部行业监管、纪检监察专责监督、审计财会监督等。随着金融机构改革的推进，企业拥有了越来越广泛的经营管理权限，旗下拥有从事各类业务的二、三级甚至四、五级机构。但是上级对于层层下设的机构监督制约力度往往呈现递减趋弱态势，往往导致下级企业经营管理松散，自主权过大。如宋某某违规出具金融票证、违法发放贷款、非国家工作人员受贿案（检例第190号），宋某某作为某县农村信用合作联社“一把手”，利用职权谋取私利，违法违规操作，涉案金额达到4亿余元。

三是部分高管法律意识淡薄。刑法经过多次修订，增加了许多新条款、新罪名，其他涉及金融机构的法律法规，如商业银行法也进行了修改。但是，部分金融机构未能将刑事法律风险识别、合规经营融入企业的日常管理和业务中，许多高级管理人员对其知之甚少。金融行业与实体经济交织密切，资金、资源密集使得其持续处于优势地位，实践中各发案单位企业暴露出企业普遍只关注“形式合法”，不追求工作实效，对于抵押物不足值、贷款用途造假等一般性不合规、违纪现象熟视无睹，而涉案人员通过自身的不合规行为能够为有资金、信贷需求的实体企业创造巨大经济效益的同时，价值观扭曲、侥幸心理与日俱增，认为不违规办事的情况下收钱是“行业惯例”，最终在经济利益的诱惑下，心安理得地索取和收受贿赂。

四是监管衔接配合有待加强。由于金融腐败隐蔽性和专业化程度明显增强，相对于腐败分子而言，多头监管的架构明显处于信息劣势地位，形成监管部门“不长牙”现象，金融腐败常常通过较长潜伏期才被发觉，因此执法环境的复杂性导致查处犯罪数与实际发案数相差很大，监管存在盲区和死角。如一些以“创新方式”名义在监管空白地带开展的投资、经营行为尚未纳入监管范围；又如出现利用信托收益权转让、融资财务顾问等金融交易收受贿赂等新案件类型。

二、依托证据，准确认定事实是高质效办好金融领域职务犯罪案件的核心

刑事诉讼法规定定罪的证明标准是“犯罪事实清楚，证据确实、充分”。检察履职办案必须善于从纷繁复杂的法律事实中准确把握实质法律关系，而将法律事实、案件事实、客观事实以及融于其中的实质法律关系联系起来的就是证据。具体要求办案人员在实践中需加强证据审

查、分析、论证，根本是要以法律事实重现或最大限度接近客观事实。

（一）提升证据收集、审查、适用能力，建立证据体系

金融领域职务犯罪案件客观性证据收集审查难，较一般犯罪案件隐蔽性更强，案发时间往往距离实施犯罪行为的时间较为久远，且多为现金性交易，物证、书证等客观证据较少，而言词证据又往往易受个人认知能力、记忆能力等主观因素的影响，在案证据难以形成完整的链条，大大提高了审查证据的难度。对于客观性证据本身存在缺失，影响案件事实认定的情况，要用好补充调查、调查核实等法定方式，补强足以认定法律事实的关键证据；在补强证据之后，要遵循证据规则，审查证据是否确实、充分，能否排除证据之间的矛盾和合理怀疑，进而形成证据体系，确定实质法律关系。

（二）要善于厘清主次矛盾，强化审查重点证据

主体身份的认定立足于企业性质，渎职类犯罪中违规性、违法性判定立足于法律法规的审查，加强因果关系论证，证据审查需突出重点。在违法发放贷款案中，需认定"违法点"。根据刑法规定，违法发放贷款罪与非罪的重要依据就是发放贷款行为是否违反"国家规定"。刑法关于违反"国家规定"有明确的规定，同时最高人民法院《关于准确理解和适用刑法中"国家规定"的有关问题的通知》对"国家规定"的外延作了严格规定，其中明确"对于违反地方性法规、部门规章的行为，不得认定为违反国家规定"，但《贷款通则》等虽属于部门规章，实际上是对于发放贷款的程序等进行了细化。实践中证据收集审查适用就要综合涉及第三方财务审计、资产状况、担保物估值评价等，由表及里，甄别看似"实质审查""程序合规"的情形，同时涉及专业知识应用到"违法点"识别需要银行等金融机构专家以及第三方专业机构参与到审查工作中来。又如因金融机构改制重组导致内部投资主体多样、股权结构复杂，实务中部分涉案人员招录是由上级党组织指派、任免转变为临

时聘用、内部任命等方式，涉案人员是否属于公职人员、是否履行公务职责、是否具有国家工作人员身份等认定问题存在困难，那么在证据收集审查时就要把握核心，即资金来源中有没有国有资本，是否履行了监督、管理职责。企业资本来源中没有国有资本成分，行为人所从事的工作不具有“从事公务”性质的，不属于国家工作人员。

（三）要坚持由表及里，准确把握实质法律关系

贿赂类犯罪系金融领域职务犯罪最高发的类型，利益输送往往通过期权、定增、资产置换等金融工具和金融产品进行，具有较强迷惑性。[①] 如在一起挪用资金案中，犯罪嫌疑人的供述和多名证人的证言均称所谓的“股权平移”是为了符合监管要求而进行的操作，这也给涉案人员为单位利益而出借资金的辩解留下了空间。本案中争议焦点为“股权平移”是系满足监管部门的整改要求还是以合法形式掩盖非法目的。因此需重点审查有没有监管部门向涉案公司提出整改要求的证据。如果根本不存在必须将涉案企业中的股权剥离的监管要求，涉案公司出借资金进行所谓“股权平移”的动机就存在疑问，抓住这一主要矛盾，厘清焦点问题，进而分析认定犯罪嫌疑人为了公司利益的辩解也就失去了基础，就可以准确识别表面上的“股权平移”，本质上确系利益输送。

三、提升思辨能力，准确适用法律是高质效办好金融领域职务犯罪案件的关键

法律事实是法律关系演变的前提，法律关系是法律事实衍生的结果。只有证据确实、充分，才能使案件事实清楚，进而把握实质性法律关系，才能正确适用法律。检察履职办案“以法律为准绳”，不仅包括具体的法律条文，还应当蕴含其中的法治精神。

① 参见张翠松、刘珊、张韩旭：《金融领域职务犯罪案件行为性质和数额认定》，载《中国检察官》2024 年第 6 期。

（一）辩证把握法律规范和法律条文

如违法发放贷款案中是否认定单位犯罪这一问题。一种意见认为，所涉及的贷款均是在上级银行“一把手”授意下进行，部分贷款召集了分行行长、高级管理人员开会决定，贷款的利息收益也归属涉案单位，应认定为单位犯罪。另一种意见认为，贷款虽然是在上级银行“一把手”授意下进行，但并未召开董事会、股东会进行决策，不能代表银行股东的意志，不能体现单位的整体意志，不宜认定为单位犯罪。那么结合准确适用既要看分则、也要看总则的要求，违法发放贷款罪构成要件及单位犯罪的核心要件为体现单位意志，利益归于单位。而违法发放贷款程序倒置，导致风控、审贷、评贷制度形同虚设，但实际上是“一把手”职权在起关键作用。结合刑法体系规定及案件事实与证据不应认定为单位犯罪。

（二）辩证把握严格依法和法与时转的关系

如关于受贿罪与违法发放贷款罪是否数罪并罚的问题。一种观点认为，“两高”《关于办理贪污贿赂刑事案件适用法律若干问题的解释》第17条规定，国家机关工作人员利用职务上的便利，收受他人财物，为他人谋取利益，同时构成受贿罪和刑法分则第三章第三节、第九章规定的渎职犯罪的，除刑法另有规定外，以受贿罪和渎职罪数罪并罚。违法发放贷款罪不是刑法分则第三章第三节及第九章规定的渎职犯罪，行为人在收受贿赂后为他人违法发放贷款的，应择一重罪处罚，不能数罪并罚。另一种观点认为，“两高”《关于办理渎职刑事案件适用法律若干问题的解释（一）》第3条规定，国家机关工作人员实施渎职犯罪并收受贿赂，同时构成受贿罪，除刑法另有规定外，以渎职罪和受贿罪数罪并罚。刑法并未将违法发放贷款罪与受贿罪规定为择一重罪处罚，或者将受贿行为规定为违法发放贷款罪的从重情节，所以行为人收受贿赂后，又为他人违法发放贷款的，客观上构成新的犯罪，应单独评价，适用数罪并罚。此外，检例第190号对行为人受贿后实施的违法发放贷款、违规出具金融票证进行了数罪并罚，也给司法办案提供了指导。

（三）辩证把握法律授权和依法履职关系

检察履职要切实将“纸上的法律”变成“行动中的法律”。如受贿罪与洗钱罪的罪数问题。一种观点认为，行为人收受贿赂行为与其提供资金账户行为系原因与结果行为，受贿与洗钱行为之间构成牵连犯和想象竞合犯。洗钱行为是上游犯罪的自然延伸，属于“事后不可罚”的情形。考虑到我国刑法关于受贿犯罪已规定较重刑罚立法体例，根据罪责刑相适应原则，按照刑法理论关于牵连犯从一重处罚原则，以受贿罪论处。另一种观点认为，行为人收受贿赂与洗钱罪系两个独立的行为，侵害不同法益，应对受贿罪和洗钱罪数罪并罚。不论是自洗钱还是他洗钱，洗钱行为都应该脱离于上游犯罪独立评价。结合《刑法修正案（十一）》将自洗钱行为入罪以及中国在全球性反洗钱工作中发挥更大战略意义，同时2022年最高人民检察院发布的冯某才等贩卖毒品、洗钱案典型案例指导思路，将受贿罪与洗钱罪数罪并罚，更符合刑事司法政策要求。

四、坚持为民司法，法理情相统一是高质效办好金融领域职务犯罪案件的落脚点

“善于在法理情的有机统一中实现公平正义”要求检察履职办案兼顾天理、国法、人情，实际上就是要实现政治效果、法律效果、社会效果的有机统一。

（一）强化监察机关与司法机关衔接，保持打击金融领域职务犯罪“严”的主基调

检察履职应加强与监察机关衔接配合，强化提前介入，以司法履职服务保障资本市场高质量发展的探索，也深度契合纪检监察机关、司法机关在查处打击金融领域职务犯罪中应该秉持的“以案促治，系统施

治”思维。双方应立足执纪、执法、司法核心职能，从一体打击受贿行贿、斩断利益链条着手，积极参与金融行业治理和金融风险化解工作。具体而言，纪检监察机关和公安机关应就金融机构人员职务犯罪管辖问题形成更明确的职责分工；司法机关应充分激活刑法相关罪名，密织打击破坏金融管理秩序的职务犯罪法律体系；相关各方应紧盯不法利益追索，贯彻受贿行贿一起查要求，完善各项工作机制，促进行业净化。

（二）遵守法律规定和法治精神，确保个案质效

刑事案件办理必须构建“以证据为中心”的指控体系，就是要在办理金融领域职务犯罪案件时夯实证据基础，坚持证据裁判规则，提高分析、运用、采信证据的能力。通过提升引导侦查、自行补充侦查、调查核实能力，全面审查证据，对案件抽丝剥茧、查微析疑，最大限度重现、还原客观事实，透过现象看本质，解决案件关键问题，准确对案件定性。

（三）坚持治罪与治理并重，推进类案源头治理

防范金融领域腐败问题，必须着力推动国有企业加快建立健全现代企业制度，将“现代治理”观念和模式贯穿企业经营运行全过程各环节，构建预防金融领域腐败的有效机制，并严格予以落实，确保信贷监管、信贷审批、风险管理、操作流程等规范执行。同时需着力完善监督体系，构建以党内监督为主导，有效发挥纪检监察专责监督、巡视巡察监督、审计财会监督和相关部门职能监督的“大监督”格局，打通各类监督贯通协调堵点，让监督深度融入金融领域各环节。在信贷风险管控中既要防风险，也要反腐败；既要查信贷事实，也要查人为表现；既要查违纪违规表象，更要查违纪违规背后的利益链。将内部信贷风险管理与外部的监管结合起来，建立健全“不敢腐”的机制体制。同时要以信贷、融资的关键环节为重点，抓关键岗位、关键环节、关键人员，把牢调查、审批、管理的关键环节，对应的关键人员，有针对性地健全监督

制度的机制办法，保证权力在正确轨道上运行。

实务中金融领域职务犯罪手段复杂隐蔽，危害后果严重。对此，检察机关一方面要坚持依法严厉打击金融领域职务犯罪，坚持“以证据为中心”，对采用交易手段实施的新型犯罪和手段隐蔽的隐性犯罪，持续加大打击惩处力度，加强证据审查，准确区分正常交易和违法犯罪行为，有效应对腐败手段翻新升级；同时要坚持“以法律为准绳”，依法准确适用刑法条文，对腐败行为本质予以甄别。另一方面，要统筹法理情，确保办案“三个效果”的有机统一，真正将“三个善于”融入到每一个金融领域职务犯罪案件办理中。

“三个善于”融入抗诉权行使的实证分析与路径优化*

——以最高人民检察院抗诉指导性案例为样本

郭大磊　李　皓**

检察机关作为国家的法律监督机关，为大局服务最终要通过履职办案来实现。最高人民检察院检察长应勇强调，善于从纷繁复杂的法律事实中准确把握实质法律关系，善于从具体法律条文中深刻领悟法治精神，善于在法理情的有机统一中实现公平正义，是“高质效办好每一个案件”的重要体现。“三个善于”蕴含着丰富的世界观和方法论，为高质效办好每一个案件提供了方法指引。要深刻认识“三个善于”的基本内涵、逻辑关系，切实把“三个善于”融入法律监督全过程，确保案件办理结果达到法理情统一、符合人民群众期待的公平正义。

一、检察机关抗诉权与“三个善于”的关系定位

（一）“三个善于”的内涵理解

“三个善于”蕴含着丰富的理论内涵，既揭示了法与法的精神、法

* 本文系2024年度上海市检察官协会重点课题《“参考性案例”“典型案例”司法指引功能的辨析与完善》（SH2024302）的阶段性研究成果。

** 郭大磊，全国检察机关调研骨干人才，上海市杨浦区人民检察院第六检察部副主任；李皓，上海市杨浦区人民检察院检察官助理。

律与社会、法律与道德关系的基本法律原理，也充满了矛盾、发展等辩证的哲学道理。

第一，善于从纷繁复杂的法律事实中准确把握实质法律关系。法律关系是连接大前提和小前提的桥梁，是将事实和具体的法律规范连接的媒介，是案件分析过程中最基本也是最为关键的分析方法和分析框架。监督案件较之普通案件更具有繁复性强、法律事实冗杂性强等特点，在众多法律关系交叉过程中，须通过“实质”即穿透式方法把握其中关键的法律关系，找准案件的主要矛盾是准确适用法律的基础与前提。

第二，善于从法律条文中深刻领悟法治精神。宏观来看，法治精神是法治的核心和灵魂，是法律制度得以产生和运行的指导思想和精神动力。在中国特色社会主义法治语境下，法治精神是指社会主义法治精神。① 社会主义法治精神内核在于坚持以人民为中心。只有当法律代表人民的意志、为人民所广泛认同和普遍接受时，法治精神才可能得以树立。② 微观来看，需要注意区分立法原意。司法实践中经常用到的目的解释，即司法者在具体案件司法实践过程中对法律条文要作出符合立法原意的解释。原意即法条制定当时的意思，时间、空间是往前追溯的一个“点”，而法治精神是发展的、与时俱进的，时间、空间是向后延展的一条“线”，体现法随时移的科学道理。

第三，善于在法理情的有机统一中实现公平正义。天理、国法、人情三者协调统一，体现了天理、人情的交融，道德与法律的结合，家族伦理和政治伦理的契合，是中华法系的典型特点。“法律”与“情理”，“援法断罪”和“执法原情”，这些看似矛盾的东西，在古代中国法律实践中被有机地结合起来。③ 可见，法理情的统一是自古以来判罚的要求

① 参见元明等:《落实“三个善于”高质效办好每一个案件》，载《人民检察》2023 年第 13 期。

② 参见周叶中:《大力弘扬社会主义法治精神》，载《人民日报》2020 年 12 月 22 日，第 5 版。

③ 参见张书勤:《传统中国社会的“天理国法人情”》，载《检察日报》2018 年 8 月 21 日，第 3 版。

和目标指引。天理就是天下公认的道理，天经地义。国法，即一般人需要遵守的规则。人情则是人之常情，常意味着普遍、非特殊化，即公认的情绪。三者从内涵上是统一的。古代社会，"合情"是最重要的，"合理"次之，"合法"更次。而随着社会进步，情理法三者的逻辑次序发生变化，法治社会，理应"法"字当先，以法为基，这也是司法者必须首要把握的定罪依据，兼顾"合理"及"合情"。

（二）"三个善于"的逻辑层次

"三个善于"是党的二十大报告中"坚持系统观念"思想和方法的具体阐述。应勇检察长提出，第一个善于是基础，要求全面准确把握"以事实为根据"，侧重于如何抓住案件中的主要矛盾；第二个善于是关键，要求全面准确理解"以法律为准绳"，侧重于如何正确适用法律；第三个善于是目标，要求确保案件办理取得最佳效果。[①]"三个善于"之间存在紧密的逻辑联系，可以从不同角度观之。

"三个善于"在形式上存在相辅相成的关系。前两者是方法，最后者是目标。前两者中，第一个善于是具体性方法，第二个善于则是原则性方法。通过前两者的结合运用，方能达到"法理情统一"公平正义的效果。从另一个角度说，"三个善于"在要求上呈现递进关系。穿透眼花缭乱的案件事实，厘清最为关键的法律关系，对照相关法律规定，对该案件事实进行初步的法律分析，寻找可适用于案件的实体法法条，最终实现公平正义。

"三个善于"的精神内核是统一的，即追求公平正义的结论，具体而言，即法律决定最终需符合一般公众期待、得到社会认同。法治意味着人民群众对既有法制体系的尊重及认同。法治精神即通过实践中无数法理情统一的司法裁判缘由的共同特征不断汇集而成，司法者在处理个案时遵循法治精神的要义得出的法律结论应当符合法理情的三者统一。

---

① 参见应勇：《学思践悟习近平法治思想 以"三个善于"做实高质效办好每一个案件》，载《人民检察》2024年第8期。

与此同时，“三个善于”精神在统一中又各有侧重。第一个“善于”是基础，侧重事实认定层面；第二个“善于”是关键，侧重于正确适用法律；第三个“善于”侧重于效果的统一。不同侧重的“善于”从三个侧面交汇，更全方位地保障案件办理的结论符合人民群众期待的公平正义。

（三）检察机关抗诉权与“三个善于”的交互关系

检察机关抗诉权的成功行使离不开“三个善于”的方法论指引，“三个善于”目标的实现离不开检察机关抗诉权的强力保障。最高人民检察院党组提出，建设中国特色社会主义司法制度、检察制度，推进“四大检察”，都要立足于加强诉讼监督等检察基本职权。[①]抗诉权本身是对法院审判活动中的违法行为和不公正裁判所进行的监督，其目的是维护国家法律的统一正确实施。[②]刑事抗诉是检察机关依照法律规定启动的一种职权监督行为，检察机关抗诉权是检察机关行使法律监督权最为基本也是最为刚性的权力。

检察机关抗诉权是高质效办案的有力保障。最高人民检察院党组提出“高质效办好每一个案件”的要求。“高质效”是指办案质量要高、办案效果要好。[③]在这样的整体要求下，检察机关抗诉权的现代化内涵也应更加强调对抗诉质量的追求。以往实证研究样本主要集中于裁判文书网中的全国刑事抗诉文书相关数据（主要包括维持率、改判率等指标），分析刑事抗诉权的运行效果及存在的问题，进而就刑事抗诉制度的完善提出建议。[④]这样的思路主要基于推动抗诉制度的完善、抗诉效

① 参见最高人民检察院法律政策研究室:《加强新时代检察机关法律监督工作 在服务中国式现代化中推进检察工作现代化——〈2023—2027 年检察改革工作规划〉解读》，载《人民检察》2023 年第 18 期。

② 参见张智辉:《法律监督三辨析》，载《中国法学》2003 年第 5 期。

③ 参见张建伟等:《“高质效办好每一个案件”三人谈》，载《人民检察》2023 年第 9 期。

④ 参见吴杨泽:《刑事抗诉制度现状及完善——以 2014 年全国刑事抗诉裁判文书为样本》，载《人民检察》2017 年第 4 期。

果评价指标的完善。在检察机关抗诉权的行使更加强调质量的当下，可以从抗诉成功且被最高人民检察院评选为指导性案例的案例着手，分析其基本构成、特色亮点、如何展现检察机关通过“三个善于”行使抗诉权以达到“高质效”的办案效果。

二、检察机关抗诉权行使与“三个善于”的相融实证

通过检察机关检察案例库进行检索发现刑事抗诉指导性案例13件，民事抗诉指导性案例3件，行政抗诉指导性案例3件，公益抗诉指导性案例0件。总体而言，刑事优质抗诉案件中，侧重实体性抗诉，焦点集中在罪名的区分或情节的认定，不单单偏重于对犯罪的打击，也体现出对被告人权利的保障；民事优质抗诉案件中，检察院主要的审查重点在人民法院的审判活动合法性，对于人民法院自由裁量权内的内容则不作为审查重点，案件内容主要涉及虚假诉讼监督、鉴定意见的采信、调查核实；行政优质抗诉案件中，抗诉范围主要聚焦具体行政行为的合法性，内容方面涉及行政执法与司法裁判存在适用法律不一致的共性问题等。优质抗诉案件均是充分体现“三个善于”的典型性案例，“三个善于”缺一不可。

（一）全面准确把握“以事实为根据”

事实认定清晰，方能夯实法律结论的基础。“李某抢劫、强奸、强制猥亵二审抗诉案”[①]中，一审法院因“三个不能证实”“一个无法排除”认为检察机关指控的抢劫罪名不成立，而仅能成立秘密窃取4000元的盗窃罪。针对案件具体情节，抗诉检察机关通过组织技术力量破解被告人电脑硬盘加密分区，提取到大量不雅照片和视频，收集其无依据开出精神类药品等客观事实，运用间接证据完善证据链条，综合全案证据证实被告人抢劫、强奸、强制猥亵的犯罪事实，确保准确适用法律。该案充分体现，高质效办好每一个案件，事实证据是基础和前提。证据是案

① 检例第180号。

件的基础和生命，没有证据或证据不确实，就无从认定案件事实，也无法判别是非、适用法律。因此，检察机关要把握查明事实的程度，充分运用补充侦查等方式避免审查不细、把关不严、举证不力等问题。

法律关系把握准确，才能得出符合法理情的结论。"深圳市丙投资企业（有限合伙）被诉股东损害赔偿责任纠纷抗诉案"[①]中，检察机关与法院的争议焦点在于丙企业是否存在滥用公司法人独立地位和股东有限责任。法院持肯定观点，检察机关持相反意见。该案中，检察机关坚持在具体案件中把握特定的法律事实和法律关系，通过证据实质性审查发现甲公司管理人员结构未改变，转款用途明确，人员、业务及财务未发生交叉或混同等关键事实，综合事实与证据，认为法院适用公司人格否认让股东承担巨额财产责任存在错误。检察机关抗诉后，法院依法采纳抗诉意见，改判股东不承担责任，为股东挽回巨额经济损失，增强了投资者信心，严格适用公司有限责任制度，维护经营主体的独立性和正常的经济秩序。

（二）全面准确理解"以法律为准绳"

深刻领悟法治精神，才能得出公平正义的结论。"朱凤山故意伤害（防卫过当）案"[②]中，存在被告人与被害人有特殊身份关系、涉案人员有离婚诉讼关系等情况，被害人存在非法侵入住宅、轻微人身侵害行为，案件起因为民间矛盾激化过程中产生了人身损害。该案的抗诉焦点在于是否应当认定被告人防卫过当。一审公诉、审判机关均认为行为不具有防卫性质，不属于防卫过当。二审进行了改判，最终认定了防卫过当。可见，被告人的行为是否具有防卫性质是两审认定的关键，该案认定防卫行为性质的关键在于判断被害人实施的"非法侵入住宅、轻微人身侵害"行为是否属于正当防卫的前提条件"正在进行的不法侵害"。一审认为被害人实施的行为足够轻微，其程度无法构成"正在进行的

① 检例第77号。

② 检例第46号。

不法侵害"，这在司法者心中是一种行为的程度性判断。可以说，在此案的分析中，法律关系是清晰的，但问题症结在于一审结论的得出是否符合法治精神、是否符合法理情的统一。其实，"正当防卫"条款通过"昆山反杀案"、电影《第二十条》已经在全社会、普通民众的心中种下了"法不能向不法让步"的种子。上述法律问题换句普通民众朴素的问法，即民众是否能对他人的"非法侵入住宅、轻微人身侵害"行为进行防卫，这个问题的答案关乎社会价值观念导向、关乎法律期待。该抗诉案件针对较为复杂民间矛盾引发的案件，司法者坚持依法、审慎的原则，准确定性，在日常积累的法治精神的指引下，作出符合法理情的最终判断，符合普通公众对公平正义的朴素期待，充分展现了"三个善于"。

精准领悟法治精神，才能依法准确量刑。"齐某强奸、猥亵儿童案"[①]中，原审法院对"原审被告人齐某犯强奸罪情节恶劣，且在公共场所当众猥亵儿童"情节不予认定，致使最终刑罚量刑畸轻。关于本案"情节"的认定，一是要充分把握相关刑事政策及背后蕴含的法治精神内核。近年来，未成年人恶性案件屡屡发生，造成严重的社会影响，最高人民检察院通过立法、释法、发布典型案例、强化司法保护等具体举措充分彰显最高人民检察院对于侵害未成年人犯罪予以坚决严惩的决心。二是基于法治精神与政策倾向，运用合理的解释方法和手段对"情节恶劣""集体宿舍是否系公共场所"进行把握、理解和分析。只有在这样的基础上，才是真正做到依法准确把握性侵未成年人犯罪案件证据审查判断标准和正确适用涉及未成年人犯罪等法律规定，从而作出正确的法律决定。

（三）全面理解贯彻"法理情的有机统一"

灵活思维，促进法理情的有机统一。"王某等人故意伤害等犯罪二

① 检例第42号。

审抗诉案”[①]中，两审在“王某在故意伤害犯罪中，手段残忍、情节恶劣”方面没有争议，抗诉争议焦点在于“被告人王某亲属代为赔偿并取得被害方谅解”的情节是否能够成为判处王某死缓的理由。在事实认定方面，行为人的行为属于“罪行极其严重”，应当依法适用死刑。在法律适用方面，赔偿谅解是刑事案件常见的酌定从轻处罚情节，且在一般案件中一般情况下均予适用。应当注意的是，赔偿谅解是“可以”从轻处罚，不是“必须”从轻处罚，司法者具有一定的自由裁量权。在此案中，是否适用该情节对于被告人刑罚结果具有实质性的作用，且刑罚的种类有“质”的飞跃，因此处理该案时应审慎权衡。若以机械思维评价，则会得出一审“可以适用死缓”的结论。抗诉机关以大局观念为基础，结合犯罪事实、谅解书中附含“价码”等情节进行综合衡量，得出该案无法适用“死缓”的结论。

积极解释，法律结论易被大众信服。“惩治组织未成年人进行违反治安管理活动犯罪综合司法保护案”[②]中，抗诉争议焦点在于行为人行为可否构成“情节严重”。否定观点认为，组织未成年人进行违反治安管理活动罪的“情节严重”目前无明确规定，在这样的前提下，可能基于“保守”“不犯错”的思维，认定为案件情节不构成“情节严重”。但是，“目前无明确规定”不等于可以“不作解释”，否则兜底性条款就会被闲置。检察机关应充分运用解释方法，立足法治精神引导，最终实现法律结论能够被群众信服。该案中，抗诉机关总体立足“侵害未成年人犯罪依法应予严惩”的思路，围绕被组织人数众多、犯罪行为持续时间长、控制手段强制程度、陪侍方式严重损害未成年人身心健康等情形，综合认定为“情节严重”，最终结论符合法理情三者统一的要求。

三、检察机关抗诉权行使中落实“三个善于”的路径

“三个善于”是“高质效办好每一个案件”的路径与方法，是检察

① 检例第178号。

② 检例第173号。

机关高质效行使抗诉权的方法与指引。理念是行动的先导。高质效司法办案离不开扎实的法律基础，既要打牢法学基础知识，又要强化实践。检察人员普遍存在司法实践基数不小，但就案办案、案结即结的习惯，不做反思、不做感悟、实践转化为思维的周期过长等内在问题，需加强自身能力建设、加强法治精神的积累理解与领悟，切实提升抗诉能力和水平，最终实现高质效案件办理、办理结果符合民众的公平正义观。

（一）厘清办案逻辑，把握实质法律关系

善于从纷繁复杂的法律事实中准确把握实质法律关系，需要透过现象看本质。法律监督案件中的法律事实、案件事实、客观事实以及融于其中的实质法律关系错综复杂，司法人员需要拨开重重迷雾，直击最为关键的实质法律关系。

加强事实和证据的亲历审查，夯实公正司法的证据基础。客观准确的事实认定是正确适用法律的基础。实践中，疑难复杂案件中的各类事实与法律关系较为复杂，经常涉及刑事法律关系、民事法律关系乃至行政法律关系交织，对于此类案件，更需要聚焦案件事实主要矛盾。要加强证据审查，准确认定法律事实，做到“案件事实清楚，证据确实、充分”。证据审查要强调亲历性原则，强调承办人不能只坐在办公室中在案卷中沉浸，更不能仅仅通过助理人员撰写的审查报告一看了之，而是需要通过亲自查阅原始证据、通过补充侦查权的积极适用，保障事实和证据准确、实效。法律事实的甄别是以证据为基础的，因此，办案中对证据的审查把关、补充完善是关键。[①]检察机关工作人员在审查案件的过程中，要积极运用自行补充侦查权以及调查核实权，通过走访、调查等途径补充案件证据材料，同时对证据材料的各要素进行审查及复核。办案检察官通过对核心证据和关键性证据进行亲历性审查，有利于减少对证据是否真实以及证据之间是否存在虚假的怀疑，利于加强司法责任

---

① 参见元明等:《落实“三个善于”高质效办好每一个案件》，载《人民检察》2023年第13期。

制的落实，利于形成司法者的内心确认。

厘清主要矛盾及矛盾的主要方面，把握实质法律关系。“实质”又称为本质，是决定某种事物性质的最关键的因子。相应地，实质法律关系就是众多法律关系中能够对案件定性处理具有决定性影响的法律关系。但现实情况往往是，案件中的法律关系错综复杂，可能还涉及非刑事领域的法律关系，因此在众多关系中要厘清主次矛盾，抓住案件中的主要矛盾和矛盾的主要方面，才能抓住问题的关键，确保准确适用法律。在案件中准确把握实质法律关系首先需要厘清各类法律关系的性质，例如，刑事案件需明确基础刑事法律关系，行政案件需明确基础行政法律关系等；其次，需要区分“确定性质”“确定程度”的法律关系，例如，刑事案件中区分“定罪”“量刑”的法律关系；最后，运用逻辑关系、理论知识、办案经验分析判断决定案件性质的最为关键的法律关系，综合形式上证据、案件整体事实进行全面客观地审查，以此运用逻辑三段论完成法律条文的正确适用。

（二）强化案例学习，加强法治精神积累

从办案中实践、总结、反思。“法律的生命在于经验”，承办人自身的人生经验、办案经历对法治精神的理解、司法判断的作出都非常重要。“就案办案、机械办案”会导致法律决定表面上似乎符合法律条文规定，但实质上却违背了法律条文背后的法治精神，进而无法得到社会公众的认可。司法办案是将法律条文从抽象规范到具体事实的过程。学深吃透法条不是单单读上百遍就能悟出，需要往复根据司法实践的践行，通过一遍遍“法律事实—法律关系—法律条文”的运用探索，理解这些纠纷产生的原因及实质，不断修正办案中遇到的困难、问题，才能逐渐窥探法律条文中蕴含的深刻道理。法律条文中蕴含的法治精神为司法办案提供正确指引。

学习积累优秀案例。案例是最鲜活的法治教材。指导性案例、典型案例、参考案例都是通过层层把关挑选而成，覆盖面广、典型性强。第一，关于案例学习。各级检察院应当及时组织学习最高人民检察院发布

的案例，形成院领导带头学、检察人员全员学的良好氛围。第二，关于案例培训。本市各级检察院应当贴近办案实践开展案例教学培训，将最高人民检察院和市检察院案例纳入业务培训，重点讲授案例蕴含的法治思维、法律监督理念、执法办案标准、法律适用、办案思路，以及案例识别、案情比对、案例援引、排除适用等案例运用的具体方法，着重提高检察人员理解和运用案例的能力。第三，践行类案强制检索。检察人员在办理类似案件时，应当参照或者参考最高人民检察院指导性案例、典型案例、市检察院参考性案例处理法律适用问题，可以引述相关案例进行释法说理。

密切关注政策动向。司法政策是法治精神在司法实践中的延伸，具有指导法律适用的重要作用。检察办案相对具体、精细，需要统筹落实法律规定和司法政策，在司法政策引导和规范下准确适用法律规定。社会主义法治精神的根本是坚持党对全面依法治国的领导，要坚持以习近平新时代中国特色社会主义思想为指导，通过集中学习、个人自学等方式，制订具体学习计划，认认真真、原原本本学习各项政策，将培养检察人员"三个善于"能力作为提升队伍素能的重中之重。努力让检察人员既当好依法履职办案的"能工"，又成为运用法律政策的"巧匠"。

（三）坚持治罪与治理并重，整体提升抗诉质效

抓住抗诉权行使的"质"，破除单纯追求数量的思维，考虑监督对象的可接受度以及最终效果实现，综合运用其他监督方式，坚持治罪与治理并重，让法治精神在全社会积极流转，最大化实现抗诉案件在社会中的正面影响力。

检察机关应坚持问题导向，精准依法用好刑事抗诉这一刚性监督手段，以纠正错误裁判为核心，以促进司法公正为目标。探索高效的审判监督线索发现机制，提升审判监督智能化、一体化水平，扩大抗诉规模，提高提请抗诉、提出抗诉的精准度。着重从诉判不一、上诉改判、发回重审和申诉等案件中发现监督线索，加大对二审不开庭案件的监督

力度，着力纠正重罪轻判、轻罪重判、有罪判无罪、无罪判有罪，以及量刑畸轻畸重等裁判不公行为。对确有错误特别是轻罪重判、量刑畸重的，依法提出有利于被告人的抗诉。同时，注重在办案件与关联案件相互结合审查，把在办案件与分案处理案件或其他关联案件相结合，依法纠正事实认定不一致、罪名认定不同、地位作用认定不准以及量刑失衡等问题。民事、行政、公益诉讼领域，要积极稳妥拓展案源，推动监督范围向公证、仲裁等非诉执行领域拓展；加大对涉公证、鉴定、保险理赔等虚假诉讼重点、高发领域的案件线索筛查力度。

检察机关提请抗诉时，应充分领悟并发扬法治精神，坚持治罪与治理并重，通过源头治理推进社会治理，通过司法办案弘扬法治精神。在优质的抗诉案件中，呈现出一批综合运用社会治理类检察建议促进行业治理、收获社会认可的工作做法。承办人应不局限于就案办案、案结了事，更应积极透过个案办理发现案件中存在的管理疏漏问题，可以进一步提升公众幸福感、体验感的措施建议，通过类案分析总结共性特征，向政府相关职能部门或者企业事业单位制发有针对性的检察建议，尽全力满足人民群众更高标准的生活需求，同时通过“检察药方”敦促相关部门完善治理，实现“办理一案、治理一片”的最佳法治效果。

把握“三个善于”高质效做好行刑反向衔接工作

赵芙蓉　苗玉飞 *

2023 年 7 月，最高人民检察院印发《关于推进行刑双向衔接和行政违法行为监督　构建检察监督与行政执法衔接制度的意见》(以下简称《意见》)。该《意见》实施以来，各级检察机关结合工作实际，研究贯彻落实具体措施，行刑双向衔接和行政违法行为监督工作取得新进展新成效。根据《意见》规定，检察机关行政检察部门负责行刑反向衔接案件的办理，行政检察被赋予了新的职能。以笔者所在的基层检察院为例，经过一年的摸索实践，基本上实现了反向衔接工作在落实层面“接得住”，检察机关向行政机关制发的检察意见书大幅上升。不刑不罚、应移未移、应罚未罚情况明显改善，法律监督质效进一步提升。但在案件办理过程中也暴露出诸如形式审查、检察意见“一发了之”等就案办案、机械办案的问题。行政机关收到检察院的检察意见书后，“小过重罚”“行刑倒挂”① 等问题也屡有出现，给司法、执法的权威和信任度造成负面影响。立足行政检察工作实际，如何实现反向衔接从“接住”向“接好”过渡，成为摆在基层检察机关行政检察部门面前的难题。学思

---

* 赵芙蓉，江苏省苏州市吴中区人民检察院检察委员会委员、一级检察官；苗玉飞，江苏省苏州市吴中区人民检察院第五检察部检察官助理。

① “行刑倒挂”在学理上并没有准确的定义。笔者认为，所谓的“行刑倒挂”指的是对于刑事案件不起诉后可能面临的行政处罚明显重于刑事责任的情形。

践悟习近平法治思想，以应勇检察长提出的"三个善于"推动反向衔接工作提质增效，成为破题之策。

一、善于从纷繁复杂的法律事实中准确把握实质法律关系

学理上，通常将法律事实定义为由法律规定的，能够引起法律关系的产生、变更和消灭的客观情况或现象"。应该说这一定义反映了法律和法律事实、法律事实和法律关系的本质联系，也即法律事实是法律关系演变的前提，法律关系是法律事实衍生的结果。既然法律事实是法律推理得以进行的逻辑前提，检察履职办案必须准确认定法律事实，重现或者最大限度接近客观事实，并从纷繁复杂的法律事实中厘清逻辑，进而找到实质性法律关系。

"以事实为根据，以法律为准绳"是我国司法公认的一项基本原则。尽管反向衔接案件事实的认定，一般以刑事检察部门出具的不起诉决定书载明为准，但这并不意味着行政检察部门无须对事实进行实质审查。在司法实践中，并不是每个案件的事实都能够准确认定，在行刑衔接案件中，刑事司法、行政执法在违法事实调查、认定中有很多相通之处，但又有各自法律认定的侧重点。如部分事实存疑不起诉的案件，该行为是否构成犯罪事实无法认定并不代表违法事实不存在或者违法事实无法认定，办理此类反向衔接案件，不能一概以事实无法认定而终结审查。如苏州市吴中区人民检察院（以下简称我院）办理的张某鹏过失致人死亡反向衔接一案，尽管犯罪嫌疑人张某鹏过失致被害人死亡的犯罪事实存疑，刑事检察部门依法对其作出了存疑不起诉的决定，但其故意伤害的违法事实有现场监控等证据足以认定。因此，作出存疑不起诉后，行政检察部门仍可以就查明的故意伤害违法事实建议行政机关予以行政处罚。

实质法律关系就是案件所涉众多法律关系中起主导和支配作用，对案件定性处理具有决定性影响的法律关系。由于刑事犯罪事实认定与行政违法事实认定标准存在一定差异，可能造成刑事阶段收集的证据、查明的事实与拟作出行政处罚所依据的事实侧重点不同，面对此类行刑交

叉案件，行政检察部门仍有必要对全案事实进行实质性审查、补充认定，并就查明的事实与本院刑事检察部门、外部行政机关进行沟通核实和互认，从而做到从全案法律事实中准确把握实质法律关系。例如，我院办理的江某危险驾驶不起诉反向衔接一案。该案中，行政检察部门同刑事检察部门认定的主要事实保持一致，即认为案涉路段位于相对封闭的小区内部道路，不属于道路交通安全法（以下简称道交法）所认定的"道路"，江某的行为既不构成刑法上的危险驾驶罪，同样也不构成违反道交法有关行政违法行为。行政检察部门对本案进行实质性、全面性审查后发现，案发时江某曾为逃避处罚找人"顶包"，在案件移送检察机关审查起诉之前，公安机关已经依据道交法规定对江某吊销机动车驾驶证。依据上述查明事实，行政检察部门向公安机关发出检察意见书，一方面要求公安机关撤销对江某吊销机动车驾驶证的错误行政处罚决定，另一方面建议对江某指使他人作伪证的违法行为予以治安处罚。本案的行刑反向衔接案件办理，就是行政检察部门全面审查，从而穿透纷繁复杂的事实"迷雾"、由表及里，既避免了不刑不罚，也避免了漏罚错罚，切实提升了反向衔接案件办理质效。

"善于从纷繁复杂的法律事实中准确把握实质法律关系"对反向衔接案件的办理至少具有两点指导意义：一是以准确认定事实为前提；二是要结合刑事检察部门认定的事实和行政检察部门、行政机关审查核查的事实准确适用法律。实质法律关系之准确把握，要求检察官在反向衔接案件办理中摒弃形式审查、机械审查、片面审查，以实质性审查判断为方法，通过对刑事检察认定事实及在案证据的全面系统梳理分析，既要审查刑事犯罪事实，也要审查行政违法事实；既要审查据以处罚的事实，也要审查免罚、从轻、减轻处罚的事实，进而厘清罪与非罪、违法与不违法的界限，做到罚当其错、过罚相当。

二、善于从具体法律条文中深刻领悟法治精神

法律条文的具体内容是法治精神的外在表现形式，其适用并非固化的，而是要在法治精神的指引下进行动态调整，以适应时代与社会发展

的需要。检察履职办案，不仅要求办案人员具备厘清法律事实、准确适用法律条文的基础素养，更要求透过法律条文理解背后所蕴含的以人民为中心、公正司法、保障人权等法治精神。尽管行刑反向衔接强调不起诉不等于不处罚，但也不代表不起诉就必须给予处罚。行政处罚本质是合法地使违法人的权益受到损失，通过处罚造成违法者精神、自由和经济利益受到限制或者损害的后果，从而使违法者吸取教训，杜绝重犯。①通常来说，行政处罚在制裁力度和附随后果上不及刑事责任，但也存在部分刑事案件不起诉后，行政处罚部分罚款金额远超刑事处罚罚金金额的情形，例如，我院办理的郑某非法经营不起诉反向衔接一案。被不起诉人郑某无证销售烟花爆竹构成非法经营，其作为帮助犯，起诉后可能面临缓刑的刑事处罚，但不起诉后将面临最低10万元的行政罚款。因郑某系普通村民，家庭经济条件差，在宣告对其作出不起诉决定的同时，告知其可能面临的行政处罚罚款风险。郑某明确表示自愿承担缓刑、拘役、罚金的刑事责任，不愿意承担高额的行政罚款。在此情况下，机械建议处罚不仅可能会激化矛盾，更容易引起舆情和涉法涉诉风险。基于本案的实际情况，我院行政检察部门就本案举行公开听证，邀请行政机关、人民监督员、特约检察官助理参与，围绕法律适用、案件处理、责任履行、程序合规等方面充分讨论。考虑到郑某的违法犯罪事实、主观动机、家庭情况与客观后果，在进行综合评价后，认为郑某符合《行政处罚法》第33条第1款的规定，可以免予行政处罚，行政机关也现场同意对郑某作出免予行政处罚的决定，并就该案司法风险事项进行报备。检察机关出于经济发展大局、弱势群体保护、矛盾纠纷化解等需要，在与行政机关沟通协调的基础上，既不干预行政机关自由裁量，又兼顾处罚与教育相结合的法治精神，精准把握不起诉后的处罚必要性，做到罚当其过。

办理反向衔接案件绝非机械援引法律，应深刻领悟行政处罚法所确立的处罚与教育相结合、一事不再罚、权利保障等法治精神，把静态的

① 参见应松年、刘莘:《行政处罚立法探讨》，载《中国法学》1994年第5期。

法律规定和鲜活的办案实践更好地结合起来。以我院办理的一起故意伤害不起诉反向衔接案为例。被不起诉人巴某在执行防疫志愿工作过程中与被害人发生争执，后采用相互推搡、脚勾被害人小腿等方式导致被害人受伤。此案社会关注度高，考虑到被不起诉人系防疫志愿者身份、工作性质特殊，再加上本案被害人有过错等案件实际，处理部分容易引起社会舆论。我院就此案是否向行政机关制发检察意见书召开公开听证会，对行政处罚的必要性进行审查。经查，被不起诉人案发后已赔偿被害人损失并取得谅解，符合最高人民检察院、公安部《关于依法妥善办理轻伤害案件的指导意见》和治安管理处罚法有关免予处罚的规定，经与行政机关提前沟通，决定对其不予行政处罚。该案中，检察机关从有利于化解社会矛盾出发，找到了公平正义的“最优解”，既是对行政处罚法处罚和教育相结合的精神的深刻领悟，也是对社会主义法治精神的生动践行。

善于从具体法律条文中深刻领悟法治精神，要辩证把握严格依法和法与时转的关系，正确看待严格执法与司法为民的关系。检察机关作为法律监督机关和司法机关，在办理反向衔接案件时既要尊重行政机关自由裁量权，恪守职能边界，不脱离检察职能，不超越检察职权，不代行行政机关职权，同时，又不能拘泥于“纸上的法”，应当在公正司法的基础上同社会发展紧密结合，充分考量刑事司法、行政处罚立法精神对于案件办理的有关要求，在法律条文背后蕴含的法治精神、立法原意指引下，考虑人民群众日益增长的对公平正义的追求，将不断发展的社会现实与法治精神紧紧结合，避免机械办案、就案办案，做实“高质效办好每一个案件”。

三、善于在法理情的有机统一中实现公平正义

习近平总书记强调，法律不应该是冷冰冰的，司法工作也是做群众

工作。[①]要树立正确法治理念，坚持以法为据、以理服人、以情感人，努力实现最佳的政治效果、法律效果、社会效果。[②]“法理情”是极具中国特色的思维方式与行为方式的结合，古人谈论的“天理、国法、人情”不仅体现了中国人的法哲学思维，也与现代西方法学流派主张的“良法善治”“自然法”“活的法”等法律概念和法律思想相契合，本质上都在于通过法律规范之外的原则、精神、理念来调和制定法所具有的滞后性、模糊性、不周延性等。

法理和情理是统一的。一方面，法律规范的形成就是从习惯到习惯法再到成文法的演变过程，法律规范蕴含了人民群众普遍遵循的常识规则和普遍信奉的常情常理。正因为此，民国时期法学家蒋竹贤更是直言“学法律应先研究情理”，认为“法律之规定条文，万无出于情理之外，故明情理者，其习法律也必易；不明情理者，其学法律也，必不得其奥妙”。[③]另一方面，法律规范的适用过程也是讲究情理、据法说理、依法心证的过程。《行政处罚法》第5条明确规定“设定和实施行政处罚必须以事实为依据，与违法行为的事实、性质、情节以及社会危害程度相当”，并对从轻、减轻、不予、可以不予处罚的情形作出了具体规定。从以上法律条文中，我们可以清晰地认识到，不论刑事司法，还是行政执法都要确保个案处罚的公正性这一立法宗旨和精神。

“公正”被罗尔斯表述为“正义”，它有两个基本要素：一个是“平等”，是正义的形式要件，最基本的含义就是“相同情况相同对待，不同情况不同对待”；另一个是“正当”，这是正义的实质性要素。[④]它要求处罚的轻重程度在实质上同当事人的违法行为事实、性质、情节以及社会危

① 《六、全力推进法治中国建设——关于全面依法治国》，载《人民日报》2016年4月27日，第9版。

② 参见江必新、黄明慧:《习近平法治思想中的法治政府建设理论研究》，载《行政法学研究》2021年第4期。

③ 参见霍存福:《樊山有关“情理法”的三个重要命题》，载《检察日报》2023年8月15日，第3版。

④ 参见［美］罗尔斯:《正义论》，何怀宏等译，中国社会科学出版社1988年版。

害性程度是相当的，结果是可以被普遍接受和认同的。在办理反向衔接案件中，一些处罚明显不当、畸轻畸重的情况尤其需要引起重视。

例如，我院办理的王某耀危害珍贵、濒危野生动物不起诉反向衔接一案。该案中，被不起诉人以900元的价格网购了一只海龟，经鉴定，该海龟系一级保护动物，依据野生动物保护法有关规定，被不起诉人王某耀最高可能将面临20万元罚款的行政处罚。类似的案件还有，我院办理的某诊所使用过期药品（医用氧）反向衔接案，该诊所内存放的医用氧已经超过有效期，行政机关依据药品管理法的有关规定，对某诊所使用过期医用氧的违法行为，作出没收过期药品、罚款10万元的处罚决定。检察机关审查后发现，本案中医用氧自购进后基本处于闲置状态，从未实际使用，未造成危害后果，又因医用氧的有效期为6个月，很容易发生因为不经常使用而超过有效期的情形。本案中，行政机关对门诊部作出的罚款10万元的决定，处罚畸重，不符合行政处罚过罚相当的原则。

此类“小过重罚”案件，行政处罚罚款金额在最低处设定了高额标准，但存在明确法律依据，行政检察部门制发检察意见建议行政机关予以处罚并无不妥，但决不能简单“一发了之”“一罚了之”。一方面，被处罚人难以发自内心认可，甚至引发后续行政复议、诉讼，产生新的纠纷；另一方面，容易引起舆论关注、炒作，行政机关和检察机关可能面临舆论压力。这就要求检察机关在办理反向衔接案件时，不仅要关注处罚必要性审查，也要关注处罚合理性审查，避免行刑责任倒挂，造成行政处罚与被处罚人违法行为应承担的责任相差悬殊，过罚明显不当，违背公平正义的实质要求。针对实践中“小过重罚”现象，在部门法最低处罚明显与违法情节不成比例的情况下，可以适用行政处罚法有关规定予以校准，推动落实“过罚相当”原则。①

“善于在法理情的有机统一中实现公平正义”要求检察机关在办理

① 参见刘亭亭：《加强涉市场主体行政诉讼监督，确保“过罚相当”》，载《检察日报》2024年7月9日，第1版。

反向衔接案件时，不仅要审查行政处罚是否有法律依据，还要重点审查处罚必要性、处罚合理性，要考虑到检察意见书制发后执法资源是否充足、执法成本是否过高、执法效果是否显著、处罚是否符合社会现实情况，是否能够为一般民众普遍认同，是否符合世之常理、人之常情等“情理法”因素。既要让每一个案件的处理符合法律规定，又要契合人民群众的朴素价值观，让人民群众直观感受到检察机关司法为民的工作理念，实现落实反向衔接，实现治罪与治理的有机统一，确保“三个效果”的有机统一，确保法理、情理、事理的有机统一，在法理情有机统一中实现公平正义。

“三个善于”司法理念蕴含着丰富的法哲学与法实践内涵，揭示了法与法律方法、法的精神、法的目的等基本法律原理，本质上就是针对实践中就案办案、机械司法问题提出的，[①]不仅体现检察机关对“努力让人民群众在每一个司法案件中感受到公平正义”价值追求的积极回应，也为高质效办好每一个案件提供了明确指引和基本方法。作为基层检察机关，应跳脱出数量庞杂的反向衔接案件，不囿于“就案办案”的思维定势，从理论层面深刻领悟“三个善于”的本质内涵，在实践层面切实把“三个善于”融入反向衔接案件办理全过程各环节，做实“高质效办好每一个案件”，以高质效办案推动检察工作高质量发展。[②]

① 参见应勇:《学思践悟习近平法治思想 以“三个善于”做实高质效办好每一个案件》，载《人民检察》2024年第8期。

② 参见张相军、罗欣:《高质量理论研究和履职实践回眸——2023年行政检察理论研究与实践探索综述》，载《人民检察》2024年第2期。

以“三个善于”推进公益诉讼检察工作高质量发展

程　甜　刘守业　胡晓建[*]

目前，公益诉讼检察办案还存在着调查核实权保障不足、公益诉讼起诉前程序司法属性不突出、公益诉讼办案规律认识存在分歧等问题。将“三个善于”融入公益诉讼检察办案实践，有利于引领公益诉讼检察工作高质量发展。

一、善于从纷繁复杂的法律事实中准确把握实质法律关系是高质效办好公益诉讼案件的基础

在检察公益诉讼中，实质法律关系是公益损害事项及其“可诉性”的核心体现。它不仅是公益诉讼案件处理的基础，也是检察机关依法履行监督职责的重要依据。只有准确把握实质法律关系，才能确保公益诉讼的精准性、规范性和可诉性，准确把握实质法律关系，是高质效办好公益诉讼案件的基础。

一是注重证据收集与审查。证据是办案的基石，对于检察公益诉讼来说尤为重要。检察机关在办理案件时，要注重证据的收集和审查工作，坚持从证据的合法性、关联性和客观性入手，采用实地查看、拍照

---

* 程甜，湖北省襄阳市人民检察院法律政策研究室主任；刘守业，湖北省襄阳市襄城区人民检察院第四检察部检察官；胡晓建，湖北省襄阳市襄城区人民检察院第六检察部检察官。

摄像、抽样检测、询问笔录等方式，利用无人机等高新技术设备，搜集固定证据材料。同时要对证据进行严格审查，排除非法证据和瑕疵证据。通过做细调查核实，做精线索研判，做足沟通协调，做强跟进监督，全面梳理案件事实和证据材料，并以事实为基础对法律关系进行判断，厘清公益损害事项及其“可诉性”等实质法律关系，确定监督方向和工作重点。

二是准确识别法律关系主体和法律适用。在公益诉讼案件中，涉及的法律关系主体众多，如行政机关、企业、个人等。检察机关需要准确识别各主体之间的法律关系，明确各自的权利和义务，以便确定责任承担。例如，在企业违法排污环境污染案件中，既有行政职能部门的行政监管责任，又有涉事企业的民事生态修复责任。同时，行政监管职责既涉及环保部门的责任，又关系到涉事地方政府的属地管理责任，需要准确厘清关系主体和责任承担。此外检察公益诉讼涉及的法律规定较为复杂，包括宪法、民法、行政法律法规、司法解释等。检察机关在办理公益诉讼案件时，既要严格适用相关法律规定，确保案件办理的合法性和公正性，又要集中力量针对重点领域、关键环节、敏感节点展开监督，提高诉讼的效率和效果。

三是以“可诉性”为标尺提升办案质效。要注重在审前督促行政机关依法履职，以磋商或检察建议等方式督促协同行政机关开展前端治理。同时持续跟进监督检察建议落实整改工作。对于不依法履行整改，敢于起诉、善于起诉，切实提高公益诉讼检察监督刚性。以诉的确认实现司法价值引领，推动完善行业领域长效治理。准确把握“可诉性”这个关键要素，牢固树立质效优先导向，规范做好线索评估、立案、调查取证、提出建议、提起诉讼等各个办案环节。通过精确评估线索，确保案件的选择既符合法律规定，又具有实际和潜在的公益价值，坚决摒弃“水分案”“凑数案”，把“有质量的数量”和“有数量的质量”统筹在更加注重质量上，有效提升公益诉讼检察办案的精准性和规范性。

二、善于从具体法律条文中深刻领悟法治精神是高质效办好公益诉讼案件的关键

法治精神不仅仅是对法律规则的遵守，更是法律条文背后的核心价值观和原则，是一种追求公平正义、尊重人权、限制公权力滥用、保障公民合法权益的价值追求，是司法活动的灵魂和指南。在公益诉讼案件办理中，深刻领悟法治精神是高质效办好公益诉讼案件的关键。

一是准确把握立法宗旨和核心目标。立法宗旨是法律的灵魂，是法治精神的体现，反映了法律的核心价值观。检察公益诉讼制度的设计和实施，是习近平法治思想的标识性概念、原创性成果，深刻体现了习近平法治思想以人民为中心的根本立场和坚持党的领导这一法治之魂。社会主义法治精神是坚持党的领导的法治精神，是坚持以人民为中心的法治精神。司法办案中，要从坚持和加强党的领导，厚植党的执政基础出发，从人民群众的获得感、幸福感、安全感出发，从新时代人民群众对公平正义的更高要求出发，在法律文本射程范围内作出最契合社会主义法治精神的解释，才能体现立法宗旨的核心要义。检察公益诉讼的核心目标是保护国家利益和社会公共利益，而非单一主体的私益。因此，在法律适用过程中，应注重从宏观视角审视案件，评估其对公共利益的影响。同时，法治精神还体现在“防患于未然”的理念上，检察机关应充分利用公益诉讼的预防功能，通过提起预防性诉讼，阻止潜在的对公共利益的侵害，如环境污染的预防、文化遗产的保护等，实现法律的前瞻性保护作用。

二是深入研读和精准适用法律条文。公益诉讼的法律条文具有高度的抽象性和概括性，需要办案人员通过深入研读和解读，把握其精神实质和适用范围。只有深刻领会法律条文的立法意图和价值取向，才能在案件办理中准确把握法律精神，确保案件处理的公正性和合法性。公益诉讼往往涉及环境保护、消费者权益、公共资源配置等复杂领域，要求法律从业者能够精准识别案件中的关键法律问题，从浩瀚的法律体系中找到最适宜的法律依据。这不仅需要对现行法律条文有全面而深入的理解，还需具备将抽象的法律原则与具体案件事实相结合的能力，避免机

械地套用法律条文导致案件处理不当。如在环境公益诉讼中，准确把握环境保护法、民法典中有关环境侵权责任的规定，以及最高人民法院相关司法解释的精神，对于成功提起和胜诉具有重要影响。

三是推动制度创新与法治建设。法律条文具有稳定性，但社会情况不断变化。检察公益诉讼要善于从既有条文中挖掘出适应新情况、新问题的法治精神，又要以这种精神为引领，积极探索创新诉讼模式、依法探索拓展公益保护领域，加快推进检察公益诉讼专门立法，完善我国法律体系。在遵循法律原则的基础上，灵活运用条文，通过实践中的创新举措，更好地回应社会对公益保护的需求，使检察公益诉讼不断发展和完善，始终保持与法治精神的高度契合。深刻领悟法治精神，不仅仅意味着被动地应用现有法律，更要求法律工作者具备创新思维，勇于探索法律的边界，通过司法实践推动法律的完善和发展。检察公益诉讼本身即是法治建设的重要组成部分，其实践过程也是对现有法律制度的检验与挑战。检察机关在办理公益诉讼案件时，针对法律制度中的不足，可以通过适当方式，促使立法机关对社会公益问题予以关注，进而修订法律或出台新的法规，填补法律空白，强化对公共利益的保护，促进法律制度的不断完善。

三、善于在法理情的有机统一中实现公平正义是高质效办好公益诉讼案件的目标

在公益诉讼案件办理中，要做到法理情的有机统一，就是要落实好“以法为据、以理服人、以情感人”的工作要求，实现案件办理的政治效果、法律效果、社会效果的有机统一。

一是坚持依法办案。检察机关作为国家法律监督机关，要始终绷紧“严格依法”这根弦，模范遵循法律规定和法治精神。检察公益诉讼的首要任务是依法履行职责，确保案件办理的合法性和规范性，这要求检察机关在办案过程中，必须始终坚持以法律为准绳，严格依据现行法律进行，确保法律适用的准确性和一致性。这包括对相关法律条文的准确解读，以及对规则和法律原则的正确运用。在面对法律条文可能存

在的模糊或不明确之处时，检察机关需要通过合理的解释方法，如文义解释、目的解释等，确保法律适用的合理性。坚持法律程序的正当性，严格按照法律程序和法律规定进行立案、调查取证、制发文书等各个环节。

二是法理人情兼顾并重。检察公益诉讼不仅涉及法律层面，还关乎社会公共利益和个人权利平衡、公众情感和期望、实现社会正义的实际情况。这就要求检察机关在公益诉讼案件办理中，能够兼顾情理，运用理性思维，全面、客观地分析案件事实，综合考量各方权益，避免情绪化决策。包括对案件事实的理性审查；对案件发生环境、历史条件及社会现状的考量；对社会影响、公共利益的评估以及对诉讼结果可能带来的长远效应的预测，并通过专家咨询、公开听证等方式手段增强决策的合理性与准确性，确保公益诉讼既符合法律规定，又能够有效维护公共利益。加强检察建议释法说理，在针对性和可操作性上下功夫，增强被建议单位认同感和接受度，提升检察机关法律监督权威和公信力。在民事公益诉讼中，特别是环资领域，积极采用调解、和解等方式，既能在公益保护方面达成一致，又能有效避免执行不到位的问题，减少对抗，实现社会和谐稳定。

三是注重“三个效果”有机统一。公益诉讼检察要坚持系统观念，做强多方支持，破解发展难题。进一步取得党委、人大、政府等对公益诉讼检察工作的支持。加强与各单位的体制机制建设，积极运用检察建议、整改磋商、提起诉讼等多种手段，督促相关行政部门依法履职尽责。与高校、科研机构建立协作机制，组建业务专家库，增强办案智力支持。鼓励公众参与，借助数字赋能，运用“益心为公”检察云平台，发挥各行业领域志愿者专业优势，为高质效办理公益诉讼案件提供有力支持。扩宽人大代表及人民监督员参与公开听证的广度深度，提升社会公众对公益诉讼检察的参与度和认可度。认真落实“谁执法谁普法”，精心筛选并发布社会关注度高、“三个效果”好的典型案例，引导社会形成良好行为规范，减少违法行为的发生，实现“三个效果”的有机统一。

以“三个善于”高质效办好每一个未成年人案件

史晓燕*

未成年人是祖国的未来、民族的希望，保护好未成年人，是在做“守心”的工作，“守”的不仅是亿万家庭的幸福生活，更是红色江山根基永固、党和人民事业薪火相传。本文以未成年人检察办案实践中存在的问题为引子，提出进一步提高未成年人检察办案质效的路径，即以“三个善于”为方法论，一要善于从纷繁复杂的法律事实中准确把握实质法律关系，办理性侵害未成年人犯罪案件，应构建以未成年被害人陈述为中心的证据审查体系，建立案件倒查和督促追责工作机制；二要善于从具体法律条文中深刻领悟法治精神，坚持教育为主、惩罚为辅的原则，依法适用附条件不起诉制度，把罪错未成年人分级干预制度落实落细；三要善于在法理情的有机统一中实现公平正义，深化“四大检察”综合履职，全方位保护未成年人合法权益，确保“三个效果”的有机统一。

一、问题的提出：未成年人保护工作面临的新机遇和挑战

近年来，在以习近平同志为核心的党中央坚强领导下，未成年人保护工作取得长足进步，但随着经济社会的快速发展，未成年人实施犯罪和侵害未成年人犯罪也呈现出新的复杂情况，社会治理还存在一些痛点

---

* 史晓燕，河北省张家口市阳原县人民检察院未成年人检察办公室主任。

难点问题，未成年人保护工作面临新的机遇和挑战。

（一）性侵害未成年人犯罪案件持续上升

根据未成年人检察工作白皮书统计的数据显示，2021 年至 2023 年，检察机关提起公诉的性侵害未成年人犯罪人数分别为 27851 人、36957 人、38232 人，犯罪人数持续上升。性侵犯罪严重损害未成年人身心健康，践踏法律红线和道德底线，必须以“零容忍”的态度严厉打击。然而在办案实践中，性侵害未成年人案件具有客观证据、直接证据少，被告人往往不认罪等特点，由于办案人员对够罪证据的把握标准不一，同案不同处理的情况时有发生，助长了犯罪嫌疑人不认罪的嚣张气焰，不利于打击性侵害未成年人犯罪。

（二）未成年人犯罪总体呈上升趋势

根据未成年人检察工作白皮书统计的数据显示，2021 年至 2023 年，检察机关受理的未成年人犯罪人数分别为 73998 人、78467 人、97000 余人，未成年人犯罪总体呈上升趋势，且低龄未成年人犯罪人数也呈上升趋势。未成年人检察实践中，还存在将法治精神与具体案件割裂开来的孤立司法问题，办案中只看案件证据、犯罪构成是否符合法条要求，而没有考虑案件的具体情况，做到该严则严、当宽则宽、宽严相济，罚当其罪。办案人员不愿适用附条件不起诉制度的思想还不同程度存在，实践中落实精准帮教、分级干预措施尚欠缺，从而造成案件处理结果虽符合法律规定，但却与刑事司法政策相悖的局面。

（三）未成年人保护法律制度和保护责任尚待充分落实

涉未成年人犯罪不仅是重要的司法问题，更是突出的社会问题。一些未成年人家庭监护缺失、监护不力，甚至存在监护人直接实施侵害未成年人合法权益的行为；一些未成年人失管辍学，致使其与社会不良人员接触；一些经营场所无视法定责任，住宿、娱乐场所允许未成年人随意出入，电竞酒店、密室逃脱、日租房等新兴业态快速发展，配套监管尚未跟上；一些网络乱象诱发甚至教唆犯罪，未成年人遭受网络侵害问题突出，利用网络实施犯罪不断上升；未成年人法治教育、心理疏导、矫治教育工作有待加强等。因此，检察机关办案人员应做好除办案外的“后半篇文章”，深化综合履职，加强未成年人综合司法保护，做实源头治理，实现未成年人保护治罪与治理并重，全面依法履职，以司法保护助推“六大保护”融通发力，防止就案办案、机械办案，破解司法短期主义问题。

二、前提基础：把握实质法律关系，破除法律教条主义问题

对于司法实践而言，把握实质法律关系是司法机关解释法律、办理案件的前提和基础。作为办案人员，首先要解决的根本问题在于对案件事实的认知，即如何运用证据认识案件事实。换言之，办案人员要将目光不断往返于证据和案件事实之间，抓住案件的主要矛盾和主要方面，才能精准把握复杂案件中的实质法律关系，为选取需要适用的法律，高质效办好每一个案件奠定基础，性侵害未成年人犯罪案件证据审查亦是如此。

（一）构建以未成年被害人陈述为中心的证据审查标准

针对办理性侵害未成年人犯罪案件，法律教条主义不同程度存在，如证据完美主义者，将每个案件都按照标准模板办理，苛求其所谓的证据“确实、充分”。实践中，性侵害未成年人犯罪案件，往往会出现被害人不认罪或者翻供、未成年被害人的陈述与被告人的供述一对一等司法认定难题，因此应以未成年被害人陈述为中心强化证据审查，积极构建以未成年被害人陈述为中心的证据审查体系，从严打击侵害未成年人犯罪。

如检例第 42 号齐某强奸、猥亵儿童案给办理此类案件提供了很好审查思路。被告人齐某在担任班主任期间，利用午休、晚自习及宿舍查

寝等机会，在学校办公室、教室、洗澡堂、男生宿舍等处多次对被害女童A（10岁）、B（10岁）实施奸淫、猥亵，并以带A女童外出看病为由，将其带回家中强奸。齐某还在女生集体宿舍等地多次猥亵被害女童C（11岁）、D（11岁）、E（10岁），猥亵被害女童F（11岁）、G（11岁）各一次。庭审中，被告人及其辩护人坚持该案事实不清、证据不足的辩护意见，理由：一是认定犯罪的直接证据只有被害人陈述，齐某始终不认罪，其他证人证言均是传来证据，没有物证，证据链条不完整。二是被害人陈述前后有矛盾，不一致。且其中一个被害人在第一次陈述中只讲到被猥亵，第二次又讲到被强奸，前后有重大矛盾。针对辩护意见，检察员答辩：一是被害人陈述的一些细节，如强奸的地点、姿势等，结合被害人年龄及认知能力，不亲身经历，难以编造。二是齐某性侵次数多、时间跨度长，被害人年龄小，前后陈述有些细节上的差异和模糊是正常的，恰恰符合被害人的记忆特征。且被害人对基本事实和情节的描述是稳定的。有的被害人虽然在第一次询问时没有陈述被强奸，但在此后对没有陈述的原因做了解释，即当时学校老师在场，不敢讲。这一理由符合孩子的心理。三是被害人同学证言虽然是传来证据，但其是在犯罪发生之后即得知有关情况，因此证明力较强。四是齐某及其辩护人对其辩解没有提供任何证据或者线索的支持。

对性侵未成年人犯罪案件证据的审查，要根据未成年人的身心特点，按照有别于成年人的标准予以判断。审查言词证据，要结合全案情况予以分析。根据经验和常识，未成年人的陈述合乎情理、逻辑，对细节的描述符合其认知和表达能力，且有其他证据予以印证，被告人的辩解没有证据支持，结合双方关系不存在诬告可能的，应当采纳未成年人的陈述。最终，法院采纳检察机关全部意见，判决齐某犯强奸罪，判处无期徒刑，剥夺政治权利终身；犯猥亵儿童罪，判处有期徒刑10年；决定执行无期徒刑，剥夺政治权利终身。通过准确把握实质法律关系，为该案准确适用奸淫幼女"情节恶劣"、准确适用"公共场所当众"实施强奸、猥亵未成年人犯罪奠定了事实基础，使性侵害未成年人犯罪得以严惩。

（二）建立案件倒查和督促追责工作机制

检察机关应持续促推强制报告制度落实落细，实行“一案一介入”，在办理每一起侵害未成年人案件中倒查强制报告制度落实情况，发现有关人员不依法履行报告责任的，通过移送线索、通报情况、检察建议等方式督促追责。《未成年人检察工作白皮书（2023）》显示，2020年以来，全国检察机关共对不履行强制报告义务造成严重后果的单位和人员起诉追究刑事责任14人，制发检察建议2829份，督促行政主管部门追责1143人。2023年，检察机关通过强制报告制度发现犯罪3794件，占侵害未成年人犯罪总数的7.5%。

三、总体要求：领悟法治精神，破除孤立司法问题

未成年人检察实践中，还存在办案中只看案件证据、事实是否符合具体法条要求，而不综合判断是否符合立法精神、是否与刑事司法政策相悖，将法治精神和具体案件割裂开来的孤立司法问题。检察官在办案实践中的第一个层次是要做到依法办案，不能偏离法律的规定办案，坚持罪刑法定。第二层次是要求在适用法律过程中深入理解法律背后的基本价值和理念，办案注重契合法治精神。落实法律规定是前提，也是法治原则的要求，偏离法律条文，本身就不太可能契合法治精神，契合法治精神是案件质量在更高层面的体现，如果对法律的解释与适用偏离法治精神，案件质量和办案效果就可能出现偏差。为高质效办好涉未成年人案件，检察机关应坚持“教育、感化、挽救”方针，惩治不是目的，预防才是根本。检察机关应用普遍联系的、全面系统的、发展变化的眼光看待问题，破除孤立司法问题，依法适用附条件不起诉制度，不能够罪即诉，探索构建完善罪错未成年人分级干预机制，既管“罪”又管“错”，根据未成年人罪错行为类型，对症开策，提供更加精准的教育矫治措施。

（一）宽严相济，促进涉罪未成年人回归社会

办理未成年人犯罪案件，检察机关要坚持"教育、感化、挽救"的方针，全面分析涉罪的未成年人的犯罪动机、犯罪情节、一贯表现、认罪态度等因素，对采取取保候审足以防止发生社会危险性的，依法不批准逮捕；对犯罪轻微，认罪态度好的，依法作出不起诉决定；对于依法需要提起公诉，但具有从犯、认罪认罚、退赃退赔等从宽情节的，可根据不同情况依法作出附条件不起诉或提出轻缓刑的量刑建议。检察机关应结合社会调查报告，找准帮教点，制定个性化帮教方案，实现精准化帮教，助力涉罪未成年人回归社会。

如最高人民检察院第二十七批指导性案例（对涉罪未成年人附条件不起诉主题）。案例均坚持最有利于未成年人的原则，依法适用附条件不起诉制度，并找准办案、帮教与保障学业的平衡点，有针对性地制定考察帮教方案，因案因人进行精准帮教，提升帮教实效，灵活掌握办案节奏和考察帮教方式，并阶段性评估帮教成效，根据被附条件不起诉人角色转变和个性需求，动态调整考验期限和帮教内容。检察机关落实宽严相济刑事政策，根据被附条件不起诉人在附条件不起诉考察期间的表现最终作出是否不起诉的决定。对被附条件不起诉人在考验期内没有违反《刑事诉讼法》第 284 条第 1 款规定的情形，考验期满的，作出不起诉决定，如检察机关对检例第 105 号的 5 名被附条件不起诉人均作出了不起诉决定；违反考察机关监督管理规定，情节严重的，应当依法撤销附条件不起诉决定，提起公诉，如检察机关对检例第 107 号中的唐某经调查核实、动态评估后发现被附条件不起诉人多次故意违反禁止性监督管理规定，或者进入特定场所后违反治安管理规定，或者违反指示性监督管理规定，经检察机关采取训诫提醒、心理疏导等多种措施后仍无悔改表现，脱离、拒绝帮教矫治，导致通过附条件不起诉促进涉罪未成年人悔过自新、回归社会的功能无法实现时，应当认定为《刑事诉讼法》第 284 条第 1 款第 2 项规定的"情节严重"，依法撤销附条件不起诉决定，提起公诉。

（二）分级干预，提供更加精准的教育矫治措施

《中共中央关于进一步全面深化改革、推进中国式现代化的决定》（以下简称《决定》）指出，加强和改进未成年人权益保护，强化未成年人犯罪预防和治理，制定专门矫治教育规定。《决定》对进一步完善我国罪错未成年人分级干预体系提出了明确要求，实践中，针对实施违法犯罪行为的未成年人可划分为四级：第一级是实施严重不良不行或者违反治安管理处罚法规定的未成年人；第二级是实施了刑法所规定的犯罪行为，但未达刑事责任年龄的未成年人；第三级是检察机关作出不起诉或者附条件不起诉决定的未成年人；第四级是被判处非监禁刑的未成年人。通过社会调查、家庭监护能力评估，对涉罪和涉错未成年人的行为进行审查、确认、分级，采取不同的矫治处置措施。不良行为以适当心理干预、家庭教育指导为主，引导家长注重从改变沟通模式、增加亲子互动等多个维度改善未成年人生活、学习情境；严重不良行为在此基础上增加法治教育、社会服务、素质拓展等环节，在“熊孩子”走上犯罪道路前按下暂停键，尤其是针对未达刑事责任年龄的未成年人，采取对未成年人及其监护人进行训诫、将未成年人送专门学校接受矫治等措施预防其再次实施犯罪行为；对不起诉、附条件不起诉和判处非监禁刑的未成年人，丰富社区矫正相关措施和观护帮教内容，强化重新犯罪预防，对涉案未成年人进行教育帮教和关爱帮扶。

四、具体落实：统筹法理情的有机统一，破解司法短期主义问题

一方面，案件办理要统筹法理情的有机统一，实现案件的政治效果、法律效果和社会效果的有机统一；另一方面，不能就案办案、机械办案，强调刑事案件办理的源头治理，处理好个案中未成年人利益与未成年人群体保护长远利益的关系，既要注重个案办理，又要注重犯罪预防，坚决遏制未成年人犯罪持续上升的问题。

（一）融合履职，实现全面综合司法保护

在办理未成年人犯罪案件过程中，检察机关应补齐未成年人司法保护中的短板，坚持统一集中办理，形成全流程司法保护的“聚焦效应”。

1. 制发检察建议，推动源头治理

检察机关在办理公益诉讼中应践行“持续跟进监督”“在办案中监督、在监督中办案”等检察工作理念。如最高人民检察院第三十五批指导性案例（未成年人保护检察公益诉讼主题）。检察机关针对相关职能部门在保护儿童个人信息权益、为未成年人文身、消除幼儿园安全隐患、校园周边食品安全隐患、网吧违规接纳未成年人等方面存在的监管不到位问题制发检察建议，督促行政主管部门依法充分履行监管职责，实现最大限度保护未成年人合法权益的目的。2024 年 6 月 3 日，河北省第一批预防未成年人犯罪典型案例发布，张家口市阳原县聚焦未成年人涉电信网络诈骗违法犯罪高发开展预防案中，针对未成年人独立开户、授权单日转账限额过高、异常交易风险预警不足问题，通过与人民银行会商研判，走访银行网点调查核实，有针对性向人民银行制发检察建议，督促金融监管机构、商业银行完善制度机制，推动形成办卡审核和风险评估相结合、分类管理和异常预警相结合的未成年人银行卡管理保护模式，以弥补行业监管不足，推动行业规范运营，实现对未成年人涉“两卡”犯罪的源头治理。

2. 构建大数据模型，促进社会治理

数字赋能监督，监督促进治理。信息化背景下，大数据分析成为法律监督的重要手段之一，大数据法律监督是实现检察资源最大化利用、提升检察机关整体办案能力水平和工作质效的现实需要。如检例第 202 号康某某利用网络侵犯公民个人信息案中，检察机关针对在校学生异常办卡情况，研究构建“在校学生异常电话卡法律监督模型”，通过模型运行发现十余名未成年人被裹挟或者被诱骗参与犯罪。检察机关将上述线索依法移送公安机关，公安机关据此破获十余起电信网络犯罪案件。

（二）协同发力，主动融入其他“五大保护”

准确把握检察机关法律监督定位，找准检察履职与家庭、学校、社会、网络、政府保护的切入点、着力点。如最高人民检察院第四十三批指导性案例（未成年人综合司法保护主题），综合司法保护内容涵盖了督促监护令、控辍保学、社会治理、网络保护、争取党委支持等方面，以检察履职促进“六大保护”形成护“未”合力。

1. 以监护监督工作为基础积极融入家庭保护

“熊孩子”背后经常有“熊家长”，面对一个个因家庭监护不力走上违法犯罪道路的孩子，检察机关可构建“督促监护令 + 家庭教育指导令”未成年人教育挽救新模式。督促监护令要求监护人切实履行监护职责，加强家庭监管，配合检察机关帮助涉案未成年人改掉恶习、重回正轨。检察机关根据社会调查报告，评估涉案未成年人家庭接受家庭教育指导的必要性，制定个性化的家庭教育指导方案，让家庭教育指导最大化发挥作用。“双令”齐发，使检察机关能够从强化家庭监护层面更好地教育挽救涉案未成年人，切断不良家庭诱因，修复家庭关系，在家庭中筑起一道远离犯罪的坚强防线，用检察力量持续压实家庭保护责任。

2. 以参与法治校园建设为依托主动融入学校保护

深入开展检察官担任法治副校长工作，深化检校合作，持之以恒加强法治宣传教育。检察机关可根据本地未成年人犯罪新形势，走进涉案人员较多的学校，针对不同年龄段学生或以课堂教授的方式开展系列法治进校园活动，或将公诉席“搬”进校园，使学生“沉浸式”体验指控犯罪的现场，“零距离”感受法律的威严，或以举办模拟法庭、法律知识竞赛、参观法治教育基地等未成年人喜闻乐见的形式开展法治宣传，把纸面上的法律、案例转变成未成年人心中的法、生活中的法，帮助未成年人增强警惕意识，避免因无知和大意走上违法犯罪的道路。随着“法治副校长”工作已进入“实质化”阶段，普法只是法治副校长履职的起点，法治副校长还应在指导学校开展未成年人犯罪预防、协助学校建立完善管理制度、参与学校周边环境整治等方面全面履职。

3. 以深化社会支持体系建设为抓手扎实融入社会保护

检察机关作为未成年人保护的法律监督机关，不可能做到包打天下，应通过与相关职能部门、共青团、妇联等协作配合，运用检察建议、公益诉讼等方式，对未成年人犯罪问题加强监督管理，以形成党委政府支持、社会协同、公众参与的未成年人犯罪预防帮教社会化支持体系。培育社会力量，抓好服务标准实施，通过政府购买社工服务等方式，将专业工作交由专业力量承担，实现专业化办案与社会化保护的有机衔接。

4. 以营造清朗的网络环境为关键有力融入网络保护

加强未成年人权益网络司法保护，对于胁迫、教唆、引诱、欺骗未成年人参与电信网络诈骗及其关联犯罪的，依法予以严惩。网络平台对贷款、兼职、招聘等易诱发犯罪的信息监管识别难度较大，也是当前涉"两卡"犯罪治理中存在的突出问题。检察机关可从完善平台信息监管体系入手，以资质审核、公司证明等多种方式限制和筛选招聘、兼职、贷款等信息的发布，提升防控精准性，减少犯罪直接诱因。对不履行网络保护主体责任的相关运营商和平台企业，会同公安、工信等部门采取联合约谈的方式，督促加强内部风险防控，压实企业主体责任。聚焦案件背后反映的社会治理漏洞，制发社会治理检察建议，协同相关部门加强源头治理。召开新闻发布会，向社会发布未成年人网络保护工作情况及典型案例，制作反诈系列宣传片，推动营造全民保护未成年人远离网络犯罪的浓厚氛围。

5. 以争取政府支持为重点全面融入政府保护

检察机关应借力政府部门协调各方的优势作用强化工作力度。针对本地区暴露出的未成年人犯罪数量上升问题，撰写专项分析报告并积极主动向党委、政府汇报，争取支持，会同相关部门建立完善的未成年人保护各项制度机制，助推形成"党组织+政府机关"双重管理模式及省、市、县、乡四级未成年人保护平台，培育未成年人关爱队伍，形成良性互动的未成年人保护格局。作为分级干预体系基础条件的专门学校还面临着数量不足问题。检察机关应协调本地区相关政府职能部门，加强专门学校建设，细化专门学校包括专门场所的建设标准、人员配备、经费保障、教育教学内容等规定，促进专门学校在法律框架内开展教育矫治工作，更好地保障接受专门矫治教育的未成年人的合法权益，更好发挥预防未成年人犯罪的作用。

实现“三个善于”的要求，检察机关办案人员必须具备扎实的法律专业知识、丰富的实践经验、高度的逻辑辩证思维能力和强烈的正义感，从而在坚持法律原则的同时，做到在法理情的有机统一中推动案件的公正处理，实现“高质效办好每一个案件”的基本价值追求，努力让人民群众在每一个司法案件中感受到公平正义。

运用“三个善于”提升控申检察办案质效的理论研究

左鹏博*

控申检察工作是检察机关维护司法公正、保障人权的重要一环。面对复杂多变的案件情况，如何高效、准确地办理控申案件，成为检察机关面临的重要课题。“三个善于”理念为控申检察办案提供了科学的认识论和方法论指导，有助于提升办案质效，确保公平正义的实现。在新时代背景下，人民群众对公平正义的期待日益增强，对司法工作的质量和效率提出了更高要求。检察机关作为国家法律监督机关，承担着维护社会公平正义的重要职责。本文旨在通过“三个善于”理念，结合控申检察办案中的实际问题，探寻法学原理和司法规律，为做实高质效办好每一个案件提供理论支撑和实践指导。

一、“三个善于”在控申检察办案中的实践要求

（一）准确把握实质法律关系，提升办案精准性

控申检察工作涉及大量复杂多变的案件，检察人员需具备从纷繁复杂的法律事实中准确把握实质法律关系的能力。具体而言，首先要确保证据全面、充分、有效，通过全面复勘、重新调查、委托鉴定等方式夯实法律监督根基；其次要确保事实认定客观公正，聚焦双方争议焦点及

---

* 左鹏博，天津市南开区人民检察院第六检察部检察官助理。

案件事实主要矛盾，从客观的事实认定中剖析实质法律关系；最后要确保法律适用的精准性，结合司法经验和法律规定对案件形成准确的价值判断。

（二）深刻领悟法治精神，提高办案质效

在控申检察办案中，检察人员不仅要严格依法办案，还要深刻领悟法治精神，确保案件处理结果契合法治精神的要求。一方面，要准确理解法律条文及其背后的法理和价值，将法律条文置于整部法律体系之中进行研判；另一方面，要探究条文背后的含义，结合法律原则和政策导向，确保案件处理结果能够经得起时间校验。同时，要加强释法说理工作，通过典型案例公布、类案公开等方式增强司法透明度和公信力。

（三）实现法理情的有机统一，彰显司法温度

控申检察工作直接关系到人民群众的切身利益和社会稳定。在办案中，检察人员要兼顾天理国法人情，实现法理情的有机统一。一方面，要坚持严格依法办案，确保案件处理结果符合法律规定；另一方面，要注重情理结合，通过讲清法理、讲明事理、讲透情理等方式提高人民群众对司法工作的认同感和满意度。同时，要加强检务公开和便民服务工作，让人民群众在司法案件中感受到公平正义和司法温情。

二、“三个善于”在控申检察办案中的具体运用

（一）善于从纷繁复杂的法律事实中准确把握实质法律关系

控申检察办案中，善于从纷繁复杂的法律事实中准确把握实质法律关系，是确保案件处理公正、准确、高效的关键。

1. 加强证据审查，确保案件事实清楚

（1）全面收集证据：控申检察人员应全面、客观地收集与案件相关的证据材料，包括书证、物证、证人证言、被害人陈述、犯罪嫌疑人供述和辩解、鉴定意见、勘验笔录、视听资料、电子数据等。（2）严格

证据审查：对收集到的证据材料进行严格审查，确保证据的真实性、合法性和关联性。通过排除非法证据、补强薄弱证据、核实矛盾证据等方式，提高证据的证明力。（3）构建完整证据链：在证据审查的基础上，构建完整、严密的证据链，以证明案件事实的发生、发展及其与犯罪行为的关联性。

2. 深入剖析法律事实，准确把握实质法律关系

（1）识别关键法律事实：在纷繁复杂的法律事实中，识别出对案件定性处理具有决定性影响的关键法律事实。这些事实往往是案件的主要矛盾和矛盾的主要方面。（2）抽丝剥茧，察微析疑：通过深入剖析关键法律事实，抽丝剥茧地厘清案件的来龙去脉，察微析疑地揭示案件的本质和真相。在这一过程中，要特别注意识别和排除案件中的干扰因素和虚假信息。（3）准确把握实质法律关系：在深入剖析法律事实的基础上，准确把握案件的实质法律关系。实质法律关系是起主导和支配作用，对案件定性处理具有决定性影响的法律关系。只有准确把握实质法律关系，才能正确适用法律，确保案件处理的公正性和准确性。

3. 结合法律规定和司法实践，综合判断案件性质

（1）深入理解法律规定：控申检察人员应深入理解相关法律法规的规定和精神实质，特别是与案件处理密切相关的法律条文和司法解释。通过系统学习、反复研读和案例分析等方式，不断提高自身的法律素养和业务能力。（2）关注司法实践动态：控申检察人员应密切关注司法实践中的新情况、新问题和新趋势，了解同类案件的处理结果和裁判理由。通过对比分析、归纳总结等方式，掌握司法实践中对类似案件的处理规律和裁判标准。（3）综合判断案件性质：在深入理解法律规定和关注司法实践动态的基础上，控申检察人员应综合运用法律知识、司法经验和案件事实等因素，对案件性质进行综合判断。通过比较分析、逻辑推理和价值判断等方式，得出客观、公正、准确的案件处理结论。

4. 加强沟通协调，确保案件处理效果

（1）加强与侦查机关的沟通协调：控申检察人员应加强与侦查机关的沟通协调工作，及时了解案件侦查进展和证据收集情况。通过提出补

充侦查意见、引导侦查取证等方式，协助侦查机关完善证据体系、提高侦查质量。（2）加强与审判机关的沟通协调：控申检察人员应加强与审判机关的沟通协调工作，就案件定性、法律适用等问题与审判人员进行充分讨论和交流。通过达成共识、形成合力等方式，确保案件处理结果的公正性和准确性。（3）加强与当事人的沟通协调：控申检察人员应加强与案件当事人的沟通协调工作，认真听取当事人的意见和诉求。通过释法说理、化解矛盾等方式，增强当事人对案件处理结果的认同感和满意度。

从纷繁复杂的法律事实中准确把握实质法律关系是一个复杂而细致的过程。控申检察人员应不断加强证据审查、深入剖析法律事实、结合法律规定和司法实践进行综合判断，并加强与相关部门的沟通协调工作，以确保案件处理的公正性、准确性和高效性。

（二）善于从具体法律条文中深刻领悟法治精神

在控申检察办案中，善于从具体法律条文中深刻领悟法治精神是至关重要的。这不仅有助于准确理解和适用法律，还能确保案件处理结论的公正性和合法性。

1. 要深入理解法律条文背后的法治精神

（1）系统学习法律条文：控申检察人员应系统学习相关法律法规，特别是与控申检察工作密切相关的法律条文。通过反复研读，深入理解条文所蕴含的法治精神、立法目的和价值取向。（2）结合立法背景：在理解法律条文时，要结合立法背景、立法原意和立法过程，了解条文制定的历史背景和社会需求，从而更准确地把握条文的精神实质。

2. 将法治精神融入办案实践

（1）依法办案：在控申检察办案过程中，要始终坚持依法办案的原则，确保案件处理的每一个环节都符合法律规定。在适用法律条文时，要准确把握条文的含义和适用范围，避免机械适用或曲解条文。（2）综合考量：在处理案件时，要善于将法治精神与案件事实、证据材料、社会影响等因素相结合，进行综合考量。要充分考虑案件的社会危害性、犯罪嫌疑人的主观恶性、被害人的权益保护等因素，确保案件处理结果既符合法律规定又符合社会公平正义的要求。

3. 加强法律适用中的法治精神引领

（1）注重法律效果与社会效果的统一：在控申检察办案中，要注重法律效果与社会效果的统一。通过深入领悟法治精神，引导办案人员在追求法律效果的同时，充分考虑社会效果，实现法律效果与社会效果的有机统一。（2）推动法治精神在办案中的传播：控申检察人员要通过办案实践，积极传播法治精神。在办案过程中，要注重对犯罪嫌疑人、被害人及其家属等相关人员进行法治教育，引导他们树立正确的法治观念，增强法治意识。

4. 不断提升法律素养和办案能力

（1）加强业务学习：控申检察人员应不断加强业务学习，提高自身的法律素养和办案能力。要关注法律动态和司法实践中的新情况、新问题，及时更新自己的知识结构和办案理念。（2）总结经验教训：在办案过程中，要及时总结经验教训，不断反思和改进自己的工作方法和思路。通过总结经验和教训，不断提升自己的办案能力和水平。

5. 注重司法政策的运用

（1）关注司法政策：控申检察人员要密切关注司法政策的制定和实施情况，了解司法政策对办案工作的指导和影响。在办案过程中，要充分考虑司法政策的要求和精神实质，确保案件处理结果与司法政策保持一致。（2）统筹运用司法政策：在办案过程中，要统筹运用各类司法政策，特别是与控申检察工作密切相关的司法政策。通过综合运用司法政策，确保案件处理结果既符合法律规定又符合司法政策的要求和精神实质。

善于从具体法律条文中深刻领悟法治精神是确保案件处理公正性、合法性和有效性的重要保障。通过深入理解法律条文背后的法治精神、将法治精神融入办案实践、加强法律适用中的法治精神引领、不断提升法律素养和办案能力以及注重司法政策的运用等措施，可以不断提升控申检察办案的质量和水平。

（三）善于在法理情的有机统一中实现公平正义

深刻理解法理情的内涵及其相互关系。法理，指法律的原则、规则和逻辑，是司法活动的基础和依据。控申检察人员在办案过程中，必须严格遵守法律规定，确保案件处理的合法性。情理，指社会情理、人情世故和道德观念，是司法活动需要考虑的社会因素。在办案中，要关注案件的社会影响、当事人的情感诉求和道德评价，确保案件处理结果符合社会公序良俗和道德标准。在控申检察办案中，法理和情理不是对立的，而是相辅相成的。既要坚持法律原则，确保案件处理的公正性；又要兼顾社会情理，使案件处理结果得到社会的广泛认同和接受。

在法理情的有机统一中实现公平正义，是司法工作的重要原则，也是实现司法公正和社会和谐的关键。具体运用这一原则，可以从以下几个方面进行：

1. 在办案实践中具体运用法理情的有机统一

（1）严格依法办案，确保案件处理的合法性：控申检察人员应全面掌握案件事实和证据，准确适用法律法规，确保案件处理的合法性和准确性。在法律适用过程中，要注重法律解释的合理性和公正性，避免机械司法和就案办案。（2）关注案件的社会影响：在办案过程中要充分考虑案件的社会影响，积极回应社会关切，确保案件处理结果符合社会公序良俗和道德标准。（3）关注当事人的情感诉求和合理诉求：通过释法说理、化解矛盾等方式，增强当事人对案件处理结果的认同感和满意度。

2. 加强沟通协调，促进法理情的和谐统一

（1）加强与侦查机关、审判机关的沟通协调：在案件办理过程中，要加强与侦查机关、审判机关的沟通协调，确保案件事实认定和法律适用的准确性和一致性。通过共同研究案情、讨论法律适用等问题，促进法理与情理的和谐统一。（2）加强与当事人的沟通协调：在办案过程中，要注重与当事人的沟通协调，充分听取当事人的意见和诉求。通过释法说理、化解矛盾等方式，增强当事人对案件处理结果的认同感和满

意度，促进法理与情理的和谐统一。（3）加强与社会公众的沟通协调：在案件办理过程中，要注重与社会公众的沟通协调，及时公开案件信息和办案进展。通过召开新闻发布会、接受媒体采访等方式，积极回应社会关切和舆论监督，促进法理与情理的和谐统一。例如，在办理一起涉及家庭暴力的控申案件时，检察官需严格依法办案，保护受害人的合法权益。同时，还需充分考虑案件中的家庭关系、社会背景等因素，以情理服人，让当事人感受到司法的温度。通过法理情的有机结合，实现案件处理的最佳效果，让人民群众在每一个司法案件中感受到公平正义。

在法理情的有机统一中实现公平正义，需要深刻理解法理情的内涵及其相互关系，在办案实践中具体运用法理情的有机统一，加强沟通协调促进法理情的和谐统一，并提升司法能力和水平，为法理情的有机统一提供有力保障。

三、统筹把握“以事实为根据、以法律为准绳”

在控申检察办案中，“以事实为根据”“以法律为准绳”是相互联系、不可分割的两个方面。“以事实为根据”是公正审理案件的基础，要求检察官在办案过程中全面、客观地审查案件事实，确保案件事实的准确认定。“以法律为准绳”则是正确解决案件纠纷的依据，要求检察官在认定案件事实的基础上，严格依照法律规定处理案件，确保案件处理的合法性和公正性。

控申检察在统筹把握“以事实为根据、以法律为准绳”的原则时，需要采取一系列具体而有效的措施，以确保案件处理的公正性和合法性，在法律框架内寻求公平正义的“最大公约数”。

（一）强化证据收集与审查

在控申检察工作中，必须全面、客观地收集与案件相关的各种证据，确保没有遗漏任何可能影响案件事实认定的关键信息。对收集到的证据进行严格的审查核实，确保其真实性、合法性和关联性。对于存在疑问或瑕疵的证据，应及时进行补充调查或依法予以排除。

（二）坚持客观公正立场

控申检察人员在处理案件时，应始终保持中立态度，不偏袒任何一方当事人，确保案件处理的公正性。在认定案件事实时，应严格遵循证据规则，以客观存在的事实为依据，不受外界干扰和主观臆断的影响。

（三）准确把握法律适用

控申检察人员应不断学习新的法律法规和司法解释，提高自己的法律素养和业务能力，确保能够准确理解和适用法律条文。在案件处理过程中，应注重保持法律适用的一致性，避免出现同案不同判或类案不同判的现象。

（四）加强监督与制约

通过设立专门的监督机构或岗位，对控申检察人员的办案行为进行监督和制约，防止权力滥用和腐败现象的发生。积极接受人大监督、政协监督、社会监督和舆论监督等外部监督方式，确保控申检察工作的透明度和公信力。

（五）注重办案效率与质量

通过优化办案流程、提高办案效率等方式，减少案件处理时间，确保当事人能够及时获得公正的司法裁决。在追求办案效率的同时，必须确保办案质量。通过加强案件审查、严格把关等方式，确保每一个案件都能够得到公正、合法的处理。

（六）加强队伍建设

控申检察人员应具备良好的政治素质和职业道德，始终保持对法律的敬畏之心和对人民的忠诚之心。通过定期组织业务培训、交流学习等方式，提高控申检察人员的业务水平和综合素质。

控申检察在统筹把握“以事实为根据、以法律为准绳”的原则时，既要尊重案件事实，又要严格遵守法律规定；既要考虑案件的法律效果，又要考虑案件的政治效果和社会效果。通过综合运用各种法律手段和方法，实现罪刑法定、罪责刑相适应及法理情的统一。只有这样，才能确保控申检察工作的公正性、合法性和有效性。

四、结论

“三个善于”理念为控申检察办案提供了科学的认识论和方法论指导，是检察机关做实高质效办好每一个案件的重要抓手和有力保障，可以有效提升控申检察办案质效，确保司法公正的实现。同时，统筹把握“以事实为根据、以法律为准绳”的原则，在法律框架内寻求公平正义的“最大公约数”，是控申检察办案工作的重要任务和使命。未来，检察机关应继续深化对“三个善于”理念的理解和实践，不断探索和完善法学原理和司法规律，为推进全面依法治国和建设社会主义法治国家作出更大贡献。

以“三个善于”高质效做好业务管理

拓玉林*

应勇检察长指出，高质效办案必然要求高水平管理，高水平管理服务和促进高质效办案。[①]最高人民检察院党组提出“三个善于”，即善于从纷繁复杂的法律事实中准确把握实质法律关系，善于从具体法律条文中深刻领悟法治精神，善于在法理情的有机统一中实现公平正义，目的是引导检察人员坚持以习近平法治思想为指引，高质效办好每一个案件，切实让人民群众感受到公平正义就在身边。据统计，基层检察办案量占全国检察机关办案总量的90%以上。面对如此庞大的办案数量，决不能把“三个善于”口号化、简单化，应作为一项政策安排，通过检察业务管理举措，引导、督促基层检察人员高质效办好每一个案件。

一、“三个善于”的业务管理方位

“三个善于”是高质效办案的具体指引，旨在提高案件质量，防止就案办案、机械办案，追求个案办理效果最大化。检察业务管理要以公平正义为价值取向，着重防止就案办案、机械办案，统筹好数量与质量、实体和程序、效率和效果三个关系。

一是统筹好数量和质量的关系。数量和质量是事物的一体两面，没

---

* 拓玉林，陕西省米脂县人民检察院党组书记、检察长。

① 《指标再优化、管理更科学，最高检新年首次检委会再次聚焦这件事！》，载微信公众号“最高人民检察院”，2024年1月3日。

有一定的数量就谈不上质量，没有质量的数量毫无意义。“三个善于”同样要处理好数量和质量的关系，既要保持质的有效提升，又要保持量的合理增长，将有数量的质量和有质量的数量统筹在更加注重质量上。一方面，要重在高质效，树立正确政绩观，坚决把抓案件质量作为业务管理的重中之重，充分利用各种行之有效的方法手段，引导和督促办案人员树立精品意识，办好案、办精品案，铸牢检察履职生命线。另一方面，要多办好案，以一定数量的规模效应彰显检察机关维护和促进公平正义的使命担当。

二是统筹好实体和程序的关系。实体和程序的关系可以简单理解为权利及其救济的关系。无论是把握实质法律关系，还是深刻领悟法治精神，抑或法理情的有机统一，都是实体和程序的混合体。案件定性、法律适用、处理效果等都是实体性的，而嵌入其中的举证、质证、认证等又是程序性的，二者密不可分，互为依存，都直接关系到公平正义的实现。一段时间以来，重实体、轻程序的现象比较普遍，最终由于程序不到位，反而影响了实体处理的效果。检察业务管理，要做到对实体、程序同时管控，不可偏废，在实体上确保实现公平正义，在程序上让公平正义更好更快实现。

三是统筹好效率和效果的关系。“三个善于”的重要目的就是防止就案办案、机械办案，其中包含着效率和效果的关系问题。在效率上，一方面，就案办案、机械办案往往会由于证据审查不全面、案件定性不精准、适用法律不正确等原因，导致不能实现案结事了，引发新的案件，一案变多案，势必影响了办案效率；另一方面，某些领域本来可以通过个案办理推动源头治理，结果由于就案办案、机械办案导致类案一再发生，也严重影响了办案效率。在效果上，由于思维僵化，不顾政治效果、社会效果，甚至在适用法律上也不能很好考虑到法律的系统性、滞后性、特殊性，不能取得很好的法律效果，法理情统一不起来，这都需要通过业务管理进行引导和干预。

二、“三个善于”的业务管理原则

“三个善于”的内涵非常丰富，在司法实践中针对性也非常强，要围绕公平正义的价值追求，结合就案办案、机械办案的问题表现，进一步探讨检察业务管理的基本原则，并以此为基础制定相应的机制措施。

一是全面依法履职原则。在检察监督办案中不能只审查案卷中的证据材料，还要注重发现各种可疑之处和背景信息，努力推动证据事实、法律事实、客观事实高度统一；不能简单适用法律文本规定，还要高度契合法律原则和法治精神；不能只追求法律效果，还要充分考虑政治效果和社会效果，努力实现法理情相融。一方面，我们处理具体的案件，决不能脱离法律的规制范程，要始终做到有法可依，否则就不可能契合法治精神；另一方面，要坚持法无授权不可为，检察机关要在法定职责范围内行使权力，不能超越职权。

二是实质监督原则。近年来，司法实践中不顾办案实际效果、数据冲动问题突出，一些基层检察机关不能树立正确的政绩观，既没有准确把握实质性法律关系，也不符合法治精神，效果上人民群众更是无法感受到公平正义就在身边。因此，要厘清主要矛盾和矛盾的主要方面，比如刑事检察要着重在罪与非罪、此罪与彼罪、一罪与数罪、主犯与从犯等方面加强审查。民事检察要仔细甄别法律关系性质，是违约之诉还是赔偿之诉，是合同未成立还是合同可撤销等。行政检察和公益诉讼检察亦是如此，都要聚焦实质性法律关系进行监督，只有这样才能是高质效的监督、有价值的监督。

三是亲历办案原则。善于从纷繁复杂的法律事实中准确把握实质法律关系，其中最重要的内容就是加强对证据的审查认定，这是认定法律事实、把握实质法律关系的基础性工作。只有厘清了全案的法律事实，才能最终对案件作出精准的定性和处理。当前，基层侦查机关的侦查能力水平有限，检察机关又以书面审查、退回补充侦查为主，不少案件最终以证据不足不诉，这是典型的就案办案、机械办案，不利于打击犯罪，不符合法治精神。检察业务管理要加强亲历性办案的要求，督促检察官从办公室走出来、从书面审查走出来，积极行使自行补充侦查权和公益诉讼调查核实权，以亲历性保障案件处理的精准性和实效性。实践中还值得注意的是，不少检察官尤其是院领导依靠书记员审查的多，自己审查的少，导致一些案件没有把握住实质法律关系，应一并纳入业务管理中。

四是恢复性司法原则。这里所讲的恢复性司法并不仅限于刑事犯罪领域或者公益诉讼领域，而是在内涵外延上更加宽泛的概念，是指对已经破坏的社会关系的努力修复，这是实体法的基本精神，也是在实体上确保实现公平正义的基本要求。检察业务管理要把恢复性司法作为重要内容之一，努力对已经被破坏的社会关系、被损害的国家利益和社会公共利益、被侵害的公民人身财产权益、被冲击的法人或者其他组织的生产经营秩序等，通过个案管理予以最大程度的修复，如努力促成刑事和解、矛盾纠纷化解、追赃挽损、受损环境修复等方面，维护实体上的公平正义。

五是延伸履职原则。不就案办案、机械办案有一个重要的要求是要做好检察履职的“后半篇文章”。首先要做到“治罪”向“治理”转变，要通过个案办理发现行业监管漏洞，及时制发社会治理检察建议，推动源头治理，预防类案的发生，达到办理一案、治理一片的效果。其次要做到横向协同，比如持续做好行刑反向衔接、党员违法违纪线索移送，加强与其他执纪执法机关的协同配合，增强检察履职成效。最后要加强释法说理，通过以案释法，把坚持“三个善于”办案的过程讲深、讲透、讲好，让人民群众可感受、能感受、感受到公平正义。

三、“三个善于”的业务管理机制

“三个善于”的落实不能停留在方向、原则层面，必须有具体的举措和制度的设计为支撑，保证其在办案过程中得以落实。

一是建立立案审批机制。检察监督办案过程中之所以存在不少“不善于”的案件，关键在于立案审批制度的缺失。当前，强调更多的是结案审核把关，对受案、立案第一关口没有落实司法责任制，除了刑事案件被动接受侦查机关移送起诉，提起抗诉和再审检察建议上级要求提前沟通外，其他条线业务不同程度存在随意立案、选择性立案问题。应当从业务管理上着手，尽快建立立案审批制度，通过关口前移，筑牢“不善于”的第一道防线。

二是建立一体履职机制。进一步树牢检察一体化履职意识，健全完善下级请示和上级指导机制，对一些重大复杂疑难案件，下级检察机关不能准确把握实质法律关系、适用法律遇到困难、社会广泛关注的案件或者其他需要上级提供专业指导和支持的案件，可以通过规范、严格、正式的方式及时请示报告，上级检察机关要给予明确的意见答复。另外，检察机关内部不同业务部室也要有“一盘棋”思想，在履职中发现其他业务条线案件线索的，也要及时移送，保证一体履职、综合履职效果。

三是建立数字检察机制。数字检察是检察工作高质量发展的重要手段和标志，已经成为新时代检察各条线赋能监督的利器。它一方面通过数据收集、比对、甄别，极大地利于检察机关固定证据、查明案件事实，精准定性法律关系；另一方面能很好地统筹有质量的数量和有数量的质量，通过某一行业领域的数字监督模型使用，办理一大批案件，推动形成该行业领域的集中治理和长效治理。因此，数字检察机制是检察工作高质量发展必经的路，也是必过的坎，要纳入检察业务管理中的优先选项，从建到用，以用为主，以更快更优的方式推动“三个善于”落到实处。

四是建立释法说理机制。释法说理机制是一项程序性机制，目的就是让人民群众可感受、能感受、感受到公平正义。一方面，要鼓励适用公开听证程序，注重邀请“两代表一委员”、人民监督员、社会公众参与到公开听证案件中，听取人民群众朴素的正义观和人情观，积极参考吸收到案件的处理结果中，努力促成天理国法人情相统一。另一方面，也要加强案后释法，通过新闻发布会、讲检察故事等形式，提升人民群众对个案的理解和信服。

五是建立案件评查机制。案件评查可以分为案前评查和案后评查。

案前评查是指在案件办结前组织开展交叉评查，旨在对案件的办理进行把关，重点对案件事实是否清楚、证据是否确实充分、定性是否准确、法律适用是否正确等方面进行核查，有利于提高案件的质效。缺点是需要消耗的检力较大，适合案件体量较小的基层院。案后评查是一种事后评价机制，重点也是围绕"三个善于"的具体方面进行评查，并评定案件等级，便于总体评价办案质效和绩效。从案件管理来说，两种评查机制都是必要的，应结合实际情况，建立健全评查机制，确保评查效果。

六是建立案例评选机制。案例评选是检察机关常用的工作机制，如最高人民检察院评选典型案例和指导性案例，省级以下检察机关开展典型案例、精品案例评选。无论是指导性案例抑或典型案例、精品案例，都是检察监督办案"三个善于"的集大成者，尤其以最高人民检察院指导性案例为最。对于基层检察机关而言，要"两条腿"走路，一方面，加强典型案例、指导性案例的学习，尤其是最高人民法院、最高人民检察院发布的案例，及时组织检委会深入学习，便于增强"三个善于"的能力，指导类案办理；另一方面，要树立典型培育意识，定期研判好的办案素材，以工匠精神精雕细刻，努力办成典型案例或指导性案例，在办案中提升"三个善于"的能力水平。

七是满意度评价机制。满意度评价是近年来陕西政法系统履职测评的重要方式，测评结果能较好地反映出政法机关在执法司法中能否坚持做到"三个善于"，能否让老百姓真正感受到公平正义就在身边。基层检察机关应将满意度评价作为业务管理的一项重要举措，运用好测评结果，倒逼办案质效的提升。

四、"三个善于"的业务管理底线

"三个善于"的业务管理没有上限，所追求的高质效只有更高没有最高，但是必须有下限、有底线，这也是近年来最高人民检察院反复强调和要求的，触底、踩线的案件一定是"最不善于"的案件，当然也是质效最差的案件，在检察业务管理中应当高度重视，坚决防止发生。

一是要坚决防止罪错案件。依法履职是"三个善于"的基本前提，罪错案件冲破了依法的底线，是决不能允许的。一些案件比如抗诉、再审检察建议不被采纳或者其他纠正违法等不被采纳的案件，大多存在实质性法律关系把握不准或者适用法律错误，要作为底线予以管理。

二是坚决防止舆情热炒。舆情热炒案件要么是罪错案件，要么是法理情不统一的案件，挑战的是社会公众朴素的认知，当属“三个不善于”的严重情形，也应当作为底线来管理。要加强案件办理的风险评估，尤其是一些本身就敏感的案件，提前制定方案，加强舆论引导，把握合适时机，做好释法说理，确保平稳处置。

三是坚决防止闹访缠访。闹访缠访是案结事没了，办理一案引发新案，属于典型的低质效案件。这些案件要么“三个事实”不统一，要么“三个效果”不统一，要么“后半篇文章”没做好，释法说理不到位，导致司法资源严重消耗，甚至发生极端案事件，给维稳带来了较大压力。因此，也要将闹访缠访作为业务管理的底线，坚决予以防止。

四是坚决防止廉政问题。廉政问题是业务管理始终坚守的底线和红线，个案办理中一旦出现不廉不洁的行为，“三个善于”无从谈起，公平正义也无从实现。必须围绕检察权运行过程中的关键岗位和薄弱环节，加强权力制约和制度设计，以高质量的业务管理守住廉政底线。

运用“三个善于”做实高质效办好每一个案件的制度保障

付　强　刘艳娇[*]

“三个善于”是检验履行“高质效办好每一个案件”成效的重要标准，要深刻领会和把握其三个层次的内涵和要求，进一步强化保障机制建设。

一、提出“三个善于”的时代背景

步入新时代，检察机关如何充分发挥职责作用，以自身高质量发展更好地服务于推进中国式现代化的宏伟目标？千里之行，始于足下，只有把每一个个案办好，才能以量的积累促进检察工作实现质的飞跃，为中国特色社会主义法治体系的建设贡献更大的检察力量。循着这一思路，最高人民检察院提出了“高质效办好每一个案件”的理念，这也成为新时代检察履职办案的基本价值追求。高质效办好每一个案件，看似是最朴素、最简单的要求，但实践起来却是不易。怎么检验检察机关是否把个案办好了呢？对此，应勇检察长提出，善于从纷繁复杂的法律事实中准确把握实质法律关系，善于从具体法律条文中深刻领悟法治精神，善于在法理情的有机统一中实现公平正义，是“高质效办好每一个案件”的重要体现。

---

* 付强，北京市海淀区人民检察院检察委员会专职委员；刘艳娇，北京市海淀区人民检察院第九检察部检察官助理。

“三个善于”的提出，不仅是对如何实现“高质效办好每一个案件”的直接回答，也是检察机关面对时代发展新的特点，有效履职尽责的必然要求。比如说，我们处于科技发展日新月异的时代，科技化、数字化浪潮接踵而来，犯罪分子利用高科技手段实施违法行为，让犯罪事实变得更加疑难复杂，检察机关要从纷繁复杂的法律事实中准确把握实质法律关系面临着更大的实践考验。另外，很多犯罪发生在人民群众身边，直接影响人们生活的安全感、幸福感，要求刑法不能仅单纯作为惩罚罪犯的工具，需要更多地承担预防犯罪的功能，这就需要做到治罪与治理并重，在妥善办理个案的同时解决引发犯罪的源头问题，真正实现办案政治效果、法律效果、社会效果的有机统一。

“三个善于”对检察办案提出了更高要求，提高履职质效，这是检察机关深化改革的立足点，也是更好服务中国式现代化的必然选择。党的二十届三中全会审议通过了《中共中央关于进一步全面深化改革、推进中国式现代化的决定》，将坚持全面依法治国作为进一步全面深化改革的重大原则之一，对完善中国特色社会主义法治体系作出专章部署。检察机关作为国家的法律监督机关，是建设中国特色社会主义法治体系的重要责任主体。① 同时，为了以检察履职更好服务保障全会提出的各项改革举措的落实，检察机关需要强化法律监督，以实实在在的办案成效为中国式现代化提供更高水平的法治保障。

二、“三个善于”对检察办案提出的要求

（一）善于从纷繁复杂的法律事实中准确把握实质法律关系，要求事实认定要“准”

从纷繁复杂的法律事实中准确把握实质法律关系，总的来说就是要求检察办案要“以事实为根据”，旨在解决适用法律的基础事实问题。法律事实是指符合法律规定、由证据证明、经办案人员按照法律程序确

---

① 参见《深入学习贯彻党的二十届三中全会精神 自觉融入中国特色社会主义法治体系建设大格局》，载《检察日报》2024 年 8 月 7 日，第 1 版。

认的具有法律效果的“客观”事实。[①]在刑事案件中，即使经过公安机关调查取证、检察机关审查起诉、审判机关依法审理，认定的法律事实依然不可能完全等同于自然存在的客观事实。尤其是一些事实复杂的案件，存在多种法律关系交错、罪与非罪难以把握、此罪与彼罪认定存疑、关键事实缺乏有效证据等情况，成为检察人员办案时认定案件事实必须冲破的迷雾。为了保证认定的事实更加贴近客观事实，检察办案需要做到“不畏浮云遮望眼”，在全面审查案件事实的基础上，准确识别出基本案情和关键争点，梳理出案件发展脉络和基础法律关系，不受旁枝末节的干扰，才能精准把握能够定性案件的实质法律关系，从而准确定位适用的法律规范。比如伪造国家机关证件进行诈骗的行为，虽然伪造行为和诈骗行为都违反了刑法的规定，但如何定性这一行为的性质，将直接影响适用的法律条文。实践中，通常对该行为按诈骗罪一罪处罚，而将伪造行为认定为诈骗的手段。可见，分清主次矛盾，才能抓住实质法律关系、准确认定案件事实。

（二）善于从具体法律条文中深刻领悟法治精神，要求适用法律要“活”

从具体法律条文中深刻领悟法治精神，总的来说就是要求检察办案要“以法律为准绳”，旨在解决适用法律的疑难问题，要求用“整体的”“历史的”“发展的”眼光来看待法律条文的规定，从是否全面适用法律、是否符合法律规定的目的、是否符合时代精神等角度来审视法律适用是否符合法治精神，避免机械套用法条。具体而言，现行刑法共有400余条规定，法律规定常有内容交叉、竞合或是相互排斥的情况，若案情涉及刑民交叉等复杂法律关系，在适用法律时又需多一重考量。“整体的”，要求在坚持文义解释为主、其他解释为辅的原则下，贯通考虑刑法总则与分则、具体罪名规定之间的逻辑关系，灵活选择适用的条文规定。“历史的”，要求在特定情形下追溯立法原意和立法目的，由于

---

① 参见李准：《“三个善于”：揭示司法办案客观规律与本质要求》，载《检察日报》2024年5月23日，第3版。

时移事转，法律条文根据当下的社会环境可能难以理解规定的用意，通过研究法律条文制定的时间、背景、目的等来探求立法者基于哪些价值因素作出的规定，从而在选择适用法条时更能符合立法目的。“发展的”，要求根据经济社会的发展对法律体系及时进行调整，积极适用社会变化的需要。由于法律规定具有滞后性，一些法条因不符合社会发展的变化而不具有适用性，或是不符合一个时期内社会形势政策的需要而被束之高阁，对这些沉睡的法条，需要启动修改程序或是重新谈论适用的条件因素，确保选择适用的是良法亦是符合时代需要的规定。

（三）善于在法理情的有机统一中实现公平正义，要求办案效果要“好”

在法理情的有机统一中实现公平正义，总的来说就是要求检察办案要“以公平正义为目标”，旨在明确司法办案的价值追求。习近平总书记在强调严格规范公正文明执法时，特别要求“坚持以法为据、以理服人、以情感人”。[①]我国古代就有“明达法理”“顺天理讼”“执法原情”等理念，注重在断案中兼顾天理、国法、人情。[②]可以说，追求法理情的有机统一，这是极具中国特色的法治语言，是新时代传承和发展中华优秀传统法律文化的生动体现。要求司法办案以符合法律规定为基础，同时兼顾社会共同的行为规范，并且不能偏离人民群众朴素的道德认知和情感认同。法理情三者相互依存、相互制约，只有达到动态平衡的状态，才能保证最佳办案效果。同时，公平正义的司法目标是我们党站稳人民立场的重要体现，让人民群众在每一个司法案件中感受到公平正义，要求把人民感受作为衡量办案效果的根本标准。因此，在办案过程中，既要查明事实，准确适用法律，讲清法理，又要讲明事理、讲透情理，让人民群众感受到司法的温度，对法律适用结果表示认同和信服，才能实现真正意义上的公平正义。

---

① 习近平:《论坚持全面依法治国》，中央文献出版社2020年版，第260页。

② 参见《善于在法理情的有机统一中实现公平正义》，载《检察日报》2024年5月31日，第2版。

三、"三个善于"的保障机制构建

"三个善于"对检察办案提出了更高的要求，不仅需要检察人员从理念上充分理解"三个善于"的精神内涵和具体要求，还需要检察机关从工作机制运行上进行系统优化，才能为高质效办案提供坚实的制度保障。对此，应勇检察长在系统阐释"三个善于"基本内涵和实践要求的同时，也提出要完善保障机制的工作要求。围绕这一要求，我们还需进一步加深思考，对加强"三个善于"的保障机制建设提出更加具体、全面的对策。

（一）聚焦全面和精准，准确把握实质法律关系

1. 事实为上，完善证据审查和补充制度

要从纷繁复杂的法律事实中准确把握实质法律关系，查清案件事实、厘清法律关系是基础和前提。证据作为证明案件事实的材料，证据问题也是诉讼活动的核心问题，证据越全面、越充分，对案件事实的认定就越准确。只有全面查清了案件事实，在此基础上探寻实质法律关系才有意义。检察机关在审前阶段对证据的收集、审查、运用应发挥主导作用，通过健全刑事指控体系，强化对证据的实质性审查，确保证据体系的完整性和认定事实的准确性。

一是要完善证据审查制度。检察机关要强化审查起诉环节对证据的把关、过滤作用，对公安机关移送证据要进行全面、严格、准确的审查，确保证据审查的亲历性。对过去重主观证据、轻客观证据审查模式存在的弊端，办案人员要调整证据审查思路，推行以客观性证据为主导的证据审查模式。通过对客观性证据的全面综合分析，来检验主观性证据的可信性，并与主观性证据相结合，准确认定全案事实。

二是要完善自行补充侦查制度。检察机关加强自行补充侦查，可以有效弥补公安侦查取证不足对认定案件事实的不利影响。但实践中自行补充侦查的运用比较有限，需要进一步激活该制度的价值作用。对此，要进一步区分审查起诉阶段和审判阶段检察机关开展自行补充侦查的适

用条件、启动程序和调查核实手段等内容，提升自行侦查的规范性、有效性。如审查起诉阶段，检察机关补充侦查是为了在公安机关事实性侦查基础上进行法律化补充和完善，比如对正当防卫等法定情节进行补充侦查。另外出于效率性原则，对第一次退回公安机关补充侦查仍无法补充有效证据的案件，检察机关应及时开展自行补充侦查，尽量避免二次退回造成程序重复。

2. 聚焦融合，打造内部协调和外部协作机制

对于简单的案件，由单个办案组办案就可以实现查清案件事实、把握实质法律关系的要求，但如果案件存在串联、法律事实牵涉多个业务条线，就需要打破部门间的职能界限，加强信息共享，发挥各自领域在认定案件事实方面的专长进行联合办案。另外，对于一些重大疑难复杂的案件，通过发挥上级检察机关的组织领导、指导协调，可以有效排除办案阻力和干扰，统筹办案资源和力量，更有利于集中精干力量准确分析案件事实、识别法律关系进而揭示实质法律关系。因此，检察机关需要强化一体履职、综合履职，加强内部线索移送、部门融合办案、层级请示汇报和接续监督等机制的健全完善，有效凝聚四级检察机关、各业务条线、各内设部门的办案合力。

检察机关是司法办案的重要一环，前承公安机关侦查取证，依赖其收集证据以证明案件基础性事实，后接审判机关依法审理，通过控辩双方当庭举证质证，由法院对案件事实进行最终认定，因此，检察机关在把握案件事实时，受到公安机关对事实认定的影响，也需要接受法院对事实认定的裁决，三者对法律关系的认识差异将对检察机关的办案质量产生重要影响。因此，检察机关要加强同公安机关、法院的沟通协作机制，通过共同制定办案指引等方式，弥合对类型化案件的认知分歧。

3. 科技赋能，升级把握案件事实的技术手段

通过分析在案证据、梳理案件事实脉络，从中识别定性案件的实质法律关系，这是一个复杂的过程，对办案人员的综合素养和专业能力要求较高，但除了自身的硬实力，检察人员可以充分借助科技辅助，实现对案件事实把握能力的智能升级，获得从纷繁复杂的案件事实中精准识

别实质法律关系的“火眼金睛”。随着科学技术的飞速发展，检察机关深入实施科技强检战略，充分发挥科技手段在证据审查、调查核实、案情分析、法律适用等方面的辅助作用，依托科技赋能提升精准认定案件事实、高效办理司法案件的工作质效。

近几年来，数字检察的发展对案件事实的掌握提出更高要求。检察机关实施大数据战略，通过数据碰撞、比对、分析不仅可以挖掘案件来源，通过收集运用数据的过程，也可以帮助检察人员厘清办案思路，只有清晰掌握了犯罪手段和方式，弄通犯罪行为的底层逻辑，才能有效建模，发挥大数据模型的类案办理功能，与此同时，通过模型的运用，在确保办案精准度的同时也有效提升了办案效率。但目前数字检察的科技化、智能化水平还处于发展阶段，对数据分析的智能化水平还不能满足实践的需要，要求检察人员及时关注技术工具和装备的更新，在审慎的基础上引入人工智能技术辅助数据分析工作，提升数据的审查、分析能力，对犯罪精准画像，进一步发挥科技手段在准确识别实质法律关系方面的助力作用。

4. 人才保障，提升审查分析案件的能力水平

虽然有科学技术手段的辅助，但检察人员的办案能力仍是实现“高质效办好每一个案件”的关键。随着经济社会的变化发展，犯罪案件呈现出手段隐蔽、案情复杂等特点，不仅对检察人员的逻辑思辨能力提出更高要求，而且案件常常涉及经济金融、知识产权、网络技术等专业领域，要求检察人员必须掌握相应的专业知识，否则难以识别其中的法律关系。因此检察机关要坚持走专业化发展道路，加强复合型人才培养，让检察人员各具所长。比如随着信息网络的发展，在犯罪案件办理中，检察人员需要审查处理海量的电子数据，通过机器检索生成数据，再以可视化方式将数据表达的人的行为予以呈现，对技术水平的要求较高。并且电子数据证据密度低，要在浩如烟海的电子数据中高效定位、审查

案件相关证据，[1] 检察官往往缺少相应的知识和经验，因此要求检察机关培养具备相应审查能力的专门检察技术人员，根据检察官在办案中提出的证据审查需求，提供相应的技术辅助，探索检技融合办案新模式，对提升电子数据审查分析能力、精准识别网络犯罪意义重大。

检察人才的培养不应局限于检察人员，还要积极构建宽领域、多渠道、立体化的引才格局，善用“外脑”，打造一支能满足不同检察工作需要的“编外”人才队伍。通过健全完善特约检察官助理、专家咨询、特约监督员、检校合作等制度，让更多有专业知识的人才参与到检察工作中，为认定案件事实、识别法律关系提供知识和经验，成为检察办案的专业智囊。[2]

（二）兼顾审慎和灵活，深刻领悟法治精神内涵

1. 以法律规范为框架，提升法律解释科学性

执法司法活动是适用法律的过程，“高质效办好每一个案件”自然离不开对法律条文的解释，现有的法律规定是理解和适用法律的基础，也是法治精神的体现和依据，因此，即使法律规定有模糊性、滞后性、僵硬性等缺陷，我们也不能脱离法律规定空谈落实法治精神。同时，为了确保能准确、灵活运用法律，避免片面理解法条、机械办案，检察人员需要掌握科学的法律解释方法。科学的法律解释方法是法律解释规律的总结，也是对司法实践的归纳，可以帮助准确寻找法律、解释法律、适用法律，保障对同类案件的处理一致，符合人民群众对法律决定结果的期待和对公平正义的追求。

检察机关履行法律监督职责，应当在法律规范的框架和授权范围内行使权力，因此掌握科学的法律解释方法是检察人员应具备的基本功。法律条文的内容专业而精练，基于审慎原则，一般应严格遵循法条字面

---

① 参见岳险峰、申贝贝：《强化电子数据专业化审查》，载《检察日报》2024年1月24日，第3版。

② 参见刘国媛：《“三位一体”推进检察人才建设高质量发展》，载《检察日报》2023年9月21日，第3版。

规定，通过文义解释就能涵摄多样的社会事实，做到依法办案，但面对更加复杂和变化中的社会关系时，灵活使用目的解释、体系解释等方法进行解释，促使规范中一般化事实与司法个案中的特殊化事实进行对话和意义建构，维护法律秩序的统一。①

2. 优化案例指导制度，强化法律适用系统思维

我国是典型的成文法国家，制定法的一般性特征不可避免地导致实践运用中存在模糊性、不周延等问题，而案例指导制度能够让生硬的法律条文变得灵动和鲜活起来，通过法律在具体案件中的实际运用，可以有效统一办案人员对法律规定的认识和把握，深化对法条所体现的法治精神的理解和认同。并且，案例具有个体性特征，可以对法律规定进行细化与扩展，通过解释、论证、修补等方法，将模糊性规定予以具体化，将不周延的规定进行完善，并通过指导性案例、典型案例等制度上升为基本的理念和原则，成为司法实践中指导办案的普适规则。

作为基层检察机关，一方面要加强指导性案例、典型案例和参考性案例的研究、适用，通过检委会专题学习、检察官联席会议传达等方式及时吃透最新案例的指导精神，另一方面要发挥案件体量优势，挖掘本院具有指导意义的案例，加强法律政策研究部门与办案部门的协同融合，围绕选、析、编、用下足功夫，创建本院专属案例库，既能深化检察人员从具体案例中抽象办案指导原则的能力，同时又能以案例促进法律适用规则的迁移和借鉴，涵养检察人员的法治精神、法治思维和办案能力。

3. 深化司法政策运用，站稳司法办案人民立场

司法政策可以更新司法理念、提升司法技术，推动公平正义的实现，促进司法文明和社会进步，具体到刑事司法领域，刑事政策可以指导刑事案件的处理，预防与减少犯罪，促进社会和谐稳定。②司法政策

① 参见刘雷:《法律适用中法律解释的法治维度》，载《人民法院报》2022年11月4日，第7版。

② 参见刘顺峰:《司法政策概念论》，载《济南大学学报（社会科学版）》2023年第5期。

及刑事政策的概念不是一成不变的，而是会随着党治国理政理念的创新和社会矛盾的变化而不断发展。因此，与具体法律条文相比，司法政策更具实践灵活性，能及时传达国家相关政策，是中国特色社会主义法治精神的生动体现，应成为司法办案的重要遵循。

司法政策是党的政策主张和人民意志在司法领域的重要体现，检察机关是政治性极强的业务机关，应坚持党的绝对领导，将司法政策作为司法办案的指导原则，在司法政策的指引下把握法治精神、执行法律规定，确保贯彻司法政策与执行法律规定的协调统一。[①]具体而言，要进一步强化司法政策的理论研究和指导运用，引导检察人员能够聚焦形势所需、民心所盼、实践所要，从发展大局、时代背景出发，以满足人民群众对公平正义更高期待为落脚点，让司法政策体现在检察履职的具体实践之中。

（三）立足当前和长远，确保公平正义可感可触

1. 当前争取案结事了，实现矛盾实质性化解

司法办案要兼顾法理情的有机统一，要求检察机关不能仅追求办案形式上的“合法有据”，还要实质上符合“世之常理”。比如刑罚的附随后果对行为人的工作生活影响深远，对于情节轻微的犯罪案件要充分行使检察裁量权，深入领会“法理情相统一”的要求，通过运用认罪认罚从宽等制度，实现实质正义。另外，案件处理结果还要符合“人之常情”，有时候虽然案件得以办结，但未能解开当事人的心结，因此要求检察人员要加强释法说理的能力，把法律语言转换成符合法律精神的群众语言，让人民群众听得懂、信得过，感受到公平正义就在身边。

如何让人民群众有机会参与检察工作，将检察工作置于阳光下？检察机关创新设置了检察听证制度作为审查案件的基础性程序，充分发挥听证在化解矛盾纠纷、提升检察公信力方面的制度作用。通过听证会，

---

① 参见陈俊:《以“三个善于”为引领深入推进高质效监督办案》，载《检察日报》2024年5月11日，第3版。

不仅可以“释法结”，对案件事实、证据、适用法律等问题进行听证，让当事人理解案件的法律关系，增强对检察机关处理决定的认同，而且可以“解心结”，通过邀请人大代表、人民监督员、律师等参与听证，开展释法说理，充分释放检察听证制度的社会治理效能，减少当事人的对抗情绪，让矛盾纠纷得到实质性化解。

2. 从长远计深化源头治理，解决犯罪源头问题

法理情的有机统一，要求检察人员不能将眼光局限在办好眼前的案件，就案办案，忽视了案件的外在联系和深层次原因。通过办理个案，实施违法行为的被告人受到刑事处罚，但被害人是否得到相应赔偿、人民群众是否认同司法判决、引发犯罪的源头问题是否得到解决等问题，也是衡量是否真正实现公平正义的重要标准。检察机关要积极履职，在“抓前端，治未病”方面发挥更大价值。

违法犯罪行为与违法犯罪案件是半径不等的同心圆，如何从已知犯罪案件着手，去消弭更多未进入司法视野的违法犯罪行为所产生的社会危害，是检察履职的着力点和关键处。一方面，要深化数字检察建设，数字检察是重塑检察人员办案思维的新理念，通过数据的比对碰撞发现案件背后的制度性、源头性问题，实现从个案办理到类案监督、源头治理的升级蜕变，并且依托数据赋能，可以为城市治理提供数据支持和治理建议。另一方面，检察机关要做到治罪与治理并重，在依法办理公安机关移送起诉的案件外，还要深入参与源头治理，从源头上深挖滋生违法行为的土壤，通过提升社会治理检察建议工作质量、加强普法宣传等方式积极融入社会治理体系建设，为加强和创新社会治理提供更多检察产品、贡献更大检察力量。

案例篇

刑事

以严密的证据指控体系
监督陈仓抢劫案由无罪改判有罪

林双勇　张秀芳*

应勇检察长强调，善于从纷繁复杂的法律事实中准确把握实质法律关系，善于从具体法律条文中深刻领悟法治精神，善于在法理情的有机统一中实现公平正义，是“高质效办好每一个案件”的重要体现。近年来，由于一些司法人员办案理念出现了问题，忽视“实事求是”这一马克思主义根本观点，就案办案，机械司法，致使有些重大陈年积案被错判无罪，让凶手逍遥法外，法律的公平正义得不到实现。“三个善于”既是认识论，也是方法论，旨在引导检察人员坚持以习近平法治思想为指引，全面提高司法办案能力，努力让人民群众在每一个司法案件中感受到公平正义。

一、基本案情及案例焦点

1997年4月10日晚上，被害人宫某某（女）及儿子张某（殁年10岁）在家中床上被杀害，第二天傍晚被人发现后报警。侦技人员通过技术处理，静电粉显现在宫某某家最西侧一窗扇底部内侧有一枚完整的指纹，对该指纹进行了提取。后公安机关组织对本村及周边村庄的男性进

---

*　林双勇，河北省人民检察院普通犯罪检察部副主任；张秀芳，河北省人民检察院研究室三级高级检察官。

行大面积排查，但未能侦破案件。2014年6月，该提取指纹录入公安部指纹库，随后不久，该指纹经比对与一起盗窃犯罪被告人陈仓的食指指纹一致。陈仓到案之初拒不供认，后才供述其一人骑自行车入室盗窃杀人的事实。陈仓被移送起诉之时，有在押犯举报陈仓可能还有同案犯，公安机关根据线索在异地抓获了孟某某。孟某某到案的第一时间就如实供述了伙同陈仓深夜入室盗窃，女被害人刚要醒来时被陈仓杀害，后又将一个小孩捂死的事实。该案历经一审判处陈仓死刑、孟某某有期徒刑3年，发回重审后一审改判陈仓死缓、孟某某维持原量刑，再上诉后二审改判陈仓、孟某某无罪，检察机关依照审监程序对陈仓提出抗诉后再审改判陈仓死缓。

本案的焦点：窗户上提取的指纹与抢劫杀人事实之间，如何建立逻辑关系；被告人供述发生变化时，如何审查判断，如何采信；涉案物证未能提取或遗失，是否必然影响事实认定；如何具体把握“疑罪从无”原则的适用。

二、准确把握案件的实质性法律关系，透过现象看本质

善于从纷繁复杂的法律事实中准确把握实质法律关系是基础，就是要抓住案件中的主要矛盾和矛盾的主要方面。通过科学的、符合逻辑的思维方式和推理，透过现象看本质，最大程度还原案件事实真相。本案就是通过正向审查和反向审视的方法，在案证据能够形成基本证明体系的基础上，运用必要的逻辑分析和科学论证，辅以常情常理常识的经验判断，使定罪的证据体系更加清晰。

（一）隐蔽性证据在认定案件事实中的关键作用

对于陈年积案来说，往往存在证据提取不到位或保管不当灭失等问题，可能影响到案件事实的认定。此种情况下，如果能够挖掘或找寻到隐蔽性证据，对于最终定案会大有裨益。本案中，在被害人家窗扇底部内侧提取到一枚指纹，该指纹经鉴定系陈仓食指指纹。这个指纹的位置

决定了其具有很强的隐蔽性特征。该窗户是向外推开的木质油漆窗扇，正常生活中打开或关闭该窗扇，需要通过窗扇上的把手进行，指纹也只会留在把手上。而本案是在窗扇底部内侧提取到的陈仓指纹，且指纹的走向是向上呈竖状，符合从外抠开窗户时形成，由此可以判定陈仓具有重大犯罪嫌疑。对此，陈仓开始称自己无法解释指纹为什么会留到被害人家窗户上，后又辩称“不排除”给被害人家安装暖气时所留，但经调查核实，给被害人家安装暖气的另有他人，陈仓也不能提供曾经干过暖气安装工作的证据，且被害人家暖气不在窗户附近，安装暖气不会涉及从外抠开窗户的情况。该枚隐蔽性指纹能够印证陈仓到过案发现场，当然，不能单独由一枚指纹直接指控陈仓抢劫杀人，但在与其他证据形成证据闭环后，该枚指纹与陈仓抢劫杀人就建立了必然的递进式逻辑关系。该枚指纹，成为案件侦破和定案的关键证据。

（二）被告人供述翻供及内容不一致情况的应对

司法实践中，被告人翻供是常见现象，针对翻供情况一定要高度重视，通过审查翻供的理据是否充分，证明合法性的证据是否确实、充分，有没有足以引起合理怀疑的其他情况等，确认证据取得的合法性。本案中，陈仓、孟某某就存在全部翻供、部分翻供、反复翻供的情况。陈仓在侦查机关最初只供称其一人作案，到检察机关又全部翻供。对于陈仓称其被刑讯逼供的具体伤情为胳膊被打火机烧伤、腿部被烟头烫伤、走路受影响等描述，调取的入所体检表、同监室人员证言均证实陈仓身体无异常情况，查看同一时间段内辨认现场视频、同步录音录像，陈仓身穿T恤衬衫、短裤，身上见不到伤情，神情自然，表达顺畅，走路正常。由此，可以确认陈仓称被刑讯逼供系谎言。对于孟某某后期称被诱供的翻供理由没有证据支持，且与同步录音录像内容不符，明显不足以采信。

在排除非法取证的情况下，对二被告人供述变化的审查判断，成为认定案件事实的关键。对于陈仓、孟某某供述不一致等情况，要科学分析。具体来看，陈仓供述中除称“一人作案”的关键性内容与孟某某供述称“共同作案”不一致外，还有个别如“作案工具”“交通工具”等不一致的内容，但其供述在犯罪现场的主要作案过程能够与现场勘查、尸检报告、孟某某供述等证据相互印证，明显具有亲历性特征，具有真实性，故应当对其有证据印证部分的供述予以采信。再结合对陈仓的多次犯罪经历、语言表达能力、性格特点等多方面信息进行心理画像，一个具有反侦查能力、谎话连篇、内心强大、具备逻辑思考能力的陈仓清晰形成，不断增强内心确认。同案犯孟某某在侦查机关前几次均如实供述全部事实，并均有同录在案，其后来供述只是逐渐从直接指认陈仓杀人，改变为听陈仓说杀人，后又变为不确定陈仓是否杀人。该翻供既无合理辩解，也没有证据支持，故而对其翻供内容不应予以采信，对其翻供前的供述内容坚定予以采信。

（三）部分物证的缺失，不必然影响案件事实的认定

司法实践中，存在因各种原因造成作案工具或痕迹物证等客观证据未能提取、灭失、丢失或毁坏等情况。此种情形是否影响犯罪事实的认定，不能一概而论，应当结合该证据在事实认定中是否起到至关重要的作用，是否足以引起合理怀疑，是否造成证据体系无法形成闭环，具体案情具体分析。本案中，作案凶器未能提取，而孟某某供述作案凶器系陈仓随身携带的锤子，陈仓供述是随手从被害人家拿的一把带管状手柄的东西，二人供述虽不完全一致，但供述均属钝器类，与尸检报告中被害人死因吻合，且不排除陈仓为减轻罪责故意掩盖提前准备凶器的情况。本案现场提取的鞋印痕迹物证丢失，但综合分析该痕迹的价值作用，即便有此物证，也不能直接作为定案的依据。至于被盗的录像机等赃物没有在案，盖因当时未能及时破案、查获赃物，但孟某某供述证明其将盗走的录像机交给陈仓，其他证人证实陈仓在案发后租录像带并在其经营的店铺播放录像。故而，案中上述客观证据的缺失，不必然影响陈仓抢劫杀人主要事实的认定。

（四）“排除合理怀疑”规则的适用

“排除合理怀疑”规则作为指控犯罪证据体系的反向检视规则，对于保证案件质量起到重要作用，尤其适用于疑难复杂案件。案件中的疑点，不必然都引起“合理怀疑”，合理的怀疑，是基于证据体系中出现难以解释的相反证据或者证明的事实不符合逻辑关系、经验法则、常情常理常识等基本认知形成的疑问，“合理怀疑”不是“怀疑一切”，“排除合理怀疑”不是“排除一切怀疑”。如，本案二被告人之间存在供述不一致、前后供述有变化等情况，经调查核实，相关供述变化内容及辩解与查证情况不符，且没有相关客观性证据支持，并与经验法则、逻辑规则不相符，不属于“合理怀疑”。又如，相邻现场的厨房脸盆内的“血水”未提取、提取的足印灭失、部分现场血迹没有提取，虽属于证据提取与保管的不当或瑕疵，但不涉及证据之间矛盾问题，不是相反证据，均不属于“合理怀疑”。再如，案发现场其他房间提取的部分指纹未能确定具体人员身份的情况，应当结合本案实际未提取被害人宫某某、张某的指纹的情况一并分析。考虑被害人在家中生活，最有可能留下他们指纹，该提取的指纹系在衣柜或衣架之上，属于日常生活痕迹，且衣柜不在案发中心现场，因此不足以引起他人作案的合理怀疑。

（五）“疑罪从无”原则的运用

我国的“疑罪从无”原则是从西方“无罪推定”原则派生而来，是随着科学技术的发展、理念的转变形成的，对于防止造成冤错案件具有重要意义。我国古代虽然没有“疑罪从无”的规定，但有“罪疑惟轻”的制度设计，彰显古人对于疑罪的态度是从轻从赦，是受科学技术局限情况下的审慎做法。本案中，二审无罪判决中所谓的疑点，主要包括部分物证没有提取、提取的物证丢失的存疑，还包括被告人供述翻供，供述不稳定造成的证据采信存疑。但这些所谓疑点，有的是先天不足造成的，有的是保管不当形成的，能够排除人为因素，且均无相反证据出现，也没有认知错误，符合一般规律认识。二审无罪判决没有坚守最基本的证据裁判规则，将案件中存在的不足和没有相反证据支持的所谓“疑点”无限扩大，强行拆解搭建的正面指控犯罪证据体系，忽视根据陈仓辩解组成的反向证据体系，不重视侦查过程的真实性在陈年积案中的重要参考作用，偏颇地按照量刑的证据标准要求定罪证据的完整性，没有真正领会“疑罪从无”原则的本质要求，径行作出了错误判断。

“疑罪从无”本质上不是案件存在疑点就无罪，而是根据“疑点”对案件事实认定形成的实质性影响进行评判后选择，根据所犯罪行的严重程度“从无”“从轻”处理。对于“疑罪”案件，不能一概因疑不追诉、不定罪，在主要证据能够搭建犯罪体系的情况下，不应纠缠细节、苛求完美，而应历史地、辩证地、实事求是地处理案件，要做到有罪无罪之疑从无，重罪轻罪之疑从轻，切实防止稍有疑点就作无罪处理等机械做法。对于案件确实存在重大疑点，足以影响证据形成闭环，且现有条件无法解决的情况下，果断运用“疑罪从无”原则，真正做到有罪绝不放过，重大疑点查不清楚也绝不认定。

综上，认定陈仓入室抢劫杀人的犯罪事实清楚，在案证据确实、充分，能够形成指控犯罪的证据体系，同时在案的其他证据也能够形成证否陈仓翻供辩解理由的证据体系，两个证据体系最终形成完整的闭环。

三、从法律条文中领悟法治精神，法律监督敢亮剑

善于从具体法律条文中深刻领悟法治精神是关键，就是要吃透法律精神，做到正确适用法律。法律文本具有滞后性，法律条文具有高度概括性，只有深刻领悟法律条文的深刻内涵及背后蕴含的法治精神，才能结合具体案件事实，准确适用法律规定。本案中陈仓犯罪性质极其恶劣，后果特别严重，要予以坚决惩处，但对于未直接实施杀人行为的孟某某则应区别对待。

（一）坚决履行法律监督职责，严惩凶犯

入室盗窃转化抢劫，不仅对财产权、住宅安宁权构成威胁，更严重

威胁人的生命健康权。本案中，陈仓伙同孟某某深夜入室盗窃，在发现被害人宫某某即将醒来时，陈仓持凶器猛击宫某某头部多次，致其当场死亡，后又将宫某某的儿子张某捂死，盗窃录像机等财物后逃离现场。尽管宫某某的女儿因年龄小、身材小，未开灯等因素未被发现，侥幸逃过一劫，但该女孩后来患上精神疾病。陈仓系有预谋作案，且作案手段凶狠残忍，连年幼的孩子都不放过，并在本案之后又分别犯有掩饰、隐瞒犯罪所得罪和盗窃罪，其中单独或伙同他人实施多起盗窃汽车、农用机械的犯罪，主观恶性极大。在本案二审时，办案检察官积极履行出庭职能，有力指控犯罪；认真履行列席审委会会议监督职责，反驳拟改判理由。二审改判无罪后，检察机关依法履行法律监督职责，果断亮剑，历经检察官联席会、检委会研究，均一致同意对陈仓按照抢劫罪提请最高检抗诉。本案得到最高检的高度重视和坚定支持，向最高法提出抗诉，经最高法指定山东省法院再审，陈仓由无罪被改判犯抢劫罪，判处死缓，依法得到了应有的惩罚，法律的正义得以实现。综合来看，二审改判无罪，就是未能从根本上领悟法条背后对公平正义的本质要求，生搬硬套法律概念，机械理解，导致错判。

（二）全面分析综合考虑案情，当宽则宽

本案中的第二被告人孟某某虽参与作案，但其处于从属地位，没有提前预谋，系临时参与盗窃，没有提供和携带任何作案工具，没有为陈仓的杀人行为提供具体帮助，没有参与分赃。陈仓实施杀人行为时，处于黑暗环境，未与孟某某进行交流。此外，还有其他值得考量的因素，比如孟某某到案后能够如实供述，始终供认伙同陈仓参与本案中盗窃的事实，此对于案件事实的认定起到重要的作用。孟某某在案发后到外地打工，其间并未实施新的违法犯罪，且被变更强制措施后，在家做小生意，能够回归正常生活状态，被害人对孟某某也没有明显意见。经综合分析，考虑宽严相济刑事政策及追求公平正义的法治精神实质，本案中孟某某已被关押 3 年，在实质上受到了应有的惩罚，且原判决刑期已满，不宜再对其提出抗诉。

四、在法理情有机统一中实现公平正义，案件办理讲实效

善于在法理情的有机统一中实现公平正义是目标，因此，在案件办理中要以这一目标为导向，取得办案的最佳效果。案件办理是审查证据、认定事实、适用法律，最终作出决定的过程。但要把每一个案件都高质效地完成，最终实现公平正义，就不能就案办案、机械办案，而应当针对每一个案件的不同情况，在正确适用法律规定的情况下，将天理国法人情融入之中，办出好的效果，树立司法权威，彰显公平正义。

（一）秉持客观公正立场

联合国《关于检察官作用的准则》中要求检察官在办案中要“不偏不倚”，法、德、英、美等国家都以不同的方式明确规定检察官应当承担客观公正义务。我国检察官法明确规定检察官要秉持客观公正立场，这也符合宪法对检察机关作为法律监督机关的法律定位。本案中，深夜入室盗窃转化为抢劫杀人，性质极为恶劣，作案手段残忍，造成二被害人无辜含冤死亡，自然让人对作案者深恶痛绝。但作为办案检察官不能感情用事，更不能主观臆断，要秉持客观公正立场，重视并解决案件本身存在的证据缺陷问题，重视并保障被告人合法权益，重视并履行程序与实体并重，通过专业的审查判断、辩证的分析论证、必要的逻辑推理，客观理性地搭建证据体系，还原案件事实真相，公正履行指控犯罪职责。

（二）“如我在诉”的意识

“如我在诉”的意识是以人民为中心发展思想的体现，要求司法人员设身处地站在当事人的角度考虑问题，将心比心，换位思考，共心共情。其中换位思考是一种有效的思维方式，有助于增强理解，避免误判，有助于全面审视案情，了解问题发生根源，进而“有的放矢”。本案中，二名被害人在深夜睡梦将醒时被无辜害死，作为办案检察官应当感同身受被害人当时的极度痛苦、恐惧和无助，感同身受这个家庭其他

成员心灵遭受的沉重打击，激发锁定真凶、严惩犯罪的意志和决心。还要学会分别置身于二名作案者的角色，结合在案事实证据情况，对整个犯罪过程进行推演，运用科学的逻辑思维的方式进行推理，通过常情常理常识的经验法则进行分析，以此完善指控证据体系。此外，积极联系被害人近亲属，在核实相关案件事实的同时，了解他们的生活现状，主动倾听他们的诉求和感受。

检察官在日常办案中，不仅要铭记“三个善于”的要求，认真依照落实，更要不断加强法学理论和其他知识的学习，“在办案中学习，在学习中办案”，增强运用“三个善于”的能力。唯如此，才能做到高质效办好每一个案件，努力让人民群众在每一个司法案件中感受到公平正义。

在把握“三个善于”中提升证据存疑命案质量

——以2023年度十大法律监督案例之“彭某某强奸案”为例

王雁飞　陈亚东[*]

随着全面依法治国战略的深入推进，刑事司法的程序规范和实体公正都明显增强，取得的进步有目共睹。同时，司法实践也还存在一些问题，个别司法者就案办案、机械适用法律，充当了“法律搬运工”的角色，作出的一些处理决定不符合社会公平正义观念、得不到人民群众的认可，最终可能产生负面的效果。2023年以来，最高人民检察院党组明确要求，检察人员要善于从纷繁复杂的法律事实中准确把握实质法律关系，善于从具体法律条文中深刻领悟法治精神，善于在法理情的有机统一中实现公平正义，简称“三个善于”。希望以此提升检察队伍素能，做实高质效办好每一个案件。以证据薄弱的命案办理为例，准确理解和适用“三个善于”，有利于站稳立场、充分履职、应对各种矛盾和压力，从而确保办案质效。

---

* 王雁飞，四川省广安市人民检察院检察长；陈亚东，四川省广安市广安区人民检察院检察长。

一、基本案情及办案经过

原犯罪嫌疑人毛某某，男，1957 年 2 月出生，拾荒者。

实际犯罪分子彭某某，男，1979 年 12 月出生，农民。

被害人，姓名不详，女，约 30 岁（法医推断），流浪女。

2006 年 8 月 24 日，四川省乐山市公安机关接群众报警，在当地一化工厂废弃门市内发现一具女尸。公安机关当日立案侦查，经初步摸排，独居于附近的拾荒男子毛某某有重大作案嫌疑。将其抓获归案后，侦查环节毛某某 10 余次供认有罪。同年 11 月 2 日，案件移送审查起诉。检察机关经审查认为，虽然毛某某多次作出有罪供述，但有罪供述之间存在重大矛盾，部分关键证据与事实不符，经两次退回公安机关补充侦查仍不符合起诉条件，后建议公安机关对毛某某变更强制措施，并提出补证意见、监督继续侦查。2020 年 3 月 11 日，公安机关在继续侦查过程中确定彭某某具有重大作案嫌疑并决定对其刑事拘留，后依法移送审查起诉。彭某某在侦查和审查起诉环节如实供述了其强奸杀人的经过。

检察机关经审查认定：2006 年 8 月下旬的一天晚上，彭某某在案发废弃门市内欲强奸一流浪女，遂采用手掐脖子、刀刺面部、砖击头部的暴力方式压制被害女子的反抗，在该女子没有反应后与其发生性关系，之后逃离现场。经检察机关提起公诉，乐山市中级人民法院对彭某某以强奸罪判处死刑，缓期二年执行，剥夺政治权利终身，并限制减刑。①

本案涉及的焦点问题在于：犯罪嫌疑人已多次作出有罪供述，且言词证据与部分客观证据印证，能否定罪处刑；在证据出现重大疑点时，如何强化侦查监督、依法准确追诉，确保办案质效。

---

① 参见童建明主编：《高质效办好每一个案件——新时代检察机关理念更新与创新实践》，中国检察出版社 2023 年版，第 527—528 页。本文结合案件具体情况略有修改。

二、把握实质法律关系：正视证据疑点强化侦查监督

理解和适用"三个善于"的基础在于从纷繁复杂的法律事实中准确把握实质法律关系，要求检察人员在司法办案中善于抓住主要矛盾，守牢"以事实为根据"这个前提[①]。在证据存疑命案办理过程中，既要重视有罪证据，积极寻找突破口，也要重视无罪证据，查清定罪量刑的基本事实。

（一）正视证据疑点，防止认识片面

回顾本案的证据情况可知，公安机关最初确定毛某某为犯罪嫌疑人有一定的证据支撑：如毛某某与被害人生活在同一区域，案发之前已了解被害人的大致行踪规律，具备作案条件；毛到案后共作出10余次有罪供述，其供述的案发现场环境、被害人尸体情况等与实际相符；其中一个重要细节即现场遗留的烟头"黄桷树"，与毛某某平时所抽香烟品牌一致。这些证据能够支持办案人员形成有罪认定的内心确信。然而，通过对证据疑点的分析，又难以得出毛某某是凶手的唯一结论。首先，毛某某有罪供述前后不一，如打击被害人的部位、强奸的细节等；其次，有罪供述与作案工具特征、被害人死因不相符，供述称系用"半块砖"打死被害人，但现场带有血迹的是"整块砖"，且尸检检验显示被害人系机械性窒息死亡而非钝器击打致死；最后，有罪供述与常理不符，毛某某年老、体弱，且患有癫痫等疾病，单手举起"整块砖"尚且非常吃力，用之多次击打被害人的可能性较小。后期对毛某某身体检查发现，其有性功能勃起障碍，实施强奸行为的可能性更小。由此可见，在办案过程中，通过对有罪证据和无罪证据的对比分析，充分重视案件中的疑点，能够避免办案人员过快形成内心预判，防止认识上的片面，从而以全面、客观的视野把握全案证据、寻找事实真相。

---

① 参见巩宸宇:《应勇为国家检察官学院2024年春季学期首批调训班次授课 强调坚持"三个善于"做实"高质效办好每一个案件"》，载《检察日报》2024年4月9日，第1版。

（二）加强侦查监督，防止就案办案

对于重大命案的办理，不能因为证据存疑而止步于案卷审查、就案办案，需要通过有力有效地监督，排除疑点、查明事实。本案在无法证明在案犯罪嫌疑人有罪的情况下，检察机关加大侦查监督力度，通过全面复盘取证过程寻找新的突破。首先，检察人员参与复勘现场，走访相关证人，通过增强亲历性，确信真凶另有其人。其次，结合在案的证据线索，提出将现场遗留的“黄桷树”烟头、被害人阴道提取物等物证送检，查明相关DNA信息与毛某某无关。最后，将获取的相关DNA信息录入公安机关DNA数据库，以待时机发现真凶。相关监督意见得到公安机关采纳，并积极开展补证工作。通过获取新的客观证据，及时排除了毛某某作案嫌疑，为后续发现真凶、排除证据矛盾、形成证据锁链奠定了坚实基础。由此可见，在证据存在重点疑点的情况下，司法机关不能只简单作出犯罪嫌疑人无罪的结论意见，还应加强侦查监督，通过侦检配合、通力协作，共同发掘、研判案件中的重要线索并加强核查，才能解决疑点、迎来转机。

（三）正视认识分歧，完善证据收集研判机制

根据我国刑事诉讼法的规定，案件侦查终结、提起公诉、作出有罪判决的标准都是“事实清楚（或已经查清），证据确实、充分”①，但不同办案人员面对相同的案件材料，对事实清楚、证据确实充分与否，可能会有不同的认识和评判。结合司法实践来看，判断证据确实、充分的重要认定标准之一“排除合理怀疑”②，是有较强主观色彩的。因此，需要

---

①《刑事诉讼法》第162条规定：“公安机关侦查终结的案件，应当做到犯罪事实清楚，证据确实、充分，并且写出起诉意见书，连同案卷材料、证据一并移送同级人民检察院审查决定……”第176条规定：“人民检察院认为犯罪嫌疑人的犯罪事实已经查清，证据确实、充分，依法应当追究刑事责任的，应当作出起诉决定……”第200条第1款第1项规定：“案件事实清楚，证据确实、充分，依据法律认定被告人有罪的，应当作出有罪判决。”

②《刑事诉讼法》第55条第2款第3项规定：“综合全案证据，对所认定事实已排除合理怀疑。”

承认并正视侦查、起诉、审判对事实认定存在的分歧，而事实认定的基础是证据，所以认识分歧的根本在证据。鉴于此，在办理证据存疑的命案时，有必要从理念和机制上强化证据收集和研判。其一，树牢"以审判为中心"的理念。审判是检验证据的最后环节，处在"前承侦查、后启审判"关键阶段的检察机关，需要协同侦查机关切实构建刑事指控体系，确保定罪量刑证据得到法庭采信。其二，切实发挥侦查监督与协作配合办公室，即"侦协办"功能。各地"侦协办"成立运行两年多来，切实发挥了组织协调、监督协作、咨询指导等作用。在具体个案办理上，还可加大证据研判和沟通力度，通过立案环节提前介入和会商，确保第一时间收集完善关键证据，为案件后续推进打下坚实基础。其三，积极发挥自行补充侦查的作用。检察机关自行补充侦查不能代替侦查机关的侦查活动，但在重要线索跟踪、重要证据核实等方面可以充分发挥作用，帮助侦查机关及时发现疏漏，采取补救和完善措施。

三、领悟法治精神：坚持严防冤错依法充分履职

法律需要理解而非阅读。准确理解和把握"三个善于"、确保案件经得起检验的关键在于从具体法律条文中深刻领悟法治精神。这就要求司法办案要结合案件情况具体问题具体分析，正确适用法律，全面准确理解"以法律为准绳"。

（一）坚持底线思维，防止原则性错误

随着经济社会和社会治安的发展，刑事犯罪类型结构发生了重大变化，命案等恶性案件数量逐年下降。但是，基于对生命的尊重，不论何时何地，发生命案都是"人命关天"的大事，社会关注度极高，被害人亲属和广大群众对及时破案、严惩凶手的期望也十分强烈。本案系"强奸杀人"的重大命案，直接冲击当地群众的安全感。在公安机关已经抓获毛某某，且其自认有罪的情况下，检察机关面对案件疑点，坚持"疑罪从无"乃至要求公安机关"放人"，是需要极大勇气、承受巨大压力

的。不但需要与公安机关充分沟通，争取侦查人员的支持，还需要向公众释法说理，做好舆情应对，获得群众和社会的理解。结合本案可知，越是案情重大、社会关注度高的案件，越是要坚持法治精神，严格依照法律进行底线抉择、作出处理决定。对于证据存在重大疑问的，切不可迫于各方压力而选择“疑罪从轻”或“疑罪从挂”，否则极易造成冤错。应当坚持“疑罪从无”的法律原则，同时做好向相关当事人、社会大众的解释工作，积极回应舆论关切，才能经得起历史和法律的检验。

（二）坚持依法履职，防止放纵犯罪

坚持“疑罪从无”的原则，绝非简单“一放了之”。对于证据存疑的案件，特别是重大命案，检察机关要全面履行“依法追诉”的职责，充分利用现有条件和方法，努力完善证据，还原事实真相。本案经两次退回补充侦查，仍然不符合起诉条件，毛某某遂被依法释放。由于真凶尚未查明，所以“案未结、事未了”。检察机关将该案列为重点督办案件，持续引导侦查取证，并在多年之后以定期召开命案积案清理工作推进会的方式，与公安机关会商研判案件的侦查措施和补证方向。直到案发 10 年后，公安机关发现彭某某的 DNA 信息与本案被害人阴道精斑、案发现场“黄桷树”牌烟头两份物证上的 DNA 相一致。后又经过 4 年多的摸排搜寻，终于在 2020 年 3 月将真凶彭某某抓获归案，并最终将其绳之以法。由此可见，在证据存疑的案件面前，检察机关既需要坚持“客观公正”立场，还需要具备一定的“积极追诉”精神，积极主动作为，全力补强证据，尽力而为追诉违法犯罪，避免陷入所谓“司法中立”而就案办案。

（三）正视办案压力，完善责任分担机制

基于命案产生的严重危害后果，一旦定罪则可能对行为人重刑追

责[①]，若证据存疑、无法定罪又可能造成系列负面影响。因此，案件办理过程既可能面临来自司法机关内部的办案质量和责任压力，也可能面临来自当事人亲属以及社会各界的诉求压力、维稳压力和舆论压力。特别是加害人或被害人身份特殊、犯罪情节恶劣或舆情聚焦的案件，相关压力尤为突出。而对“谁办案谁负责”规则的不当解读，可能进一步造成“谁办案谁维稳”“谁办案谁善后”等额外负担，亟待完善机制来明确责任、分担压力。其一，始终坚持党的领导，加强重大案件请示汇报。这是坚持党对检察工作绝对领导的具体落实，便于党委进行政治性、程序性、职责性的把握，确保重大案件产生的相关问题得到统筹研判、妥善处置，有利于司法办案顺利推进。其二，树立正确理念，把握压力与质效的辩证关系。正常的压力体现了当事人的诉求和社会的期盼，有利于促进司法机关依法审慎办案。不恰当的工作要求与压力传导，往往对办案产生严重负面影响，甚至成为冤错案件的催化剂。因此，需要办案人员正确面对职责范围内的压力，也需要主管单位科学分配案件相关责任。其三，加强办案协作，注重互补互助。既要注意责任明晰、各负其责，也要防止自说自话、各自为营。在命案办理过程中，司法机关各环节须加强协作，共同维护各方当事人合法权益，避免简单按流程传递办案责任。根据案件具体情况，司法机关还应主动加强与信访、民政、财政等部门协作，根据职能相互助力和补充，共同解决当事人的困难，化解矛盾维护稳定。

四、实现法理情统一：坚持换位思考保持客观理性

在法理情的有机统一中实现公平正义是理解和把握“三个善于”、实现最佳办案效果的目标，要求通过司法办案，努力寻求公平正义，实现政治效果、法律效果和社会效果的有机统一。

---

① 重刑追责是针对故意杀人、故意伤害致人死亡等命案的通常情形而言，并不否认因法定从轻、减轻情节而从宽处理。

（一）坚持换位思考，防止机械司法

本案原犯罪嫌疑人毛某某是一名拾荒者，被害人是一名姓名身份都不详的流浪女，他们都是身处社会最底层的人，依靠自身或亲友维护权利的能力十分有限。而事后查明，毛某某最初之所以作出多次有罪供述并非遭受刑讯或诱供，而是因为：一是其长期患有癫痫，接受较长时间或过多频次的讯问便头脑不清，可能表达混乱；二是其认为在“里面”和“外面”的生活差不多，看守所内各种生活供应还更稳定有规律。如此情形，既让人感到心酸，又容易给人误导。若仅考虑“破案抓人”和“结案了事”，毛某某则可能面临错诉、错判，甚至造成难以预料的严重后果。由此可见，办案人员应当树立“如我在诉”的意识，不轻视任何一个个体，努力在办案中追求事实、证据和适用法律的极致准确，才有持续的动力去发掘新证据，并通过多年的坚守最终实现案件的反转。命案如此，其他案件亦然。司法办案始终需要把自身置于案件之中，站在双方当事人的角度考虑问题，以人民群众的感受为第一感受，充分展现司法的力度和温度，才能防止机械司法。

（二）坚持客观立场，防止主观臆断

提倡检察人员将自身置入案件之中，绝非主张摒弃客观公正的立场，相反，还应坚持客观理性的精神，在复杂的案情中厘清思路，结合客观证据找到解决问题的出路。本案最初证据的关键疑点在于：案发现场的重要物证如被害人阴道内精斑、现场“黄桷树”牌烟头上的DNA等客观证据都与原犯罪嫌疑人毛某某无关联，毛某某的自身疾病和生理特征也让其难以完成全部犯罪行为。只有理性看待、客观分析这些关键问题，才能得出毛某某无罪的结论。通过DNA信息比对从而锁定彭某某系真凶，具有坚实的物证基础，即便彭某某到案后先认罪、后翻供，言词证据出现变化，也难以动摇客观证据的根基。由此可见，在司法办案中，面对证据存疑问题要始终坚持“从客观到主观”的分析路径，借助现代科学技术为补强证据提供支持，最终以客观证据筑牢证据指控体

系的基石。我们需要重视口供，但必须破除“口供为王”的迷信，防止口供依赖。

（三）正视多元价值观，完善质效评价机制

与西方一些国家的司法一元价值观不同，我们的司法价值观是多元的。根据案件的具体情况，对公正、效率、文明、合情、合理等价值的追求度是不一样的，需要质与效兼顾、法理情兼容。如对于证据明了的简单案件，结果公正相对易得，对效率的要求就较为突出；对于命案等重大、特殊案件，社会对效率的容忍度相对较高，而结果公正、防范冤错、合乎情理，正是质效的最佳体现。司法实践中按照刑法和刑事诉讼法完成相关工作基础上，需要根据不同案件对办案着力点分别侧重。其一，坚持严格依法办案。司法办案是在查明事实的基础上适用法律的过程，对于大多数案件，在一定范围内有处理类案的成熟经验，可直接适用相关法条，参照先例迅速处理。要防止因过分探究案件中的细枝末节而使“简单问题复杂化”，既保证办案质量又提高办案效率。其二，在情理的反思中选择法律适用。对于有的案件，或因证据存疑而定放两难，或因案情鲜见、情况复杂而在法律适用上产生重大分歧，则应探寻法理、结合情理，慎重处理。司法人员依照法律作出初步判断后，可用常情常理来检验判断是否恰当，能否被社会接受。在不断的反思中对比内容庞大的法律条文，从而找到最合适的处理依据。其三，向群众借力借智。办案人员的思考毕竟有限，司法群体也可能因长期的专业训练而受限于专业思维，在案情复杂、社会影响重大的案件中，需要考虑司法者的法律认知和情理判断是否符合社会正义观念。可以通过公开听证、扩大研讨等方式，引入人民监督员、人大代表、政协委员、专家学者、群众代表等司法群体以外的力量，将普通民众正义观念和情理标准融入司法专业判断，既加强对办案的监督，又为司法裁决提供智慧。

五、结语

在中国特色社会主义法律体系已经建成并走向成熟的今天，“良法善治”的基础已经具备，但要注意避免因理解法条浅表化而导致司法判断简单化、机械化。司法实践面临的情况纷繁复杂，需要检察人员全面、准确把握“三个善于”的深刻内涵和实践要求，并通过司法办案努力践行。在收集完善证据、努力查明事实的基础上，坚持依法研判，并结合情理进行反思和检验，从而充分展现法治精神，正面引导社会价值观，确保案件经得起法律、历史和人民的检验，让人民群众通过每一个司法案件感受到公平正义就在身边。

强化陈年命案的证据审查和庭审指控

黄洁梅　曾　帆[*]

近年来，随着公安部“命案攻坚行动”的深入推进，各地公安机关加大陈年命案侦办力度，陆续侦破一批积压多年的陈年命案。但由于陈年命案往往年代久远、证据不同程度灭失，且多存在证据形式不完善、侦查人员更换、新侦查人员不熟悉案情等问题，导致侦查取证、证据审查和庭审指控难度大。检察机关应落实“三个善于”的认识论和方法论要求，把“三个善于”融入检察履职办案全过程各环节，充分履行检察机关指控和证明犯罪的主导责任。本文通过对兰某甲、兰某乙抢劫案的办案过程进行全面梳理，总结提炼办案经验，以期为办理疑难复杂的陈年命案提供借鉴参考。

一、基本案情及办案过程

被告人兰某甲，男，1982 年 8 月 17 日生，务工。

被告人兰某乙，男，1982 年 7 月 26 日生，务工。

2002 年 7 月 31 日，被告人兰某甲、兰某乙伙同“熊哥”“李某”（均在逃）等四人在广州见面并预谋抢劫。当天 23 时许，兰某甲、兰某乙等人行至广州市天河区某商业街一路段时，见被害人张某手持手机，遂对其进行暴力殴打并致其倒地，兰某甲及同案人抢得手机一部后逃离

* 黄洁梅，广东省广州市人民检察院第二检察部副主任、四级高级检察官，第八届全国十佳公诉人；曾帆，广东省人民检察院四级高级检察官。

现场。被害人经送医抢救无效，于同年8月7日死亡。经鉴定，被害人张某头面部多处挫擦伤及左肘背擦伤符合钝性暴力作用所致，并致头部严重颅脑损伤死亡。

案发后，兰某甲、兰某乙一同逃返四川老家。公安机关借助通话清单和技侦措施认定兰某甲有重大作案嫌疑，兰某甲得悉被追捕后使用化名前往云南等地务工、生活。2019年4月22日，兰某甲回原籍办理户籍手续时被当场抓获。同年9月17日，公安机关根据兰某甲交代，将兰某乙抓获归案。两人归案后均供认案发当年伙同他人抢劫一名男子手机的犯罪事实。

由于兰某甲、兰某乙先后归案，广州市人民检察院两名检察官分别受理案件并先后对二人提起公诉，广州市中级人民法院先后开庭审理。本案争议源于被告人兰某甲第一次庭审时翻供，其辩护律师提出本案存在作案时间不吻合、作案地点不确定、作案对象有矛盾、作案工具存疑、同案人下落不明、关键客观性证据来源不明等疑点，认为不能排除兰某甲、兰某乙实施的抢劫并非被害人张某被抢劫案的合理怀疑。

2023年10月25日，二审法院作出裁定，维持一审以抢劫罪分别判处两名被告人无期徒刑和10年有期徒刑的判决。

二、准确把握实质法律关系，践行亲历性司法完善侦查取证

实质法律关系是起主导和支配作用，对案件定性处理具有决定性影响的法律关系。“善于从纷繁复杂的法律事实中准确把握实质法律关系，必须透过现象看本质”，检察机关办理陈年命案及重大疑难复杂案件要由表及里，从具有迷惑性的表象中抽丝剥茧，“找到线团中的线头”[①]，准确界分主要矛盾和次要矛盾，优先解决主要矛盾，聚焦核心问题展开侦查补证。如本案中，主要矛盾在于兰某甲翻供是否合理，因其翻供导致的证据矛盾和疑点如何排除，其翻供前后的供述和兰某乙的供述应如何

① 应勇:《学思践悟习近平法治思想 以“三个善于”做实高质效办好每一个案件》，载《人民检察》2024年第8期。

采信。围绕该问题，检察机关积极开展引导侦查和自行补充侦查。

（一）侦查监督与协作配合并重，依法补正瑕疵证据

陈年命案在案发当时一般已经开展了部分侦查工作，但由于流程不规范、工作疏漏、侦查懈怠等原因，所收集调取证据往往存在程序瑕疵、形式要件欠缺、取证不到位、物证书证原件丢失等问题。为确保精准打击犯罪，检察机关应坚持证据裁判原则，以"配合高效、制约有力"为原则，在依法行使国家追诉权的同时，充分发挥法律监督职能，构建引导有力、监督有效、协作顺畅的检警、诉侦关系[①]。一方面，要注重加强诉侦沟通与协作配合，及时将裁判标准传导至侦查环节，加大引导侦查力度，有效补正原有证据补强。另一方面，要敢于并善于开展侦查监督，通过口头提醒、约谈、制发检察建议、发出纠正违法通知书等多种方式，强化监督制约，督促提升侦查取证质效。

本案中，针对存在的作案工具疑点，检察机关以约谈侦查机关负责人及经办人、制发纠正违法通知书等方式，督促解决物证丢失、取证瑕疵、侦查懈怠等问题，同时，注重对原有证据的补正和补强，通过召集新、老侦查人员共同回溯侦查过程，商定补侦方案。经全面查找原始卷宗发现，兰某甲、兰某乙供述仅拳打脚踢与书证记载有工具的矛盾，系因侦查人员根据"钝性暴力作用所致"的鉴定意见在案件受理登记表作案工具栏手写"钝物"，后资料录入员在立案报告表误填成"持铁物"所致。除要求侦查机关出具说明补正外，还委托技术部门针对死因出具审查意见，组织专家论证会，分析认为被害人伤情符合拳打脚踢徒手造成，可排除金属棍棒或砖头类工具打击致死。此外，还针对被害人、兰某甲手机号码通话清单来源不明的问题，通过询问当年侦查人员、调取侦查笔记、要求侦查机关出具侦破经过等方式，强化通话清单"三性"和证明力，有效补正了关键的客观性证据。

---

① 参见王雁飞:《十七载无悔坚守 只为不枉不纵——毛某某强奸案办案体会》，载《刑事检察工作指导》2023 年第 4 辑。

（二）深挖隐蔽性证据，印证有罪供述细节

准确把握实质法律关系是抽丝剥茧、察微析疑的过程[①]。陈年命案由于年代久远、证据缺失，往往容易产生争议。解决争议的关键在于事实，还原事实的关键在于证据。为此，检察机关不能停留在证据表面，而要在准确界定主要矛盾的前提下，立足现有证据深挖潜在证据线索，拓宽取证思路，完善证据链条。本案中，检察机关抓住兰某甲翻供导致案件证据出现矛盾和疑点这一核心问题，着力查找证据印证翻供前有罪供述的真实性。根据兰某甲归案后主动交代回老家后因拨打镇上副食店公用电话而被广州公安追查的供述，结合被害人遇害后其手机号连续三次拨打四川广安一固定电话，侦查人员当年的侦查日记标注该号码持有人为兰某甲所住镇副食店老板黄某某，检察机关要求侦查人员赴当地询问黄某某，黄某某证实当时确有广州公安拨打该店电话并前往了解兰某甲情况，该“先供后证”的隐蔽性证据，有力证明兰某甲在被害人遇害后曾使用被害人手机号码，同时也印证了其前期供述的真实性。

（三）推行亲历性审查模式，用好自行补充侦查权

办理重大疑难复杂的案件，不能满足于“坐堂办案”，而应主动“走出去”，通过深入复验复查现场、亲自复核证人证言等亲历性审查方式，接触一手证据材料，排除疑点、增强内心确信，确保审查的准确性、实效性。对于退回补充侦查效果不佳，侦查机关调取证据的合法性、客观性存在疑问，或办案期限紧急而侦查力量有限，同时检察机关用好有条件自行侦查等情形，检察官应积极开展自行补充侦查，及时补强证据，为有效指控奠定基础。如陈年命案由于时隔多年，案发地环境发生明显变化，带犯罪嫌疑人或被告人指认现场通常意义不大，对案发现场的还原也常存在难度。本案中，检察机关主动会同审讯专家对兰某甲、兰某乙进行心理测试和审讯突破，详细问明作案环境特点，进而协

---

① 应勇：《学思践悟习近平法治思想 以“三个善于”做实高质效办好每一个案件》，载《人民检察》2024年第8期。

同侦查机关复重走犯罪线路、核抢劫现场，调取案发当年区域平面图，联系多名案发地治保队员作证并绘制、标记现场地图，结合现场勘查照片，确认被害人倒地处周边环境与被告人描述一致，成功解决了关于作案地点的争议问题。

三、深刻领悟法治精神，秉持客观公正立场强化证据审查

我国《刑事诉讼法》第2条明确了该法的任务既包括"惩罚犯罪分子"，也包括"保障无罪的人不受刑事追究"。《检察官法》第5条也强调了检察官的客观公正义务。检察机关办理陈年命案和重大疑难复杂的争议案件，应当秉持客观公正立场，在法治精神、法治原则的引领下准确适用实体法和程序法。一方面，要坚持人民至上、"如我在诉"，锲而不舍追查真相、严惩犯罪、伸张正义。另一方面，要坚持程序法定和疑罪从无，依法保障犯罪嫌疑人、被告人的合法权利。

（一）多角度挖掘客观证据价值，建立与案件事实的多元关联

"三个善于"的"精神内核是统一的，就是要追求实质正义"。陈年命案由于天然的证据缺失，事件真相往往扑朔迷离，事实认定难度大。而证据审查是"认定法律事实、把握实质法律关系的基础性工作"，"加强证据审查、分析、论证，根本是要以法律事实重现或最大限度接近客观事实，做到'案件事实清楚、证据确实充分'"[①]。对于由于被告人翻供等争议案件，要"扭住案件的关键环节和本质问题"[②]，通过深入细致审查原始卷宗，对在案证据进行串联和对接，围绕客观性证据进行深度挖掘，加强对细节证据的整理分析和证据背后潜藏信息的解读运用，及时排查和有力回应证据矛盾或疑点问题，发现侦查线索，查找证据以构建完善证据体系。本案中，检察机关在查明通话清单数字代码含义的基

① 应勇:《学思践悟习近平法治思想 以"三个善于"做实高质效办好每一个案件》，载《人民检察》2024年第8期。

②《善于从纷繁复杂的法律事实中准确把握实质法律关系——以"三个善于"做实"高质效办好每一个案件"系列评论之一》，载《检察日报》2024年5月27日，第1版。

础上，将呼叫发生地代码、时间、时长、对方号码等信息转化为电子表格，进行多维审查、分析和解读：其一，呼叫地显示，被害人遇害后7日手机号码仍在使用，且与兰某甲号码时空轨迹和通联情况高度一致；其二，两号码有六个共同联系的号码，先后联系24次。检察机关进一步引导侦查机关逐一查找关联号码当年使用人，结合供述分析发现：两号码曾共同拨打黄埔区一带按摩店固话，印证兰某甲、兰某乙关于作案前后在该处落脚按摩的供述；两号码于2002年8月3日先后多次拨打并接听邓某某电话，证人邓某某证实当时在黄埔大道一带收购二手手机，证明兰某甲在张某遇害后长时间占有并使用张某手机，从而建立起兰某甲与张某被害的稳定关联。

（二）全方位梳理有罪供述和翻供辩解，以细节印证夯实事实基础

检察官客观公正义务的基本内涵有三：坚持客观立场，忠实于事实真相，实现司法公正[①]。检察官必须努力发现并尊重事实真相，通过自己的诉讼活动使案件的办理达到公平正义的目标。因此，对于被告人翻供、言词证据矛盾的案件，应坚持口供的客观性检验原则，既不轻信有罪供述，也不妄断无罪辩解，而要对前后供述、矛盾证据进行全面审查，分析翻供、矛盾的原因，结合其他证据和印证法则，甄别供述、证言真实性，以客观性证据为基础构建完善证据体系。本案中，为论证两人所实施抢劫与被害人张某被抢案的同一性，检察机关将案件事实证据细化为时间、人物、地点、分工、手段、被害人伤情等18个要素，从两人供述中提取相关要素进行对比分析，发现兰某甲翻供前供述与兰某乙供述重合部分的细节同张某被抢案要素高度一致，且与在案其他证据相互印证，足以作出同一认定。而兰某甲翻供后的供述既不符合常理，也与其他证据矛盾，不应采信。

① 孙谦、陈国庆等主编：《刑事检察业务总论》，中国检察出版社2022年版。

（三）重视辩解核查，全面排除他人作案的合理怀疑

刑事诉讼的基本功能是努力实现惩治犯罪与保障人权的平衡，也是检察机关应当遵循的基本理念。严防冤假错案不仅是检察机关的法定责任，也是检察官客观公正义务的内在要求。办理陈年命案要加强对犯罪嫌疑人无罪辩解和翻供理由的核查，在排除他人作案可能的基础上作出认定。本案中经过一审庭审，兰某甲占有并使用被害人张某电话卡的事实已查清，但兰某乙参与作案缺少客观证据。二审期间兰某乙辩解作案时间为8月5日，为排除兰某乙参与案件非本案的可能，检察机关调取2002年4月版《全国铁路旅客列车时刻表》，结合通话清单、证言、供述等进行串联分析，确定二人从广州乘火车逃回四川的时间为8月5日傍晚，从而排除8月5日及以后作案的可能。且兰某乙稳定供述到广州后次日作案，证人证言证实案发前兰某乙住在东莞姨妈家中，7月底的“星期一或星期二”去广州，恰与张某7月31日星期三遇害相吻合。以通话清单显示的时空变化为基准，综合全案证据，认定其作案时间只可能是7月31日。经调取2002年7月31日至8月6日全市警情记录进行大数据筛查，确认在被告人供述作案时段广州市所立“两抢”案件中，没有其他作案手法、被害人性别、被抢物、作案地点等与被告人供述相符的案件。

四、坚持法理情有机统一，促推庭审实质化实现公平正义

陈年命案给被害人家庭带来极大影响，严重破坏当地人民群众安全感，而还原案件事实、严惩暴力犯罪分子，为弱者发声、为正义担当、维护社会安宁，是检察机关责无旁贷的使命。与此同时，陈年命案涉及双方当事人及其家属的重大权益，关系到双方家庭的悲苦忧戚，办理过程中不能就案办案、机械办案，而应统筹兼顾好天理、国法、人情，努力实现国家及社会公共利益、犯罪嫌疑人或被告人利益、被害人利益的平衡，在法理情的有机统一中实现公平正义。

（一）畅通人民群众感受公平正义的渠道，加强释法说理

习近平总书记反复强调“努力让人民群众在每一个司法案件中感受到公平正义”。检察办案要努力让案件当事人和关心案件的人感受到公正，从内心理解和认同检察机关的案件处理结论，才能真正发挥司法的定分止争和价值引领作用。[①]办案过程中要充分利用每一个面向人民群众的机会，如送达法律文书、举行公开听证、开展法庭教育、电话或当面听取当事人及其家属意见等，耐心聆听当事人及其家属、辩护律师或诉讼代理人、人民群众的意见建议，依法保障双方当事人及其家属的诉讼权利，让人民群众可感受、能感受、感受到公平正义。如本案中，一审期间兰某甲翻供后，检察机关通过诉讼代理人充分听取被害人家属意见，被害人父亲寄来《陈情书》表达了将两案合并开庭审理、严惩罪犯的强烈诉求，并补充提起刑事附带民事诉讼。与兰某甲形成对比的是，兰某乙坚持原稳定供述，其辩护律师向检察机关提交认罪认罚申请，兰某乙家人主动赔偿被害人家属6万元。鉴于兰某乙犯罪情节较轻且有从犯等从宽量刑情节，检察机关依法对其适用认罪认罚从宽制度，签署认罪认罚具结书，并结合两人的不同认罪态度，当庭发表严惩兰某甲、从宽处罚兰某乙的量刑建议，充分阐明轻轻重重、宽严相济的刑事政策。

（二）落实庭审实质化，履行好指控和证明犯罪的主体责任

庭审是查明事实真相、实现实体正义的关键载体，同时也是当事人及其家属、旁听群众感受程序正义的重要场域。检察机关办理陈年命案要主动融入以审判为中心的刑事诉讼制度改革，充分运用经验和逻辑法则，用足用好证据规则，改进证明方式，通过有效讯问、科学举证、严密论证系统化证明犯罪，说服法院采纳公诉主张。实践证明，贯彻直接言词原则，积极推动四类人员出庭作证，必要时申请证人与被告人、被告人之间同堂对质，是进一步查明事实、促使法官形成内心确信的重要

---

① 参见孙谦、陈国庆等主编:《刑事检察业务总论》，中国检察出版社2022年版。

途径，也是实现"证据出示在法庭""裁判结果形成在法庭"的重要保障。如本案中，检察机关积极贯彻直接言词原则，有力回应作案工具争议问题，包括申请当年侦查人员出庭作证，证实两份通话清单来源和侦破过程的客观性、合法性；申请鉴定人和有法医学专门知识的人出庭，阐释致死原因、作案工具等专业性问题，证实被害人头部重度颅脑损伤可排除由棍棒、铁器、砖头等工具造成，符合拳打脚踢形成，与两名被告人关于拳打脚踢被害人头部的供述相符。再如，为查明兰某甲翻供前后及兰某乙供述的真伪，兰某乙案第三次开庭时，检察机关申请兰某甲与兰某乙同堂对质，结合客观性证据和关键证言交叉开展庭审讯问，通过兰某乙的稳定供述揭露兰某甲辩解不合理和供述虚假。面对兰某乙坚称自己没有手机也没有给兰某甲手机，兰某甲当庭改变供述，承认所使用手机非兰某乙所给，此前系担心侦查机关通过手机锁定自己而作虚假供述。兰某乙称看见兰某甲用手机打电话、钱包里还有一张电话卡，经检察机关追问，兰某甲步步退守承认曾使用被害人手机卡，但辩称系8月4日作案前"熊哥"所给。检察机关指出辩解虚假，早在8月3日前，其手机轨迹及通联已与被害人手机高度一致，证明在此之前其已取得被害人手机卡，其翻供不可信，而其翻供前的供述与兰某乙印证部分可予采信。

（三）灵活运用庭审规则，结合证据和常情常理论证公诉主张

检察办案"要做到法理情的有机统一"，就"要从每一个案件，尤其是刑事案件的作案手段、发案的时间、地点等出发，认真地把法理情有机统一起来，作出公正的判断"[①]。庭审指控也是如此，在庭审的各环节都要坚持证据裁判原则，用事实证据说话，深入浅出说清"法理""情理""事理"，才能使诉讼各方心服口服，真正化解矛盾，实现公平正义。如本案中，针对二审期间兰某乙亦翻供称8月4日到广州、8月5日作案、所抢劫对象并非被害人张某的情况，检察机关在讯问阶段

① 樊崇义：《"三个善于"的哲理思辨》，载《检察日报》2024年6月13日，第3版。

结合常识经验设计庭审发问，兰某乙当庭确认其从东莞到广州当天及次日均拨打兰某甲手机号码联系接头，次日晚上作案。辩论阶段，检察机关发表公诉意见指出，通话清单显示兰某甲手机 8 月 1—5 日均无相应通话记录，可排除二人在此期间作案可能，有力驳斥其关于作案时间的辩解。庭审最后阶段，兰某乙不再坚持作案时间辩解，改为强调未动手殴打，一审认罪认罚且已赔偿，希望从轻判决。本案经过一审、二审、发回重审、再次二审，历时四年、前后九次庭审后，检察机关的指控意见最终获生效裁判支持。被害人家属向检察机关赠送锦旗，表达对检察机关践行司法为民理念、维护公平正义的感谢，案件办理实现“三个效果”的有机统一。

以“三个善于”高质效办理合同诈骗类刑事申诉案件

齐　涛　兰　楠*

检察机关办理刑事申诉案件，应当在准确认定事实和适用法律的基础上，依法纠正确有错误的决定、裁判，对于不符合监督纠正条件的案件强化释法说理，高质效办好每一个案件。办理合同诈骗类刑事申诉案件，要以犯罪构成为基础、以区分刑事犯罪和经济纠纷为重点准确定性，将法律规定和案件事实有机结合，针对申诉人的申诉理由进行全面、充分、具体回应，促进矛盾化解。

一、基本案情及办案经过

（一）基本案情

原案被不起诉人孙某是甲公司法定代表人。2017 年 7 月，孙某与申诉人王某商谈甲公司代理的 A 酒购销业务，商定王某以每箱 95 元的价格向甲公司购买 A 酒共 7000 箱。2017 年 7 月 27 日，王某向甲公司对公账户支付货款 66.5 万元，孙某收到货款后向四川乙公司转款 317250 元，用于支付之前订购的 5000 箱 A 酒的货款。收款当日和次日，孙某还分两笔向四川丙公司转款 118645.49 元，用于支付之前为其他客户订

* 齐涛，最高人民检察院控告申诉检察厅主办检察官、二级高级检察官；兰楠，最高人民检察院控告申诉检察厅二级高级检察官助理，法学博士。

购的约 1000 箱 B 酒货款。2017 年 7 月 28 日至 2017 年 8 月 3 日，孙某先后分四笔从甲公司对公账户转入其个人账户共计 19 万元，并将其中 17 万元支付给为其供应白酒包装材料的多家包材商。其余货款被孙某用于缴税、还款。

2017 年 8 月 6 日，甲公司向乙公司订购的 A 酒中的 3257 箱被与甲公司有债务纠纷的丁包装公司拉走并作诉前财产保全，后经诉讼、和解，一部分被用于抵偿甲公司所欠包装材料货款，其余 1716 箱 A 酒被甲公司提货后交付给其他客户。

2017 年 9 月，申诉人王某到甲公司催货未果。2017 年 9 月 20 日，孙某通过甲公司对公账户向王某账户退款 3 万元；2017 年 11 月王某报案，案发后，孙某又通过其亲属账户陆续向王某退款 6.3 万元。

（二）办案经过

2020 年 7 月 27 日，检察机关以孙某犯合同诈骗罪提起公诉。法院经开庭审理，认为指控证据不能证明孙某实施了合同诈骗犯罪，建议检察机关撤回起诉。2021 年 12 月 30 日，检察机关对该案撤回起诉，并对孙某作（存疑）不起诉决定。2022 年开始，王某以应当按照合同诈骗罪追究孙某刑事责任为由，向检察机关申诉，并逐级申诉至最高检。最高检经审查，认为申诉人王某的申诉理由不能成立，原案不起诉决定符合现有证据情况，并考虑到申诉人经逐级申诉仍未解除困惑，在对涉案行为进行准确分析定性的基础上，详细结合申诉理由，有针对性地进行释法说理后予以审查结案。

从原案的办案经过看，对涉案行为的定性存在两种争议观点：公安机关和检察机关公诉部门认为孙某的行为构成合同诈骗罪，应当追究刑事责任；法院和检察机关检委会认为在案证据不足以认定孙某构成合同诈骗罪。进入刑事申诉审查环节，案件办理的要点在于结合当事人申诉理由，综合全案证据，判断原案作出存疑不起诉决定是否适当，即在案证据对于证明犯罪是否确实、充分。

二、高质效办理刑事申诉案件的一般路径

广义的刑事申诉，包括不服侦查决定的申诉、不服检察决定的申诉和不服生效判决裁定的申诉三种。[①]《刑事诉讼法》第 180 条具体规定了被害人对不起诉决定的申诉，本案即是这一情形。[②]刑事申诉制度，既源于宪法规定的公民申诉权利，[③]也源于刑事诉讼法及相关司法解释的具体规定。从实践层面观察，大量的决定、裁判无须纠正，仅有少量潜在的案件存在错误可能，但是刑事申诉制度既聚焦对少量确有错误的决定、裁判进行监督纠正，同样聚焦对大量无须纠正的案件进行释法说理，力求实现保障公平正义与实现矛盾化解的双重制度功效。

（一）以监督纠正和释法说理为制度功效

结合检察机关办理刑事申诉案件的具体路径分析，有四种独立或叠加的处理结果，[④]其中监督纠正和释法说理是高质效办案的目标。

其一，监督纠正。认为原司法程序或处理结果"确有错误"的，依法启动诉讼监督程序，促进纠正错误。刑事申诉制度首先主要承载了"纠正错误"的价值，刑事诉讼法全文共 15 处表述"申诉"，7 处表述"纠正"，19 处表述"错误"，覆盖了监督纠错的多个方面，监督纠正是刑事申诉制度的核心价值。根据《人民检察院办理刑事申诉案件规定》第 3 条、第 17 条、第 19 条、第 54 条、第 58 条之规定，检察机关办理

---

① 参见何家弘、刘译矾:《刑事错案申诉再审制度实证研究》，载《国家检察官学院学报》2015 年第 6 期。更早先的研究，将刑事申诉制度聚焦于不服法院生效裁判，参见陈卫东:《刑事申诉制度改革研究》，载《法学家》1999 年第 4 期。

② 根据《人民检察院刑事诉讼规则》第 381 条至 383 条，被害人不服不起诉决定的申诉，有两种处理结果，一是原案不起诉决定正确的，出具审查结论直接答复申诉人；二是原案不起诉决定错误的，撤销不起诉决定，提起公诉。

③《宪法》第 41 条规定，对于任何国家机关和国家工作人员的违法失职行为，有向有关国家机关提出申诉、控告或者检举的权利。

④ 参见陈国庆:《坚守新时代控告申诉检察工作的价值追求》，载《控告申诉检察工作指导》2020 年第 1 辑。

刑事申诉案件围绕原判决、裁定或者处理决定是否“存在错误可能”的审查中心，进行逐案、全案、独立审查，监督纠正错误的决定、判决和裁定，并对审查结案的案件“做好释法说理工作”。

其二，释法说理。对于大量无须监督纠正的案件，维护原有生效裁判、决定的稳定性，维护司法权威，向当事人进行释法说理，帮助当事人理解和接受裁判决定，从数量上说，是刑事申诉案件的一般常态，占有绝对多数的比例。这类案件虽然没有监督纠正，但是以实质审查为基础，同样是对人权的保障、对公平正义的追求，通过释法说理既实现个案具体阐释，也作为息诉止争的正当性基础，更是检察机关主动融入社会治理环节中对社会矛盾化解的有效发力。

其三，司法救助。对“遭受犯罪侵害或者民事侵权，无法通过诉讼获得有效赔偿，生活面临急迫困难的当事人”，凡符合条件的，做到“应救助尽救助”。①

其四，源头治理。针对个案的执法司法瑕疵，依据《人民检察院办理刑事申诉案件规定》第 61 条，向原办案单位提出检察建议或纠正意见；针对普遍性、共同性问题，依据《人民检察院检察建议工作规定》第 5 条，开展类案监督，发出类案检察建议，实现源头治理。

（二）坚持客观公正义务和法律监督的中性思维

办理刑事申诉案件，监督纠正确有错误的裁判、决定，是办理刑事申诉案件的重要任务之一，因应这一任务，刑事申诉检察官应当遵循“客观公正义务”，②秉持“法律监督的中性思维”。检察官应当坚持“原案办理与申诉办理相分离”的原则，③坚持中性思维，不能当然地认为当事人构罪或不构罪，而是依据申诉材料、原案法律文书和其他材料对案件进行全面审查，监督纠正确有错误的案件，维护正确的裁判、决定，

① 参见 2021 年《人民检察院开展国家司法救助工作细则》第 2 条、第 3 条。

② 参见龙宗智:《中国法语境中的检察官客观义务》，载《法学研究》2009 年第 4 期。

③ 参见《人民检察院办理刑事申诉案件规定》第 4 条。

并充分进行释法说理。

三、围绕犯罪构成准确定性

合同诈骗罪规定于刑法"破坏社会主义市场经济秩序罪"一章中"扰乱市场秩序罪"一节，其侵害的法益既有对方当事人财物，也有合同这一交易方式所代表的市场交易秩序。合同诈骗罪的认定难点之一在于非法占有目的，这是《刑法》第224条所列举的具体情形外，与故意并列要求的责任要素；另一难点在于合同诈骗（刑事犯罪）与民事违约（经济纠纷）的界分。围绕犯罪构成对涉案行为进行准确定性，并以区分合同诈骗与民事违约为重点，是办理此类刑事申诉案件的前提和基础。

（一）原案行为人是否具有非法占有目的

根据《刑法》第224条，合同诈骗罪是以非法占有为目的，在签订、履行合同过程中，以虚构事实或隐瞒真相的手段，骗取对方当事人财物，数额较大的行为。[①] 非法占有目的应当存在于诈骗行为时，既可以存在于签订合同时，也可以存在于履行合同的过程中。本案中，结合证据、事实情况可以认定以下情节：其一，孙某在与王某口头订立订购A酒的合同时，孙某及甲公司均未虚构事实，确系长期从事酒类经销活动；其二，甲公司对公账户在收到王某66.5万元货款后，确实将其中大部分钱款用于支付其他货款（317250元支付先前定购的5000箱A酒货款，13276.49元用于定购1000箱B酒，17万元用于支付部分包装材料款），但同时也可以证明孙某未将涉案钱款挥霍浪费等，而是实际投入了具有一定循环性的生产和经营；其三，在不能履行交货义务后，孙某陆续少量、多次向被害人退款，目前已向王某退款9.3万元。基于上述事实和证据，孙某的行为并不符合刑法理论和司法实践中认定非法占有目的的常见表现方式，不能证明孙某主观上具有非法占有目的。

① 参见张明楷:《刑法学》，法律出版社2021年版，第1083页。

（二）原案行为是否应为正常生产经营活动所容忍

合同诈骗罪发生于签订、履行合同的过程中，与正常的生产经营行为交织，而生产经营行为样态纷繁复杂，既有盈利也有亏损，甚至有负债经营；既有正常履约也有违约，甚至有根本违约，但并不是负债经营就意味着没有履约能力，不是所有的违约都具有非法占有目的，应当结合案情进行甄别。在涉嫌合同诈骗的刑民交叉案件中，[①]客观在先的刑事程序不仅要对涉案行为进行“形式入罪”的分析，还应尊重经济社会生活常识，具体分析生产经营行为中的正常风险、民事违约，考虑涉案行为是否为正常、普通、可以容忍的民商事行为，是否经由民商法调整足以修复法秩序。[②]

现实中，每个经营主体在经营活动中都可能遇到民事诉讼和债务危机，如仅根据牵涉合同纠纷就认定孙某系在经营不善的状况签合同，没有实际履约能力，意在骗取对方财物，显然不符合法律规定。本案中，案发前后甲公司和孙某确实牵涉多起合同纠纷，也确实没有能够按照约定向王某交付货物，但甲公司对公账户仍然资金交易频繁，与其他在案证据一道证明甲公司在持续经营。在此情况下，应当认为孙某和甲公司仍然是在从事生产经营活动，这种“拿后钱补前款”的做法一般为正常的市场经营秩序所容忍，没有做到“专款专用”既具有相当的普遍性，也不指向非法占有目的。

四、逐一回应申诉理由释法说理

向当事人进行释法说理，与围绕犯罪构成进行定性分析存在方法和侧重点上的区别，应当分析当事人的申诉理由，尽量结合申诉理由所立足的“表象”与犯罪构成分析的“本质”进行融合分析，将现象与本质相贯穿，根据需要逐一回应申诉理由，通过释法说理切实发挥促进矛盾

① 参见周光权:《“刑民交叉”案件的判断逻辑》，载《中国刑事法杂志》2020年第3期。

② 参见兰楠:《前置法为“刑民交叉争议案件”提供的出罪思路》，载《中国刑事法杂志》2023年第6期。

化解的功效。值得注意的是，结合在案证据、结合具体案情向当事人进行充分释法说理，也有助于帮助当事人判断在刑事领域不能达到提起公诉条件时，其是否需要尽快通过民事诉讼主张权利，尽可能挽回损失。

（一）充分关注原案的特殊程序细节

原案中，侦查机关经侦查终结，认为孙某构成犯罪，向检察机关移送起诉，检察机关经审查起诉，认为达到起诉标准，向法院提起公诉，后又撤回起诉，作出不起诉决定。经历这一过程，一方面，原案被害人对刑事诉讼程序制裁犯罪、追赃挽损的期待会高于一般的被害人，毕竟公安、检察机关均认为有罪，已诉至法院；另一方面，起诉又被撤回，产生极大落差，容易产生对检察机关的不信任，因此，应当注意结合《人民检察院刑事诉讼规则》第 424 条的程序性规定，围绕“证据不足、不符合起诉条件”这一情形，有针对性地回应当事人诉求。

（二）融合本质与现象逐一回应申诉理由

本案中，申诉人王某从孙某不具备履行能力、孙某所采取的“高买低卖”模式无法盈利、孙某具有非法占有目的、孙某收受货款后挥霍逃匿等方面提出申诉理由，其申诉理由既有犯罪构成方面的理由，也有现象层面的理由，承办人紧密围绕其申诉理由，将本质与现象有机结合，逐一回应其申诉理由进行释法说理。

第一，签订合同的当时，交易标的物库存是否充足不是当事人是否具有履行能力的判断标准，也并不符合酒业类市场交易习惯。现实商品交易中“订单式生产”“零库存经营”普遍存在，在案的多名证人证言均显示白酒生产商通常是在收到货款后才会组织生产，故不能以库存不足认定孙某“没有实际履行能力”。

第二，在案证据不足以证明孙某实施了明显违背市场规律、必定无法盈利的“高买低卖”行为。申诉人王某主张孙某的白酒购入价格为每箱 110 元、出售价格为每箱 95 元，明显违背市场规律，存在诱骗其签订和履行合同的情形。原案证据中，孙某供货商的销售经理刘某仅证实孙某2017年7月27日打款317250元，用于生产5000箱A酒的货款（对应折合A酒单价为63.45元/箱，不含包材费），不能证明孙某存在故意的“高买低卖”行为。

第三，市场经营中发生纠纷、负债经营是常见情形，负债后对外签订合同不必然存在非法占有目的。案发前后甲公司和孙某的确牵涉多起合同纠纷，但该公司对公账户资金仍然频繁交易，依然在向供货商支付货款，向客户交付货物，证明甲公司在持续经营。任何经营主体在经营活动中都可能遇到民事诉讼和债务危机，据此认定孙某系在经营不善状况下签订合同、无实际履约能力、骗取对方财物，并无事实和法律依据。

第四，孙某未将所收货款转移或挥霍，绝大部分能查实用于公司生产经营。孙某收到申诉人王某66.5万元货款后，当天将其中的317250元打款给供货商乙公司，用于支付先前订购的5000箱A酒货款；将118645.49元支付给丙公司，用于为其他客户订购B酒；将17万元用于支付多家包装材料商的材料款或欠款，均说明孙某仍在努力维持公司生产经营，虽然没有做到“专款专用”，但是款项均实际用于公司正常生产经营活动。

第五，案发后孙某一度失联，可能确实存在躲避催债的目的，但是不足以证明在与申诉人王某签订、履行合同时存在非法占有目的，加之2017年9月至案发后，孙某均有多次向王某退款的行为，成为失信被执行人不等同于成立诈骗类犯罪。

第六，在原案作出存疑不起诉决定后，检察机关向公安机关制发了检察意见书，建议公安机关就不足的证据部分进行补充侦查，包括继续查明孙某收取的王某所支付的货款除用于支付货款、偿还包装材料款之外的欠款用途，继续查明是否有经营之外的个人所用，是否用于非法活动，是否用于挥霍。如果能够将证据补充充分，符合法定起诉条件后，从程序上可以再依法提起公诉。

值得注意的是，结合在案证据情况、结合案件具体细节，向当事人进行充分释法说理，也有助于帮助当事人判断当在刑事领域不能达到提起公诉条件时，其是否需要尽快通过民事诉讼主张权利，尽可能挽回损失，是将“高质效办好每一个案件”“如我在诉”以及努力让人民群众在每一个司法案件中感受到公平正义的要求具体落实到办案的每一个细节、每一处为当事人的切实考虑中，避免当事人基于不完整的信息作出的判断过分单纯依赖刑事路径。

运用“三个善于”高质效办理孙某某社区矫正监督案

穆　麟　侯文婷*

以“三个善于”做实“高质效办好每一个案件”是落实习近平法治思想的检察实践要求。社区矫正检察是检察监督的重要组成部分，其工作阵地在社区，与人民群众生产生活息息相关，关乎着国家安全、社会安定和人民安宁。这也就要求社区矫正检察工作，要始终把“国之大者”融入检察情怀，把人民至上贯彻监督全过程，坚持高质效办案，切实保障国家法律在刑事执行领域的统一正确实施，让人民群众真正、切实感受到公平正义就在身边。

一、基本案情及问题的提出

（一）基本案情

社区矫正对象孙某某，男，1978 年 9 月出生，2016 年 7 月 6 日因犯非法买卖枪支罪被天津市滨海新区人民法院判处有期徒刑 3 年，宣告缓刑 4 年，缓刑考验期自 2016 年 7 月 17 日至 2020 年 7 月 16 日止。孙某某在北京市海淀区某镇司法所接受社区矫正。

2019 年，北京市海淀区人民检察院（以下简称海淀区检察院）开展

---

* 穆麟，北京市海淀区人民检察院第四检察部一级检察官；侯文婷，北京市海淀区人民检察院第三检察部一级检察官。

社区矫正检察时发现，社区矫正监督管理平台上显示孙某某电子定位轨迹出现中断情况。通过综合分析和深入调查核实，查明孙某某未经批准擅自外出、出境和社区矫正机构存在监管不到位等违法事实。检察机关依法监督社区矫正机构提请人民法院对孙某某撤销缓刑，收监执行原判有期徒刑 3 年；依法对社区矫正机构监管教育措施落实不到位等问题提出纠正意见。此外，海淀区检察院对本辖区几年来办理的社区矫正监督案件进行全面梳理，以个案为切口开展全面性专项检察，针对辖区社区矫正工作中存在的普遍性、倾向性违法问题及重大隐患，依法提出类案检察建议，并积极联系社区矫正机构跟进整改，完善工作机制，促进社区矫正水平整体提升。

（二）问题的提出

社区矫正监督的焦点问题一般包括两个层面，一是如何通过实质化审查查明违法事实并准确适用法律提出监督纠正意见，二是如何在办理个案基础上加强类案规范从而促进社会治理。本案涉及的具体问题如下：

1. 检察机关如何透过电子轨迹中断的表象，通过实质化审查调查深挖背后社区矫正违法违规和监管不到位问题？

2. 检察机关如何理解法治精神，准确适用原则性的法律条文实现精准法律监督？

3. 检察机关如何从个案监督到类案建议促进全面规范，以高质效办案和监督助力社会治理？

二、锚定社区矫正监督重点：通过实质化审查和全面调查核实查明违法事实

《社区矫正法》第 8 条规定，人民检察院依法对社区矫正工作实施法律监督。而开展监督的基础则是查明是否存在社区矫正违法事实。作为刑事执行法律监督工作的重要一环，社区矫正检察具有点多、线长、

面广的特点，涉及辖区数百余名社区矫正对象、数十家司法所，需要对每一名社区矫正对象的接收、监管、教育、解除等全过程进行监督，其间法律关系多样，法律事实纷繁复杂，调查核实难度大。如果仅单纯书面审查社区矫正档案或查看社区矫正监督管理平台，很难发现表象背后存在的深层次违法问题。因此需要增强监督的主动性和调查的亲历性，从细微之处着眼，由表及里、察微析疑，始终保持对线索的敏感性，坚持调查核实的深入性，从纷繁复杂的法律关系中找准审查调查主线，进行精准化监督，才能查明法律事实，精准开展监督。

社区矫正检察监督具体要把握三个重点：一是准确把握两个层面的法律关系，包括社区矫正对象和社区矫正机构之间的监管教育和被监管教育的关系，以及检察机关和社区矫正机构之间的监督和被监督关系，厘清司法行政权和法律监督权的边界，既要各司其职、各尽其责，也要相向而行、协同发力，共促社区矫正工作规范提升。二是综合运用调查核实和证据审查两个手段，首先通过调查核实全面收集证据材料，调查核实的目的路径要清晰明确，调查核实方式手段应灵活丰富，重点对社区矫正对象请假外出、考核奖惩、电子监管、信息核查、谈话教育等活动开展审查，可以调取社区矫正档案、工作记录、原案卷宗等书证，询问社区矫正对象及家属、社区矫正工作人员、社区工作者等人员，查阅社区矫正监督管理平台等；其次要对在案证据进行实质化审查，不能仅依赖于书面审查，重点强调亲历性，排除一切合理怀疑，形成完整证据链条，实现监督案件证据确实、充分。三是重点厘清社区矫正对象和社区矫正机构违法违规情形两类事实。首先要查明社区矫正对象是否遵守法律法规，是否存在社区矫正机构未发现、未查明的违法事实，然后透析背后存在的社区矫正机构违法情形，分析背后的风险隐患，精准提出监督意见。

本案中，海淀区检察院通过查看社区矫正监督管理平台发现了孙某某电子定位轨迹中断的情形。这一情形在司法实践中并不少见，因网络不畅、系统卡顿、设备没电等均可能造成，于是社区矫正机构对此做了常规批量处理。但越是面对司空见惯的情形，越要有监督的敏锐性和主动性，通过进一步查看孙某某电子定位中断的时长、中断前后的定位、同时期其他矫正对象的轨迹，审查孙某某的请假记录等，发现该情况仅持续几日且中断前后轨迹正常，中断期间亦没有请假记录，可以基本排除设备故障和请假外出等因素，那么孙某某就可能违规外出，社区矫正机构亦可能监管不到位。海淀区检察院紧紧围绕这两条主线，层层深入开展审查调查。一方面，依法调取孙某某社区矫正期间出境、出行、住宿等记录，梳理每一次记录形成往返闭环，将出行记录与请假外出记录进行比对，排除请假外出情况，确定孙某某违规外出时长。另一方面，详细审查社区矫正档案和系统平台记录，深入社区实地走访，依法询问司法所工作人员、孙某某本人等，明确社区矫正机构存在的履职问题。最终通过对全案证据分析研判，排除一切合理怀疑，以确凿充分的证据查证了孙某某违规外出、出境及社区矫正机构履职不当的客观事实。

三、领悟立法本意和法治精神：综合考量社区矫正对象主客观方面依法正确适用撤销缓刑法律规定

依法查明法律事实是法律实施的前提，准确适用法律是法律实施的关键。社区矫正检察坚持"法定职责必须为"，在查明社区矫正对象违法违规事实并厘清法律主体责任后，对认定是否适用"情节严重"撤销缓刑这一原则性法律规定，要树立全面系统观念，充分结合具体案件情节，深刻领会并灵活适用具体法律条文背后蕴含的法律原则和法治精神。《刑法》第77条规定撤销缓刑情形，第1款为犯罪性撤销，规定了"新罪和发现漏罪"的情形；第2款为违法性撤销，规定了"违反法律、行政法规或者国务院有关部门关于缓刑的监督管理规定，或者违反人民法院判决中的禁止令，情节严重"的情形。2020年实施的社区矫正法、《社区矫正法实施办法》又对撤销缓刑情形作了衔接性的细化规定，《社区矫正法实施办法》第46条第1款对违法性撤销予以列举，其中前4项规定比较具体，第5项关于"其他违反有关法律、行政法规和监督管理规定，情节严重的情形"沿用了《社区矫正实施办法》（已废止）第25条第1款第5项的规定，属于和前4项并列具有同等严重性的兜底性

条款。但司法实践中如何理解适用该项规定一直存在争议。对此应明确兜底性条款边界，依法准确认定何为“情节严重”。

从宏观理念上说，要秉持全面系统观念，系统理解刑法、社区矫正法及相关规定的内在逻辑，充分考虑兜底性条款的立法精神和原意，认识到该条款作为前4项情形的有益补充，弥补了具体列举的空白，也回应了社区矫正对象逃避监管手段日益多样化、科技化的风险，但并不能无限扩张适用，其主观恶性和后果严重程度须和前4项相当，确保兼顾《社区矫正法》第4条规定的“社区矫正对象遵守监管规定”和“社区矫正工作尊重和保障人权”之尺度平衡；从微观适用上说，应立足案件背景和事实加强研判，和社区矫正机构统一法律适用标准，尤其是对于社区矫正机构未依法提出撤销缓刑建议但检察机关认为可能符合撤销情形的，应全面客观考量社区矫正对象违法违规行为的性质、次数、频率、手段、事由、后果、再犯风险等方面因素，结合原案犯罪的具体内容，综合分析其主观恶性和社会危险性，参考类案处理标准，确保案件办理准确规范、监督纠正站得稳立得牢。

本案中，经查证孙某某在被实施电子监管期间故意对电子定位装置不充电擅自外出一次，在被摘除电子监管后又利用每月到司法所当面报到的间隔期间擅自外出二十余次，最长一次达19天，其中两次违法出境。其违规外出行为并不符合《社区矫正法实施办法》第46条第1款前4项的具体规定，但是否符合“违反有关法律、行政法规和监督管理规定，情节严重”这一原则性法律规定，需要结合不同法律规范之间的关系来理解，综合违规外出的性质、次数、频率、手段、事由、后果等客观事实以及社区矫正对象的主观恶性，违法严重程度应当与前4项具体情形相当或更为严重。本案中，孙某某客观上实施了违反规定外出的行为，外出次数多、跨度时间长、外出目的多为旅游，甚至还违法出境，主观上也存在逃避监管故意，主观恶性较大，可以综合认定其违反有关法律、行政法规和监督管理规定达到情节严重程度。对此，海淀区检察院依法提出对孙某某撤销缓刑的监督意见，最终孙某某被依法裁定撤销缓刑，收监执行原判有期徒刑3年。此外，还针对社区矫正监管教育工作落实不到位等问题对社区矫正机构依法提出监督纠正意见。

四、实现法理情有机统一：推动综合治理凸显“三个效果”确保实现公平正义

社区矫正检察监督的阵地在社区，在人民群众身边，监督工作到不到位、监督成效好不好，直接关乎社会秩序安定和人民群众安宁，关系刑事执行法律的正确实施和人民群众心中的公平正义。检察机关开展社区矫正法律监督，不是简单机械办案，也不仅仅是证据审查和法律适用的过程，更要坚持“为大局服务、为人民司法、为法治担当”，以高度的思想自觉、行动自觉，积极履职，担当作为，推进案件由个案办理到类案规范，切实服务助力社会治理，在法律框架内实现罪责刑相适应和法理情相统一，高质效办好每一个监督案件，让人民群众切实感受到公平正义就在身边，更好服务平安中国建设，与社区矫正机构共同推进国家治理体系和治理能力现代化。

一是高质效办好撤销缓刑监督案件让人民群众感受到公平正义。既要贯彻宽严相济刑事政策保障缓刑制度发挥应有作用，又要对违反法律法规的依法收监执行，在查清社区矫正对象违法事实基础上提出撤销缓刑监督意见，同时利用公开听证、听取意见、沟通座谈等方式加强释法说理，提升办案效果，实现惩治犯罪和保障人权的有机统一，让人民群众更好感受到公平正义。

二是高质效办好社区矫正监督案件助力社会治理。准确适用法律监督文书，针对社区矫正机构未依法履职的违法情形提出口头纠正意见或制发纠正违法通知书，针对一段时间内多发频发的普遍性、倾向性问题和背后隐藏的风险隐患制发检察建议书，由一案一事拓展为规范一域，充分发挥促进社会治理的作用。

三是协作完善工作机制为大局服务。社区矫正监督不能就案办案，要以法律监督促进社区矫正工作水平不断提升，为平安中国建设服务。要加强执法司法协作，完善工作机制，例如社区矫正定期通报类案研判机制、出入境备案管控机制等，以数字检察为抓手加强信息互通共享，

积极建用数据模型提升监督质效。

本案之前，检察机关也曾监督纠正过个别社区矫正对象违规外出的问题，但此后仍出现了孙某某多次、长期违规外出甚至违法出境等更严重的情形，给社会安定和人民安宁造成重大隐患，损害了法律严肃性和执行公正性，反映出检察监督个案纠正存在力度不强、监督效果不显著的问题，社区矫正工作漏洞隐患没有得到有效治理。对此，海淀区检察院一方面加强源头监督，结合近几年办理的社区矫正监督案件全面梳理社区矫正工作中的普遍性、倾向性问题和风险隐患，研判问题原因，对症开方，靶向治疗，提出行之有效的类案检察建议，促进社区矫正机构从机制完善、队伍建设等各方面排查风险、堵塞漏洞，切实提升了社区矫正规范化水平。另一方面以监督助力社会治理，强化与社区矫正机构等单位的沟通协作，通过业务联合督查检察、设立社区矫正联络站、开设检察官课堂等方式实现良性互动，共同助力社区矫正对象顺利回归社会。

依法对社区矫正实施法律监督是法律赋予检察机关的一项重要职责。人民检察院开展社区矫正法律监督，应当坚持“三个善于”，做实高质效办案的要求。在个案证据审查、调查核实应用、法律关系梳理上坚持细致入微，在事实认定、法律适用、案件处理上做到精准全面，依法保障刑事司法“最后一公里”的公平公正。首先，要透过纷繁复杂的社区矫正事实和法律关系，通过实质审查和全面调查查明社区矫正对象和社区矫正机构的违法事实，找准社区矫正法律监督重点。其次，对于违反法律法规的社区矫正对象，应深刻领悟法治精神和立法本意，综合考量社区矫正对象主客观方面依法认定其是否符合撤销缓刑情形。最后，在高质效办理个案的基础上注重类案规范，推动深层次问题的实质性化解，以监督办案助力社会治理，以人民为中心，为平安中国建设服务，让人民群众感受到公平正义。

坚持以“三个善于”
高质效办好跨境电信网络诈骗案件

顾　伟　陈朝铭*

进入新时代，为顺应人民群众对公平正义的新要求，回应检察机关法律监督面临的新情况，最高人民检察院检察长应勇在多个场合反复强调，要把“高质效办好每一个案件”作为检察履职办案的基本价值追求，善于从纷繁复杂的法律事实中准确把握实质法律关系，善于从具体法律条文中深刻领悟法治精神，善于在法理情的有机统一中实现公平正义[①]。“三个善于”不仅蕴含了检察机关司法办案的内在规律和本质要求，更体现了检察人员从“用准法律”到“用活法律”再到实现“最好效果”的三重境界。当前，非接触式电信网络诈骗在人工智能、网络通讯、虚拟支付等技术形态的推动下愈演愈烈，此类案件因群众反映强烈、关联程度复杂、办案压力突出成为重点关注的对象，如何在全链条治罪与治理中把握证据、精准处置，准确理解和贯彻“三个善于”尤为重要。本文选取2023年度检察机关依法惩治电信网络诈骗及其关联犯罪典型案例、2024年度“两高一部”依法惩治跨境电信网络诈骗及其关联犯罪典型案例中的相关系列案例，结合对“三个善于”的理解和运

*　顾伟，上海市徐汇区人民检察院第一检察部主任；陈朝铭，上海市徐汇区人民检察院第一检察部检察官助理。

①　参见应勇：《学思践悟习近平法治思想　以“三个善于”做实高质效办好每一个案件》，载《人民检察》2024年第8期。

用，探讨提升跨境电信网络诈骗案件办理质效的实践路径。

一、案例及问题的提出

案例一（刘某某等人诈骗案）：2018 年 11 月，刘某某纠集张某某、何某某前往柬埔寨王国西哈努克港市组建电信网络诈骗犯罪集团。其间，刘某某提供前期运营资金、安排人员培训和联系洗钱团伙（俗称“水房”）等。自 2019 年 3 月起，刘某某与张某某、何某某指挥上述诈骗集团采用下列方式实施诈骗：一线话务人员冒充各类科技公司财务人员拨打目标公司财务人员座机电话，向对方虚构将有业务款转账至目标公司等事实，诱使对方使用 QQ 进行联系；二线话务人员以科技公司财务人员名义与对方进行 QQ 聊天，伺机获取对方收款账户信息等，再制作并发送虚假跨行转账凭证，并谎称转账款将延时到账；三线话务人员使用与目标公司法定代表人姓名相同的 QQ 昵称冒充目标公司法定代表人加入前述双方 QQ 聊天，采用佯装确认前述转账事宜等方法骗取对方信任，在询问并掌握目标公司账户余额等信息后，以需向其他公司支付业务款等虚构事实诱骗对方将钱款转账至洗钱团伙控制的账户。经查，2019 年 3 月至 7 月，该诈骗犯罪集团共骗取北京、上海、新疆等地 147 家被害单位人民币（以下币种同）9683 万余元。

2020 年 3 月 4 日、2022 年 7 月 15 日，上海市公安局徐汇分局先后将张某某、何某某涉嫌诈骗案、刘某某涉嫌诈骗案移送上海市徐汇区人民检察院审查起诉，鉴于三人可能被判处无期徒刑以上刑罚，该院报送上海市人民检察院第一分院审查起诉。检察机关通过自行侦查完善证据链，证明刘某某是犯罪集团的策划者、组织者、领导者。2020 年 9 月 27 日、2022 年 8 月 29 日，上海市人民检察院第一分院分别以诈骗罪对刘某某、张某某、何某某提起公诉，并认定刘某某为诈骗犯罪集团首要分子，张某某、何某某为主犯。

2022 年 11 月 23 日、2021 年 8 月 25 日，上海市第一中级人民法院先后作出判决，以诈骗罪判处刘某某无期徒刑，剥夺政治权利终身，并处没收个人全部财产；判处张某某有期徒刑 15 年，剥夺政治权利 4 年，并处罚金250万元；判处何某某有期徒刑14年，剥夺政治权利4年，并处罚金100万元。

该犯罪集团其余90余名成员陆续到案，分别由徐汇区人民法院、闵行区人民法院、普陀区人民法院判处有期徒刑10个月至有期徒刑14年不等。

案例二［陈某某等人诈骗、偷越国（边）境案］：2018年至2022年间，王某某（另案处理）等人组织、纠集大量国内人员前往菲律宾搭建诈骗窝点，通过控制“UK”“宝彩”等虚假网络赌博平台，以后台控制输赢等方式，针对境内居民实施电信网络诈骗。陈某某、钟某某于2018年至2019年，多次出境参加上述犯罪团伙，分别担任“组长”“代理组长”，负责在网络上推广涉诈赌博网站、手机应用程序等，在诈骗窝点累计时间分别达9个月、7个月。另查明，陈某某在第二次出境时，钟某某在第二次、第三次出境时，均以旅游为由申领出入境证件，出境至菲律宾后即前往电信网络诈骗窝点。陈某某于2019年11月回国，因本案于2023年5月被公安机关抓获归案；钟某某于2020年1月回国，因本案于2023年5月自动投案。

2023年4月25日，上海市公安局静安分局对本案立案侦查。2023年8月2日，静安分局以陈某某等人涉嫌诈骗罪、偷越国（边）境罪移送静安区人民检察院审查起诉。2023年8月29日，静安区人民检察院对陈某某、钟某某以诈骗罪、偷越国（边）境罪提起公诉。

2023年12月26日，静安区人民法院经依法审理，以诈骗罪、偷越国（边）境罪判处陈某某有期徒刑1年7个月，并处罚金人民币24000元；以诈骗罪、偷越国（边）境罪判处钟某某有期徒刑1年8个月，并处罚金人民币26000元。

案例三（张某诈骗案）：2021年2月，张某在柬埔寨务工期间，经人介绍至西哈努克市某“工业园区”加入“财神”电诈集团，任业务员。该犯罪集团以境内女性群体为目标，通过朋友圈及微信群虚构成功男士形象，诱导被害人在集团控制的“金天利”虚假投资平台充值，骗取被害人钱款。张某加入该犯罪集团后，负责维护用于诈骗的微信号，并与被害人进行前期情感交流，待骗取被害人信任后交由其他同伙进一步实施诈骗。经查，该诈骗集团共有成员近200人，共骗取中国境内100余名被害人钱款约人民币1亿元。2021年10月，张某退出该诈骗集团，继续留在园区从事其他工作。2022年6月，张某回国后，公安机关根据前期掌握的犯罪线索将张某抓获。

2021年11月3日，上海市公安局闵行分局对本案立案侦查。张某如实供述了其加入境外诈骗集团，负责养号引流、骗取被害人信任等犯罪事实，并提供了公安机关尚未掌握的该诈骗集团的主要架构分工、诈骗模式、行为特征、使用的诈骗App平台名称、介绍人、部门主管身份等重要线索。2022年8月17日，闵行区人民检察院认为张某认罪悔罪态度较好，对其取保候审足以防止发生社会危险，对张某作出不批准逮捕决定。2022年8月29日，公安机关以张某涉嫌诈骗罪移送检察机关审查起诉。

2022年9月5日，闵行区人民检察院以诈骗罪对张某提起公诉。考虑到张某作为犯罪集团底层人员，能主动交代公安机关尚不掌握的犯罪集团相关情况，虽不构成立功，但为破获犯罪集团、抓捕犯罪集团主犯发挥一定作用，且认罪认罚、退缴违法所得，应当对其从宽处罚，遂向人民法院建议对其适用缓刑。2022年9月14日，闵行区人民法院经依法审理，认定张某犯诈骗罪，判处有期徒刑2年，缓刑2年，并处罚金人民币5000元。

从以上3件跨境电信网络诈骗及其关联犯罪案件的办理情况来看，上下游各类违法犯罪行为相互交织，涉及诈骗、侵犯公民个人信息、偷越国（边）境、掩饰、隐瞒犯罪所得等多个罪名；辐射的涉案人员层级复杂，涉及诈骗犯罪集团的组织者、领导者、骨干成员及幕后“金主”，为诈骗集团提供转账协助的“卡头”“卡农”、行业“内鬼”，提供生活服务、技术保障等低层级辅助人员等，各行为人之间地位作用各有不同，社会危险性、主观恶性也有所不同。在办理此类案件中，常常涉及复杂的法律问题和事实问题，既有证据收集采信上的障碍，也有法律适用层面上的争议，如何全面准确将“三个善于”贯彻到跨境电信网络诈骗案件办理全过程，是当前检察人员亟须把握的方法论问题。

二、强化证据的穿透式审查，准确把握案件的实质法律关系

司法办案的基本逻辑是精准把握案件的基本事实和法律关系，在此基础上找准应当适用的法律，从而定位具体法律条文。作为一线办案人员，如何从纷繁复杂的法律事实中准确把握实质法律关系，根本问题在于做实“以事实为根据”[①]，充分运用证据识别基本事件、厘清案件脉络、还原案件事实。

（一）厘清主次矛盾做好分层分类审查

复杂案件往往伴随着法律关系冗杂，抓住案件的主要矛盾，犹如扭住办案的“牛鼻子”，能够找准起决定性作用的实质法律关系，进而识别出基本案情和关键争点，厘清罪与非罪、此罪与彼罪、一罪与数罪等问题。跨境电信网络诈骗案件的事实证据错综复杂，犯罪触角四处蔓延，厘清主次矛盾对于梳理基本案情和法律关系至关重要。

案例一中，案件背后是一个层级完备、分工明确的犯罪集团，该犯罪集团按照公司化运营模式，对大量的成员进行角色分工并进行统一管理，其中三级话务员负责层层实施诈骗，辅助人员负责网络技术支持、查询个人信息、提供收款账户及财务管理、人员招揽等，还有后勤人员保障餐饮、交通等。随着“业务”规模的不断扩大，该犯罪集团已不断分设出了多个诈骗小组，每个诈骗小组中侵犯公民个人信息、偷越国（边）境、掩饰、隐瞒犯罪所得等实行行为交织。面对大量涉案人员的不同分工和海量的涉案数据，检察机关紧紧扭住诈骗犯罪这个实质法律关系，采取“一组一策”的策略，逐一厘清职责分工、就职时间和社会危害性等，厘清“犯罪集团—犯罪小组”内部组织结构关系，对“犯罪集团首要分子—犯罪集团主犯—犯罪小组主犯—犯罪小组从犯”按照成

① 参见巩宸宇：《坚持“三个善于”做实高质效办好每一个案件》，载《检察日报》2024年4月9日，第1版。

员作用分级分层处理并制定方案，深挖彻查电诈集团核心人员，为准确认定不同层级人员的刑事责任奠定基础。

（二）注重检警协作做好关键证据补强

跨境电信网络诈骗犯罪集团的首要分子往往藏匿幕后、远程指挥，指控证明犯罪难度较大，各层级之间相互分散、独立运行，被害人又无法全面核查，有罪证据与无罪证据杂糅，关键事实缺少充分的证据证明，证据链条存有缺口。对此，检察机关注重与侦查机关加强沟通，共同发掘、研判案件中的重要线索并加强核查，多维协作固定证据基础，不断还原犯罪模式和作案手法，以严谨细致的证据标准保障案件质量。

案例一刘某某等人诈骗案中，检察机关注重发挥侦查监督和协作配合办公室的平台作用，落实公检联席会议制度，第一时间提前介入引导侦查，全面了解案情，明确处理的原则和范围，准确把握案件定性、统一跨国电子证据运用及逮捕标准，就跨境电信网络诈骗集团及其内部人员分工、组织架构、资金流向、社会危险性等提出侦查取证意见，与侦查机关形成办案共识。在引导公安机关侦查取证的基础上，加大自行侦查力度，通过调取同案犯供述、补充询问证人、收集客观证据等，将依法认定的客观事实与存在的疑点逐一核实，全力查证涉案人员犯罪事实，依法予以严惩。

（三）加强实质监督做好关联犯罪打击

跨境电信网络诈骗关联犯罪复杂、追诉人员众多是最显著的特点，检察机关在抓住案件主要矛盾捋顺实质性法律关系的基础上，更要着眼犯罪的全链条打击，找到分支法律关系，同步开展关联犯罪打击和追捕追诉工作，最大限度挤压跨境电信网络诈骗集团生存空间。

案例一、案例二中，跨境电信网络诈骗的背后，有着纷繁复杂的“黑灰产业”，衍生出了大量关联犯罪。在电信网络诈骗的预备阶段，检察机关着重围绕诈骗人员召集环节，依法严厉打击采取边境偷渡或虚构事由骗领出入境证件方式偷渡出境的行为，阻断诈骗人员输送通道；在电信网络诈骗的实行阶段，检察机关除打击核心罪名诈骗罪外，着重围绕“两卡”、信息提供环节，重点打击卡商、公民个人信息贩卖、广告引流服务等为诈骗提供帮助的黑灰产业链；在电信网络诈骗既遂之后，检察机关着重围绕资金转移环节，全面查处为境外诈骗集团提供第三方支付平台或虚拟货币交易平台进行洗钱的团伙，阻断涉诈资金流通通道。此外，打击尚未到案的漏犯也是案件办理需要直面的问题，检察机关通过加大对犯罪嫌疑人的讯问力度，查明其余涉案人员身份特征、绰号姓名、地位作用及工作时间，清晰勾画诈骗团伙业务内容、犯罪事实，明确被追诉人员的身份信息、收集固定被追诉人员的犯罪证据，动态掌控行踪轨迹，确保犯罪嫌疑人第一时间“回流”、第一时间抓捕。

三、洞悉法律背后基本价值，自觉把法治精神融入办案始终

从检察机关内部办案的角度来讲，办案人员厘清纷繁复杂的法律关系之后，不能机械死板地适用法律条文，而是要从具体法律条文中深刻领悟法治精神，全面落实“以法律为准绳”，使得每一个案件的处理结果都契合法治精神、彰显法治价值。

（一）体系化把握法律规定，确保罚当其罪

办理涉案人员众多的跨境电信网络诈骗案件，如何对每一节犯罪事实准确进行刑事评价，并且精准适用法律，做到各行为人之间的定罪准确、量刑平衡，是需要重点把握的问题。检察人员在办案中，对于刑法条文的适用，既要看分则，也要看总则，把社会危险性与事实情节、主观恶性等因素综合进行衡量，准确认定其罪责。

办理案例一的过程中，检察机关对于明知是诈骗犯罪，长时间内相对稳定地为电诈犯罪提供转移资金、技术支持、引流推广等帮助行为，或者在犯罪窝点提供餐饮住宿、技术保障等服务，已成为诈骗链条上固定环节，对诈骗实施起到重要支持促进作用的，以诈骗罪共犯追责；对

进入诈骗犯罪窝点时间短，从事一般服务性、劳务性工作的厨师、司机、保洁等一般工作人员，结合相应的犯罪情节依法从宽，情节轻微的作出不起诉决定。同时，为保证刑事责任认定的统一性，检察机关积极探索精准量刑模式化，依据法律、司法解释和量刑指南等，制定精准化量刑公式，既准确呈现各犯罪嫌疑人在犯罪集团中的作用，又综合考虑各犯罪嫌疑人的诈骗数额、入职时间、非法获利等多方面因素，确保犯罪嫌疑人刑期相互协调，罚当其罪。

（二）灵活性动态适用法律，防止机械司法

简单地、片面地、孤立地理解运用法律，盯着表层的法条文本办案，极易造成教条主义、机械司法，既违背了新时代检察人员依法履职的初衷，更是背离了人民群众对法律的可预测性和可期待性。检察人员依法办案，在不偏离法律条文的同时，应当强化“法与时转则治”① 的思维，追溯立法原意。

在“两高一部”近期发布的依法惩治跨境电信网络诈骗及其关联犯罪典型案例的办理情况来看，对于诈骗金额的认定，由于犯罪集团的犯罪手法加速迭代翻新，犯罪工具境外化、高度智能化，技术对抗不断加剧升级，往往无法查明被害人及其具体被骗数额，按照传统思路，诈骗金额难以认定。对此，检察机关在办案中并非陷入一域困境，而是从立法原意、法理逻辑、价值取向等方面进行综合研判，在法律允许的范围内进行认定。对于能够根据相关客观性证据及犯罪嫌疑人供述，比如在相关通讯群组中，犯罪嫌疑人发出的实施诈骗成功的信息或者收款、转账、取现的信息，综合其他证据能够确定诈骗事实和数额的，可以据此认定犯罪数额②，体现了依法从严打击电信网络诈骗的立法本意在个案中的灵活运用。

---

① 出自《韩非子·心度》。

② 参见《最高检、最高法、公安部联合举行“依法惩治跨境电诈犯罪 守护人民群众合法权益”新闻发布会》，载最高人民检察院官网，https://www.spp.gov.cn/spp/yfczkjdzfz/22xwfbh_sp.shtml，2024 年 7 月 26 日访问。

（三）深层次理解司法政策，做到宽严相济

刑事司法政策一定程度上是检察机关履职办案的风向标，具有指导法律适用的重要作用。实施宽严相济的刑事政策对办案人员有着明确而有针对性的指引。在办理跨境电信网络诈骗案件中，不同层级、不同分工的成员，主观恶性不一、社会危险性不同，检察机关注重统筹落实法律规定和司法政策，考虑到个案之间的差异性，在司法办案中彰显法治温度、司法善意。

案例一中，检察机关对于犯罪集团及其组织者、策划者、指挥者和骨干成员，从定罪量刑、法律适用、政策把握、财产处置等方面体现依法从严，形成高压震慑；对于犯罪集团中起次要和辅助作用的低层级人员、罪行较轻的在校学生、积极配合抓捕首要分子或指认同案犯的，坚持区别对待，做到严中有宽、宽以济严，符合条件的依法适用缓刑、免予刑事处罚或不作为犯罪处理。案例三中，张某作为犯罪集团底层人员，其主动交代关于犯罪集团的相关情况，为破获犯罪集团、抓捕犯罪集团主犯发挥重大作用，且认罪认罚、退缴违法所得，司法机关充分体现从宽政策，依法给予其较大的从宽幅度[①]。

四、坚持为人民司法的理念，确保案件办理实现法理情统一

检察履职办案兼顾天理、国法、人情，实际上就是要实现政治效果、法律效果、社会效果有机统一。检察机关在司法办案过程要始终站稳人民立场，不但要保障"文本法"的正确实施，更要让人民群众感受到"内心法"的公平正义，以满足新时代人民群众多层次多样化的司法需求。

（一）以"如我在诉"的精神追求公平正义

当前，一些办案人员固守"案件之前都是这么办的"的错误思维，

---

① 参见最高人民检察院、最高人民法院、公安部《依法惩治跨境电信网络诈骗及其关联犯罪典型案例》。

认为案件处理只要符合法律规定就行，从而导致案件处理与群众基本认知大相径庭。检察人员办理案件中，必须将自己摆入到案件中，树立“如我在诉”的意识，不轻视任何一个个体，扪心自问案件处理是否符合群众期待、符合人之常情，努力在法律框架内寻求公平正义的“最大公约数”，确保案件办理取得最佳效果。

办理案例一及关联犯罪中，检察机关考虑案件处理结果的融情性，对于被诱骗、被强迫参加电信网络诈骗，参与层级较低、时间不长等情节轻微的业务员，坚持惩处与挽救相结合，在行为社会危害性不大、再犯可能性较小、主动退赃退赔的情况下，依法认定系从犯减轻处罚或免予刑事处罚；对于在校学生特殊群体提供刷脸、取现等帮助跑分的“卡农”，综合考虑其认知程度、社会阅历、主观恶性等，用足用好认罪认罚从宽制度，依法作出不起诉决定，并督促公安机关作出相应的行政处罚，在法律框架内最大限度体现政策，彰显司法温度。

（二）以案结事了的态度回应群众关切

一个案件“结案了事”与“案结事了”之间，差别就在于当事人对案件处理结果的获得感、满意度，能否站在群众角度共情用心、回应关切，关系到案件办理的质效。电信网络诈骗犯罪直接侵害人民群众的财产权利和切身利益，社会关注度高，被害人和广大群众对及时破案、严惩罪犯的期望十分强烈，同时更关心如何挽回经济损失的问题。

检察机关在办理刘某某等人诈骗案中，办案人员在依法严惩犯罪的同时，下足功夫去解决案件中群众反映强烈的实质问题，把追赃挽损贯穿全流程、各环节。一方面，从侦查活动之初即制定追赃挽损整体方案，引导公安机关对涉案资金账户进行穿透式审查，明确流入犯罪嫌疑人账户的路径及金额，及时完成账户冻结，并对所有涉案账户开展详细核查，及时查漏补缺，防止涉案已冻结资金因冻结期限届满而失去控制。同时，检察机关高度重视异地抓获后的搜查工作，引导公安机关结合资金取现情况，及时依法完成异地搜查、扣押。另一方面，用好用足宽严相济刑事政策，将退赃退赔、提供涉案资金线索作为认罪认罚从宽的重要考量因素，累计追缴涉诈资金、追回损失合计千万余元，最大限度为被骗群众挽回经济损失。

（三）以检察为民的情怀推动源头治理

法理情有机统一，归根结底就是要把检察办案放在为人民服务的大局中统筹考量，防止就案办案，割裂案件的外在联系。电信网络诈骗往往针对老年人、大学生等辨别能力偏弱的群体，觊觎治病钱、养老钱、上学钱，等到察觉时诈骗资金已成功转移，对此检察机关既要抓末端、治已病，更要抓前端、治未病，分析案件背后的深层次问题，参与社会治理，实现办案效果的最大化。

刘某某等人诈骗案中，检察机关深化一体履职、综合履职、充分履职，运用检察建议，借助人大、人民监督员等力量，与涉案金融机构、移动通信运营商、第三方支付平台等相关单位存在的监管问题开展沟通研商，推动健全运营商运营风险提示机制，落实第三方支付平台账户实名制，推动更大范围、更多领域、更深层次的综合治理。同时，充分利用新媒体网络、制作普法小视频等方式，结合典型案例开展电诈宣讲进学校、进企业、进社区“三进”活动，总结电信网络诈骗的新手法、新动向、新趋势，揭露诈骗分子的惯用伎俩，切实提升公民法律意识与反诈意识。

以“三个善于”指引固话“通讯传输”类帮信犯罪案件的办理

上海市嘉定区人民检察院课题组*

“通讯传输”类帮信犯罪中以提供手机号等更为普遍，提供固话线路较少。境外电信网络犯罪分子在“通讯线路商”的帮助下，利用通信运营商管理漏洞，骗领国内021号段固话线路对诈骗电话进行号码归属地“伪装”，增加了犯罪活动的隐蔽性和欺骗性，查处难度更大、社会危害性更强，犯罪事实查明、法律适用难度都增大，同时也暴露了相关行业监管漏洞等社会治理问题。高质效办理“通讯传输”类帮信案件应践行“三个善于”，重点审查“帮助行为”“主观明知”“情节严重”。本文以马某、朱某某等8人帮助信息网络犯罪活动案（以下简称马某、朱某某等人帮信案）为例，对固话“通讯传输”类帮信犯罪案件引导侦查取证要点、法律适用争议、社会治理等内容展开分析，以期对同类案件办理提供参考，丰富相关问题的理论研究。

一、基本案情

2020年11月起，被告人马某、朱某某等人明知“李某”（在逃）在境外实施电信网络犯罪活动，仍为其层层联系唐某某、钱某某、夏某某

* 课题组成员：李先仁，上海市嘉定区人民检察院第三检察部检察官；曹俊梅，上海市嘉定区人民检察院第六检察部检察官助理；黄靓雯，上海市嘉定区人民检察院第三检察部检察官助理；蒋荪，上海市嘉定区人民检察院第三检察部检察官助理。

等“通讯线路商”，并在某通信运营商工作人员周某（另案处理）等人的违规帮助下，冒用上海某A网络科技有限公司等多个公司的名义，骗领国内021号段的固定电话通讯线路，再由被告人许某某、张某某等人通过网络电话技术手段提供语音落地支持，经层层线路商加价转租，最终被境外犯罪分子“李某”远程使用，向国内人员实施电信网络诈骗，已查实拨号合计140余万人次，涉及诈骗金额人民币990余万元。

二、办案重点难点：“帮助行为”“主观明知”“情节严重”的认定和证明

自《刑法修正案（九）》帮信罪入刑以来，理论关于帮信罪的争议就一直没有停息。根据《刑法》第287条的规定，帮信罪是明知他人利用信息网络实施犯罪，为其犯罪提供互联网接入、服务器托管、网络存储、通讯传输等技术支持，或者提供广告推广、支付结算等帮助，情节严重的行为。对于帮信罪的性质，即存在“帮助犯正犯化说”[①]“量刑规则说”[②]“积量构罪说”[③]等不同观点。“帮助行为”“主观明知”“情节严重”的认定和证明也是理论争议的焦点。此外，帮信罪与诈骗罪、洗钱罪，以及掩饰、隐瞒犯罪所得、犯罪所得收益罪的区分也是实践的难点。

---

① 认为帮助信息网络犯罪活动罪的规定是刑法分则条文将原本属于相关信息网络犯罪活动的帮助行为提升为实行行为，并设立了独立的罪名和法定刑。以陈兴良教授为代表。

② 认为本罪不是帮助犯的正犯化，而是帮助犯的量刑规则。即办案机关对本罪的认定仍然要坚持共犯从属性的原理，如果正犯没有接受帮助或者虽然接受了帮助，但没有进一步着手实施符合构成要件的违法行为的，提供帮助的行为人不成立犯罪；对于帮助他人实施信息网络犯罪活动的，直接依据《刑法》第287条之二第1款的法定刑处罚，而不再适用《刑法》第27条第2款的规定减免处罚。以张明楷教授为代表。

③ 认为本罪既不是对帮助犯量刑规则的规定，也不是帮助犯的正犯化，而是对独立的妨害信息网络安全管理秩序罪进行的规定，与上游犯罪的帮助犯是部分竞合关系，从而立法增设本罪是为了解决按共同犯罪惩治遇到的司法实务困难。

（一）为在境外实施电信网络犯罪活动提供“帮助行为”的认识及证明

马某、朱某某帮信案是一起为境外电诈犯罪提供通讯传输技术支持的新型帮信案件。“通讯传输”是指用户之间传输信息的通路。在实践中主要表现为犯罪分子运用VoIP技术将语音信号通过互联网传输出去或者运用VPN技术隐藏真实位置，进行加密通讯。实践中出现的固话“通讯传输”帮信行为则主要表现为将固话线路经过技术手段转化为虚拟电话，用于网络犯罪活动。马某、朱某某帮信案“帮助行为”的认定，如前文所述，存在三个难点和重点。

第一，马某、朱某某二人帮助行为的认定。马某、朱某某在境外从事电信诈骗犯罪活动的“李某”要求下，作为其国内联络人，为其提供通讯传输资源，应认定为“通讯传输”类帮信行为，而非诈骗罪的共犯。帮信罪是上游犯罪帮助犯的正犯化是大部分学界研究者所持观点。陈兴良教授认为只要立法机关对帮助行为设置了独立罪名并规定了独立的法定刑，就是帮助行为正犯化的立法规定。[①] 帮信罪天然与电信网络犯罪密不可分，甚至一定程度依附于网络犯罪而存在。马某、朱某某帮信案系为境外团伙向国内目标群众电话推销无抵押贷款，诱骗被害人申请贷款，操作下载App过程中以虚假故障骗取相关费用的诈骗活动提供通讯传输的技术支持，属于帮助行为。不过帮信罪事实上并不排斥其他罪名的适用。《刑法》第287条之二第3款规定，有前两款行为，同时构成其他犯罪的，依照处罚较重的规定定罪处罚。

第二，张某某等人帮助行为的认定。理论界针对司法机关对帮助行为的认定存在担忧和批评，认为司法机关对帮助行为的认定既包含对正犯的帮助行为，也包含对从犯或者胁从犯的帮助行为，甚至对帮助行为的帮助也被涵括在内，帮助行为的边界无限扩张。“就帮信罪的立法原意而言，针对从犯、胁从犯的帮助行为都不应处罚而是应该出罪，帮助

---

① 参见陈兴良：《共犯行为的正犯化：以帮助信息网络犯罪活动罪为视角》，载《比较法研究》2022年第2期。

行为应该是对正犯的帮助行为，也就是对实行犯的帮助"[①]。当前，网络犯罪分割化、链条化特征明显，犯罪分工也更加细化。马某、朱某某帮信案中，马某、朱某某是境外电信网络犯罪分子的国内联系人，犯罪明知程度和犯罪故意更明显。张某某等人分工虽然不同，但通过聊天群进行意思联络，马某、朱某某、张某某等人基于提供通讯传输的犯罪故意，实施了不同的行为，仍属于共同犯罪，因此，张某某等人应属于帮信行为，而不是马某、朱某某帮助行为的帮助行为。

第三，为境外实施电信网络犯罪活动提供通讯传输技术支持的证明。涉境外的通讯帮助行为的证明，关键在于电子数据取证。VoIP 技术逻辑是固定电话线路接到专门网关设备上，网关会把固话网络传输的模拟信号转变成互联网传输的电子信号，通过互联网传输出去。这个网关设备可以生成虚拟电话账号，异地或者境外犯罪分子使用客户端拨号软件，登陆这台网关对应的账号，就能实现固话资源在互联网上传输，那么客户端就必然会有一个 IP 地址。这个 IP 地址能够证明使用者是在境外。在现场调查取证中，在公安机关配合下，承办检察官当场查询了使用涉案虚拟电话账号的客户端 IP，出现大量的缅甸、柬埔寨、新加坡的 IP 地址。这些电子数据经过固定，结合犯罪嫌疑人口供，互相比较、印证，最终形成完整的证据链条，可以作为犯罪嫌疑人为境外电信诈骗提供通讯技术的证据。这一类案件对涉案技术设备的破解是一个难题，需要公检协作配合，特别是借助公安机关技侦和网安的力量。另外，这类案件中，大部分数据都存储在租用的云端服务器，可能有租期违约被动释放数据的风险，需要及时固定证据。

（二）行为人对他人利用信息网络实施犯罪的"主观明知"认定

对帮信罪"主观明知"的认定是理论界研究的重点，也是实务界的难点。目前，"明知"内涵、明知认识对象也都存在争议。

---

① 刘艳红:《帮助信息网络犯罪活动罪的司法扩张趋势与实质限缩》，载《中国法律评论》2023 年第 3 期。

第一，关于“明知”的内涵探索。司法实践中的“明知”包括“明确知道”“知道或应当知道”“可能知道”。司法实践一般认为“明知”是“知道或应当知道”。[①]尽管学界不少学者认为对“明知”应限定为“明确知道”，但本文认为“明知”理解为“明确知道”或“应当知道”即“推定知道”更契合帮信罪的立法原意和司法实践。不过，推定明知要有明确的证据证明，据以推定的基础事实不能是推定而来的，另外在程序上应给予被告人反证的机会。[②]职业人员出售、提供相关设备工具用于网络犯罪的，要结合其从业经历、对设备工具性能了解程度、交易对象等因素，依法认定其明知。[③]此外，注重相关推定是否可反驳。理论认为依推定效果能否被反驳或推翻，可以将其划分为不可反驳的和可反驳的推定。就帮信罪明知推定而言，案件承办人在办案中应当对犯罪嫌疑人、被告人可能提出的反驳予以重视，并能够排除合理怀疑，确定推定的可靠性。

第二，对于“明知”对象“他人利用信息网络实施犯罪”的认识程度。帮信罪中，行为人只需要认识到被帮助者利用信息网络实施犯罪，不要求认识到具体的犯罪类型、情节手段等是学界和实务界的共识。帮信罪的“明知”应理解为“概括明知”，其可能性认识程度应达到“高度盖然性”。马某、朱某某帮信案中，只需要行为人认识到其提供的线路，大概率可能被他人实施信息网络犯罪利用即可。

第三，对“他人利用信息网络实施犯罪”的主观态度。有观点认为，因为将“明知”理解为“应当明知”导致相当一部分“过失帮助

---

① 参见邵等弟:《帮助信息网络犯罪活动罪“明知”证明的掣肘点和突破口》，载《甘肃政法大学学报》2024 年第 2 期。

② 参见莫洪宪、吕行:《论帮助信息网络犯罪活动罪的司法扩张与规范适用》，载《贵州师范大学学报（社会科学版）》2023 年第 1 期；于冲:《帮助信息网络犯罪活动罪的独立性与依附性》，载《国家检察官学院学报》2023 年第 1 期。

③ 参见邵等弟:《帮助信息网络犯罪活动罪“明知”证明的掣肘点和突破口》，载《甘肃政法大学学报》2024 年第 2 期。

信息网络犯罪活动”认定为帮信罪从而扩大了该罪的适用范围。[①]但事实上，司法实务对应当明知认定是主客观相统一的综合考察。行为人基于过失还是故意，在证据上都会有所体现，并能够相互印证。认可“推定知道”“应当明知”并不意味着在“明知”的认定中，从业人员的身份必然会推导出其“明知”的结论，需要具有主客观方面的证据加以佐证。马某、朱某某帮信案中，张某某等从业人员利用虚假申请材料骗取通讯线路，并用技术手段逃避监管，涉案号码遭受举报后采取放任的态度等因素综合下，推定其“主观明知”和故意，并不是因为其从业人员身份，直接推定。

（三）“通讯传输”类帮信罪“情节严重”的评价

第一，“通讯传输”类帮信罪“情节严重”认定标准问题。最高人民法院、最高人民检察院《关于办理非法利用信息网络、帮助信息网络犯罪活动等刑事案件适用法律若干问题的解释》（以下简称《若干问题的解释》）第12条第1款规定了认定情节严重的七项认定标准，包括五项机械的数量标准，搭配“被帮助对象实施的犯罪造成严重后果”与兜底性的“其他情节严重的情形”。不同于常见的资金流类型“情节严重”定罪标准只要统计上游犯罪支付结算金额即可，如前文所述，《若干问题的解释》缺乏具体标准恰如其分地评价马某、朱某某帮信案中固话“通讯传输”的情形。在马某、朱某某帮信案中，也有观点认为，对于违法所得不足1万元的部分行为人，根据共同犯罪中部分行为整体责任的理论，不区分个体具体的违法所得，进而适用《若干问题的解释》第12条第1款第4项违法所得1万元以上的规定，认定“情节严重”。本文认为，为精准指控犯罪，宜对不同行为人在犯罪中的作用、地位、情况进行区分。由于法律对“被帮助对象实施的犯罪造成严重后果”并没有具体的规定，因此马某、朱某某帮信案，具有适用《若干问题的

① 参见刘艳红:《帮助信息网络犯罪活动罪的司法扩张趋势与实质限缩》，载《中国法律评论》2023年第3期。

解释》第12条第1款第6项的空间。同时如前文所述，“造成严重后果”一般指造成伤亡等后果，似乎认定为第7项“其他严重情节”更为适宜。

第二，“其他情节严重的情形”的适用探讨。一是“其他情节严重的情形”应与《若干问题的解释》第12条第1款其他项适用具有相当性是共识。出于对帮信罪口袋化、帮信罪扩张的担忧，以及刑法谦抑性的考量，理论和实践对第7项“其他情节严重的情形”的适用较为谨慎。本文认为，司法解释对“情节严重”的判断采用列举加“其他情节严重”的兜底式规定，本身也是为了适应犯罪形势变化，而采取的开放式的入罪情节。马某、朱某某帮信案，被帮助对象拨打诈骗电话远超92万人次，诈骗金额高达数近千万元，与第12条第1款其他项具有相当性，适用“其他情节严重的情形”较为妥当。二是与法律规范体系相协调。法律规范具有系统性。检察履职办案既要对照具体条文研判适用法条是否正确，又要对照原则规定研判内在价值判断是否一致。[①]最高人民法院、最高人民检察院、公安部《关于办理电信网络诈骗等刑事案件适用法律若干问题的意见》规定拨打诈骗电话500人次以上即可认定为“其他严重情节”，马某、朱某某帮信案被帮助对象拨打诈骗电话140余万人次，认定为“其他情节严重的情形”与法律规范整体也相协调。当然，如果能够认定事实符合具体列举出的几项“情节严重”情形之一，则应尽量认定为具体情形，并对“情节严重”进行详细的论述，防止兜底条款的不当扩张。[②]

---

① 参见应勇:《学思践悟习近平法治思想 以“三个善于”做实高质效办好每一个案件》，载《人民检察》2024年第8期。

② 参见莫洪宪、吕行:《论帮助信息网络犯罪活动罪的司法扩张与规范适用》，载《贵州师范大学学报（社会科学版）》2023年第1期。

三、高质效办案：践行“三个善于”司法办案方法论、认识论

“三个善于”[①]是“高质效办好每一个案件”的重要体现，既是司法办案的认识论也是方法论，要求检察人员在办案中加强证据审查、厘清主次矛盾、坚持由表及里；处理好法律规范与法律条文等关系；注重符合法律规定、符合社会主义核心价值观、符合人民群众对公平正义的基本认知，确保“三个效果”。[②]马某、朱某某帮信案办理中，深刻领会“高质效办好每一个案件”的内涵和要求，准确认定法律事实，正确运用法律政策，注重“三个效果”有机统一，将“三个善于”贯穿于办案全过程。

（一）准确认定法律事实，从纷繁复杂的法律事实中把握实质法律关系

第一，加强证据审查。证据审查是认定法律事实、把握实质法律关系的基础。案件承办人在审查中发现，公安机关注重收集口供，忽略了“固转网”机房设备、通讯拨号数据等直接、关键证据；重视马某等人帮信罪的基础证据，忽视了不同被告人犯罪情节轻重的相关证据；未及时就马某等人供述的相关资金流转进行指认、侦查固证，增加口供的可信度，夯实证据链条。针对上述问题，案件承办检察官加强取证指引，及时对尚未灭失的证据，进行了固定提取；对已经灭失的证据，通过取证指引，以其他证据进行印证。

第二，加强侦查取证指引。注重亲历性办案及取证指引。为采集和固定马某、朱某某帮信案涉及的通讯线路、“固转网”机房设备、拨号时长及拨打数量数据等直接、关键证据，承办检察官联系公安机关案件

---

① 善于从纷繁复杂的法律事实中准确把握实质法律关系，善于从具体法律条文中深刻领悟法治精神，善于在法理情的有机统一中实现公平正义。

② 参见应勇：《学思践悟习近平法治思想 以“三个善于”做实高质效办好每一个案件》，载《人民检察》2024年第8期。

承办人一同至现场对相关证据进行采集和固定，并在涉案机房服务器保存的数据中发现并提取了涉案号码实际为境外 IP 地址使用的证据。

第三，深挖犯罪线索。针对涉案固话申请公司地址在同一地下室的异常情况，怀疑相关通信运营商存在审核不严格等问题，建议公安机关对申领固话的公司情况进行核查，发现均为空壳公司。经调取涉案公司申领固话材料，发现相关通信运营商员工周某等存在违规操作办理固定电话线路以及可能涉嫌职务犯罪的线索。

（二）准确适用法律，从具体法律条文中深刻领悟法治精神

第一，准确认定“帮助行为”。帮信罪帮助行为包括互联网接入、服务器托管、网络存储、通讯传输等技术支持或者提供广告推广、支付结算等帮助。一是马某、朱某某帮信案中帮助手段属于通讯传输类技术支持。电信诈骗的远程、非接触式特点决定了通讯线路对事实犯罪的帮助作用。2020 年 10 月，国务院“断卡”专项活动以来，通信运营公司规范了新增通讯线路的监管，违规违法通讯传输线路锐减，固话通讯线路成为“紧俏”犯罪资源。马某、朱某某明知“李某”在境外实施电信网络犯罪活动，在其要求下作为其国内联络人，为其提供通讯传输资源，马某、朱某某认定帮助是应有之义。张某某等 6 人均为国内通信运营商从业人员，利用从业办理经验，使用虚假申请资料，逃避公司实名认证、人脸识别、现场考察、经营许可等新入网监管措施，并利用技术手段将固话线路转为网络虚拟电话，进一步脱离监管，为犯罪的通讯传输提供实质帮助，属于帮助行为。二是帮助对象为境外电诈犯罪嫌疑人。帮信罪的成立不能绝对独立地脱离于被帮助对象，客观上需要满足他人利用信息网络实施犯罪。《若干问题的解释》第 13 条规定被帮助对象实施的犯罪行为可以确认，但尚未到案、尚未依法裁判或者因未达到刑事责任年龄等原因依法未予追究刑事责任的，不影响帮信罪的认定。马某、朱某某帮信案中，虽然“李某”未到案，但除马某、朱某某等人供述外，还有聊天记录等书证，境外 IP 地址拨号等电子证据能够证明马某、朱某某等为境外诈骗犯罪活动提供帮助。

第二，准确认定“主观明知”。“明知”的证明是确定“帮助行为”违法性和有责性能否成立的重要标准，也是当事人是否构罪的第一要件。[①]目前学界关于“明知”存在较大争议，有观点认为帮信罪“明知”应限定在“明确知道”，而不是“知道或应当知道”，即不赞同“推定知道”的情况。[②]《若干问题的解释》第11条规定了七种可以认定行为人明知他人利用信息网络实施犯罪的情形，实践采用“知道或应当知道”的观点，坚持主客观相统一的“明知”认定原则。《若干问题的解释》第11条第2项、第3项、第6项分别规定了“接到举报后不履行法定管理职责的”“交易价格或者方式明显异常的”“为他人逃避监管或者规避调查提供技术支持、帮助的”三种可以认定行为人明知他人利用信息网络实施犯罪的情形。马某、朱某某帮信案中，马某、朱某某作为境外从事诈骗犯罪活动“李某”的国内联络人，主观明知确认无疑。张某某等6人均为通信运营从业者，使用“空壳公司”虚假申请资料骗取通讯线路、用技术手段将固话线路转为更难监管的网络电话，层层加价向他人提供，并在接到相关线路举报电话后，不予处理，根据《若干问题的解释》应当推定行为人具有主观明知。

第三，准确把握“情节严重”。帮信罪入罪以来，相关司法解释不断充实“情节严重”的内容。《若干问题的解释》第12条第1款规定了七种情节严重的情形，主要涉及资金支付结算、违法所得等，对于固话通讯传输的“情节严重”并没有明确的规定，只能从第4项“违法所得一万元以上”、第6项“被帮助对象实施的犯罪造成严重后果”，以及第7项兜底性的“其他情节严重的情形”进行考虑。马某、朱某某帮信案被帮助对象查实拨号合计140余万人次，涉及诈骗金额人民币990万余元，但各被告人经层层分润，部分环节被告人违法所得均为小额流转。

---

① 参见邵等弟：《帮助信息网络犯罪活动罪“明知”证明的掣肘点和突破口》，载《甘肃政法大学学报》2024年第2期。

② 参见刘艳红：《帮助信息网络犯罪活动罪的司法扩张趋势与实质限缩》，载《中国法律评论》2023年第3期。陈本正：《论帮助信息网络犯罪活动罪的司法认定》，载《河南大学学报（社会科学版）》2024年第2期。

再加上行为人具有一定反侦查意识，对各自违法所得数额讳莫如深，部分行为人能查实的违法所得金额并不大。如以《若干问题的解释》第12条第1款第4项考虑，部分行为人将罪责刑不相适应；而“被帮助对象实施的犯罪造成严重后果的”从刑法体系上看，一般指造成伤亡等严重后果；因此宜认定为第7项“其他情节严重情形”（下文详述）。

（三）注重“三个效果”，在法理情的有机统一中实现公平正义

第一，深刻理解帮信罪在斩断电信网络犯罪链条中的意义，依法严惩犯罪。帮信罪可以被总结为所有信息网络犯罪的“折翼罪名”，旨在解决助推网络犯罪高发、犯罪门槛降低的背后推手，折断信息网络犯罪的“臂膀”、斩断黑灰产化的网络犯罪链条，实现对信息网络犯罪的源头打击。[①] 马某、朱某某帮信案各行为人为境外电信网络犯罪分子提供的固话通讯更具隐蔽信和欺骗性，其帮助行为直接导致境外电信网络犯罪分子拨打相关犯罪电话次数众多、涉案范围甚广，且查证的报案金额高达数百万元，社会影响恶劣，应对各行为人依法予以严惩，斩断犯罪链条。同时根据刑法关于因利用职业便利实施犯罪，或者实施违背职业要求的特定义务的犯罪被判处刑罚，人民法院可以根据犯罪情况和预防再犯罪的需要，禁止其自刑罚执行完毕之日或者假释之日起从事相关职业，承办检察官建议法院对通信运营从业人员周某决定宣告从业禁止，并获法院采纳。

第二，宽严相济，使对各行为人的刑罚罚当其罪。平衡好宽和严的尺度，把握好宽和严的内在联系，让所办的每一起案件都能合情、合理、合法[②] 是高质效办案的题中应有之义。在对马某、朱某某帮信案办理中，加强对各行为人具体犯罪事实和证据的审查，及时引导公安机关对不同被告人犯罪情节轻重的相关证据进行取证。另外，本案中涉案固

---

① 参见于冲:《帮助信息网络犯罪活动罪的独立性与依附性》，载《国家检察官学院学报》2023年第1期。

② 参见张敬艳:《高质效办好每一个案件需把握十个要点》，载《人民检察》2023年第24期。

定电话层层转租，各行为人犯罪的作用、主观恶性，以及自首、坦白、退赃等情节也不同。马某、朱某某作为电信网络犯罪分子的国内联络人，对帮信罪的明知程度更高、犯罪故意更明显，主观恶性更大；张某某等各行为人犯罪作用和表现也有所不同，因此承办人根据各行为人在犯罪中的地位、作用、表现等分别在追诉、量刑建议上予以了区分，对谢某作不起诉处理，对马某、朱某某等以帮信罪提起公诉并在量刑建议上依法进行了区别建议。

第三，同步社会治理，落实在办案中监督。检察建议是检察机关履行法律监督职责的重要方式。针对办案中发现的行业漏洞，同步开展社会治理，实现办理一案、治理一片、保护一方。马某、朱某某帮信案中相关通讯运营商固话审批中存在的监管漏洞，导致固话线路被冒领、骗领，最终被境外电信诈骗犯罪分子远程使用。承办检察官针对该通信运营商存在的监管漏洞，从严格落实用户实名登记制度、营业许可制度、严控一证多卡以及一地多机、切实履行主体责任、加强司法协作等方面提出了社会治理检察建议思路，同时为扩大监督效果，由上级检察机关统筹制发社会治理检察建议。

聚焦“三个善于” 做实高质效办案

——以“辣笔小球”仇某侵害英雄烈士名誉、荣誉案为例

董砺欧 谢 天*

“三个善于”根本源于对习近平法治思想的领悟和践行，既是认识论也是方法论，为检察机关高质效办案提供了重要的思维方式和工作方法。“三个善于”内涵丰富、意义深远，既是司法办案的认识论也是方法论，引领着检察人员办理好每一个案件，检察人员也在每一个案件中对其加深领悟，努力在履职过程中实现“三个效果”相统一，实现真正的公平正义。

最高检第三十四批指导性案例之一“‘辣笔小球’仇某侵害英雄烈士名誉、荣誉案”作为引发强烈社会反响的侵害英雄烈士名誉、荣誉全国第一案，承办机关在办案的过程中充分体现了“三个善于”理念，在实体上确保了公平正义，在程序上让公平正义更好更快实现，在效果上让人民群众可感受、能感受、感受到公平正义，使本案获得了良好的社会效果，为英雄烈士的名誉和荣誉保护创造了极大的积极意义。本文以该案为例，探讨“三个善于”在个案中的具体理解和意义。

* 董砺欧，江苏省南京市建邺区人民检察院副检察长；谢天，江苏省南京市建邺区人民检察院检察官助理。

一、抽丝剥茧，把握案件实质

准确把握实质法律关系，是实现高质效办案的指引，只有坚持做到“以事实为根据”，才能最大限度地还原案件事实的真相，将案件办理的基础夯实，以确保后续的分析论证及法律适用环节的正确性。而每一个案件，都源于不同个体、群体的行为与价值之间的矛盾，特别是刑事案件，更是体现出强烈的对抗性，这就要求检察人员在办案时由表及里、厘清主次矛盾，仔细分析。

2018年出台的《英雄烈士保护法》第2条规定，“国家和人民永远尊崇、铭记英雄烈士为国家、人民和民族作出的牺牲和贡献”。一个有希望的民族，不能没有烈士。但在2021年2月19日上午，仇某在卫国戍边官兵英雄事迹宣传报道后，为博取眼球，获得更多关注，使用其新浪微博账号“辣笔小球”（粉丝数250余万），先后发布2条微博，歪曲卫国戍边官兵祁发宝、陈红军、陈祥榕、肖思远、王焯冉等人的英雄事迹，诋毁、贬损卫国戍边官兵的英雄精神。上述微博在网络上迅速扩散，引起公众强烈愤慨，造成恶劣社会影响。截至当日15时30分，仇某删除微博时，上述2条微博共计被阅读202569次、转发122次、评论280次。

该案造成的社会影响体现出仇某的行为与社会价值取向的强烈冲突，需要对其事实行为和法律定性等仔细分析、正确认定。但在该案的办理过程中有诸多法律难题亟待解答，如“刑法修正案实施前后新旧罪名如何适用”“英雄烈士如何认定”“侵害英雄烈士名誉、荣誉情节严重如何把握”等，这些问题在当时都尚未有司法解释作出规定。承办检察官对相关事实、法律定性进行了研究论证，并在最高检的指导下，给出了检察机关的专业解答，获得一致认可。

首先，解决了侵害英雄烈士名誉、荣誉罪的犯罪对象的理解问题。本案中，仇某侮辱的对象是戍边英雄这个群体，其中既包括已经牺牲、逝世的英雄烈士，也包括在世的英雄。通过该案的办理，一是明确了“英雄烈士”是指已经牺牲、逝世的英雄烈士；二是侵害的对象中既有已经牺牲的烈士也有在世的英雄，应整体评价为侵害英雄烈士名誉、荣誉罪。其次，解决了侵害英雄烈士名誉、荣誉罪情节严重的认定标准。对于新罪名，在没有司法解释的背景下，通过综合考量点击和浏览次数、时间节点和传播范围等因素进行实质评价。仇某的行为发生的时间节点是在全社会弘扬戍边英雄烈士精神事迹的关键时期，又是在拥有250万粉丝的微博上。另外，参照最高人民法院、最高人民检察院《关于办理利用信息网络实施诽谤等刑事案件适用法律若干问题的解释》关于网络寻衅滋事罪的情节，规定同一诽谤信息被点击、浏览次数达5000次以上或者转发500次以上就属于情节严重。该案的次数远超这个规定，可以参照认定。最后，解决了刑法修正案前后的罪名适用问题。《刑法修正案（十一）》实施前，实施侮辱、诽谤英雄烈士名誉、荣誉的行为，构成犯罪的，可以按照寻衅滋事罪追究刑事责任。《刑法修正案（十一）》实施后，对上述行为认定为侵害英雄烈士名誉、荣誉罪，符合立法精神，更具有针对性，更有利于实现对英雄烈士名誉、荣誉的特殊保护。发生在《刑法修正案（十一）》实施前的行为，实施后尚未处理或者正在处理的，应当根据《刑法》第12条规定的“从旧兼从轻”原则，以侵害英雄烈士名誉、荣誉罪追究刑事责任。前述的分析与结论，被2022年出台的司法解释所采纳，成为惩治侵害英雄烈士名誉、荣誉违法犯罪的统一司法标准。

事实和证据是公正司法的基础，证据情况直接影响着法律事实认定、实质法律关系判断等关键环节。为了确保案件证据的真实性、有效性、合法性，针对本案系网络犯罪，大量关键证据为电子数据这一显著特点，由承办人之一的全国检察业务专家李勇为公安机关办案组专题讲解了如何规范电子数据取证。同时，检察机关与公安机关根据相关法律和司法解释的要求，共同制作电子数据提取笔录等文书模板用于案件取证，共同前往新浪微博，了解涉案电子数据存储方式及提供证据的形式，确保本案的关键证据形式统一且合法有效。

由于侵害英雄烈士名誉、荣誉罪在本案案发前刚刚设立，尚无类案可以参考，回头总结审视，一个关键词贯穿了办案始终，那就是求极致——对案件事实和实质法律关系的认定追求极致的研判，这既是实现路径，也是工作方法，更是必然要求。

二、融会贯通，领悟法治精神

在厘清案件脉络、确定实质法律关系后，应当在法治精神和法治原则的指引下做到准确地适用法律。这不仅要求检察机关从单个部门法整体角度出发，对某一具体的法律条文进行准确理解与运用，更要求检察机关从法律的体系角度看问题，统筹法律、法规、司法政策与法治精神和原则，并且做到法与时转、法随时移。

正如本案发生在侵害英雄烈士名誉、荣誉罪刚刚设立之初，检察机关积极介入，昭示"网络空间不是法外之地"，运用法治力量维护社会公共利益，传承和弘扬英雄烈士精神、爱国主义精神，推动网络风清气正，积极回应了党和国家对于坚定捍卫英雄烈士的尊严与荣誉、培育和践行社会主义核心价值观的要求。同时侵害英雄烈士名誉、荣誉罪也借由本案，第一次实现由"纸上的法律"变为了"行动中的法律"，检察机关以法律的正确实施焕发出法律的生命力。

为贯彻党和国家的法治精神、法治原则，满足人民群众对司法制度的期待，妥善处理引发社会广泛关注的重大敏感案件，承办检察官在办理本案件的各项工作时都精益求精。首先，倒排工作计划，确保案件办理有条不紊。成立专案组，以提前介入、审查逮捕、审查起诉、提起公诉、出庭支持公诉为时间节点，将引导取证、审查案件、会商汇报、文书制作、公开发布信息等工作以日为单位制定工作计划，明确办案组内部分工，确保案件办理有序进行。同时坚持日报制度，批准逮捕前，每日向上级院书面报告当日工作情况及次日工作计划。批准逮捕后，根据案件进展及时向上级院报告情况，确保上级院全程同步掌握案件进展信息。其次，在办案节奏上只争朝夕。该案于 2021 年 2 月 19 日案发，检察机关于次日得知案件情况后，即由分别分管刑事和公益诉讼副检察长和部门主任前往公安机关了解案情、引导侦查。此时，公安机关也才刚刚立案，对于案件会是什么走向、侦查活动怎么开展、可能涉嫌什么犯罪还未深入研究。通过了解案情，检察机关当即提出3点引导侦查意见:（1）紧扣寻衅滋事罪及《刑法修正案（十一）》生效后可能涉及侮辱、诽谤英雄烈士的相关罪名收集证据;（2）根据本案系网络犯罪的特点，严格按照电子数据相关司法解释的规定规范取证，杜绝程序瑕疵;（3）及时收集关于公益诉讼的相关证据，为下一步提起民事公益诉讼打好基础。事实证明，这一貌似有些突兀的举动，却为案件的准确处理赢得了宝贵的时间，通过检察机关及时提前介入、阐明案件利害促使公安机关提升了对案件认识程度，促进公安机关从立案伊始即组织精干力量作为重点案件办理，提升了侦查取证活动的质效。检察机关积极发挥引导侦查作用，自2021年2月20日起，每天同步审查公安机关的取证材料、同步提出新的引导侦查意见，至案件提请逮捕，共发出书面引导侦查提纲6份，提出引导侦查意见60余条。有效避免了侦查中可能出现的方向偏移、取证瑕疵及“夹生饭”等问题，在有限的办案时间内的侦查效率和质量得到最大化实现。最后，紧密依托上级指导，提升整体办案水平。面对影响面巨大、法律适用复杂的重大敏感案件，单独依靠基层院往往独木难支，无法准确处理，而必须依靠检察一体的力量。

本案案发后，最高检、江苏省院围绕案件涉及的英雄烈士界定、修正案前后的罪名适用、逮捕标准的把握、量刑建议等疑难复杂问题予以具体指导。基层检察机关一方面依托上级院的有力指导办好具体案件，另一方面在办案后积极总结，在最高检、江苏省院的指导下撰写指导案例，实现办案效果的最大化。

三、法理情深，实现公平正义

习近平总书记指出：要坚持以法为据、以理服人、以情感人，努力实现最佳的政治效果、法律效果、社会效果。[①]只有兼顾法理情，做到天理、国法、人情的有机统一，也就是办案要符合国家和人民的利益，要严格公正地适用法律，要符合人民群众朴素的正义观，才能真正实现

① 参见2019年5月7日习近平同志在全国公安工作会议上的讲话。

公平正义。

为确保本案的办理过程和结果实现法理情相统一，获得人民群众的认可，承办检察官从确保合理的量刑建议到充分维护社会公共利益、消除负面影响等方面都做到了深思熟虑，通过召开听证会听取民众声音、主动回应社会关切，确保“三个效果”的有机统一。

侵害英雄烈士名誉、荣誉罪的法定刑为3年以下有期徒刑、拘役、管制或者剥夺政治权利。由于是新罪名，没有类案可以参考，也没有量刑指导意见。对于这样一起社会关注度很高的案件，对仇某如何适用认罪认罚依法精准量刑成为审查起诉的难题。2014年和2016年，承办机关是首批速裁程序和认罪认罚从宽制度试点单位，在试点过程中形成了多项工作机制，得到最高检的肯定。承办机关创新的“分类精准”量刑建议模式和“量刑建议计算表”在实践中运行效果良好，量刑建议计算表列明了起点刑、基准刑、调整基准刑、建议宣告刑等主要量刑环节和因素，每一环节的计算依据、过程和结果均直接反映在计算表中。本案虽然是新罪名，但是原理相同，承办检察官根据中段偏下的量刑理论和参考妨害社会秩序的类似罪名，确定起点刑为有期徒刑1年，然后结合其坦白、认罪认罚、在特殊时间节点侵害多名英烈的从轻和从重情节调节基准刑，最后初步计算出有期徒刑10个月的量刑建议。在与仇某和辩护人的量刑协商中，针对辩护人提出的仇某具有自行删除微博、试图道歉等从轻情节，检察机关最终将量刑建议调整为有期徒刑8个月。鉴于本案引发了重大社会影响和广泛社会关注，检察机关的量刑建议能不能得到大众的认同，能不能做到罚当其罪呢？为了解决这个问题，承办机关邀请十一名包含工地工人、外卖员、学生、社会白领的社会公众参加该案的听证会，围绕量刑听取社会各界的意见。听证员大都表达了对仇某应予惩罚以正视听的意见。经听证，检察机关的量刑建议与听证意见基本吻合，符合大众期待。最终，提起公诉时，承办机关提出了有期徒刑8个月的量刑建议，并被法院依法判决采纳。

近些年，像仇某一样在公共网络空间肆意发布侮辱英烈言论的现象时有发生。对于这种在网络空间里诋毁英雄烈士，引起恶劣社会影响的行为，在依法打击惩处的同时，必须通过案件办理，保护英雄烈士本人及其近亲属的名誉、荣誉，捍卫他们的人格利益，更要从维护社会公共利益的角度，消除其不当言论带来的负面影响，最大程度上恢复社会公共秩序，向社会传达保护英烈精神的价值导向。首先，促使被告人悔罪认罚。审查起诉期间，刚开始讯问时，仇某对自己的违法行为认识并不透彻，觉得虽然两条微博信息对英烈不尊重，但达不到犯罪的程度。承办检察官多次讯问仇某，晓之以情、动之以理，深入阐明英烈的牺牲精神和奉献事迹，严肃指出其罪行的严重性。在承办检察官的教育感化下，仇某深刻悔罪，说自己是适用侵害英雄烈士名誉、荣誉罪的第一人，也希望是最后一个人，并愿意把自己作为反面教材。承办检察官随即通过中央电视台等发布了其深刻忏悔罪行的视频，起到了良好的警示教育作用。其次，公益诉讼促使道歉。承办机关在办案中一体发挥刑事检察和公益诉讼检察职能，同步推进刑事责任和民事责任的追究，在刑事检察提前介入、审查起诉、审查逮捕等阶段，公益诉讼的立案、调查、起诉前程序等同步推进。在提起刑事诉讼的同时，向人民法院一并提起附带民事公益诉讼，实现审判阶段刑事诉讼、附带民事公益诉讼由人民法院同一合议庭审理、同步判决。通过诉请人民法院判处被告人仇某公开赔礼道歉、消除影响。最后，积极发声宣传正确价值导向。承办机关及时公布批捕、宣判等重要时间节点案件信息。针对争议焦点，组织发布案件解读，回应社会关切，引导舆论风向。承办检察官积极接受中央电视台社会与法频道采访，彰显检察机关鲜明价值导向，引导全社会形成崇尚缅怀英烈、弘扬英烈精神的良好氛围。

在以仇某侵害英雄烈士名誉、荣誉案为例深入探讨“三个善于”后，我们不难发现，这一理念不仅是检察工作高质量发展的有力抓手，更是高质效办好每一个案件的基石；不仅是检察工作的行动指导，更应当是我们每一位检察人员应当铭记于心的职业追求。

以“三个善于”高质效办理宋某某危险驾驶二审、再审抗诉案

李海洪　符少精*

2023年7月6日，最高检发布第四十五批指导性案例（检例第178—182号），宋某某危险驾驶二审、再审抗诉案（以下简称宋某某危险驾驶案）为检例第182号。宋某某危险驾驶案是发生在人民群众身边常见多发的案件，属于典型的“小案件”。该案事实清楚，证据确实、充分，但审判机关发回重审一次，一审两次作出无罪判决，二审裁定维持原判，三次判决无罪。审判机关裁判明显错误，检察机关依法提起抗诉，通过个案纠错，矫正类案处理上的司法理念偏差，彰显刑事抗诉制度在司法实践中的重要价值。

一、案例及诉讼经过

（一）基本案情

2015年11月16日20时20分许，海南省海口市某公安分局原科员宋某某驾驶琼A×××××小轿车（以下简称涉案车辆）自西向东从海口市滨海大道右拐驶入长怡路，行驶至长怡新村东门口时停下，宋某某从车上下来走到马路对面人行道上睡觉，车未熄火，驾驶位车门未关

* 李海洪，海南省三亚市人民检察院党组成员，三亚市城郊人民检察院党组书记、检察长、二级高级检察官；符少精，海南省人民检察院第二检察部四级高级检察官助理。

闭。这一过程被正在长怡新村东门站岗的武警战士张某某看到，张某某马上向排长温某某、班长陈某某等人报告，二人随即赶到现场查看，当时在该路段巡逻的城管队员发现该情况后报警，之后交警到达现场处理。经抽血检验，宋某某血液酒精浓度为213mg/100ml。

同日19时40分许，被害人张某驾驶电动车在海口市滨海大道长安路口处被一车辆碰撞，肇事车辆逃逸。经鉴定，事故现场的散落物系从宋某某轿车的前车头右侧部位分离出来的，确认该轿车前车头右侧部位碰撞到电动车尾部。被害人张某损伤程度评定为轻微伤。案发后，宋某某妻子吴某某与被害人张某达成协议，一次性赔偿被害人经济损失42000元，张某表示谅解。

（二）诉讼过程

本案由海口市公安局秀英分局侦查终结，2015年12月18日，以宋某某涉嫌危险驾驶罪移送海口市秀英区人民检察院审查起诉。2016年6月3日，秀英区人民检察院认为该案事实不清、证据不足，对宋某某作出不起诉决定，同日报上级院备案审查。海口市人民检察院审查后报海南省人民检察院，经审查，海南省人民检察院认为不起诉决定有误，遂指令秀英区人民检察院纠正。

2017年3月，秀英区人民检察院撤销原不起诉决定，以涉嫌危险驾驶罪对宋某某提起公诉。同年9月28日，海口市秀英区人民法院经审理认为，关于涉案车辆系宋某某驾驶的证据均属间接证据，尚不能形成完整的证据链，不能排除期间有其他人驾驶车辆的可能性，依据现有证据不能排除合理怀疑，难以得出唯一结论，公诉机关指控被告人犯危险驾驶罪的事实不清、证据不足，判决被告人宋某某无罪。

2017年10月9日，秀英区人民检察院向海口市中级人民法院提出抗诉，海口市人民检察院支持抗诉。同年12月28日，海口市中级人民法院裁定发回重审。2018年12月4日，秀英区人民法院再次判决无罪。同年12月13日，秀英区人民检察院再次提出抗诉。2019年5月17日，海口市人民检察院支持抗诉。同年9月2日，海口市中级人民法院作出终审裁定，驳回抗诉，维持原判。同年9月29日，海口市人民检察院认为法院生效裁判确有错误，提请海南省人民检察院依审判监督程序抗诉。同年12月27日，海南省人民检察院向海南省高级人民法院依法提出抗诉。

二、案件办理中的疑点与争议焦点

（一）侦查机关在办案程序和取证方面存在的问题

1. 没有对宋某某采取保护性约束措施

公安部《关于公安机关办理醉酒驾驶机动车犯罪案件的指导意见》（公交管〔2011〕190号）规定，当事人在醉酒状态下，应当采取保护性约束措施，带当事人至醒酒约束场所，约束至酒醒后立即对其进行询问。但宋某某第一次接受询问时间是案发后近14个小时，经传唤后接受询问，未被采取保护性约束措施。

2. 执法人员在案发现场有不当言行

现场执法记录仪证实，秀英公安分局交警大队出警勘查现场时，时任交警大队副大队长严某某与到场的秀英公安分局领导交流，并和宋某某对话，言语不当。

3. 案件移送海口市公安局秀英分局侦查不当

侦查机关出具的接处警经过及执法记录仪视频证实，案发现场，出警人员已知悉宋某某真实身份。出警人员收集、调取证据材料后，未将本案报请指定管辖，而是移送宋某某所属单位侦查，侦查终结后由该分局移送秀英区人民检察院审查起诉，违反了刑事诉讼法的回避原则。

4. 调查取证工作不全面、不客观

交警部门接到群众举报后将宋某某列为醉酒驾车嫌疑人开展调查，却没有全面调取相关证据。（1）没有及时对涉案车辆方向盘、车档杆、制动杆、正驾驶位车门把手等关键点位提取指纹、掌纹、鞋印等痕迹证据进行司法鉴定，也没有提取宋某某的呕吐物进行鉴定。（2）没有及时到宋某某辩解吃饭的新海饭店取证核实，没有在交通肇事现场和涉案车辆停车地点走访知情群众，仅收集了滨海大道长怡路口、长天路口路面监控，没有及时调取新海饭店及涉案车辆沿途经过的完整路面监控视频。（3）没有查实宋某某自报的驾驶涉案车辆的“魏某”电话号码的真实用户，便得出该电话号码停机，找不到“魏某”的结论。（4）没有开展常规性的调查工作，没有调取宋某某的手机通话清单，没有提取宋某某手机相关内容，没有查清宋某某手机基站位置，没有调取宋某某手机通讯录进行分析；没有查找新海饭店及案发现场其他相关证人。

（二）其他反常情况

1. 案发后公安机关找宋某某做笔录时，宋某某隐瞒真实身份，谎称无业。再审抗诉期间，承办检察官讯问宋某某时，宋某某刻意隐瞒其家庭成员情况。

2. 案发后第 4 天，宋某某妻子吴某某以涉案车辆车主家属身份找到被害人签订协议并一次性赔偿 42000 元，取得被害人谅解。而宋某某辩称其对此不知情，不符合常理。案发后第 18 天，交管部门出具道路交通事故认定书和道路交通安全违法行为处理通知书，认定宋某某对这次交通事故负全责。

（三）争议焦点

审监抗期间，距案发时间有 4 年之久，两级法院三次判无罪，均认为本案事实不清、证据不足。法院认为，若证明宋某某成立本罪，还必须有确实、充分的证据证明宋某某在道路上驾驶了机动车。因目击证人哨兵张某某没有辨认出宋某某，法院认定其证言是“孤证”，不能单独直接证明宋某某驾驶涉案车辆。关键犯罪证据不能查证属实，得出不能排除合理怀疑的结论。同时，法院否定广东杰思特图像鉴定意见书和道路交通事故认定书，不予采信。

本案最大的疑点是案发当晚到底是谁驾驶涉案车辆从肇事现场（滨海大道长安路口）行驶至案发现场（长怡新村东门），这也是检法两家争议的焦点问题。

检察机关抗诉意见及理由：

1. 有充分证据证实案发时宋某某系该小轿车驾驶员

（1）目击证人张某某证言客观真实

首先，张某某的职责及履职情况。张某某作为在哨位上站岗执勤的哨兵，对进入警戒区停车的涉案车辆及车上人员的动向进行观察、警戒是其岗位职责。张某某看到涉案车辆违停和驾驶员下车、走到斜对面人行道后醉卧，第一时间向排长温某某、班长陈某某报告情况。两人随即赶到案发现场看到的与张某某报告情况一致，作为传来证据，补强了张某某证言。结合综合执法巡逻队员证言，证实张某某证言客观真实，可信度高。另，张某某与宋某某素不相识，双方无利害关系。其证言中对涉案车辆状况、车上人员情况以及驾驶员动向，描述性语言较多，猜测性、评论性语言较少，张某某证言来源可靠、作证动机纯正。张某某证言“从小轿车停放在长怡新村路段直到被吊离现场，只有那名男子一个人打开驾驶座前门下车来，再也没有其他人从车上下来过”。

其次，对证人张某某取证及时。侦查机关对张某某制作的前两份笔录时间是案发当晚和次日，第三次是案发后 3 个月，三次证言主要内容稳定一致，可信度高。宋某某供述其严重醉酒状态与张某某证言“下车时走路摇摇晃晃的，有点神志不清”的描述相印证。

最后，张某某证言内容细节翔实。张某某证言中除宋某某一人驾驶涉案车辆、停车下车的事实外，对宋某某下车后的状态、身高、年龄和着装特征的描述均与排长温某某、班长陈某某、综合执法巡逻员王某、孙某某、许某某、120 急救医护人员等证人证言，及出警人员收集的证据和执法记录仪视频内容相印证，足以证实张某某看到的从驾驶位下车的男子就是宋某某。虽然张某某因涉案车辆驾驶室内光线影响未能看到宋某某手握方向盘的情况，但张某某证言所含信息翔实，与案件核心事实最为接近，关联性强。

本案目击证人张某某证言客观真实，多次证言稳定一致，证明力强，能够直接证实宋某某是该小轿车的驾驶员，并且和其他证据相互印证，直接证实案件核心事实，可信度高。

（2）目击证人张某某证言是直接证据

二审裁定评判“张某某不能辨认从车上下来的人就是宋某某，不具有单独直接证明效力，非直接证据”，从而否定张某某证言系直接证据是错误的。张某某证言证实“有一辆琼A××××× 小轿车停在长怡新村东门右侧前马路的斑马线上，接着有一名约30岁的男子打开驾驶座前门下了车，便摇摇晃晃走到长怡新村东门对面马路的人行道上躺下睡觉”。根据日常生活经验判断，车辆停下后从驾驶位下车的人理应就是驾驶员，虽然不能辨认，但是其证言对从驾驶位下来男子的特征描述得到其他证人证言及现场执法记录仪拍摄的相关视频内容印证，证实张某某所述该男子就是宋某某。张某某证言“那辆车所停位置离我站岗的位置有大约十几米远，前保险杠损坏，右后视镜已掉落，那名男子睡觉的位置离我大约三十几米远”。与侦查机关现场勘验情况相符，案发现场，证人张某某始终直接关注着处于其视线范围内违停的涉案车辆及驾驶员宋某某的动向，其证言能够单独直接证明案件主要事实。

（3）目击证人张某某证言与案件事实具有关联性

鉴于张某某证言“（路灯）黄色灯光不是很亮”“因为当时小轿车内没有灯光比较黑暗，所以我没有看清是不是那名男子（宋某某）驾驶”。案发现场张某某在哨位执勤时面对驶来的涉案车辆，车灯未关闭，看不清车内驾驶员是客观真实的。但二审裁定却评判“张某某的证言与待证事实之间也存在关联性问题，其不能辨认从车上下来的人就是宋某某，直接导致该证人证言丧失直接证据地位”，从而否定张某某证言与案件事实之间存在关联性是错误的。

张某某作为站岗执勤的哨兵，直接关注着处于其视线范围内违停的涉案车辆及驾驶员宋某某的动向，且与其他证据相印证。因此，张某某证言直观反映出所要证明的内容是案件核心事实、争议焦点，对判断案件事实是否真实发生具有重大影响。其证言与案件事实不但具有关联性，且关联性强。

（4）目击证人张某某证言并非“孤证”

证人证言是证人按照自身具有的生活常识，对所了解的案件事实通过个人感知、理解、记忆所作的陈述。我们审查证言既要考量证言本身的证明能力和证明力，也要考虑是否能够与其他证据相印证。而审判机关在评判时，孤立、割裂看待在案证据，过度关注是否还有人看到宋某某驾驶琼A×××××小轿车，没有比较单个重要证据来源可靠程度、内容可信度及证据间的关系，没有考虑能否从反面排除合理怀疑。

本案中，目击证人张某某证言并不是“孤证”，其证言不但具有证明能力，且证明力强，与物证、出警经过、到案经过及道路交通事故认定书等书证、其他证人证言、广东杰思特图像鉴定意见书相互印证，以上证据具有关联性、合法性、客观性，相互印证，全案证据形成完整证据链，排除他人驾驶涉案车辆的可能性，可以得出宋某某醉酒后驾驶涉案车辆的唯一性结论，综合全案证据，能够排除合理怀疑。

2. 宋某某关于涉案车辆系“魏某”驾驶是“幽灵辩解”

宋某某辩解小轿车由“魏某”驾驶，但“魏某”身份信息无法核实，手机号码停机；宋某某对于其与“魏某”偶遇吃饭的理由前后矛盾，不合常理。证人张某某的证言证实只有宋某某一人从涉案车辆驾驶位下车，走到马路对面睡觉。案发现场其他相关人员均证实车里没有其他人，醉卧街边的宋某某身边无人陪伴。执法记录仪拍摄的视频内容和其他证人证言可以相互印证，驾驶室车门呈开启状态，其他车门闭锁。现有证据足以证实“魏某”并不存在，属于“幽灵辩解”。

宋某某供述其只喝了一罐啤酒，一罐啤酒致餐后近5个小时的宋某某血液酒精浓度含量高达213mg/100ml，处于严重酒醉状态且大量呕吐，不符合常理。从案发时宋某某身体状况、职业、生活环境和严重醉态综合分析，可以判定宋某某作虚假供述。宋某某的辩解无其他证据印证，且不符合日常生活经验法则，辩解内容的真实性存疑。

再审抗诉期间，办案组自行补充侦查，委托黑龙江省人民检察院调取的新证据补强完善了证据链。经查，宋某某自报电话号码真实机主姓名王某某，排除了案发时驾驶涉案车辆的人是“魏某”的“幽灵辩解”。

3. 二审裁定不予采纳广东杰思特图像鉴定意见书错误

本案发回重审期间，海口市公安局交警支队委托广东杰思特声像资料司法鉴定所鉴定涉案车辆的驾驶员是否是宋某某。广东杰思特图像鉴定意见书〔像鉴字［2017］第JJ40-1号〕证实，宋某某于2015年11月16日20时20分41秒驾驶该小轿车出现在“滨海大道—长怡路”路口被监控路面上，与张某某证言相印证。广东杰思特图像鉴定程序合法、鉴定机构和鉴定人适格，鉴定意见客观真实，应作为本案证据采信。因宋某某对该鉴定意见提出异议，秀英区人民法院分别委托西南政法大学司法鉴定中心和广东天正司法鉴定中心重新鉴定，时隔9个月，两中心分别以“检材人像视频中检材人像颜面高度模糊，不具备视频人像鉴定条件”和“检材人像模糊，不具备人像鉴定条件”为由解除委托，法院据此否定广东杰思特图像鉴定意见书。

4. 二审裁定不予采纳道路交通事故认定书明显不当

交管部门出具的道路交通事故认定书和道路交通安全违法行为处理通知书是本案证据链重要一环，认定事故发生是由于宋某某醉酒驾驶机动车，肇事后逃逸和当事人张某驾驶电动自行车未在非机动车道内行驶而造成的，据此认定宋某某承担事故全部责任。该份证据取得程序合法，佐证了张某某的证言，也与其他证据所证实的内容相吻合，形成证据链。二审裁定却认为该证据无其他证据印证而不予采信明显不当。

三、问题破解

公安机关在道路上设卡查办醉酒驾驶人员是执法司法常见方式，但社会活动是纷繁复杂的，涉嫌危险驾驶犯罪案件的法律事实认定不应局限于常见执法司法方式。宋某某涉嫌危险驾驶犯罪案件实质法律关系是宋某某和琼A×××××小轿车如何来到案发现场长怡新村东门口处。

审监抗期间，办案组转变工作思路，走出办公室赴肇事现场和案发现场查看，全面审阅案件材料，从现有证据材料中去筛选、去挖掘。特别是对执法记录仪拍摄的视频和滨海大道长怡路口监控视频等客观性证据进行反复筛查，不放过任何蛛丝马迹，查找新证据线索，通过自行补充侦查，结合其他证据综合分析判断，补强完善证据链，还原事实真相。经反复筛查，终于发现公安机关遗漏的路面监控抓拍的有价值的影像资料。

海口市滨海大道长怡路口道路监控视频显示，涉案车辆于2015年11月16日20时20分39秒出现在监控画面，20时21分00秒离开监控画面，停留21秒，20时20分49秒驾驶员向左探头露出左面脸颊。而公安机关提取的截图是20时20分41秒时左侧倒车镜的画面，两幅截图仅相差8秒。

海南省人民检察院遂委托上海市人民检察院司法鉴定中心对该影像中出现的涉案车辆驾驶员与原审被告人宋某某进行同一性鉴定，以确定涉案车辆驾驶员是否是宋某某，并向鉴定单位提供了相关的信息资料。

2021年4月28日，上海市人民检察院检验鉴定文书［沪检技鉴字（2021）90号］声像资料检验报告的鉴定意见证实，案发当晚，在滨海大道长怡路口视频中出现的“琼A×××××”轿车驾驶员所穿的上衣款式、颜色及发际线和鼻部特征比对该车车主宋某某在案发现场醉卧、抽血时所穿的上衣款式、颜色及发际线和鼻部特征，二者具有相似或相同特征。综合分析本案原有证据和调取的新证据，全案证据更加确实、充分，证据链更加完整闭合，完全排除他人驾驶涉案车辆的可能性，得出宋某某醉酒后驾车行驶的唯一性结论。

2021年6月7日，海南省高级人民法院（2020）琼刑再1号刑事裁定书全部采纳检察机关抗诉意见，裁定撤销原判，改判原审被告人宋某某犯危险驾驶罪，判处拘役6个月，并处罚金2万元。同年6月10日，被告人宋某某被收监。

四、办案经验总结

（一）依法规范行使不起诉权，加强对不起诉决定的内部监督制约

依据《人民检察院刑事诉讼规则》，上级检察院对于下级检察院确有错误的不起诉决定，应当予以撤销或者指令下级检察院纠正。对于存在较大争议、具有较大影响的案件，下级检察院经审查决定不起诉的，要及时向上级检察院备案，上级检察院发现存在错误的，应当及时予以

纠正。要充分认识建立健全备案审查工作制度的重要性，及时发现并纠正错误决定，保证不起诉决定的公正性。有必要组织听证的，及时组织召开听证会。加强对下业务指导，通过开展定期分析、情况通报、类案总结等，着力提高审查起诉工作水平和办案质量。

（二）秉持客观公正立场，忠实履行法律监督职责

检察官既是犯罪的追诉者，确保有罪的人罚当其罪，也是无辜的保护者，确保无罪的人不受刑事追究。客观公正是检察履职的本质要求，检察官要秉持客观公正立场，坚持法治精神和法治原则，坚持把“三个善于”的理念和要求贯彻落实到高质效检察履职的全过程，贯彻落实到每一个案件的每一个环节，确保严格依法办案，公正司法，用心用情办好发生在人民群众身边的每一件“小案”，展现检察担当和为民情怀。要牢固树立法律监督意识，充分履行法律监督职能。在办案中监督，在监督中办案，以“小案”的客观公正办理，体现检察担当。上级检察院要加强对下级检察院抗诉工作的指导，紧扣抗诉重点，严把抗诉标准，形成监督合力，对下级检察院正确的抗诉意见，法院不予采纳的，上级检察院应当提供有力支持，与下级检察院接续监督，一抗到底。对确有错误的裁判，通过上下级检察院接续抗诉、持续监督，体现监督的韧性，增强监督的刚性，确保错误裁判被监督纠正。

（三）坚持证据裁判原则，实现“双赢多赢共赢”

努力让人民群众在每一个司法案件中感受到公平正义，是司法办案的共同使命和目标。司法办案中因证据采信产生分歧陷入僵局时，检察机关要始终坚持证据裁判原则。本案被告人零口供，现场只有一个目击证人，从检法认识分歧入手，重点围绕争议焦点梳理构建以证据为核心的刑事犯罪指控体系，通过提炼在案证据信息，充分运用证据规则、逻辑推理和经验法则，对证据的真实性、合法性、关联性进行分析判断，准确认定事实，全面客观分析论证监督意见，筑牢抗诉的事实和证据基

础。本案目击证人证言与其他证人证言、鉴定意见、道路交通事故责任认定书、执法记录仪视频内容能够相互印证，证据链闭合，足以准确认定事实，排除合理怀疑。全面客观公正审查证据。严格把握证据要求和证明标准，严把罪与非罪界限，公正司法，以工匠精神还原事实真相，高质效办好每一个案件，努力推进刑事裁判结果的公平公正，体现法律面前人人平等，维护社会公平正义，彰显检察担当。

（四）提高自行补充侦查意识，增强司法办案的亲历性

检察机关开展自行补充侦查，是退回补充侦查的有益补充，有利于检察官准确全面把握案情，增强证据审查的司法亲历性，增强检察官内心确信，提升自身能力水平。要善于结合案件证据特点，从现有案件证据材料中深挖细查易遗漏、易忽略的重要证据线索；要依法开展自行补充侦查，有针对性地收集证据、补强证据，闭合证据链，排除“幽灵辩解”，达到拾遗补缺的目的，实现退查达不到的效果，有效保证抗诉案件办案质量。重视鉴定意见和客观性证据，强化对司法鉴定意见的实质性审查，强化对随案移送的视听资料的审查，确保审查结论的客观性、科学性和正确性。如果发现案件就同一专门性问题有两份或者两份以上的鉴定意见，且结论不一致的，确有必要时，可以依法决定补充鉴定或者重新鉴定。对于司法鉴定意见要加强分析比对和判断鉴别，从鉴定主体的合规性、鉴定程序的合法性，鉴定方法的科学性、鉴定材料的充分性及分析论证的合理性等方面进行实质性审查，结合案件其他事实证据，分析得出科学的审查结论。

运用“三个善于”高质效办好认罪认罚重罪案件

——王某和过失以危险方法危害公共安全案评析

方文兵*

《中共中央关于加强新时代检察机关法律监督工作的意见》指出：“人民检察院是国家的法律监督机关，是保障国家法律统一正确实施的司法机关，是保护国家利益和社会公共利益的重要力量，是国家监督体系的重要组成部分，在推进全面依法治国、建设社会主义法治国家中发挥着重要作用”。最高人民检察院应勇检察长强调，要把“高质效办好每一个案件”作为检察履职办案的基本价值追求，并提出检察办案要把握好“三个善于”。安徽省枞阳县人民检察院在办理王某和过失以危险方法危害公共安全案过程中，贯彻了“三个善于”的办案要求，实现了检察办案政治效果、法律效果和社会效果的有机统一，体现了“高质效办好每一个案件”的价值追求。

一、案件办理情况

王某和家系安徽省枞阳县某村一户多年贫困户，其为捕猎野猪补贴家用，于2021年12月5日下午在该村一水库附近山下他人刚收割完的

* 方文兵，湖北省鄂州市华容区人民检察院检察官。

稻田里和田埂上架设铁丝电网。6日下午，王某和将铁丝电网安装上电瓶和升压器并通电使用，次日5时许断电，未捕获到野生动物。同年12月7日18时许，王某和再次将电网通电后返回家中，20时许，电网因被行走中的野生动物触碰而产生火花引燃稻草秸秆导致火灾。该村党委副书记王某得知火情后立即赶赴现场同其他村干、村民一起救火，其间因触碰该电网，当场遭电击死亡。

2021年12月8日，王某和因涉嫌以危险方法危害公共安全罪被枞阳县公安局刑事拘留，同年12月14日，枞阳县公安局以王某和涉嫌以危险方法危害公共安全罪提请批准逮捕；同月18日，枞阳县人民检察院经审查认为，王某和涉嫌以危险方法危害公共安全罪，可能判处10年以上有期徒刑、无期徒刑或者死刑，依照《刑事诉讼法》第81条第3款之规定，决定批准逮捕，但提出，以危险方法危害公共安全罪是严重犯罪，尽管王某和归案后本人一直自愿认罪认罚，仍应当依法规范办理案件、客观充分收集证据、公正审慎认定罪名，建议公安机关围绕王某和的主观故意继续侦查，准确认定究竟是过失以危险方法危害公共安全还是以危险方法危害公共安全。

2022年2月18日，枞阳县公安局仍以王某和涉嫌以危险方法危害公共安全罪向枞阳县人民检察院移送起诉，经审查，枞阳县人民检察院于同年4月1日，以王某和构成过失以危险方法危害公共安全罪与王某和签署认罪认罚具结书，在认可王某和具有自首、认罪认罚等情节的基础上，建议法院判处其有期徒刑3年至4年，并指出如在审理阶段新增赔偿被害人近亲属并取得对方谅解等情节，将调整量刑建议；同月25日，在王某和女儿代为部分赔偿被害人近亲属并取得其谅解后，枞阳县人民检察院重新与王某和签署认罪认罚具结书，调整量刑建议为有期徒刑3年，缓刑4年。

2022年5月5日，枞阳县人民法院经公开开庭审理，对检察机关认定的事实、指控的罪名和调整后的量刑建议均予以确认，以过失以危险方法危害公共安全罪判处王某和有期徒刑3年，缓刑4年。判决宣告后，王某和及被害人近亲属均无异议。

2024年7月，本案入选最高人民检察院发布的《人民检察院认罪认罚从宽量刑建议典型案例》。

二、高质效办好认罪认罚重罪案件的前提和基础：从纷繁复杂的法律事实中准确把握实质法律关系

公安机关提请批准逮捕时，承办检察官通过仔细阅卷和提审王某和发现：王某和自己供述，他选择的地方是在一个山坳里，田里种植的水稻都已经收割完毕、离附近人家还有一段路程，想着这个季节不会有人晚上没事到田畈里去，还为了安全起见，使用铁丝电网捕猎时，都是在傍晚到凌晨的时间段通电，7日当天也是到傍晚六点半左右将升压器、电瓶和铁丝连接起来通了电，准备晚上吃过饭休息一会再到田畈边的小房子里照看的；在7日21时许，王某和接到村民电话询问电网是谁放的，并讲田畈起火后，王某和也第一时间骑摩托车赶到现场断电、救火；在承办检察官询问其对造成王某死亡结果的认识和想法时，其后悔不已，讲自己万万没有想到会造成这样的后果，还称王某作为村里副书记，在扶贫的时候对自己家很关心，给自家提供了很多帮助，现在想起来真是无地自容。此外，再结合案发的季节、现场勘查的图片看，正常情况下，确实不会有人在案发的时间段往王某和布设电网的区域行走、活动。从这些情况看，王某和本人并不具有以危险方法危害公共安全的积极的主观故意，其主观上想要放任危害公共安全结果发生的可能性也极低，造成危害公共安全尤其是具体地导致王某被电击身亡的结果应当是其主观过失所致。

实际上，作为一个不识字的普通农民，王某和本人是无法准确描绘自己的主观罪过的，更不可能按照刑法规定或者刑法学教科书的定义准确地表达自己的主观意识，在此情况下，出于懊恼悔恨的心理或者认罪悔罪的态度，其本人对于公安机关认定的涉嫌以危险方法危害公共安全罪名并无异议，并一直自愿认罪认罚。但是，作为检察机关，在面对一个可能判处10年有期徒刑以上刑罚的罪名和一个可能判处3年左右、有机会适用缓刑的罪名时，必须要慎之又慎、准确定性。

因此，检察机关在决定对王某和批准逮捕的同时，仍要求公安机关加大继续侦查的力度，重点围绕当时、当地人迹活动情况了解在当时、当地布置电网对公共安全的危害性和危险性大小，询问一般群众和周边村民、讯问王某和本人对此问题的认识与态度。在公安机关根据继续侦查提纲补充了相关证据后，经检察机关审查认为，王某和在农忙结束、村民少有上山下田的冬季，在少有人员活动的夜间通电使用电网，主观上并无危害公共安全的故意，其对架设电网可能会引发火灾进而危及公共安全的结果应当预见而没有预见，以致发生了致一人死亡的危害结果，构成过失以危险方法危害公共安全罪，进而为司法机关作出符合常情常理的判断与认定、为案件依法高质效办理奠定了坚实的基础。

三、准确适用法律、高质效办好认罪认罚重罪案件的必然要求：从具体法律条文中深刻领悟法治精神

根据《人民检察院办理认罪认罚案件监督管理办法》规定，检察机关在办理认罪认罚案件时，要依法保障犯罪嫌疑人、被告人的各项诉讼权利和认罪认罚的真实性、自愿性和合法性。需要引起人们更深层思考的是，保障犯罪嫌疑人、被告人各项诉讼权利和认罪认罚的真实性、自愿性，归根结底还是要实现及时有效惩治犯罪、加强人权司法保障等方面的内在价值。实际上，根据“两高三部”《关于适用认罪认罚从宽制度的指导意见》规定，适用认罪认罚从宽制度要坚持证据裁判原则、坚持法定证明标准，尤其是在涉及罪与非罪、罪轻与罪重的问题上，要防止因犯罪嫌疑人、被告人认罪而降低证据要求和证明标准。那么，努力让认罪认罚形式上的真实性、自愿性与实质上的真实性、自愿性相统一，就成为正确实施刑事诉讼法、精准适用认罪认罚从宽制度、实现公平正义的法治精神，确保严格公正司法、推动国家治理体系和治理能力现代化的必然要求。

在办理本案过程中，检察机关不放弃审查职责，坚持证据裁判原则、坚持法定证明标准，不因犯罪嫌疑人、被告人自愿认罪认罚而降低证据要求和证明标准，并且在审查过程中，及时向犯罪嫌疑人释明相

关罪名之间的差异，保障犯罪嫌疑人知情权，还同指定辩护律师保持高效沟通，为犯罪嫌疑人获得高质量的有效辩护提供条件。在确认了认罪认罚形式上的真实性、自愿性基础上，更保证了认罪认罚实质上的真实性、自愿性，赢得了当事人的信赖，进而使得认罪认罚的稳定性和案件处理的公正性均得以实现。

继而，在经过公安机关执行逮捕后的继续侦查工作，到审查起诉阶段，检察机关经审查认为王某和的行为构成过失以危险方法危害公共安全罪，王某和与辩护律师对调整后的罪名均予以认可，表示继续认罪认罚，也愿意签署认罪认罚具结书。

随后，检察机关就如何对王某和提出量刑建议的问题作出了更进一步的思考和分析——在犯罪嫌疑人继续自愿认罪认罚的情况下，对王某和要提出怎样的量刑建议，又能否对王某和适用缓刑？提出的量刑建议能否与王某和及其辩护人协商一致，是否会被法院采纳，又会不会得到被害人方的认可？这既关系到案件是否依法公平公正地办理，也关系到案件办理的结果能否实现良好的政治效果与社会效果。

检察机关认为，适用认罪认罚从宽制度，除了实现及时有效惩治犯罪、加强人权司法保障的重要意义，还应当着眼通过适用认罪认罚从宽制度实现减少对抗、化解矛盾、促进和谐的价值导向，充分发挥其在促进社会矛盾化解、社会关系修复、危害后果减损等方面的积极作用。从整体来看，王某和本人的态度自始至终都是积极的——一开始积极参加救火、救人，随后积极地投案、如实供述、认罪认罚，归案后认罪悔罪的心理很明显、表现也很真诚，甚至也积极地表示愿意赔偿被害人方的损失，结合案件的具体事实与情节，具备从宽从轻的条件。但本案毕竟造成了被害人死亡的结果，应当充分考虑到被害人亲属的理解、承受、接受情况，以及他们遭受损失的弥补情况作出较为妥当的处理。

在审查起诉阶段，检察机关一面结合当时的情节、情况对王某和提出较低的幅度刑量刑建议并预留从宽调整量刑建议的空间，一面持续督促、推动王某和亲属积极代为赔偿、争取谅解从宽。到审判阶段王某和女儿代为部分赔偿并取得谅解后，检察机关根据本案系过失犯罪的特点、王某和自首与认罪悔罪的诚恳态度，根据被害人近亲属的谅解情况并听取其意见，结合适用法定的缓刑条件、宽严相济刑事政策和恢复性司法理念，再进一步提出有期徒刑缓刑的量刑建议，最后得到法院、被告人方与被害人方均予以认可的处理结果。

四、实现"三个效果"相统一、高质效办好认罪认罚重罪案件的不懈追求：在法理情的有机统一中实现公平正义

根据"两高三部"《关于适用认罪认罚从宽制度的指导意见》的要求，在办理犯罪嫌疑人、被告人认罪认罚案件过程中，应当充分保障被害方权益。检察机关在办理刑事案件过程中，既要重视被害人及其近亲属诉讼权利的保障，也要关注实体权利的救济；既要充分认识被害人方物质上遭受的损失，也要充分理解被害人方精神上遭受的打击，从而兼顾公平正义与效率效益，依法、合理、高质效办好案件。

本案中的被害人王某，是一名优秀的退役军人和村干部，是正值青壮年的家中顶梁柱，王某在救火过程中牺牲，对其父亲、妻儿、家人来说是一个沉重的打击，对当地村民而言也是很沉痛的损失。在办案过程中，检察机关有义务和责任努力为被害人方挽回物质上的损失，尽可能给予被害人近亲属以精神上的安慰，确保整个案件办理过程依法、规范、人性化，充分保障被害人方的各项诉讼权利，尽最大努力保护和救济被害人方的利益。因此，承办检察官在适用认罪认罚从宽制度办理本案时，多次与王某家人联系，及时告知被害人近亲属依法享有的诉讼权利，畅通被害人方获得法律援助、获取支持以及随时反馈意见的沟通渠道；充分保证被害人方的知情权，尤其是在改变定性、提出量刑建议和调整量刑建议前均做好充分的释法说理工作，认真听取被害人方的意见，让案件办理在被害人亲属的见证下"阳光"运行；在王某和深刻忏悔、认罪悔罪时代为转告他的悔恨和歉意，转达他愿意尽最大所能赔偿以争取谅解的心愿，给予被害人近亲属足够的尊重和关心。在这样的前提下，被害人近亲属也对检察机关的办案给予了极大的信任、理解、支持、配合，两个阶段的认罪认罚具结情况均得到被害人近亲属的认同。

在办理本案过程中，承办检察官以“如我在诉”的精神投入亲历性办案活动，用心用情、设身处地地站在当事人双方去审查、沟通、协调、处理案件相关事宜。一方面，站在王某和的角度，既依法对其作出精准的认定，又耐心倾听和感受其发自内心的忏悔和懊恼，并及时将其歉意和悔恨心理转告被害人方，释放善意、消除“敌意”，争取在对王某和作出从宽处理时能够得到被害人近亲属的认可；另一方面，站在被害人近亲属的角度，既持续敦促王某和及其家人对被害人亲属进行赔偿，又保持与被害人近亲属的沟通和联络，提出建议、听取意见、释法说理，并不断向有关政府部门反映被害人王某在脱贫攻坚、舍身救火等过程中所体现出来的正能量，争取组织上给予其亲属更多关心和关怀。

到案件审判阶段，王某和女儿代为筹措并付给被害人方部分赔偿款后，承办检察官告诉被害人近亲属，王某和家庭条件十分困难，其女儿代为筹措这些赔偿也十分不易，检察机关根据案件具体情况对王某和的量刑建议调整为缓刑，让他能够回归社会、照顾妻子、挣钱还债，被害人近亲属都表现出了理解和认可的态度。此后，被害人王某的亲属获得了政府的救助，王某的事迹被多家媒体报道，其近亲属的心理得到进一步的安抚、精神得到进一步的安慰。最终，枞阳县人民法院采纳了检察机关起诉指控的事实、罪名和调整后的量刑建议，以王某和构成过失以危险方法危害公共安全罪作出有期徒刑 3 年、缓刑 4 年的判决，王某和及被害人近亲属均未提出异议，案件办理实现了“三个效果”有机统一。

以“三个善于”做实高质效办好性侵未成年人犯罪案件

范彩英　杨雪娇*

未成年人检察部门自觉践行“高质效办好每一个案件”的基本价值追求，立足职能定位，全面把握和落实“三个善于”。据统计，近三年安丘市检察院对侵害未成年人犯罪案件提起公诉共计56人，其中涉嫌强奸罪19人，占比33.9%，所占比例最大。未成年人检察部门坚持以“三个善于”引领侵害未成年人犯罪案件办理，提升性侵害未成年人刑事案件办理质效，做到检察履职办案质量、效率、效果有机统一于公平正义。同时充分释放未成年人检察制度效能，坚持“最有利于未成年人”原则，积极探索适合未成年人生理、心理特点的工作方式、制度机制，夯实对未成年人的关爱保护。

一、基本案情及诉讼过程

被告人刘某，男，1999年6月生，系聋哑人。

被害人谢某某，女，2007年1月生，聋哑人。

被害人华某某，女，2007年1月生，聋哑人。

被告人刘某在某特殊教育学校从事宿舍管理工作。被害人谢某某、华某某系该特殊教育学校学生。2020年9月的一天，在某特殊教育学校

* 范彩英，山东省安丘市人民检察院一级检察官；杨雪娇，山东省安丘市人民检察院三级检察官。

宿舍楼207宿舍内，被告人刘某殴打谢某某。

2019年至2020年，在某特殊教育学校宿舍楼207宿舍内，被告人刘某明知华某某不满14周岁，仍多次与华某某发生性关系。

本案谢某某于2023年5月15日喝药自杀，家属在整理其遗物时，发现其遗留的纸条上书写“我做梦里是刘某抓住我了，逼我脱裤子我就醒了我很怕了”“强奸了二次，家人都知道强奸一次，我是被强奸二次了”。家属怀疑谢某某曾被强奸，遂于2023年5月19日报警。报警后，侦查机关抓获刘某，经讯问，刘某拒不承认强奸谢某某的事实，如实供述了其与华某某发生十余次性关系的事实。

本案侦查机关于2023年6月21日提请检察机关批准逮捕，检察机关于2023年6月28日作出批准逮捕决定，于2023年9月28日起诉至法院，一审法院以刘某犯强奸罪，判处有期徒刑7年，并适用从业禁止，被告人刘某自刑罚执行完毕后禁止从事与未成年人教育培训相关的工作。一审判决后，刘某不服，提起上诉，二审法院裁定驳回上诉，维持原判。

二、坚持从纷繁复杂的法律事实中准确把握实质法律关系

承办检察官依法提前介入，准确认定强奸事实。现有证据能否认定刘某强奸谢某某，侦查机关和检察机关在认定该事实上存在争议。本案犯罪嫌疑人和被害人均系聋哑人，谢某某已死亡，家属怀疑是强奸导致自杀，情绪激动，侦查机关商请检察机关提前介入，承办检察官查阅了谢某某遗留的纸条，上面提及被人强奸过二次，做梦梦见刘某脱其衣服，但未做详细描述。刘某到案后始终不承认强奸过谢某某，仅承认因谢某某不听话，在207宿舍内打了谢某某一耳光，同时供述了其在2019年至2020年和华某某谈恋爱时发生过十余次性关系的情况。本案侦查机关前期侦查重点为谢某某自杀以及被强奸一案，围绕谢某某遗留的纸条上提及的知情人，侦查机关查找到谢某某的同学华某某、周某某证明听谢某某说过自己被刘某强奸的情况，通过询问谢某某老师得知谢某某和华某某曾找老师反映刘某殴打谢某某，在老师问及有无强奸的情况

时，谢某某回答没有。且作案时间是2020年，未提取到有用物证。综合考虑各证据，检察官认为谢某某因自杀已殁，虽然在留下的纸条中提及被刘某强奸过，但未做详细描述，被告人刘某到案后始终拒不供认，虽有证人称听说谢某某被刘某强奸过，但均系传来证据，仅有间接证据不能形成证据链条，对强奸谢某某的事实不能认定。

针对刘某主动供述了在2019年至2020年与华某某谈恋爱，其间发生性关系的情况，引导侦查机关转变侦查重点，将华某某从证人转变为被害人。依法询问华某某，其陈述了在2019年至2020年，其与刘某谈恋爱，并与刘某发生四次以上性关系的情况，与刘某供述基本一致。另外刘某自始至终均承认知道华某某不满14周岁。据此认定刘某在明知华某某不满14周岁的情况下，仍多次与其发生性关系，其行为涉嫌强奸罪。

三、坚持从具体法律条文中深刻领悟法治精神

（一）依法适用法律，准确量刑

本案于2023年9月28日起诉至法院时，最高人民法院、最高人民检察院《关于办理强奸、猥亵未成年人刑事案件适用法律若干问题的解释》（以下简称《性侵解释》）已于2023年6月1日施行，该解释第2条第1项规定，负有特殊职责的人员多次实施强奸、奸淫的，应当认定为《刑法》第236条第3款第1项规定的“强奸妇女、奸淫幼女情节恶劣”，即应当判处10年以上刑罚。

所谓“负有特殊职责的人员”，是指对未成年人负有监护、收养、看护、教育、医疗等职责的人员，包括与未成年人具有共同生活关系且事实上负有照顾、保护等职责的人员。本案刘某系学校宿舍管理员，系对未成年人负有看护职责的人员这一认定毫无异议。本案被告人刘某作案时间系在该《性侵解释》施行之前，刘某奸淫幼女多次的行为，是应当判处3年以上10年以下还是适用《性侵解释》第2条第1项规定，属于“强奸妇女、奸淫幼女情节恶劣”判处10年以上刑罚，被告人刘

某的量刑问题也是争议的焦点问题。

经审查，检察官认为司法解释的效力是贯穿刑法实施全过程的，刑法明确规定了从旧兼从轻的溯及力原则，鉴于司法解释在我国司法实践中发挥着阐释甚至补充刑法立法的功能，因此，刑法理论和实践中一致赞同司法解释在溯及力问题上与刑法一样，基本采取从旧兼从轻原则。2001年12月7日“两高”《关于适用刑事司法解释时间效力问题的规定》第2条规定，对于行为时没有司法解释，司法解释施行后尚未处理或者正在处理的案件，依照司法解释的规定办理。第3条规定，对于具有新旧司法解释交替的情形，发生在新司法解释施行前的行为，在新司法解释施行后处理的，采取从旧兼从轻原则。本案即适用第2条的规定，在行为时没有司法解释，司法解释施行后正在处理的，依照司法解释的规定办理，即本案适用《性侵解释》第2条第1项规定的“负有特殊职责的人员多次实施强奸、奸淫的”，属于强奸妇女、奸淫幼女情节恶劣的情形，依法应当处10年以上有期徒刑。

被告人刘某系因涉嫌强奸谢某某在被公安机关采取强制措施以后，主动如实供述了公安机关尚未掌握的强奸华某某的犯罪事实，系自首。被告人刘某系聋哑人，有自首情节，可以减轻处罚。被告人刘某作为对被害人负有特殊职责的人员，多次与不满14周岁的幼女发生性关系，情节恶劣，同时适用从业禁止。法院采纳了检察机关的量刑建议，依法判处刘某有期徒刑7年，自刑罚执行完毕后禁止从事与未成年人教育培训相关的工作。一审判决后，刘某以量刑过重为由，提起上诉，二审法院裁定驳回上诉，维持原判。

（二）细致审查，发现侦查活动监督线索

本案案发地点在特殊教育学校，涉案的被告人刘某、被害人华某某以及多名证人均系该学校学生，且系聋哑人。在询问某未成年证人时，未通知其法定代理人到场，由学校老师担任手语翻译老师，同时担任合适成年人。在询问某女性未成年证人时，没有女性工作人员在场。该行为违反了《刑事诉讼法》第121条和第281条关于手语翻译人员参加、

法定代理人到场、女性工作人员在场的要求。检察机关及时制发纠正违法通知书，要求侦查机关作出合理解释并补正。侦查机关收到纠正违法通知书后，高度重视，对存在取证瑕疵、违法的情况及时补正，确保了侦查活动的合法性。

强奸罪是侵害未成年人犯罪人数最多的罪名。为有效遏制和减少性侵未成年人犯罪，检察机关对近年来办理的性侵未成年人案件逐案分析，形成性侵未成年人刑事案件调研报告，呈报市委书记审阅并获批示，要求充分发挥检察监督职能，高度重视、实质解决性侵未成年人犯罪。公检法就办理性侵未成年人案件中存在的问题召开联席会，三方共同梳理在办案过程中的难点痛点问题，着眼解决侦查、批捕、起诉、审判等环节存在的认识分歧和实践难点。通过案例研讨、网络培训、专家授课等方式，对办案程序、证据收集、事实认定、法律适用等提出明确要求，实现公检法办案人员共同提高办理性侵未成年人类案办理水平。在检察机关推动下，公安机关组建了侵害未成年人权益案件的少年警务，在全市公安民警中选拔20名熟悉未成年人身心特点，具备丰富办案经验的民警，实现专人专办，提升了工作的规范化和专业化。同时检察机关和公安机关会签了《侦查监督与协作配合办法》《关于性侵未成年人一站式询问办法》，建成"一站式"询问中心，推进"一站式"刑事办案机制，预防未成年人性侵害更有力度。

四、坚持在法理情的有机统一中实现公平正义

（一）依法保障诉讼权利义务

被告人刘某系聋哑人，其家属为其委托了辩护人，刘某因不信任该辩护人，拒绝让其辩护，也不另行委托辩护人，检察机关依法通知法律援助机构指派律师为其提供辩护，依法保障被告人的辩护权利。

在讯问刘某时，邀请特殊教育学校通晓聋哑手势的老师参加，刘某以案发地点在该学校，学校老师与被告人、被害人有关系，可能影响公正处理，要求更换手语翻译老师。检察官经审查，认为刘某要求回避的

理由正当，遂联系市级特殊教育学校熟悉聋哑手势的老师参加讯问，依法保障被告人的诉讼权利。

整个诉讼过程中，刘某通过自书形式检举该特殊教育学校中存在其他强奸犯罪，检察机关经过审查后依法将检举材料移交侦查机关，侦查机关经核实检举材料中提到的当事人，均不承认存在强奸和被强奸的情况，侦查机关讯问被告人刘某如何获知检举内容时，刘某称是道听途说。对于刘某的检举材料，经侦查机关查证不属实，刘某的行为不构成立功。

判决后，被害人华某某家属认为一审判决量刑过轻，不服判决，向检察机关提出抗诉申请。针对申请人提出的刘某性侵致谢某某自杀不属于自首情节、宿舍属于公共场所等问题，检察机关经审查后，认为现有证据不足以证实刘某强奸谢某某。在被告人刘某系因涉嫌强奸谢某某在被公安机关采取强制措施以后，主动如实供述了公安机关尚未掌握的强奸华某某的犯罪事实，可以认定为自首。案发地点为刘某宿舍，该宿舍仅刘某居住，私密性强，作案时并未有他人在场，不符合《刑法》第236条第3款第3项、“两高两部”《关于办理性侵害未成年人刑事案件的意见》第18条规定的在公共场所当众强奸妇女、奸淫幼女的情形。经审查认为一审判决认定事实清楚，证据确实、充分，定性准确，审判程序合法，判决适当，决定不抗诉。检察机关依法答复申请人，并就提出的申请理由逐一进行说明，申请人表示服判。在被告人刘某提起上诉后，二审法院维持原判的裁定也证明了一审判决适当。

（二）依法制发检察建议

检察机关在办案过程中，通过审查案卷材料以及实地走访某特殊教育学校，了解到该学校宿舍管理不规范，对招录的临时工作人员管理不到位，在校学生法治教育、自我保护教育缺失。针对存在的问题，检察机关依法向市教体局和涉案学校制发检察建议，建议开展社会主义核心价值观和师德师风建设，进一步提高教职员工的整体素质。严格落实教职员工入职查询制度，从源头遏制侵害未成年人犯罪的发生。严格落实强制报告制度，以及时有效地救助未成年人。加强在校学生的法治教育、安全教育，进一步增强学生自我保护和自我防范意识。学校及教育部门认真梳理学生管理、校园安全、教师建设等方面的薄弱环节，开展“纪律作风建设年”活动，建立安全防范机制以及防性侵制度。积极开展检校共建活动，检察机关帮助该校完善预防性侵害犯罪制度3项，与法治副校长联合开展法治宣传活动3次，切实维护好校园安全和学生合法权益。

（三）数字检察赋能未成年人综合保护

安丘市检察院树牢前端预防犯罪理念，坚持厚爱严管、管早管小，细化、压实家庭、学校、社会、网络等关爱、保护未成年人的责任，强化对未成年人权益的综合司法保护，促进未成年人健康成长。认真贯彻落实数字检察战略，按照最高检提出“加快推进数字检察战略赋能法律监督”总要求，强化部门联动，整合社会资源，构建集“家庭教育、观护帮教、法治宣传”三大功能于一体的“小风筝未检”云平台，将司法保护深度融入家庭、学校、社会、网络、政府五大保护，构建了涵盖法律法规、未检动态、未检微学堂、强制报告、线索举报、观护帮教、家庭教育指导、司法救助八大模块的“小风筝未检”云平台，积极推进未成年人综合保护工作，助力未成年人综合保护提质增效。针对未成年人家长专设“家庭教育指导”窗口，汇聚心理咨询师、家庭教育指导师力量，对在线咨询的家庭教育问题和困惑，组织专家团队定制个性化方案，已提供家庭教育指导50余次。针对移送起诉的涉案未成年人，建立“检察官+犯罪嫌疑人+监护人+司法社工+家庭教育指导师”的帮教团队，已为15名附条件不起诉未成年人量身定制考察帮教方案，被帮教人均遵守帮教规定，未出现再犯罪情况。云平台设置“法律法规”“典型案例”等法宣栏目，制作“检察提醒”等微课堂，面向全市青少年开展专题辅导20场次，受教育师生3万余人，增强了未成年人法治观念和自我保护意识。

以“三个善于”为指引 高质效办理核准追诉案件

——朱某甲核准追诉案

董　恒　施淮榆*

检察机关办理核准追诉案件要坚持“三个善于”。善于从纷繁复杂的法律事实中准确把握实质法律关系，履行主导责任，以“求极致”的标准查明事实，夯实证据体系。善于从具体法律条文中深刻领悟法治精神，根据法律规范的系统性准确适用法律。善于在法理情的有机统一中实现公平正义，实现办案政治效果、法律效果和社会效果的有机统一。对犯罪嫌疑人主动赔偿取得被害人谅解的，要把握好不核准追诉为原则的立法原意；对不符合核准追诉标准的案件，要强化恢复性司法理念，最大限度减少司法对抗和社会对立，平衡、调整、修复社会关系。

一、基本案情

犯罪嫌疑人朱某甲，男，1975年生，江西省鄱阳县人。

1994年11月29日，犯罪嫌疑人朱某甲（原名朱某乙）与其同乡同事暨被害人王某甲因琐事在原厦门市同安县良机有限公司（以下简称良机公司）发生打斗，后双方各自辞职。次日9时许，朱某甲前往良机公

---

* 董恒，福建省厦门市同安区人民检察院检察委员会委员；施淮榆，福建省厦门市同安区人民检察院检察官助理。

司办理离职手续并归还之前领取的锉刀，在公司门口遇见王某甲，双方再次发生争执，朱某甲持该把锉刀追赶并捅刺王某甲腹部致其送医救治无效死亡。案发后，朱某甲逃离厦门，以朱某甲的名字重新办理了新的身份证件，后以朱某甲的名义生活。2019 年 10 月 30 日，朱某甲到厦门市公安局同安分局投案，供述了其持锐器捅刺王某甲的经过。同年 11 月 2 日，朱某甲赔偿王某甲亲属人民币 25 万元，并取得谅解。

2019 年 11 月 6 日，厦门市公安局同安分局以朱某甲涉嫌故意伤害（致死）罪向同安区人民检察院提请批准逮捕，同安区人民检察院经审查认为本案证据不足，且有可能超过追诉期限，作出存疑不批准逮捕决定，并引导侦查机关补充侦查。2020 年 10 月 20 日，厦门市公安局同安分局提请同安区人民检察院报请核准追诉。同安区人民检察院于 2021 年 8 月 6 日报请厦门市人民检察院审查，厦门市人民检察院于 2021 年 9 月 17 日报请福建省人民检察院审查，福建省人民检察院于 2021 年 12 月 24 日报请最高人民检察院审查决定。2022 年 2 月 24 日，最高人民检察院决定对犯罪嫌疑人朱某甲不予核准追诉。[①]

二、善于从纷繁复杂的法律事实中准确把握实质法律关系

本案案发至朱某甲投案时隔近 25 年，侦查人员几经轮换，原始案卷只有被害人家属的控告信、良机公司工作申请单、4 名现场证人的证言，案卷材料缺失严重。朱某甲到案后供述了犯罪事实，但与原始案卷记载存在多处矛盾，犯罪嫌疑人及被害人身份、死亡原因等均未查清。由于时过境迁，公安机关的后续侦查也不顺利，补查近一年仍进展有限。检察机关受理该案后，在作出存疑不批准逮捕决定的同时，一方面努力挖掘证据补强空间；另一方面提前布局，引导侦查机关补充侦查，夯实证据体系，为后续办理核准追诉案件做好准备，主要做了以下工作：

① 相关典型案例材料：最高人民检察院《普通犯罪检察工作情况》2022 年第 5 期。

（一）查清犯罪嫌疑人的身份情况

虽然朱某甲主动投案，但办理了新的身份证并更改了姓名，现有的身份与原案无关，首先需要查清其身份情况。侦查机关组织良机公司老员工进行身份辨认，因朱某甲的相貌变化较大，辨认人均无法明确辨认出朱某甲。在补充侦查阶段，侦查机关赴江西省鄱阳县调查朱某甲的户籍信息，当地公安机关出具说明，原户籍地派出所成立于1996年，设立之前村民户籍由乡政府管理，派出所正式接管时未接受任何居民户籍档案，因此无法提供朱某甲的原始户籍档案。当地乡政府出具说明，2000年前的户籍档案由于时间跨度比较长，现无法找到相关户籍材料。根据良机公司工作申请单记载的内容，朱某乙于1994年5月23日申请工作，登记信息显示其父亲朱某丙、母亲朱某丁。朱某甲到案后辨认该申请单系其本人书写。侦查机关分别提取朱某甲、朱某丙、朱某丁的血样进行比对，确定朱某丙、朱某丁是朱某甲的生物学父、母亲，从而确定朱某甲就是当年作案的犯罪嫌疑人。

（二）查清被害人的身份情况

侦查机关向厦门市同安区殡仪服务中心调取了火化记录，记载1994年11月30日火化了“新民同安医院凶杀案”一具尸体，但没有登记死者的姓名。良机公司工作申请单显示被害人登记名字是“王某乙”，出现了工作申请单上姓名、学历、出生日期与王某甲的身份证明不符、死者名字与原始卷宗内证人笔录记载的信息不符的情况。根据朱某甲到案后的供述及提供的1994年其家属代为赔偿的丧葬费收条，结合案发时在场证人（均系同乡关系）证言，可以证实王某甲在被捅伤后送医救治无效死亡，在场证人全程参与抢救并在医院等候，后通知王某甲家属到同安处理后事。补充侦查阶段，侦查机关在王某甲的老家走访调查，找到了陪同王某甲的父亲一起到同安的乡政府工作人员程某某、胡某某等人取证，进一步证实在殡仪馆看见了王某甲的尸体，火化后将骨灰带回江西，通过补查证实死者系王某甲。

（三）查清犯罪嫌疑人的具体行为

案发后原侦查机关没有及时取证，原始卷宗内仅有的 4 份证人证言记录的情况不够详细，朱某甲 25 年后才投案，供述的内容中对相关细节直言记不清楚，如何搭建证据体系证明犯罪事实成为办案难点。检察机关在办案时秉持亲历性原则，除了对朱某甲讯问制作翔实笔录外，还走访了案发现场，找良机公司的相关证人取证，重建了朱某甲在案发现场进、出路径，所持工具的来源、去向等证据模型，针对朱某甲供述捅刺部位、双方现场争执过程及移动方位、距离等细节审查，梳理出朱某甲供述符合亲历性特征，且与在场证人证言内容相符，并对朱某甲供述其左臂伤痕系与王某甲打架时受伤所留的情况进行拍照证据固定。在补充侦查阶段，根据朱某甲的供述，通知侦查机关赴江西省鄱阳县找到了朱某戊，朱某戊参与了朱某甲和王某甲前日琐事纠纷，后一同辞职，在案发当天和朱某甲一同前往良机公司办理离职手续，但中途遇见一女性朋友打招呼和朱某甲分开，因此朱某戊没有出现在案发现场。案发后朱某甲和朱某戊一同离开厦门后各自分开，后双方没有再见面。朱某戊的情况在原始卷宗内没有出现过，系朱某甲供述后再找朱某戊核实，符合先供后证的特点，朱某戊的出现能够进一步印证、确认朱某甲的身份及供述的真实性，补强了待证事实的短板。

（四）查清案发朱某甲时的年龄

由于朱某甲通过改名自报身份重新办理了身份证件，因此其身份登记信息并不准确，需要进一步查明案发时朱某甲的年龄，查清案发时是否成年。通过补充侦查，朱某甲称其父亲朱某丙一共生育一子三女，在家里自己排行老大，其供述的内容与朱某丙所述一致。侦查机关进一步调取了朱某甲家庭成员的户籍证明，查明大妹妹朱某庚于 1976 年 8 月 10 日出生，以案发时间计算，朱某庚在案发时已经年满 18 周岁，证实其哥哥朱某甲在案发时已经年满 18 周岁。

三、善于从具体法律条文中深刻领悟法治精神

（一）系统性理解追诉时效“从旧兼从轻原则”

刑事追诉时效的规定在新旧刑法之中存在差异。1979 年《刑法》第 77 条规定，在人民法院、人民检察院、公安机关采取强制措施以后，逃避侦查或者审判的，不受追诉期限的限制。值得一提的是，1979 年《刑法》第 77 条与现行《刑法》第 88 条不一致，并无以办案机关立案或被害人在追诉期限内提出控告等延长追诉期限的规定。两相比较，现行刑法有关追诉时效的规定较 1979 年刑法更严更重。本案发生在 1994 年，适用新、旧刑法会带来明显不同的法律后果。关于刑法中追诉时效的规定是否具有溯及力，存在两种观点：观点一认为，对定罪量刑适用的是有利于被告人的从旧兼从轻原则，但在旧法认为是犯罪的前提下，对追诉时效适用的是从新原则，即在确定是否追诉时，应当适用 1997 年刑法总则第四章第八节的规定，而不适用 1979 年刑法的规定。[①] 观点二认为，从旧兼从轻原则适用于全部刑事规范，不仅适用于刑法中关于定罪量刑的规范，也适用于刑法中关于追诉时效的规范。如果适用从新原则，将导致对于同一案件，犯罪嫌疑人因归案早但超过追诉时效不予追究刑事责任，相反，却因归案晚而认为没有超过追诉时效被追究刑事责任，这种完全不同的处理结果有违刑法的基本公正。[②] 参照最高人民检察院指导案例杨菊云（故意杀人）不核准追诉案（检例第 22 号），该案案发时间 1989 年 9 月 2 日，侦查机关于同年 9 月 26 日立案侦查，但未对杨菊云采取强制措施，同样因超过追诉时效报请核准。根据新旧刑法具体条文规定的内容研判法条的内在价值，坚持系统性理解，对追诉时效应当适用“从旧兼从轻原则”。[③] 概言之，在 1979 年刑法中，“不受追诉期限的限制”的情形仅限于“在人民法院、人民检察院、公安机关采

---

① 参见《刑事审判参考》第 945 号案例。

② 参见韩哲、李玉洁:《再论追诉时效应适用从旧兼从轻原则——兼论对〈刑事审判参考〉第 945 号案观点的反思》，载《中国检察官》2016 年第 3 期。

③《刑事审判参考》第 174 号、第 175 号案例均认可追诉时效“从旧兼从轻原则”。

取强制措施以后，逃避侦查或者审判”这一前提条件。如果公安机关没有立案，无从谈起采取了强制措施，更谈不上逃避侦查或者审判，即便被害人在追诉期限内提出控告，司法机关应当立案而没有立案的，仍然受到追诉期限的限制。

具体到本案中，虽然被害人家属在1994年提出控告，但侦查机关出具情况说明，称关于本案立案材料、尸体解剖材料及对犯罪嫌疑人采取强制措施证明等材料经多方查找，暂未发现。通过补充调查证据能够认定以下两点：第一，当年并未对王某甲的尸体进行解剖；第二，当年参与侦查的民警出具情况说明，有成立抓捕小组赴鄱阳工作，但是没有抓捕到犯罪嫌疑人，有发布“协查通报”，但无后续跟进措施。综上，是否对朱某甲采取强制措施既无具体的文书材料，也无具体的侦查手段进行支撑，无法认定侦查机关对朱某甲采取了强制措施。根据1979年《刑法》第76条第4项，法定最高刑为无期徒刑、死刑的，经过20年不再追诉。如果20年以后认为必须追诉的，须报请最高人民检察院核准。

（二）准确把握核准追诉的必要性

报请核准追诉案件需要考虑是否属于必须追诉的情形，实践中可以从如下三点进行判断：一是犯罪嫌疑人自己的认罪态度；二是被害人（家属）的态度；三是社会因素，是否影响人民群众安全感。具体到本案，第一，朱某甲主动投案，如实供述犯罪事实，尤其在其化名生活多年，而且隐名状态可以持续的情况下，仍鼓足勇气向公安机关投案，自愿认罪认罚，主动接受法律的惩处，说明其良知并未泯灭。第二，朱某甲投案后已经赔偿了被害人家属25万元，取得被害人家属的谅解，请求办案机关对其从轻、减轻处罚。检察机关向被害人家属了解谅解情况属实，谅解书是真实意思表示。第三，社会群众方面，检察机关走访良机公司，找到了三名仍在良机公司的老员工，三名证人在当时或目睹了凶案现场，或送被害人到医院救治，三人对朱某甲当年实施伤害行为的感觉最直接、所受影响最大，三人均表示不再害怕，没有什么影响。侦查机关还找到了朱某甲原户籍地的居民和被害人王某甲的亲属王某丙调查，二人均称事情已经过了很久，在当地没有什么影响。根据调查情况可以得出本案经过25年后不再影响人民群众的安全感，社会危害性已经大为降低，不会影响社会稳定或者产生其他严重后果的结论。综上，由于朱某甲具有自首、赔偿被害人的损失并取得谅解等从轻或者减轻处罚情节，对其判处法定最高刑的可能性较低；被害人一方已经接受赔偿，也明确同意对朱某甲从轻或者减轻处罚，主要矛盾已经化解。从追诉的必要性方面考虑，同安区人民检察院认为本案不属于必须追诉的情形并逐级层报至最高人民检察院，四级检察机关均意见一致，最终最高人民检察院对朱某甲不予核准追诉。

四、善于在法理情的有机统一中实现公平正义

（一）掌握思想动态，助推教育转化

检察机关多次给朱某甲制作笔录，不仅固定了案发经过，还通过讯问及时掌握思想动态，提醒、督促其认罪悔罪、改过自新，同时阐明本案的社会影响不仅仅以赔偿被害人家属损失作为唯一认定标准。朱某甲深感愧疚，心怀感恩，不仅努力赔偿被害方损失，还积极投身社会公益事业，自愿登记人体器官捐献志愿者，尽己所能回报社会。

（二）多维释法说理，深度化解矛盾

虽然朱某甲投案时已赔偿被害方损失并提供了谅解书，但检察机关仍坚持亲历性审查，逐一找被害人近亲属核实谅解意愿的真实性，做到听取被害人亲属意见全覆盖。面对被害人亲属虽表示谅解但对若不追究犯罪嫌疑人刑事责任有愧被害人的心理负担，检察机关换位思考，耐心释法说理，站在被害人亲属的角度表示理解提出顾虑的原因，感同身受讲透“情理”，解释核准追诉程序的办理流程及启动程序的原因，以法为据、以理服人、以情感人，疏导被害人亲属的情绪，最终被害人亲属表示认同检察机关的办案态度和工作作风，再次出具证明，表示愿意给

朱某甲改过自新的机会，希望他重新做人。

（三）启动司法救助，传递检察温暖

为解决被害人亲属的后顾之忧，厦门市检察机关组织联合办案团队亲赴江西省鄱阳县实地调查、走访、取证，开展一站式救助活动，将司法救助从依申请救助向依职权救助转变，共向被害人父母发放司法救助金人民币7万元，被害人家属对检察机关的处理决定表示满意。通过司法救助的方式，最大程度释放司法善意，坚持用法律的手段来平衡、调整、修复社会关系，积极推动社会矛盾的化解，真正解开当事人的心结，在法律许可的范围内最大限度保护当事人的合法权益，实现法、理、情的有机统一。

以“三个善于”高质效办理受贿、利用影响力受贿、国有公司人员滥用职权案*

刘　珊**

在推动金融高质量发展的主题下，加大对金融领域腐败打击惩处力度，高质效办好金融领域职务犯罪案件，是在刑事检察方面充分发挥检察职能的集中体现。金融领域腐败具有涉案主体身份复杂，涉案金额大、专业性和隐蔽性强等特点，随着该领域打“擦边球”等新型犯罪手段日益增多，但由于法律及司法解释的滞后性，为惩治金融领域职务犯罪案件提出了新的挑战。办理金融领域职务犯罪案件，要在纷繁复杂的事实证据中抓住行为本质，要在具体法律条文中找到法律适用的空间，要在案件办理的系统工程中实现情理法和“三个效果”的统一，就必须牢牢树立“三个善于”的理念，以事实为根据，以法律为准绳，准确认定贪污贿赂、国有公司人员滥用职权等罪名。

一、基本案情及问题的提出

（一）基本案情

被告人桑某，男，甲资产管理股份有限公司（国有非银行金融机

---

* 该案入选最高人民检察院第四十七批指导性案例，即最高人民检察院以金融领域新型职务犯罪为主题发布的第一批指导性案例。

** 刘珊，北京市人民检察院第二分院四级高级检察官助理。

构，以下简称甲公司）原总裁助理、投资投行事业部总经理，乙投资管理有限公司（甲公司的全资子公司，以下简称乙公司）原总经理、董事长。涉嫌下列犯罪：

1. 受贿罪

2009 年至 2017 年，被告人桑某利用担任甲公司投资投行部总经理，乙公司总经理、董事长等职务上的便利，为相关公司或个人在企业融资等事项上提供帮助，收受公司、个人给予的股权、钱款共计折合人民币 1.05 亿余元。

其中，2015 年至 2017 年，桑某利用职务便利，为郭某实际控制的泉州某公司借壳黑龙江某公司上市、获得乙公司融资支持等事项提供帮助。2016 年 9 月，桑某安排朋友蒋某与郭某签订股权收益权代持协议，约定郭某低价将泉州某公司股票 500 万股股份收益权以上市前的价格即每股 7.26 元转让给蒋某，协议有效期至少为一年，按照退出日前 20 个交易日均价的 9 折计算回购股份金额，蒋某向郭某支付 3630 万元。2017 年 3 月，协议有效期尚未到期，蒋某见市场行情较好，遂与郭某签订协议，约定由郭某提前回购股权收益权，回购总价款为 6200 万元。同年 4 月至 7 月，郭某分两次将 6200 万元转账给蒋某。蒋某实际获益 2570 万元，并与桑某约定平分。

2. 国有公司人员滥用职权罪

2015 年 6 月，乙公司管理的一个基金项目成立，桑某让其朋友温某的云南某公司投资 1.61 亿余元作为基金劣后级，后其中的 1.3 亿元出让给乙公司，云南某公司剩余 3132.55 万元劣后级份额。为帮助云南某公司提前转让该剩余部分份额获利，2018 年 2 月，桑某找到朱某帮助承接，同时未经乙公司经营决策委员会及董事会研究决定，违规安排乙公司向朱某实际控制的上海某公司出具函件，表示知晓上海某公司出资 1.01 亿元购买云南某公司剩余的全部劣后级份额，并承诺将来按照其出资份额而非基金份额分配股票。2018 年 3 月，上海某公司出资 1.01 亿元承接云南某公司劣后级份额后，云南某公司早于乙公司退出该基金项目，并获利 7000 万余元。因云南某公司提前退出，导致改变了劣后级合伙人分配协议等文件约定的浮动收益分配规则，使得基金份额年化收益出现差别，经会计师事务所测算，乙公司少分得投资收益 1986.99 万元。

2016 年至 2017 年，被告人桑某利用担任甲公司总裁助理、乙公司董事长的职务便利，擅自决定拆分融资项目，规避投资限额审批权限的规定，通过某信托违规向某建设公司发放 2.5 亿元信托贷款，造成乙公司账面 2.48 亿余元资金未能收回。某建设公司因资不抵债申请破产重整，乙公司向清算组申报债权，清算组委托资产评估公司对抵押物两艘船舶进行评估，净值为 3343.582 万元、3495.563 万元。

3. 利用未公开信息交易罪

2015 年 6 月至 2016 年 9 月，桑某利用职务便利，获取乙公司及该公司实际控制的某基金证券账户投资股票名称、交易时间、交易价格等未公开信息。经证监会认定，上述信息属于内幕信息以外的其他未公开信息。其间，桑某违反相关规定，利用上述未公开信息，操作其本人控制的公司和他人名下证券账户进行关联趋同交易，非法获利 441.66 万元。

本案由北京市监察委员会调查终结后移送起诉。2020 年 3 月 3 日，北京市人民检察院第二分院以桑某犯受贿罪、利用未公开信息交易罪、国有公司人员滥用职权罪依法提起公诉。2021 年 8 月 27 日，北京市第二中级人民法院作出一审判决，以桑某犯受贿罪，判处无期徒刑，剥夺政治权利终身，并处没收个人全部财产；犯利用未公开信息交易罪，判处有期徒刑 3 年，并处罚金人民币 450 万元；犯国有公司人员滥用职权罪，判处有期徒刑 5 年；决定执行无期徒刑，剥夺政治权利终身，并处没收个人全部财产。一审宣判后，桑某提出上诉。北京市高级人民法院二审裁定驳回上诉，维持原判。

（二）问题的提出

“三个善于”是检察机关高质效办案的有力抓手，如何在司法实践中将“三个善于”的理念融会贯通，在检察履职中做实“三个善于”的要求，是个案办理中必须思考的问题。

1. 检察机关如何通过“穿透式”审查，准确把握金融领域贿赂类犯罪权钱交易的本质，分析并论证金融领域渎职犯罪因果关系？

2. 检察机关如何准确理解与适用法律，准确认定贿赂犯罪数额及渎职犯罪损失数额？

3. 检察机关如何在惩治金融领域职务犯罪的过程中，贯彻“以人民为中心”的司法理念？

二、“穿透式”审查，“抽丝剥茧”准确把握实质法律关系——以事实为根据，准确厘定罪与非罪的界限

一是把握权钱交易的本质，区分贿赂犯罪和投融资行为。贿赂类犯罪系金融领域职务犯罪最高发的类型，且具有较强的专业性、隐蔽性和复杂性，利益输送往往通过期权、定增、资产置换等金融工具和金融产品进行，具有较强的迷惑性。查办该领域贿赂案件时，只有通过“穿透式”审查，才能厘清行为性质，进而从案件事实中准确把握实质法律关系。要结合案件中所涉及的金融要素，全面审查投融资背景、股权转让收益等具体情况，这样才能牢牢把握贿赂犯罪权钱交易的本质，区分正常的金融领域投融资活动和行受贿犯罪。在案件办理中，我们发现，在厘定犯罪行为和市场行为时，各审查要素得出的结论是互相支撑的，共同指向股权收益权代持融资协议的虚假性。这本质上是由于行受贿双方无论依托何种看似复杂的金融手段掩饰，其必定需要通过一系列规则设置促成利益输送的最终目的。因此，这些为利益输送“保驾护航”的条件就是我们重点审查的对象。

本案中桑某通过蒋某以股权收益权代持融资的名义收受郭某给予的感谢费2570万元。股权收益权代持融资协议作为金融领域常见的融资手段，具有高风险和高收益并存的特点。区分犯罪行为和资本市场正常的投融资行为，重在判断资本运作或相关交易相对于正常市场投资是否异常，权钱交易主要体现为非法获利与受贿人职务行为紧密关联，而非市场因素，“交易行为”所支付对价与所获收益明显不对等。本案中的股票收益权代持融资行为表面上看是投资，本质上却是利益输送的一种

手段。

二是着重因果关系的审查，不枉不纵，准确判定渎职犯罪的界限。认定渎职类犯罪须立足制度规范的审查，加强因果关系论证。在金融领域渎职犯罪的认定中，金融因素的介入、投融资行为的复杂性和连锁反应等使因果关系的认定更加复杂。在具体认定中，检察机关应当注重审查造成损失的原因所涉及的渎职行为和市场因素，尤其需要重点审查渎职行为的违规性、违法性，如是否具有徇私舞弊情节等要素。对因渎职行为而不是市场因素造成预期收益损失的部分，一般应当计入公共财产损失范围。实际上，在投融资过程中，如果没有徇私的情节，单纯因为渎职行为导致损失后果的情况较少，实践中投融资判断决策的失误、市场因素和渎职行为，在造成国有资产损失方面往往是多因一果的关系。在渎职行为和损失后果有直接的因果关系的情况下，市场因素的共同作用并不影响渎职罪的认定。

三是充分关注被告人涉案的多重身份，精准判定获取职务便利的条件。实践中，存在金融机构通过子公司进行证券投资等，而实际操作目标账户的子公司则不一定属于刑法意义上的金融机构，这种情况下，通过充分、全面考察被告人获取未公开信息的身份和职务，只要其在金融机构的身份能够获取未公开信息，就可作为认定此罪的基础。本案中，桑某案发前系甲公司总裁助理和投资投行部总经理，同时兼任乙公司董事长，本案中，桑某案发前系甲公司总裁助理及投资投行部总经理，同时兼任乙公司董事长，其在甲公司和乙公司的职务均使其具有获取未公开信息的条件。虽然乙公司账户直接操作涉案股票账户，其在乙公司的任职与获取上述账户交易指令更具有直接关联性，但乙公司并非金融机构，因此论证桑某构成利用未公开信息交易罪的主体和职务便利时应围绕其在甲公司（国有非银行金融机构）的身份和职责。经查，甲公司投资投行部与乙公司系两块牌子，一套人马。甲公司统一调配资金，授权投资投行部通过乙公司和某基金两个证券账户进行股票交易。桑某在甲公司的职务决定了其身为金融机构中未公开信息的知情人员，符合利用未公开信息交易罪的主体要件。对于案件事实复杂，法律关系多样，只有做到对案件事实证据的充分审查，才能把准认定犯罪的思路。

三、领悟法治精神，灵活把握犯罪数额认定的思路和方法——以法律为准绳，不断提高法律条文理解水平和运用能力

一是认定贿赂类犯罪数额时充分考虑利益输送模式及变现过程。针对行受贿标的为原始股等“预期收益”的，现有法律法规中尚无明确规定，但实践中通过此类方式实施利益输送的案件日益增多。现有司法解释仅有股票、干股型受贿的规定，关于股票收益权代持融资方式的性质和受贿数额如何确定尚未明确。在桑某以股票收益权代持融资方式收受好处费的认定过程中，是否参考、如何参考已有的司法解释存在一定争议。该笔事实中，受贿方获取的利益来源于股票的差价，但应当以签订协议时股票差价还是实际回购时股票差价计算受贿数额，存在不同意见。我们认为，如果签订协议时行受贿行为已经完成、达到既遂状态，即以签订协议时的股票差价认定为受贿数额。但本案签订协议时，公司已上市，股票价格处于上涨区间，自始行受贿双方对通过股权收益权代持方式输送的预期利益就是协议期间股票上涨之后受贿人所获取的最终利益，而非仅限于购入时的差价。且本案确实发生了实际回购，受贿方最终也实际获利。因此，宜以受贿方实际最终获利的金额作为受贿数额。金融领域贿赂类犯罪数额的认定要充分考虑双方约定的内容、利益变现的可能、利益变现的过程、以及实际获利等情况综合判断。

二是认定渎职类犯罪数额要灵活把握利益损失的计算方式。一方面，在办理国有公司人员滥用职权案件时，要客观认定行为造成公共财产损失的范围。我们认为，从打击渎职犯罪的立法本意考察，应当以“严”的主基调打击各类新型渎职犯罪，切实维护国有企业的经营管理活动和财产权益。在认定金融系统渎职犯罪后果时，不应将损失范围片面限定为通过积极行为实际造成的资产损失，也应根据个案情况，将失职渎职行为导致的错失交易机会、压缩具有较高确定性的利润空间等情形，纳入渎职行为的损失后果范畴，综合考虑应得收益与实际获益的差额、专业审计意见等证据准确认定国有资产损失数额。另一方面，金融

领域滥用职权类犯罪往往与民事法律关系交织在一起，既要考虑到现有司法解释的规定，即损失数额认定以立案时的损失为准，但也要充分考察涉案民事领域新证据的情况。例如在本案某基金项目滥用职权的事实中，桑某滥用职权行为造成的后果是帮助云南某公司先于乙公司退出基金，导致乙公司少获取投资收益。会计师事务所出具的报告中认定乙公司的损失是以假定该公司退出基金的日期为基准计算出的损失数额，经审查，虽然三种假定退出的数额均属于“致使国家利益遭受特别重大损失”，但基准日的采纳仍存在争议。在开庭前，乙公司为追回损失提起民事诉讼的一审判决已有结果，该判决确认了该公司退出基金的基准日，我们以此为依据测算出云南某公司现行退出造成乙公司收益损失。

四、提升公诉水平，回应社会关切——以“人民为中心”，使司法结果符合民众预期，实现案件办理的三效合一

金融领域的腐败、渎职、证券犯罪交织，严重危害金融安全和稳定，金融领域的“杠杆效应”，使得违法犯罪行为往往造成国有资产的巨大损失，不仅如此，金融领域职务犯罪还易诱发金融风险，严重威胁社会、经济高质量发展。金融领域犯罪涉案数额大，尤其是金融腐败犯罪，社会关注度高。检察机关对该领域犯罪的有力打击，离不开对该领域犯罪特点的深入研究，离不开对该领域犯罪手段方法所涉及金融知识的了解。在惩治金融犯罪的过程中，也要考虑司法处理的结果是否符合民众预期。例如，本案中桑某利用虚假的股权收益权代持协议收受贿赂，隐蔽性和专业性强，指控难度很大。受贿手段层出不穷，而法律规定存在滞后性，这就必然要求审查指控犯罪的过程中，不断提高理解和运用法律的能力，抓住权钱交易的本质，有效惩治犯罪。“三个善于”是有机统一的，只有不断提高指控能力，有力惩治金融领域职务犯罪，实现法理情的有机统一，实现案件办理的三效合一，才能让人民群众在每一个司法案件中感受到公平正义。

在案件办理过程中，增强检察机关审查判断证据的能力，通过穿透式的审查，认定利益输送行为的性质，把握贿赂犯罪权钱交易的本质。

全面深入论证，认定渎职犯罪案件损失结果和渎职行为之间的因果关系。提高金融领域职务犯罪案件事实认定、法律适用的准确性。树立法与时转、法随时移的理念，与时俱进灵活运用法律，将法律条文和法律实践实现互动，实现新形势下对金融领域新型腐败犯罪的有效惩治，让人民群众对于公平正义可感受、能感受、感受到……这些都是“三个善于”理念在司法办案中的生动体现，为更好地打击防范金融领域腐败提供了实践样本。

“三个善于”在罗某某抢劫上诉案中的具体应用

王　晖*

善于从纷繁复杂的法律事实中准确把握实质法律关系，善于从具体法律条文中深刻领悟法治精神，善于在法理情的有机统一中实现公平正义，是“高质效办好每一个案件”的重要体现。本文以罗某某抢劫上诉案为例，从办案方法、文书撰写思路等方面，分析本案如何运用“三个善于”实现高质效办理。

一、基本案情及办案经过

2019年8月2日3时许，被告人罗某某脸蒙迷彩巾，携带安全绳、降速器、上升器、护臂、约束带、匕首、钳子等作案工具，来到深圳市宝安区某某苑2栋楼顶，用安全绳下降到顶楼住户的阳台处，再用随身携带的钳子剪断阳台隐形防盗网进入客厅，预实施盗窃。罗某某拿起在客厅沙发上睡觉的被害人王某身边的一部华为荣耀手机准备离开。此时，王某醒来，发现罗某某并制止其离开。罗某某遂用携带的匕首捅刺被害人王某的肩颈部，致被害人倒地。王某的妻子李某听到客厅打斗声后醒来到客厅查看。罗某某见状上前用匕首刺李某。李某抬起右手阻挡，导致小指根部掌缘处被刺伤（经鉴定构成轻微伤），并跪下恳求罗某某不要伤人。罗某某向李某索要现金和银行卡。此时，王某的父母也

* 王晖，广东省人民检察院法律政策研究室副主任、三级高级检察官。

起床来到客厅。罗某某见人多，便令李某打开房门，随后逃跑。120 急救医生接报后赶到现场，确认被害人王某已经死亡。

本案由深圳市人民检察院提起公诉，深圳市中级人民法院于 2021 年 6 月 2 日作出一审判决，以抢劫罪判处被告人罗某某死刑，剥夺政治权利终身，并处没收个人全部财产，责令退赔人民币 1104 元，赔偿附带民事诉讼原告人王某某等 5 人经济损失共计人民币 106233 元。

宣判后，附带民事诉讼原告人王某某等 5 人，以及原审被告人罗某某不服，均提出上诉。原审被告人罗某某上诉称，一审判决事实不清、证据不足，其第一到第六次的有罪供述基本上都不是事实。原审辩护人认为，公诉机关指控被告人构成抢劫罪，缺乏直接证据，难以认定。一是全案没有被害人和证人亲眼目睹犯罪分子的模样，案发小区拍到犯罪分子的监控只有背影，且像素模糊，无法认定该犯罪分子为被告人。二是监控视频并不连贯，无法形成一个完整且闭合的证据链条。三是全案没有发现被告人的任何指纹和 DNA。故本案指控被告人犯抢劫罪，证据不充分，事实认定不清，应根据疑罪从无原则，宣告被告人无罪。

2021 年 8 月 17 日，广东省人民检察院收到广东省高级人民法院阅卷通知书。承办检察官审阅了全部案件材料，提讯了被告人，赴现场核实了案件事实与证据，制发提供法庭审判所需证据材料通知书，补充完善大量证据材料。2022 年 7 月 12 日，广东省人民检察院派员出庭履行职务，发表了“驳回上诉，维持原判”的出庭意见。2022 年 9 月 30 日，广东省高级人民法院以（2021）粤刑终 1135 号刑事附带民事裁定书，认为出庭检察员的意见有事实、法律依据，予以采纳。

二、高质效办案方法

本案非常特殊，由于罪犯全程包裹全身入室抢劫并伤害被害人，现场未提取到被告人罗某某的指纹、STR 分型等痕迹，被害人之一李某虽然面对面见过罪犯，但是因罪犯蒙面不能辨认出具体何人。除被告人有罪供述外，无直接证据证明罪犯即是被告人罗某某，且被告人罗某某二审时翻供，否认前期供认的犯罪事实，更增加了犯罪事实查明的难度。

因此，本案的办案重点、难点有两个：一是如何从纷繁复杂的法律事实中把握实质法律关系，证明本案的被告人就是作案的罪犯；二是如何将查明的实质法律关系采用法理情相统一的方式在庭上展示出来，让人民群众在效果上可感受、能感受、感受到公平正义。

（一）以“三个走出来”把握实质法律关系

应勇检察长指出，“证据审查要强调亲历性原则。调查核实要从案卷中走出来，从办公室走出来，从检察机关走出来，以亲历性保障准确性、时效性”[①]。本案贯彻落实“三个走出来”，审查并补充完善证据，准确查明案件事实，把握实质法律关系，回应了案件诉争争点。

1. 走出案卷，全面审查在案证据

审查案件，公诉人以及二审出庭检察员常规的工作是阅卷。案卷承载了侦查、调查机关证据收集、固定、提取、鉴定的成果，是审查案件基础。但是如果仅仅就卷论案，容易陷入“案卷中心主义”的窠臼。因此，需要走出卷宗，以整个案件作为审查对象，全案审查案件事实材料，围绕犯罪事实是否发生、何时发生、如何发生、何人实施等问题进行审查，综合单个证据、一类证据、不同种类证据审查方法之后，运用侦查、调查、审查方法查清案件事实。

一是审查犯罪事实是否发生。有无案件事实发生是审查的第一个要素。犯罪事实发生的时间、地点，造成的法律后果，都要进行重点审查。经查看本案全部诉讼案卷后，审查出入户抢劫的犯罪事实确实发生，证明案件事实发生的证据清楚，犯罪手段、犯罪过程、犯罪后果在案证据均很清楚。但是，对于联系被告人与案发现场、犯罪事实的证据有待补强、证明规则运用有待完善，辩护人及被告人对一审判决依据被告人有罪供述构筑的证明体系存在非常大的意见。

二是综合运用阅卷等各种手段全方位审查。要通过阅卷查明基本事

① 应勇：《学思践悟习近平法治思想 以“三个善于”做实高质效办好每一个案件》，载《人民检察》2024 年第 8 期。

实，发现事实、证据中的疑点，列明补充完善的方向；但是，阅卷不是全部，还要运用复核证据、复查复勘、引导侦查调取证据、自行补充侦查等多种侦查、调查和复核证据手段，针对发现的问题，消除案件的疑点并补正瑕疵证据，进一步查清犯罪事实。对此，针对案卷证据证实的法律事实，先是通过一审公诉人调取了现场勘查的电子照片、着重审查诉讼卷宗当中查获被告人手机当中交易记录和电子资料，侦查机关调取的案发附近监控视频，查找被告人联系案发现场的客观性联系，全面审查证据尽可能将法律事实靠近客观真实，进而准确把握实质法律关系。

2. 走出办公室，准确查明案件关键事实

固态的卷宗证据，与生动、立体、变化的现场环境存在或多或少的差异。证据关联性中，一些紧密的联系非莅临现场不可查明。经协调侦查机关，承办检察官走出办公室、走向案发现场。经对抢劫杀人中心现场、藏匿更换衣物的第二现场，以及案发时罪犯的行动路线全程行走、实地查看，比对分析每个物证痕迹的形成过程和对应的犯罪行为，在三个方面更深层次认识到证据与待证事实的紧密联系。

一是准确认识实施作案的“高门槛”。罪犯使用工具从楼顶吊入被害人房间，对于罪犯的心理素质、体型以及攀登工具要求非常高，可以说非具备上述条件不可实施。二是准确认识关键物证与犯罪现场的紧密联系。案发现场遗留的两条黑色塑料扎带、黄色钳子，与罪犯进入现场的行为紧密联系，与犯罪行为休戚相关；特别是对于非案发中心现场提取的匕首，对照男被害人死亡原因以及罪犯案发后逃离现场路线，更加确信该匕首就是作案工具。三是更加认可第二现场查获的衣物与犯罪行为的紧密联系。某公寓提取的蓝色运动裤、T 恤和黑色手袖，是监控拍到被告人露脸换衣后提取的物证，被告人也承认该衣物是其存放，但是被雨浸湿等原因，一审没有提取到与被害人和犯罪现场联系的 STR 分型等痕迹。因此，审查的重点是确认并证明存在这方面的联系。承办人经放大电子照片查看运动裤大腿部位的多个割裂破损，更加确认与罪犯采用塑料扎带攀爬的犯罪行为相对应。

3. 走出检察机关，换位思考拟定可行性补查方案

在全面审查的基础上，通过跳出卷宗并走向现场的亲临审查，跳出检察机关并以庭审定案的证明标准、侦查机关可操作的取证思路的换位审查，拟定了一份翔实的提供法庭审判所需证据材料通知书，列举提出补查方向。

一是补充鉴定以发现新证据。针对全案从两个现场提取大量物证、痕迹，但没有检见到被告人罗某某 STR 分型的情况，要求将全案提取的 9 个物证、痕迹送上级公安机关鉴定中心检验，为了便于侦查人员可操作，还进一步指出提取的部位（雨伞是把手位置）、各物证注重检验的重点（上述 1—7 注重检验有无被害人王某、李某的血迹和脱落分子残留，8—9 注重检验有无被告人罗某某脱落分子残留）。经广东省公安司法鉴定中心鉴定，黄色钳子提取的三个检材以及匕首上提取的编号 1、4、5 检材，与被害人王某血样 STR 分型相同，更加确定黄色钳子和匕首与被害人死亡的联系。

二是补充询问查明关键物证关联性。围绕关键物证黄色钳子，要求公安机关拍照钳口并分析是否留下剪断隐形防盗网的痕迹，询问勤发五金店店主刘某某，组织其辨认涉案三把钳子图片（先用包含本案涉案钳子的 10 张不同型号的钳子图片组让其辨认，再具体辨认本案涉案钳子）；要求补充提供被告人罗某某于勤发五金店购买钳子的监控视频；要求公安机关询问被害人李某，了解现场遗留的黄色钳子、黑色束带的来源，进一步查明上述两样物证不属于被害人家里所有，且案发后被害人李某及其家人没有触碰过。围绕关键物证匕首，要求公安机关询问证人吕某某，证实其作为京东商城某某户外专营店的经营者，2019 年订单编号 99462979448 是其专卖店售卖，卖的是一把勤兴牌小直刀，收货人名字罗某某。此订单已经付款并交货。证人还辨认现场提取刀具图片中的刀跟售卖给罗某某的刀型号相同，刀刃标志都是英文字母（Smith. Wesson SEARCH.RESCUE）。

三是补充证据回应质疑。针对被害人李某直面持刀抢劫的罪犯，且被刺伤，要求将被害人李某血样与现场中未知女性 STR 分型进行比对，

进而查明现场未知女性STR分型为被害人李某血样的STR分型。同时，鉴于本案主要通过监控录像确定罪犯，要求侦查机关核对各监控画面显示时间与真实时间的差异，并根据监控拍摄画面，画出被告人罗某某案发前后的详细活动轨迹图，还进一步要求分别单独画出被告人罗某某在某某苑和某科技园B栋内的活动轨迹图，用证据回应原审辩护人提出的监控录像不连贯的意见。

四是补正瑕疵证据。深宝公（司）刑（勘）字［2019］0189号现场勘验检查工作记录证实，2019年8月10日在某公寓提取套袖、脖套等5件物证，深公（司）鉴（DNA）字［2019］08064号鉴定文书对这5件物证进行检验，写明的受理日期却是2019年8月7日，受理日期早于提取日期，要求公安机关说明原因。后查明是笔误所致，依法补正瑕疵证据。

五是补充完善电子数据。针对本案扣押了被告人罗某某的三台手机（黑色诺基亚1200、银色苹果5和黑色苹果8P1us）的情况，要求侦查机关提取手机内电子数据，并将案卷当中打印出来供辨认照片的电子底片刻录光盘提交。同时，还要求公安机关提供2019年8月2日对某某苑2栋和8月10日对某科技园B栋现场勘查时，所拍摄的录像、照片的原始电子底片。

（二）以“三个感受”确保公平正义看得见

为了实现让公平正义可感受、能感受、感受到的最高目标，出庭检察官在前期充分补查关键证据的基础上，采取“客观性证据+层递式证明+可视化示证”方式，组织证据发表出庭意见书，站在人民群众的角度组织证据、语言论证犯罪，以人民群众的感受为第一感受，以“看得见”的方式，充分论证了本案被告人罗某某实施抢劫杀人的犯罪行为。

1. 运用客观性证据，确保文书言之有“料”

言词证据因比较符合人们认识和观察事物的习惯，很容易就成为运用证明规则的关键。相较于物证、书证、痕迹、视听资料、鉴定意见等客观性较强的证据，言词证据经常因时、因势、因利等因素改变，依据言词证据为基石构建的证明体系，很容易因言词证据的改变而坍塌。有时候完全依靠言词证据构建证明体系，较大可能查明出与客观事实相左并经不起历史检验的法律事实。相反，以客观性证据为基石构建的证明体系、查明的法律事实，往往较为稳固，经得起时间的检验。

一是正确认识一审判决证明规则的缺陷。一审以被告人有罪供述为中心构建的证明体系，遭到原审被告人及其辩护人的强烈质疑。被告人上诉后直接翻供，否认前六次有罪供述不属实，原审辩护人则提出无客观性证据联系被告人与犯罪事实辩护意见。因此，为了回应诉讼参与人对于法律事实的争议，需要建立以客观性证据为基石的证明体系，跳出被告人不断变化的言词证据所构筑的证明路线，在纷繁复杂的法律事实中，查明本案被告人罗某某实施抢劫犯罪行为这一实质法律关系。

二是以客观性证据作为论证基石。全面梳理案件卷宗和二审阶段补充到的客观性证据，围绕两个犯罪现场所提取的客观性证据，充分运用犯罪现场血样，罪犯在现场留下的匕首、钳子和黑色塑料扎带，案发楼梯口监控录像，被告人罗某某手机购买大号塑料扎带、右手上升器、8 字环缓降器、12 米长户外登山安全绳、黑色袖套、军绿迷彩头套、黑色防滑手套、户外小直刀等工具记录和被告人罗某某丢弃物品等客观性证据，作为论证法律事实的基础性框架，进行充分论证，确保证据链完整客观。

2. 使用层递式证明，确保文书逻辑可“信”

无论是以公诉人还是检察员的身份出席刑事诉讼庭审，出庭检察人员的职责是为了让合议庭准确审查证据进而查明法律事实，确保定案的每一份证据都经庭审举证质证查实，这既是由检察官客观公正义务决定，也是庭审在查明证据事实的决定性作用体现，以实际行动贯彻落实以审判为中心。因此，出庭的举证质证提纲，要用法庭审理的角度拟定；法庭询问、讯问的逻辑，要站在合议庭的角度；出庭的语言，要用群众听得懂的语句。

一是论证罪犯实施犯罪应当具备的“高门槛”条件。现场勘查记录、罪犯离开楼梯口被拍摄截图、STR 分型检测、法医学解剖报告等证据，证实罪犯采用高空吊入、使用钳子剪断隐形防盗网进入被害人客厅，使用匕首杀害了被害人王某，并刺伤被害人李某。案发现场勘查提取到的黑色塑料扎带、黄色钳子、头套、暗红色脖套、袖套、蓝色运动裤、塑料扎带、匕首等为作案工具。这些保证罪犯高空吊入进入案发现场的物证，构成了本案犯罪的“高门槛”条件。

二是论证被告人罗某某完全准备了实施犯罪的工具和条件。被告人罗某某手机购买记录、支付凭证、购物视频以及部分卖家的证言等证据，证实被告人罗某某购买了与进入现场和杀害被害人有关的物证，如大号黑色塑料扎带、右手上升器、8 字环缓降器、12 米长户外登山安全绳、黑色防滑手套、黄色钳子等从楼顶吊入房间的工具，黑色袖套、军绿迷彩头套等蒙面和包裹身体的工具，杀害被害人的匕首。

三是论证被告人使用准备的工具并实际实施了犯罪行为。现有证据证实被告人罗某某案发当天持有和穿着进入现场和杀害被害人的物证，证实提取到的迷彩色脖套、蓝色运动裤、蓝色短袖 T 恤是被告人丢弃；证实被告人案发后在某科技园更换衣物；扣押提取的这些衣物有明显割裂痕迹和擦蹭痕迹，与被告人罗某某采用塑料扎带套在大腿部，用绳索吊入被害人客厅的犯罪行为对应；侦查机关所画的罗某某活动轨迹图证实被告人具有作案时间；证人刘某某证实并辨认现场提取的黄色钳子是被告人罗某某购买的，证人吕某某辨认现场提取刀具图片中的刀跟售卖给罗某某的刀型号相同；宿舍监控视频证实被告人罗某某案发后回到宿舍时，牛仔裤左后口袋还放着一件深红色脖套，后也在被告人所属物品中扣押提取，这与罪犯戴着深红色脖套离开案发大楼相印证；被告人罗某某在侦查机关承认实施了入室抢劫并杀害被害人的犯罪事实。

四是论证现有证据可以排除其他人作案的合理怀疑。案发客厅只有男女被害人的基因分型，且其他人难以同时拥有罪犯所必须具备的条件，如拥有全程蒙面所使用的作案工具、杀害被害人所使用的刀具，能够从楼顶天台吊入、剪断隐形防盗网进入被害人房间，有案发前踩点、案发后逃跑并更换和隐藏衣物的时间等。运用科学并符合认识规律的证明和论证逻辑，在四方面的层层论证下，形成完整论证闭环，充分证实被告人罗某某就是抢劫并杀害被害人的罪犯。

3. 采用可视化示证，确保文书论证可“看”

如何让人民群众在每一个司法案件中感受到公平正义？除了案件本身符合天理国法人情良知，还要在说理过程中换位思考，以人民群众听得懂、看得见、能感受的方式举证质证、发表出庭意见。

一是从众多证据当中摘取可视化的彩色照片。从犯罪勘验记录中摘取作案工具照片，从案发楼梯口录像中摘取罪犯衣着照片，从被告人罗某某手机中摘取购买工具记录照片，并展示罗某某在沙井西部义乌的五金店内买钳子监控录像截图，罗某某拥有的与作案相关物品图片，案发前后罗某某在其住所附近监控录像截图，让案件相关证据可见可比。

二是将彩色照片组合置入文书当中。将彩色图片与论证事实相互结合，充分展示关键细节，如匕首上的英文字母特征、被告人罗某某案发后回宿舍时别在牛仔裤口袋上的红色脖套、蓝色运动裤的撕裂口等，举证和证明相互呼应，用证据、事实和举证逻辑克服本案现场没有提取到被告人生物痕迹的“缺陷”，让合议庭相信就是被告人罗某某实施了犯罪。

三、结语

本案虽然是一个常见的死刑上诉案件，但在办理过程中，贯彻了“高质效办好每一个案件”的基本价值要求，既全面审查经一审庭审质证的在卷证据，走出案卷、走出办公室、走出检察机关，拟定翔实的补查提纲，指导侦查机关补充完善证据，查明法律事实，进而准确把握实质法律关系，又在此基础上，制定集说理、释法于一体的出庭意见书，将证据和实事集中于法庭展现，让包括法官在内的诉讼参与人、旁听庭审群众在内的人民群众可感受、能感受、感受到公平正义。案件宣判后，审判长感慨：“庭审前阅卷，感觉本案定罪没有把握，但是听了检察员出庭意见后，完全相信就是被告人罗某某实施了犯罪”。

聚焦"三个善于"高质效办理侵犯公民个人信息案件

吴雅峰　刘远添　牛　菁*

随着网络化的发展，侵犯公民个人信息的案件层出不穷。在个人信息保护的司法实践中，犯罪分子隐于网络之中，存在取证困难、公民范围界定不明、公开信息是否侵害权益等问题。对此，检察机关应当把握好"三个善于"，高质效办理侵犯公民个人信息案件，同时坚持一体履职、全面依法履职，不断探索开展民事公益诉讼，实现办案与治理双重成效。

一、基本案情及办案过程

杨某某与林某某系朋友关系，2019年，二人在亚马逊平台上从事跨境电商业务。2021年，林某某成立了某贸易有限公司用于进一步开展跨境电商业务。在经营期间，杨某某与林某某发现平台商家为维护网店的信誉会私下联系差评买家删除差评。二人发现此商机后为谋求个人利益，通过在网上发布可以帮助亚马逊平台商家查询国外差评买家的联系方式、帮助删除网店差评的广告，商议由林某某负责推荐、介绍网店客户，由杨某某负责对接客户，通过使用"mumamail.com"网站撞库匹配

* 吴雅峰，福建省厦门市思明区人民检察院检察委员会委员、第一检察部主任、四级高级检察官；刘远添，福建省厦门市思明区人民检察院一级检察官助理；牛菁，福建省厦门市思明区人民检察院四级检察官助理。

或者根据亚马逊平台商家提供的差评链接信息委托服务商查询差评国外买家的电子邮箱、电话号码等个人信息。此外，杨某某还直接向服务商提供差评链接，由对方使用技术手段查询国外差评买家的电子邮箱、电话号码等个人信息并直接与对方联系，商议删除差评的事宜。

经查，杨某某、林某某收取亚马逊平台商家的订单，通过上述三种方式非法收集美国、英国、德国、日本等多个国家的亚马逊买家的个人信息，从中赚取差价。截至 2022 年案发，二人非法收集买家个人信息共 8 万多条，从中非法获利人民币 57 万余元。

本案由 X 市公安局 S 区分局侦查终结后移送起诉，2023 年 5 月 12 日，X 市 S 区人民检察院以杨某某、林某某犯侵犯公民个人信息罪提起公诉，同时提起附带公益诉讼。同年 X 市 S 区人民法院作出一审判决，认定杨某某、林某某构成侵犯公民个人信息罪，因二人具有认罪认罚、退赃违法所得等从轻、减轻处罚情节，判处二人有期徒刑 3 年，缓刑 3 年 6 个月，罚金人民币 23 万元，公益诉讼部分则判令二人在省级媒体上公开赔礼道歉，并支付相应的公益损害赔偿金，杨某某、林某某均对判决不持异议。

二、办案中存在的困难与问题

（一）犯罪手段网络化，隐蔽性强，追查难度大

随着数字时代的大发展，人们日常的交流、生活、工作越来越依靠网络来进行，以互联网为载体所产生的违法收集、获取、使用、买卖个人信息的情况屡见不鲜。为应对公民个人信息侵权的突出问题，虽然我国于 2021 年出台个人信息保护法，旨在系统、全面地保护个人信息，但个人信息保护法的相关实施细则不多，学界对于此类的理论研究也不深，多集中在个人信息的保护规制方面，未对证据标准和犯罪内涵深入探讨，加之此类犯罪的犯罪分子多是隐藏在幕后，通过技术手段利用互联网非法获取个人信息，这就对侦查造成严重困难。

以本案为例，侦查人员虽然通过发布的广告宣传查获了买卖公民个

人信息的杨某某、林某某二人，但杨某某、林某某仅作为中介接收平台商家的查询订单，再将差评买家的链接发送给有技术能力的服务商，由该服务商实际操作，非法收集差评买家的公民个人信息，并将收集的信息反馈给杨某某。从犯罪危害的角度来看，整个犯罪活动中杨某某、林某某二人作为中间商仅起到介绍业务的作用，而服务商和有关撞库网站才是侵犯公民个人信息犯罪的实际侵害人，社会危害性巨大。但因为服务商仅通过网络与杨某某进行联系，无法查清具体的身份信息，而相关撞库网站的服务器导致查找困难，极易逃脱侦查，始终治标不治本，难以从源头上根除。因此，提升办案科技水平，是加大侦查力度、严厉打击此类犯罪的必要条件。

（二）侵害客体涉及外国公民，是否构罪存在争议

随着网络化推动全球化的快速发展，在惩治犯罪的过程中往往会面临一些域外司法的争议性问题，亟待研究解决。

本案中杨某某、林某某是亚马逊平台的网店商家，二人长期从事跨境电商业务，其接触到的客户均为使用亚马逊平台的欧美用户，故其通过服务商非法收集的公民个人信息也涵盖了美国、英国、德国等外国公民的个人信息，且尚未发现有国内用户的个人信息遭到泄露的情况。二人的辩护律师遂就该情况提出刑法适用异议的辩护意见，认为本案中查询的电子邮箱地址和联系方式均系外国公民所有，我国公民的个人信息未受到任何侵害，司法机关不应扩大解释，将外国公民也纳入中国刑法条文中"公民"的定义范围。

经查，我国刑法关于侵犯公民个人信息罪明确规定了行为人具有向他人出售或者提供公民个人信息的行为才构成本罪，由此引申出本罪侵害的客体必须是公民的个人信息利益。但刑法条文中对于"公民"的范围没有作出明确界定，这就导致理论界对于"公民"的范围产生了一定的争议。有学者认为，刑法作为我国颁布实施的法律，其适用范围所规定的公民当然是中华人民共和国的公民；另一部分学者认为，在民法典有关侵犯公民个人信息领域的民事法律法规中，对个人信息和隐私保护

均是以“自然人”作为法条叙述的主体，由此可见，在民法典中其立法本意是保护自然人的合法权益，不具体区分是外国公民还是中国公民。

（三）公开渠道取得个人信息，如何认定非法获取

伴随着社交媒体和短视频平台的飞速发展，人与人之间的交流越来越网络化，作为公开的社交媒体平台，人们在平台上发布帖文、分享照片、相互交流的过程中，往往会伴随着个人信息的泄露，比如朋友圈发布的家庭定位信息、个人资料中的生日和邮箱地址、微博昵称的姓名拼写，在不经意间这些具有隐私属性的个人信息就会通过我们自己的手发布在网络上，供大众随意浏览。随之而来也产生了很多法律问题，比如经本人同意公开发布的个人信息是否还具有隐私性，能否受到法律的保护。有部分人认为，行为人明知发布个人信息可能产生的危害，仍主动将个人信息发布在网络社交媒体平台上，视为当事人放弃了该部分个人信息的隐私性，而他人通过该公开渠道查获上述个人信息，其行为具有正当性，不能认定为刑法规定中的非法获取行为。

以本案为例，涉案的服务商通过利用人们注册账户常使用同一昵称的习惯，利用差评买家的账号名称或者昵称，通过撞库网站查询的方式，检索出与差评买家具有相同账号昵称的推特账户，再根据推特账户绑定电子邮箱的特性，取得差评买家的电子邮箱地址作为联系方式，联系对方商议删除差评的事宜。在此过程中，服务商通过差评买家公开的账户名称，查询到对方的推特账户信息，进而取得对方公开的电子邮箱地址，该电子邮箱资质系用户自愿公开，未损害用户个人信息的隐私性。此外，杨某某、林某某还辩解称亚马逊平台曾经未对买家用户的联系方式进行保密处理，只是后续平台修改规则导致商家不能自行联系买家，需要通过平台客服进行沟通。二人的辩护人也据此提出涉案的差评买家其个人信息和隐私并未遭受损害，其取得个人信息的方式不是刑法规定的非法取得，用户自愿公开的行为使行为人产生错误的认识，构成了违法阻却事由。同时，辩护人据此提出涉案的电子邮箱不具有隐私性，不应当认定为公民个人信息。

三、检察机关高质效办案体现

高质效办案是检察机关坚持以人民为中心，强化法律监督职能，防止机械办案、就案办案的根本要求。最高人民检察院学思悟践习近平法治思想，以“高质效办好每一个案件”为目标，要求各级检察人员善于从纷繁复杂的法律事实中准确把握实质法律关系，善于从具体法律条文中深刻领悟法治精神，善于在法理情的有机统一中实现公平正义。“三个善于”推动、引导检察人员践行司法为民的宗旨，提高正确运用法律政策的能力，抓住案件中的主要矛盾和矛盾的主要方面，使人民群众在每一个司法案件中切实感受到公平正义的检察实践。

本案中存在诸多争议问题，检察人员以“三个善于”为指导，立足于法律法规，加强法律检索，厘清主次矛盾，坚持由表及里，高质效办理。

（一）厘清法律关系，精准分析定罪

本案中关于阻却事由和公民个人信息内容的范畴认定，直接影响罪与非罪的问题，针对此案件的事实和法律关系，办案人从行为人、买家和亚马逊平台各自立场出发，通过多角度的分析审查，论证行为人取得公民个人信息的违法性。

首先，亚马逊平台的买家有权根据自身意志自由对商家的产品进行评价，平台商家应当认真听取买家的意见，而不是为了删除买家的差评而私下联系买家。

其次，亚马逊平台作为买卖服务的提供方，其有义务保护买家的合法权益，在本案中买家的合法权益则体现为对所购买商品的自由评价权，并据此引申出了亚马逊平台对评论买家的保护问题，而亚马逊平台后续修改规则，隐藏买家联系方式的行为也进一步印证了此观点。

最后，商家不积极听取买家的反馈意见，改善商品质量、提高用户体验，反而因担心买家的差评降低网店评分、影响销量，转而通过私下联系买家的方式试图修改差评，该行为既不合理，也不提倡，本质上是

对买家的一种骚扰行为。

此外，2017年6月1日起实施的最高人民法院、最高人民检察院《关于办理侵犯公民个人信息刑事案件适用法律若干问题的解释》(以下简称《解释》)第3条第2款规定:“未经被收集者同意，将合法收集的公民个人信息向他人提供的，属于刑法第二百五十三条之一规定的‘提供公民个人信息’，但是经过处理无法识别特定个人且不能复原的除外。”该解释明确规定了，不以收集公民个人信息的手段方式作为认定其行为具有违法性的依据，而是以收集者是否同意为前提。本案中，杨某某、林某某显然没有经过亚马逊买家的同意就将二人查询到的买家姓名、电子邮箱地址和联系电话等信息提供给了亚马逊商家。根据《解释》第1条规定，“刑法第二百五十三条之一规定的‘公民个人信息’，是指以电子或者其他方式记录的能够单独或者与其他信息结合识别特定自然人身份或者反映特定自然人活动情况的各种信息，包括姓名、身份证件号码、通信通讯联系方式、住址、账号密码、财产状况、行踪轨迹等”。上述的买家姓名、电子邮箱地址和联系电话指向性明确，能够直接识别特定自然人身份且与对方取得直接联系。杨某某、林某某常年在亚马逊平台从事跨境电商业务，应当明确知晓平台对用户隐私的保护规则，亚马逊平台修改规则，隐藏买家的联系方式，要求商家只能通过平台与买家进行沟通，此举明显是为了保护买家隐私信息，防止恶意骚扰。

综上，从事实法律关系的角度出发，杨某某、林某某违反亚马逊平台的规则，未经被收集者的同意，收集公民个人信息，其行为应当认定为非法收集，公开渠道收集信息不构成阻却事由。

(二)领悟法治精神，准确把握“公民”内涵

针对辩护人提出的外国公民不是侵犯公民个人信息罪的调整对象这一问题，检察人员系统学习相关涉外法律知识，通过“检答网”“法宝”等法律检索平台，引入“外脑”解决专业问题。

我国刑法关于侵犯公民个人信息罪具体规定为“违反国家有关规

定，向他人出售或者提供公民个人信息，情节严重的”。

首先，从法条规定中可以看出行为人只需要提供“公民”个人信息即可构成本罪，法律条文中未将“公民”限缩解释为“中国公民”。根据文义解释的一般规则，公民个人信息应当不仅限于中国公民的个人信息，还应包括外国公民和其他无国籍人的个人信息。

其次，刑法规定的构罪前提是“违反国家有关规定”，该国家规定应当是指个人信息保护法这部保护公民个人信息的专门法律，该部法律规定了其适用的行为是“在中华人民共和国境内处理自然人个人信息的活动”，其立法本意是保护中国境内所有人员的个人信息，不会特别区分某一群体，进而有失法律的公平。

再次，在我国刑法中均有“属地管辖”“属人管辖”的相关规定，该规定亦体现了中国独立的司法主权和对非中国籍公民保护的法治精神。即无论是在我国境内合法权益受到不法侵害的外国人、无国籍人，还是在我国境内侵害境外的外国公民、无国籍人的相关犯罪活动，我国均享有当然的刑事管辖权，且当然适用我国刑法的规定追究相关人员的刑事责任。因此，作为刑事犯罪之一的“侵犯公民个人信息罪”，同样适用如上管辖。

最后，办案人员通过法律检索查明最高人民检察院曾就同一问题向最高人民法院研究室征求意见，最高人民法院研究室的复函明确指出：第一，从刑法用语来看，《刑法》第253条之一规定的是“公民个人信息”，并未限定为“中华人民共和国公民的个人信息”，因此不应将此处的“公民个人信息”限制为中国公民的个人信息。第二，从立法精神看，外国人、无国籍人的信息应当同中国公民的信息一样受到刑法的平等保护。第三，从司法实践看，将外国人、无国籍人个人信息排除在刑法保护之外，会放纵犯罪，特别是在侵犯公民个人信息犯罪案件所涉及的个人信息既有中国公民的个人信息，也有外国人、无国籍人的个人信息时，只处罚涉及中国公民个人信息的部分，既不合理也难操作。

（三）法理情相统一，一体履职促发展

“善于在法理情的有机统一中实现公平正义”揭示了法律、社会与道德之间良性互动的辩证关系，法律关系来源于社会关系，社会关系又以道德关系为发展基础，三者有机统一，形成了良好的互动。

本案中，检察人员始终以法为据，充分发挥检察职能一体化的履职优势，在本院内部完善有关个人信息保护的民事公益诉讼办案规范和指引，建立健全民事公益诉讼线索内部流转机制，通过内部移送线索的方式，将涉及个人信息保护的线索移送民事公益诉讼检察部门。同时，坚持法律底线和情理底线的统一，强化证据审查，查明林某某名下的某贸易有限公司与二人从事的亚马逊平台查询邮箱业务的实际联系，并在严格司法的前提下，注重按照常识常理常情分析论证，得出二人的犯罪行为未涉及公司的正常经营活动的合理结论，确定适格主体，仅对二人提起民事公益诉讼，未涉及正常经营的某贸易有限公司。

在司法实践过程中注重总结个案的不同，坚持类型化处理和个性化处理的统一，探索多元诉讼请求内容。一般情况下，根据民法典的有关规定，检察机关提起个人信息保护民事公益诉讼的责任承担以赔偿损失为主要手段。需要说明的是，检察机关提起民事公益诉讼使用的损害赔偿请求本质上仍属于填补式诉讼请求，旨在鼓励更多的适格主体通过司法实现公共利益保障。[①]但公民个人信息的权益是一种抽象的概念，其违法行为的损害结果无法具体为实际利益。检察人员充分强调类型化处理原则，引入食药领域公益诉讼主张的惩罚性赔偿机制。同时，充分考虑本案中杨某某、林某某二人主要作为中介接收商家查询订单，委托服务商查询个人信息，从中赚取差价的特殊情况，并未以二人收取商家订单的金额作为惩罚性赔偿的依据，而是以实际获利的金额作为惩罚赔偿的标准，既把握了法律底线，又凸显情理关怀，同时实现了惩罚与教育结合的目的，符合社会大众的基本预期。

---

① 参见张新宝、赖成宇:《个人信息保护公益诉讼制度的理解与适用》，载《国家检察官学院学报》2021年第5期。

在办案之余做好“后半篇文章”，积极开展行业治理整顿。一方面，通过制发检察建议的方式，针对案件中暴露的安全隐患，建议公安机关加大网络巡查力度，切断犯罪源头和传播途径；建议相关主管部门组织专项检查，督促涉案公司、企业展开自查自纠。另一方面，拓展法理情相统一的民意载体，充分听取民情民意，引入民事公益诉讼和解听证制度，拓宽人民群众有序参与和监督公益检察工作的渠道，确保检察办案全过程均能听到人民群众的声音。

运用“三个善于”高质效办理猥亵儿童案解析

苏红双 *

新时代新征程，最高人民检察院提出“高质效办好每一个案件”的检察履职办案基本价值追求，强调着力提高检察人员运用法律政策的能力，做到“三个善于”。“三个善于”之间既是基础、关键、目标的关系，也是司法办案中各有侧重、循序渐进的三个层次，体现了由“用准法律”到“用活法律”再到实现“最好效果”的三重境界。为了能深刻把握“三个善于”的内涵要求，本文旨在通过对马某某猥亵儿童案的深入研究，以“三个善于”为视角，探讨如何高质效办好此类案件，更好地保护未成年人的合法权益。

一、马某某猥亵儿童案的案情梳理

2022 年下半年至 2023 年 5 月，被告人马某某隐瞒其真实身份，使用快手、微信、QQ 聊天等工具，假借恋爱交友之名，选择小学或初中女生为犯罪对象，采取威胁、哄骗、引诱等手段约被害人见面后实施奸淫、猥亵行为，并要求被害人向其推送好友作为侵害对象。马某某利用该种方式，先后对郭某某（12 岁）、刘某某（13 岁）、马某某（12 岁）、苏某某（13 岁）实施猥亵行为，并与郭某某（12 岁）、李某某（14 岁）、邢某某（14 岁）强行发生性关系。2023 年 5 月，苏某某家长发现后报

---

* 苏红双，河北省景县人民检察院五级检察官助理。

案至公安机关，公安机关将马某某抓获归案。同年 11 月 10 日，检察机关以强奸罪、猥亵儿童罪对马某某提起公诉。2024 年 1 月 25 日，对马某某以强奸罪、猥亵儿童罪数罪并罚，判处有期徒刑 18 年。

二、从“三个善于”角度具体分析案情

马某某猥亵儿童案办理过程中充分运用了“三个善于”，做到以事实为根据，以法律为准绳，实现了罪刑法定、罪责刑相适应、法理情相统一。

（一）“善于从纷繁复杂的法律事实中准确把握实质法律关系”的体现

“善于从纷繁复杂的法律事实中准确把握实质法律关系”是分析案件的基础，检察履职办案“以事实为根据”，必须准确认定法律事实，重现或者最大限度接近客观事实，从中理清法律关系，进而找到实质法律关系。在马某某猥亵儿童案中，案件初期由苏某某母亲报案至公安机关，公安机关移送起诉，后检察机关审阅了全部案件材料，核实了案件事实与证据，发现除公安机关认定的一起猥亵儿童的犯罪事实外，马某某曾威胁被害人向其介绍同学进而实施性侵的漏罪线索。在审查起诉阶段，检察机关采取多种方式开展自行补充侦查。一是通过技术手段，发现遗漏被害人。检察机关运用大数据分析软件将马某某手机内的聊天记录进行技术处理，通过注册信息确定 5 名未成年被害人身份。二是妥善收集被害人陈述。检察人员事先制定询问预案，通过释法说理、耐心讲解取得未成年被害人及家长的理解和配合。为避免家长在场影响未成年被害人陈述的真实性，适时变更成年人到场，邀请妇联工作人员到场参与询问。三是排除他人作案嫌疑。调取马某某驾驶车辆行驶轨迹记录、案发地点附近的监控，证实其到过案发现场；重点提取马某某利用未成年人物色作案对象以及对作案对象年龄认知的电子数据。通过以上补查工作，检察机关成功追诉马某某强奸、猥亵未成年人的 7 起遗漏罪行。

该案涉及多个场景、众多未成年被害人以及相关人员的陈述和证据，这些事实相互交织，相互影响，甚至相关证言存在一些看似矛盾或者模糊的地方。要从这些复杂的表象中梳理出清晰的线索，就需要检察人员具备敏锐的洞察力和严谨的分析能力，认真领悟并全身心地投入到案件的研究中去，不带有先入为主的观念，以开放和客观的态度去审视每一个细节。

在确定纷繁复杂的法律事实后，就需要准确把握案件的实质法律关系。实质法律关系是指隐藏在表面法律事实背后的、真正决定案件性质和法律适用的关系。本案中，案件的主要矛盾是马某某猥亵的人数、与未成年被害人接触的具体方式、地点以及未成年被害人身体受到的伤害程度等。犯罪嫌疑人马某某利用被害人心智不成熟，以“谈对象”为名对其进行哄骗，并捏造其他身份对被害人进行“洗脑”甚至威胁，造成被害人不知反抗，不敢反抗，迫使其就范。另外，马某某还要求被害人向其推送其他好友，致使多名未成年人遭受不同程度的性侵害。马某某实施猥亵行为都是在其车上，作案手段十分隐蔽，危害后果严重。本案中矛盾的主要方面即马某某实施猥亵行为是否明知被害人是未成年人。根据被害人陈述、犯罪嫌疑人供述与辩解可得知，马某某在聊天中已经掌握被害人郭某某、刘某某、马某某、苏某某系小学或者初中在校学生，并主动询问过年龄，应当知道其不满 14 周岁，但为寻求性刺激仍对被害儿童的身体隐私部位实施猥亵，主观恶性大。

在马某某猥亵儿童案中，实质法律关系是对未成年人身心健康权利的严重侵犯。马某某利用被害人年幼、心智不成熟、缺少自我防范意识等条件，对未成年人施以诱惑甚至威胁，以达到犯罪目的。马某某的行为无论以何种形式表现，其本质都是对未成年人身心健康和人格尊严的侵害。马某某主观方面具有猥亵、强奸多名未成年人的故意，客观方面实施了多次猥亵、与幼女发生性关系的行为，应当认定为猥亵儿童罪、强奸罪。

“善于从纷繁复杂的法律事实中准确把握实质法律关系”是实现公正审判、保护未成年人权益、维护法律尊严的关键所在。这一理念要求检察人员具备高度的专业素养、严谨的思维方式和强烈的责任感，查明案件事实，理清实质法律关系，确保每一个案件都能得到公正、准确的处理。

（二）“善于从具体法律条文中深刻领悟法治精神”的体现

法治精神是法治的灵魂。法治精神并非仅仅是法律条文的简单罗列，而是蕴含在条文背后的价值追求和社会理念。作为法律监督机关，检察机关在办理此案的过程中，不仅要依据具体的法律条文对犯罪行为进行精准的认定和惩处，更要从这些条文的背后深刻领悟法治精神的内涵。首先，从具体法律条文看，马某某猥亵儿童案涉及未成年人性侵害的多项法律条文。马某某明知被害人郭某某、刘某某、马某某、苏某某不满 14 周岁，但为寻求性刺激仍对被害儿童的身体隐私部位实施猥亵，根据《刑法》第 237 条第 3 款规定，其行为构成猥亵儿童罪。马某某奸淫不满 14 周岁的幼女郭某某，根据《刑法》第 236 条规定，构成强奸罪。马某某利用被害人李某某、邢某某心智不成熟，以“谈对象”为名进行哄骗，并捏造其他身份对被害人进行“洗脑”甚至威胁，造成被害人不知反抗，不敢反抗，迫使其就范，在此情况下与被害人发生性关系明显违背女性真实意愿，根据《刑法》第 236 条规定，其行为构成强奸罪。

通过深入挖掘，我们可以看出条文中所体现的对未成年人权益的特殊保护以及对社会公序良俗的维护。从保护未成年人权益的角度来看，未成年人作为社会中的弱势群体，需要法律给予特别的关注和保护。法律条文对侵害未成年人的严厉制裁，体现了法治精神中保障未成年人身心健康发展的重要价值，这不仅是对受害者个体的救济，更是对整个未成年群体的预防性保护，传递出社会不容忍任何侵害未成年人权益行为的强烈信号，有助于维护社会的公序良俗，促进社会长远发展。

公正性是法治精神的核心要素。在处理这起案件时，为确保公平公正，检察机关在发现可能存在遗漏罪行时，依法退回公安机关补充侦查及检察机关自行补充侦查，以确保马某某罪行得到应有的惩罚，做到罪责刑相适应。这种公正性不仅体现在对犯罪嫌疑人的处罚上，同时也体现在对被害人合法权益的保护上。检察机关努力为未成年被害人提供法律援助和心理辅导，确保他们在司法程序中得到公平的对待，这也有助于了解案件事实，避免未成年被害人因害怕、恐惧等心理使犯罪嫌疑人部分罪行遗漏。

未成年人权利平等原则是法治精神的基本原则。刑法对未成年人平等的保护体现的是实质平等。[①]实质平等是在刑事主体存在差异的情况下进行的区别对待，是平等原则应有之义。在马某某猥亵儿童案中，由于未成年人在生理和心理上的弱势地位，为达到实质平等，检察机关更加注重对未成年人权益的平等保护，把对未成年人的尊重和保护落实到办案的方方面面。运用好“一站式”取证场所，贯彻好“一次询问”原则，避免未成年被害人因为司法程序而受到反复伤害。这种不同情况不同对待反映出刑法对实质平等的追求，是法治精神的重要体现。

最有利于未成年人原则是法治精神的重要内涵。2024 年新修订的《未成年人保护法》第 4 条确立了保护未成年人权益的一项基本原则，即“最有利于未成年人”原则，其本质要求是以未成年人权利为本位，在权衡各方利益时将未成年人的利益放在更加特殊、优先的地位，选择对未成年人最为有利的做法。未成年人作为社会中的特殊群体，其人权需要得到更加严格的保护。在这起案件中，检察机关不仅要依法打击犯罪行为，还要关注未成年被害人的身心健康和未来发展。案件办理过程中要注意保护未成年人隐私，给予未成年被害人足够的关注和救助，综合运用司法救助、政府救助、社会救助等手段，通过心理疗愈、家庭教育指导、转学安置等一系列措施，让遭受性侵害的未成年被害人告别黑暗的过往，迎接光明的未来。

此外，从这起案件中还可以领悟到法治的预防和教育功能。法律条文不仅是对已发生行为的制裁依据，也是对潜在犯罪行为的警示和

---

① 参见王雪梅:《从人权视角看刑法平等原则》，载微信公众号“尚法读书会”，2014 年 10 月 23 日。

预防。检察机关在办理案件的过程中，通过对法律条文的宣传和解释，提高社会公众对未成年人权益保护的法律认识，从而预防类似犯罪的发生。

（三）"善于从法理情的有机统一中实现公平正义"的体现

在法治社会的建设进程中，每一起案件的处理都承载着社会的关注与期待，尤其是涉及未成年人权益保护的案件，更是考验着司法机关的智慧与担当。受传统社会观念的影响，以及性防卫意识的缺乏，部分未成年被害人并未意识到自己遭受了性侵害，导致很多性侵未成年人犯罪存在未进入司法机关视野的"黑数"。同时，由于性侵犯罪本身的隐蔽性，加上学校及其家庭性教育缺位，网络发展造成的很多灰色地带难以得到监管。因此，这需要检察机关思考如何在司法实践中实现法理情的有机统一，以达到真正的公平正义。

首先，从"法"的角度来看，马某某猥亵儿童案做到了以法为据。法律是维护社会秩序和公平正义的基石，检察机关严格依据法律规定，对马某某的犯罪行为进行了准确的定性和量刑建议。猥亵儿童罪是一种严重侵犯未成年人身心健康的犯罪行为，我国刑法对此类犯罪予以严厉打击。检察机关在办理此案时，充分审查案件事实和证据，通过退回公安机关补充侦查以及检察机关自行补充侦查，做到不漏一起犯罪事实，确保犯罪分子的罪行得到应有的惩处。严格依法办案，不仅是对法律尊严的维护，更是对社会公平正义的坚守。通过依法追究马某某的刑事责任，向社会传递出一个明确的信号，即任何侵犯未成年合法权益的行为都将受到法律的制裁。

其次，从"理"的角度来看，马某某猥亵儿童案做到了以法理服人。在马某某猥亵儿童案件办理过程中，检察机关以事实为根据，以法律为准绳，详细调查犯罪行为的每一个细节，确保证据确凿充分，做到讲明"事理"；向被告人清晰阐释法律规定，使其明白犯罪行为的严重后果，做到讲清"法理"；从人情的角度让被告人深刻反思自己的行为，促使其真诚悔罪，同时让公众感受到司法的温度和人文关怀，做到讲透

“情理”。通过对理的综合考量，让人民群众感受到公平正义。

最后，从“情”的角度来看，未成年人作为社会的弱势群体，在遭受性侵这样的创伤性事件后，需要得到更多的关爱和保护。检察机关在案件办理过程中最大限度地保护未成年人隐私，同时充分关注未成年被害人的心理状况和情感需求，积极为被害人提供心理测评疏导。在询问过程中对被害人同步开展二次疏导，避免“二次伤害”。此外，检察机关依托与县妇联共建的家庭教育指导服务站，制定为期一年的“补课”计划，委派家庭教育指导师或者心理咨询师对涉案家庭开展有针对性的家庭教育指导，以提高家长的家庭教养能力。对于一些有特殊需求的家庭，检察机关耐心倾听他们的诉求，对未成年人进行司法救助，发放司法救助金，帮助重返学校，努力不让一个受伤的孩子掉队，让她们在司法程序中感受到温暖和关怀。这种“情”的融入，不仅有助于缓解未成年被害人的痛苦，促进其身心康复，更能增强司法公信力，让人民群众切实感受到司法的温度。

在马某某猥亵儿童案中，检察机关实现了法理情的有机统一，一方面，严格依法办案，维护了法律的权威；另一方面，通过对案件理性的分析和对被害人情感的关怀，实现了政治效果、法律效果、社会效果的有机统一。这一案例启示我们，在司法实践中，不能片面地强调法律条文而忽视了社会的常理和人情，也不能被情感因素左右而偏离了法律的轨道，只有将法理情三者有机结合，才能真正实现公平正义。

三、“三个善于”在马某某猥亵儿童案中的综合运用与效果

“三个善于”在马某某猥亵儿童案中得到了充分的运用，起着相互协同的作用。其中，准确把握实质法律关系是基础。面对案件中错综复杂的法律事实，检察机关以严谨的态度和专业的素养，对每一个细节进行深挖和梳理。通过对证据的全面收集和精准分析，明确了马某某的罪行，准确界定了其行为构成猥亵儿童罪、强奸罪。这种对实质法律关系的精准把握，为案件的后续处理奠定了坚实的基础，确保了案件的定性准确无误。领悟法治精神是关键。在处理马某某猥亵儿童案时，检察

机关深刻领悟相关法律条文背后的法治精神。保护未成年的身心健康和合法权益是法治社会的重要使命，对于这种严重侵犯未成年人格尊严和身心健康的犯罪行为，必须予以严厉打击。在法律适用过程中，检察机关严格遵循罪刑法定原则，充分展现了对法治的尊崇和坚守。实现公平正义是目标。检察机关在办理案件时，始终将实现公平正义作为最高追求。在对马某某的惩处上，既考虑到其犯罪行为的性质、情节和社会危害程度，又充分保障了其合法的诉讼权利。同时，检察机关关注到未成年受害人的身心创伤，为其提供必要的心理疏导，力求在法律的框架内最大限度地弥补未成年受害人所遭受的伤害。通过“三个善于”的综合运用，马某某猥亵儿童案得到了公正、妥善的处理。一方面，对马某某的犯罪行为给予了应有的法律制裁，起到了震慑作用，有效预防了此类犯罪的再次发生；另一方面，为未成年受害人伸张了正义，让她们感受到了法律的温暖和社会的关爱，有助于其尽快恢复身心健康，重新回归正常生活。

马某某猥亵儿童案的成功办理，是检察机关坚持“三个善于”的生动实践。这不仅彰显了检察机关维护法律尊严、保护公民权益的坚定决心，也为今后类似案件的办理提供了宝贵的经验和借鉴。在未来的工作中，检察机关将继续秉持“三个善于”的工作理念，不断提升自身的业务能力和综合素质。加大对各类犯罪行为的打击力度，尤其是涉及未成年人等弱势群体的犯罪。同时，积极参与社会治理，加强法治宣传教育，从源头上预防犯罪的发生。我们坚信，在检察机关以及社会各界的共同努力下，每一个孩子都能在法治的阳光下健康成长。

将“三个善于”融入高质效办案全过程

——办理拒不执行判决、裁定案件的重点、难点及经验

李志勇　萧作民　黄连通*

“高质效办好每一个案件”是新时代新征程检察履职办案的基本价值追求。在高质效办案理念的引导下，检察机关在办理拒不执行判决、裁定案件中，应切实把“三个善于”融入检察办案全过程各环节。一是善于从纷繁复杂的法律事实中准确把握实质法律关系，准确认定拒不执行判决、裁定行为中的转移数额；二是善于从具体法律条文中深刻领悟法治精神，保障被告人的合法权益及对“即将注销”单位不予追诉；三是善于在法理情的有机统一中实现公平正义，督促执行到案，促使犯罪嫌疑人认罪认罚，促成申请执行人书面谅解，做到案结事了，扎实推进“检察护企”工作。

一、基本案情及办案经过

2010年10月，被告人张某甲注册成立厦门某甲酒店有限公司（以下简称厦门某甲酒店），并担任公司法定代表人。2011年5月18日，被告人张某甲将厦门某甲酒店交由福州某装饰工程公司（以下简称福州某

* 李志勇，福建省厦门市思明区人民检察院副检察长、三级高级检察官；萧作民，福建省厦门市思明区人民检察院一级检察官；黄连通，福建省厦门市思明区人民检察院四级检察官助理。

装修公司）装修。2015年3月31日，厦门某甲酒店无力支付福州某装修公司装修尾款，福州某装修公司向厦门市中级人民法院（以下简称厦门中院）起诉。2015年6月16日，厦门中院作出一审判决，判令厦门某甲酒店支付福州某装修公司装修工程余款人民币588万余元及逾期付款违约金人民币106万余元。2015年8月15日，上述民事判决书发生法律效力。2015年12月7日，福州某装修公司向厦门中院申请强制执行，同年12月9日，厦门中院执行局向厦门某甲酒店发出执行通知书及申报财产令，要求在7日内报告财产。同年12月11日，厦门中院冻结了厦门某甲酒店农商银行账户存款人民币11.7万元，且于12月25日将上述执行款划扣给福州某装修公司。厦门某甲酒店财务人员将该笔资金被冻结扣划情况报告给被告人张某甲。

2015年12月，福州某装修公司诉讼案件进入强制执行阶段后，被告人张某甲未如实向执行法院报告酒店财产状况，且私自使用沈某等人私人银行账户接收、转移酒店营收资金。截至2017年3月，厦门某甲酒店在经营过程中使用沈某等人私人银行账户及公司账户接收酒店营收资金共计人民币3600余万元，除扣除营业成本等必要支出外，其余人民币900余万元被用于偿还公司向股东的借款等债务，导致人民法院上述判决无法执行。2017年1月31日，厦门某甲酒店将酒店设施、设备等资产折价转让给厦门某乙酒店。

2023年1月3日，厦门市公安局思明分局以张某甲涉嫌拒不执行判决、裁定罪向厦门市思明区人民检察院（以下简称思明区检察院）提请批准逮捕。同年1月10日，思明区检察院对张某甲作出批准逮捕决定。2023年2月10日，厦门某乙酒店代厦门某甲酒店公司向福州某装修公司偿还全部债务人民币700万元，福州某装修公司对厦门某甲酒店及被告人张某甲予以书面谅解。2023年2月20日，思明分局向思明区检察院移送起诉。思明区检察院在审查过程中发现，被告人张某甲因犯危险驾驶罪于2023年5月25日被厦门市湖里区人民法院判处拘役1个月5日，并处罚金人民币2500元（未执行）。2023年7月14日，思明区检察院以张某甲涉嫌拒不执行判决、裁定罪向厦门市思明区人民法院提起公诉。2023年7月25日，厦门市思明区人民法院作出判决，判令被告人张某甲犯拒不执行判决、裁定罪，判处有期徒刑10个月，与前犯危险驾驶罪判处的拘役1个月5日，并处罚金人民币2500元数罪并罚，决定执行有期徒刑10个月，并处罚金人民币2500元。宣判后，被告人张某甲未上诉，该一审判决已生效。

二、办案重点、难点

（一）厘清“送达”概念的刑民认定差异，以“实质应知”认定刑事案件中被执行人的主观明知

在本案民事执行过程中，执行文书有效送达方面存在瑕疵，这对于认定被告人张某甲是否主观明知自己系被执行人且负有执行义务存在重大影响。对此，执行法官与检察人员在“何为有效送达”方面存在不同理解。

执行法官认为，在民事诉讼程序中，根据《民事诉讼法》第88条[①]规定以及最高人民法院《关于以法院专递方式邮寄送达民事诉讼文书的若干规定》第7条第2款[②]、第11条[③]的规定，法院向受送达人提供或确认的送达地址送达文书，可以将邮件交给与受送达人同住的成年家属代

① 《民事诉讼法》第88条规定：“送达诉讼文书，应当直接送交受送达人。受送达人是公民的，本人不在交他的同住成年家属签收；受送达人是法人或者其他组织的，应当由法人的法定代表人、其他组织的主要负责人或者该法人、组织负责收件的人签收；受送达人有诉讼代理人的，可以送交其代理人签收；受送达人已向人民法院指定代收人的，送交代收人签收。受送达人的同住成年家属，法人或者其他组织的负责收件的人，诉讼代理人或者代收人在送达回证上签收的日期为送达日期。”

② 最高人民法院《关于以法院专递方式邮寄送达民事诉讼文书的若干规定》第7条第2款规定：“邮政机构在受送达人提供或确认的送达地址未能见到受送达人的，可以将邮件交给与受送达人同住的成年家属代收，但代收人是同一案件中另一方当事人的除外。”

③ 最高人民法院《关于以法院专递方式邮寄送达民事诉讼文书的若干规定》第11条规定：“因受送达人自己供或者确认的送达地址不准确、拒不提供送达地址、送达地址变更未及时告知人民法院、收送达人本人或者受送达人指定的代收人拒绝签收，导致诉讼文书未能被受送达人实际接收的，文书退回之日视为送达之日。”

收，也可以由法人、组织负责收件的人或诉讼代理人签收，均视为文书有效送达。若受送达人本人或者受送达人指定的代收人拒绝签收，导致诉讼文书未能被受送达人实际接收的，文书也视为已经送达，文书退回之日视为送达之日。本案中，厦门中院将民事判决书通过 EMS 法院专递寄送给厦门市某甲酒店的诉讼代理人林某，但显示被收件人要求退回。因林某系厦门市某甲酒店的诉讼代理人，虽然其拒收文书，但该文书仍应视为已经有效送达。另外，根据厦门中院关于民事判决书送达回证的签收记录显示，厦门市某甲酒店使用“厦门市某甲酒店邮件签收章”在送达回证上签收了民事判决书。即使“厦门市某甲酒店邮件签收章”是该酒店的保安或财务保管并签收，也应视为该文书已经有效送达。

检察机关经审查认为，刑事领域与民事领域对于“有效送达”概念存在认定差异，刑事领域对于“有效送达”并非强调裁判文书在形式上完成送达，而是要关注在文书送达过程中被执行人是否“实质应知”裁判文书的内容，是否明知自己负有执行义务，以此来认定被执行人对于拒不执行判决、裁定罪的主观明知。本案中，公安机关最初移送的证据材料还无法证明张某甲对于拒不执行判决、裁定罪的主观明知。主要理由如下：第一，厦门中院将民事判决书通过 EMS 法院专递寄送到厦门某甲酒店位于厦门市思明区的办公地址，收件人为张某，但显示无人签收；第二，厦门中院将民事判决书通过 EMS 法院专递寄送给厦门市某甲酒店的诉讼代理人林某，但显示被收件人要求退回。因此，上述证据均未能直接认定张某甲主观明知自己负有执行义务。

（二）“揭开有限责任公司的面纱”，实质审查认定犯罪行为

根据《公司法》第 4 条第 1 款的规定，有限责任公司的股东以其认缴的出资额为限对公司承担责任。因此，有限责任公司的股东对公司的经营仅承担有限责任，股东不需要对有限公司承担无限连带责任。但根据《公司法》第 23 条的规定，公司股东滥用公司法人独立地位和股东有限责任，逃避债务，严重损害公司债权人利益的，应当对公司债务承担连带责任，这便是公司法中的“揭开有限责任公司的面纱”。在“拒

执类”刑事案件办理过程中，常常需要“揭开有限责任公司的面纱”，从而对犯罪行为进行实质审查认定。

根据2019年《全国法院民商事审判工作会议纪要》的规定，公司股东滥用公司法人独立地位和股东有限责任的情形包括：人格混同、过度支配控制与公司资本显著不足。其中，人格混同是指股东的财产与公司的财产存在混同且无法区分。而本案中，就存在人格混同的情形。

本案中，厦门某甲酒店属于有限责任公司，该酒店在民事经营过程中，通过股东指定的私人银行账户接收酒店营收资金并将资金用于发放员工工资及股东分红等，从而使酒店营收资金在酒店对公账户外形成“体外循环系统”，最终导致酒店财产与股东财产出现混同。另外，厦门某甲酒店在经营过程中，还将酒店设备资产折价转让给张某乙设立的厦门某乙酒店，并约定厦门某甲酒店之前所欠债务与厦门某乙酒店无关，最终实现将酒店固定资产私自折价转让从而逃避债务承担的目的。因此，在审查厦门某甲酒店这类有限责任公司是否具有逃避执行义务行为时，需要对酒店为逃避执行义务恶意转移资产行为进行实质审查，最终准确认定拒不执行判决、裁定的犯罪行为。

（三）关注单位犯罪中单位犯罪主体的现实状态与追诉必要性，对处于“即将注销”状态的单位犯罪主体不予追诉

根据2002年最高人民检察院《关于涉嫌犯罪单位被撤销、注销、吊销营业执照或者宣告破产的应如何进行追诉问题的批复》（以下简称《批复》）的有关规定：“涉嫌犯罪的单位被撤销、注销、吊销营业执照或者宣告破产的，应当根据刑法关于单位犯罪的相关规定，对实施犯罪行为的该单位直接负责的主管人员和其他直接责任人员追究刑事责任，对该单位不再追诉。”

本案中，根据厦门市市场监督管理局关于厦门某甲酒店主体情况的说明可知，厦门某甲酒店于2018年12月3日因通过住所无法联系被载入经营异常名录，根据《厦门经济特区商事登记条例》（以下简称《条

例》）第 29 条[①]的规定，被载入经营异常名录满 3 年的，由商事登记机关剔除商事主体的名称，且不得恢复记载于商事登记簿。因此，对于是否要对厦门某甲酒店依法进行追诉存在不同观点。

第一种观点认为，对厦门某甲酒店应当依法追诉。理由如下：第一，根据《批复》的规定，只有犯罪的单位被撤销、注销、吊销营业执照或者宣告破产的，才可以对该单位不再追诉；第二，本案中厦门某甲酒店目前的状态是因载入经营异常名录满 3 年被名称剔除，但主体资格仍然存在；第三，虽然根据《条例》第 29 条规定，载入经营异常名录满 3 年的，名称被剔除的，商事主体应当向商事登记机关办理注销登记，但目前厦门某甲酒店仍未办理注销登记，故从文义理解出发，其无法直接适用《批复》的规定，对其应予追诉。

第二种观点认为，根据厦门某甲酒店的现实状态，不宜进行追诉。理由如下：第一，本案中厦门某甲酒店目前的状态是因载入经营异常名录满 3 年被名称剔除；第二，根据《条例》第 29 条规定，载入经营异常名录满 3 年的，名称被剔除的，名称不得恢复记载于商事登记簿，且商事主体应当向商事登记机关办理注销登记；第三，虽然本案中厦门某甲酒店还未办理注销登记，但根据《条例》的规定，厦门某甲酒店目前的状态已经处于名称被剔除，且无法恢复的状态，后续只能去办理注销登记。故厦门某甲酒店的状态相当于被注销登记的状态，可以参照适用《批复》的规定，应当对厦门某甲酒店不再追诉。

---

① 2013 年《厦门市经济特区商事登记条例》第 29 条规定："载入经营异常名录满三年的，由商事登记机关剔除商事主体的名称，且不得恢复记载于商事登记簿。商事主体名称被剔除的，其名称使用不受保护，经营异常名录中以商事主体注册号代替其名称。名称被剔除的，商事主体应当向商事登记机关办理注销登记。上述主体名称被剔除的，商事登记机关应当将负有个人责任的负责人、董事、监事、高级管理人员相关信息纳入信用监管体系。"

三、检察机关以“三个善于”引领高质效办案体现

（一）坚持以证据为核心，严把案件入罪关口

1. 引导侦查取证，夯实证据基础

检察机关经审查发现，该案在民事执行过程中，在执行文书有效送达方面存在瑕疵，这对于认定被告人张某甲是否主观明知自己系被执行人且负有执行义务存在重大影响。针对上述问题，检察机关依法引导公安机关进行侦查取证，补充调取厦门中院向厦门某甲酒店送达民事判决书的签收记录，以及厦门某甲酒店账户上有部分钱款被福州某装修公司申请法院执行冻结的记录，并补充厦门某甲酒店财务人员询问笔录，证明财务人员有向张某甲告知厦门某甲酒店账户上有钱款被福州某装修公司申请法院执行冻结这一情况。在检察机关充分有力引导侦查的情况下，最终夯实了关于张某甲主观明知的证据基础。

2. 厘清民事法律关系，准确认定转移数额

本案中，厦门某甲酒店在民事经营过程中，存在“股东以个人名义向公司借款”“债转股”“债权人担任酒店经理并领取固定分红”“有限责任公司使用私人账户经营”“有限责任公司不进行破产清算却私自将资产折价转让”等复杂民事法律关系。检察机关在审查过程中，对案件复杂关系进行抽丝剥茧，理顺酒店经营过程中的各种民事关系，对上述民事关系进行划分，并依据是否属于“公司必要成本支出”为标准，对酒店经营过程中的相关钱款进行审计梳理与区分，最终对厦门某甲酒店拒不执行判决、裁定行为的转移数额进行准确认定。

（二）督促被执行人履行义务，有力维护民营企业合法权益

1. 审计酒店存续期间资金状况，查清盈利资金去向

本案厦门某甲酒店经营时间为 2010 年至 2017 年，时间跨度长达 7 年，且酒店无力支付福州某装修公司装修尾款被起诉后，厦门某甲酒店债权人张某乙于 2015 年 4 月开始接手管理酒店经营，酒店出现了账面

盈利。2017年1月，厦门某甲酒店又将酒店设备资产折价转让给张某乙设立的厦门某乙酒店，并约定厦门某甲酒店之前所欠债务与厦门某乙酒店无关。检察机关经审查，要求公安机关聘请专业审计机构对厦门某甲酒店整个存续期间的资金状况进行全面审计，并要求对2015年至2017年期间酒店使用私人银行账户接收、转移酒店营收资金及酒店盈利钱款去向予以重点审计，最终查清厦门某甲酒店使用私人银行账户转移盈利钱款的具体情况。

2. 督促被执行人与获益人履行义务，为民营企业挽回860万元欠款

通过对2015年至2017年期间酒店使用私人银行账户接收、转移酒店营收资金进行审计后，检察机关发现，厦门某甲酒店在经营过程中使用私人银行账户及公司账户接收酒店营收资金共计人民币3600余万元，扣除营业成本等必要支出外，其余人民币900余万元被用于偿还公司向股东的借款等债务。同时，检察机关还发现厦门某甲酒店在经营过程中使用私人银行账户向张某乙转出钱款共计700余万元，向张某甲转出钱款200余万元。另外，张某乙所设立的厦门某乙酒店对厦门某甲酒店公司资产进行收购并继续经营，但却对厦门某甲酒店的债务置之不理。据此，检察机关要求公安机关督促张某甲履行执行义务及要求非法获益人张某乙返还非法获益钱款。最终，张某乙以厦门某乙酒店名义通过购买债权的方式向福州某装修公司支付700万元欠款，又通过购买债权的方式向福州某装修公司支付160万元。之后，福州某装修公司及其负责人洪某对厦门某甲酒店予以书面谅解，检察机关也对张某甲开展认罪认罚，并对其依法从宽处理。在办案过程中，检察机关督促被执行人与获益人履行还款义务，为民营企业挽回860万元欠款，有力维护了企业合法权益，最终实现案结事了、矛盾化解。

（三）深刻领悟法条背后的法治精神，成功解决量刑与追诉难题

1. 准确理解法律条文精神，保障被告人合法权益

检察机关在审查案件过程发现，被告人张某甲因犯危险驾驶罪于2023年5月25日被厦门市湖里区人民法院判处拘役1个月5日，并处

罚金人民币2500元，但还未执行。而张某甲在思明区检察院所涉嫌的拒不执行判决、裁定罪发生于张某甲被判决宣告犯危险驾驶罪之前，根据《刑法》第70条的条文精神，应当对张某甲所犯的两个罪依据《刑法》第69条的规定，数罪并罚，危险驾驶罪所判处的拘役刑将被拒不执行判决、裁定罪所判处的有期徒刑予以吸收。检察机关承办人便主动与湖里区人民法院承办法官联系，经沟通协商，由思明分局向湖里区人民法院依法调取相关判决材料，将张某甲前述危险驾驶罪的判决材料移送思明区人民法院一并判决，充分保障了被告人的合法权益。

2. 领悟司法解释的精神实质，对“即将注销”单位不予追诉

检察机关在审查中发现，根据厦门市思明区市场监督管理局出具的书面说明可知，2022年5月17日，厦门某甲酒店公司因载入经营异常名录满3年被名称剔除，目前主体状态为：名称剔除未办理注销，主体资格仍然存在。那么，是否需要对厦门某甲酒店公司进行追诉，便存在争议。如果严格根据《批复》的有关规定的字面含义，只有犯罪的单位已经被撤销、注销、吊销营业执照或者宣告破产的，才可以对该单位不再追诉。而本案中，厦门某甲酒店公司还未注销，其主体资格仍然存在。但是，检察机关通过查找相关法规条例发现，根据《条例》第29条规定，载入经营异常名录满3年的，名称被剔除的，名称不得恢复记载于商事登记簿，且商事主体应当向商事登记机关办理注销登记。虽然本案中厦门某甲酒店公司还未办理注销登记，但根据《条例》的规定，厦门某甲酒店公司目前的状态已经处于名称被剔除，且无法恢复的状态，后续只能去办理注销登记。若司法机关仅从字面含义来机械理解《批复》的内容，以目前厦门某甲酒店仍未办理注销登记，就得出其无法直接适用《批复》的规定，从而对其进行追诉。即使最终法院判决，根据厦门某甲酒店所处的状态及实际情况，其也根本无法履行缴纳罚金的义务，势必造成法院“空判”的局面，从而对司法权威造成影响，在一定程度上也浪费了司法资源。因此，在办理单位犯罪案件中，要关注单位犯罪中单位犯罪主体的现实状态与追诉必要性，并深刻领悟法条及司法解释背后的法治精神，从而实现对“即将注销”状态之单位犯罪主体的合理处置。

坚持“三个善于”以“高质效”为根本宗旨破解立案监督工作难点

——以“重庆市十佳立案监督案例”蒙某武等人非法买卖枪支、弹药案为例

方　维　黄　颖*

立案监督是检察机关的重要职能，也是检察诉讼监督的重要内容。党的二十大报告指出，要强化检察机关的法律监督工作。应勇检察长强调，“三个善于”是“高质效办好每一个案件”的重要体现。涉枪支、弹药类案件严重危害社会公共安全，事关人民群众安全与社会稳定，检察机关必须把握“三个善于”的实质内涵，将“高质效”办案贯穿涉枪支、弹药类案件全过程，全局式、链条式深挖彻查犯罪全过程、各环节，加强跨省打击效果，确保关联案件法律适用的一致性，彰显法律赋予检察机关立案监督职责的价值。

一、基本案情

2017 年 2 月、7 月，被告人蒙某武先后两次向缅甸籍人员宰某香（另案处理）购买共计 3 支枪、300 发子弹、6 个弹匣，并安排袁某（另案处理）驾驶车辆前往缅甸掸邦第四特区接收。袁某接收后将枪支、弹

* 方维，重庆市人民检察院第一分院检察二部主任、三级高级检察官；黄颖，重庆市人民检察院第一分院检察二部二级检察官助理。

药运回云南省西双版纳景洪市，后将枪支、弹药交给陈某兵负责运输。陈某兵将枪弹隐藏在柜状机器、摩托车发动机等中，通过快递邮寄至重庆市长寿区交给蒙某武。

2018年4月，蒙某武从袁某处购买1支手枪、30发子弹、2个弹匣，并将上述购得的枪支、弹药藏匿在家中。后蒙某武开枪消耗部分子弹，并将1支手枪交给廖某国保管。蒙某武等人因贩卖毒品被抓获后，廖某国等人为防止公安机关发现蒙某武藏匿的枪支、弹药，将枪弹从蒙某武住处转移掩埋在新市镇新同村一荒地鱼塘角落处隐藏，并将蒙某武交其保管的1支手枪及弹匣丢弃在长江中。

二、案件反映出的涉枪支、弹药类案件立案监督难点

（一）监督信息来源不足，刑事立案监督“启动难”

以上述案例来看，该案系公安部挂牌督办重大枪弹案件，涉及云南、湖北等多地多人犯罪，因此对于不同地域的犯罪嫌疑人采用各地分案处理方式。侦查机关仅以非法买卖枪支、弹药罪将蒙某武移送重庆检察机关起诉，在移送起诉时未准确查明枪支来源，未移送相关同案人处理情况以及证据材料，分案侦查起诉导致多方信息沟通不畅。检察机关只能依靠公安机关提请批捕或侦查终结移送的卷宗寻找线索。侦查方式、移送起诉形式的不同导致刑事立案信息来源不足，带来刑事立案监督启动受限问题，对于案件已经存在的问题无法开展查究，无法有效实现全面打击犯罪，也无法实现立案监督的价值目标。应予立案但未被发现，直接导致检察机关无法及时进行监督，相关证据可能有灭失的风险，社会危害性无法进一步消减，社会秩序不能正常恢复，后续司法程序无法保障案件整体实现公平正义的价值目标。

（二）监督机制不畅通，刑事立案监督“推进难”

从立法沿革来看，刑事立案监督制度早在1996年刑事诉讼法已经确立，规定了检察机关针对公安机关应当立案侦查而不立案侦查，应

当通知公安立案，赋予了检察机关在刑事诉讼活动中的监督权力。此后，多项法律法规以及规范性文件出台，对刑事立案监督进行细化和完善。如《人民检察院刑事诉讼规则》1998年第一次修订时，将监督范围扩充到"不应立案而立案"；最高人民检察院、公安部于2010年联合下发的《关于刑事立案监督有关问题的规定（试行）》明确了立案监督后侦查机关的反馈时限等。由此可见，刑事立案监督虽然较早被刑事诉讼法在立法层面确定，但立案监督的程序规定较为笼统、分散，监督机制不畅通。一方面，立案监督对象笼统，一切立案行为均可以开展立案监督，必须加以司法解释明确具体范围，检察机关方能开展实际监督。另一方面，立案监督程序较为分散，刑事诉讼法和《人民检察院刑事诉讼规则》中关于立案监督的规定缺少系统性、整体性，检察机关无法依托已有精密法网开展立案监督工作。

（三）案件重大、疑难、复杂，立案监督"成效难"

立案监督工作在实践中时常遇到立而不侦、久侦不结等消极侦查。如何加强立案监督效果，是一个需要解决的问题。从案例可以看出，除移送至重庆市人民检察第一分院审查起诉的蒙某武，同案另涉及帮助蒙某武藏匿、转移枪支的廖某国，贩卖枪支、弹药以及帮助蒙某武到境外接受枪支、弹药的袁某，运输枪支的陈某兵等人，涉案人数多；犯罪地点由境外缅甸，经云南至重庆，涉案地域广；同时，各犯罪嫌疑人由分属各地管辖的侦查机关各自侦查，分别移送起诉，异地侦诉分离，监督难度大。而刑事诉讼法对于立案监督的方式仅使用"应当""通知"等表述，碍于跨地区侦查、起诉的困境，立案监督在一定程度上可能无法顺利进行，缺少强制性的法律约束力，可能存在无法达到立案监督应有的威慑作用。

三、坚持“三个善于”做好涉枪支、弹药类案件立案监督工作

（一）深刻领悟“善于从纷繁复杂的法律事实中准确把握实质法律关系”的内涵，全链条打击枪支来源、去向关联犯罪，实现“敢监督”

我国是枪支管理最严格、持枪犯罪最少的国家。近年来，传统买卖枪支方式受到遏制，网络成为枪支交易的主要平台。[①]但对于像蒙某武一样有边境毒品犯罪经历的犯罪嫌疑人，在审查其涉枪支、弹药类案件时，对于案件中事实之间、各犯罪嫌疑人之间的法律关系，不能仅从现有移送的证据材料来判断审查，还应拓展思路、放宽视野，建立枪支、弹药犯罪全链条思维，立足综合案件整体事实全面客观审查。

1. 树立监督与办案相统一理念。思想理念是先导，是检察工作的灵魂。诉讼职能和诉讼监督职能同作为检察机关的重要职能，意味着检察机关不仅代表国家提起公诉，还包含对整个诉讼活动的合法性开展监督。从司法实际来看，虽然诉讼职能的履行是立案监督工作的重要线索来源，但由于侦查公诉的相对独立性以及侦查活动的相对秘密性，检察机关对于公诉环节前置的立案、侦查环节难以做到全面掌握。这就要求检察机关必须将办案与监督统一结合，树立专业监督理念，立足检察官丰富系统的司法实践经验，结合大量的调查核实工作来查明印证，强化主动监督意识，愿意监督、敢于监督、主动监督。蒙某武案件的承办人是拥有20多年公诉办案经验的资深检察官，立案监督的成功与其牢固树立的监督理念、充分认识到立案监督职能法定职责，坚持“在办案中监督、在监督中办案”的思想认识密不可分。

2. 拓展刑事立案监督信息渠道。蒙某武案件中，检察机关办案人员发现涉枪支、弹药类案件的犯罪对象枪支、弹药已被我国严令禁止，现有证据未显示枪支、弹药来源，也无证据显示可能系网络买运所得，结

---

① 参见柳林、沈小龙:《网络制贩枪支案件的特点及侦查取证研究》，载《江西警察学院学报》2016年第5期。

合其边境贩毒经历，敏锐察觉其可能存在境外枪支、弹药购买渠道，遂对枪支来源进行综合研判、深挖彻查，深挖立案监督线索，有效拓宽信息来源。

3. 在立案监督中充分行使引导侦查权。在发现立案监督线索基础上，检察机关充分发挥引导侦查权，指导公安机关补充收集航班记录、车辆轨迹、住宿信息等关键证据，对异地同案人、证人进行补充讯问、询问，审查复核境外司法机关对枪弹出卖人宰某香的司法判决等证据，最终查明蒙某武购买武器、弹药的犯意发起地、资金交付地、枪弹交接地及起运地等均在境外。检察机关在现有立案监督法律条文上，通过引导侦查、自行补充侦查等，赋予立案监督刚性效力。

（二）深刻领悟“善于从具体法律条文中深刻领悟法治精神”的内涵，充分运用检察监督职能，实现“会监督”

法治精神是法治的灵魂，刑事诉讼追求的核心价值在于公正，公正包括实体公正和程序公正的有机统一。立案监督的法治精神和内涵在于，程序上，检察机关行使立案监督权力时要保障犯罪嫌疑人等诉讼参与人正当权利的行使；实体上，要实现对有罪的人追诉，无罪的人免遭追诉，做到不枉不纵。立案监督的价值就在于保证公平和正义，维护社会秩序稳定，履行立案监督职能既能实现刑法罪责刑相适应原则，又能达到维护广大人民群众根本利益的最终目的。

1. 以系统性、全局性思维贯穿立案监督始终。要从法律条文中领悟法治精神，必须具备系统性、全局性思维，把单个事实作为个体，放到符合犯罪行为发展逻辑的整体事实中去理解运用立法原意。涉枪支、弹药案件中，既要注重审查侦查机关移送起诉的单个犯罪嫌疑人的犯罪行为，更要重点审查枪支、弹药的流转过程，不放过每一环节的犯罪嫌疑人。蒙某武案件中，廖某国供述将蒙某武交给自己保管的1支手枪丢入了长江，侦查机关以枪支未起获、无法鉴定是否系枪支为由，未对该部分事实立案侦查。承办检察官遂开展自行补充侦查，对廖某国开展针对性讯问，根据其供述在试用枪支时将自己误伤的线索，调取了就诊病历、相关证人证言，查明廖某国被枪支击伤导致粉碎性骨折的事实，足以证明廖某国曾非法持有具有杀伤力的枪支事实，应当依法立案侦查。

2. 强化立案监督和侦查活动监督双重配合。立案监督和侦查活动监督是检察机关发挥监督职能的重要途径。蒙某武案件针对不同环节、不同情形选择不同的监督方式，对走私枪支、弹药犯罪，通过跨省域补充调取证据，依法进行追诉；对发现侦查机关对同案人持有枪支应立案而不立案的事实，依法开展立案监督。通过依法、规范、灵活地综合运用两种监督方式，相互配合，全面提升监督综合质效。

3. 强化内部指导和外部协作双重联动。检察机关在审查涉多地域、多层级检察机关分别审查起诉的犯罪事实时，充分发挥串并审查思维，对内加强对下级检察机关办理案件的有效指导，准确认定罪名，确保追诉指控犯罪的精准性；对外强化检警协作与信息共享，确保涉同一犯罪行为的不同被告人在多地被分案起诉时事实认定与法律评价的一致性，维护法律统一正确实施。

（三）深刻领悟“善于在法理情的有机统一中实现公平正义”的内涵，发挥检察一体优势，确保关联案件法律适用精准性，实现“善监督”

“善于在法理情的有机统一中实现公平正义”要求检察机关从符合法律基本规定、契合社会主义核心价值观以及满足人民群众对公平正义的价值认知来开展立案监督工作。对于涉案人数多、涉案地域广、异地侦诉办理的涉枪支、弹药类案件，要避免存在案件处理不平衡、不适当等同案不同诉问题。

1. 以检察一体优势为根本引领。重庆市人民检察院第一分院对全案事实进行串并审查，发现辖区院重庆市长寿区人民检察院对廖某国将枪支转移、掩埋至鱼塘角落的行为以帮助毁灭证据罪起诉，未能准确认定其主观故意系代蒙某武继续非法持有枪支，导致起诉认定罪名存在一定偏差，遂指导长寿区人民检察院及时变更起诉，将罪名变更为非法持有枪支、弹药罪。

2. 充分发挥跨省联动效应。刑事司法办案要站稳人民立场，了解人民群众的司法认知，案件的处理结果不仅要符合法律规定，也要实现老百姓认知的公平正义。同案同判符合老百姓对于司法公平正义的朴素认知。蒙某武案件中，被另案处理的同案人袁某、陈某兵仅被以非法买卖枪支、弹药罪移送起诉。承办检察官及时将相关案件审查情况意见与云南检警机关沟通，切实维护同一犯罪行为分案起诉时法律适用的一致性。

3. 重点审查影响定罪量刑的关键情节。检察官在审查案件过程中结合自身从军经验发现，本案枪弹性质的鉴定意见可能不准确，遂与公安机关鉴定人员进行多次会商，要求作出重新鉴定及补充说明，促使原认定的“普通枪支、制式手枪弹”被变更认定为“制式枪支、军用制式枪弹”，使全案量刑事实发生重大改变。庭审中，检察官主动申请枪弹鉴定人出庭作证，就枪弹的属性接受控辩双方充分询问和质证，明确本案涉案枪弹确系制式枪支和军用子弹。

“三个善于”是实现高质效履职的路径与方法，为检察办案指明方向和路径。刑事立案监督是刑事诉讼检察监督的重要组成部分，是完善国家追诉权的重要手段和方式。刑事立案监督作为检察机关一项法定的监督职能，经过20多年的发展，已出台相关的工作规定和意见，但具体到司法实践中，仍然存在一些问题。对于涉案人数多、地域广、分案处理的重大、疑难涉枪支、弹药案件，要树立专业监督理念，促进监督模式的创新发展，强化监督队伍的专业化，把握好“三个善于”，将其融入检察办案和立案监督的各环节，在繁杂的法律问题中抽丝剥茧，在司法实践中契合法治精神，实现“高质效办好每一个案件”，让人民群众在每一个司法案件中可感受、能感受、感受到公平正义。

践行“三个善于”提高立案监督质效

苏喜民　聂小溪*

最高人民检察院应勇检察长强调以“三个善于”做实高质效办好每一个案件，为检察机关切实履行法律监督职责指明了方向，提供了遵循。高质效办案要做到质量、效率、效果的有机统一。本文以河北省张家口市检察机关高质效办理的一起立案监督案件为例，阐释如何认真践行“三个善于”，切实提高法律监督质效，彰显法律监督权威。

基本案情：2014 年 3 月 18 日，犯罪嫌疑人花某某作为张家口 C 房地产开发公司的法人代表，与作为代表万全县 W 建筑安装有限公司的边某某签订保定市涞源县开发“某某庭苑”住宅小区的施工意向书，由万全县 W 建筑安装有限公司中包，约定开工时间为 2014 年 4 月 15 日。2014 年 3 月 18 日，按照花某某的要求，边某某给花某某个人账户打款 80 万元作为施工保证金。因为逾期迟迟未能施工，边某某遂到涞源县了解项目的相关情况。经了解得知，“某某庭苑”住宅小区项目并没有立项。为此，边某某要求花某某退还 80 万元保证金。在边某某的再三催促下，花某某仅退还保证金 10 万元，后花某某采取藏匿、变更公司地点、拒接电话的方式拒不与边某某见面，致使边某某索要余款未果。因此，边某某认为花某某涉嫌合同诈骗，向张家口市公安局经侦支队报案。2014 年 10 月 24 日，张家口市公安局经侦支队以“保定涞源县有

* 苏喜民，河北省张家口市人民检察院检察委员会委员、三级高级检察官，全国检察业务专家；聂小溪，河北省张家口市人民检察院检察官助理。

‘某某庭苑’住宅小区项目，隐瞒事实真相不存在，不构成合同诈骗罪”为由，通知控告人边某某对花某某不予立案。边某某不服公安机关的不立案决定，于2015年6月9日向张家口市检察院控告，请求检察机关予以立案监督。

一、围绕案件的争议焦点，进行调查核实，做到“善于从纷繁复杂的法律事实中准确把握实质法律关系”

准确把握实质法律关系是“基本功”，是依法正确处理案件的基础环节。合同诈骗罪成立的前提是犯罪嫌疑人具有非法占有的目的。这起案件检察机关与公安机关的争议焦点是房地产项目是否存在，是否有隐瞒真相的情形。如果项目真实存在，没有隐瞒真相的情形，那么合同诈骗犯罪就不成立；如果项目不存在，有隐瞒真相的情形，那么合同诈骗犯罪就成立。因此，检察机关围绕这一争议焦点展开调查核实。

张家口市检察院受理该案后，针对边某某反映的问题，指定专人进行调查，决定对“某某庭苑”项目是否存在以及花某某与边某某签订施工意向书前后做了哪些与项目相关工作展开调查。先后到与开发工程项目有关的涞源县发改局、城建局、太平关村委会等单位进行调查了解，取得了大量有价值的证据材料。张家口市检察院经调查发现：第一，涞源县发改局曾于2014年7月8日给太平关村委会出具过一份关于开展前期工作的函，要求太平关村委会抓紧办理土地、规划、环保等相关手续，但该局既没有收到太平关村委会办理的土地、规划、环保等相关手续，更没有对此项目办理过立项手续。第二，2013年花某某曾找到太平关村委会准备开发该村的城中村改造项目，项目名称定为“某某庭苑”。后因未办理任何手续，该项目已不存在。村委会没有就该项目和花某某签订过正式协议，且花某某未缴纳过1000万元的保证金。花某某在2014年3月18日（与边某某签订施工协议的时间）到2014年4月15日（协议确定的施工日期）没有就项目开展过任何实质性工作。第三，花某某辩称保定市J集团公司经理张某某口头答应为该项目投钱，但张某某证言证实，其并未答应过对涞源县城中村改造项目投资。第四，花某某银行账户明细显示其收取80万元保证金后通过POS机一次性转移资金40万元，卡内仅剩90余元，说明其挥霍的可能性较大。第五，尽管2014年4月2日召开的涞源县城乡规划委员会会议审定通过的10项规划方案中有“某某庭苑”项目，但该项目后续的立项、规划、土地、环保等大量手续没有办理，远远未达到施工条件。由此可见，调查核实是实现高质效办案的重要手段。全面深入的调查核实，有利于克服传统“坐堂办案”式书面审查广度、深度不够的弊病，对于查明案件事实、提高办案精准性、提升办案质效都有基础性保障作用。[①]在本案中，正是由于检察人员前期的扎实调查核实取得了大量有价值的证据，才使得启动立案监督程序有了底气，才推动立案监督案件走深走实。

二、增强案件性质的内心确认，启动立案监督程序，引导公安机关侦查取证，做到“善于从具体法律条文中深刻领悟法治精神”

深刻领悟法治精神是“硬实力”，是避免就案办案、机械司法的关键所在。正如古罗马法学家塞尔苏斯曾说的“认识法律不意味着抠法律字眼，而是把握法律的意义和效果”。[②]在这起案件中，充分运用实质解释来正确理解诈骗行为的实质社会危害以及对法益的侵害，准确认定合同诈骗和合同欺诈的区别是关键和核心。因为合同诈骗的行为人主要目的是利用合同形式诈骗对方当事人的财物，意图通过对方的履行获取对方的财物，自己却根本不履行自己在合同中的义务，即意图无偿占有他人财物。而合同欺诈的主观目的也是为了谋取不当或者不法利益，但这种利益的取得是通过合同的履行来实现的，行为人意图履行自己在合同中的义务，只不过这种履行是具有瑕疵的履行。在办理这起监督案件过程中，检察机关主要抓好以下两个环节：

---

① 参见王守安：《高质效办好每一个案件的机制内涵与实践路径》，载《人民检察》2023年第23期。

② 参见李郁军：《自觉担当履职高质效办好每一个案件》，载《人民检察》2024年第10期。

（一）认真研判，启动立案监督程序

综合以上调查核实的相关书证和证人证言材料，市院侦监部门经研究认为：第一，“某某庭苑”住宅项目是一个不确定的项目。花某某在捕捉到涞源县城区办事处太平关城中村改造这一信息后，在其无前期垫付资金保障，该项目远未取得立项、规划、土地、环保等手续材料，施工日期无法预测的情况下，就与他人签订施工意向书，约定在 1 个月之内施工，并要求对方缴纳施工保证金 80 万元，系虚构事实、隐瞒真相的行为；第二，花某某作为法人代表的张家口 C 房地产开发公司，在与边某某签订施工意向书时资质已到期，已不具备开发资格，其在与边某某签订合同时隐瞒这一事实；第三，花某某在收取了边某某 80 万元施工保证金后，截至 2014 年 12 月 31 日涞源县发改局的函失效，其间并未办理过关于项目任何实质性手续，且合同约定的施工日期到期后，花某某采取躲避、隐匿等方式致使边某某无法与其取得联系，系具有非法占有的目的。经主管检察长同意，对该案启动立案监督程序，要求公安机关说明不立案的理由，公安机关仍以张家口 C 房地产开发公司法人代表花某某和太平关村委会有签订的城中村改造项目意向书及涞源县发改局出具的开展前期工作的函为由，认为花某某没有隐瞒事实真相，没有犯罪事实予以回复。市检察院认为公安机关的不立案理由不能成立，遂向公安机关发出通知立案书，要求公安机关对此案进行立案侦查。公安机关于 2015 年 8 月 7 日对该案立案侦查。

（二）引导侦查取证，确保证据扎实充分

在履行法律监督职能时，需要检察人员顶住压力，始终保持定力，忠诚于党的检察事业，知敬畏、存戒惧、守底线，以一颗公正无私之心，敢于监督善于监督，以此维护法律的尊严，维护社会的公平正义。鉴于此案是在公安机关已作出不立案决定情况下监督立案的，为了防止公安机关消极侦查，市检察院派员全程跟踪监督，引导公安机关侦查取证。一是要求公安机关将检察机关前期调查取得的证据材料进行转化。

二是列出了详细的引导侦查提纲，要求公安机关调取花某某非法占有边某某80万元保证金主客观方面的证据，特别要对80万元保证金的去向进行查证。三是调取花某某的银行流水清单，从到账的大额款项，查清其是否采取类似手段骗取他人款项的事实证据。公安机关通过调取花某某的银行账户，发现花某某将80万元的大部分款项用于个人消费或还账，并未用到该工程项目上，且在2014年8月13日和8月20日，花某某的银行卡又分两次各到账100万元。通过调查，发现花某某采取同样手段骗取保定市雄县吴某某施工保证金200万元的事实。这一犯罪事实的查证，进一步坚定了该院监督此案的信心，遂督促公安机关抓捕花某某。公安机关于2015年12月18日将花某某抓获归案并刑事拘留。同时，获悉花某某被公安机关抓获的消息后，又有两名受害人陆续到公安机关举报花某某，其中姜某某举报被其诈骗100万元，赵某某举报被其诈骗50万元。在审查逮捕阶段，尽管花某某是零口供，但现有的证据足以证实其涉嫌四起合同诈骗犯罪，涉案金额430万元。2015年12月31日，张家口市检察院以花某某涉嫌合同诈骗罪将其批准逮捕。以上充分体现了本案中判断合同诈骗实质法律关系的几个步骤，即深入了解案情、分析法律事实、梳理法律关系、适用法律知识进行判断以及综合考虑各种因素等。2016年11月4日，张家口市桥东区检察院向张家口市桥东区人民法院提起公诉。2017年5月23日，桥东区人民法院一审判处花某某有期徒刑13年，并处罚金10万元。花某某上诉后被张家口市中级人民法院裁定维持原判。此案的成功经验被河北省检察院转发全省检察机关。

三、以法为据，以理服人，以情感人，做到“善于在法理情的有机统一中实现公平正义”

统筹法理情的有机统一是“金刚钻”，是实现公平正义的必然要求。在办理此案中，从分析线索到调查核实，从启动监督程序到引导公安机关取证，从公安机关立案侦查到抓获犯罪嫌疑人，从刑事拘留到依法逮捕，再到针对新的线索继续引导侦查深挖余罪，直到审查起诉交付审判，这是一个完整的立案监督过程。此起监督案件的高质效办理做到了“善于在法理情的有机统一中实现公平正义”。总结起来有以下三点启示。

（一）要以法为据，符合法律规定

办理立案监督案件要以正确的司法理念为根本，要正确理解“以证据为中心”和“以法律为准绳”的关系。证据是认定事实的依据和基础，实现以审判为中心的关键在证据。[①]在办案中要不断强化证据为王和程序正当的司法理念。对一些疑难复杂案件抽丝剥茧，就要全面收集证据，厘清主要法律关系，准确适用法律条文，为案件准确定性，防止一叶障目不见森林。实践中，应高度重视对证据完整性、体系性、逻辑性和抗辩性的审查，确保证据体系的稳定性、可靠性，以提高证据综合审查判断意识。在监督办案中，既要看刑法总则又要看刑法分则，既要对照具体条文研判适用法条是否正确，又要对照原则规定研判内在价值判断是否一致；既要及时了解法律法规、司法解释制定出台的背景和政策导向的变化，又要把握法院类案裁判的标准，对案件监督做好有的放矢，精准规范。正是检察人员紧紧围绕法律监督职责办案，规范执法行为的每个环节，才使得这起案件得以成功办理。实践中合同诈骗行为人往往将骗得的财物任意挥霍或者转移，几乎没有任何偿还的意图和计划，而合同欺诈人则有偿还的意图和计划，仅仅是具有拖延偿还期限或者以次充好等情形。在本案中，综合全案证据，可以认定花某某以签订施工合同的形式，主观上具备非法占有被害人施工保证金的目的，客观上实施了虚构事实、隐瞒真相的诈骗行为，其行为涉嫌合同诈骗犯罪，应当追究其刑事责任。由此可见，综合分析和运用证据，对案件准确定性是此案成功的基石。

① 参见程雷、曹佳涵:《法律监督机制现代化探析》，载《人民检察》2024年第7期。

（二）要以理服人，符合社会主义核心价值观

社会主义核心价值观包含公正、法治、诚信、友善。合同诈骗罪的特征就是与公正、法治、诚信、友善的精神实质背道而驰的。如果缺乏诚信友善，靠的是投机取巧、靠的是欺诈他人，就容易陷入犯罪的深渊。检察机关对这起案件的成功监督，体现的是对道义标准的维护，体现的是对正义价值观的弘扬。办理立案监督案件要注重发挥对类似案件借鉴作用。在实践中，类似这样的案件不在少数，但由于公安机关对案件究竟是民事纠纷案件还是刑事犯罪定性把握不准，打击难度较大。检察机关对此案的成功监督，对今后处理类案具有一定的借鉴作用。

（三）要以情感人，符合人民群众对公平正义的朴素认知

这是一起发生在人民群众身边的案件，它紧紧连着民心，一旦检察机关不予监督或者监督不力，就可能出现矛盾激化、舆论炒作的负面影响，将会损害检察权威和公信力。因此检察机关高度重视，以“如我在诉”之心体察民心，充分运用监督智慧，将此案监督成功，没有辜负人民群众对公平正义的期待。几名被害人之所以勇敢站出来举报犯罪嫌疑人的犯罪行为，就在于他们有一种朴素的正义观，直观感受到这就是犯罪，这与检察机关在法治认识上同频共振。检察机关在办理这起立案监督案件时，注重扩大成果，在检察机关的引导侦查下，公安机关通过调取花某某的银行流水清单，查实了犯罪嫌疑人花某某如法炮制，采取类似手段骗取他人款项 350 万元的犯罪事实。本案中，已由当初立案时的 80 万元涉案金额，扩展为批捕时的 430 万元重大合同诈骗案件。这一案件的办理，既有力地打击了犯罪，又有效保护了被害人的合法权益，让人民群众感受到公平正义就在眼前、就在身边。

办理涉特殊被害人民事支持起诉案件的思考

——以检察机关支持郭某某提起民事诉讼案为例

朱 健 李 艳*

近年来，检察机关民事支持起诉办案规模不断扩大，支持起诉这一民事检察职能日渐成为检察机关主动融入“两个大局”、充分践行司法为民的重要抓手。应勇检察长指出，支持起诉是维护特定群体合法权益的重要途径。对权益受损但因经济困难或法律知识欠缺，无力起诉的农民工、残疾人、老年人等，加大支持起诉力度，让公民依法享有诉权、有效行使诉权。检察支持起诉制度承载着弘扬社会主义核心价值观、践行司法为民、推动实现实质公平正义的重要价值，以“三个善于”引领民事检察支持起诉工作，是新时代不断丰富该项制度内涵、充分发挥制度优势、推动检察机关高质效办理每一起支持起诉案件的重要保障。

一、基本案情及办案经过

2020年10月16日，郭某某为解决小孩上学问题，通过无锡某不动产经纪有限公司（以下简称中介公司），向凌某某购买坐落于无锡市惠

* 朱健，江苏省无锡市惠山区人民检察院副检察长；李艳，江苏省无锡市惠山区人民检察院第四检察部教导员、二级检察官。

山区的一处不动产。2020年10月22日，郭某某支付首付款70万元。2020年10月26日，郭某某发现该房屋在签署合同前已被法院多次查封无法办理过户。因凌某某无法返还首付款，郭某某于2021年1月22日诉至无锡市惠山区人民法院（以下简称惠山区法院），请求判令凌某某、付某（系凌某某妻子）返还购房款65万元并赔偿违约金20万元。惠山区法院判决支持郭某某对凌某某的全部诉讼请求。此后，凌某某未自觉履行判决确定义务，郭某某申请强制执行。因未发现凌某某名下有可供执行的财产，惠山区法院裁定终结本次执行程序。

因郭某某报案，无锡市公安局惠山分局先后以涉嫌非法处置查封的财产罪、合同诈骗罪对凌某某立案侦查并于2021年12月13日提请检察机关批准逮捕。无锡市惠山区人民检察院（以下简称惠山区检察院）刑事检察部门在审查该案过程中，发现中介公司在提供服务过程中未核实交易房屋的权利限制情况，而郭某某仅对凌某某提起民事诉讼，遗漏追究中介公司的过错责任，遂将线索移送民事检察部门研判分析。经了解，郭某某家中有两名年幼小孩需要抚养，夫妻双方均无固定工作，因案涉纠纷家庭陷入困难，惠山区检察院认为符合支持起诉条件，经向郭某某释明并询问其意愿后，依法启动支持起诉程序。

2022年2月24日，惠山区检察院向惠山区法院发出支持起诉意见书。检察机关认为，中介公司作为专业机构，在接受房屋买卖委托、提供中介服务过程中，未尽到必要、审慎的审查核实义务，导致郭某某因购房遭受经济损失，应对因其提供中介服务存在过错给郭某某造成的损失承担赔偿责任。该公司作为一人有限责任公司，其股东应承担连带责任。

2022年6月20日，惠山区法院采纳支持起诉意见，一审判决中介公司对凌某某未能返还房款部分在12万元范围内承担补充赔偿责任，股东徐某承担连带清偿责任。中介公司不服，提起上诉。无锡市中级人民法院二审判决驳回上诉，维持原判。2023年1月12日，中介公司自觉履行全部判决义务。

判决执行后，惠山区检察院基于郭某某家庭实际情况，联合惠山区法院为郭某某成功申请7.4万元司法救助金，对于该案反映的房地产中介行业管理漏洞，及时制发社会治理检察建议推动主管部门强化监管。

二、把握实质法律关系：检察机关可依职权开展必要调查核实

准确把握“三个善于”，基础在于从纷繁复杂的法律事实中准确把握实质法律关系，对当事人间的法律关系不能仅从合同、往来函件等形式证据来判断，还应立足各方权利义务，综合案件整体事实全面客观审查。[①]在支持起诉案件的办理中，提供法律咨询、协助申请法律援助、制发支持起诉意见书等是常规和基础方式，关于检察机关能否协助当事人搜集证据，在实践中还存在一定争议。反对观点认为，检察机关协助一方当事人搜集证据会造成民事诉讼两造失衡，有违民事诉讼平等原则。支持观点则认为协助搜集证据正是为了弥补弱势的一方当事人诉讼能力的不足，从而使其更充分地行使诉权。实践中，处于强势地位的一方当事人，常常利用专业经验或书面内容作为免责依据，弱势一方当事人由于相关知识欠缺或个人力量有限，在关键证据方面无法顺利举证。本案办理过程中，能否对中介公司进行询问，以便对其提供中介服务存在过错的相关证据进行固定，曾是困扰承办检察官的一项问题。

中介公司在履行合同义务过程中是否存在过错决定其应否承担损害赔偿责任。办案过程中，经电话初步沟通，中介公司始终以“查询时不动产查询互联网平台故障”、合同中已要求凌某某写明“甲方承诺产证清晰可过户”、纠纷发生后郭某某与凌某某曾私自协商解决为由，坚持认为不存在过错，无须承担责任。中介公司在提供全部中介服务的过程中是否存在过错、是否对交易不动产权利情况开展有效尽职调查这一情况，依靠郭某某本人显然难以完成举证。承办检察官经分析后认为可以围绕该份证据依职权开展调查核实工作。

---

① 参见孙颖：《坚持“三个善于”以高质效履职引领民事检察工作现代化》，载《中国检察官》2024年第9期。

通过搜集资料以及咨询不动产登记机关，检察机关查明“无锡不动产登记”微信公众号“互联网+”查询模块早在2020年前已上线，通过手机操作即可轻松实现对不动产抵押、查封、异议等权利限制情况的便捷查询。经询问中介公司经办人，在郭某某与凌某某第一次签订买卖合同直至支付首付款长达6天时间内，其均未准确核实案涉房屋权利限制情况，最终造成郭某某支付首付款后无法过户、亦无法追回购房款的损失。在检察机关摆事实、讲道理的过程中，中介公司经办人员最终承认其在签订定金合同时查询未成功，在支付首付款前因疏忽没有再次查询。承办检察官通过询问笔录的形式及时将相关言词证据予以固定。在审判过程中，人民法院对该份笔录内容予以援引作为中介公司存在过错的证据。

检察机关开展支持起诉，在满足公权力与私权利行使界限的基础上，可以根据实际情况提供智力、人力等全方位支持，以弥补弱势群体诉讼能力的不足，帮助弱势群体完整、有效行使诉权，这本身也是民事诉讼平等原则和实质正义的题中应有之义。这一方面为检察机关作出是否支持起诉决定提供依据，另一方面，也能够帮助弱势当事人获取能力范围之外的证据，为人民法院全面了解事实、提升审判效率、作出公正裁判奠定基础。但需要注意的是，调查核实权的行使必须秉持有限原则，检察机关不能对弱势群体的所有请求“照单全收”，仅在当事人客观上无法自行收集时，检察机关才可实施。此外，检察机关调查核实获取的证据必须经过法庭质证，才可转化为法院判决的依据。

三、深刻领悟法治精神：牢牢把握“弱势”标准审慎拓展支持领域

善于从具体法律条文中深刻领悟法治精神是运用“三个善于”的关键，要求检察机关必须深刻把握法律规定背后蕴含的法治精神和社会价值，通过准确适用法律实现高质效办案。

（一）运用动态思维适度拓展支持领域

当前法律层面关于检察支持起诉的依据仅有《民事诉讼法》第15条，但该条规定关于支持起诉的情形和对象，仅笼统规定为“损害国家、集体或者个人民事权益的行为”“受损害的单位或者个人”，内容较为原则。从实践层面来看，检察支持起诉的领域可从支持对象和纠纷类型两个维度进行明晰。在支持对象方面，通常紧密围绕“弱势”二字进行判断，这是民事支持起诉制度促进诉权实质平等的理论价值要求。老年人、残疾人、妇女、未成年人等在诉讼能力方面偏弱，是检察支持起诉的主要对象。随着社会发展，特定群体的利益保护也逐步纳入检察支持起诉视野，如网约车司机、外卖骑手等新业态从业人员的相关权益保护等。在纠纷类型方面，往往以涉及身份关系、劳动关系的相关权益保护为主，如追索赡养费、抚养费、抚育费、劳动报酬、社会保险金、工伤保险金等。常规纠纷类型之外领域，相关文件亦有提及，如2023年4月最高人民检察院颁布的《人民检察院办理知识产权案件工作指引》第28条即对特定情形下，知识产权领域的检察支持起诉工作进行了明确规定。总之，关于民事支持起诉范围，检察机关应当运用动态发展的开放性思维，在坚持做好传统领域支持起诉工作的同时，围绕经济和社会发展过程中出现的新情况、新现象，与时俱进、审慎拓展案件类型，切实提升社会治理成效。

（二）特殊被害人纠纷符合支持起诉标准

结合上文提及的支持对象和纠纷类型两个维度，本案中郭某某与中介公司的服务合同纠纷符合支持起诉条件。从主体来看，郭某某系两名小孩的母亲，符合支持起诉对象范围，而从纠纷类型来看，服务合同纠纷在形式上似乎难以符合支持起诉的常规纠纷类型。但从实质情况分析，郭某某夫妇系“85后”进城务工人员，家中有两名小孩需要抚养，家庭无固定经济来源，为解决孩子教育问题倾尽财力购置房产遭骗，损失难以及时挽回，对于繁杂的法律关系因专业知识不足以致遗漏责任主体。其因购房遭骗，精神近乎崩溃，家庭经济亦遭受沉重打击，无精力亦无经济能力通过付费聘请律师等途径维护自身权益。结合实际情况来看，郭某某符合“诉讼能力弱”这一支持起诉的核心要求，如若检察机关置身事外，郭某某的合法权益很可能难以得到及时维护。2022 年 3 月最高人民检察院民事检察厅发布《民事检察部门支持起诉工作指引》（以下简称《工作指引》），对检察支持起诉的工作范围运用“列举 + 兜底”的形式予以明确，为实践拓展留下空间，本案情形正是契合了《工作指引》中兜底条款“确有支持起诉必要的其他情形”的要求。检察机关经分析研判，在征求郭某某本人意愿的基础上，及时支持其通过诉讼途径追究中介公司的赔偿责任，最终其合法权益得到完整维护。

四、法理情的有机统一：充分衔接多元机制延伸推动社会治理

在法理情的有机统一中实现公平正义，要求检察机关要切实将社会主义核心价值观融入法律监督、融入检察履职办案，持续彰显法理情统一的司法力量。要以人民群众的感受为第一感受，让公正司法与老百姓心中的那杆秤同频共振，努力让检察办案更好契合人民群众基本认知，让公平正义真正可感受、能感受、感受到。①

（一）探索建立以支持起诉为中心的特殊被害人权益保护机制

检察机关在支持起诉过程中，用实际行动践行以人民为中心的司法理念，通过协助申请法律援助、开展必要调查核实、发出支持起诉意见书等方式引导弱势群体通过法治化途径表达诉求，通过全方位的智力、物力倾斜保护，使得人民法院能够更全面了解和把握法律事实进而作出公正裁判，这不仅向弱势群体传导了司法为民的温度，也实实在在提升了支持对象对司法公平正义的获得感。

---

① 参见董凡超:《应勇为国家检察官学院 2024 年春季学期首批调训班次授课强调 坚持“三个善于”做实“高质效办好每一个案件”》，载《法治日报》2024 年 4 月 9 日，第 1 版。

本案中，郭某某在纠纷发生后，为追回购房款、追究凌某某刑事责任曾多次向多部门信访，情绪激烈，精神近乎崩溃。检察机关深化领导包案办理信访机制，第一时间组建专门团队并指派具有专业心理学背景的资深员额检察官专门对接郭某某，深入开展释法说理工作，及时纾解其极端情绪。刑事检察部门发现被害人遗漏权利救济途径，将线索移送民事检察部门。民事检察部门结合郭某某的实际情况，经研判分析认为符合支持起诉条件，联合控告申诉检察部门帮助郭某某申请法律援助，同时围绕超出郭某某举证能力的关键证据开展调查核实并予以固定，最终法院将其作为中介公司存在过错的证据予以援引。针对郭某某家庭因该案遭受创伤、经济陷入困顿等问题，控告申诉检察部门经审查认为符合司法救助条件，经与惠山区法院沟通，检法两家联合为郭某某申请7.4万元司法救助金，帮助其解决燃眉之急、有效缓解家庭困难窘境。刑事、民事、控告申诉三部门，通过移送案件线索、帮助申请法律援助、深入调查核实、开展司法救助等方式充分形成履职合力，支持郭某某对失责中介公司成功诉讼、获得赔偿，同时协助其申请司法救助，用司法温度充分使其感受到法治关爱，提升郭某某对司法公平正义的获得感，郭某某的崩溃情绪因此得到明显缓解，对检察机关作出的不批准逮捕决定也逐渐理解和接受。郭某某向检察机关表达感谢，表示检察机关的作为令其重拾对生活和法律的信心。

特殊被害人的利益因犯罪行为受到侵害，因对法律缺少系统认知可能对刑事案件的处理产生不信任感，如不服不批准逮捕决定、认为刑事判决过轻等。针对特殊被害人开展支持起诉，一系列支持措施的运用以及满足特定条件下的司法救助工作能够使被害人切实感受到司法温度，也不断增强被害人对司法公平正义的认同感，刑事案件的信访矛盾和风险也会随之化解，支持起诉的制度优势在一定程度上得到几何级放大。检察机关应充分发挥一体化办案机制优势，注重各项检察职能的联合发挥，在特殊被害人领域不断探索建立以支持起诉为中心的权益保护机制，实现保护被害人权益与化解风险矛盾的质效双提升。

（二）立足薄弱环节延伸社会治理

推动国家治理体系和治理能力现代化是检察机关义不容辞的责任，检察机关应牢固树立“高质效办好每一个案件”的工作理念，对于开展支持起诉工作过程中发现的社会治理问题，及时开展调研分析并向职能部门提出切实可行的建议，从而堵塞漏洞、减少同类诉讼发生，将矛盾风险化解在源头。

在支持郭某某提起诉讼的过程中，检察机关发现当前房地产中介行业存在较明显的重权利轻义务、重收益轻责任现象，在提供中介服务过程中缺乏审慎的尽职调查理念且法治意识淡薄，如案涉中介公司认为其对郭某某的损失无责任或仅以放弃佣金为限承担责任，对其可能承担的巨额补充赔偿责任等缺乏认知。由于中介公司未切实履行产权核实等尽职调查义务导致委托人遭受巨额损失后，往往引发一系列民事纠纷乃至刑事案件，带来较大的社会稳定风险。

承办检察官通过梳理该院办理的与房地产中介行业相关的刑事案件，发现部分中介机构在提供房屋租赁中介服务过程中，对房地产权属核实、代理交易中委托手续的审核、交易风险把控等存在不足，给委托主体造成损失。检察机关以具体案例及危害后果为实例，围绕加强中介行业监管、预防犯罪发生、构建良性市场环境等方面与行政监管部门进行深入沟通，双方在加强监管必要性、优化监管举措等方面达成共识，对房地产中介机构开展专项整顿，推动房地产交易朝着规范方向前进。

五、结语

检察支持起诉制度，不仅承载着实现实质公平正义的法律价值，更是保护弱势群体、弘扬社会主义核心价值观、提升人民群众对司法公平正义获得感和推动社会治理体系和治理能力现代化的重要路径。在对民事支持起诉制度的探索中，检察机关应当深刻领悟“三个善于”的精神内涵，充分运用法治思维、动态思维、系统思维，不断丰富制度体系，持续推动工作质效深化和制度功能质的飞跃。

以“三个善于”高质效办好每一个民事检察案件

——某建设公司与黄某平、张某标民间借贷纠纷抗诉案评析

滕艳军 *

最高人民检察院应勇检察长指出，“高质效办好每一个案件”是新时代新征程检察履职办案的基本价值追求。善于从纷繁复杂的法律事实中准确把握实质法律关系，善于从具体法律条文中深刻领悟法治精神，善于在法理情的有机统一中实现公平正义，是“高质效办好每一个案件”的重要体现。“三个善于”既是认识论也是方法论。民事检察应当以“三个善于”为指导，高质效办好每一个民事检察案件，不断推动民事检察实现有效监督。某建设公司与黄某平、张某标民间借贷纠纷抗诉案贯彻了“三个善于”的办案要求，实现了办案政治效果、法律效果和社会效果的有机统一，并入选最高人民检察院发布的检察机关高质效履职办案典型案例。

一、基本案情

张某标因承包项目缺乏资金向黄某平商量借款。2013 年 11 月，黄某平通过银行转账和现金交付方式出借给张某标 1000 万元。2013 年 11

---

* 滕艳军，最高人民检察院民事检察厅办公室主任。

月 21 日，张某标向黄某平出具借条，确认收到黄某平借款 1300 万元，月息 3 分，2014 年 9 月 1 日前归还。2014 年 3 月至 4 月间，黄某平以同样方式分两次向张某标出借 200 万元和 300 万元。2014 年 6 月 3 日，张某标向黄某平出具借条，载明借款 200 万元，月息 3 分；6 月 20 日，出具借条，载明借款 300 万元，月息 3.5 分，3 个月归还。

因张某标未按期还款，2014 年 9 月，双方对 2013 年 11 月的 1000 万元借款结算，张某标重新出具六张分别为 200 万元、200 万元、200 万元、200 万元、200 万元、300 万元共计 1300 万元借款的借条，均注明月息 3 分。关于还款期限，5 张 200 万元借款的借条，还款日期分别是 2015 年 3 月 30 日、5 月 30 日、7 月 30 日、9 月 30 日、11 月 30 日之前归还；第六张 300 万元借款的借条，还款日期为 2016 年 1 月 30 日。

2015 年 12 月 27 日，某建设公司向黄某平出具担保函，载明“张某标在某工程项目中借你的人民币（本金）贰仟贰佰万元，我公司愿意对该债务（2200 万）及利息承担连带担保责任”。

2016 年 7 月 27 日，黄某平起诉至江西省上饶市中级人民法院（以下简称一审法院），要求张某标偿还借款本金 2200 万元及利息 858 万元，某建设公司承担连带还款责任。一审法院经审理认为，关于 2013 年 11 月 21 日张某标向黄某平出具的 1300 万元借款的借条，因张某标只认可收到 1000 万元，且黄某平不能提供证据证实另有 300 万元已支付，故该张借条只能认定借款本金为 1000 万元。2014 年 9 月，双方对该 1000 万元借款重新结算，将该笔借款利息及黄某平后续支付的其他现金纳入借款本金重新出具 6 张借条，共计 1300 万元，故一审法院认定 2013 年 11 月的 1000 万元借款已转换至 2014 年 9 月的 1300 万元借款。再加上 2014 年 6 月的 2 张借条确认借款 500 万元，张某标共计向黄某平借款 1800 万元。同时，黄某平向法庭提交盖有某建设公司印章的担保函，要求该公司承担连带保证责任。某建设公司抗辩称该担保函上法定代表人名字及被担保人出生日期均有误，系伪造。后经鉴定，该担保函上公司印章系真实，一审法院认定该担保函不违反法律强制性规定，合法有效，某建设公司应对张某标的借款承担连带保证责任。据此，一审判决：张某标归还黄某平借款本金 1800 万元及利息；某建设公司承担连带清偿责任。

一审判决后，某建设公司不服，向江西省高级人民法院（以下简称二审法院）提出上诉。二审法院认为，根据最高人民法院《关于审理民间借贷案件适用法律若干问题的规定》第 28 条规定，"借贷双方对前期借款本息结算后将利息计入后期借款本金并重新出具债权凭证，如果前期利率没有超过年利率 24%，重新出具的债权凭证载明的金额可认定为后期借款本金；超过部分的利息不能计入后期借款本金。约定的利率超过年利率 24%，当事人主张超过部分的利息不能计入后期借款本金的，人民法院应予支持。按前款计算，借款人在借款期间届满后应当支付的本息之和，不能超过最初借款本金与以最初借款本金为基数，以年利率 24% 计算的整个借款期间的利息之和。出借人请求借款人支付超过部分的，人民法院不予支持"。根据上述规定，2014 年 9 月，张某标出具的 6 张共计 1300 万元的借条中，第六张借条 300 万元系双方对息转本的约定，违反上述法律规定，不予支持。因此，2013 年 11 月 21 日借条中的 1300 万元金额应按 1000 万元计算借款本金，并从借条出具之日起计算利息。一审法院对该笔借款金额认定不当，应当认定黄某平共计向张某标提供 1500 万元借款本金。对于某建设公司是否要承担连带保证责任的问题。二审法院认为，虽然某建设公司提出该函中存在诸多问题，但并不能否认加盖公章的真实性，亦未提供其他反证推翻担保函，某建设公司应承担举证不能的法律后果。据此，二审判决：张某标偿还借款本金 1500 万元及利息；某建设公司承担连带清偿责任。

二审判决后，某建设公司不服，向最高人民法院申请再审，后被裁定驳回再审申请。

2019 年 12 月，某建设公司向江西省人民检察院申请监督，认为担保函系伪造，且二审判决对借款数额认定不当，没有查明保证期间已过，认定事实和适用法律错误。江西省人民检察院依法予以受理。经审查发现，涉案借条中，有 6 份借条约定还款日期均在 2015 年 11 月 30 日之前，某建设公司出具担保函日期为 2015 年 12 月 27 日，至 2016 年 7 月

28日黄某平起诉时，上述6份借条均已超过6个月保证期间。根据担保法及相关司法解释规定，保证期间届满，某建设公司无须对该6笔债务承担保证责任。虽然某建设公司在一、二审中未提出相应抗辩，但是人民法院应当依职权查明。江西省人民检察院认为人民法院未主动查明保证期间是否届满，导致作出错误判决，依法提请最高人民检察院抗诉。

最高人民检察院对债务还款日期、保证期间等全面审查，查明至2016年7月28日黄某平向人民法院提起诉讼之时，涉案6份借条均已超过6个月保证期间。二审判决未主动审查保证期间是否届满即认定某建设公司对1500万元本息承担连带清偿责任，属于适用法律确有错误。2022年9月7日，最高人民检察院向最高人民法院提出抗诉。

最高人民法院采纳最高人民检察院的抗诉意见。最高人民法院再审认为，黄某平6份借条共计1300万元债权的履行期间届满日最晚为2015年11月30日，在黄某平起诉时该6笔债权确已过保证期间，某建设公司应当免于承担此部分的担保责任；本案数笔债务还款期限不同，是分段、独立存在，不属于“当事人约定同一债务分期履行的”情形，数笔债务保证期间的起算点应分别计算，2014年6月3日借条载明200万元未约定履行期的债权不具有将所有债权保证期间延后的效果。据此，2023年12月5日，最高人民法院作出再审判决：撤销原一、二审判决；某建设公司仅对2014年6月3日未约定还款期限的200万元借条的债务承担连带清偿责任。

二、高质效办理民事检察案件，应当加强调查核实，从纷繁复杂的法律事实中准确把握实质法律关系

调查核实是民事检察监督办案的重要手段，是发现、认定、纠正事实认定错误、法律适用错误，实现民事检察精准监督、有效监督重要路径。应勇检察长多次强调，要“用足用好调查权”，并要求民事检察办案要走出案卷，走出办公室，走出检察机关。《中共中央关于加强新时代检察机关法律监督工作的意见》指出，检察机关要加强对监督事项的调查核实工作，精准开展法律监督。《2023—2027年检察改革工作规划》

强调，要健全检察机关调查核实工作措施，提升民事抗诉的精准性、及时性、有效性。以上均体现了在办案中加强调查核实工作的重要性。

在本案办理过程中，检察机关通过调查核实得出以下结论：原审判决仅依据担保函确认担保事实，依据不足。第一，原审判决认定某建设公司承担担保责任的担保函存在缺陷。从外观看，担保函记载的债权人黄某平的公民身份号码、担保人的法定代表人熊某明的姓名均有错误，某建设公司公章是单独加盖在担保函中间，而未加盖在公司名称或签订区域，不符合单位签章惯例。第二，黄某平向公安机关述称，不清楚熊某明是否看过担保函，熊某明未就担保事宜发表明确意见，其认为熊某明让盖章的人过来就是默认。从常理判断，为 2200 万元借款提供担保，对于企业来说，属重大决策，担保人应沟通了解债务人履约能力、借款用途等，并认真审阅担保函内容，不太可能出现一方未明确表态而默认同意的情形，且未对担保函内容进行审阅就安排盖章亦不符合常理。第三，黄某平向原审法院、就虚假诉讼立案侦查的公安机关陈述担保函是由其打印好后带给某建设公司去盖章，并详细陈述了去某建设公司盖章的过程。但参考公安部门就虚假诉讼立案侦查出具的鉴定意见看，属先盖章后打印，存在黄某平作虚假陈述的可能性。

检察机关查明上述事实，提升了对本案抗诉的精准性、及时性、有效性。鉴于此，民事检察办案要强化调查核实意识，主动积极开展调查核实，以调查核实提升监督办案质效。尤其是对于生效判决存在与证据有关的再审事由，以及当事人未能出庭导致生效判决认定事实与真实情况严重不符、实体判决明显不公的案件，要主动加大调查核实力度。同时，要着力健全调查核实机制。调查核实权运用不当或滥用该权力，也有可能损害司法公正、损害检察权威。在加强调查核实权行使的同时，也要同步强化对调查核实权行使的规范，细化完善调查核实权行使的运行程序。

三、高质效办理民事检察案件，应当准确适用法律，从具体法律条文中深刻领悟法治精神

检察履职办案“以法律为准绳”，不仅包括具体的法律条文，还包

括蕴含其中的法治精神。本案法律适用聚焦于司法机关对保证期间的审查问题。检察机关办理涉保证合同纠纷案件应当将保证期间是否届满、债权人是否在保证期间内依法行使权利等事实作为案件基本事实予以查明，债权人在保证期间未依法行使权利的，保证责任消灭。原《担保法》第26条规定，连带责任保证的保证人与债权人未约定保证期间的，债权人有权自主债务履行期限届满之日起6个月内要求保证人承担保证责任；在合同约定的保证期间，债权人未要求保证人承担保证责任的，债权人免除保证责任。《民法典》第692条延续了上述规定精神。在保证合同中，债权人与保证人约定保证期间的根本目的，在于保证债权人债权能够得到及时实现，以及避免保证人陷于无止境地承担保证责任的不利状态中或长期处于随时要被要求承担保证责任的不确定状态中。人民法院在审理保证合同纠纷案件时，应当将保证期间是否届满、债权人是否在保证期间内依法行使权利等事实作为案件基本事实予以查明。

检察机关对此类案件进行监督时，应当重点审查以下内容：第一，对民间借贷合同的内容、阶段性汇总协议等证据进行全面审查。对多笔债务的，还要重点审查是分段、独立存在，还是同一债务分期履行。第二，对担保合同签订的过程进行全面审查，重点审查担保合同是否有效成立、保证期间是否届满以及担保权实现的条件是否成就。若申请人主张担保合同无效，还应重点审查其形式效力。第三，若债务是多笔的，应精准确定每笔债务保证期间的起算时间。若每笔债务保证期间均已届满，保证人无须对诸等债务承担保证责任。本案中二审判决未主动审查保证期间是否届满即认定某建设公司对1500万元本息承担连带清偿责任，属于适用法律确有错误。检察机关应当加强对该类适用法律错误情形的监督，实现法律条文与法治精神的有机统一，依法维护保证人的合法权益。

四、高质效办理民事检察案件，应当争取最佳办案效果，在法理情的有机统一中实现公平正义

为深入贯彻落实党的二十大和中央经济工作会议、中央政法工作会

议精神，进一步加强对各类经营主体依法平等保护，营造法治化营商环境，助力经济社会高质量发展，最高人民检察院决定自2024年2月至12月开展“检察护企”专项行动。本次专项行动主要内容包括：严厉打击犯罪，保护民营企业合法权益；强化法律监督，优化民营企业发展法治环境；着眼良法善治，促进民营企业高质量发展。民事检察作为“四大检察”之一，是参与“检察护企”专项行动的重要力量。本案中，检察机关通过准确适用保证责任的法律规定，进而实现有效监督，依法维护了涉案民企的合法权益，助力优化法治化营商环境，充分把民事检察的制度优势转化为治理效能。

实践中，民营企业对外提供保证的初心，并不是使自身陷于不利的状态中，而是帮助被保证的民营企业等渡过经营难关。因而，民营企业对外提供担保不仅具有促进经济发展的作用，亦具有推动社会进步的效用。根据法律规定和立法精神，保证期间消灭的是实体权利，不适用当事人抗辩主义。因此，在审理涉保证合同类纠纷过程中，在当事人未提出相应抗辩的情况下，人民法院也应依职权主动查明保证期间届满等案件基本事实，以有效的平等保护包括广大民营企业在内的各类经营主体合法权益。因人民法院未主动查明保证期间届满等案件基本事实，导致判决结果失当的，检察机关应主动加强对诉讼活动的监督，全面调查核实保证期间是否届满等案件基本事实，准确适用保证责任的法律规定，向企业传递法治固根本、稳预期、利长远的作用，增强企业发展信心，支持和促进民营经济发展壮大，持续优化法治化营商环境。

下一步，民事检察要以贯彻实施民法典为抓手，在办案中深化落实平等保护理念，依法保护相关从业人员创新创业的积极性，把平等保护各类经营主体合法权益作为民事检察工作的重要着力点和落脚点；要认真研判案件处理对民营经济生产发展产生的影响、对市场环境的导向作用，努力为构建新发展格局、推动高质量发展营造更好的法治环境、营商环境、发展环境。

以“三个善于”为基本办案方法破解虚假诉讼监督案件调查核实难题

韩伟民　陈淑霄*

基层检察机关办理虚假诉讼监督案件往往因为人情密集、刑民交叉、力量薄弱、手段有限等问题，导致发现难、调查难、定案难等困境。“三个善于”的提出，为基层检察机关破解虚假诉讼案件调查核实难题提供了基本的办案思路，是高质效办好虚假诉讼案件的基本方法。

一、基本案情与办案过程

2018年7月23日，郭某向山西省大同市某县人民法院（以下简称某县法院）提起诉讼，称张某及某温泉酒店因办理土地手续向其借款435万元，请求判令张某及某温泉酒店偿还其435万元借款及利息。同时，郭某向法庭提交一张由张某出具并加盖某温泉酒店印章的借条。张某、某温泉酒店法定代表人张某甲出庭应诉，并主动向法庭提交了该公司缴纳土地出让金缴费票据及7份汇款单，并称7份汇款单系由郭某向某温泉酒店提供。经法院调解，张某及某温泉酒店在10日内偿还郭某435万元借款及利息400万元。案涉调解书生效后，张某及某温泉酒店未履行义务，郭某向法院申请强制执行，该院对某温泉酒店财产轮候查封。

* 韩伟民，山西省大同市人民检察院第五检察部主任、四级高级检察官；陈淑霄，山西省大同市平城区人民检察院第四检察部检察官助理。

2018 年 7 月之后，王某、刘某等人以类似事由分别向某县法院提起诉讼，该院均以调解或判决方式支持原告的全部诉讼请求。案涉法律文书生效后，王某、刘某等人均向该县法院申请强制执行。

同时，案外人安某与某温泉酒店借款合同纠纷一案在山西省大同市平城区人民法院（以下简称平城区法院）判决，某温泉酒店应依法偿还安某本息合计 1700 余万元，安某向平城区法院申请强制执行，某温泉酒店进入评估拍卖阶段。2018 年 10 月，某县法院协调平城区法院，商请将郭某、王某、刘某等人与张某及某温泉酒店民间借贷纠纷强制执行案，与平城区法院正在执行的安某申请执行案合并执行，参与财产分配，执行分配标的额高达 2600 万元，合并执行数额远超被执行标的实际价值。安某向山西省大同市人民检察院（以下简称大同市检察院）举报，反映张某及某温泉酒店与郭某、王某、刘某等人恶意串通、虚增债务，涉嫌虚假诉讼犯罪。大同市检察院将案件异地交办山西省大同市平城区人民检察院（以下简称平城区检察院）。

经平城区检察院初步审查，认定郭某、王某、刘某起诉的借款事实并未实际发生，涉嫌虚假诉讼。但鉴于该系列案件案情复杂、涉案金额大、人员较多、影响面广，且背后可能隐藏着公职人员违法犯罪问题，仅凭民事诉讼法和《人民检察院民事诉讼监督规则》赋予民事检察的调查核实权难以突破。为破解这一难题，经平城区检察院、大同市检察院申请，山西省人民检察院决定对系列案件挂牌督办，并要求同步调查虚假诉讼背后深层次违法犯罪。大同市检察院成立专案组，下设民事检察组、刑事侦查指导组、职务犯罪线索摸排组等办案团队，确立“上下一体、内部协作、外部借力”的一体化办案机制和违法线索“双向移送”机制，并将可能涉嫌职务犯罪的相关线索移送大同市纪委监委，将虚假诉讼案件犯罪线索移送大同市公安局，并与大同市公安局商请指定大同市公安局平城分局管辖。为防止当事人之间串供，公安机关对涉案人员、相关证人进行集中调查询问，对某温泉酒店财务账目进行查扣。同时，大同市纪委监委、专案组展开交叉询问、信息互通共享，审计机构对查扣的财务账目进行账务分析，并驻守现场提供财会专业技术支持，民事办案团队同步收集民事虚假诉讼案件证据并进行转化、固定。

检察机关上下一体，刑民并进，公安、检察、纪检等机关通力协作，犯罪嫌疑人对虚构法律事实提起民事诉讼的行为供认不讳。根据已掌握证据，检察机关认定，郭某、王某、刘某分别诉张某、某温泉酒店民间借贷纠纷的三起案件，属原告、被告双方恶意串通、故意捏造虚假法律关系提起的虚假诉讼，通过骗取法院法律文书参与执行分配，达到稀释债权的非法目的。在刑事案件尚未作出判决之前，检察机关决定先进行民事监督。平城区检察院提请大同市检察院抗诉，并建议对原审案件中故意作虚假证言的证人予以司法惩戒。经大同市检察院抗诉，并商请大同市中级人民法院异地审理，最终由云冈区人民法院再审，再审判决撤销三案原审生效法律文书，驳回郭某、王某、刘某诉讼请求，并采纳检察建议，对3名证人故意作虚假证言、妨害诉讼的行为予以司法惩戒。案涉4名当事人以涉嫌虚假诉讼罪被提起公诉，判处其中3人10个月至1年6个月不等的有期徒刑；1名法院副院长（此前担任其中一案的审判员）以涉嫌民事枉法裁判罪被提起公诉；案涉的1名公职人员以涉嫌贪污罪、受贿罪、虚假诉讼罪被判处有期徒刑10年。此案的办理在当地引起强烈反响，被最高人民检察院民事检察厅作为典型案例刊发，并入选山西省人民检察院第一批参考性案例。

二、基层检察机关办理虚假诉讼监督案件的难点

（一）涉及面广，人情密集

越到基层，“地方小、人情多”的情况越明显，熟人社会的人情干扰越大，很容易出现“熟人查熟人、抹不开面子查、问题查不出、查不透或护短遮丑”等问题，加之虚假诉讼监督案件涉及人员众多，人情网更加密集，办案人员与案件当事人之间的关系错综复杂，基层办案的难度与压力显著增加。本案涉及的法官、公职人员以及当地企业主要负责人基本处于县区人情关系网络的核心，虚假诉讼案件若涉及此类主体，其背后的关系网则更为庞杂，案件办理难度增大。

（二）刑民交叉，案情复杂

民事诉讼与刑事诉讼在基本原则、程序构造、证据规则等方面均有不同之处，司法实践中民事案件与刑事案件在主体、事实等方面可能存在完全重合或者部分重合，导致案件的民事、刑事部分在程序处理、实体责任承担等方面相互交织、影响。[①]本案刑民交叉问题突出，案情错综复杂，法律关系盘根错节，既涉及公职人员贪污受贿、法官枉法裁判、当事人虚假诉讼的刑事案件侦破，又涉及民事虚假诉讼的调查，虽然最高人民法院、最高人民检察院、公安部、司法部《关于进一步加强虚假诉讼犯罪惩治工作的意见》等对刑民交叉类虚假诉讼案件的查处、程序衔接、协作配合、信息共享等作出了规定，但实践中，鉴于刑事案件与民事案件证明标准等诸多方面的差异，刑民衔接并不畅通。

（三）力量薄弱，手段有限

基层检察机关在人才储备方面存在明显不足，总体呈现学历偏低、法学专业人才缺乏、知识结构老化、办案理念陈旧等问题。很多基层院由于编制短缺等原因，总体办案人数少，普遍存在民事、行政、公益诉讼检察工作"三合一"现象，"三大检察"都要兼顾，精力难免不足。[②]而新进检察人员办案经验不足，很难承担复杂的虚假诉讼案件办理工作，检察人才青黄不接问题严重。同时，相关法律虽然赋予民事检察调查核实权，但如果当事人拒不配合，检察机关没有任何强制措施，案件难以突破。尤其是涉公职人员、法律关系复杂、刑民交叉的虚假诉讼监督案件，仅依靠基层检察机关难以突破案件背后的真相。

① 参见钱国、金庆微：《虚假诉讼刑民交叉案件处理难点及破解》，载《人民检察》2023 年第 10 期。

② 参见朱玉等：《相对薄弱基层检察院建设的短板及补强》，载《人民检察》2023 年第 1 期。

三、以“三个善于”破解虚假诉讼监督案件难题

（一）善于求“真”，从纷繁复杂的法律事实中准确把握实质法律关系

虚假诉讼的根本特征在于当事人捏造案件基本事实，虚构法律关系，换言之，虚假诉讼是基于虚假的事实和证据进行的，因此，查处虚假诉讼案件的首要环节是识别，即从虚构的事实和证据中发现实质法律关系，并以其作为定案依据。

1. 深化一体履职、综合履职，破除人情干扰难题，把握实质法律关系。虚假诉讼双方当事人恶意串通，隐瞒真相，尤其是涉及公职人员的虚假诉讼案件往往地方干扰较大，当地检察机关在办案中难免遇到重重阻力，需内协外联，破除干扰。可建立在市检察院检察长及主管检察长的领导下，以市检察院为龙头，以各县区检察院为基础，以交办、领办、提办、督办、指定管辖、异地交叉办案等为途径，对重大、复杂、疑难案件实行“线索管理”“情报收集”“侦查指挥”“办案资源”的一体化办案模式，实现公安侦查、纪检监察、民事检察、职务犯罪检察以及上下级检察机关的协同配合。

针对基层地方小、人情复杂、虚假诉讼隐藏更深的特点：一是采用异地交叉办案的方式，破除基层地方小、人情密的难题。二是借助上级院人力、专业以及经验优势，请求省级检察机关挂牌督办、市级检察机关专业指导，弥补基层力量不足、专业不强、经验不足等办案短板。三是内协外联，多部门联动办案。虚假诉讼案件往往跨部门、跨领域，多种法律关系相交织。例如，虚假诉讼中可能涉及刑事犯罪，检察机关就需要与公安机关密切配合，在查办职务犯罪的同时固定民事虚假诉讼证据；在纪委监委审查涉案公职人员违纪违法情况时，检察机关应当共享已掌握的案件信息，提供相关犯罪线索，根据已查清的民事案件事实建议查办方向，助力监察机关查办案件。

2. 用足用好用尽民事调查核实权，探寻实质法律关系。虚假诉讼检察监督案件证据量大、取证面广、证明标准高，民事检察部门应积极运

用民事诉讼监督调查核实权，结合案情选取不同的调查手段。例如，在类似本案的民间借贷类虚假诉讼中，当事人用以证明交付借款的书证只有借条，无银行转账或其他能证明款项交付的证据时，当事人往往辩称系现金交付，检察机关可从当事人的出借能力入手，查明借贷交易是否真实发生，如调取涉案相关人员、涉案企业核心成员银行交易流水信息，调查家庭成员户籍信息、社会关系、开办企业等情况，结合交易习惯、日常生活经验等，确定借贷关系的真实性。还可通过询问当事人、案外人及调取所需书证、物证、证人证言，补强证据链条，明晰虚假诉讼事实，确保法律监督理由与结论无懈可击。①

应当注意的是，虚假诉讼案件是当事人为实现其非法目的而精心策划的，案件瑕疵少，漏洞小，全面查证、固定证据存在较大困难，检察机关应选择取证相对容易、关键证据容易突破、可用金融查询比对研判的调查方向，通过细小疑点进行扩大突破。存在多个有牵连关系的类案的情况下，检察机关可先选择容易突破的一案为支点，以一案的查办撬动系列案件的侦破。

（二）善于求“准”，领悟条文蕴含的法治精神，精准运用司法规则

法与时转则治，治与世宜则有功。检察机关是国家法律监督机关，确保法律统一正确实施是首要之责。检察机关坚持依法办案，不能望文生义、照搬法条、定性求“稳”，而是要在尊重法律条文文义解释的基础上，结合案件实际情况，深刻领悟法治精神、立法原意、法理逻辑、价值取向，综合运用法治原则定案求“准”，以引领“法之高质效”、促进“法之必行”。②

就如刑民交叉案件的办案规则，《全国法院民商事审判工作会议纪要》对刑民交叉案件的审理程序问题作了规定：“同一当事人因不同事实

① 参见李军：《加强虚假诉讼检察监督工作的思考》，载《中国检察官》2023 年第 7 期。

② 参见刘博法：《以“四个坚持”把握好“三个善于”实现“高质效办好每一个案件”》，载《中国检察官》2024 年第 9 期。

分别发生民商事纠纷和涉嫌刑事犯罪，民商事案件与刑事案件应当分别审理。”但过去长期的司法实践基本形成“先民后刑”的司法惯例。在法律事实同一、依赖公权力查明案件事实、刑事处理结果更有利于查明案件事实、证明标准基本相同的特殊情形下，可以采用“先刑后民”的做法。[①]但“先刑后民”的司法规则并不适用于所有的刑民交叉案件，该传统办案模式缺乏规范依据，实质上有违法秩序统一性原理，也不利于保护当事人的合法权益，[②]更不符合法治精神。因此，在案件查办的过程中，检察机关要以法治精神为引领，敢于、善于突破现有的办案惯例，结合案件具体判断刑民交叉案件的办理顺序。

此外，刑民交叉案件民事调查、刑事侦查也无须割裂。民事调查措施毕竟有限，为全面、准确固定证据，必要时可借助刑事侦查手段。对于公安机关已立案侦查的涉虚假诉讼刑事案件，民事检察部门可与刑事检察部门联合办案，共同派员适时介入侦查活动，有意识地引导公安机关就刑事追诉、民事监督所需要核查的内容向犯罪嫌疑人进行有针对性的讯问，固定刑民案件所需证据。[③]例如，民间借贷类虚假诉讼案件为防止当事人互相串供，民事检察部门可与公安机关协作配合，由公安机关实施集中抓捕、集中传唤，对涉案企业财务账目及时查扣，公检两家共同配合固定民事、刑事证据。在审查逮捕、审查起诉阶段，民事检察人员可借助刑事检察职能，直接对相关在押人员进行询问，同时对公安机关移送的相关证据材料进行审查，快速查明民事虚假诉讼案件事实。[④]在与公安机关的协作配合中，要充分考虑公安机关办理的虚假诉讼案件较之其他刑事案件要少，加之民间借贷规定纷繁复杂、虚假诉讼案件隐

① 参见王利明:《“刑民并行”: 解决刑民交叉案件的基本原则》，载《中国刑事法杂志》2024年第2期。

② 参见王利明:《“刑民并行”: 解决刑民交叉案件的基本原则》，载《中国刑事法杂志》2024年第2期。

③ 参见钱国、金庆微:《虚假诉讼刑民交叉案件处理难点及破解》，载《人民检察》2023年第10期。

④ 参见钱国、金庆微:《虚假诉讼刑民交叉案件处理难点及破解》，载《人民检察》2023年第10期。

蔽性强等因素，公安机关在明确案件性质、确定侦查方向以及正确适用法律等方面存在欠缺，检察机关需持续跟进，引导侦查，在案件定性、调查取证、审查程序等方面提供专业指导。

（三）善于求“治”，统筹法理情实现“三个效果”有机统一

善于在法理情的有机统一中实现公平正义，就是要将案件置于国法、天理和人情中综合考量，遵循国之常法、世之常理、人之常情，实现法统情理、理涵情法、情融理法。虚假诉讼案件往往牵涉范围广、涉及人员多、利益关系错综复杂，如果有公职人员参与其中，往往是公职人员主导、策划的系列案件。此类案件事先谋划周密，涉案人员的心理防线强，往往会负隅顽抗，对于这类案件，从前期调查到后期治理，都要善于将国法、天理、人情有机统一，以一案之办促一隅之治。

在案件查办过程中，检察机关可通过分析涉案人员以及证人不配合调查的主观动因，有针对性地调整调查策略。对涉案人员摆事实、示证据、讲法律；对证人从其“好心帮忙”“碍于情面”的主观动因入手，站在对方角度分析利弊，设身处地对其说情讲理释法；对于涉案企业员工、涉案人员家属动之以情、晓之以理。如此不仅能够获取有效信息，更能让相关人员内心信服，从源头实现虚假诉讼的治理。应根据涉案人员在案件中的作用给予不同程度的处罚。例如，本案对于策划制造虚假诉讼案件的犯罪嫌疑人依法提起公诉并判决；对于原审中作出虚假证词的三名证人，因其主观恶性小，检察机关通过释法说理，让其认识到其行为的不当之处，依法对三人作出罚款 3 万元的司法惩戒决定，警示其不能因亲情、友情等而无视法律扰乱司法秩序。只有统筹天理、国法、人情，明确不同人在虚假诉讼中的作用，综合评价其主观动机与客观危害，依法作出与其罪责相适应的处罚，合法合情合理，案件处理结果才能让当事人信服、让群众认可、让人民满意。

运用“三个善于”破解民事虚假诉讼监督案件办理难题

——以李某与刘某民间借贷纠纷虚假诉讼监督案为切入点

闫 璐*

本文以李某与刘某民间借贷纠纷虚假诉讼监督案为切入点，从基层检察机关司法实践出发，对民事虚假诉讼监督案件办理中存在的障碍进行分析，并对如何落实运用“三个善于”理念，破解民事虚假诉讼检察监督困境提出建议。

一、基本案情

刘某以民间借贷纠纷将李某起诉至天津市某区人民法院，称李某用其名下两套房产作为抵押向刘某借款380万元，双方签订抵押借款合同，并办理房屋抵押登记手续。刘某通过给付李某现金10万元，后又向其名下银行卡账户转账370万元方式给付了借款。李某并未按照约定偿还借款和支付利息。刘某诉请判令李某偿还借款本金及利息，以其名下抵押的房产对上述债务承担抵押担保责任，并提供借条、银行转账流水等证据材料。某区人民法院受理后，适用简易程序开庭审理本案，以

* 闫璐，天津市河东区人民检察院三级检察官助理。

调解方式结案，作出民事调解书，确认李某向刘某支付借款本金380万元及利息，如果未按时履行给付义务，李某抵押的房产折价或者拍卖变卖后，刘某对所得价款享有优先受偿权。

表面上看，该起民间借贷案件“事实清楚、证据充分”，双方当事人认可法院调解，但经检察机关依法监督发现，双方当事人恶意串通，进行虚假诉讼，不仅损害了他人合法权益，而且严重破坏了司法秩序、妨害了司法权威。近年来，虚假诉讼违法行为呈不断增多蔓延的态势，检察机关作为国家法律监督机关，对民事虚假诉讼监督是职责之所在，虚假诉讼案件办理也成为检察机关民事监督的一大重点。在办理虚假诉讼案件中如何依法精准开展监督工作成为民事检察亟待解决的问题。

二、民事虚假诉讼监督案件办理存在的困境

（一）线索发现难度大

大量虚假诉讼案件为双方当事人之间恶意串通、伪造证据，通过获取法院判决谋取不当利益。虚假诉讼双方往往存在亲友关系，经过预谋准备，隐蔽性强，形式也多种多样，难以发现。检察机关监督主要为事后监督，线索来源多为当事人、案外人举报和刑事案件线索移送，具有偶然性、被动性、非规范性、非常态性，导致线索来源匮乏。而自行发现线索存在一定难度，对虚假诉讼检察监督的启动助益不够。

（二）调查核实权运用不够充分

基层检察机关运用调查核实权主要采用调阅正卷等传统调查核实手段，虽然可以反映出一定的程序违法和法律适用问题，但反映内容有限，对于涉及虚假诉讼、审判人员、执行人员违法行为的问题，更是难以发现。而且由于现行法律规定的调查核实手段没有强制力，对于个人拒绝配合调查时，检察机关没有有效的解决方式，调查核实刚性不足。

（三）监督力量及监督能力亟待提升

基层院民事检察监督部门办案力量薄弱，人员紧张，实际上还承担了行政检察监督和公益诉讼检察监督职能，案多人少矛盾突出。同时，随着虚假诉讼逐渐向公证、仲裁等领域蔓延，虚假诉讼手段隐蔽且不断翻新，对办案人员的调查审查能力提出更高要求，而部分办案人员仍停留在“当事人上门申请监督虚假诉讼”观念，对虚假诉讼线索敏感度不高，线索发现、案件审查能力亟待提升。

（四）公检法协作配合机制仍不健全

公安机关、检察机关、审判机关都有打击虚假诉讼的职责。在民事检察监督司法实践中，对虚假诉讼案件的监督不是单单一个专项监督、一个阶段性的突击检查、一个部门单打独斗就能解决的问题。随着社会主义市场经济的不断发展，特别是在法院立案登记制的背景下，虚假诉讼将会是在司法实践中长期存在的现实问题。但目前虚假诉讼监督的多方协作体系尚未完全建立，监督合力尚未形成。

三、以“三个善于”破解民事虚假诉讼监督困境的路径

坚持“三个善于”做实高质效办好每一个案件是对检察机关司法办案过程中践行“以事实为根据，以法律为准绳”的具体诠释，为检察机关办案明确了方向。“三个善于”既是认识论更是方法论，在办理民事虚假诉讼案件过程中，要始终坚持以“三个善于”为导向，提高政治站位，运用法治思维，把“三个善于”的理念精神落实到民事虚假诉讼监督办案中。

（一）善于从纷繁复杂的法律事实中准确把握实质法律关系，透过错综复杂的表象，抓住案件实质

1. 准确把握虚假诉讼特点，从不合理现象出发，抽丝剥茧发现线索

在虚假诉讼案件中，法律事实往往错综复杂，虚假诉讼当事人为获

得非法利益彼此串通，达成攻守同盟，线索难以发现。检察机关要通过全面梳理案件事实，深入调查、细致分析，敏锐捕捉不合理、不合逻辑的异常现象。比如原告未亲自参加诉讼活动、庭审缺乏对抗性、案件审结异常迅速、借款抵押合同签订和履行不符合常理等异常现象，增强内心确认，并从这些异常入手，引导承办人对相关方面进行进一步调查核实。本案中，检察机关接到案外人相关举报，对该民事调解书进行初查，通过调阅法院卷宗梳理案情后，敏锐地捕捉到一些异常线索：一是当事人之间存在亲属关系，原告刘某为被告李某的亲属。二是诉讼行为高度默契，庭审缺乏实质对抗。原告刘某没有出庭，由原告亲属（也是被告的亲属）出庭，被告李某对原告主张案件事实当庭予以自认，没有进行实质性对抗。三是当事人快速达成调解协议。开庭当天即达成调解协议，李某认可用抵押给刘某的房产抵债，案件从受理到审理、制发调解书在 8 天内全部完成。四是原被告签订借款合同、抵押合同、给付借款及办理抵押登记行为存在异常。当事人先签订抵押合同，20 天后才签订借款合同，签订借款合同和给付借款之前，李某就为刘某办理抵押登记手续，不符合正常的借款抵押行为。五是李某曾有串通亲属，抵押其房产，损害债权人合法权益的行为。检察机关通过裁判文书网查询到李某曾在其他民间借贷纠纷案件审理期间，将其名下房屋抵押给其亲属，损害债权人合法权益。通过这些异常线索，承办人员初步判断存在虚假诉讼可能，针对案件事实进一步开展调查核实工作。

2. 聚焦案件主要矛盾，充分运用调查核实权，准确把握实质法律关系

因虚假诉讼具有双方达成攻守同盟、言词证据很难突破等特点，在发现线索后如何通过外围调查取得新证据，或对原审中书证、物证等证据的真实性、合法性、关联性进行辨别成为突破民事虚假诉讼的核心问题。检察机关应牢牢把握虚假诉讼特质，从交易和诉讼中的异常现象出发，重点对双方法律关系及法律行为是否真实进行调查取证。充分运用调查核实权，强化对客观证据的调查和固定，打开案件突破口。注重运用询问相关当事人或案外人、走访相关单位、调取金融账户等相关证据

材料等多种调查核实手段，全方位进行调查查证，查明虚假诉讼真相。一是检察机关调取李某、刘某个人银行账户开户信息、交易明细及相关交易凭证。通过银行流水显示，刘某出借款资金来源与其庭审陈述不符。刘某称借给被告的钱来自其父母家。但根据刘某涉案银行卡流水显示，资金是在其与李某转账的当日由李某方亲属转入。二是当事人认可的通过银行转账给付的借款金额与实际银行转账金额不符。当事人双方都陈述380万元借款，先以现金方式给付被告10万元，后将借款370万元转入被告银行卡账户。检察机关查明，刘某向李某银行卡账户转账总计380万元。三是原被告通过银行转账给付借款后，涉案银行卡均未再使用。刘某开通本案转账所用银行卡后，只在当天与被告进行了涉案相关业务，之后未再使用。李某开通涉案银行卡后一直使用该卡，但与原告进行涉案相关业务后，也未再使用该卡。检察机关再进一步对借款转账流水和交易凭证进行细致审查，发现原被告利用循环存入现金—网银转账—取出现金—再次存入现金的方式，伪造借款流水和转账凭证，虚构债权债务关系。原被告借款转账系在同一时间段内、在同一营业柜台、由同一名银行营业员操作完成，所办理的业务银行相关凭证号码相连。检察机关通过对银行流水及交易凭证等证据细致、认真地调查核实，查明虚假诉讼当事人循环转账的案件事实，固定本案关键证据，成功打开案件突破口。

（二）善于从具体法律条文中深刻领悟法治精神，正确理解适用法律，深刻领悟条文背后的法治精神

1. 正确理解适用法律，依职权办理监督案件

法律条文是法治精神的载体，检察机关在办理虚假诉讼案件时，应深刻领悟相关法律条文的立法原意和法治精神，确保法律适用的准确性和公正性。《人民检察院民事诉讼监督规则》第37条规定，当事人存在虚假诉讼等妨害司法秩序行为的，检察机关应当依职权启动监督程序。虚假诉讼案件当事人为获得非法利益恶意串通，伪造证据，不仅可能侵害他人的合法权益，影响经济生活秩序，更严重妨害司法秩序，影响司

法公信力，损害国家利益和社会公共利益。检察机关应当树立精准监督理念，重点关注涉及民间借贷纠纷、离婚纠纷、追索劳动报酬纠纷、人民调解协议等虚假诉讼高发频发领域，加大对虚假诉讼的惩治力度。本案中检察机关对案外人反映的虚假诉讼线索，主动出击，依职权启动案件审查，查清诉讼当事人恶意串通、伪造证据的事实，有力维护案外人合法权益，保障了司法的公正和司法权威。

2. 深刻领悟法条背后的法治精神，发挥检察一体化办案优势

检察人员不仅要熟练掌握法律条文，更要深刻领悟条文背后的法治精神，充分发挥制度优势。人民检察院组织法通过明确上级领导下级的原则、人员的统一调配等具体法条，以及贯穿其中的职能协作与配合、内部监督与制约的精神，体现了检察一体化的理念和实践。检察一体化作为现代检察制度的重要特征，其实现离不开对法律条文的准确理解和深入领悟。在虚假诉讼监督案件办理中，要深刻领悟检察一体化的内涵，充分发挥一体化办案优势，提升线索发现和审查监督能力。基层检察机关在人员配置不足、法律法规不健全等困难下，办理疑难复杂的虚假诉讼案件存在现实压力。纵向上，通过设置虚假诉讼案件办理人才库的方式，建立可统一调配的专业人员办案队伍。可以依法统一调用辖区内办案人员组成办案组，或是通过交办、督办形式将相关案件交下级检察机关办理，上级机关指导把握，从法律运用、证据收集调查、案件统一研判等方面全面推进案件。横向上，加强与刑事检察部门沟通协作，建立部门案件线索移送机制，民事检察部门根据虚假诉讼频发的案件领域，提出线索需求，相关部门及时排查并向民事检察部门移送。针对院内重点案件，可抽调民事、刑事检察部门业务骨干成立专案组，发挥各自职能优势，综合审查认定事实和证据，打好民事虚假诉讼监督“组合拳”。

（三）善于在法理情的有机统一中实现公平正义，注重保障办案效果，促进源头治理

1. 强化外部协作，形成虚假诉讼打击防范合力

公平正义是司法的核心价值追求。检察机关在办理虚假诉讼案件时，不仅要严格依法办案，还应积极回应人民群众对公平正义的期待，加强与其他司法机关的协作配合，形成打击合力，切实有效打击和防范虚假诉讼。虚假诉讼监督协作的核心是建立公检法三方的制度化、常态化合作机制。[①]检察机关注重与法院、公安部门的沟通协调，争取各方支持和配合，共同防范和查办虚假诉讼案件。建立生效裁判监督前置磋商机制，意见提出前主动与法院召开联席会议，就事实认定、证据采信和法律适用等方面深入沟通交流，探讨处理方向，消除认知分歧，促进标准统一。加强与公安机关协作配合，通过信息共享、线索通报、线索移送、结果反馈等方式，对虚假诉讼形成打击合力。本案中，检察机关就该民事调解书向某区人民法院发出再审检察建议，指出李某与刘某虚构债权债务，骗取法院调解书，其行为干扰司法活动，妨害司法秩序和司法公信力，损害国家利益和社会公众利益，建议法院依法启动再审程序。检察长列席法院审判委员会会议，发表检察意见，切实发挥检察机关法律监督职能作用，使检法两家在事实认定、证据审查、法律适用等方面统一认识，形成共识。某区人民法院作出再审民事判决，判决撤销原审民事调解书，驳回原审原告诉讼请求。同时检察机关将本案发现的李某、刘某违法线索向公安机关移送，公安机关依法立案予以调查。

2. 多措并举，探索虚假诉讼的源头治理

检察机关对虚假诉讼监督不仅仅局限于个案的办理，还要深入分析问题的根源，开展源头治理工作，从根本上预防和减少类似问题的发生，更好地维护社会公平正义，促进社会和谐稳定。首先，以深层次违法监督为抓手，对人监督与对案监督相结合，深化监督效果。对涉嫌犯

---

① 参见冯小光、戴哲宇：《加强民事检察理论研究　推动新时代民事检察工作高质量发展——2022 年民事检察研究综述》，载《人民检察》2023 年第 1 期。

罪的当事人、其他诉讼参与人，及时将案件线索及相关证据材料移送公安机关查处，发现虚假诉讼中存在职务犯罪的，及时移送纪检监察部门处理。其次，运用大数据、人工智能等现代科技手段，对民事案件进行智能筛查，提高发现虚假诉讼线索的能力。最后，进一步加大普法宣传和警示教育，公布虚假诉讼的典型案例，加强法治宣传教育，提高人民群众的法律素养和诚信意识。

以“三个善于”做实财产保全协助执行案件的高质效检察监督

张孟春　李丽美　周贝妮*

为更好地引导各级检察机关高质效办理涉民营企业案件，推动“检察护企”专项行动深入开展，最高人民检察院于2024年3月发布“民事检察促进民营经济发展壮大典型案例”。杭州市拱墅区人民检察院（以下简称拱墅区检察院）办理的“A健身公司与B某等消费者服务合同纠纷审判程序监督案”入选该批典型案例。

本文从该典型案例的办理过程及思路入手，深入剖析财产保全案件中协助执行义务边界这一实质法律关系，总结案件办理的实践经验，探讨如何运用“三个善于”做实高质效办案，实现法理情的有机统一，以期为民事检察监督提供参考路径。

一、基本案情及办案过程

2017年，A健身公司承租C广场分公司2000余平方米的场地用于开设健身房，租期至2024年8月31日。A健身公司自2021年3月起拖欠租金及水电费，同年10月停止经营。A健身公司在经营期间，通过预付卡充值等方式向消费者提供服务，停止经营后未退还部分服务费

* 张孟春，浙江省杭州市拱墅区人民检察院党组成员、副检察长、四级高级检察官；李丽美，浙江省杭州市拱墅区人民检察院第六检察部主任、一级检察官；周贝妮，浙江省杭州市拱墅区人民检察院第六检察部四级检察官助理。

用。2021 年 11 月，B 某等消费者将 A 健身公司起诉至法院，要求与 A 健身公司解除服务协议，A 健身公司返还其支付的相应预付款并申请财产保全。审理期间，法院向 C 广场分公司送达协助执行通知书，查封 A 健身公司存放于 C 广场分公司营业场所内的健身器材，查封期限为 3 年（自 2021 年 12 月 29 日至 2024 年 12 月 28 日止），要求 C 广场分公司协助保管。

2022 年 3 月，C 广场分公司将 A 健身公司起诉至法院，要求解除与 A 健身公司的租赁关系，A 健身公司向其支付租金等费用，并腾退房屋，及时处理与 B 某等消费者之间的相关纠纷。对此，法院就上述服务合同纠纷案件、租赁合同纠纷案件分别于 2022 年 7 月、8 月作出民事判决，判决支持 B 某等消费者提出的解除服务合同及退费、C 广场分公司提出的解除租赁合同并支付租金等费用等主张。财产保全期间，C 广场分公司于 2022 年 4 月向法院申请异议，请求法院变更保管场地，法院答复不适宜变更。

2022 年 5 月，C 广场分公司申请检察监督。审查初期，检察机关发现协助通知书载明查封案涉健身器材期限长达 3 年，不仅违反了动产查封期限为 2 年的法律规定，亦超出了 C 广场分公司与 A 健身公司租赁合同约定的期限。此外，法院要求 C 广场分公司以其主要经营场地无偿履行协助保管义务，并不利于资产的有效利用，且 C 广场分公司提供替代场地存放案涉健身器材，其提出变更财产保管场地的诉求具有合理性、可行性，更符合比例原则、经济原则。据此，拱墅区检察院向法院发出检察建议，建议解除案涉健身器材的原查封手续，根据 C 广场分公司另行提供的替代场地重新办理查封、协助执行手续。

2022 年 7 月，法院重新作出裁定查封案涉健身器材，期限 2 年，同时完成财产保管地点变更。同年 8 月，法院书面回复采纳检察建议并作出处理。经回访了解到，C 广场分公司原被用于存放健身器材的 1000 多平方米场地已于 2022 年 9 月另行出租，案涉健身器材已评估拍卖，因 A 健身公司进入破产程序，所得拍卖款尚在分配程序中。

二、由表及里：准确把握协助执行义务边界这一实质法律关系

善于从纷繁复杂的法律事实中准确把握实质法律关系，是司法机关高质效办好每一个案件的前提和基础。只有精准把握复杂案件中的实质法律关系，才能找准应当适用的法律，定位法律条文。[①]对于案件事实复杂、双方争议较大的民事诉讼监督案件，检察机关应当在找准各方权利义务冲突的基础上，准确把握实质法律关系，综合考量全案事实，公正客观地作出判断。

（一）厘定争议焦点

1. 财产保全中协助执行义务的边界。从现有法律规定来看，财产保全中协助执行的主体、程序及法律责任的规定并不明确，协助执行的义务也相对较为宽泛。在财产保全过程中，为了保障申请人的合法权益，要求不具有可归责性的主体承担协助执行义务甚至承担宽泛、普遍的协助执行义务，以及要求协助执行主体动辄承担多种形式的法律责任，将面临正当性的考问。[②]本案申请人C广场分公司提出变更协助保管场地的诉求，究其实质，是C广场分公司作为协助执行义务主体所应承担的义务边界的认定问题。因此，准确把握协助执行义务边界这一实质法律关系，厘清各方权利义务，是开展检察监督的关键和首要问题。

具体来说，本案消费者申请保全的目的是防止A健身公司擅自处分或转移健身器械导致财产灭失，无法实现胜诉权益，而C广场分公司协助保管的场地为其主营业场地，协助执行严重影响其生产经营活动。在此情形下，C广场分公司提出变更被保全财产保管场地的诉求能否得到支持涉及协助执行义务边界的认定问题。租赁合同解除前，C广场分公司负有一定的协助执行义务，但这是否意味着其即有义务长期以其主要

① 参见元明等:《落实“三个善于”高质效办好每一个案件》，载《人民检察》2023年第13期。

② 参见肖建国、庄诗岳:《论协助执行义务的边界》，载《法学杂志》2020年第11期。

经营场地作为保管场所？租赁合同解除后，C广场分公司收回场地使用权，此时是否仍负有协助执行义务？上述问题是精准判断C广场分公司协助执行义务边界不可回避的主要争议焦点。

2. 民事案件自由裁量权的检察监督范围。民事自由裁量权是指民事审判中法官在一个合理范围内对个案酌情作出裁判的权力[①]，是法律对司法公正的一种追求。由于自由裁量权的行使往往会受到个体意志的影响，不可避免地存在权力滥用或行使自由裁量明显过当等情形，容易导致裁判说理不充分、裁判尺度不统一甚至违法裁判等问题。如何对自由裁量权加以必要的限制，能否将其纳入检察监督范围，不仅关系到本案的监督效果，更关涉裁判权威和司法公信力。对此，检察机关应当结合案件背景、各方权利义务的履行等状况，全面客观地审查法官行使自由裁量权是否合理正当、是否契合社会对公平正义的价值追求。

就本案而言，在租赁合同履行内，法院以C广场分公司负有协助执行义务为由不予变更协助执行内容，并未违反法律规定，但其未考虑到协助执行对C广场分公司实际经营造成的影响，尤其是在C广场分公司申请异议、提起诉讼要求解除租赁合同后，变更协助执行内容具有一定的可行性和紧迫性，法院拥有行使自由裁量权的空间时，却仍答复不适宜变更场地，自由裁量权行使缺乏合理性。

（二）明确办案思路

1. 以强化调查核实权行使提升监督成效。调查核实权是检察机关监督办案、查明案件事实的重要手段。为进一步了解案件情况、获取关键信息，检察机关可以通过实地调查、走访摸排等形式及时、规范开展调查核实工作。本案审查期间，拱墅区检察院先后走访C广场分公司及公司总部，了解到C广场分公司因电商冲击和经济下行的双重压力，门店的顾客数量和零售额大幅下降，企业运营成本持续增加，经营面临困境，仅3个月内亏损已达数百万元。协助保管案涉健身器材不仅占用了

① 参见赵泽君：《论民事自由裁量权》，载《法律适用》2003年第4期。

C广场分公司1000多平方米主营业场地，A健身公司拖欠的上百万元租金费用亦未收回。据此，检察机关认为，C广场分公司承担的协助执行义务应当有所限度，不应影响其正常的生产经营活动。在确保财产保全效果和目的能够实现的前提下，C广场分公司提出变更保全财产保管地的诉求更能兼顾各方利益，且被查封的健身器材均为可搬移拆解的普通器械，变更保管地点具备可操作性。

2. 以公开听证加深理解互信。针对双方当事人有较大争议的民事诉讼监督案件，检察机关可以召开听证会，释放争议焦点、听取各方意见。本案以B某为代表，共有40余名消费者因A健身公司未能退还预付款而起诉至法院，并且多名消费者在起诉前多次向相关部门信访，拒绝变更场地。为此，检察机关在听取消费者代表的意见诉求、走访对话C广场分公司管理人员后，组织召开听证会，寻求最优解决方案。听证会上，C广场分公司详细说明了公司面临的经营困难以及案涉健身器材存放于公司经营场地所造成的影响，并提出了兼顾各方利益的替代性财产存放方案。消费者代表亦对搬移健身器材、变更场地是否存在障碍，是否会产生价值减损等问题提出顾虑。对此，检察机关要求C广场分公司完善、细化替代方案，并邀请消费者代表实地查看替代保管场地。C广场分公司同时承诺，搬移过程将邀请第三方见证，邀请健身行业专业人士向消费者解释说明健身器材设备搬移拆解问题，并表态对于因搬移而导致器材价值贬损部分承担补充赔偿责任，替代方案最终促成落地。

3. 以合法性为基础兼顾合理性问题监督。本案中C广场分公司协助执行的义务来源于租赁合同的履行，该义务自然也可以基于租赁合同的解除而消灭。因此，在确定C广场分公司协助执行的内容及期限时应着重考虑合同义务的履行期。此外，关于动产的查封期限，法律明确规定不得超过2年，而法院作出的协助通知书载明查封案涉健身器材的期限为3年，存在明显违法情形，C广场分公司要求变更协助执行内容具有合法性依据。在此基础上，检察机关结合案涉租赁合同的履行情况，针对法院未充分考虑企业的实际经营状况即要求C广场分公司承担过于宽泛的协助执行义务，对于其提出的变更保管场地的替代性方案未予支持，行使自由裁量权存在不当，向法院提出检察建议，推动法院变更协助执行内容，实现检察履职的最优效果。

三、路径选择：以实现法理情统一作为办理财产保全监督案件的最优路径

实现法理情的有机统一是“高质效办好每一个案件”的最优路径，也是新时代司法公平正义的具体体现。检察机关应当深刻领悟法律条文中所蕴含的法治理念和价值追求，既要在履职办案中准确理解和适用法律，统筹法理情，更要让人民群众在每一个司法案件中真切地感受到公平正义。

（一）遵循利益衡量原则，准确把握协助执行义务的边界

利益主体的多元化及利益最大化构成了利益衡量原则的法理基础。既然不同主体的利益冲突客观存在且无法回避，在多方利益互相交织过程中，需要对其进行有效、合理的价值判断。① 即言之，在判断协助执行义务是否过度或超越合理边界时，应当统筹兼顾各方利益，寻求利益平衡。最高人民法院《关于在执行工作中进一步强化善意文明执行理念的意见》中指出，要强化善意文明执行理念，强调坚持比例原则，合理选择执行财产，灵活采取查封方式，找准双方利益平衡点，避免过度执行。最高人民法院《关于规范和加强办理诉前保全案件工作的意见》第16条也作了类似规定，要求在保全目的能够实现的情况下，选择采取对被申请人生活、生产经营活动影响较小的财产进行保全。上述规定是利益衡量原则在司法实践中的具体体现，为准确界定协助执行义务的边界提供了基本思路。检察机关在办理涉及协助执行义务承担问题的案件时，应当深刻理解和领悟利益衡量原则、善意文明理念所蕴含的法治精神，并在案件审查办理中加以运用，综合衡量各方之间的权利义务，平

① 参见司伟、杜涛：《利益衡量视角下的善意文明执行理念新实践与体系完善》，载《人民司法》2023年第32期。

衡利益冲突。

（二）兼顾合理性原则，强化对自由裁量权的监督

《中共中央关于加强新时代检察机关法律监督工作的意见》第9条明确指出，要加强对裁判显失公平等突出问题的监督。由此可见，检察监督不仅是规范和限制自由裁量权任意行使的重要手段，更是追求司法公平正义的应有之义。检察机关应当准确把握自由裁量权行使的合理范围和必要限度，强化对自由裁量权的监督力度。实践中，检察机关不仅应对自由裁量权的合法性进行监督，还应兼顾合理性问题。合理性主要表现为自由裁量权的行使合乎情理、能最大程度体现公平价值。因此，检察机关对自由裁量权合理性的监督，不仅要重点审查裁判是否符合社会主义核心价值观，是否坚持了正确的裁判理念、符合正确的发展方向，是否违反司法裁判的确定性和可预测性①，同时还应确保自由裁量权的行使兼顾法理情的统一，让人民群众在每一个司法案件中感受到公平正义，让企业得以良性、健康发展。

（三）立足监督职能，促推高质效检察履职

1. 加强外部沟通配合。检察机关应加强与法院审判、执行部门沟通衔接，既要分工负责、发挥各自优势，又要配合协作，依法及时妥善处置，防止矛盾纠纷扩大或者激化。通过搭建审判、执行信息共享机制以及案件会商、联席会议等形式，与法院建立联络机制，对于案件办理中的法律适用问题交换观点与意见，强化检法联动，形成监督合力，确保检察建议能够得到有效落实。同时，可以确定各方联络员，在紧急情况下及时沟通，在必要时对相关人员开展释法析疑、矛盾化解工作。

2. 深化内部协同联动。通过内部协同联动机制，整合检察机关内部资源，扩大监督成效。对于案件可能存在重大信访风险的，可与控申部

① 参见蓝向东、白晶、宁晓颖:《民商事案件自由裁量权检察监督实践路径》，载《中国检察官》2024年第3期。

门提前做好应对防范措施；对于案件确有必要启动调查核实，而民事检察自行调查能力缺乏、取证经验不足的，可联合刑执部门共同开展调查核实工作；对于案件可能关联刑事、行政或公益诉讼线索的，及时通过内部线索移送机制进行移送。

3. 构建多元解纷机制。检察机关应当坚持和发展新时代“枫桥经验”，积极延伸检察职能，将矛盾化解、定分止争贯穿于办案各环节、全领域。对于涉及群众切身利益，又关系企业发展现实的民事诉讼监督案件，积极运用民事检察和解、检察听证等多元解纷模式，通过释法说理，帮助双方当事人消除对立、寻求出路，以高质效检察履职促进法治营商环境转型升级，实现法理情的有机统一。

以“三个善于”高质效办好民事申请监督案件

杨兰云　邱扬震*

检察机关在办理民事监督案件过程中，要以“高质效办好每一个案件”为基本价值追求，坚持做到“三个善于”。大多民事监督案件涉及法律关系多样，事实证据错综复杂，法律适用存在争议，检察机关要基于申请人的申请监督请求、各方当事人的争议焦点把握案件中的主要矛盾和矛盾的主要方面，面对法律适用问题争议较大案件，应该在理解具体法律条文的基础上，把握具体法律条文中蕴含的法治精神，避免机械办案、就案办案。通过对事实证据的准确认定，对法律规范的正确适用，将法理情有机统一起来，真正让人民群众可感受、能感受、感受到公平正义。

一、基本案情及办案经过

2009年，谢某将其名下一套房产所有权利委托给厦门某羽汽车贸易有限公司（以下简称某羽公司）。后某羽公司将该房产出租给案外人并一次性收取租金36万元。2018年，某羽公司作出股东会决议：解散公司、成立清算组，由股东陈某元和陈某喜担任清算组成员。后厦门市市监局经审查准予某羽公司注销登记。2020年，谢某将陈某元、陈某喜起

* 杨兰云，福建省厦门市思明区人民检察院四级高级检察官；邱扬震，福建省厦门市思明区人民检察院五级检察官助理。

诉至厦门市思明区人民法院（以下简称思明区法院），请求判令陈某元、陈某喜向其转交36万元租金。法院认为，陈某元、陈某喜作为某羽公司的股东及清算组成员，明知某羽公司尚有对谢某的36万元租金转交债务未予以清偿，却未将公司清算事宜书面通知谢某，隐瞒公司尚有债务未予清偿的情况而申请办理注销登记，导致某羽公司对谢某的债务无法得到清偿，判决陈某元、陈某喜共同对某羽公司应转交给谢某的房屋租金36万元承担赔偿责任并支付利息。

陈某元、陈某喜向检察机关申请监督。陈某喜提交了某羽公司工商登记材料中“陈某喜”签名笔迹非其本人所写的鉴定意见以及厦门市市监局撤销其为某羽公司股东的撤销登记决定书，以证明其系被冒用登记为某羽公司股东，不应承担原判决判令的法律责任。厦门市思明区人民检察院（以下简称思明区检察院）民事检察部门受理后，初步分析研判认为陈某喜很可能是被冒名登记为某羽公司股东，且其在一审中未应诉、未抗辩，原判决错误的可能性很大，但仅有此证据还远远不足以推翻原判决。思明区检察院充分运用民事检察调查核实权，经过大量的调查核实工作，认定陈某喜确系被冒用登记为某羽公司的股东，确有新的证据足以推翻原判决，遂向法院提出再审检察建议。但法院以当事人未充分行使诉讼权利为由不采纳再审检察建议。思明区检察院跟进监督，提请厦门市人民检察院向厦门市中级人民法院提出抗诉，厦门市中级人民法院指令思明区法院再审。思明区检察院在出席再审庭审时，对调取的证据进行了详细充分的举证，并经审判长许可针对庭审中的焦点发表了法律监督意见。后该案当事人达成和解，谢某撤回对陈某喜的全部诉讼请求。法院作出调解书并裁定撤销原判决。思明区检察院又及时督促当事人向法院执行局撤回执行申请，陈某喜的限制消费人员身份以及被冻结的银行卡均已撤销，被执行的部分钱款亦执行回转予其本人。

二、办案重点、难点

（一）关于陈某喜被冒用身份信息登记为某羽公司股东事实的认定

被冒名股东是指在当事人不知情的情况下，被他人盗用身份注册成为公司股东。[①]认定被冒名股东事实的难点在于被冒名股东与被借名股东的区分。被冒名股东与被借名股东性质不同，虽然两者都不实际行使股东权利，但后者对于其名义被借用是明知或应知的，前者却根本不知其名义被冒用，完全没有成为公司股东的意思表示，故在对外法律关系上，两者的法律后果截然不同：被借名股东遵循的是商事法的外观主义原则和公示公信原则，需对外承担股东责任；而对于被冒名股东而言，冒名者通常为了规避法律责任，获取特定利益，进而实施冒名登记行为，[②]由于其系不知情的情况下形成了所谓的股东外观，该外观系因侵权行为所致，故应适用民法意思表示原则，被冒名者不应视为法律上的股东，不应对外承担股东责任。被冒名股东的确认旨在推翻登记的公示推定效力，进而免除登记股东补足出资责任及对公司债务不能清偿部分的赔偿责任。因此，对主张被冒名者应适用较为严格的证明标准，以防止其滥用该诉权规避其本应承担的法律责任。值得探讨的是，公司登记机关因非股东本人签名所作出的撤销该股东登记的行政许可决定是否具有否定当事人股东资格的效力。笔者认为，股东姓名的登记仅具有对外公示的效力，不具有设权性效力；撤销股东登记只是撤销了该登记对外公示的效力，并不具有消灭股东资格的效力。出于保护善意债权人的交易安全，维护法律关系及经济秩序的稳定，不能将工商登记材料中的签名情况作为唯一判定标准，而应综合考量冒名者持有其身份材料是否有合理解释、其与冒名者之间是否存在利益牵连等因素作出综合认定。

陈某喜在申请监督阶段提交了市监局作出的撤销登记决定书，检察

---

① 参见高新阔:《被冒名股东权利救济法律问题研究》，载《法制博览》2024年第12期。

② 参见吴海霞:《论冒名股东的法律责任》，载《新财经（理论版）》2010年第6期。

机关经审查撤销登记决定书及相应卷宗材料，可以查明陈某喜委托鉴定机构对公司登记材料上的签名进行鉴定，鉴定结论为非本人所签。但该证据并不足以证明陈某喜被冒名股东的事实。市监局在调查过程中，对陈某元、陈某喜以及某羽公司设立登记时的指定代表人及委托代理人李某进行调查询问，陈某元、李某的陈述能够与司法鉴定意见书相互印证。检察机关亦委托鉴定机构对某羽公司股东会决议及清算报告上“陈某喜”的签名笔迹是否为其本人所签进行鉴定，鉴定结论均为不是陈某喜本人所写。该鉴定意见与撤销登记决定书能够共同证明，陈某喜在某羽公司从设立至注销清算过程中，均被冒用身份信息，陈某喜未参与某羽公司的注销清算事宜，并非该公司清算组成员。且检察机关调取了某羽公司设立时相关材料，该书面材料所载的“陈某喜”签名，经鉴定均不是本人所写。某羽公司名下银行账户亦未见与陈某喜有关的款项往来。陈某喜名下银行账户流水明细，亦能够证明在某羽公司设立的时间节点，陈某喜正在外地工作。综合前述分析，陈某喜的身份信息被冒用于某羽公司登记，且陈某喜未作出过持有股权的意思表示。在案证据材料不足以证明陈某喜系某羽公司的实缴出资股东，也不足以证明陈某喜从某羽公司的经营中获利或者与该公司存在其他经济往来，故陈某喜不应当被视为法律意义上的某羽公司股东。

（二）法院不采纳再审检察建议，检察机关提请上级院抗诉，强化监督刚性

检察机关对确有错误的再审裁判跟进监督，具有多层次的重要意义。一是维护司法公正与权威，通过跟进监督，纠正错误判决，提升司法公信力，既落实了精准监督的理念，也增强了检察监督的刚性。二是保障当事人合法权益，从根源上做到实现当事人救济，规范国家机关行权用权，围绕“政之所向、民之所盼、法之所行”，让人民认同，让社会放心。三是促进法律适用统一。本案中，在检察机关提出再审检察建议后，法院以陈某喜未缴纳上诉费用，视为撤回上诉，自行处分诉讼权利，不应当再经由审判监督程序提供救济机制为由，不予采纳检察机关

提出的再审检察建议。关于当事人无正当理由未提起上诉，能否申请再审以及申请民事监督寻求权利救济问题，最高人民法院的观点是再审程序是特别救济程序，对于无正当理由未提起上诉的当事人，一般不应再为其提供特殊的救济机制，对其再审申请人民法院应不予受理，受理后发现该情形的，裁定驳回再审申请。[①]目前司法实践中，法院针对无正当理由未提起上诉的当事人，往往以裁定驳回再审申请的方式，不予以权利救济。2013年《人民检察院民事诉讼监督规则（试行）》第32条亦规定，对可上诉但没有提出上诉的当事人，不予受理其监督申请。但在2018年最高人民检察院发布《关于停止执行〈人民检察院民事诉讼监督规则（试行）〉第三十二条的通知》，规定：“当事人针对人民法院作出的已经发生法律效力的一审民事判决、裁定提出的监督申请，无论是否提出过上诉，只要符合《中华人民共和国民事诉讼法》第二百零九条规定，均应依法受理。”

笔者认为，目前我国民事诉讼法及相关司法解释并未明确限制无正当理由不上诉的当事人申请民事监督的诉讼权利。检察机关针对同级人民法院已经发生法律效力的判决，可以提出再审检察建议，以履行法律监督职责，亦不需要以当事人提出上诉，人民法院作出二审判决为前提。人民法院在受理同级检察机关提出的再审检察建议后，应当组成合议庭，进行实质审查，认定原判决是否确有错误。法院仅以陈某喜未缴纳上诉费用，视为撤回上诉，自行处分诉讼权利，不应当再经由审判监督程序为其提供救济机制为由，径行不予采纳检察机关提出的再审检察建议，并未对原审判决是否存在错误进行实质审查，限制了检察机关对民事诉讼进行监督的权力，法院不采纳再审检察建议的处理结果明显错误，故检察机关向上级院提请抗诉。

（三）持续跟进再审程序，把监督落地落实

民事检察监督不仅要在实体上确保实现公平正义，更要在程序上让

① 参见《最高人民法院民事审判第二庭法官会议纪要》。

公平正义更好更快实现。检察机关提请上级院抗诉后，厦门市中级人民法院采纳抗诉意见，指令思明区法院再审，但当事人的矛盾纠纷尚未实质解决，检察机关不能“一抗了之”，仍应保持对诉讼全流程的关注。案件进入再审程序后，检察机关受上级院指令派员出席再审法庭。在庭审中，出庭检察员宣读抗诉书，对调取的证据进行了详细充分的举证，并经审判长许可针对庭审中的焦点发表了法律监督意见。同时检察机关亦参与法院调解工作，在再审阶段推动各方当事人达成和解，谢某撤回对陈某喜的全部诉讼请求。法院作出调解书并裁定撤销原判决后，检察机关又及时督促当事人向法院执行局撤回执行申请。检察机关积极履职，及时跟进再审情况，延伸监督职能，协助法院开展调解工作，同向解决矛盾，减少了当事人诉累，提高了办案质效，把监督落地落实。

三、检察机关以“三个善于”引领高质效办案体现

（一）从纷繁复杂的法律事实中准确把握实质法律关系

1. 厘清主次矛盾，把握主导的实质法律关系

对于事实证据复杂、法律关系多样的民事监督案件，检察机关在全面审查过程中应当抓住案件中的主要矛盾和矛盾的主要方面，从而解决最为关键的法律问题。本案的当事人之间存在多种民事法律关系，包括谢某与某羽公司的委托合同关系、某羽公司与案外人的房屋租赁关系、某羽公司与股东陈某元的股权关系、谢某与某羽公司股东的清算赔偿责任关系以及陈某喜被冒用身份信息的事实。在复杂多样的民事法律关系中，检察机关经全面审查，认为本案最为关键的法律问题是陈某喜是否为冒名股东，如果陈某喜确系被冒用身份信息登记为某羽公司的股东，根据最高人民法院《关于适用〈中华人民共和国公司法〉若干问题的规定（三）》（以下简称《公司法解释（三）》）第28条规定“冒用他人名义出资并将该他人作为股东在公司登记机关登记的，冒名登记行为人应当承担相应责任；公司、其他股东或者公司债权人以未履行出资义务为由，请求被冒名登记为股东的承担补足出资责任或者对公司债务不能清

偿部分的赔偿责任的，人民法院不予支持”，陈某喜不应当承担股东清算赔偿责任。故检察机关应对陈某喜是否被冒名为某羽公司股东的事实进行着重调查核实，把握主导的实质法律关系。

2. 坚持以证据为核心，加强证据审查

在涉及身份信息被他人冒用的民事案件中，检察机关对于被冒用身份信息事实及证据真实性的认定和判断至关重要，证据的完整性直接影响案件事实的认定，如果各方当事人的举证能力存在较大差异，检察机关应当全面综合审查证据效力。本案中，作为在外地务工的农民工，陈某喜因缺乏法律知识，在一审阶段未出庭应诉，亦未提交任何书面证据材料。后在法援律师的指导帮助下，对某羽公司股东会决议和清算报告上自己的签名笔迹进行了鉴定，并向厦门市市监局举报其身份信息被他人冒用登记为案涉公司的股东。陈某喜在向检察机关申请监督时，提交了某羽公司登记材料中“陈某喜”签名笔迹非其本人所写的鉴定意见以及厦门市市监局撤销其为某羽公司股东的撤销登记决定书，以证明其系被冒用登记为某羽公司股东，不应承担原判决判令的法律责任。检察机关受理案件后立即对当事人提交的证据进行全面审查。尽管陈某喜提交了鉴定意见，但该鉴定意见为陈某喜单方委托鉴定，其单方委托鉴定形成的书面意见作为一种证据形式，因在委托程序上的非正式性，并且存在诸多的利己性和利益驱动性，检察机关在对该类证据进行审查时应当具体分析，慎重考虑，不可不加审查直接将鉴定意见作为监督依据，“以检代审”。为强化证据审查的亲历性，检察机关再次委托鉴定机构对某羽公司留存在市监局的清算注销材料中股东会决议、注销清算报告上“陈某喜”签名进行了笔迹鉴定，并采取进一步的调查核实措施。

3. 充分运用调查核实权，准确认定案件事实

调查核实是民事诉讼法赋予检察机关的一项重要监督手段，《人民检察院民事诉讼监督规则》对检察机关行使调查核实权作出细化规定。在司法实务中，因民事监督案件当事人地位的平等性，检察机关行使调查核实权应当与其监督属性相适应，不得超越检察机关应有的监督职能，通过行使调查核实权为一方当事人收集证据。且检察机关行使调查

核实权应当遵循必要性原则，在仅通过阅卷及审查现有材料对民事判决中可能存在需要监督的情形难以认定的情况下，方可行使调查核实权。本案中，检察机关通过调阅一审卷宗以及对当事人陈某喜提交的证据进行全面审查后，认为陈某喜很有可能被冒名登记为某羽公司股东，原审判决可能存在法律规定需要监督的情形。但基于现有的证据材料，案件事实仍难以查明，检察机关应当通过必要的调查核实手段还原案件事实。鉴于商事活动外观主义原则，对于被冒名股东的认定应采取审慎的态度，若要认定陈某喜为被冒名股东，该证明标准应当高于普通民事案件的高度盖然性。因此，检察机关首先走访了厦门市市监局，了解市监局出具撤销登记决定书的经过，调取了市监局的调查卷宗；同时，为查明陈某喜非该公司的实缴出资股东的情况，又向当时负责该公司登记验资的某会计师事务所发出调查函，并委托鉴定机构提取了留存于该会计师事务所的银行询证函、验资资料提交人声明书、指定代表或者共同委托代理人的证明原件中“陈某喜”的签名进行了笔迹鉴定；另外，为查明陈某喜与某羽公司之间不存在任何经济往来的情况，又调取了某羽公司名下银行账户自公司成立至清算注销十年间的交易明细，逐条比对确认未出现任何与陈某喜相关的交易记录；同时，为印证陈某喜所称其在该公司成立时未来过厦门，系在广东打工的情况，调取了陈某喜其时打工的工资账户交易明细。经过大量的调查核实工作，最终检察机关以确实、充分的证据认定陈某喜确系被冒用登记为某羽公司的股东。

（二）从具体法律条文中深刻领悟法治精神

检察机关不仅要查清案件事实，更应正确适用法律规范，既要理解具体的法律条文，更要把握其中的精神内涵。本案中陈某喜一审阶段未出庭应诉，虽然提起上诉，但其未在法院指定的期限内缴纳上诉费用，也未提出减、免、缓申请，被二审按自动撤回上诉处理。在陈某喜未充分行使其诉讼权利的情况下，检察机关能否对本案予以监督仍存在探讨空间，这就要求检察机关深刻领悟法律条文中的法治精神，正确适用法律规范。《民事诉讼法》第 211 条第 1 项明确规定“有新的证据，足以推翻原判决、裁定”属于人民法院应当再审的情形之一。最高人民法院《关于适用〈中华人民共和国民事诉讼法〉的解释》(以下简称《民诉法解释》)第385条对“新的证据”的认定标准作出进一步的规定，再审申请人提供的新的证据，能够证明原判决认定基本事实或者裁判结果错误的，属于民事诉讼法规定的“有新的证据，足以推翻原判决、裁定”情形。原审判决判令陈某喜承担案涉清算责任的主要理据为，陈某喜既为认缴注册资本的某羽公司股东之一，亦是该公司的清算组成员之一，陈某元、陈某喜在未履行清算义务的情况下，即申请注销公司，导致某羽公司对谢某的债务无法得到清偿，故应当承担相应的民事责任。但依据陈某喜提交的司法鉴定意见书、市监局撤销其为某羽公司股东的撤销登记决定书以及检察机关调查核实的相关证据材料所证明的事实，陈某喜在某羽公司设立及清算、注销过程中，其身份信息被冒用，即陈某喜既不是某羽公司的股东，亦不是该公司清算组的成员。根据《公司法解释(三)》第28条的规定，陈某喜不应当承担案涉清算赔偿责任。前述证据足以证明原审判决认定的基本事实及裁判结果存在错误，且均为原审庭审结束后形成，所指向的法律事实及法律关系，与原审判决具有不可分性，陈某喜作为被判令承担民事责任的被告，客观上已不可能再依据前述证据材料另行提起诉讼。故检察机关认为，前述证据应当认定为“足以推翻原判决、裁定的新证据”，本案符合应当再审的法定情形。民事诉讼法明确赋予检察机关对同级人民法院生效判决、裁定以及调解书的检察监督职责。对于当事人认为一审生效判决存在法定再审情形，向检察机关申请监督的案件，即使当事人未对该一审判决提起上诉，检察机关仍应当予以受理并对民事诉讼活动的合法性进行全面审查监督。若发现民事裁判确实存在再审事由，应当依法履行检察职责提出再审检察建议，不因当事人有无上诉而受影响，这是检察机关履行其民事监督职能的应有之义。故针对本案有新的证据足以推翻的错误判决，检察机关决定发出再审检察建议，对原审判决予以纠正。

（三）在法理情的有机统一中实现公平正义

检察机关应当将习近平法治思想的立场观点方法融入到办理民事监督案件过程中，让办案符合法律规定、符合社会主义核心价值观、符合人民群众对公平正义的基本认知，真正把“检护民生”落到实处，把“努力让人民群众在每一个司法案件中感受到公平正义”落到实处。《民法典》第1012条明确规定自然人享有姓名权，有权依法决定、使用、变更或者许可他人使用自己的姓名；第1014条规定，任何组织或者个人不得以干涉、盗用、假冒等方式侵害他人的姓名权或者名称权。民事主体的身份信息被冒用进行公司股东登记，不仅侵犯了民事主体的姓名权等人身权益，甚至可能导致当事人财产权益遭受损失。本案中，陈某喜在不知情的情况下被他人冒用姓名进行公司股东登记，后因公司经济纠纷被判决承担30多万元债务，其人身财产权益遭受严重侵害。陈某喜因此案错成为“老赖”，银行卡被冻结，无法正常务工，只能做现金支付报酬的零工过活。民事生效裁判监督，是当事人最后的司法救济途径。检察机关作为法律监督机关，不能仅根据当事人提供的证据证明力不足就作出不支持监督申请的决定，而是以“如我在诉”的同理心，充分运用检察机关的调查核实权，查明迷雾后的事实真相，精准监督，纠正错误判决，最终促使当事人达成和解，谢某撤回对陈某喜的全部诉讼请求，陈某喜也恢复了正常的工作和生活。

把握“三个善于”内在机理 真正解决实质法律问题

——以“莫某”骗婚引发的行政争议案为切入点

赵福璋　林瑶瑶*

习近平总书记强调“努力让人民群众在每一个司法案件中感受到公平正义”，这一理念为检察工作提供了根本遵循，也深刻诠释了在新时代新征程中“高质效办好每一个案件”是检察履职办案的基本价值追求。检察机关在办理行政检察监督案件时既要推进行政争议实质性化解，实现公平正义，也要让公平正义在程序上更好更快实现，在效果上让人民群众可感受、能感受、感受到。本文以“莫某”骗取与姚某的婚姻登记，姚某诉福建省某县民政局撤销婚姻登记检察监督案为切入点，通过阐述案件办理过程中对实质法律关系的精准把握、法治精神的深刻领悟以及法理情的有机融合，探讨“三个善于”在涉婚姻登记检察监督的实践路径，以期为婚姻登记领域行政争议实质性化解提供可复制可推广的经验样本。

* 赵福璋，福建省闽清县人民检察院检察委员会专职委员；林瑶瑶，福建省闽清县人民检察院第三检察部副主任。

一、基本案情

2013年12月11日，一女子使用广西“莫某”的姓名和身份证明与姚某登记结婚，并收取礼金7万余元。登记次日，该女子失踪。姚某向公安机关报案，因对“莫某”骗婚没有掌握充分证据，公安机关不予立案。姚某向福建省某县民政局申请撤销婚姻登记，民政局认为根据法律规定只有受胁迫登记的才予以撤销，但姚某与“莫某”的婚姻登记不存在胁迫情形，故未予受理。2019年5月24日，姚某向广西壮族自治区某县人民法院提起离婚诉讼，人民法院经审理查明，莫某某于2010年7月26日已与戚某登记结婚，该莫某某非2013年与姚某登记结婚的“莫某”，在人民法院释明后，姚某撤回起诉。2019年8月21日，姚某再次向广西壮族自治区某县人民法院提起诉讼，要求宣告其与“莫某”的婚姻无效。莫某某本人出庭应诉，经人民法院审理查明，结婚证照片上的女子并非该莫某某，莫某某并未与姚某办理结婚登记，故姚某的诉讼请求没有事实依据，人民法院遂裁定驳回姚某的起诉。

姚某再次向福建省某县民政局申请撤销婚姻登记，无果后于2020年1月3日向人民法院提起行政诉讼，请求撤销某县民政局于2013年12月颁发的结婚证。法院审查后认为，该结婚证系2013年12月11日登记颁发，姚某于2020年1月3日就此提起诉讼，已逾5年起诉期限，不符合立案条件，依法裁定不予立案。姚某不服，随后向某市中级人民法院提起上诉、向福建省高级人民法院申请再审，均未获得支持。

二、“三个善于”的履职应用

（一）洞察案理：从繁芜事实中把握实质法律关系

1. 抽丝剥茧，理清法律关系

姚某上诉、申请再审未获支持后向检察机关申请监督，检察机关初步审查后认为，姚某的起诉确已超过起诉期限，人民法院裁定不予立案并无不当，但姚某要求撤销婚姻登记诉求合法合理，提起民事诉讼、行政诉讼均未获人民法院裁判支持，行政机关又表示无权主动撤销，姚某的正当诉求无法通过其他途径实现，因无法撤销与“莫某”的婚姻登记，其虽有一女友并生育2个儿子，但无法办理结婚登记，孩子难以落户就学。针对该情况，检察机关将行政诉讼监督从诉讼“启动站”转变为诉求“调节站”，依照福建省检察院行政争议实质性化解“路线图”工作机制，启动化解程序，厘清争议焦点，推动破解“程序空转”困局。

2. 调查核实，夯实证据基础

为查明案涉婚姻是否应当被撤销，检察机关重点围绕案涉婚姻是否存在冒名登记开展调查核实，以确凿证据筑牢法律判断根基。一是向某县民政局调取婚姻登记档案及婚姻登记信息等材料，经严谨甄别比对，查明与姚某登记合影照片中的“莫某”与身份证上的莫某某长相出入较大，且“莫某”名下共有5次婚姻登记信息同时存续，依次在广西、浙江、山西、福建、安徽五省份。二是多次询问姚某及相关证人了解案情和诉讼过程，查明“莫某”收取姚某7万元彩礼，办理结婚登记次日出走，姚某某到广西提起离婚诉讼时经当面确认，出庭的莫某某不是与姚某登记结婚的“莫某”。三是福建省三级检察机关组成办案组赴山西跨省开展调查，走访多个相关单位和当事人，查明“莫某”在山西省某县婚姻登记档案材料中的签名及照片与在福建省某县民政局办理婚姻登记的“莫某”高度相似；山西某县同“莫某”办理结婚登记的张某陈述其亦受骗并曾向公安机关报案。至此，基本核实“莫某”冒用莫某某身份在多地登记结婚以骗取彩礼，该错误婚姻登记系全国联网查询信息化建设滞后及民政部门难以进行实质审查等客观条件所致。

（二）精研法义：于具体条文中深刻领悟法治精神

1. 树牢系统思维，精准适用法律

本案中，婚姻登记错误事实客观存在，而争议问题在诉讼层面难以得到实质性解决，姚某请求撤销婚姻登记屡次遭拒的原因在于，现有法律未规定冒名登记结婚为可撤销情形，《婚姻登记工作规范》第53条规定除受胁迫的结婚之外，以任何理由请求宣告婚姻无效或撤销婚姻的，婚姻登记机关不予受理。但实质上，结婚自愿是婚姻法的最基本原则，冒名登记骗婚与受胁迫结婚均不具备缔结婚姻的真实意思表示，缺乏基本的结婚合意要件，不能机械地认为只有后者才属于应当纠正的情形，而应根据个案特殊情况作出妥善处理。随后，检察机关依据《福建省行政执法条例》自行纠错规定发出检察建议，建议重新审查姚某与“莫某”的婚姻登记程序及结婚证的颁发是否符合法律规定，确实缺少合法要件的应当撤销。通过检察建议引导婚姻登记机关发挥自我纠错功能，并持续性跟踪推进。

2. 把握立法初衷，共助争议化解

针对该案法律适用争议，检察机关在明确提出法律监督意见的同时，通过召开专家论证会、听证会等形式，邀请相关职能部门及上级主管机关、专家学者共同探讨，融合各方智慧权衡情理法要素。经充分讨论大家取得了民意和理论上的共识，本案虽然不属于民法典规定的无效婚姻和可撤销婚姻，但在检察机关充分调查核实认定骗婚事实的基础上，该婚姻登记属于明显不当的行政行为，民政部门主动纠错符合立法精神。由于主动更正错误婚姻登记的法律规定不明，推进工作存在一定阻力，三级检察机关发挥协同办案优势，一方面，督促县民政局做好更正错误登记的基础准备工作；另一方面，协调省民政厅对相关程序问题加强指导。经过共同努力，姚某的错误婚姻登记信息被成功删除。同时针对“莫某”冒用他人身份证明结婚、骗取财物涉嫌犯罪的行为，启动立案监督程序，促成公安机关对姚某被诈骗案立案侦查，骗婚的“莫某”也于2022年6月因诈骗罪被法院判处有期徒刑3年9个月。

（三）统御平衡：以法理情融合实现公正价值导向

1. 温情救助，实现立体帮扶

建立行政争议实质性化解案件的司法救助机制，充分顾及当事人情理诉求。从理出发，姚某深陷冒名婚姻诉累，家庭经济不堪重负，生活陷入困境。检察机关坚守司法为民初心，积极作为，温情救助姚某家庭，召开司法救助听证会给予 4 万元救助金。以情续温，鉴于子女落户就学难题系姚某家庭困境关键症结，检察机关充分发挥协调联动职能优势，积极协同民政、公安及教育等多部门，为其子女落户就学开辟绿色通道，确保孩子教育权益不受侵害。构建长效跟踪帮扶机制，对姚某家庭后续生活状况持续追踪、精准施策，助力其家庭重塑生活信心、重启美好愿景，以法理情融合的司法救助诠释了公正价值的深刻内涵，让公平正义真正可感可知。

2. 社会治理，达成长效善治

在确保法律正义于个案精准落地的同时也要注重跳出检察看检察，推动法律监督由个案监督向类案监督拓展，由治标向治本纵深推进，推动解决普遍性问题，达到办理一案、治理一片的效果。本案中，检察机关开展行政争议实质性化解，通过调查核实、公开听证、专家论证、立案监督，推动问题实质解决，为解决此类问题探索了一条新路径，对类案办理起到了示范作用，经过上级检察机关的推广，已有多地检察机关借鉴该案经验成功办理相关案件。姚某案的办理和宣传同时促成“两高两部”出台《关于妥善处理以冒名顶替或者弄虚作假的方式办理婚姻登记问题的指导意见》，为全国范围内同类案件处理提供明确的指导。以此案为契机，众多受此类问题困扰的当事人合法权益得以切实保护，婚姻登记管理秩序得以有效整饬，法治尊严与社会公平正义得以充分彰显。

三、“三个善于”的实践路向

（一）聚焦以事实为根据，更加注重“三个善于”内含的实质思维、公正观念

证据审查为公正之基。婚姻登记案件时间跨度与地域因素交织，关键证据易灭失、难获取，冒名登记案中冒名者身份伪装、行踪隐匿，传统取证手段受限，电子证据收集审查规则待细化，导致证据链难闭合、事实认定存疑，影响法律关系精准甄别与监督质效提升。检察机关办案

人员应强化证据审查判断能力，巧妙“借势借力”以充分行使调查核实权，发挥检察一体优势，通过检察机关上下联动，组成专案组开展调查核实，向法院、民政、公安等多个单位查阅和调取证据材料，约谈当事人及相关证人，赴异地调查取证，构建严密证据链条，依证据规则审查证据合法性、关联性与真实性，排除矛盾与合理怀疑，使法律事实近客观真相。

精准定性为公正之魂。明确办理案件最终应该解决也必须解决的问题的前提是要准确认定实质法律关系。婚姻登记涉多领域法律交叉，法律关系定性常存争议，如婚姻效力争议涉及民事婚姻实质要件与行政登记程序合法性审查冲突，登记程序瑕疵对婚姻效力影响判定标准不一，行政机关与司法机关因职能、视角差异，法律适用存在分歧，导致监督方向不明、处理结果冲突。精准把握婚姻法律关系性质是公正监督关键。对涉婚姻登记检察监督案，通过调查核实，查明冒名结婚涉诈骗犯罪事实，依实质法律关系精准监督纠错，使监督结果契合实体正义，以维护当事人合法权益与法律尊严，提升司法公信力与权威性。

（二）聚焦以法律为准绳，更加注重“三个善于”内含的规则意识、法治观念

法律解释促精准适用。婚姻登记法律适用难题频现，检察办案若依赖条文表面含义，机械套用传统婚姻法规，忽视立法目的、价值取向及体系逻辑，则将致合法权益保障失位、社会公平正义受损。故在办案时需遵循立法意图与法律原则精准阐释条文，必要时借助“外脑”，以向上请教、专家论证会、听证会等形式展开论证，在现行法框架内运用论理解释、目的解释等方法填补规则空白、化解适用歧义，确保法律适用精准对接社会现实需求，维护法律确定性与适应性平衡，探索延伸适用至如网络婚姻登记瑕疵等新兴婚姻领域争议，为司法办案精准导航，推动婚姻法治与时俱进。

依法监督护法治尊严。严格遵循检察监督程序是法治核心要求，检察机关应坚持“一手托两家”，全面履行监督职能。即除对生效裁判进

行监督外，还应当对行政行为的合法性一并进行审查，尤其重视对法院裁定驳回起诉、行政行为未得到实体审理的情形，人民法院以超过法定起诉期限裁定不予立案或者驳回起诉并无不当的行政案件，并不意味着被诉行政行为当然合法。对这类案件，检察机关不能简单作出不支持监督申请决定，而应当从促进依法行政、推动行政争议实质性化解的角度，进一步审查行政行为的合法性，如果不能通过抗诉、再审检察建议途径解决，应当通过制发检察建议或其他方式进行监督，真正做到既监督法院依法审判，又积极促进行政机关依法行政。

（三）聚焦以人民为中心，更加注重“三个善于”内含的大局思维、善治观念

权益维护为核心导向。人民检察院应切实担负起办好“群众身边案件”的政治责任、社会责任和法律责任，牢固树立以民为本、司法为民理念，实现维权与监督相统一。针对当事人的合法权益因错误的行政行为受到严重影响，但因超过起诉期限等原因通过诉讼途径难以有效维权的案件，在发挥法律监督职能督促行政机关自我纠错、解决当事人的实体利益诉求的同时，探索给予多元帮扶。依法启动司法救助程序，核发救助金，缓解当事人经济压力，积极协同民政、公安、教育等部门解决涉案子女落户入学难题，以司法温情为权益保障添暖。对办案中核实的“冒用身份信息”犯罪线索，依法迅速移送公安机关并监督刑事立案，全程跟踪督促，为婚姻登记秩序稳固织密刑事司法防护网，诠释检察监督护佑民生初心。

社会和谐为根本目标。检察办案若仅止步于个案公正的达成，而忽视从“一案之办”向“类案之治”继而向“众益之始”的深度延展，则难以构筑起稳固持久、协同高效的社会治理格局，亦无法充分释放司法效能对法治体系完善、社会和谐秩序构建的推动作用。婚姻登记检察监督以社会和谐为根本目标，从“一案之办”的精耕细作起步，以全力调查取证、精准适用法律、促民政纠错，化解个体矛盾，筑牢社会和谐微观单元；继而迈向“类案之治”，加强法治宣传教育，打造典型案例，深

挖冒名、虚假登记类案共性规律，协同多部门开展专项整治，拓宽社会和谐中层架构；进阶至“众益之始”，立足检察实践反哺立法完善，推动“两高两部”出台处理意见，明晰各方权责、细化程序标准、填补法律罅隙，夯实社会和谐法治根基。

运用“三个善于”高质效办理“蒙娜丽莎”商标争议行政诉讼监督案

刘 丽 董琪瑶*

检察机关作为国家的法律监督机关和保障国家法律统一正确实施的司法机关，“为大局服务、为人民司法、为法治担当”最终都要通过履职办案来实现，必须把“高质效办好每一个案件”作为基本价值追求，准确把握“三个善于”蕴含的重要思维方式和工作方法，并用以指导检察办案，切实守护司法公正。

一、基本案情及问题的提出

（一）基本案情

2012 年 3 月 30 日，拥有本案引证商标“蒙娜丽莎 Mona Lisa”商标权的某建材公司和洁具公司，因发现市场上另有一个比其商标申请注册时间晚但核定使用商品存在重叠的“M MONALISA 及图”商标，即本案争议商标，可能造成消费者混淆，向原国家工商行政管理总局商标评审委员会（以下简称原商评委）申请撤销，原商评委经审查裁定在部分商品类别上撤销争议商标。争议商标权利方某集团不服起诉至法院，并引入其名下另一驰名商标“M MONALISA 蒙娜丽莎及图”作为基础商标，

* 刘丽，北京市人民检察院第七检察部三级高级检察官；董琪瑶，北京市人民检察院第七检察部四级高级检察官助理。

主张其基础商标商业信誉可在争议商标上延续，且争议商标与引证商标不构成类似商品上的近似商标，法院据此判决撤销原商评委裁定。原商评委、某建材公司和洁具公司不服一审判决提出上诉，二审及再审申请均被驳回后，某建材公司和洁具公司向北京市检察院申请监督。检察机关经审查认为，争议商标与引证商标构成类似商品上的近似商标，且基础商标驰名时间晚于争议商标注册时间，在后驰名的基础商标影响力延伸至争议商标缺乏依据。2021 年 8 月 2 日，北京市检察院依法提请最高检对该案抗诉。最高检采纳提请抗诉意见，于 2021 年 11 月 11 日向最高法提出抗诉。2022 年 6 月 14 日，本案再审撤销原一、二审判决，改判维持原商评委裁定。

（二）问题的提出

本案既涉及行政机关的行政裁定，也涉及商标核准与撤销问题，是行政检察与知识产权的跨界案件，关乎市场秩序、行政管理和司法裁判等诸多领域，有因涉及诸多行政及司法程序导致大量法律溯及力问题的难点，又叠加专业性强的参考性工具和知产类法律规范的参考与适用争议，属重大、疑难、复杂案件。如何透过纷繁复杂的证据把握实质争议，认定法律事实，解决行政争议，建立市场、管理和裁判规则，是本案面临的巨大挑战。

一是案件事实证据复杂、矛盾盘根错节，实质法律争议认定难。本案自申请人针对诉争商标向原商评委提出异议申请到申请检察监督，诉争已持续多年，争议双方提交的证据材料数量庞大、种类繁多、牵涉法律关系复杂，除直接证明案件事实的证据外，当事人还提交了多地区不同层级法院作出的数十份行政与民事判决，其内容涉及判断不同“蒙娜丽莎”商标之间是否近似、第 11 类商品之间及第 11 类商品与其他类商品之间是否类似，以及驰名商标延续性注册等多个法律问题，每份判决中的事实认定又涉及大量证据审查和复杂的法律适用分析，对检察人员厘清案件事实，梳理争议焦点，准确界定法律关系形成较大挑战。

二是案涉争议执法司法理念分歧较大，法律理解与适用纠偏难。本案申请人的请求在行政裁决阶段得到了原商评委认可，但在一审、二审和再审中，其与原商评委均败诉。行政与司法程序的曲折性、多方观点的激烈碰撞表明各方对案件法律问题的认识存在巨大分歧。这种分歧不仅存在于经营主体之间，更存在于行政管理者和司法裁判者之间；不仅体现在对相关法规的正确适用层面，更体现在对法条背后蕴含的法治理念和精神的准确理解层面。若此类分歧不能妥善解决，将直接影响行政机关对知识产权和市场秩序监管成效，也制约着企业和经济社会的长远发展。

三是亟须以个案高质效办理统一商标领域司法裁判标准，维护实质公正。本案争议双方因不同的“蒙娜丽莎”商标在多地存在多起行政、民事纠纷，各有胜诉和败诉。双方分别与其他经营主体亦多有纠纷，不同观点均有生效裁判予以确认。这些生效裁判经常会在不同案件中被当事人选择性地作为证据支持其诉求，导致同一主体同一时期对同类问题持对立观点的荒谬现象。“类案异判”问题在商标领域显著存在，其影响远超个案范围，不仅有损司法公信，更不利于行政管理和市场监管，亟须通过办理高质效、引领性的个案，统一司法裁判标准和尺度，让“蒙娜丽莎”商标在法治环境下合法使用或有序退出，还公平正义于社会。

二、“三个善于”在办案履职中的实践应用

（一）加强精细化审查，抽丝剥茧精准锁定案涉争议焦点

本案讼争双方存在数起纠纷，法律关系交织，证据情况复杂，只有精准把握实质法律关系，抓住全案关键点和主要矛盾，才能准确理解案件本质，作出正确的法律判断，这也是“善于从纷繁复杂的法律事实中准确把握实质法律关系”的内在要求。检察机关加强事实证据精细化审查，抽丝剥茧、由浅入深，精准锁定案件争议焦点，为高质效办案奠定坚实基础。

一是加强证据审查，确保证据全面充分有效。案件办理过程中，检

察机关强化证据审查“亲历性”，对在案证据进行全面复查，前往行政机关、当事人经营地开展实地调查核实，通过调阅原审法院卷宗材料、多次听取当事人意见、对相关民事和行政判决予以系统梳理分析、开展专家咨询等方式全面收集补充证据，巩固完善证据体系，夯实法律监督根基。

二是细致梳理纠纷，精准锁定争议焦点。经充分调查核实，检察机关全面了解双方商标的历史沿革和争议背景，把握案情发展脉络，厘清争议焦点及案件事实主要矛盾。检察机关发现，本案虽为对行政裁决行为提起行政诉讼，但实质系商标确权争议，一审原告关于商标延续性注册的诉讼理由导致诉讼阶段形成新的争议焦点，综合被诉行政行为和历次法院裁判说理，应将近似商标的认定、类似商品的认定和商标延续性注册的认定作为本案三个争议焦点，而商标延续性注册中基础商标与争议商标的近似性认定和第 19 类“瓷砖”商品与第 11 类商品的类似性认定争议则属次生争议，可作为商标延续性注册的一部分一并予以解决。

（二）注重系统化剖析，准确把握法治精神认定法律事实

本案争议双方对于引证商标和争议商标是否构成近似商标，核定使用的商品是否构成类似商品的法律事实，能否以商标延续性注册的抗辩排除 2001 年《商标法》第 28 条[①]的适用存在重大分歧，而法院裁判理由存在缺乏依据、逻辑性欠缺等问题，导致裁判结论的合法性、合理性存疑，需通过监督进一步明确法律事实认定标准。商标纠纷技术性和专业性较强，司法实践中适用相关法律进行事实认定，要坚持系统化分析，合理使用工具性技术文件辅助参考，注重从法律规范的目的、原则和精神出发，做到“善于从具体法律条文中深刻领悟法治精神”，让法律事实认定既符合具体条文，更契合公平公正的法治精神。

一是正确运用参考性工具，准确判定“商品类似”。根据 2002 年

① 申请注册的商标，凡不符合本法有关规定或者同他人在同一种商品或者类似商品上已经注册的或者初步审定的商标相同或者近似的，由商标局驳回申请，不予公告。

最高人民法院《关于审理商标民事纠纷案件适用法律若干问题的解释》（以下简称《解释》），认定商品是否类似，应以相关公众的一般认识，结合商品的功能、用途、生产部门、销售渠道、消费对象等因素综合审查判断，可以参考《商标注册用商品和服务国际分类》《类似商品和服务区分表》①，将区分表作为商品类似的重要判断工具。司法审判应审慎推翻既有商标审查和管理规则，以避免执法与司法秩序的混乱。如相关商品在区分表中处在同一类似群组，原则上应认定构成类似商品。如认为此种情形不构成类似商品，应有充分理由，不宜随意突破区分表的划分。② 二审判决仅以争议商标核定使用的“盥洗室（抽水马桶）、坐便器”商品与引证商标核定使用的“浴室装置”商品在功能、用途、生产部门等方面存在一定差异，便将同为第 11 类 1109 类似群组中的商品判定为不类似，缺乏充分证据。

二是把握立法初衷，准确判定“商标近似”。根据《解释》，商标是否近似，应以相关公众一般注意力为标准，既审查商标标志构成要素及其整体的近似程度，也要审查请求保护注册商标的显著性和知名度等因素，综合判断是否易使相关公众对商品的来源产生混淆或误认，可从其文字的字形、读音、含义或图形的构图及颜色，或其各要素组合后的整体结构等方面进行比较。可见，立法对商标近似的判定以突破商标核心功能为限，即需达到易使公众对商品来源产生混淆或误认的程度，以平

① 《类似商品和服务区分表》是我国商标主管机关为了商标检索、审查、管理工作的需要，以世界知识产权组织提供的《商标注册用商品和服务国际分类》为基础，总结我国商标审查和管理实践经验，广泛征求各部门意见，把某些存在特定联系、容易造成误认的商品或服务归类在一起编制而成，可作为行政机关和司法机关在处理商标案件时判断类似商品或服务的参考。

② 司法实践中，对区分表的划分一般较少突破，即使突破也是在综合考虑商品功能、用途、销售渠道、消费对象的基础上把分属于两个类别的商品认定为类似商品的正向突破，而非将属于同一类别同一群组的商品认定为非类似商品的反向突破。北京市高级人民法院《关于审理商标民事纠纷若干问题的解答》〔京高法发［2004］48 号〕之“类似商品和服务区分表的作用”规定，如果当事人提出与区分表的划分不一致的关于商品或者服务类似或者不类似的证据的，应当根据当事人提供的证据予以认定，否则应当参考区分表认定是否类似。

衡市场监管与权利保障。本案争议商标虽由图形M和文字MONALISA组合而成，但图形部分的字母M并无特定含义，争议商标的呼叫方式仍为"MONALISA"而非"M"，故"MONALISA"文字是该商标具有识别力的显著认读部分。在争议商标于申请日前尚未在相关商品上形成知名度的情况下，将其核定使用在相关商品上会使公众产生混淆、误认，故应判定争议商标与引证商标构成近似商标。二审判决以两商标标志的构成要素和整体外观存在较大差异而认定不构成近似，这种以简单"找不同"方式得出的结论不但缺乏依据，亦无法在逻辑上形成闭环。

三是注重法益平衡，严格把握商标延续性注册适用条件。通过参考本地商标授权确权行政案件审理指南[①]、查阅类案和司法实践，检察机关认为，商标注册人对其注册的不同商标享有各自独立的商标专用权，其先后注册的商标之间不当然具有延续关系，但允许商标权人通过延续性注册，将经使用获得一定知名度的商标向新的商品或服务领域拓展，对于维护企业商业信誉和公平竞争市场秩序，亦有合理性。因此，司法审判应妥善平衡商标延续性注册的认定与其他商标的正当合理使用，综合考虑商标标志的近似程度、商品的类似程度、基础商标驰名时间、在先商标的使用情况和知名度等因素，以申请延续注册的商标不易与引证商标发生混淆、误认为原则，全面审查判断延续性注册抗辩是否成立。二审判决认定某集团基础商标影响力可以延伸至争议商标，但并未考虑争议商标申请注册前，基础商标尚未驰名及引证商标持续使用且产生一定知名度的情况，存在认定错误。

（三）开展全面化检索，统一类案裁判标准实现三效融合

知识产权案件往往多个程序交织，且权利客体具有非物质性和开放

---

① 北京市高级人民法院《关于商标授权确权行政案件的审理指南》（2014年）第9条规定，基础商标注册后、在后商标申请前，他人在同一种或者类似商品上注册与在后商标相同或者近似的商标并持续使用且产生一定知名度，在基础商标未使用或者虽然使用但未产生知名度、相关公众容易将在后申请的商标与他人之前申请注册并有一定知名度的商标相混淆的情况下，在后商标申请人主张其系基础商标的延续的，不予支持。

性特点，客观上更易遭受多方侵害，该领域批量维权案件较其他领域更为常见，类案检索的必要性更加突出。本案检察人员注重全面化检索，既检索“两高”发布的指导性案例、典型案例，又以涉及同一当事人、同一类似群组的商品、同一法条和商标中含有“蒙娜丽莎”“monalisa”等设计要素为标准，检索并筛选出多件与本案高度类似且相关联的类案。经对比分析，发现其他案件对类似商品、近似商标及商标延续性注册的认定与本案有明显差异，存在类案异判情形。检察机关坚持全局观念，以本案高质效办理和相关事实的准确认定为抓手，监督纠正不当判决，统一类案司法裁判标准，有力推动从个案公正到类案公平，确保法律统一正确实施。同时，通过解决法律争议，一并理顺市场运行、行政管理和司法审判之间的分歧、矛盾，实现政治效果、法律效果和社会效果的有机统一，真正做到“善于在法理情的有机统一中实现公平正义”。

三、经验提炼

（一）把握实质法律关系，锁定案件主要矛盾

办理商标确权等疑难、复杂的涉知识产权监督案件，应透过现象看本质，以把握实质法律关系为核心，从纷繁复杂的证据材料中精准锁定案件主要矛盾。商标等知识产权领域纠纷通常事实证据复杂多样，法律关系不易认定，需要检察人员察微析疑、拨云见日，把好证据审查关，坚持精细化审查，由表及里梳理案情走向，快速锁定全案关键问题和主要矛盾，准确界定实质法律关系，提升监督精准性、规范性。

（二）符合法律条文规定，契合法治精神

在依法查明并认定关键法律事实时，其结论既要符合具体法律条文，又要符合法条背后蕴含的法治精神，避免机械司法，产生实质不公。正确适用法律，是案件得到公正处理的先决条件，检察人员要综合考量地区规范性文件、经济发展政策、当事人诉求合理性、类案裁判等因素，作出最契合社会主义法治精神的解释，确保最终结论符合立法的

基本价值和理念。

（三）统一办案尺度弥合司法分歧

检察办案应注重提升类案检索的全面性，既要检索最高法、最高检发布的指导性案例等相关类案，用以参照或参考办案；又要检索涉及同一当事人及同一权利客体的关联案件，审查是否有类案异判情形。对存在类案异判情形的，以个案监督推动类案裁判标准统一，以个案高质效办理统一类案司法裁判标准与尺度，弥合执法司法矛盾分歧，确保法律统一正确实施，让办案符合法律规定、符合社会主义核心价值观、符合人民群众对公平正义的基本认知，实现“三个效果”有机统一。

优化低保资金检察监督案件办理路径

金　石　康少豪[*]

随着我国社会保障体系的不断完善，低保资金作为保障困难群众基本生活的重要资金来源，其管理和使用的规范性、安全性备受社会各界关注。检察机关在低保资金监督中扮演着关键角色，“三个善于”为优化低保资金检察监督案件办理路径提供了重要指引。本文结合T市Q区办理低保资金检察监督案件的具体实践，探讨如何通过深化运用“三个善于”理念，进一步规范低保资金监管，提升社会保障资源的合理利用，促进公平正义的实现。

一、基本案情及办案经过

2023年，T市Q区人民检察院在开展社保资金行政专项监督活动中，通过自行研发的“监狱服刑人员违规领取低保类案监督模型”，发现多条异常数据。Q区人民检察院从全国检察业务应用系统中调取近五年被判处拘役、有期徒刑以上刑罚的人员数据，从区民政局调取了近五年城乡居民低保发放数据，通过建立的“监狱服刑人员违规领取低保类案监督模型”进行数据对撞，经调查核实：2018年至2022年，被判处拘役、有期徒刑以上刑罚的杨某、孙某、白某某等35名被告人，在监狱服刑期间仍继续向户籍地、经常居住地社区、村委会违规领取最低社会保障

* 金石，甘肃省人民检察院第六检察部主任、二级高级检察官；康少豪，甘肃省天水市秦州区人民检察院一级科员。

金共计27万余元。

在案件办理过程中，Q区人民检察院邀请区民政局、社区、街道工作人员、人民监督员、听证员召开案件听证会，在充分听取意见基础上，向区民政局公开送达了检察建议书，建议其组织涉案乡镇对35名违规领取最低生活保障金的人员进行核查，并及时收回违规发放资金；做好对特困人员认定的审核确认工作，根据定期核查情况及时办理最低生活保障金增发、减发和停发手续，确保资金使用安全、管理规范；加强与纪委、法院、监狱等部门沟通联系，通过建立数据共享平台或者建立定期通报等长效机制，堵塞服刑人员违规领取最低生活保障资金监管漏洞。

检察建议发出后，区民政局及各涉案街道、乡镇高度重视，区民政局两次召开专题党组会议认真研究落实整改措施，各乡镇、街道通过逐户走访、劝说主动退还资金、宣传低保政策等方式，陆续收回违规发放的资金9万余元。通过区检察院与区财政局协调，收回的9万余元违规发放资金已全部上缴国库。区民政局还与该区人民法院建立了定期通报制度，从源头上杜绝了违规发放漏洞。

二、案件办理的重点

（一）低保资金发放的合规性监督

低保资金是国家和政府为了保障困难群众基本生活而设立的专项资金，其发放必须严格遵循相关政策法规。检察机关在低保资金监督方面的首要任务就是确保资金发放的合规性。这包括对低保申请人的资格进行严格审查，确保其符合领取低保金的条件；对低保资金的发放程序进行严密监控，确保每一个环节都符合法律法规的要求。在本案中，检察机关通过数据监督模型发现了服刑人员违规领取低保金的问题，正是对低保资金发放合规性监督的具体体现。通过监督，检察机关确保了低保资金能够按照既定的政策和法规，准确无误地发放到符合条件的困难群众手中。

（二）低保资金使用的安全性监督

检察机关需要密切关注低保资金的流向和使用情况，确保资金能够按照既定的用途和范围使用，防止资金被挪用、截留或滥用。在本案中，虽然资金被错误发放给了服刑人员，但在检察机关的介入下，违规资金最终得以追回，保障了低保资金的安全性。这体现了检察机关在低保资金使用安全性监督方面的重要作用。为了防止类似情况的再次发生，检察机关还可以牵头建立完善的资金流向监控系统和风险预警机制，及时发现并应对可能存在的资金安全风险。

（三）低保资金管理的规范性监督

低保资金的管理涉及多个部门和环节，管理的规范性直接影响到资金的使用效率和安全性。检察机关在监督过程中需要重点关注低保资金管理的规范性，确保资金的筹集、分配、使用和管理都能够在规范的框架内进行。本案中，检察机关向民政部门发出检察建议，要求其加强低保资金的审核确认工作，并与相关部门建立长效沟通机制。这体现了检察机关对低保资金管理规范性的重视。通过监督，检察机关可以促进民政部门完善内部管理制度，明确各部门的职责和权限，确保低保资金的管理更加规范、高效。

（四）推动跨部门协作与信息共享

低保资金的管理和使用涉及多个部门和单位的协作。检察机关在监督过程中，需要积极推动跨部门之间的协作与信息共享，打破信息壁垒，形成监管合力。在本案中，检察机关通过与民政、法院等部门的沟通协调，成功推动了信息共享和定期通报制度的建立。这不仅有助于及时发现和纠正低保资金管理中的问题，还能为相关部门提供有力的数据支持和决策依据。通过跨部门协作和信息共享，检察机关可以更加全面地掌握低保资金的使用和管理情况，提高监督的针对性和有效性。

三、案件办理的难点

（一）大数据模型建立与运用难题

一是数据获取的艰难性。在本案例中，检察机关为了发现服刑人员违规领取低保金的情况，需要获取低保人员的信息、服刑人员的信息以及低保金的发放记录等多方面的数据。然而，这些数据往往分散在不同的部门和机构中，如民政部门、司法部门、银行等。由于部门之间的信息壁垒和数据保护政策，检察机关在获取这些数据时面临诸多困难。例如，一些部门对数据共享存在顾虑，担心数据泄露或被滥用，因此对数据共享持谨慎态度。即使数据能够共享，也可能存在数据更新不及时、不准确等问题，影响监督模型的准确性和有效性。二是数据整合与处理的复杂性。在获取到相关数据后，检察机关还需要对这些数据进行整合和处理，以便构建监督模型。然而，由于数据来源广泛、格式各异，检察机关需要花费大量时间和精力对数据进行预处理，包括数据清洗、去重、转换等步骤。同时，为构建有效的监督模型，检察机关还需要对数据进行深入的分析和挖掘，提取出有用的特征和关联规则，这一过程需要专业的数据分析能力和技术支持。三是模型构建与验证的困难性。在数据整合和处理完成后，检察机关需要构建大数据监督模型，并通过验证来确保其准确性和有效性。然而，构建有效的监督模型需要具备深厚的机器学习和数据挖掘知识，而检察机关可能缺乏这方面的专业人才和技术支持。即使构建了监督模型，也需要进行大量的实验和验证来确保其准确性和稳定性。这一过程需要耗费大量的时间和计算资源，对检察机关来说是一个不小的负担。同时，由于低保资金的使用和管理是一个动态变化的过程，监督模型也需要不断更新和优化以适应新的情况和问题，这需要检察机关具备持续的技术投入和创新能力。

（二）跨部门协作机制不健全

一是沟通渠道不畅。在本案中，检察机关与其他相关部门之间缺乏有效的沟通渠道。虽然各部门都有各自的联系方式和沟通机制，但在实际操作中，这些沟通渠道往往并不畅通。例如，必要时检察机关需要与其他部门协商解决问题，但由于沟通渠道不畅，导致信息传递受阻，无法及时得到回应。这种情况会严重影响检察机关的监督工作，甚至可能导致监督失效。二是协作意识不强。在检察机关办理本案中发现，在一些情况下，各部门对于协作的重要性缺乏足够的认识。有些部门可能认为自己的工作已经完成，不需要与其他部门协作，或者对于其他部门的工作不了解，不知道如何协作。这种协作意识的缺失会导致各部门之间难以形成合力，从而影响低保资金的监督效果。三是监管责任划分不清。在低保资金监管方面，多个部门都负有一定的监管职责。然而，由于法律法规对各部门的监管责任规定不明确，导致实际操作中存在监管盲区和重叠。当问题出现时，各部门可能互相推诿责任，降低了监管效能。在本案中，检察机关发出检察建议书后，部分涉案乡镇在落实整改措施时仍有所拖延，这反映出监管责任划分的问题。

（三）办案能力不足

一是办案人员数量不足。随着社会保障体系的持续进步，低保资金的规模也在不断扩大，涉及的受益人群和资金量都在持续增长。但基层检察机关行政检察部门的人员并没有相应增加，导致办案人员捉襟见肘。在低保资金的日常监督工作中，办案人员需要投入相当的时间和精力去搜集线索、进行调查核实以及固定证据等，人员短缺使得这些工作变得异常艰难，工作效率大打折扣，难以对低保资金进行全面、深入的监督。例如，在本案办理中检察机关本想以监狱服刑人员违规领取低保资金为突破口，进一步全面监督整治区域类其他违规领取低保资金的现象，但是由于行政检察部门人员较少，无法同时多领域开展相关工作，导致监督工作有所滞后。二是办案人员专业性不强。低保资金监督工作不仅涉及法律知识，还囊括了社会保障、财务管理等多个专业领域的知识。这就要求办案人员不仅要有扎实的法律基础，还要对社会保障政策、资金运作管理等有深入的了解。但目前检察机关行政检察部门的人员以法律专业背景为主，缺乏其他相关专业的支持。这导致在监督过程中，办案人员往往难以准确理解和把握低保政策以及资金管理的专业细节，从而影响了监督的准确性和有效性。同时，在办理违规领取低保资金检察监督的案件中，如出现数据比对未发现某低保领取人员在违规领取资金，但现有线索指向其在违规领取低保资金的情况下，检察机关对低保对象家庭经济状况的核查是至关重要的环节。然而，这一核查过程极具挑战性。家庭经济状况不仅涉及显性收入，还包括各种隐性收入和资产，这些都需要深入细致地调查和核实。由于一些家庭可能采取各种手段隐瞒真实经济状况以获取低保资格，检察人员需要具备丰富的调查经验和专业知识，才能准确识别和评估这些家庭的实际经济状况。此外，家庭经济状况的核查还面临证据收集与核实的困难。申请者提供的证明材料可能存在虚假或伪造的情况，这就要求检察人员具备严谨的审查能力和高超的调查技巧，以确保核查结果的准确性和公正性。[①]三是学习机制不健全。社会保障政策是一个动态变化的领域，随着政策的不断调整和完善，低保资金监督工作也需要与时俱进，不断更新相关的知识和技能。然而，目前检察机关在行政检察人员的培训和学习机制上存在明显的不足，缺乏专门针对低保资金监督的专业培训和学习资源。这使得办案人员在面对新的监督任务时，往往难以迅速适应和掌握新的知识和技能，从而影响了监督工作的质量和效率。

四、以“三个善于”优化低保资金检察监督的路径

（一）以“善于从纷繁复杂的法律事实中准确把握实质法律关系”为导向，健全跨部门协作与信息共享机制

在低保资金检察监督工作中，面对复杂多变的法律环境和跨部门协作的挑战，必须善于从纷繁复杂的法律事实中准确把握实质法律关系，以此为基础健全跨部门协作与信息共享机制，确保低保资金的安全、有

① 参见张相军:《基层行政检察作用发挥难之破解》，载《人民检察》2020 年第 18 期。

效使用。

一是精准识别法律事实，畅通沟通渠道。在低保资金监管的跨部门协作中，首先需要对涉及的法律事实进行精准识别。检察机关应牵头组织，与民政、财政、法院等相关部门共同研究相关法律法规，特别是针对低保资金的管理、使用和监督等方面的具体规定，确保各部门在协作中能够准确把握法律要求的实质。这不仅是协作的基石，也是保障低保资金监管工作合法合规的前提。为了实现跨部门的高效协作，必须确保沟通渠道的畅通无阻。通过建立定期联席会议制度，检察机关可以定期邀请相关部门参加会议，就低保资金监督中的问题进行面对面沟通与协商。会议中，各部门可以就政策执行、问题发现、整改措施等方面进行深入交流，共同商讨解决方案。同时，建立反馈机制，对沟通效果进行定期评估和调整，确保信息传递的及时性和准确性。通过这些措施，可以有效打破部门间的信息壁垒，实现信息资源的共享与整合。

二是深入剖析法律关系，提高协作意识。在跨部门协作中，深入剖析低保资金监督中的法律关系至关重要。检察机关应会同相关部门，对涉及低保资金管理的各个环节进行法律关系的梳理和分析，明确各部门的职责和权限。通过明确职责分工，避免监管盲区和重叠现象的发生，确保各部门在协作中能够各司其职、各负其责，也有助于在出现问题时能够迅速找到责任主体，及时进行整改和追责。为了提高跨部门的协作意识，检察机关可以通过多种方式进行宣传教育。例如，举办培训班、研讨会等活动，邀请法律专家、学者就低保资金监管中的法律问题进行讲解和探讨。通过这些活动，增进各部门之间的了解和信任，为协作打下良好的基础。同时，建立跨部门协作的激励机制，对在协作中表现突出的部门和个人给予表彰和奖励，激发各部门的协作积极性。通过这些措施，可以形成团结合作的工作氛围，促进各部门在低保资金监管中的共同行动。

三是把握实质法律关系，完善责任追究机制。在完善责任追究机制时，必须准确把握实质法律关系。检察机关应会同相关部门，对涉及低保资金监管的法律法规进行深入研究和分析，明确各部门的监管职责和边界。通过出台实施细则等方式，对各部门的职责进行具体规定和细化。这有助于避免监管盲区和重叠现象的发生，确保各部门在监管中能够有法可依、有章可循。为了确保低保资金监管工作的严肃性和权威性，必须建立健全的责任追究机制。对于在低保资金监督中失职、渎职的部门和个人，应当依法依规进行严肃处理。通过建立严格的责任追究制度，强化各部门的责任意识，确保其在监管中能够认真履行职责、积极作为。同时，建立联合惩戒机制，对于在低保资金使用中存在违规行为的个人或机构进行联合惩戒，形成对违规行为的强大震慑力。

（二）以"善于从具体法律条文中深刻领悟法治精神"为核心，强化法治引领与技术创新融合

在社会保障体系日益完善的今天，低保资金作为保障困难群众基本生活的重要来源，其管理和使用的规范性、安全性不仅关乎民生福祉，更是法治精神在社会治理中的具体体现。检察机关行政检察监督在低保资金使用中扮演着重要的角色。以"善于从具体法律条文中深刻领悟法治精神"为核心，强化法治引领与技术创新融合，是提升低保资金检察监督效能的关键路径。

一是深化法治理解，驱动数据治理创新。在低保资金检察监督的实践中，检察机关首先需要深入学习和理解相关法律法规，把握法治精神的精髓和实质。这不仅是监督工作的基础，更是创新数据治理模式的灵魂。通过详细研读《最低生活保障审核确认办法》等相关法律法规，检察机关能够明确低保资金的发放条件、程序及监管要求，为数据治理提供明确的法治导向。在此基础上，检察机关应推动数据治理模式的创新。建立标准化、法治化的数据获取与处理机制，是确保数据合法性和准确性的重要保障。通过跨部门协作，打破信息壁垒，实现数据资源的共享与整合。同时，引入先进的数据清洗、去重、转换等技术手段，对原始数据进行预处理，确保数据的准确性和一致性。在数据治理过程中，始终坚守法治原则，确保每一步操作都有法可依、有据可查。

二是法治与技术并行，优化模型设计。在低保资金检察监督中，大数据模型的构建与应用是关键环节。然而，模型的构建并非简单的技术

堆砌，而是需要法治与技术的深度融合。检察机关在构建大数据监督模型时，应充分吸收法律专业知识，将法律逻辑融入到模型设计中。通过引入先进的数据分析工具和算法，结合法律条文的具体要求，设计出既符合法治要求又具备高效能的数据监督模型。在模型设计过程中，检察机关应注重模型的法律合规性审查。通过模拟测试、案例分析等方式，对模型进行反复验证和优化，确保其运行结果能够准确反映低保资金的实际情况。同时，建立模型评估与反馈机制，定期对模型进行法治性审查，及时调整和优化模型参数，确保模型运行的合法性和准确性。

三是强化法治监督，保障模型应用效果。大数据监督模型的应用是低保资金检察监督的重要手段。然而，模型的应用并非一劳永逸，而是需要持续的法治监督来保障其效果。检察机关应对监督模型的应用进行全程跟踪和评估，确保其运行过程中的每一个环节都符合法治要求。为了保障模型应用效果，检察机关应建立模型应用效果的评估指标体系。通过收集和分析模型运行过程中的各项数据指标，如异常数据识别率、资金追回率等，对模型的应用效果进行全面评估。同时，建立模型应用效果的反馈机制，及时收集基层检察人员和相关部门对模型应用的反馈意见，不断优化模型设计和应用策略。

（三）以“善于在法理情的有机统一中实现公平正义”为追求，全面提升办案能力与人文关怀

在低保资金检察监督领域，面对复杂多变的案件情况与日益增长的社会需求，办案人员不仅需要具备扎实的法律素养和专业能力，还需在办案过程中融入人文关怀，实现法理情的有机统一，从而全面提升办案能力与社会认可度。

一是融合法理情，培养综合办案人才。法律素养是办案人员的核心素质。在低保资金检察监督工作中，办案人员必须深入学习相关法律法规，准确把握法律条文的精髓和实质，确保在办案过程中能够依法依规行事。通过定期的法律知识培训、案例研讨等方式，不断提升办案人员的法律素养，为其在复杂案件中准确把握法律界限提供有力支撑。低保

资金检察监督工作涉及多个专业领域，如社会保障、财务管理、信息技术等。因此，办案人员需要不断提升自己的专业能力，以应对日益复杂的案件情况。通过组织专业培训、邀请专家授课、参与实地考察等方式，使办案人员掌握相关领域的专业知识和技能，提升办案效率和质量。在办案过程中，人文关怀的融入至关重要。办案人员应时刻关注群众的利益和需求，以耐心细致的工作态度、人性化的处理措施，让群众感受到司法的温暖和关怀。通过加强与群众的沟通交流，了解群众的实际困难和需求，为群众提供更加贴心、高效的司法服务。

二是注重人文关怀，增强办案效果。在低保资金检察监督工作中，办案人员要时刻关注群众的利益和需求，将维护群众合法权益作为工作的出发点和落脚点。通过加强与群众的沟通交流，了解群众的实际困难和需求，为群众提供更加贴心、高效的司法服务。同时，要注重对低保资金的监督和管理，确保资金能够真正用于困难群众的基本生活保障。在办案过程中融入人文关怀，不仅有助于提升办案效果和社会认可度，还能够增强司法的公信力和权威性。办案人员应以人性化的方式处理案件，注重与群众的沟通和互动，以真诚、耐心的态度赢得群众的信任和支持。通过加强宣传教育、引导群众参与等方式，提高群众对低保资金监督工作的认识和理解，营造良好的社会氛围。

三是实现“三个效果”的有机统一。在低保资金检察监督工作中，“三个效果”的有机统一是实现公平正义的关键。办案人员应在严格遵守法律规定的基础上，充分考虑社会影响和群众利益，以人性化的处理措施和灵活的法律适用方式，实现“三个效果”的有机统一。

践行“三个善于”高质效办理行政生效裁判抗诉案件

张昊天 *

最高检党组鲜明提出，要让“高质效办好每一个案件”成为新时代新征程检察履职办案的基本价值追求，并针对实践中存在的就案办案、机械司法问题，进一步提出了“三个善于”的理念。作为“四大检察”的重要组成部分，行政检察的重心是行政诉讼监督，包括对行政诉讼受理、审理、裁判、执行等的监督。行政生效裁判监督是行政检察的“重中之重”，要充分运用“三个善于”的认识论和方法论，发挥抗诉等法律赋予的刚性手段作用，强化行政检察履职，实现有力监督。本文以2023年度十大行政检察典型案例之一——北京市检察机关办理的“马某诉某镇人民政府强制拆除检察监督案”为例，阐述如何将“三个善于”融入办案全过程各环节。

一、基本案情

2000年9月，马某承租北京市某区某镇某村集体土地，后在该承租地上建设房屋（以下简称案涉房屋）。2019年10月28日，某镇政府向北京市规划和自然资源委员会某分局（以下简称市规自委某分局）发送某镇关于恳请对某村3处疑似违法建设进行认定的函及现场照片、影像图。2019年10月29日，市规自委某分局向某镇政府作出关于对某村

* 张昊天，北京市人民检察院行政检察部检察官助理。

3处疑似违法建设规划审批情况的复函，认定案涉房屋涉嫌乡村违法建设。2019年11月7日，某镇规划建设与环境保护办公室和某村村民委员会联合向马某发出限期拆除通知书，主要内容为马某违法用地违法建设项目，违反了土地管理法、《北京市城乡规划条例》等相关法律法规和村民自治章程，要求马某于2019年11月11日9点之前将违法用地违法建设项目内个人物品自行搬离，违法建设自行拆除清理完毕。逾期未拆除清理的，将由相关单位集中进行拆除清理。2019年11月19日，案涉房屋被强制拆除。

2019年12月2日，马某向北京市公安局某分局（以下简称某公安分局）邮寄查处申请书，要求对其房屋被拆一案进行调查处理。马某因未收到某公安分局的书面查处意见，于2020年4月2日以某公安分局为被申请人向北京市某区人民政府（以下简称某区政府）申请行政复议。在行政复议过程中，某公安分局向某区政府提交行政复议答复书和辖区派出所出具的工作说明，分别载明“经了解为某区某镇政府进行的拆除违建行为”“某镇建委工作人员及城管等部门联合执法拆违，属于政府行为”。某区政府于2020年5月28日作出驳回行政复议申请决定书，以“2019年11月19日，被申请人接到申请人报警后，立即赶赴现场，了解到申请人所报警情系某镇建委工作人员及城管等部门联合执法拆违，被申请人所属民警当场告知申请人拆除违建工作是镇政府的行为，此行为对申请人产生的损失可到相关部门反映解决”等为由，驳回马某的复议申请。

马某诉至法院，请求确认北京市某区某镇人民政府（以下简称某镇政府）等强制拆除行为违法。一审诉讼期间，某镇政府提交了某村村民委员会出具的关于拆除马某违法用地情况说明（以下简称情况说明），主要内容为：“2019年11月19日我村按照村委会会议精神，对马某出租大院进行了拆除清理，邀请镇规划建设与环境保护办公室或城管执法队作为拆除过程的见证人进行现场监督指导”。一审法院据此认为，现有证据不能证明系由某镇政府等作出被诉拆除行为，故马某对某镇政府等的起诉，没有事实依据，裁定驳回起诉。二审法院以相同理由裁定驳回上诉，维持一审裁定。再审法院亦裁定驳回马某的再审申请。马某不服，向北京市人民检察院某分院申请监督。

二、检察机关以“三个善于”审查及办理案件情况

（一）“三个善于”理念意涵

“三个善于”的基本内涵涉及三个层面：首先，事实认定层面是基础，侧重于如何抓住案件中的主要矛盾，要求全面准确把握“以事实为根据”；其次，法律适用层面是关键，侧重于如何正确适用法律，要求全面准确理解“以法律为准绳”；最后，办案效果层面是目标，侧重于如何确保案件办理取得最佳效果，要求全面准确统筹“以事实为根据，以法律为准绳”，努力在法律框架内寻求公平正义的“最大公约数”。依据行政诉讼法规定，公民、法人或者其他组织提起行政诉讼，需要有相应的事实依据。该案中，法院以村民委员会情况说明“自认”对案涉房屋进行了拆除清理为由，认为现有证据不能证明系由某镇政府等作出被诉拆除行为，故马某以某镇政府等为被告提起的该案之诉，没有事实依据，裁定驳回起诉。

（二）检察机关审查思路及调查核实情况

以“三个善于”理念审查，该案争议焦点在于案涉房屋的强制拆除主体是乡政府还是村委会，因此办理的关键是事实及证据的认定，进而影响到法律适用、办案效果等方面的问题。在强制拆除类行政案件中，由于行政相对人处于弱势，证据收集意识和能力普遍不高。该案中，马某申请行政复议后某区政府驳回行政复议申请决定书，以及某公安分局、辖区派出所在复议期间出具的行政复议答复书、工作说明中，均载明“经了解为某镇政府及某城管执法局等部门联合执法拆违，属于政府行为”。与之截然不同，村委会情况说明又“自认”是其对案涉房屋进行了拆除清理。在出现相悖的不同证据材料的情况下，有必要查明事实，去伪存真。秉持这一思路，北京市人民检察院某分院前往该村就情

况说明进行调查，村委会相关负责人表示，案涉房屋实际由镇政府组织人员实施拆除，情况说明系在镇政府授意下制作，但拒绝在相关笔录盖章或签字确认。案件提请抗诉后，北京市人民检察院先后向某镇政府、某村委会发出协助调查通知书，开展调查核实。但镇政府依然否认自己实施了拆除行为，村委会自认实施了拆除行为。对此，北京市人民检察院前往某村村委会，召开与村“两委”的座谈会，就情况说明中涉及的拆除行为的具体实施主体、拆除经费拨付等基础事实进行调查核实，并形成座谈会议纪要，证实村委会既未自己组织拆除，亦未委托他人拆除，情况说明系在镇政府的授意下出具，与实际情况不符。

（三）办案结果及类案监督情况

北京市人民检察院经审查认为，某镇政府应认定为该案案涉房屋的强拆主体，是该案适格被告，生效裁定认为“现有证据不足以证明某镇政府和某区城管执法局做出了被诉拆除行为，马某的起诉缺乏相应的事实根据”，存在认定事实所依据的主要证据不足问题。理由为：第一，某镇政府具有查处乡村违法建设的法定职权，且事实上实施了查处乡村违法建设的行为。该案中，某镇政府作为法律明确规定的乡村违法建设拆除主体，认定案涉被拆除房屋为违法建设，并作出限期拆除通知书，在拆除行为实施主体不明时，原则上可以推定系作出限期拆除通知书的某镇政府为实际拆除主体。第二，马某在诉讼中提交的证据可以初步证明某镇政府作出了被诉拆除行为，其起诉符合法定起诉条件。根据举证责任分配的一般原则，起诉无书面决定的事实行为时，原告只要能够提供初步证据，证明事实行为存在且极有可能系诉状所列被告实施，即应视为已初步履行了相应的举证责任。该案中，马某向法院提交了强制拆除现场照片，并提交了某区政府出具的驳回行政复议申请决定书、某公安分局出具的行政复议答复书及辖区派出所出具的关于马某的信访回复、工作说明等证据，均明确案涉拆除行为是某镇政府实施，且以上证据均为国家机关依职权制作的公文文书，其证明效力应优于某村村委会出具的书证，应视为已经提供了初步证据，履行了举证责任。第三，经调查核实，某镇政府在诉讼过程中所提交的某村村委会出具的情况说明与实际情况不符。该份情况说明系在某镇政府授意下出具，某村村委会并未实施被诉拆除行为，也未委托其他主体对案涉房屋实施拆除，未对案涉房屋拆除行为支付任何费用，案涉房屋由某镇政府拆除，与马某向法院提交的证据相印证。

2023年3月28日，北京市人民检察院向北京市高级人民法院提出抗诉。同年5月15日，北京市高级人民法院指令北京市某中级人民法院再审。6月28日，北京市某中级人民法院经再审裁定撤销原审，指令北京市某区人民法院审理。9月28日，北京市某区人民法院经审理，对检察机关抗诉意见及调查取得证据予以认可，判决确认某镇政府强制拆除行为违法。

该案的成功抗诉改判，是“三个善于”办案理念在行政检察案件办理中的生动诠释，其典型性在于通过充分发挥调查核实手段，准确查清关键的事实证据，明确了涉村委会等民事主体“自认”实施强制拆除情形的行政案件中适格被告的认定规则。北京市人民检察院经全市筛查，共筛查出在办类案8件，遂向人民法院提出抗诉和再审检察建议，推动从“个案办理”到“类案监督”，遏制以“村民自治”名义逃避行政责任，督促相关行政机关依法行权履责，畅通相对人司法救济渠道，切实维护人民群众合法权益。

三、“三个善于”在事实认定、法律适用、办案效果层面的体现

该案是北京市检察机关以“三个善于”为引领，高质效办理的一起行政生效裁判抗诉改判案件。其核心要旨是，透过现象看本质，抓住“谁是案涉房屋的强制拆除主体”这一主要矛盾，充分行使检察机关的调查核实权，运用调查获取的新证据正确认定法律事实，区分具体案件中的行政法律关系，通过抗诉促进被诉强制拆除行为进入实体审理程序，法院判决确认某镇政府的强制拆除行为违法，实现了政治效果、法律效果、社会效果有机统一。该案成功抗诉改判，确立了强制拆除类行

政案件的司法审查规则：对于村委会等民事主体“自认”实施强制拆除行为，应结合法律规定、在案证据、具体实施等情况综合研判，充分运用调查核实权，准确识别强拆主体、认定适格被告，切实维护行政相对人的合法权益。

（一）事实认定层面

对于行政机关已经作出查处违法建设等前置行政行为的，可以综合在案证据初步推定作出该前置行为的行政机关是强拆主体。检察机关应充分运用调查核实权，刺破村委会自认的“面纱”准确识别强拆主体。

强制拆除违法建设，属于公权力职权范围，实践中由此引发的矛盾争议较多。一个强拆行为有可能引发要求确认违法、行政赔偿、要求履职、行政复议、政府信息公开等多个行政诉讼，本质上都是强制拆除行为引发的安置及补偿赔偿相关问题。以“三个善于”为引领，首先就要关注纷繁复杂的法律事实中，强制拆除行为的这一实质法律关系，全面准确把握“以事实为根据”。案涉房屋被强制拆除，在行政相对人提起行政诉讼能够提供初步证明材料证明被告适格的情况下，法院应根据在案证明材料并结合行政机关的法定职权、前置行为等进行初步推定。

村委会形式上的“自认”，不能否定镇政府事实上的强拆。该案中，镇政府作为法律明确规定的乡村违法建设查处主体，认定案涉被拆除房屋为违法建设，并作出限期拆除通知书，原则上可以就此推定镇政府为强制拆除主体。在镇政府提供村委会“自认”的情况说明等证据证明强制拆除行为由村委会实施的情况下，法院应对“自认”事实进行审查，而不能直接予以采信。村委会拆除违建的行为不应被简单认定为民事主体的侵权行为或毁坏财物行为。行政机关担当社会管理者的角色，应当运用法治思维和法治方法解决行政争议，但部分行政机关通过公法遁入私法方式规避行政义务，严重损害政府公信力。实践中，乡镇人民政府在村民自治的“保护衣”下免于应诉，相对人和村委会间的争议也难以进入民事审判，从而将相对人挡在看似存在却永不能进的“法的门前”。检察机关通过践行“三个善于”理念，积极、充分开展调查核实，直接刺破行政机关假借村民自治的“面纱”，遏制以“村民自治”名义逃避行政责任，督促相关行政机关依法行权履责，也畅通了相对人寻求司法救济的渠道，切实维护人民群众合法权益。

（二）法律适用层面

对于村委会等民事主体“自认”实施强制拆除行为，应结合法律规定、在案证据、具体实施等情况综合研判。“三个善于”的理念要求，检察机关在查清事实的基础上，正确适用法律，全面准确理解“以法律为准绳”。根据村民委员会组织法相关规定，村委会可以协助乡镇人民政府开展工作。中共中央办公厅、国务院办公厅印发《关于规范村级组织工作事务、机制牌子和证明事项的意见》中明确，未经县级党委和政府统一部署，党政群机构不得将自身权责事项派交村级组织承担；不得将村级组织作为行政执法、拆迁拆违、招商引资、安全生产等事务的责任主体。故对于村委会等民事主体“自认”实施强制拆除违法建设的行为，应从是否存在行政委托或者是否由具有法定职责的行政机关直接实施等角度分析，并结合相关证据进行研判。在乡村违法建设整治实践中，存在一些形式上由村委会实施拆除，但实质由乡镇政府等委托实施的情况，村委会的拆除行为犹如行政机关的“延长之手”，未必是“法律意义上”的强拆主体和“适格”被告。

（三）办案效果层面

全面准确统筹“以事实为根据，以法律为准绳”，努力实现“三个效果”有机统一。该案通过检察机关主动调查核实、依法提出抗诉，推动法院改判。对于案件中发现的在拆违过程中，镇政府找村委会“顶包”、村委会“自认”实施强拆，假借“村民自治”逃避行政责任的问题，在实践中较为普遍，进入法院诉讼和检察监督程序的也非个案。北京市检察机关坚持“高质效办好每一个案件”的基本价值追求，推动从“个案办理”到“类案监督”，实现“办理一案、治理一片”效果。深化运用“三个善于”，对于个案中发现乡村违法建设整治中的上述普遍性问题，开展全市范围筛查，并就8件类案向法院提出抗诉或再审检察建议，与法院共同推动相关问题解决、促进司法标准统一，切实维护违法建设拆除案件中行政相对人的合法权益。

以“三个善于”高质效办好不动产变更登记纠纷案

蒋玲玲*

党的二十届三中全会通过的《中共中央关于进一步全面深化改革、推进中国式现代化的决定》指出，“法治是中国式现代化的重要保障”“弘扬社会主义法治精神，维护公平正义”。为推动全国检察机关深入贯彻落实习近平总书记提出的“努力让人民群众在每一个司法案件中感受到公平正义”的目标和要求，最高人民检察院（以下简称最高检）党组提出以“三个善于”做实“高质效办好每一个案件”。如何深刻领会党中央的新要求和习近平总书记的重要指示精神，准确把握“三个善于”的科学内涵。如何智慧运用、真正把“三个善于”的理念和要求贯彻到检察履职全过程，办案中怎样融天理国法人情于一体，如何学思践悟、彰显价值追求，这是每一位检察官在案件办理过程中深思熟虑并知行合一的重要课题。

一、基本案情及问题的提出

（一）基本案情

余某某与江西某县自然资源和规划局不动产变更登记纠纷检察监督案入选最高检《2022年度行政检察优秀案例》、最高检《公开听证促进

* 蒋玲玲，江西省景德镇市珠山区人民检察院党组成员、检察委员会专职委员。

行政机关依法履职典型案例》。

2019年，申诉人余某某通过司法拍卖以2525680元价格竞得建筑面积为709.66平方米的涉案房屋。由于原房主曾某某不配合腾房，涉案房屋未及时办理产权变更登记。2020年，曾某某向江西省景德镇市某区法院提起行政诉讼，请求更正涉案房屋房权证的建筑面积。某区法院委托房地产评估规划测绘机构对涉案房屋建筑面积进行测绘，总建筑面积732.77平方米。某区法院未通知现房屋所有权人余某某参与诉讼，判决某县自然资源和规划局履行对涉案房屋房权证中房屋建筑面积予以更正登记的法定职责。余某某提出执行异议被驳回，申请再审亦被驳回。余某某补交房屋面积误差款82248.49元。

2021年，余某某向江西省景德镇市某区检察院申请监督。检察机关受理后组成了以该院检察长任主办检察官的行政检察办案组进行办理。通过开展调阅案卷、听取申诉人陈述、走访行政机关、人民法院，核实申诉人提供的证据，调取某县法院执行局拍摄的执法记录视频，赴涉案房屋现场调查，查明涉案房屋于2001年进行首次登记，2019年7月2日之前，涉案房屋二、三、四楼阳台并未封闭的重要事实。根据房屋登记相关规定，阳台封闭与否将产生一定的面积差，未封闭阳台面积是封闭阳台面积的50%。为进一步查明案情，找准违法监督点，检察机关邀请具有建筑专业知识的人员担任听证员进行公开听证。听证员指出，房屋所有权证附有测绘图，未封闭的阳台为虚线绘图，封闭阳台为实线绘图。经比对，涉案房屋测绘图阳台处虚线绘图，与检察机关调取的证据相互印证。听证员评议认为，涉案房屋产生面积差的原因系阳台封闭所致，原登记建筑面积并不存在错误。

检察机关经审查发现，原判决还存在遗漏诉讼参与人程序违法以及适用法律错误等问题。鉴于该案疑难复杂，检察机关借助“外脑”提交全国民事行政专家咨询网进行咨询，三位专家与检察机关意见一致，认为原判决存在程序违法、认定事实错误、适用法律错误等问题。

2021年11月24日，检察机关经检察委员会讨论决定向某区法院发出再审检察建议。2022年1月22日，某区法院采纳并依法裁定再审。2022年4月1日再审案件立案，申请人余某某夫妻二人作为再审第三人参与诉讼。2022年9月29日，某区法院再审判决：(1)撤销原判；(2)驳回原审原告曾某某的诉讼请求。曾某某不服，提起上诉。2023年2月2日，某中级人民法院裁定驳回上诉，维持原判。

(二)问题的提出

针对本案，检察官围绕以下三个问题，以“三个善于”办案理念与价值追求为引领，融入案件办理中，取得良好的办案效果和社会反响。一是实质法律关系如何把握：申诉人提出执行异议、申请再审均被驳回，法院不予支持的理由是否成立；申诉人申请监督事实和理由是否符合法律规定。二是如何深刻领悟法治精神，正确适用法律。三是如何在法理情的有机统一中实现公平正义。

二、准确把握实质法律关系

对于申请人向检察机关申请监督的行政生效裁判案件，法院裁判是否确有错误，如何做到“从纷繁复杂的法律事实中准确把握实质法律关系”。在审查申诉人申请符合检察机关受理范围的案件进行立案受理后，首先审查申诉人提交的申请材料、调取该案全部诉讼环节的卷宗，通过阅卷分析研判。结合该案，主要从以下两个方面入手：一是程序。一审法院未掌握涉案房屋已被司法拍卖，房屋所有权已从原告曾某某转移至申诉人余某某的事实，未通知现房屋所有权人余某某参加一审诉讼，致使其作为有利害关系的第三人的合法权益受到侵害，诉讼程序违法。二是实体。余某某提出执行异议被驳回，向中级人民法院申请再审又被驳回，其向检察机关申请监督。余某某提出执行异议、申请再审的理由是否充分。法院为何不予支持，其实体判决说理是否充分，适用法律是否正确。带着这两点疑问，我们重点结合申诉人提出的事实和理由与法院驳回的说理和依据进行分析，看法院驳回的理由是否成立，从中发现问题，从而为检察机关开展生效裁判监督法院改判打下坚实基础。

（一）对一审法院驳回执行异议理由的分析

一审法院判决某县自然资源和规划局履行对涉案房屋房权证中房屋建筑面积予以更正登记的法定职责，即将709.66平方米变更为732.77平方米，申诉人（买受人）余某某需补交房屋面积误差款82248.49元。余某某向一审法院提出执行异议，并提出其未被通知参加诉讼以及有证据证实房屋面积增加原因系原告擅自封闭阳台所致，但2020年9月8日，执行法院以异议人提出的异议申请不符合《民事诉讼法》(2017年版）第225条或者第227条规定的异议，也不符合中止执行的条件为由，裁定驳回异议人的异议申请。

经审查发现，根据《民事诉讼法》第256条第2款的规定，案外人对执行标的提出确有理由的异议的，应当裁定中止执行。该案中，一审法院对案外人提出的异议是否确有理由既未论证，也未进行调查核实以确定是否确有理由，直接裁定驳回，有“简单粗暴”之嫌。正是一审法院执行阶段未充分重视异议人的诉求和提交的证据，导致本能够在执行阶段通过中止执行，再启动再审程序予以纠正错误判决的机会丧失。当事人不服，只能向中级人民法院申请再审，提高当事人维权成本，同时浪费司法资源。

（二）对再审法院驳回再审申请理由的分析

为维护自身合法权益，申诉人向某中级人民法院申请再审，该院驳回其再审申请，说理部分如下:“本院认为，根据本院查明的事实，涉诉房屋原产权登记面积为709.66平方米，原房屋产权人曾某某对涉诉房屋有添附，原审诉讼中某县自然资源和规划局对该增加面积未提出是违建的抗辩，涉案房屋的产权实际面积与现在登记面积相符，且对原审法院在审理本案时委托机构测绘出涉案房屋实际面积为732.77平方米继而存在23.11平方米面积误差的部分，再审申请人亦向某县人民法院执行局支付该部分面积的差价款即82248.49元。另，赣（2020）某县不动产权第0068652号不动产权证已经载明涉案房屋的面积为732.77平方米，权利人为再审申请人余某某。无论是等价有偿获取原则亦是物权公示原则，再审申请人余某某均系732.77平方米房屋的产权人，可行使该房屋所有权人的各项权利，原审判决并未侵害再审申请人的合法权益，再审申请人现申请要求撤销原审判决，法律依据不足。据此，根据《中华人民共和国行政诉讼法》第九十一条规定，裁定如下：驳回再审申请人余某某的再审申请”。

再审法院说理虽然比较充分，但“避实就虚”，回避重要事实和未正视当事人诉求。当事人的诉求在于：第一，虽然房产证上载明的面积增加，但实际面积并未增加，增加的只是数字；第二，再审申请人余某某虽然向组织司法拍卖的法院补交了8万余元差价，但这是“不得已而为之”，违背真实意愿，其为了降低损失，不得不补交；第三，曾某某拒绝腾房，为干扰执行而采取诉讼手段，其未经有关部门同意在司法拍卖后擅自封闭阳台，导致测绘面积的改变，而不是房屋登记时测绘错误，违背事实；第四，再审申请人希望得到公正判决。二审裁定回避了再审申请人的真实诉求，导致余某某不服。

（三）对申诉人申请检察监督理由的分析

在案件经过了一审、执行、再审驳回后，申诉人余某某向检察机关申请监督。申请检察监督的理由与执行异议、再审申请理由一致，总结主要在以下三点：一是未通知参加一审诉讼，系遗漏诉讼参加人的行为，作为利害关系人，合法权益受到侵害。二是有新的证据足以推翻原判决。申诉人提交了几张电脑截图和照片，称从某县法院执行局所拍照片，证实其在拍卖前去现场看房时，涉案房屋阳台未封闭，以及拍卖后原房主曾某某拒绝腾房法院最终交付后阳台却被封闭，证实封闭阳台发生在拍卖后，导致房屋重新测量面积发生变化。三是其提出调取证据申请，请求司法机关向某县法院执行局调取执行局拍摄的视频。申诉人陈述的事实是否成立，其提交的照片真伪，其提出调取证据的申请是否应当采纳并调取，对于还原案件事实真相，公正裁判至关重要。然而，在执行异议和再审阶段法院对其提出的调取证据的申请均未被采纳，导致关键事实没有查清。

结合对两级法院驳回裁定理由以及对申诉人申请监督理由的分析、研判，检察机关认为，要尊重和正视申诉人诉求，按照全面审查的原则，对申诉人提出的调取证据申请应当允许并调取证据，查清事实。对于检察机关而言，查清涉案房屋阳台封闭时间以及阳台封闭与否对房屋面积是否产生影响成为是否监督法院再审的两个关键。

三、深刻领悟法治精神

法律的生命在于实施，对于确有错误的判决、裁定，要全面切实履行检察监督职能及时纠偏。根据《行政诉讼法》第 91 条第 2 项、第 5 项，当事人的申请符合下列情形的，人民法院应当再审："（二）有新的证据，足以推翻原判决、裁定的"，"（五）违反法律规定的诉讼程序，可能影响公正审判的"。《人民检察院行政诉讼监督规则》第 85 条第 5 项规定，"有下列情形之一的，应当认定为《中华人民共和国行政诉讼法》第九十一条第五项规定的'违反法律规定的诉讼程序，可能影响公正审判'：（五）遗漏应当参加诉讼的当事人的"；第 88 条第 2 项、第 4 项规定，地方各级人民检察院发现同级人民法院已经发生法律效力的行政判决、裁定有下列情形之一的，可以向同级人民法院提出再审检察建议："（二）有新的证据，足以推翻原判决、裁定的"，"（四）违反法律规定的诉讼程序，可能影响公正审判的"。根据行政诉讼法和行政诉讼监督规则关于检察机关对发生法律效力的行政判决进行监督的相关条款，有新的证据足以推翻原判决的、遗漏应当参加诉讼的当事人的，检察机关可以向同级法院提出再审检察建议进行监督。因此，对于是否有新的证据足以推翻原判决，申请人提出有新的证据，并提供有效线索，但需要司法机关调取的，司法机关应当调取，以确定是否符合再审条件，且再审后根据新的证据改变原判，维护申请人合法权益，维护司法公正，实现公平正义；对于当事人应当参加诉讼而未能参加，因未参加诉讼导致陈述、辩论等权益的丧失，且不利于法院审判过程中查明真相，因此，这种情形也应当再审，从而实现"让人民群众在每一个司法案件中感受到公平正义”。

检察监督应以精准监督为目标，加强精细化审查，对于影响案件关键事实认定的证据线索，要积极开展调查核实、调取证据，查明真相，确定法院认定事实错误，有新的证据足以推翻原判决。

四、有机统一法理情

申诉人从2019年通过司法拍卖买得房屋，2020年原房主为抵制腾房，一纸诉状提起行政诉讼，且在其未参加诉讼的情况下，法院判令房屋面积变更，为此其还多支付8万余元。执行异议、再审均告失败，直至2021年申请检察监督，2022年检察机关向法院发出再审检察建议，法院再审并改判，经原审原告上诉，最终二审裁定维持，直至2023年才尘埃落定。检察机关通过履行法律监督职责让公平正义得以实现，让人民群众真正感受到获得感、幸福感、安全感。

（一）开展调查核实

一是向某县法院执行局调取了该局于2019年7月对拍卖的案涉房屋的视频，证实案涉房屋阳台于2019年7月封闭，而非在建房当年封闭；二是向房管部门调取了房屋产权证办理的图纸，结合图纸，印证当年房屋阳台并未封闭；三是查阅相关法律法规，证实房屋阳台封闭与否将产生一定的面积差，未封闭阳台面积是封闭阳台面积的50%。综上，一审法院以起诉时（2020年）法院委托的第三方测绘公司对房屋现状测绘的面积为依据，判令房屋登记部门变更房屋面积系认定事实错误。

通过调查核实，从程序违法和实体认定事实错误，以遗漏应当参加诉讼的当事人，且有新的证据足以推翻原判决为由，向法院发出再审检察建议。同时针对该案涉及主体较多、有矛盾需要化解以及有关单位之间存在信息壁垒等情况，开展释法说理、上门公开听证、向有关单位提出信息共享、消除壁垒等检察建议，促进多元矛盾解纷化解及社会治理。

（二）借助外脑精准监督

检察机关办理涉行政登记案件，对于专业性极强的特殊领域要善于巧借"外脑"，邀请专业人员担任听证员，为实现精准监督赢得外部认可。行政登记类案件往往涉及较强的专业知识，邀请专业人员担任听证员以第三方身份从专业角度现场评析、多角度论证，更益于获得当事人的认同，既有利于矛盾纠纷调处，又为检察监督提供了智慧借助。

充分发挥检察智慧，积极借助"外脑"，制发再审检察建议实现"精准监督"，推动法院启动再审并改判，维护行政相对人合法权益，让老百姓有实实在在的获得感。

检察机关作为法律监督机关，立足行政诉讼监督职能，认真听取当事人诉求，充分运用调查核实权，查明事实真相。通过对生效裁判的检察监督，在法理情的有机统一中实现公平正义，最终法院采纳检察机关再审检察建议，决定再审，通过判决还原真相。

“三个善于”在行政违法行为监督中的实践与成效

耿晓萌*

行政检察是“四大检察”法律监督总体格局的重要组成部分，肩负着维护公正司法和促进依法行政的双重责任，对于推进国家治理体系和治理能力现代化具有重要意义①。检察机关作为国家的法律监督机关和保障国家法律统一正确实施的司法机关，为大局服务、为人民司法、为法治担当最终都要通过履职办案来实现。按照最高检“强化行政检察履职”的工作要求，检察机关以“三个善于”为引领，聚焦“高质效办好每一个案件”的目标，全面深化行政检察监督的广度与深度。通过不断加强行政检察工作，促进依法行政水平的提升，为构建更加公正、透明、高效的法治环境贡献不可或缺的力量。下面以最高检发布的“检察护企”行政检察典型案例之一——某集团有限公司与浙江省某县综合行政执法局环保行政处罚检察监督案②为例，深入分析探讨在行政违法行为监督中如何充分体现“三个善于”。

---

* 耿晓萌，湖北省襄阳市襄城区人民检察院第四检察部检察官助理。

① 参见侯建军：《强化行政检察履职 促进依法行政公正司法》，载《检察日报》2024年7月10日，第5版。

② 来源于最高检发布的行政检察与民同行系列典型案例（第十五批）“检察护企”行政检察典型案例六，2024年7月8日。

一、基本案情及问题呈现

（一）基本案情

某集团有限公司在施工现场未设置车辆冲洗设施，施工车辆带泥上路，被浙江省某县综合执法局巡查发现。2020 年 9 月 18 日，某县综合执法局认为上述行为违反《宁波市大气污染防治条例》第 44 条规定，但该公司之前未曾发生相同违法行为，具有从轻情节，依据该条例第 56 条对该公司处以罚款 4 万元。作出行政处罚决定后，某县综合执法局以公告方式向某集团有限公司送达涉案的相关法律文书。2021 年 5 月 7 日，某县综合执法局申请县法院强制执行。县法院经审查，裁定准予强制执行罚款本金 4 万元以及加处罚款 4 万元，于同年 8 月立案强制执行。

（二）问题呈现

这一看似普通的案例，却蕴含着诸多值得深入思考和探讨的问题，这些问题不仅涉及法律的准确适用和执法的公正性，更关乎社会公平正义的实现以及法治精神的贯彻。

1. 在复杂多样的案件事实中，如何精准判断法律关系，从而准确把握案件的核心矛盾？上述案例中，某县综合执法局对某集团有限公司的行政处罚是否真正做到了过罚相当？其执法程序是否严格遵循了法律法规的要求，达到了合法合规的标准？例如，某集团有限公司在被巡查发现违规行为后，立即采取了整改措施，并且此前未曾有过相同的违法行为。这种积极的整改态度和无不良记录的情况，在行政处罚的考量中应当占据何种地位？某县综合执法局直接处以 4 万元罚款，是否充分权衡了违法行为的性质、情节以及可能带来的危害后果？行政处罚法中过罚相当原则要求行政处罚的力度应当与违法行为的严重程度相匹配，那么在这个案例中，4 万元的罚款是否超出了合理的范围？

2. 在适用具体的法律条文时，如何准确而深刻地领悟其中蕴含的法治精神，以确保法律适用的正确性和统一性？法律条文是法治的具体体现，但仅仅机械地套用条文往往无法实现真正的公平正义。在这个案例中，某县综合执法局在适用《宁波市大气污染防治条例》等相关法律法规时，是否真正理解了立法者的意图和法律所追求的价值目标？

3. 如何在法理情的有机统一中实现公平正义，使监督办案既符合法律规定，又符合社会主义核心价值观和人民群众对公平正义的基本认知？法律是严肃的，但执法过程不应是冰冷无情的。在维护法律尊严的同时，如何充分考虑社会伦理道德和人民群众的情感诉求，实现法律效果与社会效果的有机融合？

二、运用“三个善于”推进案件办理

（一）善于以事实为根据，透过现象看本质

在这一案例中，表面上看是某集团有限公司未设置车辆冲洗设施导致施工车辆带泥上路，违反了相关环保规定。但深入剖析可以发现，案件的关键在于行政机关的行政处罚是否合理、合法，是否遵循了过罚相当原则，以及执法程序是否存在瑕疵。检察机关在接到这一案件线索后，高度重视，迅速组织力量展开全面、深入、细致的调查核实工作。办案人员调阅了某县综合执法局关于此案件的全部执法卷宗，包括现场检查记录、询问笔录、照片等证据，对执法过程中的每一个环节进行了详细审查。同时，检察机关还积极与当事人，即某集团有限公司的相关负责人进行沟通，了解事情的经过和企业的实际情况。为了获取更直观的证据，办案人员多次前往施工现场进行实地勘查，观察现场的环境、设施状况以及整改后的效果。

通过这一系列的调查工作，检察机关发现，虽然某集团有限公司确实存在未设置车辆冲洗设施导致施工车辆带泥上路的违法行为，但在综合执法局巡查当日，该公司就立即认识到错误，并迅速采取了整改措施。他们组织人员清理了路面的泥土，安装了临时的车辆冲洗设备，并制定了长期的整改方案，以确保类似问题不再发生。而且，经过进一步的调查核实，检察机关还了解到该公司在此之前未曾有过相同的违法行

为，这充分表明其主观恶性较小，保护环境的意识并非淡薄，只是在此次施工过程中存在一时的疏忽。

然而，某县综合执法局在作出行政处罚决定时，仅仅依据表面的违法事实，没有充分考虑到该公司积极整改的态度和未曾有过相同违法记录的情况，简单地对其处以 4 万元的高额罚款。这种处罚方式显然没有深入分析违法行为的本质和实际危害后果，未能将当事人的整改情况和违法历史等因素纳入综合考量，导致行政处罚与实际违法情节严重脱节，明显违背了过罚相当的原则。

检察机关通过深入调查，透过表面的违法现象，准确把握了案件的本质，即行政处罚存在过罚不当的问题。这种以事实为根据，透过现象看本质的工作方法，不仅体现了检察机关严谨、客观、公正的工作态度，也为后续依法提出监督意见，维护法律的公平正义奠定了坚实的基础。

（二）善于以法律为准绳，探究法治精神

检察机关在审查上述案件过程中，对行政处罚法、行政强制法等相关法律法规的具体条文进行了仔细对照和深入研判。不仅要对条文的字面含义有清晰的理解，更需要对其背后的立法目的和精神有准确的把握。

依法行政、公正执法是行政法的基本原则，也是现代法治国家的基本要求。在本案例中，某县综合执法局的行政处罚不仅要符合具体法律条文的规定，更要符合行政法的基本原则。过罚相当原则要求行政处罚的幅度应当与违法行为的性质、情节和危害后果相适应[①]。某县综合执法局对某集团有限公司的 4 万元罚款明显超出了合理范围，违背了这一原则。公正原则要求行政机关在执法过程中平等对待当事人，不偏不倚。然而，某县综合执法局在处理类似违法行为时，存在处罚标准不一致的情况，这也违反了公正原则。

---

① 参见孟融:《行政微小案件高额罚款的执法逻辑反思》，载《法学》2024 年第 6 期。

此外，依据《行政处罚法》第40条和第63条的规定，行政机关在作出行政处罚决定之前，应当严格依照法律规定的方式和程序，向当事人送达行政处罚事先告知书，并切实保障当事人依法要求举行听证的权利。然而，在处理这一案件的过程中，某县综合执法局却采取了直接以公告方式向某集团有限公司送达行政处罚事先告知书的不当做法，且在这一过程中并未依法告知当事人有要求举行听证的权利。随后，又以同样的公告方式向当事人送达行政处罚决定书和履行义务催告书。这种严重违反法定程序的送达方式，不仅粗暴地剥夺了当事人依法应当享有的知情权、陈述权、申辩权和要求举行听证的权利，而且极大地损害了当事人的合法权益，使得行政处罚程序从一开始就陷入了违法和不公正状态。

随着经济社会的快速发展和环境保护要求的不断提高，相关法律法规也在不断完善和更新。在处理具体案件时，需要立足当前的发展大局和时代背景，追溯法律法规的立法原意，既要严格依法执法，又要根据实际情况灵活适用法律，确保法律的实施符合社会发展的需要。例如，《宁波市大气污染防治条例》的制定旨在加强大气污染防治，改善空气质量，保障公众健康。在适用这一条例时，应当充分考虑当前环境保护的紧迫形势和社会经济发展的实际情况。对于某集团有限公司的违法行为，既要依法予以处罚，又要考虑到企业的实际情况和整改效果，避免过度处罚对企业发展造成不必要的阻碍。

（三）善于统筹把握，实现公平正义

在整个监督过程中，检察机关始终坚持统筹兼顾的原则，在维护法律尊严和权威的同时，充分考虑了某集团有限公司的实际情况和合法权益。

在整个监督过程中，检察机关始终坚持统筹兼顾的原则，在维护法律尊严和权威的同时，充分考虑了某集团有限公司的实际情况和合法权益。一方面，检察机关深知法律的尊严和权威不容侵犯，对于某县综合执法局在行政处罚和执法程序中存在的违法问题，必须依法予以监督和

纠正，以维护法律的统一正确实施。另一方面，检察机关也充分认识到，企业作为市场经济的主体，在经营过程中难免会出现一些失误和问题。如果行政处罚过于严厉，可能会对企业的正常生产经营活动造成不必要的负担和影响，甚至可能影响到企业的生存和发展，进而对当地的经济发展和就业产生不利影响。

在对某县综合执法局的行政处罚进行监督时，检察机关在维护法律尊严和权威的前提下，充分考虑了某集团有限公司的整改情况和实际经营情况，提出了合理的监督意见。既要求某县综合执法局依法重新审查处理，纠正过罚不当的行政处罚决定，又注重加强对行政执法行为的规范和监督，促使执法局在今后的工作中严格依法执法，保障当事人的合法权益。

通过这种方式，检察机关成功地在法律的严肃性和企业的合法权益之间找到了最佳平衡点，实现了法理情的有机统一，达到了政治效果、法律效果和社会效果的统一。这种善于统筹把握的工作方法，体现了检察机关的政治智慧和大局意识，为构建和谐稳定的社会环境发挥了积极的作用。

三、进一步深挖办案质效

（一）监督意见与整改

某县检察院在深入调查和全面分析的基础上，向某县综合执法局提出了明确、具体、有力的检察建议。检察机关认为，某县综合执法局在对某集团有限公司的行政处罚过程中，存在严重的过罚不当和程序违法问题，严重损害了当事人的合法权益，破坏了法律的公正性和权威性。因此，检察机关建议某县综合执法局依法重新审查处理这一行政处罚案件，对罚款金额进行重新评估和调整，以确保行政处罚与违法行为的性质、情节和社会危害程度相适应，真正做到过罚相当。

同时，检察机关还建议某县综合执法局深刻反思和总结在此次执法过程中暴露出来的问题和不足，加强对执法人员的业务培训和法律教育，提高执法人员的法律素养和执法水平，确保今后的行政执法行为严格依照法律规定进行，切实保障当事人的合法权益，维护法律的尊严和权威。

某县综合执法局在收到检察机关的检察建议后，高度重视，迅速组织召开了专题会议，对检察建议中提出的问题进行了深入的研究和讨论。经过认真的反思和检讨，某县综合执法局充分认识到了自身在执法过程中存在的错误和不足，表示完全接受检察机关的监督意见和建议，并立即采取了一系列积极有效的整改措施。

某县综合执法局重新对某集团有限公司的行政处罚案件进行了审查和处理，经过综合评估和权衡，决定将罚款金额从原来的 4 万元调整为 1 万元。同时，某县综合执法局按照检察建议的要求，进一步加强了对行政执法人员的业务培训和法律教育，组织执法人员认真学习行政处罚法、行政强制法等相关法律法规，邀请法律专家进行专题讲座和案例分析，提高执法人员对法律法规的理解和运用能力。此外，某县综合执法局还建立健全了行政执法监督机制，加强对行政执法行为的内部监督和审查，定期对行政处罚案件进行自查自纠，及时发现和纠正执法过程中存在的问题和不足，确保行政执法行为的合法性、公正性和合理性。

（二）推进治理与成效

在成功办理某集团有限公司行政处罚检察监督案件的基础上，某县检察院并未满足于个案的成功办理，而是以此次案件为切入点和突破口，深入总结经验教训，积极探索建立长效机制，推动行政违法行为监督工作的深入开展。

在省、市检察院的精心指导和大力支持下，县检察院充分发挥自身的专业优势和技术优势，运用大数据、人工智能等现代信息技术手段，研发构建了“小过重罚”数字监督模型。该模型通过对大量行政处罚案件数据的收集、整理、分析和挖掘，能够快速、准确地筛选出可能存在“小过重罚”问题的案件线索，为检察机关开展行政违法行为监督提供了有力的技术支持和数据保障。

与此同时，宁波市检察院在全市范围内部署开展了“小过重罚”行政检察专项监督活动。在活动中，充分运用某县检察院研发的“小过重罚”数字监督模型，对全市各级行政机关近年来作出的行政处罚案件进行了全面、深入的排查和梳理。通过案件的办理，不仅有效地纠正了行政机关的不当执法行为，维护了公民、法人和其他组织的合法权益，而且有力地推动了行政机关依法行政，提高了行政执法的公正性和公信力。

四、经验与启示

本案例生动地展示了“三个善于”理念在行政检察监督中的关键作用和重要价值。“三个善于”，即善于从纷繁复杂的法律事实中准确把握实质法律关系，善于从具体法律条文中深刻领悟法治精神，善于在法理情的有机统一中实现公平正义。这一要求不仅是对检察人员司法办案能力的具体要求，也是对行政检察工作高质量发展的具体指导。

（一）坚持以习近平法治思想为指导

检察机关在办理案件过程中，必须始终坚定不移地以习近平法治思想为指引。习近平法治思想内涵丰富、论述深刻、逻辑严密、系统完备，为新时代全面依法治国、建设社会主义法治国家指明了前进方向，提供了根本遵循[①]。

检察机关深刻领会习近平法治思想中关于公平正义、法治建设、权力监督等方面的重要论述，将其作为办案的行动指南和价值追求。在面对复杂的案件情况和多样的利益诉求时，始终坚守法治原则，维护法律权威，确保每一个案件的办理都符合法治精神和公平正义的要求。

---

① 参见周叶中：《习近平法治思想的丰富理论内涵和重大现实意义》，载《国家治理》2024年第12期。

（二）善于运用“三个善于”的认识论和方法论

1. 善于从纷繁复杂的法律事实中准确把握实质法律关系是基础，是行为指引

实质法律关系是矛盾的集中点，是检察履职的着力点、突破口①。行政检察点多面广，涉及的政策、法律、法规纷繁复杂，这就需要检察人员具备深厚的法律功底和敏锐的法律洞察力。透过现象看本质，准确识别案件中核心的法律关系和关键的矛盾点。例如，在本案例中，检察机关通过深入调查和细致分析，明确了某县综合执法局行政处罚中的过罚不当问题，以及执法程序的违法之处。这一判断并非基于表面现象，而是通过对案件事实的全面梳理、证据的严谨审查以及法律关系的准确界定得出的结论。

在办理行政检察案件时，检察人员应首先深入了解案件事实，全面梳理案件的法律关系，抓住主要矛盾和矛盾的主要方面，做细审查、做深调查，在收集和审查证据过程中，严格遵循法律程序和证据规则，确保证据的合法性、关联性和真实性，确保案件处理的准确性和公正性。同时，还应注重运用法律逻辑和法律方法，对案件进行深入分析和研判，通过对不同法律关系的准确区分，明确各方的权利义务，为案件的定性和处理提供有力支撑，确保案件处理的合法性和合理性。

2. 善于从具体法律条文中深刻领悟法治精神是关键，是总体要求

在依法办案时不机械司法、照本宣科，在用活法律时彰显法治温度、司法善意。法律条文是法治精神的载体，检察机关在适用法律时，不能仅仅停留在法律条文的表面，而要深入挖掘条文背后的法治原则和价值取向，深刻领悟法治精神②。例如，在审查某县综合执法局的行政处罚时，检察机关不仅对照具体的法律条文，指出其程序上的违法之处，

---

① 参见丁海涛：《“高质效办好每一个案件”的时代意义与核心要义》，载《人民检察》2024 年第 3 期。

② 参见刘博法：《以“四个坚持”把握好“三个善于“实现“高质效办好每一个案件”》，载《中国检察官》2024 年第 9 期。

更从整体上把握行政处罚应当遵循的公正、合理、过罚相当等原则。只有这样，才能确保法律的适用既符合条文规定，又体现法治精神。

在办理行政检察案件时，检察人员应坚持以人民为中心，注重对法律条文的学习和理解，面对疑难复杂案件，如行政相对人“有案诉不成、有理诉不赢”等行政诉讼监督“死角”，在面临法律适用、矛盾尖锐、情绪对立等难题时，更应与时俱进、反思创新，做到“法与时转、治与世宜”，深入领会法律条文的立法意图和法治精神。同时，在适用法律时，检察机关还要兼顾法律的稳定性和适应性。法律具有相对的稳定性，但社会是不断发展变化的。检察机关要根据实际情况，灵活适用法律，确保法律的实施符合社会发展的需要和人民群众的期待。

3. 善于在法理情的有机统一中实现公平正义是目标，是具体落实

不就案办案，使个案成为孤岛，要推动源头治理。公平正义是法治的核心价值追求，也是行政检察工作的根本目标。检察机关在行政检察监督办案过程中，要充分考虑法律规定、社会主义核心价值观和人民群众的公平正义观念等[①]。法律是刚性的，但执法过程需要有温度。

在办理行政检察案件时，检察人员应始终坚持公平正义的价值追求，不应仅满足于个案办理要追求矛盾化解，注重在法理情的有机统一中寻求案件处理的最佳方案。同时，还应注重与当事人进行充分沟通和协商，了解当事人的诉求和意愿，确保案件处理结果的公正性和可接受性。此外，检察人员还应加强对行政执法的监督和支持力度，推动行政执法规范化、法治化建设。

（三）强化数字赋能检察监督

在信息时代，大数据、人工智能等技术为检察监督工作带来了新的机遇和挑战。检察机关要积极拥抱科技变革，充分利用数字技术提升监督办案的效率和质量。例如，某县检察院研发构建的“小过重罚”数字

---

① 参见周强:《深入学习贯彻习近平法治思想 奋力推动新时代人民法院工作高质量发展》，载《法律适用》2021 年第 4 期。

监督模型，能够快速、准确地筛选出可能存在问题的行政处罚案件线索。通过对大量数据的分析和比对，发现潜在的执法不规范、过罚不当等问题，为检察监督提供有力的技术支持。

数字赋能检察监督不仅能够提高工作效率，还能够实现对类案的精准监督，推动系统治理。通过对同类问题的集中分析和处理，能够发现执法中的共性问题和制度漏洞，为完善法律法规、加强执法监督提供有价值的参考。

综上，通过对某集团有限公司与浙江省某县综合行政执法局环保行政处罚检察监督案的深入分析和探讨，我们可以清晰地看到，检察机关在习近平法治思想的引领下，运用“三个善于”的认识论和方法论，实现“高质效办好每一个案件”[①]，切实维护法律的尊严和权威，保障公民和企业的合法权益，促进依法行政，实现公平正义，为经济社会的发展提供有力的法治保障。

行政检察一手托两家，既监督公正司法，又监督依法行政[②]。最高检通过发布行政指导案例或典型案例，旨在引导全国检察机关深入学习领会习近平法治思想，坚持“三个善于”理念，高质效办好每一个案件，不断提升司法办案能力和水平，实现行政检察工作的高质量发展。

---

① 参见姜昕、元明等:《落实“三个善于”高质效办好每一个案件》，载《人民检察》2023年第13期。

② 参见刘长江:《行政非诉执行检察监督应注意的几个基本问题》，载《人民检察》2020年第16期。

“三个善于”在按项目参保人员工伤保险待遇纠纷案中的践行思路

江家丰　张佩如　吴有兰　王梦莉*

近年来，我国不断建立健全与建筑业相适应的社会保险参保缴费方式，积极宣传推广建筑施工单位按项目参加工伤保险。相较于按用人单位参加工伤保险，按照项目方式参保是一种工伤优先、项目参保、概算提取、一次参保、全员覆盖的保险制度，是国家为维护建筑业职工特别是农民工的工伤保障权益的重要政策。但在政策实施中，行政机关为了防止企业“骗保”，维护社保基金安全，在工伤保险待遇审批环节设置“严格落实动态实名制管理”门槛，以用人单位存在不服从管理、未及时向人社部门提交施工人员信息为由，剥夺已认定工伤的劳动者获得工伤保险待遇的权益，让企业按项目参保政策落实效果“大打折扣”，并由此引发了很多矛盾纠纷。安徽省枞阳县人民检察院在办理某建筑安装工程有限责任公司（以下简称建安公司）诉枞阳县人社局支付保险待遇检察监督案中，通过精准抗诉、跟进监督依法纠正法院法律适用错误的同时，积极开展类案监督，并促成省级行政机关出台政策文件，建立长效机制，从根源上解决问题，减少企业用工成本、保护劳动者合法权益，高质效办理本案，实现了“办理一案、治理一片”的良好效果。

---

* 江家丰，安徽省枞阳县人民检察院党组书记、检察长；张佩如，安徽省枞阳县人民检察院党组副书记、副检察长；吴有兰，安徽省枞阳县人民检察院第四检察部主任；王梦莉，安徽省枞阳县人民检察院第四检察部检察官助理。

一、基本案情及办案经过

2018年4月，建安公司承建枞阳县某房地产项目。5月2日，该公司按项目在枞阳县人社局参加工伤保险，提交了农民工花名册，钟某不在其列。同年10月3日，钟某在该项目工作时不慎受伤。2019年11月，枞阳县人社局作出认定工伤决定书认定钟某遭受的伤害为工伤。2020年6月，铜陵市劳动能力鉴定委员会作出因工负伤劳动能力鉴定结论书，评定钟某劳动功能障碍程度为一级，生活完全不能自理。建安公司先行支付了钟某的医疗费等费用。

2020年8月11日，建安公司申请县人社局支付钟某的工伤保险待遇，县人社局以钟某不在备案的农民工名册为由作出告知书，拒绝支付相应工伤保险待遇。建安公司不服，于2020年11月3日起诉至枞阳县人民法院，诉请撤销告知书，向钟某核发工伤保险待遇。一审法院驳回建安公司诉讼请求，理由是人社部社保中心关于印发《建筑业按项目参加工伤保险经办规程（试行）》第13条规定：“建筑企业应依法与职工签订劳动合同，督促工程承包单位、劳务分包单位建立职工花名册、考勤记录、工资发放表等台账，并到经办机构备案，对全部施工人员实行动态实名制管理，将人员增减变更情况及时报送经办机构”；第14条规定：“经办机构应当建立便捷的动态实名申报方式，例如24小时网上申报、传真等，方便建筑施工企业及时上报人员名单及增减变动。暂不具备动态申报人员增减情况的建设项目，建筑施工企业可以利用现场摄像、照相，单机或联机的静脉、人脸、指纹等生物特征信息技术开清设施等方式，即时记录、动态更新从业人员出勤情况，作为发生工伤事故时工伤认定的依据，并定期到社保经办机构报备”。上述规定表明，发生工伤事故的职工按规定享受工伤保险待遇，建筑施工企业除应按项目参加工伤保险，缴纳工伤保险费外，还应对项目施工期内的施工人员实行动态实名制管理，人员发生变化时，应当及时向统筹地区社会保险经办机构办理人员增减参保手续。从建安公司多次提交的花名册可以认定其明知有上述规定，但其未及时向社保部门提交项目务工人员钟某的信息，导致钟某未录入建筑项目参保动态实名制管理平台，钟某与社保机构之间的保险关系并未成立，县人社局因此认定钟某不能自社会保险基金享受工伤保险待遇并无不当。建安公司提起上诉，申请再审，均未获支持。

2021年建安公司向枞阳县检察院申请监督。枞阳县检察院经审查认为，按照项目方式参加工伤保险主要是针对建筑行业中流动性大、不能按用人单位参保的农民工提供的一种工伤保险。参保人员备案登记仅是一项管理措施，不属于支付工伤保险待遇的条件。用人单位未及时进行参保人员备案的，不应影响工伤职工从社会保障部门获得工伤保险待遇。建安公司申请监督的理由应予以支持，原审判决适用法律错误，遂依法提请铜陵市检察院抗诉。

铜陵市检察院提出抗诉未获支持后，依法提请安徽省检察院跟进监督，安徽省检察院经审查认为原判决存在明显不当，依法向安徽省高院提出抗诉，安徽省高院提审本案，采纳抗诉意见，撤销原审判决，支持建安公司诉请，改判由枞阳县人社局对钟某支付工伤保险待遇。

本案抗诉改判后，检察机关通过类案检索发现，安徽省人社部门因参保人员未备案登记拒绝支付工伤保险待遇已引发多起诉讼，省检察院先后对3起同类型案件提出抗诉。为促进源头治理，省检察院牵头与省高院、省人社厅专题会商，促成省人社厅出台《工伤保险政策经办口径》，明确项目参保未实名登记的，应由单位为其补办登记手续后，再由工伤保险基金按规定支付工伤保险待遇。目前该问题已在全省范围内解决，检察院抗诉的另两起案件均和解撤诉，3起案涉工伤保险金已全部给付到位。

二、按项目参保人员工伤保险待遇纠纷案的办案思路

该案系建筑企业按建设项目参加工伤保险后，发生工伤的农民工未在人社部门实名登记备案，人社部门认为其不符合工伤保险待遇支付条件，建筑企业提起诉讼未获法院支持。法院认定受害人钟某未录入建筑项目参保动态实名制管理平台，钟某与社保机构之间的保险关系并未成

立，因此钟某不能自社保基金享受工伤保险待遇。该案主要涉及建设项目工伤保险待遇认定中动态实名制的法律适用问题，关系到工伤保险基金的正确使用与劳动者权益保护，检察机关在办理此类案件中，充分行使调查核实权，做到“三个善于”，准确把握法治精神，还原立法本意，进而做到精准监督，依法维护劳动者合法权益。

（一）建筑项目中超龄工人实名制登记管理的现实问题

枞阳县人社局认定钟某系工伤，却不予认定工伤保险待遇，理由是企业未进行实名制登记报备。针对涉案企业未进行实名登记报备的原因枞阳县检察院进行了细致的调查核实工作，发现涉案企业并非故意违反实名制登记管理规定。涉案企业表示其进行了申报，但因受害人钟某备案时已超过60岁，人社部门拒绝超龄务工人员实名制登记报备，继而不予支付工伤保险待遇。

建筑施工单位为解决用工难问题，往往聘用一些超过法定退休年龄的进城务工人员到工地从事一些施工作业。当这些人员因工作原因发生伤亡时，往往涉及工伤认定问题。最高人民法院在《关于超过法定退休年龄的进城务工农民在工作时间内因公伤亡的，能否认定工伤的答复》中明确，用工单位聘用的超过法定退休年龄的务工农民，在工作时间内、因工作原因伤亡的，应当适用《工伤保险条例》的有关规定进行工伤认定。最高人民法院的答复从保护务工人员的合法权益角度，为超龄务工人员认定工伤提供了保障。

但在建筑企业按项目参保工伤保险的实务中，社会保障行政部门拒绝接受超龄务工人员实名登记备案的情况却现实存在。《建筑业按项目参加工伤保险经办规程（试行）》第13条规定：“建筑企业应依法与职工签订劳动合同，督促工程承包单位、劳务分包单位建立职工花名册、考勤记录、工资发放表等台账，并到经办机构备案，对全部施工人员实行动态实名制管理，将人员增减变更情况及时报送经办机构。”上述动态实名制规定并未对超龄务工人员作出限制，因此县人社局拒绝接受超龄务工人员实名登记备案不符合相关规定的要求，本身具有一定过错。

（二）动态实名制管理是管理性规定，而非效力性规定

《建筑业按项目参加工伤保险经办规程（试行）》要求建筑施工企业对项目施工期内全部施工人员实行动态实名制管理属于管理性规定，项目施工人员在整个施工期间实行动态实名制管理，初衷是规范建筑行业施工，本意是维护建筑工人和企业的合法权益，保障工程质量和安全生产，是综合管理的制度。即动态实名制管理为管理性规定，是相关主管部门对施工单位管理制度的规范，人社部门要求建筑单位及时提供项目人员变动情况只是一种管理手段。人社部门为防止工伤保险基金流失，加强对建筑企业参加工伤保险情况进行管理，要求用人单位及时将职工人员增减变化情况向其反馈并登记造册，其加强管理的目的正当。对于用人单位未及时呈报参加工伤保险人员变动情况的行为，社会保险行政管理部门可以针对用人单位不服从管理、不履行呈报义务的行为进行处理，而不应当将未申请报备名单的务工人员视为未参加工伤保险。

社会保险行政管理部门在履行管理职责时，应权衡其采取的管理措施是否与维护劳动者利益相冲突。社会保险法及《工伤保险条例》等法律法规均未就违反实名制登记管理而导致建筑项目工人丧失工伤保险待遇作出规定。在建筑项目实际发生工伤事故的情况下，企业未动态实名报备不应影响按项目参保工伤保险关系的成立，社会保险行政机关不能以该项目未按要求落实动态实名制管理为由拒绝支付工伤保险待遇，剥夺因工受伤劳务人员应享有的正当权益。

（三）正确理解立法原意，认定按项目参保的工伤保险法律关系

人社部（2014）103 号《关于进一步做好建筑业工伤保险工作的意见》第 4 条规定"建设单位要在工程概算中将工伤保险费用单独列支，作为不可竞争费，不参与竞标，并在项目开工前由施工总承包单位一次性代缴本项目工伤保险费，覆盖项目使用的所有职工，包括专业承包单位、劳务分包单位使用的农民工"。因此按项目参保的立法原意是针对建筑行业特点，扩展建筑企业工伤保险覆盖面，对不能按用人单位参

保、建筑项目使用的建筑业职工特别是农民工，按项目参加工伤保险，且覆盖项目使用的所有职工。根据《建筑业按项目参加工伤保险经办规程（试行）》第9条、第11条规定，以项目名义参保的，在投保时依法并不需要提供项目施工人员的实名花名册，工伤保险法律关系在企业依法缴纳工伤保险时依法成立并生效，施工人员的变更，不影响工伤保险法律关系的效力。

本案中2018年5月建安公司办理项目参保，为案涉项目在枞阳县社保局基金征缴中心缴纳了工伤保险费192000元，建安公司按建设项目造价的一定比例缴纳工伤保险费，该行为按照规定应当视为已经履行了参保义务，则该项目工伤保险法律关系已经成立，参保项目即依法享有得到工伤保障的权利。

在有效参保期内，该项目发生的工伤事故应当得到包括工伤待遇在内的保障。动态实名制管理主要起到证明项目真实发生工伤事故的作用，本案中县人社局对钟某作出工伤认定，也即承认钟某系该项目职工发生工伤，因此企业未按规定动态实名制申报不影响项目工伤事故发生的真实性认定。在按项目参保的情况下，涉案项目的工伤保险应当覆盖其建筑项目使用的所有职工包括钟某，枞阳县人社局应当按照《工伤保险条例》的相关规定核算由工伤保险基金支付钟某的工伤保险待遇。

三、以“三个善于”引领做实高质效检察监督履职

本案中，县、市、省三级检察机关一体履职，依法精准抗诉、接续监督、跟进监督、类案监督，并依托“府检联动”工作机制促成省级行政机关出台政策文件，建立长效机制，从根源上解决问题，减少企业用工成本、保护劳动者合法权益，实现了“办理一案、治理一片”、“三个效果”有机统一的良好效果，并获评2023年度全国十大行政检察典型案例，是检察机关切实把“三个善于”融入检察办案全过程各环节，高质效办好每一案件的生动实践。

（一）一体履职，做实检察监督刚性

施工人员在参保项目施工过程中受伤且认定为工伤后，人社部门以企业未严格按照《建筑业按项目参加工伤保险经办规程（试行）》第13条、第14条规定的建筑施工企业应当对全部施工人员实行动态实名制管理为由拒绝兑付工伤保险待遇，引发行政、民事纠纷，实践中不乏此类案件。各级法院对此问题认识不统一，出现“同案不同判”现象。鉴于该问题难以在基层妥善解决，枞阳县检察院依法提请铜陵市检察院抗诉，铜陵市检察院抗诉未得到支持后，提请安徽省检察院跟进监督，依法向省高院提出抗诉。作为维护公平正义的最后一公里，检察机关在行政检察履职中，深刻领悟法治精神，准确把握“动态实名制管理”对按项目参保人员工伤保险待遇认定的实质法律关系，以实现公平正义为导向，“咬定青山不放松”，最终监督该案得以改判，促成进一步明确对该问题的法律适用，以监督实效维护了司法公正。

（二）检护民生，维护劳动者合法权益

本案受伤农民工经鉴定为劳动功能障碍程度一级，生活完全不能自理，因未获工伤保险待遇，涉案企业为此先后支出相关医疗等费用300余万元，涉案劳动者与企业均陷入困境。为确保案结事了，检察机关在监督改判后，带着时时放心不下的责任感督促工伤保险待遇审批进度，加强对该案的持续跟踪、持久问效力度。2023年6月，安徽省高院对该案改判后，检察机关时刻关注工伤保险待遇支付情况，积极对接人社部门询问进展，人社部门于2023年8月重新核定钟某的各项工伤保险待遇并按期支付，即支付钟某一次性待遇467584.40元，长期待遇每月9240.52元，同时人社部门将动态调整给受伤农民工提供医疗、生活等保障。2024年4月，枞阳县检察院案后回访，钟某家人表示工伤保险待遇已支付到位，目前钟某身体状态稳定。

（三）检察护企，优化法治化营商环境

人社部门拒绝超龄务工人员实名制登记报备，继而不予支付工伤保险待遇，导致企业须自行承担向伤亡者赔付相关费用，给企业造成了难以承受的负担。

法治是最好的营商环境，行政检察在该案的办理中充分履职，为企业保驾护航，县、市、省三级检察机关接力监督，为企业提供法律服务，降低企业诉累，在一定程序上增强了企业发展动力和信心。同时推动政务服务能力和水平提升，切实降低企业制度性交易成本，为企业营造更加清朗、高效、便利的发展环境。2024 年 3 月，枞阳县检察院赴建安公司进行回访，了解企业经营情况，询问企业发展诉求，向企业宣讲了枞阳县检察院“检察护企十大举措”等“安商润企”制度，表明检察机关“四大检察”综合履职，护航企业发展的优势和决心，并鼓励企业积极约见检察长，对检察机关如何当好企业的法治服务员建言献策。

（四）府检联动，源头治理堵漏洞

检察机关把个案监督“治标”和类案监督“治本”有机结合，以法治手段，依法督促行政机关“堵漏”“消患”。

建筑企业项目施工中“投保易、审批严、兑现难”现象普遍存在，可能损害企业及劳动者合法权益。因安徽省尚未出台专门文件明确兑现工伤保险待遇审批流程和标准，也未能在诉讼阶段统一裁判尺度，导致各市行政机关对企业申请不能“一把尺量到底”，审判机关同等情况不能相同对待。在诉讼监督的同时，检察机关多次以府检联动方式召开座谈会，社会保险行政部门的顾虑主要在于，该案可能对下一步开展建筑企业按项目参保工伤保险的动态实名制管理工作产生不利影响。为统一认识，推动源头治理，检察机关依托“府检联动”等机制，就工伤保险类案件进行专题会商，最终促成安徽省人社厅于 2023 年 8 月 1 日出台《工伤保险政策经办口径》，明确工程建筑领域企业已按项目参保缴费，其从业人员已认定为工伤的，发生事故伤害或者患职业病时没有及时实

名制登记，应由单位为其补办登记手续后，再由工伤保险基金按规定支付工伤保险待遇。同类型问题已逐步在全省范围内解决，经安徽省检察院抗诉的3起案件，本案改判、另两起案件和解撤诉，依法维护了企业及受伤工人的合法权益。

四、本案意义

公平正义，字字千钧。为实现“努力让人民群众在每一个司法案件中感受到公平正义”的目标，最高检党组鲜明提出要让“高质效办好每一个案件”成为新时代新征程检察履职办案的基本价值追求，并进一步提出“三个善于”理念。“三个善于”根本源于对习近平法治思想的领悟和践行，既是认识论也是方法论，为检察机关高质效办案提供了重要的思维方式和工作方法。

安徽省枞阳县检察院深刻把握“三个善于”的法理基础和实践要求，在检察监督办案中坚持做到“三个善于”，做实“高质效办好每一个案件”，既当好依法履职办案的“能工”，又成为运用法律政策的“巧匠”。本案中，办案人员充分发挥善于从具体法律条文中深刻领悟法治精神，深入理解法律背后的基本价值和理念，处理好法律规范与法律条文的关系、严格依法和法与时转的关系、法律授权和依法履职的关系、法律规定和司法政策的关系，把握立法初衷，坚持系统思维，坚守人民至上，审查认定按照项目方式参加工伤保险主要是针对建筑行业中流动性大、不能按用人单位参保的农民工提供的一种工伤保险。参保人员备案登记仅是一项管理措施，不属于支付工伤保险待遇的条件。用人单位未及时进行参保人员备案的，不应影响工伤职工从社会保障部门获得工伤保险待遇。为实现在法理情的有机统一中实现公平正义，检察机关通过精准抗诉、跟进监督，开展类案监督，依法纠正法院错误判决，促成行政机关出台政策文件，建立长效机制，从根源上解决问题，减少企业用工成本、保护劳动者合法权益，体现了“从法条到法治”，让法条有灵魂地活在人民群众生活中，实现了“办理一案、治理一片”确保“三个效果”相统一的最佳效果。

高质效办理土地执法领域行政非诉执行监督案件

夏　辉　焦叙成*

“三个善于”将判断实质法律关系、领悟法治精神和法理情有机统一贯穿于检察履职全过程，是“高质效办好每一个案件”的具体指引和重要路径。土地执法领域行政非诉执行检察监督具有公正司法、依法行政和维护相对人合法权益的复合功能，在办理此类案件中，应规范案件审查标准、明晰行政行为的效力，向更深层次监督延伸，从而准确把握实质法律关系；充分发挥“一手托两家”的履职特色，实现监督权力运行的制度价值，进而深刻领悟法治精神；平衡严格执法与当事人合理诉求，充分考量案件成因，以最优的检察方案形成消除违法占地状态的工作合力，继而实现法理情的有机统一。

一、基本案情及办案过程

（一）基本案情

2021 年 4 月，菏泽市某县某养殖场未经批准，擅自占用园地 7.3 亩用于养猪场建设。2021 年 6 月，某县综合行政执法局执法人员巡查发现上述违法行为。同年 6 月 22 日立案查处，8 月 23 日，以“某养殖场（贾

* 夏辉，山东省菏泽市单县人民检察院党组书记、检察长；焦叙成，山东省菏泽市单县人民检察院第五检察部四级检察官助理。

某某)"为被处罚人作出行政处罚决定:(1)责令退还非法占用的土地;(2)限自行拆除在非法占用的土地上新建的建筑物和其他设施，恢复土地原状;(3)对非法占用的7.3亩园地，按照30元/m^2的罚款标准处以罚款，共计人民币146000元。某养殖场在规定期限内未履行处罚决定，亦未申请行政复议或提起行政诉讼，经催告仍未履行。2022年5月19日，某县综合行政执法局以某养殖场(贾某某)为被申请人向县法院申请强制执行。2022年6月23日，县法院以某养殖场系个人独资企业，贾某某不应为被处罚人为由裁定不准予强制执行。

2022年9月2日，某县综合行政执法局补正案涉土地性质为基本农田后，以某养殖场为被申请人再次向县法院申请强制执行。县法院于当日立案审查后即作出裁定，以30元/m^2系基本农田的罚款标准并非园地的处罚裁量基准为由，再次裁定不准予强制执行。

2023年5月，某县检察院在开展土地执法查处领域行政非诉执行专项监督活动中发现该案件线索，依职权启动监督程序。案件受理后，县检察院通过调阅相关卷宗材料进行调查核实。查明:(1)某养殖场是依法登记并领取营业执照的个人独资企业，系"其他组织"。(2)县综合行政执法局在行政处罚决定书中认定案涉土地性质为园地，法院裁定不准予强制执行后补正为基本农田。(3)《山东省国土资源行政处罚裁量基准》中规定违法占用基本农田的处罚标准是30元/m^2，耕地25—30元/m^2，其他农用地20—25元/m^2，建设用地和未用地是15—20元/m^2。(4)县综合行政执法局在不准予强制执行后，重复向法院申请强制执行。(5)在某县综合行政执法局首次申请强制执行后，人民法院未在5日内受理案件，超过法定的受理期限。(6)县法院在已作出不准予强制执行的情形下，仍就同一行政行为的强制执行申请予以受理并作出裁定，且不予强制执行的依据未一次性充分阐释。

(二)办案过程

经审查认为，县综合行政执法局在本案行政处罚及申请强制执行过程中存在违法占地责任主体认定错误、证据认定相互矛盾、处罚裁定基准不当、重复申请强制执行违反法定的救济途径等问题。县法院在办理该行政非诉执行案件中存在超期受理、重复受理以及未全面充分指明不准予执行理由等问题。县检察院分别向县综合行政执法局、县法院提出检察建议。县综合行政执法局、县法院均采纳了检察建议。县综合行政执法局收到检察建议后，及时对所有的违法占地案件开展自查自纠，避免再次出现类似问题，并将加强对执法人员的培训，多措并举提升规范化执法水平。县法院确认受理、审查行政非诉执行案件存在不严格、不规范的情况，并表示将在今后工作中加以改进。

县检察院选取包括本案在内的5起涉及土地执法领域不准予强制执行以及行政诉讼中撤销或确认无效的案件作为分析样本，就问题形成的原因及案件后续处理问题与相关部门进行了协商和探讨。县检察院提出不应止于就案办案，而应当推动违法占地问题得到实际解决的检察意见。针对本案，通过走访自然资源规划部门及镇政府、询问企业投资人、现场勘察涉案地块等方式，查明该案发生系由于未办理合法用地手续，且根据自然资源部、农业农村部《关于设施农业用地管理有关问题的通知》以及《山东省设施农业用地管理办法》的规定，涉案企业占用的土地符合畜禽水产养殖设施用地的范围。企业投资人贾某某表示，由于法律意识淡薄，未履行报批手续，已经认识到了自身的违规行为，但养殖场前期已投入大量的资金，目前仍在艰难经营，径直拆除会造成难以承受的经济损失。县检察院考虑到案涉行政处罚已经丧失强制执行的效力，企业投资人有补办手续、合规守法经营的强烈意愿等情况，遂召开各方参加的圆桌会议，共同研究办理设施农业用地手续的法律依据和具体方式，寻求土地资源保护和企业生存发展的最优解。最终，案涉企业于2023年11月4日补交了设施农用地备案申请，2023年11月13日取得设施农用地备案手续，案涉土地违法状态得以消除。

除本案外，县检察院还针对其他确有错误的行政处罚案件向县综合行政执法局发出检察建议，建议撤销部分错误的行政处罚决定，并重新予以立案调查；部分案件修正错误程序，重新作出处罚决定。

二、善于把握实质法律关系，在规范审查标准中明晰行政行为的效力

在检察履职中善于从纷繁复杂的案件中把握实质法律关系，关键是要从整体上把握案件的关键环节和本质问题，找准统领法律事实的实质法律关系，进行实质性判断，解决实质性问题。[①]这是践行“三个善于”及高质效办案的前提和基础。在土地执法行政非诉执行案件中，检察监督的关键点和主要矛盾在于，判断行政行为、行政裁定是否于法有据，亦即申请强制执行的行政行为及被裁定准予或不准予强制执行是否恰当。同时，如果认为行政行为被裁定为不准予强制执行是妥善的，则对于行政行为的效力认定及后续如何处理也是加强深层次、实质性监督的应有之义。

（一）关于行政非诉执行中司法审查标准的检察监督问题

法院对于行政行为的强制执行申请不应“照单全收”、一概执行。实践中，有相当数量的非诉执行案件被裁定不准予强制执行。结合本案，行政非诉执行中司法审查标准的检察监督意指土地执法领域申请强制执行的行政行为被裁定准予或不准予强制执行是否恰当，进而有无监督必要的问题。最高人民法院《关于适用〈中华人民共和国行政诉讼法〉的解释》第161条确立了行政非诉执行中司法审查的基本标准，即主体资格不具备；明显违法+侵害合法权益的审查标准。概括而言，司法解释采取的是“明显违法”标准。但这一规范层面的标准较为粗疏，对于“明显违法”的内涵、外延缺乏统一的认识，加之土地执法行为与违法行为较为复杂的影响，导致实践中行政非诉执行案件审查标准的适用具有一定的随意性和主观性，对其进行检察监督就显得尤为必要。虽然对于非诉行政行为合法性审查标准的认定存在一定的争议，但从行政行为经过诉争期后具备相应的确定力、非诉执行的审查方式为书面审查

---

① 参见应勇：《学思践悟习近平法治思想 以“三个善于”做实高质效办好每一个案件》，载《人民检察》2024年第8期。

以及非诉执行目的在于确认执行的内容等方面来看，行政非诉执行的审查标准应明显低于行政诉讼中采取的合法性审查标准。类比行政诉讼中行政行为合法性的审查标准，宜明确不裁定准予强制执行是一种介乎于撤销判决、确认无效判决之间的，具有独立适用空间的裁定方式。可以参照和借鉴可撤销行政行为及无效行政行为的审查标准，以对行政相对人具体权益的实质性损害为考量因素划分是否准予执行的适用场合，这也是符合法规范层面较为妥善的制度选择。结合土地执法过程中的特点，可以从以下几个方面确立并建构非诉案件审查标准：

在主体资格方面，主要考察土地行政部门的主体资格及执法权限范围，如果不具备主体资格或超越职权，则应认定为不予执行的情形。在事实根据方面，案件事实应当是支撑行政行为的基本事实，着重考察违法占地事实是否存在以及违法行为责任主体的认定。可以通过土地利用总体规划和有无审批手续等方面综合认定案件事实；主体层面一方面要明晰公民、法人或其他组织的违法主体，另一方面还要确定土地所有权、承包权、经营权分离模式下违法主体的认定问题。在法律依据方面，重点围绕行政行为是否具有法律法规、规章以及规范性文件的依据，适用是否全面准确以及与上位法有无冲突等方面予以审查。在能否实施方面，主要审查行政行为的内容在客观上能否实施，主要是指客体不能[①]，例如责令拆除已经不存在的违章建筑等。在行为程序方面，应当考察程序瑕疵对具体利益的侵害程度，认定是否准予强制执行。实践中，这一方面的审查标准较为混乱，存在同案异裁现象。宜明确因程序瑕疵造成不准予强制执行的适用情形，为规范操作提供具体指引。最后是行政行为形式方面的内容，如行政处罚决定缺乏时间、主体以及印章等。当然，除了上述几种列举的情形外，还有“其他”较大的空间需要理论和司法的探索与明确。

---

① 参见祁菲:《关于行政非诉执行审查标准的两个重要问题》，载《中国检察官》2022年第9期。

（二）关于行政非诉不予执行情形下行政行为的效力认定问题

如经过对行政行为的效力判断，认定其存在“明显违法”情形，审查机关会作出不准予强制执行的裁定。此时，该行政行为虽未被撤销或确认无效，但已然彻底丧失了强制执行力。在此情形下，不准予强制执行对行政机关具有何种约束力？能否针对原来的违法事项重新作出处理决定？相关的法律法规并没有作出明确规定。应当认为，类似于撤销判决或确认无效判决的不准予强制执行裁定具有溯及既往使得行政行为丧失效力的效果，但同时根据非诉执行的申请条件而言，该行政行为已经具备了确定力，除非存在无效行政行为的情形，否则不得再以该行为存在违法再为争讼。本案中，在明晰行政行为具有确定力而丧失执行力的情形下，较为稳妥的做法是，行政机关应自收到不准予强制执行的裁定后，主动撤销该行政行为，这样即便作出后续的处理，亦不违反“一事不再罚”原则。展开而言，可以从两个方面来确立对于行政行为的约束力。

一是判断行政行为是否存在无效行政行为的情形。如果是由于作出的行政行为没有主体资格、明显缺乏法律依据或不存在违法事实等无效情形的，行政机关应当及时作出撤销决定，而不应重新作出行政决定，更禁止基于同一事实和理由作出与原行政行为相同的行政处理决定。二是如果违法情形处于持续状态，且行政行为系因事实不清、程序违法等原因被裁定不准予强制执行的，行政机关对此仍具有重新或继续处理的职责，以维护相关人的合法权益和有效保护公共利益。此时亦应当先作出撤销行政行为的决定，视瑕疵情形采取相应的处理措施，依据法定程序重新作出新行政行为，这并不违反“一事不再罚”原则。

三、善于领悟法治精神，在履职办案中实现监督权力运行的制度价值

在检察履职办案中善于从具体的法律条文中深刻领悟法治精神，是践行“三个善于”及高质效司法办案的关键。既要求检察人员依法办

案，精准适用法律，契合法律规范的系统性，又要领悟法律条文背后的基本价值理念，避免就案办案。在土地执法行政非诉执行检察监督案件中，要注重依法积极履职，坚持实体与程序并重，全面审查法院的执行裁定和行政机关的处罚决定。同时还要善于通过个案办理发现共性问题，采取有针对性的履职手段，促进相关部门完善治理，实现行政非诉执行检察监督制度所蕴含的公正司法、依法行政及保障行政相对人合法权益的最佳法治效果。

（一）注重发挥“一手托两家”的履职特色

行政非诉执行检察监督是基层检察机关做实行政检察重要途径，依托于监督人民法院受理、审查、裁定和执行行政非诉执行案件，同步对行政机关违法行使职权或不行使职权的情形开展监督。在本案的监督过程中，检察机关强化对司法和行政的双重监督，在监督法院行政非诉执行案件时，同步审查行政机关具体行政行为的合法性以及是否存在违法申请强制执行的情形。对于行政机关违法行使职权和法院受理、审查不当问题，为保证法律适用的准确性，推进依法行政，检察机关开展了同步监督、一体监督。具体而言，一方面通过检察建议督促法院纠正案件中存在的程序违法以及未全面充分指明不准予执行理由等问题；另一方面，以检察建议督促行政机关纠正作出行政行为及申请强制执行过程中的违法行为。被建议单位收到检察建议后，严格按照检察建议要求，积极予以整改，完善工作机制，切实规范执法办案、保障行政相对人的合法权益。就此而言，该案以充分的说理、明确的内容提出纠正违法行为的检察建议，进一步统一法律适用标准，发挥了行政检察规范行政执法，推进公正司法“一手托两家”的职能作用。

（二）注重实体与程序并重，强化全方位的审查监督

行政非诉执行监督的程序性事项是指对非诉执行案件的申请环节、审查环节以及执行环节程序进行的监督，主要包括对催告程序、法定

期限、案件管辖及受理执行中暂缓执行、停止执行、中止执行等程序进行监督；[①]实体性事项是对非诉执行案件流程中的实质性内容进行的监督，表现在监督主体、监督对象、案件范围、裁定内容、执行主体、执行措施等方面。[②]在开展行政非诉执行监督的过程中，保障行政非诉执行的程序正义和实体正义是不可偏颇、同等重要的"一体两翼"，均为行政非诉执行检察监督高质效办案的重要履职标准。本案在监督过程中，注重实体性监督与程序性监督的相统一，实现监督的全面性、规范性。

首先是注重对行政非诉执行的程序性监督，指明县综合行政执法局重复申请强制执行违反法定的救济途径，县法院在办理该行政非诉执行案件中存在超期受理、重复受理等问题。

其次是重申和强调了行政非诉执行监督的实体性正义，本案行政机关在作出行政处罚的过程中存在违法占地责任主体认定错误、证据认定相互矛盾、处罚裁定基准不当等事实认定与法律适用方面的问题，县法院作出不准予强制执行的裁定并无不当。但县法院两次作出不准予强制执行的理由和依据并不完全一致，换言之，县法院在首次作出不准予强制执行的裁定时并未全面充分指明不准予执行理由，裁定内容显然存有不当。且重复受理后，经过审查再次作出不准予强制执行的裁定亦属违反法律规定的情形。因在行政非诉执行审查过程中，法院不仅对行政行为的合法性进行审视，还包括行政行为强制执行申请是否符合条件的内容，即判断是否应该对案件予以受理。对于案件受理后，在审查阶段发现不应受理强制执行申请的情形，径直适用最高人民法院《关于适用〈中华人民共和国行政诉讼法〉的解释》第161条的规定裁定不准予强制执行是不妥当的，原因在于最高人民法院《关于适用〈中华人民共和国行政诉讼法〉的解释》第161条针对的是行政行为是否具备合法性

① 参见张相军、张薰尹:《行政非诉执行检察监督的理据和难点》，载《行政法学研究》2022年第3期。

② 参见王华伟:《行政非诉执行检察监督模式研究》，载《天中学刊》2021年第5期。

的判断，条文表述为“被申请执行的行政行为”，应当理解为不涉及受理条件的审查，相较而言，参照行政诉讼类型情形中采用驳回起诉的方式，较为合适和妥帖的做法是依据该解释第101条第15项作出驳回申请的裁定。

（三）注重个案监督为前提，开展更高层次的类案监督

个案监督模式是因应“在办案中监督、在监督中办案”理念，对行政执行活动以及行政行为进行监督的常规操作。而在行政非诉执行检察监督个案办理的过程中，往往能够发现审判机关审查、执行，以及行政机关在行政管理、行政执法过程中存在的普遍性问题。对此依法开展监督，则可以实现法律监督质效的倍增和最大化。个案监督因具有较强的针对性，因而效果是客观可见的，与此同时这种监督方式并不具备普遍的约束力，而类案监督的建议一般具有系统性、全面性、溯源性的特点，而且聚焦于法律实施层面，可以有针对性地推进依法行政和公正司法。[①]这种治理一个领域、解决一类问题的“整合式”监督方式，也是基层行政检察推进源头治理、系统治理、综合治理的重要实施路径。在该案的办理过程中，检察机关透过个案发现行政非诉不准予强制执行以及行政诉讼中被撤销或确认无效的行政处罚决定后续如何处理这一问题，深入开展调查研究，分析存在问题的原因，有效开展了更高层次的类案监督。其一，在案源渠道方面，检察机关在本案的基础上，调取一定时期内土地执法领域不准予强制执行以及行政诉讼中被撤销或确认无效的案件，确保类似情形类案监督的必要性。其二，在调查核实阶段，检察机关加强与多个行政机关的沟通协作，通过调取图斑数据、现场勘查等方式，确保了监督意见的准确性。其三，在制发检察建议时，并没有采取简单约束行政权的方式，而是在指出行政机关可能存在的不行使职权问题，给予行政机关积极作为的机会，提出富有可行性、建设性的

① 参见姚魏：《论行政检察监督职权的扩展及其路径——以最高人民检察院第169号指导性案例为视角》，载《行政法学研究》2024年第3期。

检察建议，践行“双赢多赢共赢”的新理念。①

四、善于统筹法理情的有机统一，在化解争议中寻求公平正义“最大公约数”

在土地执法行政非诉执行案件中，检察机关对行政行为、行政裁定的合法性进行监督的过程中，还应注重剖析案件成因，全面准确统筹“以事实为根据，以法律为准绳”，充分考虑违法占地人的合理诉求、违法状态以及整改情况等各种因素，坚持法律监督和争议解决相结合，实现坚守耕地红线、维护社会公益和个体权益的有机统一。

（一）注重实质性化解行政争议，助力纾解矛盾纠纷

相较于监督法院撤销裁定进而否定原行政行为，以实现定分止争来说，更为普遍的争议化解情形往往是在尊重生效裁定既判力的前提下，督促行政机关改变已经作出的行政行为，或者引导当事人达成和解。这种替代性的纠纷解决方式形式主义色彩较淡，在程序设计上具有高度的自由性，体现为程序的灵活性、简易性。②

本案在监督过程中，综合考虑不准予强制执行使得行政机关和相对人之间的法律关系恢复到原行政行为作出之前的状态，以及案涉土地符合完善用地审批的条件、当事人补办手续的意愿等情况，遂在调查核实的基础上，联合法院、行政机关，通过圆桌会议的方式，整合资源、优势互补，引导当事人自愿达成和解，消弭案涉土地违法状态。这种温和、柔性地化解争议方式改变了以往简单地“一查了之、一罚了之”的官民对立状态，平衡公益优先与私权救济、实体利益保护与依法行政的关系，实现了利用土地资源促进经济发展，最大程度保障就业利益、投资者利益和社会公共利益的最佳司法效果。

---

① 参见秦前红、陈家勋:《打造适于直面行政权的检察监督》，载《探索》2020 年第 6 期。

② 参见陈刚主编:《自律型社会与正义的综合体系——小岛武司先生七十华诞纪念文集》，陈刚、林剑锋、段文波等译，中国法制出版社 2006 年版。

（二）关于依法履职实质性化解行政争议的角色定位

受限于法律监督程序性的特点，检察机关没有决定权和处分权[①]，在运用行政检察职能推进行政争议化解过程中并不具有判断涉案企业是否实质构成行政违法的行政权力，也不能代替审判机关对诉争行政行为是否违法作出有效力的认定，尤其是本案涉及的审判机关作出不准予强制执行并无不当，行政机关仍需重新作出行政行为的情形下，检察机关不能对行政执法造成不当干预及忽视生效裁判的既判力。但这并不意味着行政检察无所作为，在这一过程中检察机关可行的角色定位应当是监督者、引导者和组织者。

在行政案件中，检察机关的外部监督主体地位具有天然的中立性，有利于客观公正地督促行政机关开展行政工作，从本案中化解争议的过程来看，检察机关一方面通过走访行政机关和涉案企业的方式进行调查核实，充分了解土地执法领域的治理经验和做法，以及涉案企业的经营情况、行政处罚记录等事项，为化解争议工作的开展提供了前提和基础；另一方面通过圆桌会议的方式，为执法机关和涉案企业搭建了沟通交流的平台，而这一过程正是引入和促成和解这种柔性手段的恰当方式。最后对于达成和解后，案涉企业对相应义务消极应对的，检察机关督促土地行政部门进行相应查处，也是行政检察角色定位的应有之义。

总之，行政检察监督作为一种多面向、灵活性的监督方式，通过高质效履职，切实保护经营主体的合法权益，彰显了双赢多赢共赢的新理念。尽管在推进实质性化解行政争议的过程中，行政检察仍面临着依据不足、机制欠缺等问题，但仍应期待行政检察在未来中发挥应有的功能和价值，实现对法治化营商环境的具象保护。

因由土地违法案件主体复杂多元的特殊性，在行政非诉执行检察实

---

① 参见江国华、王磊:《检察机关实质性化解行政争议的制度分析和实践完善》，载《国家检察官学院学报》2022 年第 3 期。

践中需要检察人员深刻理解和践行“三个善于”，以监督违法行政行为、规范人民法院审查和执行、维护行政相对人的合法权益为核心，拓展行政非诉执行检察监督的可能作为空间，以更高水平的法律监督办案质效引领法治进步、助推时代发展、满足人民期盼。

用好“三个善于”提升行政检察监督质效

孙裕彬　张怡敏 *

在城镇化水平不断提高的当下，土地资源的优化配置和高效利用，对城市基础设施建设、国有资产管理、社会长远发展都具有重大意义，这对城市闲置及收储土地管理工作提出了更高更新要求。S市人民检察院行政检察部门在履行行政生效裁判监督职能中，透过纷繁复杂的行政争议，发现自然资源管理部门在土地管理中存在处置不及时、监管不到位、土地长期闲置等问题，决定在市域范围内部署开展“闲置和收储土地管理领域”专项监督活动，两级院通过座谈、实地调研等方式，梳理出全市闲置和收储土地管理中普遍存在的问题，通过制发社会治理检察建议督促和引导自然资源管理部门规范履职，实现法理情的统一。

一、基本案情及办案经过

2001年，S市自然资源局从S市A区交通局处收购了S市A区案涉地块后，委托该市A区B街道办事处管理，并支付管理费。2013年8月，董某与S市A区某村民小组签订了租地合同，约定租用案涉地块用于堆放砂石、办理砂厂，合同截止日期为2019年7月4日。2019年7月19日，S市自然资源局以董某非法占地进行了行政处罚。董某因不服

* 孙裕彬，江西省上饶市人民检察院检察委员会委员、第五检察部主任、一级检察官；张怡敏，江西省上饶市人民检察院第五检察部四级检察官助理。

该行政处罚决定提起行政诉讼，后不服法院生效判决向S市人民检察院申请检察监督。

S市人民检察院审查后认为，董某的监督申请事由缺乏事实和法律依据，但结合董某反映情况和检察调查发现，案涉土地在被依法收储后长期闲置，且在闲置期间被董某等人非法占用将近6年无人监管，存在行政行为违法问题。针对该案暴露出的问题，S市人民检察院于2022年3月决定开展S市闲置、收储土地管理领域行政违法行为专项监督活动，两级院针对闲置和收储土地管理同步开展调阅资料、实地走访、组织座谈等系列调查工作。经梳理发现，全市自然资源部门主要存在闲置土地处置不及时、收储土地管护不到位、执法过程中发现违法违纪问题未及时处理等问题，为此S市人民检察院于2022年10月9日向市自然资源管理局制发社会治理检察建议，督促该局及时整改。2022年12月14日，该市自然资源局作出了书面回复，对于检察建议全部采纳并及时整改到位。

二、把握实质法律关系：用好调查核实精准发现确认问题

在办案中要善于抽丝剥茧准确把握问题本质，具体到行政检察办案，要聚焦行政争议本身，侧重从行政行为入手，剖析行政争议产生的主要原因。

（一）充分调查核实发现问题线索

土地管理专业化程度高、涉及法律法规繁杂，对检察监督是不小挑战。为尽快熟悉闲置和收储土地管理工作，S市人民检察院通过查阅资料、调查走访、座谈协商等方式，对S市闲置土地及收储土地情况开展全面调查。具体而言，检察机关通过调阅了S市的储备土地示意图、土地收储情况明细表、相关违法案件调查报告等资料，确定董某诉S市自然资源局土地行政处罚案并非个案，发现S市仅主城区范围内因政府及相关部门的行为而闲置的土地就有8宗、面积达416.788亩，H县因闲置土地被附近居民非法种植农作物发生了行政诉讼，监察支队办理行政处罚案件时未对非法出租闲置土地行为进行审查等；与S市自然资源局

开发利用科、执法科、土地储备中心共同走访收储土地现场、闲置土地现场、违法用地现场，详细了解闲置、收储土地的管护及违法用地整改等情况，发现自然资源管理部门对收储土地的管护不到位，如储备土地上无相关土地标识和公告牌、收储土地上的建筑垃圾、生活垃圾繁多等问题；最后与自然资源局的五个相关科室和四个分局召开座谈会，听取自然资源管理部门工作情况及面临的困难，对调查发现的闲置及收储土地管理中存在的问题线索进行交流，形成问题线索集。

（二）反复论证精准确认存在的问题

一是精准认定闲置土地。根据原国土资源部《闲置土地处置办法》的规定，超过国有建设用地使用权有偿使用合同或者划拨决定书约定、规定的动工开发日期满一年未动工开发的，已动工开发但开发建设用地面积占应动工开发建设用地总面积不足三分之一或者已投资额占总投资额不足百分之二十五，中止开发建设满一年的国有建设用地，依法可认定为闲置土地。[①] 检察机关经调查发现，S 市土地闲置主要包括政府、政府有关部门政策调整、开发商资金短缺等。如本案中，S 市高铁农都农业综合体项目五宗土地属于闲置土地，具体原因是 S 市高铁新区招商引资过程中计划发生变化导致土地闲置。

二是精准确认责任部门。根据《闲置土地处置办法》，国土资源主管部门具体负责闲置土地的调查认定和处置收回等工作。行政机构改革后，国土资源主管部门并入自然资源管理部门，因此 S 市自然资源局为行政主管部门，具体负责闲置和收储土地的监管。

三是明确闲置土地监管方式。针对不同类型的闲置土地，自然资源管理部门可以参照土地管理法和城市房地产管理法等相关规定进行不同

① 《闲置土地处置办法》第 2 条规定：“本办法所称闲置土地，是指国有建设用地使用权人超过国有建设用地使用权有偿使用合同或者划拨决定书约定、规定的动工开发日期满一年未动工开发的国有建设用地。已动工开发但开发建设用地面积占应动工开发建设用地总面积不足三分之一或者已投资额占总投资额不足百分之二十五，中止开发建设满一年的国有建设用地，也可以认定为闲置土地。”

的处置。对于城市闲置土地，特别是以出让方式取得土地使用权的房地产开发用地，主要有征收土地闲置费、征缴增值地价、无偿收回等三种处置方式，但S市自然资源部门仅和当地政府进行书面汇报闲置土地情况，并未依法进行处置。

四是查明收储土地的管护方式。《土地储备管理办法》第13条规定明确指出土地储备机构对收储土地有管护职责，要求相关内设机构或者土地储备机构要建立巡查制度，对侵害土地权利行为做到及时处理。自然资源管理部门应按照上述规定对收储土地尽到管护责任。S市人民检察院按照自然资源管理部门自行管理和委托管理的不同管护方式，从是否按期巡查、土地现状、是否发生诉讼纠纷、委托管理费用等方面进行审查，确认S市在储备土地管护上存在不规范问题。

五是明确违纪违法线索处理方式。从《土地储备管理办法》第14条规定可知，在储备土地未供应时，土地储备机构可以出租储备土地，但应征得行政主管部门同意①。调查发现，S市自然资源局监察支队在已查清案涉A区某村民小组擅自向董某出租收储土地行为违法后，未及时将相关违纪违法线索移送纪检监察部门处理。

三、领悟法治精神：厘清法律适用确保检察监督办案质量

确保案件经得起检验的关键在于从具体法律条文中深刻领悟法治精神，这就要求司法办案要结合案件情况具体问题具体分析，正确适用法律，全面准确理解"以法律为准绳"。

（一）准确适用法律确认监督方式

针对调查发现的问题，检察机关选择正确的监督方式有利于提升法

① 《土地储备管理办法》第14条规定："在储备土地未供应前，土地储备机构可将储备土地或连同地上建（构）筑物，通过出租、临时使用等方式加以利用。储备土地的临时利用，一般不超过两年，且不能影响土地供应。储备土地的临时利用应报同级国土资源主管部门同意。其中，在城市规划区内储备土地的临时使用，需搭建建（构）筑物的，在报批前，应当先经城市规划行政主管部门同意，不得修建永久性建筑物。"

律监督质效。本案中，S市人民检察院发现的主要问题是行政机关不行使职权或者未正确行使职权。针对行政机关不行使职权的情形，是由公益诉讼部门制发公益诉讼检察建议还是由行政检察部门制发社会治理检察建议，产生了争议。《人民检察院检察建议工作规定》将检察建议划分为再审检察建议、纠正违法检察建议、公益诉讼检察建议、社会治理检察建议、其他检察建议等五大类型，第10条规定了制发公益诉讼检察建议的情形，第11条规定了制发改进工作、社会治理检察建议的情形。从上述条文中可以看出，公益诉讼检察建议和社会治理检察建议都具有维护社会公共利益的制度功能，在制发对象、适用范围上存在重合[①]，在办案实践中正确选择检察建议的类型是对办案人员的一大考验。两者主要有以下三点区别：一是检察建议性质不同。公益诉讼检察建议主要是为了纠正特定的行政违法行为或不作为，以个案的形式办理；社会治理检察建议是检察机关办理行政监督等业务的延伸，主要是解决已办理案件所反映的普遍性问题，以类案监督的方式办理。二是检察机关的定位不同。公益诉讼检察建议主要是立足督促履职的定位，如果行政机关未按要求整改到位可提起公益诉讼；社会治理检察建议主要是秉持协助治理的立场，双方系协商共建的合作关系。三是被建议者定位不同。在公益诉讼检察建议中，被建议者被动改正违法行为；在社会治理检察建议中，被建议者是主动改进治理举措之分。被建议者定位是基于理解和认同主动进行改进。基于两者的相同点和不同点，结合本案中的建议内容不仅是针对国有土地管理中的问题还涉及执法过程中发现违纪线索处理，S市人民检察院认为社会治理检察建议更为合适，从而向自然资源管理部门制发了社会治理检察建议。

（二）持续跟进保障监督实效

问题整改、责任落实是检察建议的出发点和落脚点，制发检察建议

① 参见吴凯杰、赵仙凤：《行政公益诉讼检察建议与社会治理检察建议之界分——基于生态环境保护典型检察建议的分析》，载《南京工业大学学报（社会科学版）》2023年第22期。

后要强化跟踪问效，防止纸面整改、答而不改。S市自然资源管理部门收到检察建议后，积极开展专项整治活动，全面梳理排查问题，对于梳理出281个闲置土地方面问题、372个土地储备方面问题做到及时纠正；同时主动健全完善相关制度，就土地出让管理、批后监管、储备土地管护等环节形成了四个长效机制；合理进行内设机构改革，新增了自然资源管理服务科、土地供应监管服务科等科室；提升队伍执法能力，组织开展“周末大讲堂”活动。S市人民检察院在检察建议被采纳后，采取实地调查核实、走访S市自然资源管理部门、回头看等方式，持续对整改措施进行跟踪，主动了解采纳、落实检察建议情况。

四、统筹法理情：实现检察监督“三个效果”统一

实现最佳办案效果的目标，要求通过司法办案，努力寻求公平正义，实现政治效果、法律效果和社会效果有机统一。

（一）精准办理个案同时坚持源头治理

检察机关在履行法律监督职责中，既要督促纠正行政机关不依法履职的具体违法，又要依法推动解决相关领域监督机制不健全不完善的问题，要从服务保障国家中心大局、发挥独特效能服务国家治理的角度出发，树立全局观念、系统思维，针对一类案件发现深层次社会治理问题的，应当通过社会治理检察建议促进源头治理。S市人民检察院对董某申请行政诉讼监督案作出不支持监督申请决定后，以该案为切入点，针对全市闲置土地、收储土地管理中的行政违法行为开展了专项监督活动，就发现的问题制发了社会治理检察建议，从而推动全市国有土地的规范管理，从源头上减少内生、次生案件发生，真正做到护航民生民利。

（二）多措并举提高检察建议的刚性

社会治理检察建议的“刚性”既要求检察建议质量过硬，也要求检

察机关进一步重视检察建议书推进过程中“后果”要件的补充和完善。检察建议质量过硬就要求检察机关在经过充分的调查核实、沟通磋商后才能予以制发，既要让被建议单位感受到检察监督的专业性，也要让被建议单位感受到双赢多赢共赢的诚意。本案中S市人民检察院制发社会治理检察建议前与被建议单位一同进行调查，也多次与被建议单位沟通磋商问题认定标准，故S市自然资源主管部门对于检察建议内容全盘接收、全部整改。但一旦出现被建议单位不予采纳或整改不到位情形，根据《人民检察院检察建议工作规定》第25条的规定，可以将相关情况报告上级人民检察院、通报被建议单位的上级机关、行政主管部门或者行业自律组织等，必要时可以报告同级党委、人大，通报同级政府、纪检监察机关；符合提起公益诉讼条件的，还依法提起公益诉讼。只有检察机关重视检察建议书推进过程中“后果”要件的补充和完善，面对检察建议“有去无回”“纸面回复”等情况，依法予以跟进监督，才能真正提升检察建议的刚性。

（三）加强与行业主管部门协作配合

国土领域管理工作涉及经济、会计审计、法律等专业知识，这也给检察监督提出了严峻挑战。本案中，S市人民检察院通过个案发现的问题开展检察监督，具有较大的偶然性和不确定性。行政检察监督涉及各类行政主管部门，具有非常广阔的发展前景，但行政检察监督要提升监督的深度和广度，离不开行业主管部门的支持和配合。一是检察机关要牢固树立双赢多赢共赢理念。行政检察监督最终的目的是要帮助行政机关依法行政，共同助力法治政府建设，行政检察监督办案要主动从“找茬”向“献计”转变。二是要树立大数据思维。检察机关应当主动打破数据壁垒，畅通数据共享渠道，定期双向共享办案数据，通过对大数据分析，提取监督要素，构建监督模型，解决线索发现难、调查取证难等问题。三是要加强沟通交流。行政执法涉及社会方方面面，检察监督和行政执法工作也各有侧重，通过沟通交流能够增进了解，消除误解，有助于形成工作合力，提高工作质效。

运用“三个善于”提升个人信息保护公益诉讼案件综合效能

林伟忠　彭葵葵*

当前，人脸信息作为重要的数据资源，其价值得到进一步挖掘和释放，但也极易成为不法分子交易和非法获利的对象。近年来，广东省检察机关为加强个人信息保护，提高公共安全治理水平，办理了一批个人信息保护案件。本文以广东省广州市越秀区人民检察院（以下简称越秀区院）办理的郑某等4人“人脸识别”互联网民事公益诉讼案（以下简称人脸识别案）为样本，分析如何在个人信息保护民事公益诉讼案件中以“三个善于”为指引，提高聚焦法律事实、破解办案重难点问题的水平以及庭审应对能力。

一、基本案情及办案经过

（一）基本案情

2020年8—9月，郑某通过即时通信软件发布广告称可代查高清身份证照片、公民身份号码等个人敏感信息，并组建群组专门用于个人信息非法交易。任某运、戴某杰、陈某立3人按照下家提供的信息，从

* 林伟忠，广东省广州市越秀区人民检察院党组书记、检察长、二级高级检察官；彭葵葵，广东省广州市越秀区人民检察院第五检察部主任、四级高级检察官。

郑某等上家手中购得相匹配的高清身份证照片，再自行或伙同他人制作虚假动态人脸识别视频（比如眨眨眼、点点头），用于解封账号、验证 App 的实名认证（俗称过脸）。郑某、任某运、戴某杰、陈某立 4 人（以下简称郑某等 4 人）非法出售公民个人信息 2000 余条，非法获利 13000 至 30000 元不等。人民法院以侵犯公民个人信息罪判处 4 人有期徒刑 1 年至 1 年 2 个月不等，并处罚金。

（二）办案经过

2021 年 6 月，越秀区院在履行审查起诉职责中发现该线索。虽然郑某等 4 人因涉嫌侵犯公民个人信息罪被提起公诉，但其行为给公民个人信息保护领域造成的损害并未修复，社会公共利益仍处于受侵害状态。2021 年 8 月 25 日，越秀区院将郑某等 4 人侵犯公民个人信息、损害社会公共利益的行为作为民事公益诉讼线索立案审查。2021 年 9 月 17 日，越秀区院发布公益诉讼公告，公告期满后没有适格主体提起诉讼。

2022 年 1 月 11 日，越秀区院以郑某等 4 人为被告向广州互联网法院提起民事公益诉讼，诉请法院判令郑某等 4 人立即停止侵犯公民个人信息、损害社会公共利益的违法行为，并销毁用于作案的互联网工具；以个人违法所得为标准支付公益损害赔偿金，其中郑某对任某运、戴某杰、陈某立的公益损害赔偿金承担连带责任；在省级以上媒体或具有同等影响力的互联网媒体上公开赔礼道歉；郑某等 4 人以行为补偿的方式弥补和修复其对社会公共利益造成的损害，消除不法行为造成的不良影响。

越秀区院经审查认为：公民身份号码、身份证照片是公民重要的个人信息，人脸识别技术是 AI 运用的重要方式，在公共交通、城市治安等方面作为身份识别的依据发挥了重要的作用。被告郑某等 4 人设立用于传授犯罪方法的通讯群组、利用网络发布违法犯罪活动信息，非法获取高清身份证头像，并以人脸生成、人脸替换等合成编辑技术，通过图像和视频载体非法绕过人脸验证系统，其行为侵害了众多公民个人信息安全，扰乱了国家正常的工商管理秩序和经营管理秩序，损害了社会公共利益。虽然案涉非法获取、处理个人信息的侵权行为发生在个人信息保护法施行前，但是侵权人未采取有效措施降低案涉个人信息进一步泄露或被不当利用的风险，被泄露的个人信息依然处于受侵害状态，严重损害了社会公共利益。为有效保护公民个人信息，维护社会秩序和公共利益，本案同时适用民法典、个人信息保护法追究侵权人损害社会公共利益的民事侵权责任。

（三）案件办理结果

2022年2月25日，广州互联网法院通过互联网公开审理本案。2022年7月11日，广州互联网法院依法判决，支持检察机关全部诉讼请求。判决:（1）被告郑某等4人于判决生效之日起10日内注销QQ账号、蝙蝠账号、蝙蝠群组、土豆账号、欧易Okex等账号，退出QQr9s虚拟视频群;（2）被告郑某向广州互联网法院支付公益损害赔偿金13000元，被告任某运、戴某杰、陈某立分别向广州互联网法院支付公益损害赔偿金30000元，郑某对任某运、戴某杰、陈某立的公益损害赔偿金承担连带责任；上述赔偿金由广州互联网法院上缴国库，专门用于个人信息保护或信息安全等公益事项;（3）被告郑某等4人于本判决生效之日起10日内，在省级以上媒体或具有同等影响力的互联网媒体上公开发表赔礼道歉声明;（4）被告郑某等4人于本判决生效之日起1年内，通过与个人信息保护相关的警示教育、公益宣传、志愿服务等方式进行行为补偿。

本案涉及的重难点问题是基层检察机关可否直接提起民事公益诉讼；如何通过诉讼的方式提高公益修复的效能；如何推动恢复性司法的办案理念在公益诉讼案件执行阶段得到执行。

二、准确把握实质法律关系：坚持职能定位依法履行职责

检察公益诉讼的目的就是解决社会公共利益受损之后无法得到恢复的难题，相对于刑事、民事、行政法律制度而言，公益诉讼检察制度在

保护公民个人信息方面具有独特的制度价值。所以，在提起刑事诉讼的同时，越秀区院第一时间成立了由检察长担任主办检察官、公益诉讼部门办案骨干为成员的"人脸识别案"办案组。

（一）坚持依法履行职责，防止突破法律规定

从案件材料来看，郑某居住在广东省中山市，陈某立、任某运、戴某杰均居住在广东省茂名市，违法行为地及违法行为人住所地均不在广州市，如果直接提起民事公益诉讼，广州市检察机关是否有管辖权成为办案组面对的第一个难题。

当时恰逢《人民检察院公益诉讼办案规则》（以下简称《办案规则》）颁布实施之际，办案组经过分析研判认为，《办案规则》第 14 条的规定对破解该难题指引了方向。《办案规则》第 14 条规定："人民检察院办理民事公益诉讼案件，由违法行为发生地、损害结果发生地或者违法行为人住所地基层人民检察院立案管辖。刑事附带民事公益诉讼案件，由办理刑事案件的人民检察院立案管辖"。根据该规定，违法行为地及违法行为人住所地均不在广州的情况下，可以适用损害结果发生地。经审查发现，本案被害人之一卢某贤住所地就在广州市越秀区。至此，办案组从事实和规则方面都找到了本案可由广州市检察机关管辖的依据，第一道办案难题迎刃而解。

（二）坚持效率与公平并重，让公平正义更快更好实现

鉴于案件涉及的侵权行为链条多、厘清责任难，为了不影响刑事案件的审理进程，越秀区院积极探索直接向广州互联网法院提起个人信息保护民事公益诉讼，推动检察公益诉讼与互联网法院公益诉讼审判在公民个人信息保护领域的高效衔接。

根据最高人民法院、最高人民检察院《关于检察公益诉讼案件适用法律若干问题的解释》规定，民事公益诉讼案件一般应由地市级人民检察院提起，基层检察院只能提起刑事附带民事公益诉讼案件，越秀区

院直接向广州互联网法院提起民事公益诉讼面临级别管辖的问题。最高人民法院《关于互联网法院审理案件若干问题的规定》第2条明确规定：“北京、广州、杭州互联网法院集中管辖所在市的辖区内应当由基层人民法院受理的下列第一审案件：……（九）检察机关提起的互联网公益诉讼案件”。经审查发现，本案当事人侵犯公民个人信息的违法行为均通过互联网完成，属于互联网侵权案件，加之本案损害结果发生地之一为广州市越秀区，广州互联网法院对本案有管辖权。由于广州互联网法院为基层法院，按照起诉审理对等原则，该院可受理广州市基层检察机关提起的民事公益诉讼案件。据此，民事公益诉讼案件只能由地（市）级人民检察院提起的固有思维藩篱被打破。

（三）坚持守正创新，探索公益修复的法治新路径

公益诉讼重要目的是对公共利益损害的恢复和救济，尤以恢复公共利益为要旨。网络环境的复杂性与个人信息的特殊性共同决定，单靠事后惩罚已不足以规制个人信息网络侵权，新型网络侵权的治理模式亟待从事后回应转向前端防范。社会公众对该类新型违法行为的认知相对匮乏，众多潜在的受害人无法觉察自身权益受到侵害，如果郑某等4人能以实际行动提供其他违法犯罪线索、积极向社会公众宣传保护个人信息的资讯，参与个人信息保护相关的公益活动，将对教育震慑不法行为、促进公益诉讼结果正当化、重建失序社会规范发挥更大作用。

三、深刻领悟法治精神：破立并举办理案件重难点问题

检察机关在办理个人信息保护民事公益诉讼案件中，经常会面临来自被告及代理律师关于涉案违法行为未造成实际损害后果，其行为未损害社会公共利益；当事人已经被羁押，其行为给社会公共利益造成的危险已经消除等抗辩理由。结合本案，检察机关在办理个人信息保护民事公益诉讼案件时应深刻领悟法律法规背后蕴含的法治精神，以检察公益诉讼独特的制度价值为基础，牢牢把握“公益损害”这个最大的关键，

破解办案重难点问题，提高庭审应对能力。

（一）紧紧拧住“公益损害”这个最大的关键

第一，公民个人信息保护领域侵害社会公共利益不以侵害对象不特定为前提。《个人信息保护法》第 70 条规定：“个人信息处理者违反本法规定处理个人信息，侵害众多个人权益的，人民检察院、法律规定的消费者组织和由国家网信部门确定的组织可以依法向人民法院提起诉讼。”根据该规定，在公民个人信息保护领域，违法行为人侵害众多个人权益的，属于侵害社会公共利益的行为。个人信息具有明显的公益属性，本案中郑某等 4 人侵害公民个人信息的条数多达上千条，已经达到被侵害对象众多的程度。根据本案被告的陈述，找他过脸的客户都不是用自己的身份证登记注册的，客户自己无法完成过脸验证，才会找到任某运等人按照被害人的高清身份证头像制作虚拟人脸动图，以通过政务类 App 或微信的身份验证。被告每成功完成一次过脸验证，都会至少造成一个公民身份被冒用的恶劣后果。虽无法对本案受害人进行甄别，并和郑某等 4 人的行为一一对应，但可以确定的是，从郑某等 4 人侵害公民个人信息的数量可以看出，已经有数以千计甚至更多的被害人的身份信息在政务类平台、微信社交软件被冒用。

第二，受害者是否明确和侵害对象是否特定不能直接等同。本案中郑某等 4 人在实施侵害公民个人信息的违法行为时，并没有选择特定的对象，只要网上有“客户”提出要求，郑某等人就会实施违法行为，并不存在侵害对象特定的问题。作为受害者的个人，在郑某等人的违法行为实施前以及实施过程中并不特定，任何人都有可能成为被侵害的对象。而在针对不特定人群的违法行为发生后受害者就一定会特定化的呈现出来。无一例外，在任何针对公民个人实施的违法犯罪行为中，权益受到侵害的群体都是由一个个的个体汇聚而成的，不能以违法行为发生后有明确的受害者就否定违法行为人侵害对象的不特定性。可以预见，若不是公安机关及时对郑某等 4 人的违法行为进行查处，将会有更多不特定公民的个人信息受到侵害。

第三，社会公共利益受到损害既包括现实的损害，也包括可能产生的风险。个人信息兼具人格和财产的双重属性，一旦泄露或者不当使用，将对个人信息安全甚至人身、财产安全带来不可预测、不可控制的风险。个人信息被侵害，受侵害的对象大多不能及时察觉，使得潜在的风险长期存在，被侵害个体的损失难以量化。损失不容易量化并非没有损害。个人信息具有明显的公共属性，但是社会公共利益并非多个个人利益的简单聚合，社会公共利益受到的损害也绝非个人损害的简单相加。侵害公民个人信息的违法行为，不仅使公民个人信息安全受到侵害，还对国家正常的社会管理秩序造成侵害。高发的电信网络诈骗等不法行为正在威胁着广大人民群众隐私、财产甚至生命安全，社会公众对安全、开放、清朗网络空间的需求比以往任何时候都要强烈。

（二）回溯检察公益诉讼独特的制度价值

结合现行法律规定、公益诉讼的司法实践及国家从顶层设计层面规定检察公益诉讼制度的目的可以看出，检察公益诉讼是为了弥补诉讼主体缺位所造成的国家利益和社会公共利益受损得不到及时有效保护的问题。检察公益诉讼制度的运用，使得特定领域的违法行为人在承担行政或刑事责任之后，依然要承担侵害社会公共利益的民事侵权责任。侵权人立即停止侵害，赔偿侵害社会公共利益的损失；公开赔礼道歉，让潜在的违法行为人引以为戒；继续履行，采取措施修复受到损害的社会公共利益，降低其行为给社会公共利益产生的不利影响，这正是检察公益诉讼制度的价值所在，也是行政处罚或刑事制裁措施所不具备的功能。国家赋予检察机关提起公益诉讼的权力，并不是让特定领域的侵权行为人在刑事和民事责任中二选一，而是在其承担刑事责任后，依然要继续承担侵害社会公共利益的民事侵权责任。公益诉讼制度从创设之日起就具备了惩罚侵权人和保护国家利益、社会公共利益的双重属性。

《民法典》第 1182 条规定：“侵害他人人身权益造成财产损失的，按照被侵权人因此受到的损失或者侵权人因此获得的利益赔偿；被侵权人因此受到的损失以及侵权人因此获得的利益难以确定，被侵权人和侵权人就赔偿数额协商不一致，向人民法院提起诉讼的，由人民法院根据实际情况确定赔偿数额”。根据该规定可知，对于侵权行为所造成的损害，并不仅以现实损害作为赔偿依据，还可以侵权人因此获得的利益作为赔偿的依据，这就说明在立法司法实践中，对于赔偿的定性，不再局限于现实损害，而是扩充到非现实损害。

对于侵犯公民个人信息的案件，侵权行为造成的损害后果常常具有不明显财产性、继发性、不特定性及不易衡量性，短时间内很难对损失进行量化，但是该行为对公民个人信息安全、国家正常的行政管理秩序甚至国家信息安全造成的损害是不言而喻的，适用上述条款追究侵权人赔偿责任，有利于强化检察公益诉讼对公民个人信息的保护。

（三）深刻领悟法律条文背后的基本价值和理念

本案公益损害赔偿金是以被告人因实施侵权行为获得的利益为准，即刑事案件中认定的违法所得为标准确定公益损害赔偿金。对于网络环境中大规模侵害公民个人信息的行为，存在受害者众多、举证难度大、侵害隐形化、造成损失难以量化等情况，客观上无法查明亦无必要查明被侵权人的具体损失，按照被告因此获得的利益来确定损害赔偿责任的数额具有现实可行性。

根据《检察机关办理侵犯公民个人信息案件指引》（高检发侦监〔2018〕13号），结合最高人民法院、最高人民检察院《关于办理侵犯公民个人信息刑事案件适用法律若干问题的解释》（法释〔2017〕10号）的规定，对于违法所得可直接以犯罪嫌疑人出售公民个人信息的收入予以认定，不必扣减其购买信息的犯罪成本。本案中，被告获得的利益即是其违法所得，不存在扣除成本的问题。郑某等4人组织参与非法获取、收集、处理、出售个人信息活动，长期从事侵害个人信息的行为，在实施违法犯罪行为过程中付出的技术、设备等是其实施侵权行为的工具，而非合法经营成本，不存在扣除成本的合法基础。至于上下家之间倒卖信息后形成的利润分配关系，更不应作为认定“获得利益”的依据。因此，应当以违法行为人侵犯公民个人信息获得的全部对价，即以违法所得为标准来计算公益损害赔偿金。

四、实现法理情的有机统一：提高公益修复的可行性和精准性

（一）以法为据，精准厘清民事责任类型

民事公益诉讼本质上属于侵权之诉，找准统领法律事实的实质法律关系，对同一侵权行为链条上的违法行为人精准追究其按份责任或连带责任，体现了法治的严肃性。本案中郑某之所以既要对自己的违法所得承担责任，又要对另外3名被告的侵权行为承担连带责任，这是由郑某自身违法行为的双重属性决定的。

一方面，郑某在QQ群、蝙蝠群中发布“代查头”的广告，联系“客户”接单后，通过“客户”提供的公民身份号码、姓名等查找对应的人像照片、地址等信息，实施了侵犯公民个人信息的行为，并由此获得非法利益共计人民币13000元。根据《民法典》第1165条第1款“行为人因过错侵害他人民事权益造成损害的，应当承担侵权责任”的规定，郑某应当承担其损害社会公共利益的侵权责任，支付公益损失赔偿金人民币13000元。

另一方面，郑某在蝙蝠软件上建立交流群，并发布可以代查公民身份证等个人信息广告，而后任某运、戴某杰、陈某立等人陆续加入到群中。现有证据证实，任某运、戴某杰、陈某立利用向郑某等人购买的公民个人信息刷脸验证账号，客观上郑某为3名被告实施侵犯公民个人信息的行为提供了帮助。且根据本案查明的事实，任某运、戴某杰、陈某立所实施的过脸验证业务中，高清身份证头像是必不可少的要素，郑某在侵权行为中起到了组织和帮助的关键作用。郑某与另外3名被告共处侵犯公民个人信息犯罪的链条中，属于上下游关系，共同实施侵犯公民个人信息的行为，损害了社会公共利益，构成共同侵权。根据《民法典》第1168条“二人以上共同实施侵权行为，造成他人损害的，应当承担连带责任”的规定，郑某应当分别对任某运、戴某杰、陈某立支付

的公益损害赔偿金承担连带责任。

本案中郑某等4人利用互联网实施侵犯公民个人信息的违法行为，与传统线下侵权行为中明确的意思联络和行为分工相比，互联网侵权中处于同一犯罪链条或上下游的数名侵权人之间具有从事同类违法行为的背景，通过社交通信群进行聚合并进行意思联络，通过互联网下单并实施违法行为，彼此存在一定的分工，侵权行为呈现较为松散的聚合性，这正是互联网侵权的特性。

（二）以理服人，正确看待公私益诉讼赔偿金的功能差异

个人信息衍生出来的社会公共利益，主要是社会治理方面的利益，它不直接归属于个人而为国家和社会所享有。社会公共利益关乎众多公民或不特定公众的合法权益，关于这一点在理论界已经逐步得到共识。但是检察机关主张的公益损害赔偿金是否要支付给权益受到损害的个人？当私益诉讼与检察公益诉讼并存时，检察机关公益损害赔偿金的数额是否要扣减私益诉讼中已经主张的部分？对于这一系列的问题，可以从公私益诉讼损害赔偿金的功能差异进行区分。私益诉讼请求权是自然人基于个人信息被侵害所产生的损害赔偿请求权，其主张损害赔偿的基础是个人权益受损的事实，而检察机关提起公益诉讼是基于法定的诉讼担当，以及社会公共利益受到侵害的事实。检察机关提起公益诉讼请求权基础不是所有被侵权人个人信息请求权的简单相加，而是个人信息公共利益受损后，众多公众的人格性权益、财产性权益、安全性权益的修复，对网络信息安全的风险预防、数字经济健康发展秩序重建，以及由此造成的市场交易成本，社会公共成本的增加，二者的诉讼目的不同，所保护的法益也不同。最高人民法院《关于适用〈中华人民共和国民事诉讼法〉的解释》第286条规定，人民法院受理公益诉讼案件，不影响同一侵权行为的受害人根据《民事诉讼法》第122条规定提起诉讼。检察公益诉讼有利于社会公众个人信息的保护，具体到个体，也体现了个体个人信息权益安全性能的提高，二者不是互斥，而是并存和互相促进的关系。

（三）以情感人，实现治理与修复公益并重

2022年7月，广州互联网法院作出一审判决，支持了越秀区院全部的诉讼请求，并且将行为补偿的诉讼请求进一步通过判决的方式明确为"被告郑某等4人于本判决生效之日起1年内，通过与个人信息保护相关的警示教育、公益宣传、志愿服务等方式进行行为补偿。若前述行为经公益诉讼起诉人与本院综合评估能够发挥公益恢复功能，本院将视行为的修复效果对公益损害赔偿金进行折抵"。郑某等4人当庭表示不上诉，通过庭审公开网向社会公众公开赔礼道歉，并表示愿意采取行为补偿的方式修复受到损害的社会公共利益。

在一年的行为补偿期间，越秀区院秉持事先预防和事后救济并重的理念，义正词严讲清"法理"，循循善诱讲明"事理"，感同身受讲透"情理"，极大地提高了郑某等4人行为补偿的积极性。郑某等4人立即切段了与过去犯罪链条的联系，通过多种方式开展行为补偿，包括通过社交媒体转发保护公民个人信息、反诈的链接400余次，告诫身边人提高个人信息保护意识；参加志愿服务100余次；参与拍摄个人信息保护公益宣传视频在学习强国、广州检察等App阅读量累计500余万次。郑某等4人行为补偿态度积极、补偿方式多样、社会反响好，这一系列举措对个人信息保护领域社会秩序和社会公共利益的修复发挥了重要作用。

在判决确定的行为补偿期限届满后，广州互联网法院召开听证会，对郑某等4人行为补偿的效果，能否折抵应承担的公益损害赔偿金及折抵方案、折抵数额进行公开听证。经广州互联网法院、越秀区院及听证员综合郑某等4人侵害公民信息条数、违法所得、行为手段、侵害领域、已承担刑事责任等情况，认为郑某等4人行为补偿能够发挥公益恢复功能，可对其应承担的公益损害赔偿金进行全部折抵。本案的办理既彰显了法律的尺度，又传递了司法的温度。

继网络安全法、数据安全法之后，个人信息保护法也已经于2021年11月1日正式实施，个人信息保护的时代已经到来，国家对公民个人信息的保护已经上升到信息安全及国家战略安全的高度。加强公民个人信息保护是民之所向，也是检察机关义不容辞的职责和使命。检察人员应以“三个善于”为引领，持续做实新时期个人信息保护检察公益诉讼，以高质量检察履职筑牢网络安全防线，让人民群众共享和平、安全、开放、清朗的网络空间。

以“三个善于”做好医疗美容公益诉讼守护人民群众“颜”安全

陈　斐　蔡雅楠*

一、基本案情

2022年8月，浙江省杭州市余杭区人民检察院（以下简称余杭区院）根据群众反映，发现医疗美容领域乱象频发、监管缺失，公益损害现象突出，立即成立办案组开展医疗美容公益诉讼专项监督活动。经初步调查，余杭区院发现辖区内4家经营者存在以下违法违规情形：一是生活美容机构未取得医疗机构执业许可擅自提供医疗美容服务，或未取得卫生许可擅自从事生活美容服务；二是医疗机构超出核准登记的诊疗科目范围经营美容皮肤科项目；三是雇佣未取得医师执业资格人员或取得医师执业资格人员超范围开展美容皮肤科项目；四是使用无法提供医疗器械采购证明、进货查验记录台账的医疗美容仪器；五是未取得医疗机构执业许可证发布医疗广告，或未经审查发布医疗广告。

同年9月15日，余杭区院向区卫生健康局发出检察建议，建议其对涉案医疗美容机构及时查处，加强行业规范管理。同日，余杭区院向区市场监督管理局发出检察建议，建议依法查处辖区内医疗美容广告违法行为。

---

* 陈斐，浙江省余杭区人民检察院第六检察部主任、四级高级检察官；蔡雅楠，浙江省余杭区人民检察院第六检察部高层次检察辅助人员。

2023年1月12日，余杭区院将调查中发现的杭州市其他区、县（市）医疗美容机构、生活美容机构在电商平台上存在的违法违规问题报送浙江省杭州市人民检察院（以下简称杭州市院），杭州市院通过构建医美数字监督模型，筛选线索，督促卫生健康和市场监督管理部门排查医疗、生活美容场所1400余家，责令限期整改17家，立案查处92起（其中非法行医8起），罚款330余万元。

二、违法违规开展医疗美容服务问题的治理难点

（一）医疗美容安全属于公益诉讼领域的认定问题

医疗美容行业纠纷日益增多，如果任由医美行业“野蛮生长”，将有损众多消费者的身体健康和生命财产安全。现有的法律框架下检察机关有权提起公益诉讼的案件范围包括生态环境和资源保护、食品药品安全、国有财产保护、国有土地使用权出让等。根据文义解释、限缩解释原则，医疗美容并不完全等同于药品范畴。传统的药品安全主要涉及药品质量安全是否有效和可控，包括药品生产缺陷、错误用药、副作用和其余不确定风险对人体健康造成危害等问题。而根据《医疗美容服务管理办法》规定，医疗美容是指通过手术、药物、医疗用具以及其他具有创伤性或者侵入性的技术方式对人的容貌和人体各部位形态进行的修复与再塑。因此，探索医疗美容安全是否属于公益诉讼领域至关重要。

（二）医疗美容行业的监管责任问题

第一，监管责任边界模糊。医疗美容行业监管涉及市场监管、卫生健康以及公安等多个部门。《医疗广告管理办法》规定医疗广告监管机关为工商行政管理机关（市场监督管理部门），审查机关为卫生行政部门、中医药管理部门，医疗美容广告实行事前审查与事后监管相分离的监管模式，导致行政机关对职责和义务的理解不能完全对齐，造成权责分配不对等，进而使监管脱节。一方面，卫生行政部门对于医疗广告审查结果没有统一的发布平台，也没有及时与市场监管部门共享审查

数据，市场监管部门执法时无法及时查询参考；另一方面，随着互联网背景下网络营销模式的不断更新，医疗美容广告被包装成"种草软文""科普视频"等新型广告形式，以避开监管部门的视线，对行政机关的监管提出了更高的要求。医疗美容广告的审查与监管相分离产生的监管盲区，使得医疗美容市场乱象丛生。厘清监管部门权责，对规范医疗美容市场秩序至关重要。

第二，第三方电商平台的属地管辖问题。除了传统的线下美容机构，大部分美容机构均有在第三方电商平台上营销宣传，检察机关发现电商平台存在未依法核验、登记医疗美容服务经营者行政许可信息，未在平台首页显著位置公示行政许可信息等情况，但一些平台注册经营地并不在辖区范围内，如何对线上违法行为进行监管也是一个难题。

（三）公益损害事实认定的证据链条构建问题

生活美容和医疗美容是不同的范畴，其中医疗美容是专业性极强的领域，分为美容外科、美容皮肤科和美容中医科等多个项目。生活美容和医疗美容的不同项目对机构资质、从业人员资质、使用的医疗器械和产品均有不同要求。医疗美容广告中涉及的众多专业术语可能分属于不同医疗美容项目，因此，判断是否构成未取得医疗机构执业许可证擅自营业、超范围经营医疗美容项目、从业人员无医师执业证书或超范围执业、违法违规发布医疗广告等违法行为，需专业的知识背景。此外，药品安全领域涉及的法律法规、行业规范等复杂多样，部分违法行为相对隐蔽，如何发现线索、如何固定证据形成完整的证据链条，也考验着检察人员的专业知识和办案素质。

三、以"三个善于"办理医疗美容领域公益诉讼案件

（一）从纷繁复杂的法律事实中准确把握实质法律关系

一是加强证据审查。检察公益诉讼办案要以事实为根据，以法律为准绳，从证据的收集、审核方面把握法律关系。一方面，对于医疗美容

专业性强、违法情形复杂多样等特点，检察机关根据《医疗美容项目分级管理目录》等规定准确区分生活美容和医疗美容的边界，厘清两者对机构资质、从业人员资质、服务内容和使用产品的不同，精准界定生活美容机构未取得合法资质开展医疗美容服务的非法行医行为和医疗美容中超范围经营医疗美容项目、从业人员超范围执业等违法行为。另一方面，对于医美广告线上商品链接或内容变化频繁、违法行为隐蔽等问题，及时通过区块链技术录屏，以广告宣传页面的隐蔽角落、明显偏小的字体、广告界面中不明显颜色的文字、消费者评价等角度为着力点，收集误导消费者的虚假广告证据；针对店铺证据容易灭失的问题，通过执法记录仪现场拍摄办案过程，对机构资质证明、从业人员资质证明、现场仪器设备、医疗器械采购证明及进货查验记录台账、治疗知情同意书、医院工作人员工牌等证据拍照取证并制定现场调查记录表。

二是厘清主次矛盾。检察机关在行政公益诉讼案件办理中，要善于运用矛盾分析法，既要抓住主要矛盾，又要抓住矛盾的主要方面，分清主次、精准发力。本案医疗美容机构的多个违法行为中，既有医疗美容机构自身的原因，又有电商平台未落实主体责任，未依法核验资质、督促公示行政许可的原因，进而放大了医疗美容行业风险漏洞。对此，仅制止线下医疗美容机构违法行为难以全面维护公共利益，仍需对第三方电商平台进行监管。然而第三方电商平台的经营场所并不在辖区范围内，检察机关无法直接督促治理。为充分发挥公益诉讼检察职能，切实维护人民群众的生命财产安全，余杭区院与区市场监督管理局经磋商，达成督促平台及时采取必要处置措施的共识。同时，杭州市院也与杭州市市场监督管理局磋商，通报第三方电商平台入驻经营者违法违规开展医疗美容服务的情况。杭州市市场监督管理局通过约谈电商平台公司，推动全市范围内医疗美容行业电商平台准入规范管理。

三是坚持由表及里。由于违规开展医疗美容服务业务存在隐蔽性强、流动性大、违规情形复杂多样等特点，随着调查取证的深入，余杭区院的办案过程从最初预案设定的非法行医、虚假广告宣传问题拓展到经营者超范围经营医疗美容项目、从业人员超范围执业、医疗器械采购来源不明等多类问题；办案路径从线上摸排线索，到线下实地调查，最后又进行线上证据收集固定，从实体门店的点位治理延伸至网络电商平台主体责任的平台治理；从余杭一域医疗机构的问题，到建立医疗美容大数据法律监督模型，线上监督全市医疗机构，促使卫生健康部门和市场监管局展开拉网式排查，进一步打击非法医疗美容行为。

（二）从具体法律条文中深刻领悟法治精神

一是深刻理解法律规范和法律条文的关系。本案在对不同的违法情形进行梳理时发现，医疗美容行业监管涉及多个职能部门。其中，医疗美容广告审查属于“事前审查与事后监管相结合”的监管模式，卫生行政部门负责前端的广告审查，市场监管部门负责后端的监管。对于卫生行政部门和市场监管部门对医疗广告共同监管的情形，如果只对卫生行政部门制发检察建议，能规范医疗美容广告的事前审查问题，但无法对市面上现存的违法广告进行监管；如果只对市场监管部门制发检察建议，能监督现已存在的违法广告行为，但难以从源头上解决问题。为了从根源上解决问题，必须要领悟法治精神，深刻理解法律规范和法律条文的关系。通过查找相关法律、行政法规、部门规章、部门规范性文件和有关部门的“三定方案”，厘清各部门的职责分工。其中，《医疗广告管理办法》《医疗美容广告执法指南》等部门规章和规范性文件规定，卫生行政部门、中医药管理部门负责医疗广告的审查，并对医疗机构进行监督管理，市场监管部门负责医疗广告的监督管理，在医疗美容广告监管过程中，发现相关广告主未取得医疗广告审查证明或者未按医疗广告审查证明内容发布医疗广告的，依照广告法处理的同时，要通报同级卫生健康行政部门。同时，根据《基本医疗卫生与健康促进法》第7条、《公共场所卫生管理条例》第4条、《医疗机构管理条例》第5条、《医疗广告管理办法》第4条、《医疗美容服务管理办法》第4条、“三定方案”等规定，卫生健康局作为医疗美容服务监督管理部门和医疗广告的审查部门，对辖区医疗美容服务经营单位未取得卫生许可证擅自营业、非法行医或超范围经营医疗美容项目、从业人员资质不符、违法违规发布医疗广告、医疗器械采购来源不明等行为负有监管职责。根据广告法、《医疗广告管理办法》、“三定方案”等规定，市场监督管理局作为广告监督管理工作主管部门，对辖区医疗美容服务经营单位违法违规发布广告的行为负有监管职责。根据上述规定，余杭区院确定了本案应监督的单位为卫生健康局和市场监督管理局，并在制发检察建议之前，与两家行政机关充分沟通，在各自职责分工方面达成共识。

二是深刻理解法律授权和依法履职的关系。余杭区院立足法律监督职能，从违法行为严重侵害公益，人民群众反映强烈等角度，论证医疗美容属于药品安全领域公益诉讼，把握拓展医美领域公益诉讼的必要性、现实性和可能性。第一，从群众身体健康和生命安全的角度来看，医疗美容和药品都需要在正规医疗机构和专业医生的指导下规范进行操作或使用。违法违规开展医疗美容服务和违规用药对消费者身体健康均存在巨大潜在风险和安全隐患。美容机构在未取得医疗机构执业许可证擅自营业、超范围经营医疗美容项目、从业人员无医师执业证书或超范围执业时，会因操作不当、药品安全等产生一系列不良后果，如不当注射肉毒素和透明质酸可能会引发血管栓塞、感染、过敏反应等。此外，大部分的医疗美容会涉及药品的使用，故医疗美容在广义上可以归属于药品安全领域范畴。第二，近年来，医疗美容投诉案件快速增长，医美服务乱象频发，非法医美机构泛滥、医美项目风险高等问题都引发群众强烈反映。如“黑医美”机构隐藏在写字楼、酒店、小区等隐蔽地点，这些机构往往没有取得合法的医疗许可资质，主诊医师也不具备相应的执业资格，给消费者带来了极大的安全隐患。从公益诉讼角度打击医疗美容行业违法违规行为，对于保护消费者合法权益、维护人民群众身体健康和生命安全意义重大。2023 年 4 月 6 日，最高人民检察院发布依法惩治医疗美容领域违法犯罪典型案例，将本案纳入其中，为探索医疗美容公益诉讼提供了有力支撑。

（三）在法理情的有机统一中实现公平正义

一是符合法律规定。人民检察院应当严格依法行使法律监督职能，坚持法治思维、法治方式，厘清检察权和行政权这两个公权力的核心差异，合理划分二者的作用范围和边界，尊重行政机关的首次判断权和裁量权的行使，避免越俎代庖，突破行政权保留事项的界限、侵入行政裁量领域。[①]如本案中，余杭区院向卫健局发出检察建议，同步移送相关证据，督促对涉案医疗美容机构及时查处，加强行业规范管理。余杭区院的检察建议内容并未详细列举行政机关应如何处理和操作步骤，也未越过行政机关直接对非法经营者处理，既尊重行政机关的自由裁量权，又督促行政机关依法行政，确保在“严格依法”解决侵害公共利益的行为，充分发挥公益诉讼督促作用、协同作用。

二是符合人民群众对公平正义的基本认知。医疗美容行业是典型的信息不对称市场，就医者处于弱势地位。尽管从形式上看，医疗美容就医者和服务者是平等的民事主体，在民事活动中拥有平等的法律地位，但在实务中，医美广告知识复杂且专业、夸大手术效果、偏颇性宣传的现象极为严重，以一般消费者的认知水平和识别能力，往往难以辨知医疗美容与生活美容的界限，以及获知哪些服务者应当具备开展医疗美容服务的资质或者能够开展何种类型的医疗美容项目。加之医疗美容纠纷发生后，就诊者要颇费周折地收集证据来证明就诊事实，维权难度极大，致使医患双方存在着严重的地位不对等性，消费者实质上处于弱者地位。而在证据收集方面，检察机关相比个体消费者有天然的优势，检察机关通过提起行政公益诉讼的方式，督促卫生健康和市场监督管理部门排查辖区内线上线下医疗、生活美容场所的违法违规行为，同时通过磋商的方式督促市场监管部门约谈第三方电商平台，推动医疗美容行业电商平台准入规范管理，从源头上为消费者把好医疗美容机构的入口关，大大降低医疗美容行业安全风险，切实维护消费者身体健康和生命财产安全，让人民群众可感受、能感受、感受到公平正义。

---

① 参见潘剑锋：《公益诉讼中检察谦抑性原则的理论与应用》，载《现代法学》2024年第4期。

以“三个善于”高质效办好自然遗迹保护民事公益诉讼案件

——以张某某等人故意损毁三清山巨蟒峰案为例

张继田　韩学强 *

为做实“高质效办好每一个案件”，避免“就案办案、机械司法”问题，最高检提出了“三个善于”的要求。江西省上饶市人民检察院（以下简称上饶市院）诉张某某等人故意损毁三清山巨蟒峰民事公益诉讼案，是全国首例检察机关针对损毁自然遗迹提起的生态破坏民事公益诉讼案。① 该案的办理强化了自然遗迹保护的司法价值导向，对同类案件的办理具有指导意义，先后被最高检列为第 114 号指导性案例、被最高法列为第 208 号指导性案例。契合“三个善于”的办案要求，是该案高质效办理的关键所在。本文拟结合该案的办理，探析“三个善于”在指导和检验高质效办好民事公益诉讼案件中的重要实践价值。

一、基本案情及办案过程

江西省上饶市境内的三清山景区属于世界自然遗产地、世界地质公

* 张继田，江西省上饶市人民检察院党组书记、检察长；韩学强，江西省上饶市人民检察院第六检察部主任、四级高级检察官。

① 参见最高人民法院新闻局：《最高人民法院发布十年环境资源审判有重大影响案件》，载最高人民法院官网，https://www.court.gov.cn/zixun/xiangqing/447331.html。

园、国家重点风景名胜区、国家5A级景区。巨蟒峰位于其核心景区，是经长期自然风化和重力崩解作用形成的高128米的巨型花岗岩石柱，是具有世界级地质地貌意义的地质遗迹，2017年被认证为“世界最高的天然蟒峰”，是不可再生的珍稀自然资源性资产，具有重要的科学价值、美学价值和经济价值。

2017年4月15日，张某某、毛某某、张某相约前往三清山景区攀爬巨蟒峰，并采用电钻钻孔、打岩钉、布绳索的方式先后攀爬至巨蟒峰顶部。经现场勘查，张某某等人在巨蟒峰自下而上打入岩钉26枚。经委托专家组论证认为，钉入的岩钉属于钢铁物质，会直接诱发和加重巨蟒峰物理、化学、生物风化过程，巨蟒峰的最细处（直径仅7米）已至少被打入4枚岩钉，形成了新的裂隙，会加快花岗岩柱体的侵蚀进程，甚至造成其崩解。张某某等三人打岩钉攀爬行为对巨蟒峰造成了永久性的损害，破坏了自然遗迹的自然性、原始性和完整性。

上饶市院于2018年4月8日对该线索决定以民事公益诉讼立案，于4月18日发出公告。公告期满后，没有法定的机关和组织提起诉讼，社会公共利益仍处于受侵害状态。经呈报江西省人民检察院批准，2018年8月29日，上饶市院对该案提起民事公益诉讼，诉请三被告承担赔偿生态环境损失、鉴定评估费及公开赔礼道歉等民事责任。2019年12月30日，上饶市中级人民法院作出一审判决，判令三被告连带赔偿生态环境损失600万元，用于公共生态环境的保护和修复，承担专家评估费15万元，并在全国性媒体上刊登公告，向社会公众赔礼道歉。张某某、张某不服一审判决，向江西省高级人民法院提出上诉。江西省高级人民法院于2020年5月18日作出二审判决，驳回上诉，维持原判。

二、紧紧扭住“可诉性”，把握自然遗迹保护案件中的实质法律关系

应勇检察长指出，“善于从纷繁复杂的法律事实中准确把握实质法律关系”在“三个善于”中处于基础性地位。公益诉讼检察的实质法律关系就是公益损害事项及其“可诉性”。“可诉性”的基本要素包括有适

格诉讼主体，有公益损害事实，有法律明确授权等。[①] 在本案办理过程中，办案人员紧紧围绕可诉性的各项基本要素开展调查论证。

（一）有法律明确授权：破坏自然遗迹属于检察民事公益诉讼的案件范围

民事公益诉讼的案件范围决定了检察机关在多大范围内享有民事公益诉权。在立法目的上，民事公益诉讼的案件范围还具有防止司法人员滥用自由裁量权，减少公益诉讼对司法制度造成消极影响的功能。[②] 本案诉讼过程中，三被告及其代理人对该案是否属于检察民事公益诉讼的案件范围提出质疑，认为该案不属于“破坏生态环境和资源保护”案件，且认为本案应由三清山管委会提起民事诉讼而不应由检察机关提起公益诉讼，并进而要求法院裁定驳回起诉。因此，该案是否属于检察机关提起民事公益诉讼的案件范围是需要回答的首个焦点问题。

根据《民事诉讼法》第 58 条第 2 款的规定，人民检察院对破坏生态环境和资源保护损害社会公共利益的行为，可以提起民事公益诉讼。据此，破坏自然遗迹是否属于检察机关提起环境民事公益诉讼的案件范围，需要从两方面分析：一是是否属于“破坏生态环境和资源保护”的行为；二是是否侵害了社会公共利益。

首先，损毁自然遗迹属于“破坏生态环境和资源保护”的行为。《环境保护法》第 2 条规定，本法所称的环境，是指影响人类生存和发展的各种天然的和经过人工改造的自然因素的总体，其中包括自然遗迹。参照《生态环境损害赔偿制度改革方案》《生态环境损害鉴定评估技术指南总纲》等文件中的定义，生态环境损害是指因污染环境、破坏生态造成大气、地表水、地下水、土壤、森林等环境要素和植物、动物、微生物等生物要素的不利改变，以及上述要素构成的生态系统功能

① 参见应勇：《学思践悟习近平法治思想 以“三个善于”做实高质效办好每一个案件》，载《人民检察》2024 年第 8 期。

② 参见全国人大法工委民法室编著：《2012 民事诉讼法修改决定条文释解》，中国法制出版社 2012 年版，第 56 页。

的退化。从上述规定来看，自然遗迹作为环境的构成要素，对其造成的破坏显然属于对生态环境的损害。

其次，破坏自然遗迹损害社会公共利益。实务中认为，破坏资源仅对国家或者集体利益造成损害，而未造成生态或者其他社会公共利益损害的，不符合检察机关提起民事公益诉讼的条件。[①]巨蟒峰地质遗迹作为自然资源型资产，对其破坏是否损害社会公共利益呢？公共利益作为典型的不确定性法律概念，其内涵和外延很难进行规范性描述。一般而言，公共利益就是对不特定多数人需要的满足，具有主体范围的广泛性、不确定性、公众性和客体的价值性、整体性和补偿性的特点。[②]如前所述，自然遗迹是环境的组成部分。公众享有的环境权益不仅包括清洁的空气、洁净的水源，也包括优美的风景、稀缺的名胜古迹等更高层次需求。具有代表性的自然遗迹的生态服务价值表现在社会公众对其享有的游憩和观赏权益。本案三被告故意损毁三清山巨蟒峰的行为，侵害了公共环境要素和社会公众的环境权益。此外，根据《保护世界文化和自然遗产公约》序言以及第2条的规定，具有“突出的普遍价值（OUV）”是评定世界遗产的主要标准。根据《实施保护世界文化与自然遗产公约的操作指南》的规定，“突出的普遍价值”是指“文化和/或自然价值是如此罕见，超越了国家界限，对全人类的现在和未来均具有普遍的重要意义”。三清山景区作为世界自然遗产，巨蟒峰作为世界级的地质遗迹，其承载着突出的普遍价值。

综上，张某某等三人破坏巨蟒峰的行为，损害了公共生态环境，侵害了社会公众的环境权益。该案属于检察机关提起生态环境民事公益诉讼的案件范围。

---

① 参见张雪樵、万春主编:《公益诉讼检察业务》，中国检察出版社2022年版，第326页。

② 参见最高人民检察院民事行政检察厅编:《检察机关提起公益诉讼实践与探索》，中国检察出版社2017年版，第3页。

（二）有公益损害事实：张某某等人故意损毁三清山巨蟒峰事实的调查与证明

对公益损害事实的调查是公益诉讼检察调查的重点。在本案中，对破坏自然遗迹行为的调查相对简单，其难点在于对是否造成巨蟒峰自然遗迹点的破坏及破坏程度的调查。特别是，根据地质遗迹专家的意见，三被告钉入的岩钉无法取出，无法采用工程修复的方式对巨蟒峰受损部位进行修复，因此，需要考虑诉请赔偿损失的问题。在无先例可循的情形下，如何确定损害赔偿数额是本案办理中最大的技术性难题。对公益损害事实的调查主要从以下两个方面寻求突破：

一是注重发挥专家作用，破解办案难题。本案办理过程中，检察机关充分借助专家力量，从以下两个方面发挥专家意见在帮助解决办案难题上的关键作用：第一，借助中国地质大学、中国科学院地理科学与资源研究所、江西省地质调查研究院有关地质遗迹方面的专家对三被告以打岩钉方式攀爬给巨蟒峰造成的损毁及其程度进行研讨论证，证明损害后果有无的问题；第二，对巨蟒峰造成的生态服务价值损失如何确定方面，委托江西财经大学生态经济学方面的专家以条件价值法进行调查评估，证明损害赔偿数额多少的问题。两份专家意见为认定侵权责任的构成及诉请损害赔偿起到了关键的支撑作用。

二是注意犯罪与侵权责任构成的联系与区别，扎实做好举证质证。本案中，三被告主观上的共同故意、共同实施破坏巨蟒峰的客观行为、对巨蟒峰造成不可修复的严重损毁的损害结果，既是侵权责任的构成要件，也是故意损毁名胜古迹罪的犯罪构成要件。二者区别主要是，民事公益诉讼还要关注本案是否损害社会公共利益以及民事责任的具体确定。基于二者之间的联系与区别并考虑到案件属于新型疑难案件，在办案方式上，采取了刑事案件和民事公益诉讼案件分别单独立案，但组成同一个办案组共同办理，同步推进的方式。在举证质证的顺序安排上，商请法院刑事案件先开庭，并对共同性的证据进行全面举证；民事公益诉讼在后开庭，按照庭前会议形成的意见，对共同性的证据概括性举证，把举证的重点放在是否损害社会公共利益以及民事责任的具体承担上，减轻民事公益诉讼中的举证负担。

（三）有适格的诉讼主体：判明张某某等三人被告适格

诉讼主体适格，是指在诉讼中，相关主体有作为本案当事人起诉、应诉的资格。一般来说，应以当事人是否为民事实体法律关系的主体作为判断当事人适格与否的标准。检察机关提起的民事公益诉讼主要为侵权之诉。适格诉讼主体的认定与公益损害事实直接相关。除替代责任情形下，通常实施侵权行为之人即为诉讼中的适格被告。本案中，张某某等三人共同实施故意损毁三清山巨蟒峰的行为，依法应当承担连带侵权责任，且三人均为完全民事行为能力人，不存在替代责任的情形，故三人均为适格被告。

三、探寻法条蕴含的法治精神，准确适用破坏自然遗迹的侵权请求权基础

以打岩钉方式攀爬巨蟒峰是否构成侵权，是该案最核心的问题。三被告辩称，三人的行为是对自然遗迹的合理利用，是利用自然、挑战自我的积极行动，其主观上不具有侵权过错，不具有可责难性；客观上对巨蟒峰造成的损害微乎其微，可以忽略不计，地质遗迹学专家的论证意见不应采信，本案不符合侵权责任的构成要件。

在民事公益诉讼中，检察机关以诉请被告承担一定的给付义务为公益保护手段。正所谓，"无请求权基础即无请求权"[①]，探寻请求权基础规范为民事公益诉讼法律适用工作的核心。本案发生时，民法典尚未颁布实施，适用的法律仍为侵权责任法。限于对环境污染及其防治迫切性的认知，侵权责任法将环境侵权的原因行为限定为污染行为。[②]《侵权责任

① 吴香香:《法律适用中的请求权基础探寻方法》，载陈金钊、谢晖主编:《法律方法（第七卷）》，山东人民出版社2008年版，第224页。

② 参见最高人民法院民法典贯彻实施工作领导小组主编:《中华人民共和国民法典侵权责任编理解与适用》，人民法院出版社2020年版，第501页。

法》第65条规定环境侵权适用无过错责任原则是单就“污染”行为而言。因本案不属于污染行为，故应适用第6条第1款关于过错侵权的一般规定。适用该条款主要争议在于主观过错与损害后果的认定上。

（一）关于三被告主观过错的认定

准确适用法律必须从具体法律条文中深刻领悟法治精神，在法治精神、法治原则指引下准确适用具体法律条文。[①]被告的上述抗辩主张已引向对《侵权责任法》第6条第1款规范意旨的理解。协调自由与安全的关系是侵权责任法的主要目标，侵权责任法的所有规则与制度设计都是围绕这一目标而开展的。《侵权责任法》第6条第1款确立了以过错责任原则为主的侵权责任归责体系。过错责任原则要求行为人善尽对他人的谨慎和注意义务，努力避免损害后果，也要求每个人充分尊重公共利益和他人的权益，从而为行为人确定了自由行为的范围。过错责任原则是“个人自由”和“社会安全”的平衡器。[②]适用于本案情形，该条款蕴含的法治精神则体现在为行为人对自然遗迹的利用与保护划定原则界限。

在自然遗迹保护案件中，还有一项独特的制度也发挥着调节利用和保护限度的作用，那就是自然遗迹、风景名胜的分级分区保护制度。以三清山为例，根据《三清山风景名胜区管理条例》的规定，该景区保护等级从高到低分为特级、一级、二级、三级保护。在三级保护区内即已明令禁止在景物或设施上刻画、涂污以及其他破坏景观、植被和地形地貌的活动。在特级保护区内甚至游客进入也被明令禁止。[③]由此可见，在不同的保护等级、不同的保护区域内，社会公众的自由空间有所不同，保护层级越高，行为自由越受限制。巨蟒峰位于三清山景区一级

---

① 参见应勇：《高质效办好每一个案件 努力让人民群众在每一个司法案件中感受到公平正义》，载《人民检察》2024年第18期。

② 参见程啸：《侵权责任法教程》，中国人民大学出版社2020年版，第15页；魏振瀛主编：《民法》，北京大学出版社、高等教育出版社2010年版，第649页。

③ 参见《三清山风景名胜区管理条例》第16条至第19条。

保护区。在本案中，三被告事前查阅了《三清山风景名胜区管理条例》。且从三人的微信聊天记录来看，三被告在明知以打岩钉的破坏性方式攀爬巨蟒峰为法律所禁止的情况下，仍然为攀爬巨蟒峰而放任损害后果的发生，主观上具有明显的侵权故意。

（二）关于损害后果的认定

无损害即无救济。本案三被告以打岩钉方式攀爬巨蟒峰造成如下两方面损害：一方面，在巨蟒峰岩柱体上打入26枚岩钉，直观上已经造成了该处地质遗迹点自然性、原始性和完整性的破坏。根据地质遗迹专家的意见，这种破坏对于一处世界级的地质遗迹点来说，其性质已属严重。另一方面，根据最高法《关于审理环境民事公益诉讼案件适用法律若干问题的解释》（以下简称《解释》）第1条和第18条的规定，损害社会公共利益的重大风险也属于环境民事公益侵权损害后果的表现形式。司法实践中，对被告行为是否具有“损害社会公共利益重大风险”，应当从被保护对象的独有价值、损害结果发生的可能性、损害后果的严重性及不可逆性等方面综合判断。[①]三清山巨蟒峰的独特价值已如上述。根据专家论证，三被告打入的26枚岩钉会直接加重风化，形成新的裂隙，加快花岗岩柱体的侵蚀进程，甚至造成崩解；在最脆弱段打入的岩钉加重了岩柱体结构的脆弱性。专家意见中指出的“风化”“侵蚀”“崩解”是危险事件发生后将产生的后果，“诱发”“加重”“加快”体现了增大了该危险发生的可能性。这种可能性的增加是客观存在的一种损害后果，并且此种结果无法通过工程方式加以修复。因此，三被告的行为对巨蟒峰造成了“损害社会公共利益的重大风险”。

综上，张某某等三人故意以打岩钉方式攀爬三清山巨蟒峰，并造成了不可修复的严重损毁，符合过错侵权责任的构成要件，检察机关可基于《侵权责任法》第6条第1款的规定向三人主张侵权责任。

---

① 参见最高人民法院环境资源审判庭编著：《最高人民法院环境民事公益诉讼案件司法解释理解与适用》（修订版），人民法院出版社2023年版，第36页。

四、坚持法理情有机统一，在客观公正立场上实现办案“三个效果”

应勇检察长指出，天理、国法、人情有机统一，实际上就是政治效果、法律效果、社会效果有机统一。兼顾法理情，应当着重把握符合法律规定、符合社会主义核心价值观、符合人民群众对公平正义的基本认知。[①]在本案办理过程中，检察机关以严格依法为基础，以弘扬社会主义核心价值观为重要考量，积极回应群众的关注，取得了良好的办案效果。

（一）符合法律规定：客观公正追求法律效果

不偏不倚地提出诉讼请求，实现全面保护社会公益与防止不当侵害被告合法权益，是体现检察机关秉持客观公正立场的一个关键点。对于热点案件，社会公众往往更加关注判决结果是否在其朴素认知的接受范围内。因此，在本案中，承办人尤其重视损害赔偿数额确定的合理性，在查阅大量学术文献和官方文件的基础上，对巨蟒峰受损价值评估报告的科学性、评估结论的公允性进行了严谨细致地审查判断。

1. 评估方法的科学性。条件价值法（CVM）也叫意愿价值法或权变评价法，是在假想市场情况下，直接调查和询问人们对某一环境效益改善或资源保护措施的支付意愿或者对环境资源质量损失的接受赔偿意愿，来估计环境资源效益改善或者环境质量损失的经济价值。条件价值法是环境价值评估方法的一种，虽然此前我国司法实务中尚无应用的先例，但在西方国家生态环境价值评估中已得到日益广泛的应用。[②]《环境损害鉴定评估推荐方法（第Ⅱ版）》《生态环境损害鉴定评估技术指南总纲》也确定了该评估技术，并指出该技术“特别适用于选择价值占有较大比重的独特景观、文物古迹等生态系统服务价值的评估”。因此，用条件价值法评估巨蟒峰的受损价值是科学有据的。

---

① 参见应勇：《学思践悟习近平法治思想 以“三个善于”做实高质效办好每一个案件》，载《人民检察》2024 年第 8 期。

② 参见张志强等：《条件价值评估法的发展与应用》，载《地球科学进展》2003 年第 3 期。

2. 评估方法选取的合理性。在《环境损害鉴定评估推荐方法（第Ⅱ版）》和《生态环境损害鉴定评估技术指南总纲》中规定了评估方法的体系及各种评估方法的适用条件和选择原则。生态环境损害鉴定评估方法包括替代等值分析方法和环境价值评估方法，在适用上，优先选择替代等值方法。如果不能满足替代等值分析方法的基本条件，则考虑适用环境价值评估方法。其中，由于某些限制原因，生态环境不能通过工程完全修复，采用环境价值评估方法评估环境的永久性损害。本案中，根据专家的论证意见，三被告钉入的岩钉不能通过工程修复等方式进行修复，否则会进一步加剧对巨蟒峰的损害，其损害是永久性的。因此，以条件价值法评估巨蟒峰受损价值符合生态环境损害鉴定评估方法的选择原则和适用条件。

3. 评估结果的公允性。由于理论前提的相对简单性，用条件价值法得到的价值评估结果的正确性和可靠性会受到其内在的各种偏差的影响。影响条件价值评估结果准确性的可能性偏差主要有假想偏差、支付方式偏差、部分—整体偏差等。[①] 考虑到这些可能性偏差对评估准确性的影响，在三清山巨蟒峰受损价值评估中，评估专家采用以支付意愿（WTP）而非受偿意愿（WTA）为评估标准、对三清山巨蟒峰及其受损事件作出详尽介绍、开展敏感性分析等方式对受损价值做了保守性估计，从而得出评估值 1190 万元。检察机关以此为据提出生态环境损害赔偿的具体数额。原审法院同时考虑到三被告未因此获利、三被告的经济状况和执行能力等因素，根据《解释》第 23 条的规定，以评估报告为参考依据，酌定赔偿数额为 600 万元。

（二）符合社会主义核心价值观：以最严密的法治保护珍贵自然遗迹

社会主义核心价值观是我国法治建设的灵魂。2015 年《中共中央、

① 参见张志强等:《条件价值评估法的发展与应用》，载《地球科学进展》2003 年第 3 期；刘向华等:《意愿调查法在环境经济评价中的应用探讨》，载《生态经济（中文版）》2005 第 4 期。

国务院关于加快推进生态文明建设的意见》提出“将生态文明纳入社会主义核心价值体系”。因此，是否有助于推进生态文明应成为检验环境公益诉讼办案效果的重要因素。长期以来，刻画、涂污、损毁景物设施的事件屡屡发生。实践中，对此类行为多采取道德谴责、纳入户外旅行黑名单和行政处罚方式予以处理。低廉的违法成本难以有效惩戒和预防该类违法行为。在本案中，三被告经事前查阅《三清山风景名胜区管理条例》，明知其行为将受到行政处罚仍然任意而为。检察机关综合运用刑事和民事公益诉讼检察职能，依法追究其刑事责任和民事侵权责任，体现了习近平生态文明思想中“坚持用最严格制度最严密法治保护生态环境”的要求，彰显了强化保护自然遗迹的司法价值导向，既有助于修复受损的公共利益，又能警示潜在的违法者，唤醒广大公众保护生态环境、珍惜自然资源的意识。

（三）符合人民群众对公平正义的基本认知：注重总结宣传，发挥典型案件的引导教育功能

该案一直受到社会公众，尤其是户外活动爱好者的广泛关注和普遍认同。当然，也有个别网友对案件定性及损害赔偿数额等问题提出疑问。如有的网友评论称：“一个山，钉几个钉子至于这么大罪吗？”还有的网友评论称：“26个钉子600万元是不是有点过了？”自办案伊始，检察机关即落实检务公开有关要求，积极回应社会关注，在案件立案的同时即制定了三清山巨蟒峰案新闻宣传工作方案，在提起诉讼、一审宣判和二审宣判等重要时间节点即时通过官方微信公众号进行信息发布。为充分发挥该案的警示教育引领价值，回应少数网友对该案定性、损害赔偿数额等焦点问题提出的疑问，上饶市院积极参与中央电视台《今日说法》《法治在线》《法治深一度》等法治栏目的专题录制，报道办案的整个过程，邀请专家进行深度解读，在提升司法公信力的同时，发挥案件的价值引领作用。

办理涉企矿山生态修复类公益诉讼案件的实践思考

戴宇明　兰　希　陈　凌*

党的二十大报告对“加强检察机关法律监督工作”“完善公益诉讼制度”作出全面部署。习近平总书记指出，要把保持山水生态的原真性和完整性作为一项重要工作，深入推进生态修复和环境污染治理。① 当前，矿山生态修复存在修复难度高、历史欠账多、现实矛盾大等突出问题，是生态修复治理工作中的重点和难点。2024 年 8 月，最高人民检察院公益诉讼检察厅发布矿山生态修复类检察公益诉讼典型案例，以更好指导各地检察机关在办案中坚持山水林田湖草沙一体化保护和系统治理，准确把握自然恢复与人工修复的关系，促进人与自然和谐共生。其中，福建省龙岩市检察机关办理的“督促治理矿山生态修复行政公益诉讼案”入选该批案例。本文围绕该案办理的重点难点与经验启示，对司法实践中认真贯彻落实“三个善于”理念，高质效办理好涉企矿山生态修复类检察公益诉讼案件进行探讨，以期为相关案件的办理提供借鉴。

---

* 戴宇明，福建省龙岩市人民检察院党组成员、副检察长；兰希，福建省龙岩市人民检察院第五检察部副主任、二级检察官；陈凌，福建省龙岩市人民检察院检察委员会委员、第五检察部主任、四级高级检察官。

① 参见《习近平在广西考察时强调 解放思想深化改革凝心聚力担当实干 建设新时代中国特色社会主义壮美广西》，载《人民日报》2021 年 4 月 28 日，第 1 版。

一、基本案情及办案经过

2010年至2020年，位于龙岩市新罗区的甲矿业公司未经批准，擅自越界非法开采铁矿、石灰岩矿113万余吨，造成矿产资源破坏价值1.005亿元，并形成23个采空区，导致部分采空区出现塌陷、积水，严重破坏生态环境并存在重大安全生产隐患。2017年1月以来，甲矿业公司及关联企业乙矿业公司未办理林地征占用手续，擅自建设尾矿库、选矿厂房等设施，非法占用林地85.3亩。经鉴定，造成生态环境和资源损失金额共计717.9732万元。

2021年10月，福建省龙岩市人民检察院（以下简称龙岩市检察院）接到福建省纪委监察委移送的上述公益诉讼案件线索。经调查，2014年至2018年，龙岩市自然资源、应急管理部门先后对甲矿业公司越界开采、超过核定生产能力开采行为作出行政处罚，但甲矿业公司仍持续大规模越界开采石灰石矿，且未按规定履行矿山地质环境恢复治理义务。2022年2月25日，龙岩市检察院对市自然资源、应急管理部门启动立案程序。

根据《安全生产法》第10条、《矿山地质环境保护规定》第4条第2款等相关法律规定，龙岩市检察院于2022年4月8日分别向市自然资源局、应急管理局制发检察建议，建议市自然资源局依法履行矿山地质环境保护监管职责，建议市应急管理局依法履行矿山安全生产监督管理职责。鉴于案情重大复杂，各部门间存在职责交叉，龙岩市检察院组织市纪委监察委、自然资源、应急管理等部门召开圆桌会议，明晰各部门职责，并就采空区安全隐患排查及矿山地质环境生态修复治理形成整治方案。同年6月21日，龙岩市检察院推动市政府召开专题会议，形成生态修复治理工作方案，推动落实检察建议。

针对甲矿业公司越界开采导致的采空区数量多、矿山修复治理面积大、整改面临难度大、周期长等困难，龙岩市检察院多次组织召开圆桌会议，督促市自然资源和市应急管理部门持续开展矿山生态修复治理。截至2023年6月，市自然资源局督促甲矿业公司投入4100万元用于采空区治理，63 处采空区已全部治理到位并经市应急管理局验收通过。同时，市自然资源局在全市开展矿山越界开采和地质环境恢复专项整治，新发现涉嫌越界隐患矿山 6 家，完成新增矿山恢复治理面积 649 亩。2023 年 7 月，龙岩市检察院邀请“益心为公”志愿者对被非法占用林地的复绿情况进行实地查看，目前涉案山场已拆除违法建筑物 12 栋，补种树木 1 万多棵，恢复林地面积 123.54 亩。2023 年 10 月，涉案山场生态植被恢复情况经龙岩市新罗区曹溪林业站和森林资源资产评估中心验收通过。

2022 年 5 月 17 日，龙岩市检察院指导龙岩市新罗区人民检察院（以下简称新罗区检察院）对甲矿业公司、乙矿业公司非法采矿、非法占用林地行为，以刑事附带民事公益诉讼立案并发布公告。公告期间，新罗区自然资源局启动生态环境损害赔偿磋商程序，新罗区自然资源局与甲矿业公司、乙矿业公司签订森林生态恢复补偿协议书，两家公司按照鉴定意见评估的金额自愿缴纳生态损害赔偿金 717.9732 万元至龙岩市财政局设立的“司法固碳资金”专用账户。基于本案国家和社会公共利益得到有效保护，新罗区检察院作出终结案件决定。

龙岩市检察院总结个案办理经验，与市公安局、市林业局出台《联合开展“碳汇池”司法固碳行动实施意见》《办理破坏森林资源刑事案件适用碳汇补偿生态修复机制意见（试行）》，建立健全司法固碳生态修复机制，助力推进龙岩国家林业碳汇试点市建设。截至 2023 年 12 月，全市检察机关共适用“碳汇补偿”机制办理刑事案件 51 件，引导缴纳森林碳汇补偿金 29.04 万元，恢复植被 356.55 亩。

二、样本分析和履职特点

（一）一体履职形成监督合力

龙岩是福建省主要矿区，矿产资源丰富，矿产资源类企业是当地经济发展的支柱企业。本案系重特大生态环境公益损害案件，涉案矿企长期越界开采、超核定产能开采、非法占用林地，自然资源和生态环境遭受严重破坏，且未按规定对越界及界内采空区进行矿山生态修复治理，造成重大安全生产隐患。龙岩市检察院收到案件线索后，注重一体履职，第一时间召开案件办理推进会，分析研判案件情况，成立由三名副检察长任正、副组长，三名对口业务处室负责人和三名检察官骨干共九人组成的专案组，同步指导新罗区检察院成立以检察长为组长的专案组，按照案件管辖规定有序推进各项办案工作。在纵向上，针对办案中遇到的公益诉讼程序适用、原址修复难等难题，加强向福建省人民检察院请示报告，市、区检察院联动开展公益诉讼调查取证，委托专业机构开展现场勘查鉴定，为后续提出检察建议、支持开展生态环境损害赔偿磋商，推动生态修复治理奠定基础。在横向上，各业务部门间通力合作，市、区检察院分别抽调刑事检察、公益诉讼检察和行政检察部门骨干组成专案组，深挖公益诉讼监督线索 5 条，发出检察建议 5 件，深挖行政检察监督线索 3 条，发出行政检察建议 2 件。

（二）综合履职提升办案质效

注重公益诉讼检察与刑事检察协同推进，针对越界开采矿产资源数量、价值认定等关键性问题，建议以鉴定机构认定的非法开采数量和坑口交易价格计算，推动案件认定破坏价值从最初的几百万元上升至 1.005 亿元，并督促公安机关成功追缴全部赃款，及时挽回国家矿产资源损失。在依法追究非法采矿、非法占用农用地犯罪的同时，对矿企越界采矿形成采空区造成地面塌陷、地裂缝未治理问题，及时委托专业机构编制采空区生态环境修复方案，督促完成越界及界内采空区治理 63 处，支持自然资源部门启动生态环境损害赔偿磋商程序，在审查起诉阶段督促涉案矿业公司缴纳生态恢复履约保证金 161.1514 万元、生态服务功能损失 717.9732 万元，全面修复受损生态环境。同时，专案组在发现涉案矿业公司越界采矿、超产能生产问题的基础上，顺藤摸瓜深挖发现该公司还涉嫌逃税、虚开增值税专用发票问题，据此建议税务机关查清资金流向并移送公安机关立案侦查，推动税务机关追缴税款 5000 万余元，公安机关已立案侦查。此外，专案组还发现承包矿山爆破工程的两家矿山建设公司允许无安全生产许可证和资质的施工队挂靠其公司，违法承包涉案矿山采掘项目的违法行为，据此向区应急管理局制发检察建议，督促依法予以行政处罚。

（三）前端末端同抓促进社会治理

本案中涉案矿企系当地重点企业、纳税大户，常年解决超过300人的就业问题，并安置多名残疾人、困难户，积极向社会各界捐款达600万余元。在办案中，检察机关准确把握宽严相济刑事政策，结合矿企履行生态修复治理情况，对矿业股东、实际控制人、决策者等依法从严惩处，对其他经营管理人员依法从宽处理，让企业放下“包袱”、安心经营。与此同时，鉴于市、区自然资源部门、应急管理部门未依法履行安全生产、矿山地质环境恢复监管职责问题，公开送达检察建议，推动市政府召开专题会议，明确要求相关行政主管部门全面落实检察建议，促成市自然资源局在监督甲矿业公司完成全部采空区治理的基础上，在全市开展专项整治行动，实现办理一个案件、规范一个行业的良好效果。与此同时，市应急管理局结合涉案矿业公司越界开采、超核定产能开采反映出的安全生产隐患问题，制定出台《非煤矿山企业安全生产主体责任清单》《金属非金属地下矿山顶板管理暂行规定》，进一步强化矿企安全生产源头管控。

三、办案的重点及难点

（一）兼顾恢复生态与保障企业正常生产经营

面对“人与自然和谐共生的现代化”的愿景目标与构建现代环境治理体系的迫切需求，检察机关应深入践行恢复性司法理念，推动“治罪”向“治理”延伸。龙岩市检察院在办理涉企类重大复杂环境公益损害案件时，深入践行“专业化监督＋恢复性司法＋社会化治理”生态检察工作机制，充分发挥上下级、同级一体办案协作机制，促进矿企转型升级，服务保障企业绿色发展。本案中，涉案企业是矿业公司，采矿过程中除了安全生产，最重要的就是矿山生态修复治理问题，如何实现边开采边治理，避免再次破坏生态环境是环境公益诉讼的重要内容。为破解环境修复治理与企业绿色发展难题，市、区两级检察院在启动行政公益诉讼立案程序后，多次实地考察，对生态修复提出原地修复和异地修复、植被恢复与生态功能恢复相结合的方案。同时，针对涉案矿企长期非法占用林地造成生态环境损害的违法行为，检察机关主动与自然资源、林业等主管部门沟通会商，充分发挥行政执法的专业优势，依法支持行政机关开展生态环境损害赔偿，推动监管部门启动生态公益林调整程序，兼顾恢复生态和保障企业正常生产经营。

（二）精准选择检察监督程序

司法实践中检察机关如何适用检察建议类型，精准选择公益诉讼程序，实现检察环境公益诉讼制度与生态环境损害赔偿制度的有效衔接，确保赔偿到位、修复到位，是本案面临的关键性问题之一。多年来，自然资源部门、应急管理部门对涉案矿企的违法行为曾采取过警告、罚款、没收违法所得、责令退回本矿区范围开采等监管治理措施，但面临的安全生产风险并未改观，且生态环境和自然资源受损状况日益加剧。因涉案企业长期违法且公益损害的情形多样，为有效推进案件办理，检察机关对案件线索予以分类处置。

首先，考虑到重大安全生产风险具有不确定性，一旦发生就可能造成不可逆转的灾难性后果，严重损害人类健康和生态环境。因此，针对越界开采矿产资源，未对越界开采部分采空区及界内采空区进行治理恢复、超核定产能开采造成安全生产重大事故隐患的违法行为，检察机关充分发挥行政公益诉讼的预防功能，综合运用检察建议、圆桌会议帮助堵漏建制，在个案整改的基础上推动矿山行业规范整治，最大限度预防和减少安全生产事故。如围绕涉案矿企越界采空区治理难度大、破坏范围广等生态修复治理难题，检察机关多次组织行政执法部门及专家召开专题会议，制定分阶段、分步骤实施计划，并聘请监理机构对治理过程进行全程监督，指导涉案矿企委托第三方机构编制生态修复方案，确保矿山生态修复治理整改到位。

其次，针对涉案两家矿企长期非法占用林地造成生态环境损害的违法行为，依法支持自然资源部门启动生态环境损害赔偿磋商程序，同时结合认罪认罚从宽、生态修复等方式，督促涉案矿企同步履行修复生态环境、赔偿生态环境服务功能损失的民事责任，既兼顾刑事诉讼的惩罚性，又确保生态修复实效。

此外，做好公益诉讼与行政检察的衔接贯通，针对两家施工单位将采掘作业发包给无安全生产许可证和资质的个人问题线索，根据同级监督原则，由新罗区检察院依法向相关行政主管部门发出检察建议，建议对施工单位依法予以行政处罚。

（三）生态环境损害赔偿金利用

目前，金钱赔偿已成为生态环境检察公益诉讼和生态环境损害赔偿制度实现生态修复结果的主要形式，然而司法实践中追缴的生态环境损害赔偿金使用效率、效能不佳，如何支出和使用尚无统一规范。为使赔偿金真正用于环境修复，有必要建立健全生态环境损害赔偿金缴纳、提取、使用、监督机制，促进赔偿金的科学管理与高效使用。

实践中，生态环境损害赔偿金账户种类繁多，有上缴财政、法院账户、检察院账户或专门基金账户等，缺乏集中统一管理，不利于赔偿资金的统一管理与规范化监管。基于财政部门在资金管理方面更具权威性和专业性，且多数地区已对赔偿资金采取财政管理模式，在充分借鉴域外有益经验的基础上，建议采取支持财政部门设立环境公益诉讼专项资金账户的方式[①]，实现专款专用。本案中，龙岩市检察院联合市公安局、

① 参见张红霞、张晶：《生态环境损害赔偿资金管理的实证研究》，载《中国检察官》2021年第19期。且在《关于审理环境民事公益诉讼案件适用法律若干问题的解释》起草阶段，最高人民法院倾向于明确由财政机关设立环境公益诉讼专项资金账户，便于集中统一管理赔偿资金，后来考虑到设立专项资金账户属于财政部门的职权等原因，故司法解释最终未能对此作出明确规定。参见最高人民法院环境资源审判庭编：《最高人民法院生态环境损害赔偿案件司法解释理解与适用》，人民法院出版社2023年版。

市林业局等行政机关建立“碳汇池”龙岩市司法固碳中心，推动市财政局在生态环境损害赔偿金账户下设立“司法固碳资金”专用账户，专款用于龙岩市林业碳汇试点市建设项目。通过对试点林业碳汇项目的专业化、集中式培育和发展，实现高质量修复受损的生态系统，深化生态环境损害赔偿金助力“固碳增汇”的效果。

四、办案经验及启示

（一）设置专门化办案机构提升涉企案件质效

检察机关办理党委政府高度关注、人民群众反映强烈的“硬骨头”涉企环境公益损害案件时，要主动融入社会治理，要建立健全上下一体、同级一体办案协作机制，全面履行“四大检察”职能，提高办理涉企监督案件质效。为充分发挥检察机关上下一体机制优势，龙岩市检察院设立涉企案件办理中心，从业务部门抽调员额检察官组建专业化办案团队，统一指导办理全市检察环节涉企案件，确保高质效办好每一个涉企案件。依托涉企案件办理中心，进一步发挥“地方党委领导、公检法司协作、市县检察联动、政法企业沟通”四位一体工作平台作用，积极向党委政府报送呈阅件反映案件进展情况，协同监察机关完善落实监察程序与司法程序衔接机制，加强与公安、法院以及税务、自然资源、应急管理等部门的沟通协作，落实工作衔接、线索移送、座谈交流等衔接机制，出台挂钩联系企业制度，为企业解决生产经营实际问题，以全面依法履职助力企业规范化经营，促进系统治理。

（二）准确把握实质法律关系助推社会治理

实践中，针对企业长期违法造成公益损害情形多样化的问题，需厘清行政公益诉讼与民事公益诉讼、行政违法行为监督等检察监督方式的关系，充分发挥行政公益诉讼的治理效能，保证监督的精准性、规范性。特别是内设机构改革后，福建、陕西、贵州、江西等多省的基层检察院都将民事、行政、公益诉讼检察职能或者行政检察与公益诉讼检察职能设置在同一个部门，由于行政公益诉讼检察建议与社会治理类检察建议之间存在部分差异和部分重合，易造成检察建议类型混淆。因此，有必要厘清行政公益诉讼检察建议、行政检察建议和社会治理类检察建议间的关系。

首先，三类检察建议的适用范围不同。行政公益诉讼检察建议和行政检察建议均属于对行政权行使的监督，但监督阶段不同，且前者以国家利益或社会公共利益受到侵害为前提，后者并未局限于此。社会治理类检察建议主要为针对在办案中发现的违法犯罪隐患、管理监督漏洞、风险预警和防控问题，以及就相关部门作出的行政处罚、政务处分、行业惩戒等问题提出的改进工作、完善治理的建议。[①]

其次，三种适用的监督规则不同。依据《人民检察院公益诉讼办案规则》第69条规定，同一行政机关对多个同一性质的违法行为可能存在不依法履职情形的，检察机关只能制发一份检察建议。而最高人民检察院并未制定相关监督规则规定社会治理类检察建议、行政检察建议的具体制发标准，虽然《人民检察院检察建议工作规定》要求制发社会治理类检察建议，均应由法律政策研究部门对检察建议的必要性、合法性、说理性进行审核，但实践中基本是办案部门制发检察建议书后以备案形式移送法律政策研究部门。

最后，保障措施不同。针对社会治理类检察建议的回复整改情况，检察机关可以采取报告上级检察院、同级党委或人大，通报纪检监察机关等措施。关于行政检察建议的跟进监督措施未有明确规定。行政公益诉讼检察建议属于以诉的形式履行法律监督职责。

综上，三类检察建议的适用对象和范围存在阶段性重叠，实践中需深化综合履职，重点关注检察建议之间如何分工合作，充分发挥“1+1+1 ＞ 3”的治理效能。

---

① 参见高景峰：《〈人民检察院检察建议工作规定〉理解与适用》，载《人民检察》2019年第8期。

（三）规范适用公益诉讼程序推进生态修复

生态环境损害赔偿是“环境有价，损害担责”的直接体现和制度表达，对生态文明建设至关重要，不可或缺。广义上的生态环境损害赔偿制度是让环境侵害者修复受损环境或承担生态环境修复费用的制度统合。[①]根据我国现有法律政策，广义上的生态环境损害赔偿制度除了以政策驱动方式推行的“生态环境损害赔偿制度”外，还包括“修复生态环境、赔偿损失”等民事责任，以及“责令恢复原状、限期采取治理措施或责令改正”等行政责任。但目前，法律规定不明，相关制度依不同路径实施、循不同规则推进，导致顺位不清。

同一生态环境损害有多种赔偿可能，对检察机关而言，意味着不同的法律身份和监督方式。表面上看，检察机关可以自由选择适用的公益诉讼类型，但“选择性”的最大弊端在于无法充分发挥公益诉讼制度的最大效能，难免在实现个案正义的同时带来整体意义上的不公。[②]为依法规范督促企业履行生态环境修复责任，针对确有必要开展生态修复的环境刑事案件，建议规范适用支持行政机关开展生态环境损害赔偿磋商、提起公益诉讼等方式，督促企业履行生态环境修复责任。笔者认为，可参考本案案例做法，以行政机关是否存在未依法履行职责的情形为标准，决定在案件审查起诉阶段需启动的公益诉讼类型。

其一，对需要开展生态修复的环境刑事案件，先行审查相关行政机关是否存在未依法履行职责致使环境公共利益受到损害或损害扩大的情形，若存在未依法全面、正确履职行为，则优先通过提起行政公益诉讼督促行政机关监督企业履行生态环境修复责任。其二，针对行政机关不存在违法行使职权或不作为的情形，同时又启动生态环境损害赔偿磋商的，检察机关可以支持起诉方式参与生态环境损害赔偿磋商，同时对磋商程序是否依法启动，生态环境损害调查、鉴定评估以及污染防范、转

---

① 参见南景毓：《生态环境损害：从科学概念到法律概念》，载《河北法学》2018年第11期。

② 参见巩固：《环境民事公益诉讼性质定位省思》，载《法学研究》2019年第3期。

运处置工作是否有序推进，磋商协议是否有损社会公共利益、是否及时申请司法确认等开展监督。其三，针对行政机关既不存在违法行使职权或不作为的情形，又未启动生态环境损害赔偿诉讼或不符合启动条件的，有必要发挥刑事附带民事公益诉讼或民事公益诉讼的补位作用，可以通过磋商或达成和解等方式，引导企业积极修复生态环境、主动整改确保依法规范经营。

高质效办理未成年人网络保护民事公益诉讼案

罗　群　韩　欢*

未成年人检察履职办案要以“最有利于未成年人”为基本原则，在一体履职、综合履职中有效实现“高质效办好每一个案件”的检察目标。针对利用互联网传播淫秽视频损害未成年群体身心健康的案件，要从身心健康公益性、未成年群体权益保障价值、公益保护导向效应等方面论证行为违法，严格把握行为人传播行为与未成年人身心健康损害之间的因果关系，提起民事公益诉讼。

一、基本案情及办案经过

2020年5月，周某某、甄某某共谋通过制作、传播淫秽视频链接的方式，获取广告流量费用。由周某某负责制作淫秽视频链接，利用技术手段规避网络公司拦截，并违规组建多个千人以上网络交友平台交友群专门用于发送所制作的淫秽视频链接，周某某和甄某某均为上述网络平台交友群的管理人员。网络平台交友群用户将该淫秽视频链接转发至3个群以上后，即可免费观看，且该链接再打开就能无限制观看多部淫秽视频。公安机关从该链接中随机提取视频40部，经鉴定均为淫秽视频。上述淫秽视频链接被群用户大量转发到以未成年人为主的多个同学群、

*　罗群，重庆市人民检察院第五分院二级高级检察官；韩欢，重庆市人民检察院第五分院检察七部四级检察官助理。

游戏群、交友群中，引发未成年人聚集观看，甚至模仿。

2020年，重庆市大渡口区人民检察院（以下简称大渡口区院）“莎姐”云平台陆续接到老师、学生、家长反映，有人通过网络交友群向小学生等未成年人传播淫秽视频和图片。大渡口区院将该线索移送公安机关并开展刑事立案和侦查活动监督。同年9月，公安机关以周某某、甄某某涉嫌传播淫秽物品罪立案侦查并跨省抓捕二人。2021年8月，经大渡口区院提起公诉，法院以传播淫秽物品罪判处周某某有期徒刑1年10个月、甄某某有期徒刑1年4个月。大渡口区院在办案过程中多次到案涉学校开展网络安全法治教育，并协同社工组织对出现行为偏差的学生进行心理疏导。

监督过程中，大渡口区院经初步评估后认为周某某、甄某某的行为可能侵害不特定多数人的合法权益，将该线索移送至重庆市人民检察院第五分院（以下简称重庆五分院）。在充分征求、吸纳各方论证意见的基础上，重庆五分院认为周某某、甄某某的行为侵害了未成年群体身心健康，对社会公共利益造成损害，应开展民事公益诉讼检察监督。2021年7月28日，重庆五分院以周某某、甄某某传播淫秽视频损害社会公益立案。其间，重庆五分院委托大渡口区社工服务中心对案涉未成年人开展心理矫治，该社工服务中心向重庆五分院提交对案涉未成年被害群体心理矫治工作方案。2021年12月15日，经民事公益诉讼公告后，重庆五分院向法院提起民事公益诉讼，请求判令周某某、甄某某连带赔偿受损未成年人的心理健康重建辅导费21300元，并在省级媒体上向社会公众赔礼道歉。2022年4月26日，重庆市第五中级人民法院公开开庭审理该案。同年6月9日，法院依法判决，支持了检察机关的全部诉讼请求。

为确保赔偿金专款专用，重庆五分院沟通大渡口区民政局提供专用保障账户。同时，重庆五分院就本案暴露出的管理问题向互联网公司发出检察关注函，督促该公司履行其未成年人网络保护的社会责任。

未成年人心理健康重建辅导费现已执行到位，重庆五分院与大渡口区民政局、大渡口区慈善会签订三方协议，将该笔费用委托专业机构开展群体家庭教育、性教育、个案心理疏导等，确保涉案未成年人心理健康修复效果。

二、高质效办好网络传播淫秽视频侵害未成年人权益案件体现

“高质效办好每一个案件”是新时代检察机关履职办案的基本价值追求，传播网络淫秽视频民事公益诉讼案件专业性强、危害后果覆盖面广，办案实践中要以一体履职、综合履职为抓手，有效实现民事公益诉讼检察目标，这也是检察机关主动担当作为，实现高质效办案的实践路径。

（一）以一体履职搭建全面加强未成年人综合司法保护的平台

“检察机关是作为一个整体履行法律监督职责，必须发挥检察一体化优势，推动整体履职办案高质效。”[①] 未成年人检察工作的集中统一办理，要注重从整体性出发，实现未成年人“四大检察”相互支撑、一体协同的“化学融合”，实现全面加强未成年人综合司法保护的最优效果。

1. 构建横向一体化的线索移送和证据固定机制。在加强数字未检和大数据分析的大背景下，畅通检察机关依托本地“莎姐”云平台，构建集线索发现、监督、预防、帮教、帮扶等功能于一体的未成年人保护跨场景设置，畅通密切联系未成年人部门的线索移送机制。通过提前介入、调查取证协作配合等方式及时固定未成年人公益受损事实，切断淫秽信息传播路径。

2. 加强纵向一体化案件办理及指导机制。上级检察机关要发挥高质效办案的示范作用，又要扎实做好业务指导。本案实现线索发现、刑事办案、民事公益诉讼案件全流程三级院一体履职、融合办案。本案基层检察院及时发现线索，及时开展立案监督，在刑事案件办理过程中，重庆五分院和重庆市院多次跟案指导，同步收集侵害社会公共利益的证据，如淫秽视频在未成年人群中的传播情况、传播内容对未成年人造成

① 童建明：《高质效办好每一个案件 持续推进习近平法治思想的检察实践》，载《人民检察》2023 年第 23 期。

的恶劣影响等，一体履职成效明显。

3.“借智”提升新型案件专业化办理水平。无差别传播淫秽视频侵害未成年人权益等新型公益诉讼案件所涉问题特殊，三级检察机关未检部门共同组织召开专家咨询会，围绕本案公益诉讼定性主张心理健康重建费用可行性等关键问题进行讨论。在民事公益诉讼案件庭审中，申请心理学专家作为辅助人出庭，进一步证实观看淫秽视频对未成年人身心健康的严重损害，必须及时进行干预、修复和重建的必要性等。

（二）以综合履职促推“六大保护”协同发力

修订后的未成年人保护法确立了家庭、学校、社会、网络、政府、司法“六位一体”的未成年人保护新格局。修订后的预防未成年人犯罪法对发挥各方合力，共同做好预防犯罪作出了明确规定。未成年人检察业务集中统一办理的守正创新中，要求立足法律监督职能，不断强化检察职能的集成适用，开展多维度、系统性的综合履职，找准检察机关与其他“五大保护”的结合点。

1. 以多元化办案路径精准对接现实需求。在办理通过网络向未成年人传播淫秽物品刑事案件的过程中，综合审查未成年人民事、行政权益及公共利益是否遭受损害，综合开展刑事诉讼、公益诉讼一体联动证据收集和实质化审查，将未成年人综合保护要素融入办案。同时，重点关注能够证实不法行为对未成年人身心健康影响范围和程度的证据，为刑事指控后民事公益诉讼案件的顺利推进奠定证据基础。

2. 以司法保护促推源头治理，协同推进标本兼治。就本案暴露出的网络社交通信工具实名制管理落实不到位、域名检测有漏洞、举报机制不完善等问题，向互联网企业发出检察关注函，进一步织牢未成年人网络保护网。

3. 强化检校协作，共筑未成年人保护墙。针对案涉学校，分别对学生、家长、老师群体开展网络安全法治教育、强制报告制度宣传、针对性和普适性的家庭教育指导服务。定期收集校园公益诉讼线索，开展校园周边涉黄、暴力书籍行政公益诉讼监督，校园周边食品安全行政公益诉讼监督等，全方位守护千家万户的孩子们。

三、网络传播淫秽视频侵害未成年人权益案件办理要点、难点

（一）从纷繁复杂的法律事实中确定民事公益诉讼立案的必要性

“立案标准是公益诉讼检察办案实践中的源头问题。”① 对于利用网络向不特定未成年人传播淫秽视频，可能因为侵害未成年人的合法权益，需要承担民事责任。对于民事公益诉讼立案的必要性论证从以下三个方面展开。

一是具有保护未成年人身心健康的公益必要性。未成年人保护法明确规定禁止制作、复制、出版、发布、传播含有宣扬淫秽、色情等危害未成年人身心健康内容的图书、报刊、电影、广播电视节目、舞台艺术作品、音像制品、电子出版物和网络信息等，对侵犯未成年人合法权益，造成人身、财产或者其他损害的，应依法承担民事责任。互联网淫秽电子信息无差别传播，客观上已经给众多未成年人的身心健康造成不可逆转的伤害，具有公益保护必要性。

二是具有保护网络公共利益的必要性。在传播危害未成年人身心健康内容的案件中，对未成年人网络公共利益的保护手段较为有限。在无适格公益诉讼主体的前提下，检察机关可以就此类行为对未成年群体造成危害的问题提起民事公益诉讼，通过严惩侵害未成年人合法权益的犯罪行为，彰显对未成年人综合保护工作的重视。

三是具有未成年人心理重建修复的必要性。网络传播淫秽物品具有传播速度快、覆盖面广的特征。涉案的淫秽视频在一定范围内已经对未成年人群体造成了影响，与让身心未臻成熟的未成年人自行去消化这些不良影响相比，利用民事公益诉讼赔付的修复资金，通过专业的性教育、心理健康教育对未成年人进行正确引导将事半功倍。

---

① 谷振国、王同立：《公益诉讼检察案件立案标准研究——岚山区人民检察院实践探索》，载《中国检察官》2021 年第 7 期。

（二）深刻领悟法治精神，切实发挥履职实效

未成年人保护是一项系统工程，需要全社会的共同参与，家庭、学校、社会、网络、政府、司法"六大保护"要融通履职、协同发力、共护未来。本案的检察履职中，充分体现了"六大保护"的共促发展。

一是畅通立案监督线索渠道，快速阻断不良信息传播。本案中，老师第一时间发现学生观看淫秽视频的线索，通过"莎姐"平台反映至检察机关。检察机关初查后对此案开展立案监督，并针对网络犯罪隐蔽性高、传播范围广、取证难度大等特点，提前介入引导侦查，快速固定了传播的具体内容、链接网址、网络平台交友群组等电子证据，及时封存了作案电脑、手机、银行卡等关键证据，形成了完整的证据锁链，为本案的顺利诉讼奠定坚实基础，也有效阻隔了淫秽视频传播面的扩大，实际形成了社会各部门的联动，有效有序保护未成年人合法权益。

二是开展精准帮教，构建未成年人综合保护体系。在办案过程中，开展精准帮教，综合救助，从刑事领域向涉未成年人民事、行政、公益诉讼领域拓展，大渡口区院受案后第一时间到案涉学校开展网络安全法治教育，并协同社工组织对出现行为偏差的学生进行心理疏导、对案涉学校未成年人家庭提供针对性的家庭教育指导服务。同时，根据学生反映出的公益诉讼线索，开展校园周边涉黄、暴力书籍行政公益诉讼监督，校园周边食品安全公益诉讼监督等。

三是注重源头治理，清朗未成年人网络空间。网络空间的未成年人保护仅靠司法机关或是学校、家长的关注是远远不够的，还需要互联网平台承担起社会责任。《网络信息内容生态治理规定》中规定，网络信息内容服务平台应当在显著的位置设置便捷的投诉举报入口，公布投诉举报方式，及时受理处置公众投诉举报并反馈处理结果。鼓励网络信息内容服务使用者积极参与网络信息内容生态治理，通过投诉、举报等方式对网上违法和不良信息进行监督，共同维护良好网络生态。重庆三级检察院与涉案互联网公司两次召开专题会议，通报涉未成年人网络犯罪案件中反映出来的问题，就本案暴露出的网络社交通信工具实名制管理

落实不到位、域名检测有漏洞、举报机制不完善等问题，向互联网企业发出检察关注函，该公司立即组织了专门团队核实问题、修复系统、升级策略，进一步夯实其未成年人网络保护的社会责任。

少年强则国强，青少年的发展关系着国家未来。但随着互联网的全面覆盖和通信软件的快速发展，利用网络传播淫秽物品的案件逐渐增多，未成年人面临日趋严峻的网络淫秽内容带来的公共健康危机。检察机关对于此类案件要在刑事打击上下硬功夫，对利用网络传播淫秽物品侵犯未成年人合法权益的犯罪起到司法威慑作用。但刑事打击是未成年人权益保护的最后一道防线，而绝不是唯一途径。本案警示要加强公益诉讼监督等综合履职，侧重可惩罚性心理修复金探索，同时在法治教育、安全警示、公益损害赔偿等方面加强与学校、行政主管部门、社区组织等社会专业力量的横向协作，推动未成年人社会支持体系建设，提升未成年人综合司法保护成效。

以“诉”的方式破解建筑垃圾处置难题

黄潇筱 *

对标最高人民检察院“高质效办好每一个案件”的工作目标，把“三个善于”融入公益诉讼检察履职办案全过程，不仅需要从理念上把握好“高质效”的内涵逻辑，注重以“可诉性”提升办案精准性和规范性，还需要充分运用检察公益诉讼调查方法固定公益受损事实，尤其对涉及多个行政机关监管职能交叉的环境违法行为，在起诉前可对多个行政职能部门发出检察建议，促成执法合力，在起诉阶段精准确定监督对象，以“诉”的方式促成监督履职共识，推动城市更新中建筑垃圾的资源化利用，以高质效办案助力无废城市绿色发展。本文以一起生态环境领域的行政公益诉讼起诉案[①]为例，从公益受损事实的认定、调查核实方式的运用、监督对象的精准确定以及行政监管职责“可诉性”的理解等方面展开阐述，以期探索论证涉及多个行政监管职责交叉类行政公益诉讼中，如何把握好“高质效”办案的精准性和规范性。

一、案件及办理经过

（一）基本案情

随着近年来各地城市更新推进，因房屋拆迁产生一定建筑垃圾存

---

* 黄潇筱，上海铁路运输检察院第五检察部一级检察官，现为上海市人民检察院第八检察部一级检察官（锻炼）。

① 该案获评上海市检察机关 2023 年度公益诉讼典型案例。

量。2017年5月，由上海市闵行区绿化和市容管理局（以下简称区绿容局）核准，并经区规划和自然资源局（以下简称区规资局）批准临时市政公用设施用地给某镇政府面积约24015平方米地块作为其辖区建筑垃圾临时中转分拣点，由某镇政府委托某市政公司进行分拣处置，核准处置总容量为4万吨。但自2018年开始，某镇政府为降低建筑垃圾处置成本，在未经区规资用地审批、区绿容局核准情况下，在原核准地块范围以外，自行设立一处建筑垃圾临时分拣中转点，并委托该市政公司在该点位从事建筑垃圾分拣、粉碎处置及制砖生产行为，存在严重扬尘噪声污染，损害社会公共利益。2021年8月，上海市闵行区人民检察院（以下简称闵行区院）在上海市人民检察院“公益诉讼线索收集和智能推送平台”中收到某镇建筑垃圾违法处置点侵害公益线索。

（二）办案经过

闵行区院于2022年7月15日立案调查，并委托上海市检察技术信息中心辅助开展航拍取证与噪声空气检测。检察技术人员使用无人机搭载三维建模相机模块与激光雷达相机进行摄影，绘制该地厂区二维与三维图，精准测绘出厂区地块面积约16万平方米，现场堆放建筑垃圾共计287034.43立方米（折合约46万吨），最高峰时达89万吨，厂区距离东侧一学校约356米、距离南侧小区居民楼约435米。经对学校和居民楼进行噪声监测，均已超出限值，对厂区及周边空气质量进行监测，PM2.5的IAQI值明显高于闵行区实时值，空气质量指标为三级，属于轻度污染（橙色）。

经调查，闵行区院认为该建筑垃圾临时中转分拣点存在严重扬尘噪声污染等多个违法问题，损害社会公共利益。根据噪声污染防治法、《上海市建筑垃圾处理管理规定》《上海市大气污染防治条例》《上海市城市管理综合行政执法条例》等规定，闵行区院于2022年7月至9月先后向某镇政府及区内另三个职能部门制发检察建议，督促对某公司非法占用国有土地、自行设置建筑垃圾临时中转分拣点违规处置建筑垃圾、未依法采取有效污染防治措施造成扬尘噪声等污染的行为进行查处，上述四家行政机关均进行了书面回复。闵行区院认为某镇政府虽按期回复，但仅采取部分整改措施，仍未完全整改。

2022 年 10 月 25 日，上海市人民检察院指定上海铁路运输检察院（以下简称上海铁检院）对该案审查起诉。2022 年 10 月至 2023 年 2 月期间，上海铁检院通过无人机现场勘查、约谈镇政府、委托司法鉴定、走访询问周边小区学校等，全面跟进调查社会公益受损事实。截至 2023 年 2 月，现场垃圾存量仍有 21 万吨。2022 年 12 月，经上海铁检院委托司法鉴定科学研究院鉴定，现场两处监测噪声分别为 73.1dB 和 65.1dB，均超过《工业企业厂界环境噪声排放标准》（GB 12348—2008）中 2 类声环境功能区限 60dB 限值。此外，涉事地块附近小区居民、学校负责人、12345 热线投诉处理工单，均证实噪声、扬尘污染持续存在。上海铁检院还先后赴闵行区多个职能部门调查取证，调取权力清单及前期履职材料等，明确各行政机关职责划分以及履职情况，最终确定某镇政府对涉事地块建筑垃圾处置及污染防治负有监管职责且未依法全面履行，社会公共利益仍然持续受到侵害，于 2023 年 3 月 7 日依法向上海铁路运输法院提起行政公益诉讼，请求判令被告某镇政府依法履行职责，采取有效措施，对闵行区某镇涉事地块存在的违法处置建筑垃圾及未落实污染防治措施的行为进行整改处理，落实好源头和属地管理职责，恢复该区域原有的生态环境。

2023 年 4 月 7 日，上海铁路运输法院以七人合议庭公开开庭审理，双方围绕涉事地块是否属于合法点位、镇政府是否对建筑垃圾处置具有监管职责以及是否依法履职等展开法庭调查、举证质证及辩论。庭审后，某镇政府表示将积极整改，并尽快提交相关证据。

2023 年 4 月 21 日，上海铁检院邀请市人民监督员和"益心为公"志愿者跟进监督，并委托上海市检察技术信息中心再次进行无人机航拍取证。经勘查，建筑垃圾已全部清运完毕并进行土地平整，现场进行绿网全覆盖防止扬尘，另经无人机搭载气体检测仪检测，厂区空气质量 AQI 达标。上海铁检院于同日召开检察听证会，经听证员共同评议确认某镇政府已履职整改完毕。2023 年 6 月 19 日，上海铁检院认为被告某镇政府已依法履行职责，其诉讼请求已全部实现，向法院撤回起诉，同年 6 月 28 日，法院裁定准许撤回起诉。

二、高质效办案的体现

（一）对标精准性、规范性要求，运用多元调查方法全面确定公益受损事实

上海铁检院充分履行公益诉讼调查核实权，提升监督质效。为全面审查案件，上海铁检院第一时间在分管检察长的指示下，成立专案组，围绕行政公益诉讼审查起诉的证据标准，制定详细的调查方案，上海铁检院开展了以下调查工作：

1. 多次赴现场进行实地查看

通过无人机拍摄等固定证据，发现现场仍在进行建筑垃圾粉碎等处置活动，未采取严格的噪声、扬尘污染防治措施，建筑垃圾大部分露天堆放，防尘网破损较为严重，未在非作业区域做到防尘网覆盖周全。

2. 约谈了镇政府分管副镇长，调取书证

通过约谈调查，了解了涉案点位问题产生的原因。随着某镇开发建设项目推进，动迁体量带来建筑垃圾的迅速增加，原来审批的具有正规手续的临时中转分拣点容量不够，镇政府在未获用地审批情形下自行设立涉案地块作为建筑垃圾临时中转分拣点，并为节约建筑垃圾处置成本，而委托某市政公司在该处分拣、处置辖区内的建筑垃圾。

3. 对现场噪声、扬尘污染问题进行了重新鉴定

委托司法鉴定科学研究院根据国标要求对涉案点位噪声、扬尘（颗粒物）是否超标进行了鉴定。经鉴定，现场监测的两个点位白天噪声分别为 73.1dB 和 65.1dB，均超过《工业企业厂界环境噪声排放标准》（GB 12348—2008）二类声环境功能区限值 60dB；检测当天，颗粒物未超标。

4. 对涉案点位附近小区居民、学校负责人进行走访询问，并调取了 12345 热线投诉处理工单

明确现场时有噪声、扬尘出现，且周边道路建筑垃圾运输车辆进进

出出，存在安全隐患。闵行区院制发检察建议后近半年来，居民 7 次通过 12345 热线对上述问题进行投诉。

经过上述充分调查，检察机关确定涉案建筑垃圾临时分拣中转点位存在以下五个方面的公益受损事实：一是非法占用国有土地。某公司在涉案土地堆放建筑垃圾和加工再生产，未进行土地审批手续，未取得用地许可证，违反了《城乡规划法》第 40 条第 1 款、《上海市城乡规划条例》第 35 条第 1 款的规定。二是未经申报环评，擅自从事制砖生产行为。根据《〈建设项目环境影响评价分类管理名录〉上海市实施细化规定（2021 版）》的相关规定，"废弃资源综合利用仅涉及分拣、破碎的不纳入建设项目环境影响评价管理范畴"，但某公司制砖属于生产行为，必须办理并完成相关环保手续。三是未经核准处置建筑垃圾。涉案建筑垃圾临时中转分拣点未经区绿化和市容管理局备案确认，相关主体未经核准从事建筑垃圾处置活动，违反《城市建筑垃圾管理规定》第 7 条规定（处置建筑垃圾的单位，应当向城市人民政府市容环境卫生主管部门提出申请，获得城市建筑垃圾处置核准后，方可处置）。四是产生扬尘污染。经现场检查发现场内堆放大量建筑垃圾等非作业区域未采用密闭式防尘网进行遮盖，输送设备在落料、卸料处未见防尘设施，生产过程中有扬尘扬散，违反了《上海市大气污染防治条例》第 57 条，《上海市扬尘污染防治管理办法》第 2 条、第 13 条、第 14 条和《防治城市扬尘污染技术规范》（HJT 393—2007）的规定。五是存在噪声污染。经检察机关前期委托市院技术部门检测认定，现场噪声超标，违反了《噪声污染防治法》第 9 条第 2 款、第 36 条第 1 款和《工业企业厂界环境噪声排放标准》（GB 12348—2008）规定。

（二）厘清行政监管职责，精准确定监督对象

本案是一起较为典型的违规使用国有土地进行建筑垃圾违法处置并附带扬尘、噪声环境污染的损害公益案件，涉及多个行政机关监管职责交叉。

上海铁检院跟进调查阶段，先后赴上海市绿化和市容管理局、区生

态环境局、绿容局、城管局等调查，并调取权力清单、责任清单以及履职证明材料，明确各行政机关职责划分以及履职情况。

1. 上海市绿化和市容管理局

根据《上海市建筑垃圾处理管理规定》，建筑垃圾总的处理原则是实行减量化、资源化、无害化和“谁产生谁承担处理责任”“中心城区本市统筹消纳，郊区就地自行处理”。绿化市容行政管理部门是建筑垃圾处理的主管部门。目前，处理建筑垃圾除了全市统一建设的建筑垃圾资源化处置中心外，还包括区里一些建筑垃圾临时中转分拣场所，但须向绿容部门备案。

2. 区规资局

某公司在涉案土地堆放建筑垃圾和加工再生产，未进行土地审批手续，未取得用地许可证，非法占用国有土地的行为由区规资局监督管理。闵行区院制发检察建议书后，该局已经责令某公司在镇政府督促下，于2023年5月1日前完成整改。

3. 区绿容局

根据《上海市建筑垃圾处理管理规定》第4条第1款，区绿化市容部门负责所辖区域内建筑垃圾全程管理的具体管理工作。同时根据《闵行区建筑垃圾应急处置工作方案》规定，区绿容局负责建筑垃圾应急处置的统筹、方案、第三方监管。无论是街镇设置的中转分拣点、消纳卸点，还是土地产权设置的中转分拣点、消纳卸点，都要向区绿容局申报备案，实现全过程、全周期监管。区绿容局负责建筑垃圾处置的核准、审批等全流程管理工作，建筑垃圾中转分拣站需录入“上海市建筑垃圾综合服务监管平台”系统，由绿容部门监督管理，但对违法处置建筑垃圾的行政处罚职责2015年已经移交区城管局，实行管执分离。

闵行区院制发检察建议书后，区绿容局第二次向镇政府制发了督办单（2019年曾就该问题制发过一次督办单）、向区城管局制发了双向告知单。

4. 闵行区生态环境局

根据《环境保护法》第10条和第61条规定，对于某公司未经申报环评，擅自从事制砖生产的行为，由闵行区生态环境局负责调查处理，同时根据《大气污染防治法》第99条和《噪声污染防治法》第75条，对超过大气污染物排放标准和超过噪声排放标准排放工业噪声的违法行为，也由该局负责调查处理。

闵行区院制发检察建议书后，闵行区生态环境局约谈了某公司，要求某公司停止制砖生产行为，并完善噪声和扬尘的污染防治措施。因现场工况条件不符合检测标准，该局暂未对噪声、颗粒物是否超标进行检测。

5. 闵行区城市管理行政执法局

根据《上海市城市管理综合行政执法条例》第11条和《上海市建筑垃圾处理管理规定》第4条第3款规定，城管部门对堆场作业等产生扬尘的违法行为、违法处置建筑垃圾实施行政处罚，但根据2021年《上海市街道办事处乡镇人民政府首批行政执法事项目录清单》第180项、第246项规定，目前上述职责已经下沉至乡镇人民政府，由镇政府执法中队（人、财、物均由镇里管理）负责调查处理。

6. 镇政府

根据《上海市建筑垃圾处理管理规定》第5条第2款，（乡）镇人民政府、街道办事处在区绿化市容行政管理部门的指导下，做好所辖区域内建筑垃圾处理的源头管理以及协同配合工作。根据《大气污染防治法》第3条第2款、《噪声污染防治法》第6条第1款、《上海市环境保护条例》第3条第1款和第7条第1款规定，地方各级人民政府对本行政区域大气、声环境质量负责，对辖区内大气、噪声等污染防治工作进行综合协调。根据《上海市城市管理综合行政执法条例》第4条第3款、《上海市建筑垃圾处理管理规定》第4条第3款、《上海市街道办事处乡镇人民政府首批行政执法事项目录清单》第180项和第246项的规定，乡、镇人民政府负责本辖区内城市管理综合行政执法工作，在本辖区内行使违法处置建筑垃圾以及堆场作业产生扬尘的行政执法权。

镇政府在收到检察建议后，作出了回复，已经采取了噪声、扬尘污染防治等部分整改措施，但现场存在的问题仍未完全整改完成，截至2023年2月，现场垃圾存量仍为21万吨。

最终，检察机关在调查基础上，综合考虑各机关的具体监管职责，履职尽责情况，违法行使职权或者不作为与公益受损的关联程度，实施公益修复的有效性等因素，追溯公益损害源头，最终明确镇政府对建筑垃圾及噪声扬尘污染具有源头管理和属地治理职责，精准确定监督对象。

（三）坚持“可诉性”标准，以行政公益诉讼起诉促成“监督履职”共识

检察机关以检察建议为基础，牢牢把握行政机关“不依法履职”的判断要件，从行为要件（行政机关是否采取有效措施制止违法行为）、结果要件（国家利益和社会公共利益是否得到有效保护）、职权要件（行政机关是否全面运用法律法规、规章和规范性文件规定的行政监管手段），准确提出要求行政机关对违法处置建筑垃圾场地整改处理的诉讼请求。庭审中，检察机关抓住社会公益持续受损的关键点，就行政机关是否充分履职、公益是否受到侵害等与被告方展开充分举证、质证及辩论，以行政公益诉讼的方式推动行政机关依法全面履职，发挥检察公益监督与法治政府履职的社会治理合力。

（四）发挥多方公益保护力量，破解建筑垃圾治理“后半段文章”

镇政府于法院审理阶段向检察机关和法院提交场地全部整改完毕，现场垃圾及成品具体处置去向的证据材料。为确认行政机关公益损害整改情况，上海铁检院邀请人民监督员、“益心为公”志愿者共同赴现场查看整改情况，并召开听证会，听取意见，共同确认镇已经依法履行建筑垃圾监管及环境监管职责，涉案地块建筑垃圾已经整改完毕。

三、办案重点、难点及经验

（一）起诉对象的确定

本案是一起典型的侵占国有土地进行建筑垃圾违法处置并附带扬

尘、噪声环境污染的损害公益类型。通过对上述涉及负有监督管理职责的行政机关的职责梳理，最终提起行政公益诉讼，应当以哪个行政机关为被告提起呢？

最高人民检察院第十六批指导性案例中的湖北省天门市人民检察院诉拖市镇政府不依法履行职责行政公益诉讼案（检例第63号）具有指导意义。农村违法建设垃圾填埋场涉及的行政监管部门包括规划、环保、国土、城建、基层人民政府等，最终考虑到镇政府在农村环境治理、生活垃圾处置方面起主导作用，从而重点监督镇政府。该案例指出，涉及多个行政机关监管职责的公益诉讼行为，检察机关应当综合考虑各机关的具体监管职责、履职尽责情况、违法行使职权或者不作为与公益受损的关联程度、实施公益修复的有效性等因素确定重点监督对象。

而本案中，追溯公益损害的源头，该点位是镇政府在未按规定经区规资局用地审批，未向区绿容局申报备案的情形下自行设立的，并委托某公司进行建筑垃圾违法处置。而本案的关键在于对涉案违法建筑垃圾临时中转分拣点进行整治，整治完成后，附带存在噪声、扬尘等污染问题，非法占用国有土地的问题也将会一并予以解决。镇政府对于该违法建筑垃圾临时中转点以及附带环境污染问题负有直接和主要责任，结合对各行政机关职责的调查与梳理，以及其他机关履职情况，镇政府对建筑垃圾具有源头管理职责，对大气、声环境质量负责；具有行政执法权（建筑垃圾处置、堆场作业扬尘），督促整治的监督管理职责主要也在镇政府，应当以镇政府作为被告提起行政公益诉讼。

（二）诉讼请求的确定

鉴于行政公益诉讼起诉的诉讼请求与检察建议具有衔接性，闵行区院向镇政府制发检察建议书的内容主要为两点：一是依法对某公司超出委托权限经营建筑垃圾中转分拣点且未采取有效污染防治措施的行为进行查处；二是对辖区内的建筑垃圾中转分拣场所加强日常监管，确保堆放措施到位，垃圾规范转运和处置，发现存在环境污染问题的，及时向区环保局等有关部门报告。鉴于某公司系受镇政府委托在涉案地块进行建筑垃圾违法处置活动，如要求镇政府依法履职，对某公司的上述行为进行行政处罚，则实际办案效果未必好，因此承办组认为，对于检察建议中“查处”的理解，可以不限于落实行政处罚权，主要从涉案地块以及违法处置建筑垃圾行为的监督整改，恢复该地块生态原貌角度出发提起诉讼。最终确定诉讼请求：诉请判令被告镇政府依法履行职责，采取有效措施，对闵行区某某路以南、某某路以西处地块存在的违法处置建筑垃圾及未落实污染防治措施的行为进行整改处理，落实好源头和属地管理职责，恢复该区域原有的生态环境。

（三）“监督管理职责”的理解

行政公益诉讼中是以损害公益的违法事实——监督管理职责——行政机关是否依法履职为逻辑线路展开的，监督管理职责是行政公益诉讼审理中的核心和关键。本案中检察机关和法院对于镇政府对噪声是否具有监督管理职责实际还是有分歧的。法院认为，行政机关的监督管理职责应当以行政机关具有行政处罚权为基础，如果按照法院的标准，目前对于噪声超标的行政处罚权未下沉至乡镇政府，那么在这个案件中，镇政府对于噪声就不具有监管职责。包括镇里委托代理人反复提到的只有监督某公司整改的职责，没有直接整改的职责，也是同样因为对于镇政府对建筑垃圾是否具有监管职责的理解分歧。但检察机关认为，结合最高人民检察院第四十批指导性案例精神，行政机关的监管职责不仅包括行政机关的行政执法权，也包含行政机关运用公共权力、使用公共资金等对受损公益进行修复等综合性治理职责。因此，从本案公益损害解决的效果出发，镇政府对于涉案地块的建筑垃圾以及噪声污染具有源头和属地监管职责。

鉴于对指导性案例以及结合实际的思考，如果对于行政公益诉讼中“监督管理职责”的理解只限定在督促行政机关履行行政处罚权这个层面，会有一些问题。例如，无法查明违法主体，比如这种郊区偷排乱倒的情况，违法行为人已经找不到了，如何督促具有行政处罚权的行政机关对违法行为人作出行政处罚？如果不能肯定“监督管理职责”中包含对环境的综合性治理职责，那么这类案件中的社会公共利益就无法通过行政公益诉讼予以实现，而实践中，这种情形其实很多。在环境保护法、地方各级人民代表大会和地方各级人民政府组织法等赋予基层人民政府对辖区环境的综合性治理职责的背景下，从发挥基层行政机关治理的高效性和便捷性角度，由基层人民政府履行职责，是更能解决公益损害问题的。

同时从反向思考，《上海市街道办事处乡镇人民政府首批行政执法事项目录清单》把大量的行政执法权限下沉到乡镇一级。如果“监督管理职责”只限定在“行政处罚权”的角度，那么恐怕最后都是乡镇政府的职责，但事实上在行政管理中，多是以多部门职责分工协调负责为主的，不是单一一个部门的职责。

最高人民检察院第四十批指导性案例中的吉林省检察机关督促履行环境保护监管职责行政公益诉讼案（检例第162号）中，认可镇政府的监管职责还包括运用公共权力和公共资金对生态环境进行治理的职责，反映出传统行政法理念和行政管理的模式和理念发生了重大变化，以“促进行政任务的有效履行和公共福祉的增进”为使命的新行政法理念得到了重视和应用。

检察机关提起公益诉讼站在有效促进国家治理角度，一方面，在促进国家治理大背景下，随着行政权力下沉，不断压实基层政府的管理职责，以推动行政任务更有效履行，要准确地理解相关规定，准确把握行政机关的法定职责并准确确定监督对象；另一方面，也要避免监督泛机械化，一切问题都找乡镇政府，对基层政府压力下沉过重，如果涉及多监督部门，而且各部门未依法履职与社会公益受损之间密切关联的，则也要发挥各行政机关的合力，准确科学确定监督对象。

（四）行政机关“未依法履行职责”的认定标准

对行政机关不依法履行法定职责的判断和认定，结合最高人民检察院第十三批指导性案例中陕西省宝鸡市环境保护局凤翔分局不全面履职案（检例第49号）办案精神，应从三个方面展开，以法律规定的行政机关法定职责为依据，对照行政机关的执法权力清单和责任清单，结合行为要件（是否采取有效措施制止违法行为）、结果要件（国家利益和社会公共利益是否得到有效保护）、职权要件（是否全面运用法律法规、规章和规范性文件规定的行政监管手段）。

首先，镇人民政府对建筑垃圾违法处置具有源头监管职责。不论是从法律规定镇政府对所辖区域内建筑垃圾处理具有的管理职责，还是从本案公益损害的源头来看，镇政府负有督促整治以及环境问题的源头监管职责。而在收到检察建议后，镇政府对检察建议虽进行了书面回复，落实了一些整改措施，但从实际整改情况来看，截至检察机关提起诉讼前，建筑垃圾违法处置及扬尘噪声等污染情况依然存在，根据《人民检察院公益诉讼办案规则》第82条规定，虽按期回复但仅采取部分整改措施的，应认定行政机关仍未依法履行职责。其次，从结果上看，本案中社会公益受损是持续存在的。自2018年开始，涉案地块违法处置建筑垃圾及未有效采取污染防治措施的情况就已经存在。经本院跟进调查后，社会公共利益的受损情况仍持续存在。最后，镇政府并没有做到充分履职。本案中相关地块建筑垃圾的产生客观上有拆迁垃圾体量大带来的分拣点容量不够的背景因素，但镇政府在面临相关建筑垃圾处置能力不足问题时，并没有充分有效协调有关部门，穷尽行政管理手段，做好垃圾处置问题统筹解决，而是违规启用了涉案地块作为建筑垃圾临时中转点。

综上，检察机关认为镇政府未充分履行涉案地块建筑垃圾违法处置以及环境监管的职责，故提起行政公益诉讼。

本案充分依托跨区划一体化协作机制，始终坚持不以“诉”为目的，但以“诉”为标准，对于起诉前不能有效解决公益损害的，及时提起诉讼，实现检察一体履职。重点聚焦固体废物源头减量及治理，推动解决噪声、扬尘、固废处置等民生投诉问题，以固体废物资源化利用理念为先，探索超大型城市建筑垃圾法治化、规范化、精细化管理的“公益保护路径”，助力打造城市绿色生态循环新模式。

“三个善于”视角下电信网络诈骗公益诉讼案件的高质效办理

——最高检电信网络诈骗公益诉讼典型案例评析

胡婷婷　徐　晋*

反电信网络诈骗法实施以来，全国检察机关积极稳妥推进这一法定新领域公益诉讼检察工作。2013 年 1—10 月，针对电信、金融、互联网等行业未依法落实反电信网络诈骗义务的违法情形，立案办理公益诉讼案件 160 余件。[①] 从实践情况看，反电信网络诈骗工作综合治理、源头治理方面的制度措施不够充分，金融、通信、互联网等行业治理存在薄弱环节，各行政监管部门“九龙治水”，很难同步开展治理；需要进一步建立完善各方面责任制度，形成打击治理合力。本文结合 2023 年 11 月最高检公布的检察机关依法惩治电信网络诈骗及其关联犯罪典型案例之一江苏省南通市人民检察院督促规范固话批量申请业务防范电信网络诈骗行政公益诉讼案，来具体阐述“三个善于”视角下如何实现高质效办理此类案件。

基本案情：2022 年以来，江苏省南通市检察机关受理的利用公司营业执照批量申请固话进行电信网络诈骗刑事案件中，部分案件被告人利

* 胡婷婷，最高人民检察院公益诉讼检察厅二级高级主办检察官；徐晋，江苏省南通市人民检察院第七检察部副主任。

① 参见《检察机关打击治理电信网络诈骗及其关联犯罪工作情况（2023 年）》。

用“空壳公司”实施违法犯罪活动。其中涂某等3人帮助信息网络犯罪活动案，通过经营的“崇川区某包子店”执照办理电信固定电话线路16条、利用“贵州某有限公司”营业执照办理联通固定电话线路60条；高某帮助信息网络犯罪活动案，利用“南通某信息科技有限公司”营业执照办理联通固定电话线路40条；唐某等3人帮助信息网络犯罪活动案，利用“海口秀英区某科技工作室”营业执照办理联通固定电话线路60条。诈骗分子通过VoIP设备远程操控上述线路，拨打诈骗电话，更容易取得被害人的信任。涉案“空壳公司”在实际控制人被判处刑罚后仍然存续经营。

上述案例是当前电信网络诈骗公益诉讼领域中经常遇到的类型，但是在实践中各地还存在着认识不一、路径不同、效果各异的情况，主要是检察机关在办案中没有处理好以下三个问题。

一、电信网络诈骗案件如何认定公益损害

《反电信网络诈骗法》第47条规定：“人民检察院在履行反电信网络诈骗职责中，对于侵害国家利益和社会公共利益的行为，可以依法向人民法院提起公益诉讼。”电信网络诈骗成为检察公益诉讼法定新领域，但启动公益诉讼的前提是国家利益或者社会公共利益受到损害，电信网络诈骗领域如何认定公益损害成为困扰实践办案的难题。部分同志认为，电信网络诈骗类案件具有涉案主体众多、涉案金额较大的特点，显然损害社会公共利益；但也有人认为，虽然电信网络诈骗类案件受害者众多，但这些受害者都是具体的特定的主体，刑事案件都已经认定了受害身份，且通过追赃挽损等手段弥补了受害者民事财产损失，根据“两高”《关于检察公益诉讼案件适用法律若干问题的解释》中关于民事公益诉讼的规定，应当是损害不特定消费者的合法权益，电信网络诈骗类案件不宜提起公益诉讼。

那么在电信网络诈骗案件中该如何把握公益是否受损？笔者认为，第一，研判案件是否损害国家利益。从实践中众多公益诉讼检察建议和起诉文书来看，多是笼统地表述为损害国家利益和社会公共利益，未

对国家利益和社会公共利益加以区分，亦未详细论述损害行为和损害利益，这显然不符合公益诉讼高质量发展的要求。电信网络诈骗是境内和境外犯罪分子共同实施，利用电信、金融、互联网工具骗取财物的行为，在总体国家安全观视角下，此类行为对我国国家安全、金融安全、人民群众生命安全和身体健康具有重大影响、可能构成严重威胁，属于损害国家利益范畴。比如本案中，承办人通过查阅大量法律法规发现，工信部公布的《电信网码号资源管理办法》第3条规定，码号资源属于国家所有。境外分子利用软件将境外虚拟号码改成国内固定号码的行为属于侵犯国家码号资源，损害了国家利益。第二，认定是否损害众多不特定人利益的时候应当把握违法行为发生时的标准。部分同志认为，此类案件中的受害人都已经全部被侦查机关找到，是特定的主体，不符合公益诉讼范畴。这一说法并不符合实际。在界定是否损害不特定多数人利益时，理应以行为发生时的对象为标准，违法行为发生时面向的是不特定多数人，这些人接受或配合完成相关行为后，也就从不特定多数人向特定多数人进行了转变，但这一转变并不影响公益诉讼的提出。公益诉讼的一大功能为预防，虽然特定的受害主体可能被找到，但潜在的不特定受害人仍旧存在。比如本案中每部电话每天不间断地呼出，最高达上万次，刑事案件查明的受害人多达几百人，受损金额超过500万元，这几百人成为了特定的受害人，但电话呼出时面向的是不特定的人群，显然损害了社会公共利益。

二、在办案中如何把握社会治理检察建议与行政公益诉讼检察建议

行政公益诉讼检察建议不等于纠正行政违法行为或推动社会治理等检察建议。如何区分这两种检察建议？根据2019年颁布的《人民检察院检察建议工作规定》，二者主要有以下不同点：一是制发对象不同。社会治理检察建议制发对象包括行政机关、司法机关、企业事业单位、人民团体、社会组织。行政公益诉讼检察建议的制发对象为行政机关，如自然资源、水务、城市综合管理、消防等部门。二是监督事由不

同。社会治理检察建议是针对检察履职中发现的有关机关和单位存在违法犯罪隐患、管理监督漏洞、风险预警和防控不到位等问题，或需要给予有关涉案人员、责任人员或者组织行政处罚、政务处分、行业惩戒等情形进行监督。而公益诉讼检察建议是对行政机关违法行使职权或者对违法行为不作为，致使国家利益或者社会公共利益受到侵害的行为进行监督。三是建议内容不同。社会治理检察建议内容主要聚焦于建章立制、改进工作、加强监管、完善治理。而公益诉讼检察建议内容一般为督促行政机关履行具体的监督管理、行政处罚等职责，且与后续提起诉讼的诉讼请求直接相关。四是文书制作不同。社会治理检察建议文书内容包括对问题原因的深层次剖析、开展源头治理的必要性分析，以及具备合理性、针对性和可行性的治理方案。公益诉讼检察建议文书内容主要包括案件来源、国家或社会公共利益受到侵害的事实、行政机关法定职责、行政机关违法行使职权或不作为的事实等。五是保障落实手段不同。社会治理检察建议发出后，被建议单位在规定期限内经督促无正当理由不予整改或者整改不到位的，检察机关可以采取报告上级检察院，通报被建议单位的上级机关、行政主管部门或者行业自律组织等，报告同级党委、人大，通报同级政府、纪检监察机关等措施。公益诉讼检察建议发出后，行政机关如仍不依法履行职责，检察机关可以提起行政公益诉讼，由法院判决行政机关依法履职。六是备案方式不同。社会治理向上级研究室备案，公益诉讼向上级业务部门备案。①

本案中，刑检部门在办理第一起此类案件时，也曾向区联通公司制发社会治理检察建议，认为该公司在审批时把关不严，要求完善制度，该公司亦表示接受并整改。但后来发现此类案件频频发生，且从联通蔓延到电信、移动，并呈现跨区域特征，向每个涉案单位逐一制发社会治理检察建议已经不能解决问题，为何会出现这种社会治理失灵的情况？笔者认为，社会治理检察建议之所以达不到公益诉讼检察建议一样的治

① 参见包艳春:《区分运用公益诉讼检察建议和社会治理检察建议》，载《检察日报》2023年6月15日，第7版。

理作用，根本上在于没有把握行为违法性这一关键问题。《反电信网络诈骗法》第10条规定，办理电话卡不得超出国家有关规定限制的数量；第13条规定，电信业务经营者应当规范真实主叫号码传送和电信线路出租，对改号电话进行封堵拦截和溯源核查；第14条规定，电信业务经营者、互联网服务提供者应当采取技术措施，及时识别、阻断前款规定的非法设备、软件接入网络，并向公安机关和相关行业主管部门报告。该法对于电信运营商的审核管理和及时报告义务作出了明确规定且制定了罚则。本案中，虽然诈骗分子受到了刑事打击，但是联通、电信这些运营商及从业人员存在的违法行为却没有受到任何处理。电信工业人员在自身工作考核和奖金业绩等因素驱使下，再加上没有不利后果，这一现象不断蔓延，成为行业性普遍性问题，仅仅靠自身治理已经无法解决问题。检察机关查明电信运营商及其工作人员存在违法行为后，发现相关行政机关怠于履行监管职责的，通过行政公益诉讼手段进行打击，实现行业治理的效果。

三、在具体办案中如何识别基层协同困境并实现效果优化

在明确案件存在公益损害，相关行政机关怠于履行行政机关职责后，检察机关依法启动行政公益诉讼程序，如何开展调查核实工作是办案的关键。公益诉讼调查要树立全链条全流程思维，有些公益诉讼案件中的违法行为较为隐蔽，有些案件中存在多种违法行为，有些案件中违法类型交织，要对现有材料进行综合分析，找准违法行为，根据违法行为的指向，明确调查方向。本案中主要违法行为是电信运营商发放固定号码，但电信运营商从审批许可、现场安装到事后监管报告全流程均存在不同程度的问题，而且犯罪分子设立公司领取营业执照进而批量申请固话，属于违法行为交织的类型，分属于不同的行政机关监管，所以办案组先后赴相关运营商调取涉案公司申领固定电话的基础资料，证实营业厅工作人员未按照反诈机制规定对批量安装固话严格审批和现场核查，对异常开办申请仍予以办理，对安装地址与申请地址不一致、明显不合理的安装现场未严格核查，对已装固话异常呼出情形未及时采取措

施。办案组继续到市场监管部门，通过查阅涉案营业执照的申请材料，查明部分公司属于“空壳公司”，刑事判决后仍处于正常经营状态，存在被电信诈骗团伙继续利用的风险。

在查明相关事实后，办案组发现，本案存在“九龙治水”的现实困境。通信行业具有特殊性，省级通信管理局作为工信部的派出机构，对电信运营商负有行业监管职责。但是通信管理局在县市没有单独行政机构，仅仅在地级市设立了通信行业管理办公室，不具备独立法人资格，对本地的电信运营商日常业务工作进行监督指导，不能单独作出行政处罚。虽然地级市设立了单独的工信部门，但县级政府随着大部制改革，很多地方没有单独的工信部门，有的合并到经信委，有的设在发改委，是工信部门进行行业监管还是网信部门进行日常监管，都存在争议，涉及多部门职责时如何优化履职？通过公益诉讼磋商，精准确定监管主体成为关键。本案中检察院召集市场监管局、工信局、通信行业管理办公室等部门以及相关运营商进行磋商，对各行政机关监管责任和企业的主体责任等进行确认，并听取人大代表、政协委员、人民监督员、“益心为公”志愿者意见。明确行业监管优先原则，同时对不同的违法行为形成监管合力。正是在上述认知之下，检察院依法向市场监管局制发行政公益诉讼检察建议，要求对“空壳公司”及借用营业执照的行为予以查处。但随之而来的问题是：案件中最主要的行业监管主体是省通信管理局，本案是由地级市检察院立案的，是否能够直接向省通信管理局制发检察建议？市检察院经请示省院，在立案时不能确定具体监管行政机关，但调查核实后发现行政机关级别不对等的，可以根据《人民检察院检察建议工作规定》，由江苏省检察院转送江苏省通信管理局。针对三大运营商之间信息不通、工作人员反诈意识不强、事前审批把关不严、现场安装和事后监管不严等问题制发检察建议，由省检察院转送省通管局，推动该局约谈并处罚相关运营商，督促各运营商对相关工作机制查漏补缺，强化固话开户审核业务，堵塞行业漏洞。

案件虽然办完了，但办案检察官发现，媒体不断地曝光出同类行为，而且不仅仅涉及一个地区，江苏各个地市均有发生，且呈现向全国蔓延趋势，如何做好“后半篇文章”呢？建立检察大数据模型的想法诞生了。针对“放管服”后的公司资质被滥用问题，检察机关设计研发“空壳公司”大数据法律监督模型，加强反诈领域办案数据碰撞比对和综合研判运用，提升打击治理工作信息化智能化水平。针对电信运营商之间信息不通，犯罪分子同时向多家多地运营商申请办理固话业务，无法及时识别，部分运营商工作人员业务审核把关不严等问题，市检察院推动江苏省通信管理局联合省公安厅、省检察院、省法院、人民银行以及江苏省互联网协会、中国移动、中国电信、中国联通组成全国首个通信行业“反电信网络诈骗联盟”，强化部门对接、涉诈数据共享、线索核查溯源等协作机制，实现数据融通、联动打击。

以“三个善于”办好文物保护类行政公益诉讼案件

陈莫杭　陈韵竹　荆　骏*

一、案例基本情况

“新河街一条街”位于镇江市京口闸东，曾为清代长江下游最大的米市和油市，是京杭大运河文化遗产的典型代表。2006 年，“新河街一条街”被国务院核定为全国重点文物保护单位。2015 年，“新河街一条街”被征收后，交镇江文化旅游产业集团有限责任公司（以下简称市文旅集团）使用管理。

2022 年 4 月，镇江市京口区人民检察院（以下简称京口区检察院）通过公益观察员发现案件线索，组成以检察长为主办检察官的办案组开展调查，先后邀请人大代表、政协委员、古运河研究人员、“益心为公”志愿者多次现场勘查并专题研讨，查明新河街文物历史文化价值和保护管理现状，其中米业公所具有较高的社会、文化、科研价值，但存在建筑年久失修随意拆改、建筑本体保护不善、外部安全监督管理设置不合理、配套管理设施缺失等问题，如不及时修复可能面临损毁风险。

* 陈莫杭，江苏省镇江市京口区人民检察院第五检察部检察官助理；陈韵竹，江苏省镇江市人民检察院第六检察部副主任；荆骏，江苏省镇江市京口区人民检察院办公室副主任。

2022年9月14日，京口区检察院对米业公所保护问题以行政公益诉讼立案，并向镇江市京口区文化体育和旅游局（以下简称区文体旅局）发出检察建议，督促对米业公所文物建筑采取合理保护措施并加强人员管理、消除消防隐患。2022年11月11日，因区文体旅局书面回复市文旅集团对街区内7处文保建筑已开展保护修缮工程方案设计并上报，待国家文物局审批后方能开展修缮工作，京口区检察院决定对本案中止审查。2023年1月，京口区检察院跟进调查发现，修缮方案被省文物局退回，区文体旅局未在职责范围内对该文物建筑本体采取实质性保护措施或有效督促市文旅集团采取实质性措施进行保护，米业公所文物建筑屋顶持续漏水、墙体部分脱落、大门门梁整体下垂，本体受损状态愈加严重，国家利益和社会公共利益持续处于受侵害状态。2023年1月13日，京口区检察院决定对本案恢复审查。

京口区检察院经研判认为，新河街整体规划修复点多且分布广，专项资金缺口大，无法短期内实现公益全面修复，但其中米业公所受损严重，亟须采取抢救性保护措施，区文体旅局负有监督管理职责却履职不到位，遂经镇江市人民检察院批准，于2023年2月28日根据行政诉讼集中管辖规定，向镇江市润州区人民法院提起行政公益诉讼，请求判令区文体旅局依法履行监督管理职责，科学、有效保护米业公所文物建筑，防止文物进一步毁损。

2023年8月17日，法院公开审理了本案，并通知市文旅集团作为第三人参加诉讼。庭审中，区文体旅局提出：区级文物行政部门的执法权已被上提，其没有行政处罚权；国有不可移动文物由使用人负责修缮、保养，市文旅集团是文物保护的责任主体。

京口区检察院指出，文物保护法规定，县级以上文物行政部门应当根据不同文物的保护需要，制定文物保护单位的具体保护措施，并公告施行。根据《江苏省文化市场综合行政执法管理办法》，文化市场综合行政执法是指国家规定的文化、文物等市场行政处罚以及与行政处罚相关的行政强制措施等行政执法职责。区文体旅局提出的执法权上提，系镇江市设置文化市场综合行政执法机构，负责本行政区域内文化市场的综合行政执法工作。监督管理职责包括但不限于行政执法职责，执法权上提并不免除县（市、区）级文物行政部门的监督管理职责，县（市、区）级文物行政部门仍应当制定并公告施行不可移动文物的具体保护措施，对受损公益督促修复；在特殊情形下，自行组织修复，发挥综合性管理职责。

2023年9月28日，法院依法作出判决认为，案涉文物的应急性、抢救性修缮保护机制未建立完善，房屋结构、附属物的应急性修缮保护措施未实施到位，文物本体仍然存在受外力导致局部坍塌、墙体开裂等风险，从文物实际现状需要和行政公益诉讼对行政机关的履职标准看，区文体旅局的监督管理职责仍有继续履行的必要性和可能性，支持了检察机关的全部诉讼请求。

判决生效后，区文体旅局迅速成立保护工作小组，建立健全保护管理制度及应急预案，逐步落实重点部位保护措施，推进案涉文物建筑本体抢救性修复；制定了文物保护单位日常巡查制度，安排8名安保人员24小时轮流巡查；同步协调、督促市文旅集团委托北京北建大建筑设计研究院有限公司编制米业公所修缮设计方案，根据文物建筑的残损病害程度及原因，结合建筑勘查项目、结构体系鉴定评级及勘察报告评估结论，制定了散水、台明、地面、墙体墙面、木柱、柱础、梁架、屋面、油饰等9个方面的修缮措施。

二、办案重点难点问题

在办理案件的过程中，办案组存在重重疑问，也面临重重阻力。（1）能不能办？要不要办？文物保护工作非一蹴而就，公益诉讼监督能否有效？要不要啃这个“硬骨头”？案涉文物建筑的破损有不同时代的印迹，部分侵权主体难以确定。保护现状和法律规定之间存在差距又是普遍现象，行政机关监督管理缺失也客观存在，让现在的在任者承担所有的责任，这样监督准不准？（2）诉不诉？怎么诉？一方面，在履职标准、法定职责上，法院、行政机关和检察机关之间存在争议。如果走到诉讼，法庭交锋会比较激烈，检察机关的诉讼请求会不会得到法官的支持？会不会有败诉风险？另一方面，“新河街一条街”共有 7 个全国文物保护单位、2 个市级文物保护单位，都存在同类问题，整改周期长，后续工作将进行较长时间，怎么开展监督更为有效？

三、运用“三个善于”破解难题，推进案件高质效办理

面对上述疑问和困难，在主办检察官的带领下，办案组的成员们始终以习近平法治思想为指导，切实把“三个善于”用于办案的各节点，通过对案件事实的多维调查、对法律条文的深刻领悟，在化解阻力的基础上形成合力，通过法理情的有机统一达到办案的最佳效果。

（一）多维深入调查，确认公共利益受损事实

公益诉讼的办案基础之一就是存在公共利益受损的事实，为充分论证“新河街一条街”的价值并固定文物受损证据，办案组展开了深入调查。

1. 从历史发展维度细致研究文物价值。办案组先后查阅书籍文献 10 余本，网络搜索各类文章 30 余篇，对“新河街一条街”的前世今生做了一个起底大调查。通过调查，我们第一次全面认识到了“新河街一条街”的重要历史文化价值。它位于长江、运河交汇处，是大运河文化遗产的典型代表。曾是大江南北的物资集散中转之地，在清代是长江下游最大的米市和油市。2006 年，“新河街一条街”被国务院核定为全国重点文物保护单位。其承载着镇江一段辉煌的历史，反映了当时的社会生活和文化风貌，是工商业文化和渡口文化相结合的产物。加强对“新河街一条街”的保护和利用不仅是对历史的尊重，也是对未来的责任，具有深远的社会教育意义。

2. 从整体到个体全面固定公益受损证据。为全面调查和持续跟踪街区及文物建筑受损情况，办案组开展实地探访和无人机航拍 10 余次，对街区整体和每一处文物建筑个体进行拍摄，制作《“新河街一条街”文物巡查纪实》视频资料。此外，为确定每一处文物建筑位置及相应保

护情况，办案组又先后从互联网及相关部门查找街区及其中文物建筑的历史档案资料，逐一对应拍摄固定受损证据。在多次调查中，办案组还发现因文物行政机关的未全面履职，米业公所文物建筑屋顶持续漏水、墙体部分脱落、大门门梁整体下垂，本体受损状态愈加严重。为进一步加强公益受损认定的确实和客观性，检察机关邀请人大代表、考古专家、古运河研究人员、“益心为公”志愿者等召开专题研讨会 4 次，最终结合专家意见认定“新河街一条街”及米业公所文物建筑已经遭受破坏并存在持续受损风险，国家和社会公共利益亟须保护。

（二）依托法律条文，厘清文物监督管理职责

在查清公益受损事实后，需要进一步研判的就是监督对象及职责。提及文物保护，我们第一时间想到的就是区文体旅局。但在前期磋商过程中，区文体旅局却反馈“新河街一条街”在 2015 年被征收后，已交市文旅集团使用管理，且区级文物主管部门早已没有文物执法权，对于检察机关的建议他们心有余而力不足。办案组却认为，2017 年修订的《文物保护法》明确规定，县级以上文保部门对本行政区域内的文物保护实施监督管理。这是法定的区级文物主管部门不可推卸的职责。虽然相关法律、法规、规章未对“监督管理”职责作出具体规定，但是文物交由使用人修缮、保养，文物执法权上提后，区级文物主管部门的监督管理职责就免除了吗？为此，我们需要到具体的法律条文中去体会法律的精神。

1. 管理、使用人的保护责任不能当然免除县级文物行政部门的监督管理职责。根据《文物保护法》（2017）第 15 条第 2 款规定，县级以上地方人民政府文物行政部门应当根据不同文物的保护需要，制定文物保护单位和未核定为文物保护单位的不可移动文物的具体保护措施，并公告施行。区委机构编制委员会办公室印发的“三定”方案第 4 条也规定，区文体旅局承担全区文物安全管理工作，组织全区不可移动文物资源调查，负责全区文化、旅游、文物领域安全及应急综合协调和监督管理。因此，监督管理职责的内容在上述条文中是可窥一二的，即“制

定具体保护措施，并公告施行""安全及应急综合协调"等。仅仅因为《文物保护法》(2017)第21条规定"国有不可移动文物由使用人负责修缮、保养"，不能当然免除区级文物行政部门制定保护措施并公告施行、负责文物安全及应急综合协调的职责。这种监督管理职责与使用人的修缮、保养义务应是并行的，某种程度上是补位的。一方面，在使用人修缮、保养文物过程中，文物行政主管部门理应开展相应监督。针对修缮、保养是否及时，保护措施是否专业等问题，文物行政主管部门应结合专业及时督促指导；另一方面，在文物使用人修缮、保养责任未完全履行时，作为行政主管部门，对文物组织或自行采取抢救性保护措施也是法律的应有之义。

2. 执法权上提并不影响县级文物行政部门监督管理职责的行使。根据《江苏省文化市场综合行政执法管理办法》，文化市场综合行政执法是指国家规定的文化、文物等市场行政处罚以及与行政处罚相关的行政强制措施等行政执法职责。区文体旅局提出的执法权上提，系镇江市设置文化市场综合行政执法机构，负责本行政区域内文化市场的综合行政执法工作。但同时我们看到，《江苏省文物安全责任制实施办法》第10条规定："文物行政部门负责对本行政区域内的文物安全工作实施监督管理。依法做好文物保护基础工作，依法实施文物保护行政审批和事后监管……组织开展文物日常检查巡查和安全专项检查。"因此，"监督管理"显然包括但不限于行政执法职责，"文物保护基础工作""行政审批""事后监管"等均应是其所包含的内容。因此，我们认为"监督管理"职责应是避免公益损害持续或扩大，依据法律、法规、行政规章和规范性文件相关授权，运用公共权力、使用公共资金等对受损公益进行修复等综合性治理职责。也就是说，执法权上提后，区级文物行政部门仍有监督管理职责，仍须制定并公告施行不可移动文物的具体保护措施，对受损公益督促修复；在特殊情形下，自行组织修复，发挥综合性管理职责等。

2024年11月，文物保护法修订细化了文物行政部门对本行政区域内的文物保护实施监督管理职责的内涵，厘清了此种监督管理与使用人保护责任的区别，均与我们办案时对法条中“监督管理”的理解是一致的。新修订的《文物保护法》第32条明确：“不可移动文物有损毁危险，所有人或者使用人不具备修缮能力的，县级以上人民政府应当给予帮助；所有人或者使用人具备修缮能力但拒不依法履行修缮义务的，县级以上人民政府可以给予抢救修缮，所需费用由所有人或者使用人承担……县级以上人民政府文物行政部门应当加强对不可移动文物保护的监督检查，及时发现问题隐患，防范安全风险，并督促指导不可移动文物所有人或者使用人履行保护职责。”据此，我们可以看出，不可移动文物所有人或者使用人的保护责任不能免除文物行政部门的监督管理职责，文物行政部门仍负有及时发现问题隐患，防范安全风险，并督促指导不可移动文物所有人或者使用人进行保护的职责；在所有人或者使用人不具备修缮能力或者不依法履行修缮义务时，政府应给予帮助或给予抢救修缮。

此外，《文物保护法》（2024）第14条规定：“县级以上人民政府及其文物行政部门应当加强文物普查和专项调查，全面掌握文物资源及保护情况。县级以上人民政府文物行政部门加强对国有文物资源资产的动态管理，按照国家有关规定，及时报送国有文物资源资产管理情况的报告。”第26条规定：“县级以上地方人民政府文物行政部门应当根据不同文物的保护需要，制定文物保护单位和未定级不可移动文物的具体保护措施，向本级人民政府报告，并公告施行。文物行政部门应当指导、鼓励基层群众性自治组织、志愿者等参与不可移动文物保护工作。”由此看出，除行政执法权外，文物行政部门仍应履行文物专项调查，报送国有文物资源资产管理情况报告，向本级人民政府报告文物具体保护措施，指导、鼓励基层群众性自治组织、志愿者等参与不可移动文物保护工作等综合性管理职责。

（三）找准监督方式，实现法理情的有机统一

案件涉及市、区两级单位，且所涉文物众多、整改所需时间长、所需资金数额大。因此，在厘清监督职责后，我们需要进一步思考的问题

就是如何监督将更为有力、有效。

1. 借势借力，以“诉”的确认体现司法价值引领。是仅仅止步于检察建议，还是坚决提起公益诉讼？我们认为，要以“诉”的确认体现司法价值引领。第一，要通过诉推动行政机关明确自身职责。第二，要通过诉引领保护传统文化的价值理念。为此，我们全面借势借力，推动诉讼。首先是借专家之力，我们在办案各环节多次邀请考古专家、古运河研究人员、“益心为公”志愿者等召开专题研讨会，解决文物专业难题。其次是借代表之力，邀请市人大代表、镇江博物馆馆长现场察看、座谈讨论。后来市人大代表向人大提交了《关于“新河街一条街”文物保护的建议》，人大与检察机关共同推动问题解决。再次是借区委之力，向区委书记当面汇报并递交了专题报告，汇报了市人大和市检察院的要求，得到区委书记的支持。区委书记批示相关单位积极落实主体责任，并为我们“出题”，要求检察机关积极履职，推动问题解决。最后是借上级检察院之力，向市院主要领导汇报了案件情况，获得批示支持，并赴现场督导，省检察院也进一步提供方向指导和具体意见。得到了社会各界以及各级领导支持，我们起诉得更有底气。

2. 全面考量，合理确定监督对象、范围和方式。是对街区整体起诉，还是针对米业公所个案起诉？我们认为，以类案起诉，可以更好推动街区全面保护，但必然牵扯大量司法资源，漫长的诉讼周期会让受损严重的文物建筑长期处于风险之中，且整个街区的保护涉及大量资金，诉讼请求实现时间过长也不利于文物保护。办案组优先选择了整体文物单位中损毁风险最大、修复必要性最高、子文物相对独立具备独立修复条件的米业公所公益损害问题作为监督方向，并希望以个案办理推动行政机关由点及面，逐步实现文物整体保护目的。此外，在诉讼请求方面，因文物保护专业性很强，修缮方案的拟定、审批和修缮资金的申报、下拨均是一个漫长的过程，考虑到其中的诸多不确定性，检察机关仅要求文物主管部门依法履职、科学有效保护、防止文物进一步毁损，并未对履职期限作出明确限定。

3. 持续跟踪，判决不是监督的终点。2023 年 9 月 28 日，镇江市润州区人民法院依法作出判决，全部支持检察机关的诉讼请求。判决生效后，区文体旅局采取了部分抢救性保护措施，但因文物修缮设计方案尚未通过，修缮工程一直未能启动。2023 年 10 月至今，办案组多次前往市文旅集团，协调推进米业公所修缮工作。在得知已委托北京北建大建筑设计研究院对米业公所出具文保建筑修缮设计方案后，主办检察官前往北京，与相关设计人员进行座谈交流，敦促加快修缮设计方案编制进程。此外，还邀请省检察院部门领导主持召开米业公所行政公益诉讼案执行情况推进会，市文旅集团、水务公司、区文体旅局相关负责人及该案承办法官也应邀参会。通过推进会的召开再次督促区文体旅局及市文旅集团加快推进米业公所文物建筑修缮设计方案编制上报工作，同时建议润州区人民法院做好该案判决内容执行情况的跟踪工作。

通过米业公所案件的办理，我们有三点启示：一是要敢于起诉。要敢啃“硬骨头”，越是艰难的诉越显其价值。尤其针对行政机关因法定职责、履职标准等认识争议而没有履职到位的情形，检察机关尤其要坚持当诉则诉。二是要善于起诉。要洞察时与势，善于借势借力，扩大各方面参与度，凝聚共识合力。三是要成于起诉。要以诉的启动，推动以判决的方式引领同类案件办理，丰富行政机关依法全面履职的内涵，增强依法行政的高效性。

2024 年 11 月，文物保护法修订新增检察公益诉讼条款，文物安全正式成为检察公益诉讼保护领域。京口区检察院以“三个善于”引领米业公所文物保护行政公益诉讼案件高质效办理的做法，体现了新时代新征程检察履职办案的价值追求，也为文物保护法修订提供了实践经验。